数据科学与

中文版 SPSS 28 统计分析从入门到精通（实战案例版）

359 分钟同步微视频讲解　141 个实例案例分析

☑ 数据分类 ☑ 数据清洗 ☑ 数据加工 ☑ 数据计算 ☑ 数据分析图表 ☑ 参数检验
☑ 特征分析 ☑ 均值分析 ☑ 方差分析 ☑ 相关性分析 ☑ 回归分析 ☑ 聚类分析
☑ 判别分析 ☑ 电力中断数据分析实例

天工在线　编著

中国水利水电出版社
www.waterpub.com.cn
·北京·

内 容 提 要

SPSS 是一款应用于数据挖掘、预测分析和决策服务的全球知名统计软件，因其界面友好、功能多样、操作简单而广泛应用于学术研究领域和商业经营领域。

本书以 SPSS 28 为平台，详细介绍了 SPSS 在数据统计分析方面的使用方法和应用技巧。全书共 20 章，内容包括 SPSS 28 概述、初识 SPSS 28、SPSS 数据结构、数据管理、数据分类、数据清洗和数据加工、数据计算、数据分析图表、数据分布的特征分析、参数检验、非参数检验、均值比较、单因素方差分析、多因素方差分析、相关性分析、列联表相关性分析、回归分析、聚类分析、判别分析和电力中断数据分析实例等知识。本书在知识点的讲解中理论联系实际，对重要知识点配有实例操作，并配有详细的操作步骤，图文对应，可以提高读者的动手能力，并加深对知识点的理解。为了便于读者高效学习，本书对实例部分配有视频讲解，并提供全书实例的源文件，读者可以直接调用和对比学习。

本书适合 SPSS 初学者、数据分析师、企业管理人员、科研人员学习与参考，也适合作为应用型高校相关专业的教材。

图书在版编目（CIP）数据

中文版 SPSS 28统计分析从入门到精通 ：实战案例版 / 天工在线编著. -- 北京 ：中国水利水电出版社，2024.3（2025.4 重印）.

数据科学与技术应用系列丛书

ISBN 978-7-5226-2100-5

Ⅰ. ①中… Ⅱ. ①天… Ⅲ. ①统计分析－软件包 Ⅳ. ①C819

中国国家版本馆CIP数据核字(2024)第015176号

丛 书 名	数据科学与技术应用系列丛书
书 名	中文版 SPSS 28 统计分析从入门到精通（实战案例版） ZHONGWENBAN SPSS 28 TONGJI FENXI CONG RUMEN DAO JINGTONG
作 者	天工在线 编著
出版发行	中国水利水电出版社 （北京市海淀区玉渊潭南路 1 号 D 座 100038） 网址：www.waterpub.com.cn E-mail：zhiboshangshu@163.com 电话：（010）62572966-2205/2266/2201（营销中心）
经 售	北京科水图书销售有限公司 电话：（010）68545874、63202643 全国各地新华书店和相关出版物销售网点
排 版	北京智博尚书文化传媒有限公司
印 刷	河北文福旺印刷有限公司
规 格	203mm×260mm 16 开本 28.5 印张 758 千字
版 次	2024 年 3 月第 1 版 2025 年 4 月第 2 次印刷
印 数	3001—5000 册
定 价	99.80 元

前　　言

Preface

SPSS 是一款应用于数据挖掘、预测分析和决策服务的全球知名统计软件，常用于人文社科和理工科类的领域，由于其功能多样，操作简单，深受用户欢迎。SPSS 操作界面极为友好，输出结果美观漂亮，几乎将所有的功能都以统一、规范的界面展现了出来。SPSS 以 Windows 的窗口形式展示各种管理和分析数据的功能，以对话框的形式展示各种功能选择项。用户只要掌握一定的 Windows 操作技能，精通统计分析原理，就可以使用该软件为特定的工作服务。

本书特点

➘ 内容合理，适合自学

本书主要面向 SPSS 零基础的读者，充分考虑初学者的需求，内容讲解由浅入深、循序渐进，引领读者快速入门。在知识点上不求面面俱到，但求有效实用。本书的内容足以满足读者在实际设计工作中的各项需要。

➘ 视频讲解，通俗易懂

为了方便读者学习，本书为大部分实例都录制了教学视频。视频录制时采用模仿实际授课的形式，在各知识点的关键处给出解释、提醒和注意事项，让读者在高效学习的同时，更多体会 SPSS 功能的强大。

➘ 内容全面，实例丰富

本书详细介绍了 SPSS 28 的使用方法和操作技巧，全书共 20 章，内容包括 SPSS 28 概述、初识 SPSS 28、SPSS 数据结构、数据管理、数据分类、数据清洗和数据加工、数据计算、数据分析图表、数据分布的特征分析、参数检验、非参数检验、均值比较、单因素方差分析、多因素方差分析、相关性分析、列联表相关性分析、回归分析、聚类分析、判别分析和电力中断数据分析实例等知识。本书在讲解过程中采用理论联系实际的方式，书中配有详细的操作步骤，图文对应，读者不仅可以提高动手能力，而且能加深对知识点的理解。

本书显著特色

➘ 体验好，随时随地学习

二维码扫一扫，随时随地看视频。书中提供了大部分实例的二维码，读者可以通过手机扫一扫，随时随地观看相关的教学视频，也可以在计算机上下载相关资源后观看学习。

➘ 实例多，用实例学习更高效

实例丰富详尽，边做边学更快捷。读者可以跟着大量实例学习，边学边做，从做中学，使学习更深入、更高效。

- **入门易，全力为初学者着想**

遵循学习规律，入门与实战相结合。万事开头难，本书采用“基础知识+实例”的编写模式，内容由浅入深、循序渐进，使初学者入门不是梦。

- **服务快，学习无后顾之忧**

提供 QQ 群在线服务，随时随地可交流。提供公众号、QQ 群等多渠道贴心服务。

本书学习资源获取及交流方式

本书配带视频和源文件，所有资源均可通过下面的方法下载后使用：

扫描下方的二维码关注微信公众号“设计指北”，发送 SP21005 到公众号后台，获取本书的资源下载链接，然后将此链接复制到计算机浏览器的地址栏中，根据提示进行下载即可。

读者可加入 QQ 群 487010580（若此群满，请根据提示加入相应的群），与广大读者进行在线交流学习。

关于作者

本书由天工在线组织编写。天工在线是一个数据分析技术研讨、工程开发、培训咨询和图书创作的工程技术人员协作联盟，包含 40 多位专职和众多兼职数据分析方面的技术专家。其创作的很多教材成为国内具有引导性的旗帜作品，在国内相关专业方向的图书创作领域具有举足轻重的地位。

致谢

本书能够顺利出版，是作者、编辑和所有审校人员共同努力的结果，在此表示深深的感谢。同时，祝福所有读者在通往优秀工程师的道路上一帆风顺。

编　者

目　录

Contents

第 1 章　SPSS 28 概述

内容简介

IBM SPSS Statistics（以下简称 SPSS）是一款全球知名的数据统计分析软件，无论是在学术研究领域，还是商业经营领域，都起着举足轻重的作用。它通过用户友好型界面，分析并更好地了解用户的数据，解决复杂的业务和研究问题；借助高级统计程序，更快地统计分析大型复杂的数据集，帮助用户作出高精度和高质量的决策；使用扩展、Python 和 R 编程语言代码，与开源软件集成。

本章将着重介绍 SPSS 28 的主要用途、安装与卸载方法、启动与退出操作，以及如何获得使用帮助，使读者对 SPSS 28 有一个初步的了解。

学习要点

- 掌握安装、卸载 SPSS 28 的方法
- 掌握启动、退出 SPSS 28 的操作
- 学会使用 SPSS 28 的使用帮助

1.1　统 计 概 述

统计包含三种含义（统计工作、统计数据、统计学）和两重关系（实践与理论的关系、工作与工作成果的关系）。

1. 统计工作

统计工作是对统计数据进行收集、整理和分析的过程。具体来讲，是在一定的统计理论的指导下，采用科学的方法收集、整理、分析统计资料的一系列活动过程。它是随着人类社会的发展和管理的需要而产生和发展起来的，已有四五千年的历史。现实生活中，统计工作作为一种认识社会经济现象总体和自然现象总体的实践过程，一般包括统计设计、统计调查、统计整理和统计分析四个环节。

2. 统计数据

统计数据是统计工作所产生的成果，用以描述所研究现象的属性和特征，如统计图表、统计分析报告等。

统计数据是对现象进行测量的结果。例如，对经济活动总量的测量可以得到国内生产总值（GDP）；对股票价格变动水平的测量可以得到股票价格指数；对人口性别的测量可以得到男女比例。

统计数据是采用四种测量尺度（定类尺度、定序尺度、定距尺度和定比尺度）对事物进行测量

的结果，采用不同的测量尺度会得到不同类型的统计数据。从上述四种测量尺度测量的结果来看，可以将统计数据分为以下四种类型。

- 定类数据：表现为类别，但不强调顺序，是由定类尺度测量形成的。
- 定序数据：表现为类别，但有顺序，是由定序尺度测量形成的。
- 定距数据：表现为数值，可进行加、减运算，是由定距尺度测量形成的。
- 定比数据：表现为数值，可进行加、减、乘、除运算，是由定比尺度测量形成的。

3. 统计学

统计学（statistics）是一门研究总体数量特征的方法论科学，用于收集、分析、表述和解释数据。具体而言，统计学是关于数据的科学，其内容包括数据收集、数据整理、数据分析和数据解释等。

- 数据收集是取得统计数据。
- 数据整理是将数据用图表等形式展示出来。
- 数据分析是通过统计方法研究数据，其所用的方法可分为描述统计方法和推断统计方法。
- 数据解释是对分析的结果进行说明。

统计学包含以下两部分内容。

- 描述统计：收集、展示一批数据，并反映这批数据特征的各种方法，其目的是正确地反映总体的数量特点。
- 推断统计：根据样本统计量估计和推断总体参数的技术和方法。

其中，描述统计是推断统计的前提，推断统计是描述统计的发展。

1.2 SPSS 的功能

SPSS 是世界上最早采用图形菜单驱动界面的统计分析软件，它最突出的特点就是操作界面极为友好，输出结果美观漂亮。它几乎将所有的功能都以统一、规范的界面展现出来，以 Windows 的窗口形式展示各种管理和分析数据方法的功能，以对话框的形式展示各种功能选择项。用户只要掌握一定的 Windows 操作技能，精通统计分析原理，就可以使用该软件为特定的科研工作服务。

1. 发展历史

SPSS 是世界上最早的统计分析软件，由美国斯坦福大学的三位研究生 Norman H. Nie、C. Hadlai (Tex) Hull 和 Dale H. Bent 于 1968 年成功研究开发，同时成立了 SPSS 公司，并于 1975 年成立法人组织、在芝加哥组建了 SPSS 总部。

2009 年 7 月 28 日，IBM 公司宣布将用 12 亿美元现金收购统计分析软件提供商 SPSS 公司。如今 SPSS 的最新版本为 SPSS 28，而且更名为 IBM SPSS Statistics。

2. 基本功能

SPSS 的基本功能包括数据管理、统计分析、图表分析等。

（1）数据管理。SPSS 采用类似 Excel 表格的方式输入与管理数据，数据接口较为通用，能方便地从其他数据库中读入数据。其统计过程包括了常用的、较为成熟的统计过程，完全满足非统计专业人士的工作需要。输出结果十分美观，存储时则是专用的 SPO 格式，可以转存为 HTML 格式和文本格式。对于熟悉老版本编程运行方式的用户，SPSS 还特别设计了语法生成窗口，用户只需在菜单中设置好各个选项，然后单击“粘贴”按钮就可以自动生成标准的 SPSS 程序，极大地方便了中、高级用户。

（2）统计分析。SPSS 统计分析过程包括描述性统计、均值比较、一般线性模型、相关分析、回归分析、对数线性模型、聚类分析、数据简化、生存分析、时间序列分析、多重响应等几类，每类又分为多个统计过程，如回归分析又分为线性回归分析、曲线估计、Logistic 回归、Probit 回归、加权估计、两阶段最小二乘法、非线性回归等，每个过程中又允许用户选择不同的方法及参数。

（3）图表分析。SPSS 有专门的绘图系统，可以根据数据绘制各种图形。每个过程的输出都弃用了文本形式，改为更美观的枢轴表。

3. 软件特点

（1）界面友好，操作简单。SPSS 的命令语句、子命令及各种选项绝大部分都包含在菜单和对话框中，因此用户无须花费大量时间记忆繁杂的命令、过程和选项。在 SPSS 中，大多数操作可以通过菜单和对话框完成，因此操作便捷，易于学习和使用。

（2）实用性好，因人而异。对于熟悉编程的用户来说，可以在语法窗口中直接编写程序语句，从而灵活地完成各种复杂的统计分析任务。另外，用对话框制定命令、子命令和选项后，可将对应的语法命令保存在语法编辑器中，便于日后检查、重复使用及自动化。

（3）算法隐藏。只需通过菜单的选项及对话框的操作告诉系统要做什么，而无须告诉系统怎么做。用户只需了解统计分析的原理，即可得到想要的结果。

（4）接口完善。SPSS 具有完善的数据转换接口，其他软件生成的数据（如 Excel、Assess、DBF、ASCII、SAS、Sax Basic、Python 等）均可转换成可供 SPSS 分析的数据文件。

（5）功能强大。SPSS 的核心是统计功能，可以完成数理统计分析任务，提供了从简单的单变量分析到复杂的多变量分析，包括相关、回归、方差、卡方、t 检验和非参数检验，也包括多元回归、聚类、判别、因子分析等。

（6）表格和图形化功能。通过 OLAP cubes 可以生成数十种图表，结合其他程序，还可以生成多响应表和频数表等。

1.3 SPSS 28 的安装与卸载

SPSS 为 IBM 公司推出的一系列用于统计学分析运算、数据挖掘、预测分析和决策支持任务的软件产品及相关服务的总称，有 Windows 和 Mac OS X 等版本。

1.3.1 安装 SPSS 28

本小节简要介绍在 Windows 10 操作系统中安装 SPSS 28 的操作步骤。

（1）双击下载的 Statistics_28_Win_64bit.exe 可执行文件，弹出“准备安装”对话框，如图 1.1 所示。

（2）单击“下一步”按钮，弹出“许可证协议”对话框，如图 1.2 所示。

（3）选择“我接受该许可证协议中的条款”单选按钮，单击“下一步”按钮，弹出“目的地文件夹”对话框，显示默认的 SPSS 安装路径，如图 1.3 所示。

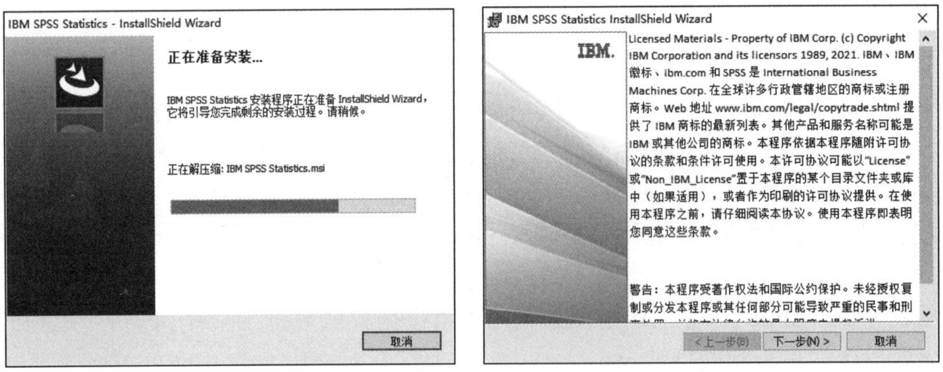

图 1.1 “准备安装”对话框

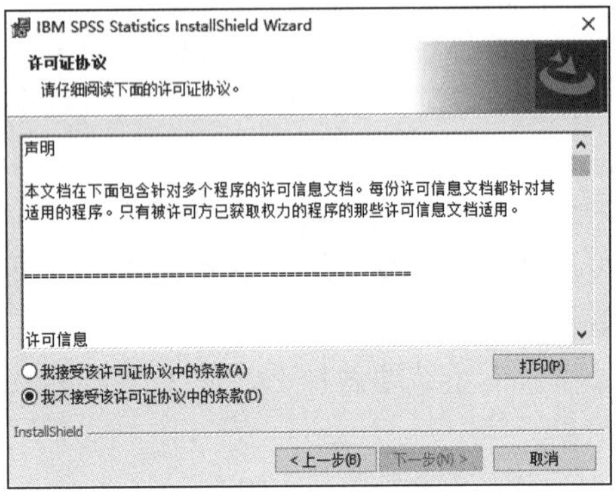

图 1.2 “许可证协议”对话框

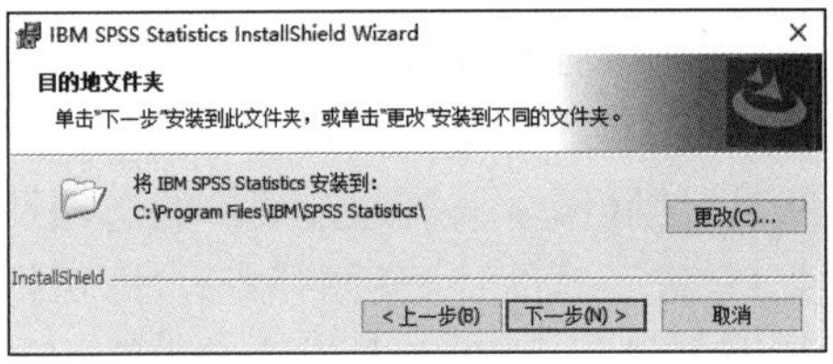

图 1.3 “目的地文件夹”对话框

（4）单击“更改”按钮，弹出如图 1.4 所示的“更改当前目的地文件夹”对话框，在“文件夹名称”文本框中可以修改 SPSS 的安装路径。

（5）使用默认安装路径，在“目的地文件夹”对话框中单击“下一步”按钮，弹出“已做好安装程序的准备”对话框，如图 1.5 所示。单击“安装”按钮，弹出“正在安装 IBM SPSS Statistics”对话框并显示安装进度，开始安装 SPSS 28，如图 1.6 所示。

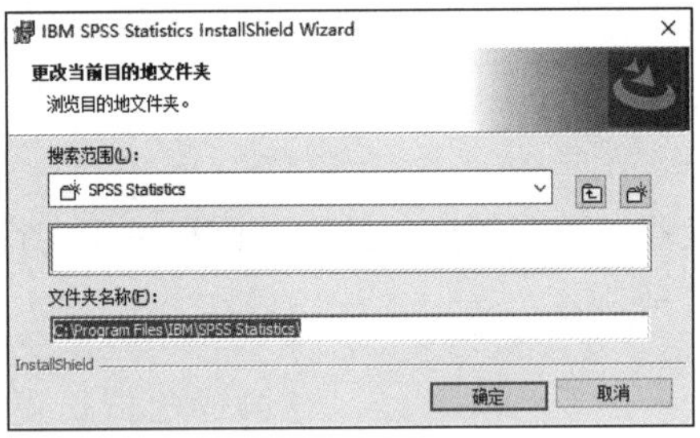

图 1.4 “更改当前目的地文件夹”对话框

图 1.5 “已做好安装程序的准备”对话框

（6）等待几分钟后，安装完成，弹出“InstallShield Wizard 完成”对话框，如图 1.7 所示。单击“完成”按钮，关闭对话框。

（7）启动 IBM SPSS Statistics，自动弹出“欢迎使用 IBM SPSS Statistics”对话框，如图 1.8 所示。单击右下角的“关闭”按钮，关闭该对话框，显示 IBM SPSS Statistics 数据编辑器。

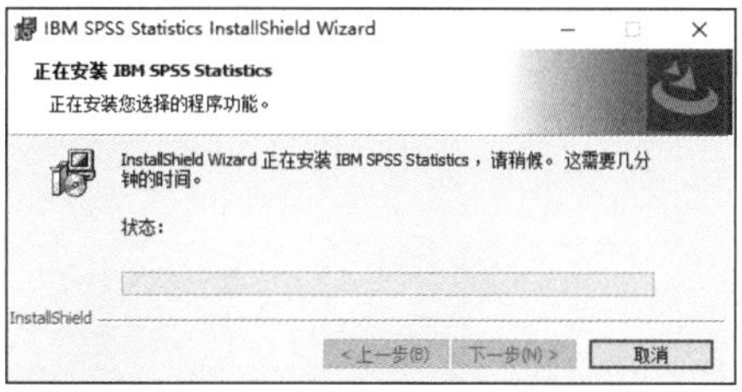

图 1.6　“正在安装 IBM SPSS Statistics”对话框

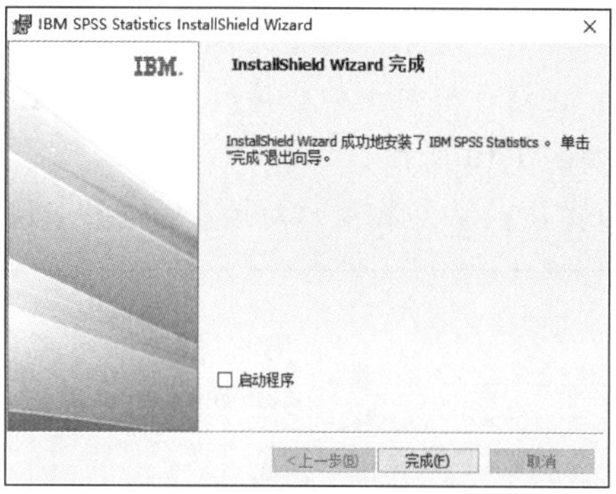

图 1.7　“InstallShield Wizard 完成”对话框

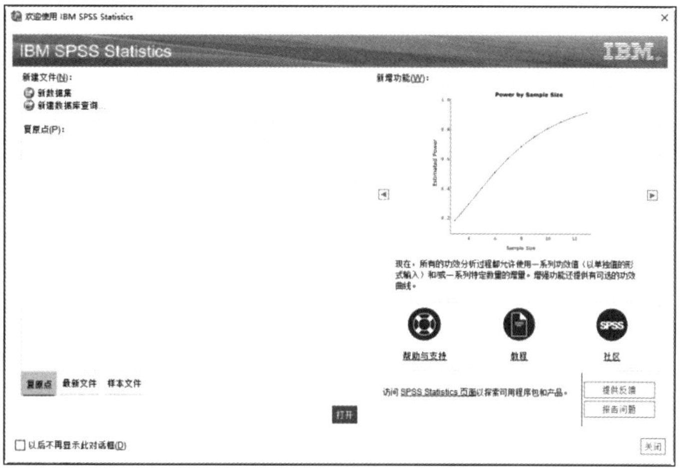

图 1.8　“欢迎使用 IBM SPSS Statistics”对话框

1.3.2　卸载 SPSS 28

卸载 SPSS 28 的操作步骤如下。

（1）打开“开始”菜单，选择“设置”命令，打开“Windows 设置”面板，如图 1.9 所示。

图 1.9　“Windows 设置”面板

（2）单击“应用”选项，弹出“应用和功能”对话框。

（3）在对话框右侧的程序列表中单击 IBM SPSS Statistics，在弹出的快捷菜单中选择“卸载”命令，如图 1.10 所示。

（4）弹出确认卸载信息对话框，如图 1.11 所示。单击“卸载”按钮，开始卸载 IBM SPSS Statistics。

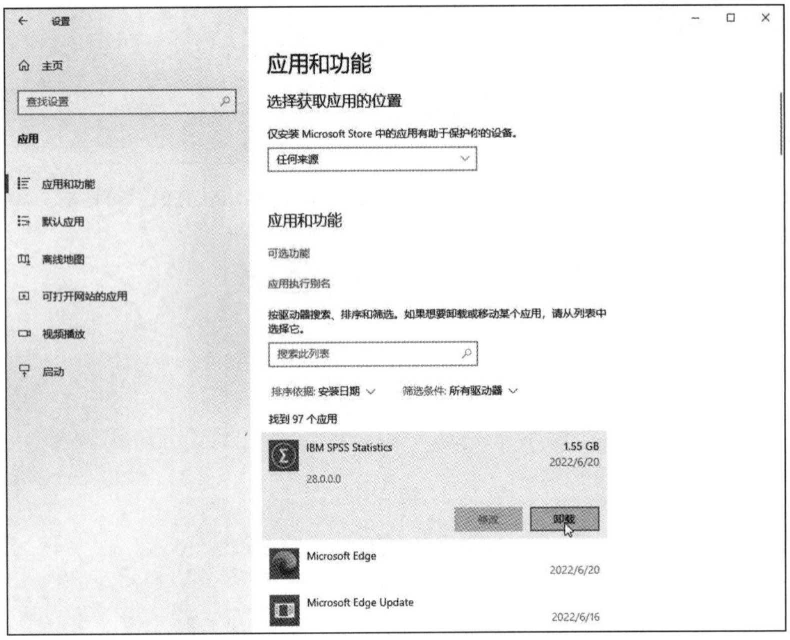

图 1.10　卸载 IBM SPSS Statistics

图 1.11　确认卸载信息对话框

1.4　SPSS 28 的启动与退出

1. 启动 SPSS 28

安装 SPSS 28 之后，就可以在操作系统中启动 SPSS 28。在 Windows 10 中启动 SPSS 28 有以下几种方法。

（1）双击桌面显示的 IBM SPSS Statistics 图标，如图 1.12 所示。

图 1.12　IBM SPSS Statistics 图标

（2）单击桌面左下角的“开始”按钮，在“开始”菜单的程序列表中单击 IBM SPSS Statistics 选项，如图 1.13 所示。

（3）右击图 1.13 中的 IBM SPSS Statistics 选项，在弹出的快捷菜单中选择“固定到‘开始’屏幕”命令，即可在“开始”屏幕中生成快捷方式。单击快捷方式即可启动 IBM SPSS Statistics 应用程序，如图 1.14 所示。

（4）在“资源管理器”中找到并双击 SPSS 文件（扩展名为.sav）。

通过上面的几种方法，即可启动 SPSS 28。启动后的开始界面如图 1.15 所示。该界面包含新建文件、最近的文件、新增功能、帮助与支持、教程、社区等模块，用户根据自己的需求选择相应的模块后，即可进入 SPSS 的数据编辑窗口。

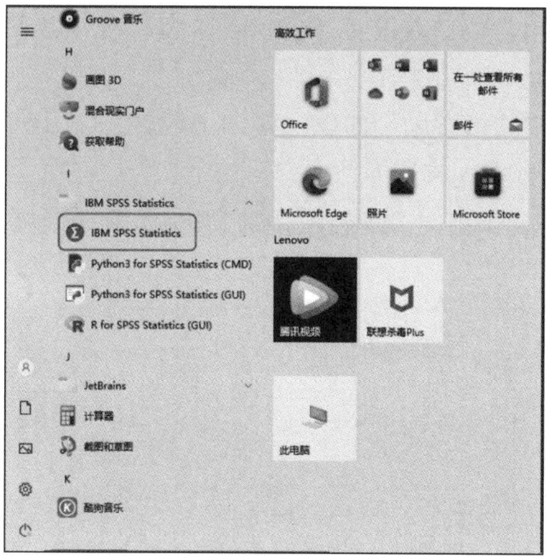

图 1.13　启动 IBM SPSS 28（1）

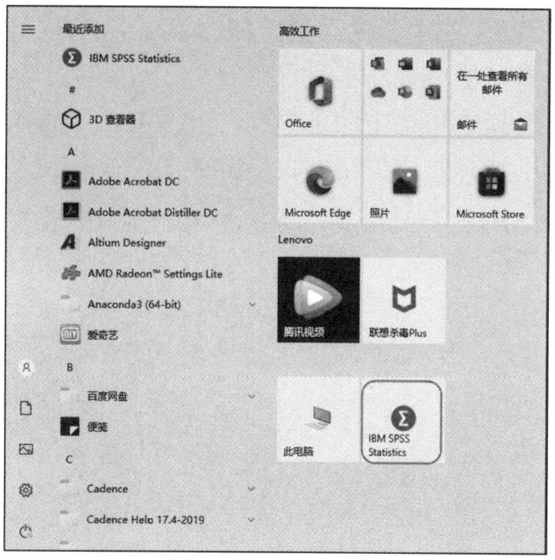

图 1.14　启动 IBM SPSS 28（2）

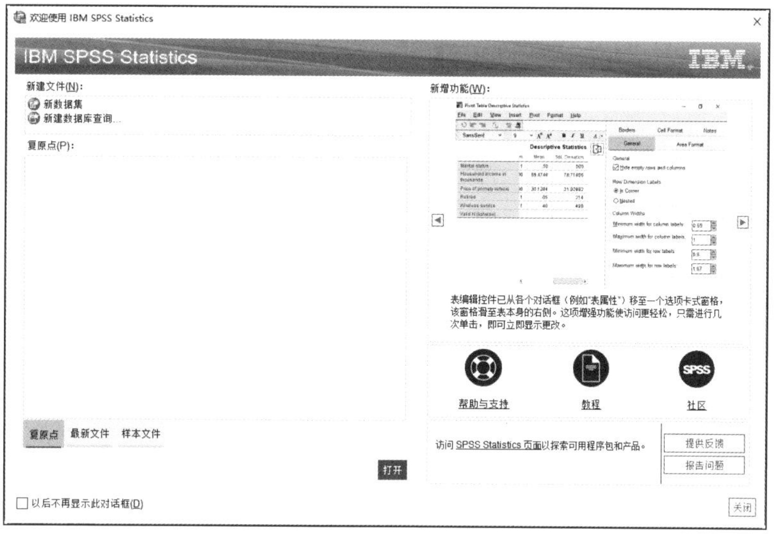

图 1.15　开始界面

若不想每次启动 SPSS 28 都看到这个界面，勾选最下方的“以后不再显示此对话框”复选框即可。

2. 退出 SPSS 28

完成工作后，应正确退出 SPSS 28，可以采取以下方式之一退出。

（1）按 Alt+F4 快捷键。

（2）单击 IBM SPSS Statistics 窗口右上角的“关闭”按钮×。

1.5　使用帮助

帮助系统是以查询为驱动的，SPSS 28 提供了强大、便捷的帮助系统，可以帮助用户快速了解 SPSS 的各项功能和操作方式。

SPSS 28“帮助”菜单如图 1.16 所示，可以帮助用户快速获取关于 SPSS 28 操作使用的帮助，并查看在线培训和学习内容。

选择菜单栏中的“帮助”→“主题”命令，打开“获得帮助”面板，如图 1.17 所示。用户可以在其中选择常用的帮助主题，或者在操作说明搜索框中输入要查询的内容。

图 1.16 “帮助”菜单

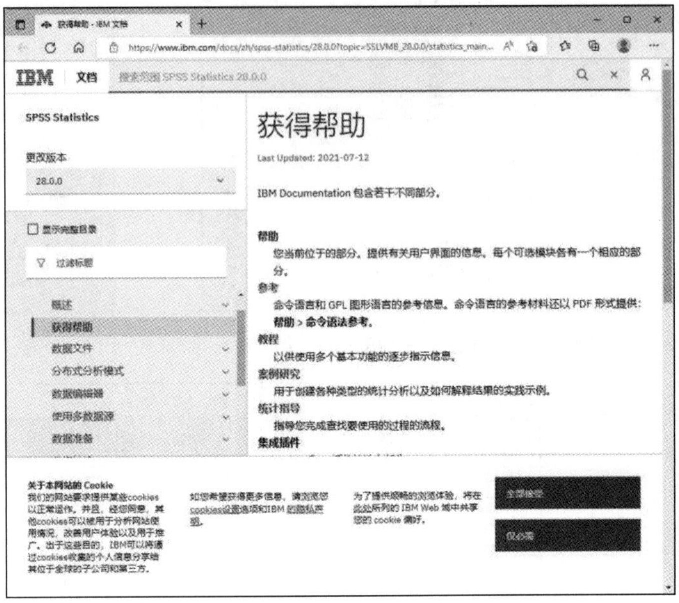

图 1.17 “获得帮助”面板

在操作说明搜索框中输入与要执行的操作相关的字词或短语，可快速检索要使用的功能或要执行的操作，还可以获取与要查找的内容相关的帮助。

如输入“回归分析”，在下拉菜单中会出现相关的命令、功能解释，以及获取相关的帮助主题和智能查找。单击图 1.18 中的“在所有 SPSS Statistics 28.0.0 文档标题中搜索"$QUERY$"→”选项，弹出如图 1.19 所示的搜索结果。

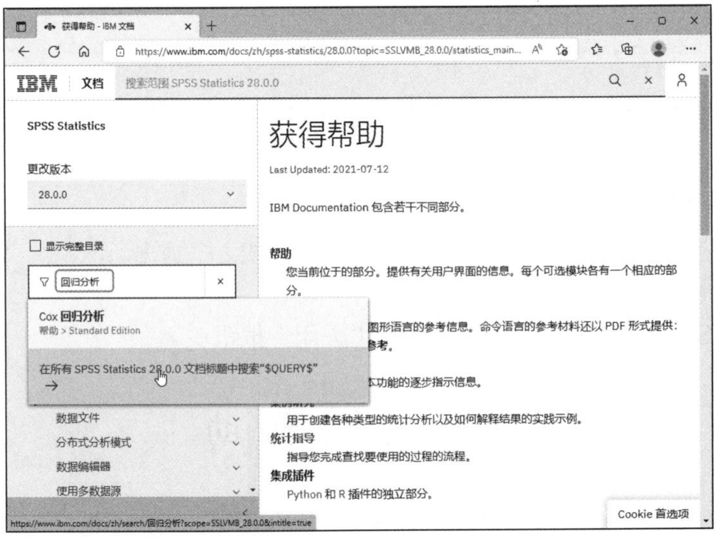

图 1.18 操作说明搜索框

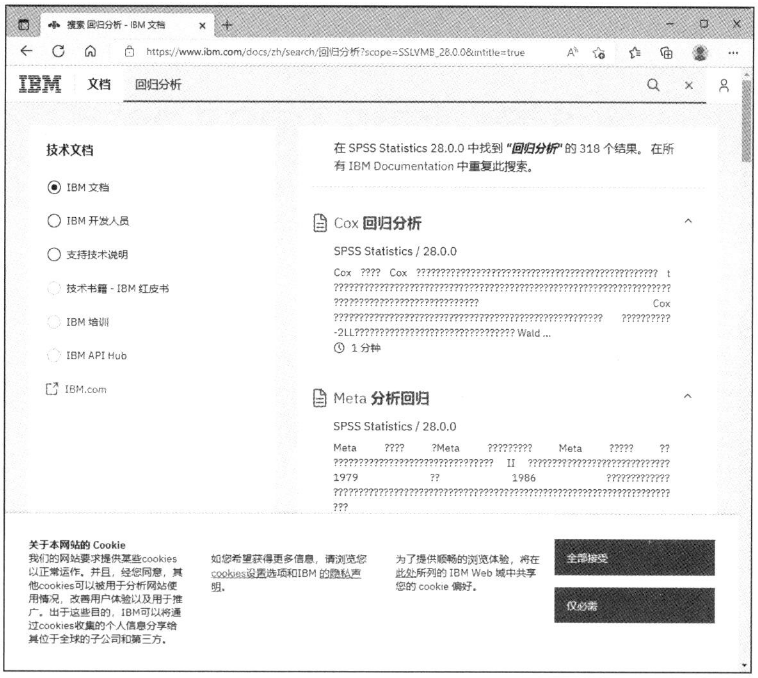

图 1.19　搜索结果

单击其中一个搜索结果，如“Cox 回归分析”，可以看到该项常用的操作说明，如图 1.20 所示。

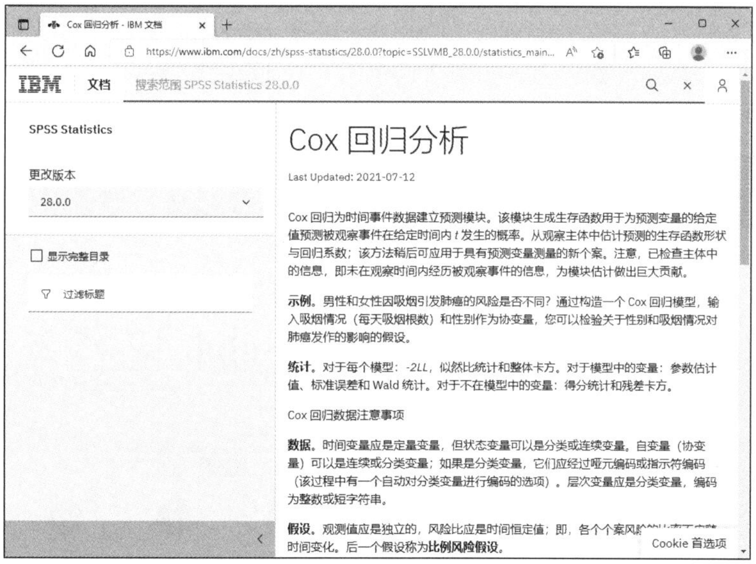

图 1.20　操作说明

第 2 章　初识 SPSS 28

内容简介

学习一个应用程序，首先应认识它的工作界面。本章将介绍 SPSS 28 的工作界面，以及其中的基本文件操作。掌握 SPSS 28 工作界面中各种菜单栏的使用方法，可为将来更好地使用 SPSS 28 完成复杂的任务打下坚实的基础。

学习要点

- 了解 SPSS 28 的工作界面
- 熟悉基本文件操作

2.1　SPSS 28 的工作界面

启动 SPSS 28 后，显示开始界面，如图 2.1 所示。关闭开始界面后，打开“IBM SPSS Statistics 数据编辑器”窗口（即 SPSS 28 的工作界面），默认创建一个空白的数据集，如图 2.2 所示。

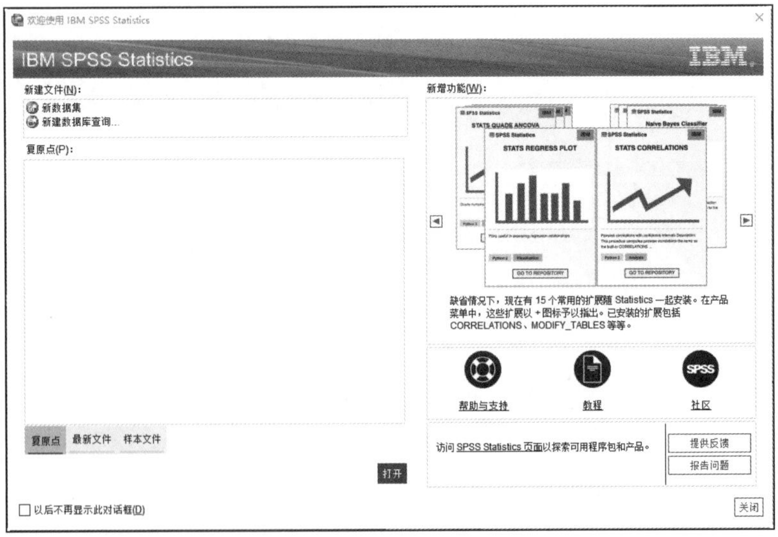

图 2.1　开始界面

从图 2.2 中可以看出，SPSS 28 的工作界面由标题栏、菜单栏、工具栏、状态栏、工作区等部分组成。

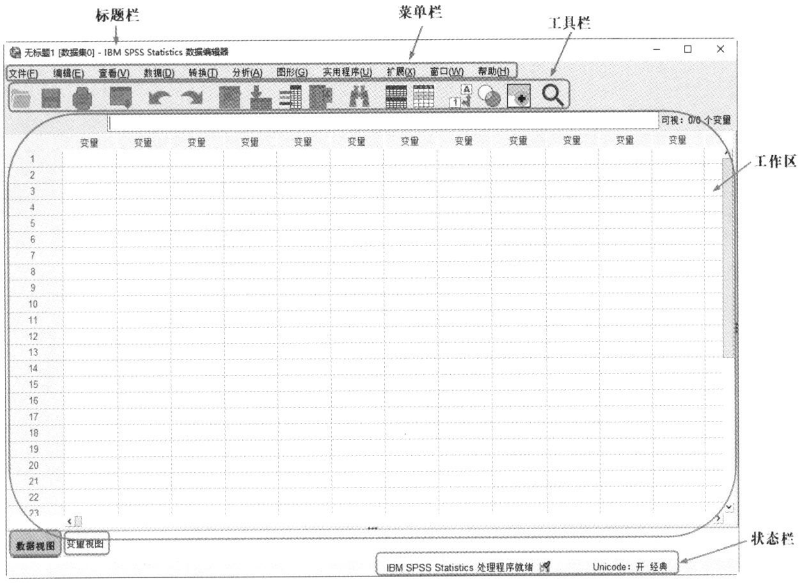

图 2.2　“IBM SPSS Statistics 数据编辑器”窗口

2.1.1　标题栏

标题栏位于工作界面的顶端，显示应用程序名以及当前打开的数据集名称（无标题 1[数据集 0]），如图 2.3 所示。标题栏最右侧有三个按钮，分别是“最小化”按钮、“最大化/向下还原”按钮和“关闭”按钮。

图 2.3　标题栏

2.1.2　菜单栏

菜单栏位于标题栏的下方，如图 2.4 所示。菜单栏中包含 SPSS 的所有命令。

用户可以根据需要添加菜单命令按钮。选择菜单栏中的“查看”→“菜单编辑器”命令，弹出“菜单编辑器”对话框，如图 2.5 所示，即可将对应的命令添加到对应的菜单中。

图 2.4　菜单栏

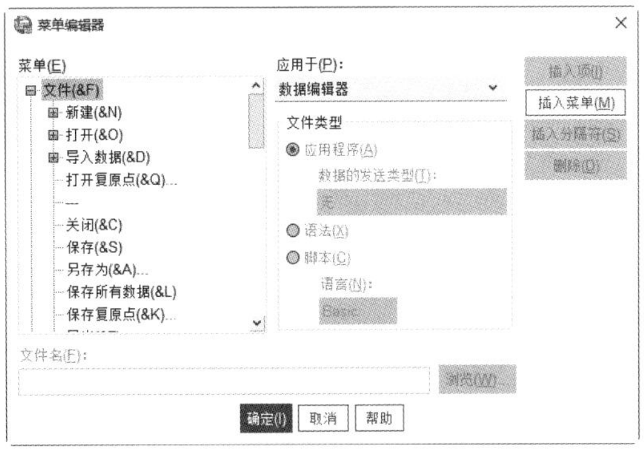

图 2.5　“菜单编辑器”对话框

2.1.3 工具栏

工具栏位于标题栏下方。在默认情况下包含“保存”“撤销”“恢复”“自定义快速访问工具栏”按钮，如图 2.6 所示。

用户可以根据需要添加操作按钮。选择菜单栏中的❶“查看”→❷“工具栏”命令，在弹出的下拉菜单中选择需要的命令，即可显示该工具栏，如图 2.7 所示。

图 2.6 快速访问工具栏

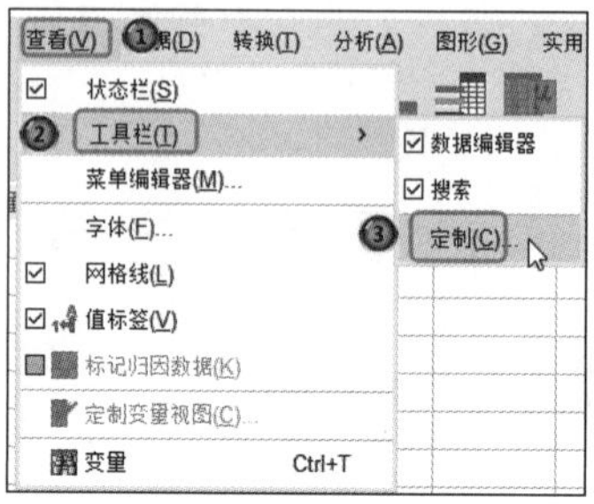

图 2.7 添加工具栏

如果要添加的工具栏不在下拉菜单中，则在图 2.7 所示的下拉菜单中选择❸“定制”命令，弹出“编辑工具栏”对话框，如图 2.8 所示。在右侧的“工具”列表中选择需要添加的按钮，单击“新建工具”按钮，新建工具栏。

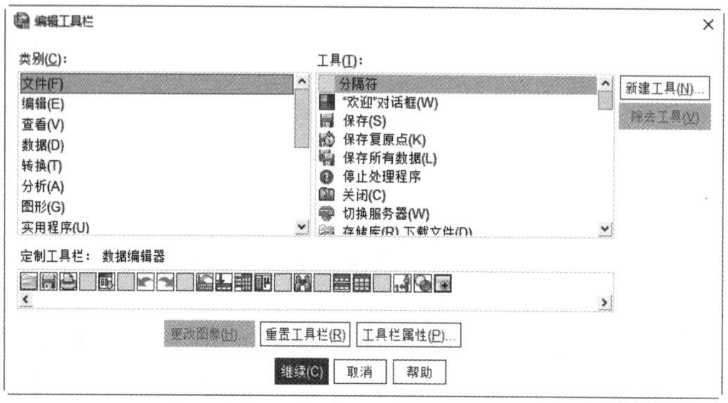

图 2.8 “编辑工具栏”对话框

2.1.4 状态栏

状态栏位于应用程序窗口底部，用于显示与当前操作有关的状态信息。例如，准备输入单元格内容时，状态栏左侧会显示“IBM SPSS Statistics 处理程序就绪”的字样；状态栏右侧为编码方式、开关及经典模式，如“Unicode：开 经典”（图 2.2）。

2.1.5 工作区

工作区是用户编辑变量、输入数据、设置格式的主要区域，占据了 SPSS 28 工作界面的绝大部分区域，如图 2.9 所示。

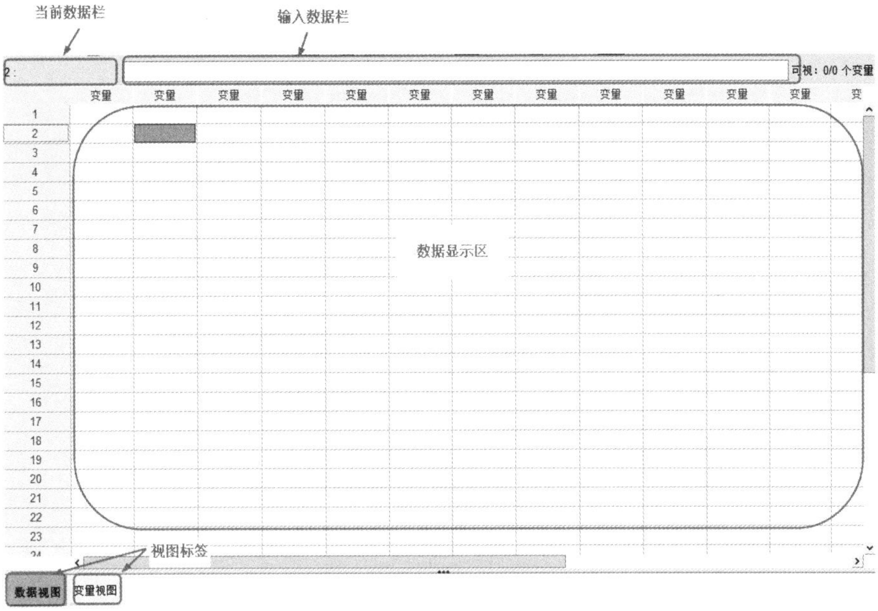

图 2.9　工作区

工作区的主要功能是输入或导入数据文件，定义变量类型。其中有两个视图窗口，一个是“数据视图”窗口，另一个是“变量视图”窗口，可以相互转换。默认是“数据视图”窗口。但在此窗口中变量无法命名，需要先转入“变量视图”窗口定义变量。

1.“数据视图”窗口

“数据视图”窗口用于录入、编辑和显示数据，是 SPSS 最重要的编辑窗口，可以直观地看到要处理的数据。

- 当前数据栏：在工具栏下方的两栏中，左边的栏为当前数据栏。当前数据栏中用分号分开了两个数字（或字符）：前一个为当前光标所在处的观察序号；后一个为其变量名。
- 输入数据栏：在工具栏下方的两栏中，右边的栏为输入数据栏。
- 数据显示区：处于 SPSS 工作界面的中间，它类似于 Excel 表格，即在表格第一行显示变量名，在第一栏显示观察序号。如同 Excel 表格中选定单元格一样，SPSS 数据显示区中被选定的单元格也呈现为加黑的单元格，所选定单元格中的数据值将显示在输入数据栏中。

SPSS 像 Excel 表格一样，简单明了，可以直观地编辑、查看每个单元格的数据，但与 Excel 表格不同的是，SPSS 最上面一行是变量名称，是灰色的，需要进入“变量视图”窗口进行定义。

数据显示区中的行代表一个样本（或一条记录），SPSS 中称为个案（case），行编号称为观察序号；列代表一个数据字段，SPSS 中称为变量（variable），如图 2.10 所示。

2. “变量视图”窗口

“变量视图”窗口主要用于设置和定义变量的属性。变量的属性包括名称、类型、宽度、小数位数、标签、值、缺失、列、对齐、测量和角色等，如图 2.11 所示。

(1) 名称：定义变量名称。直接在文本框中输入变量名称，可输入英文，也可输入中文。在 SPSS 中，变量的命名应遵循以下规则。

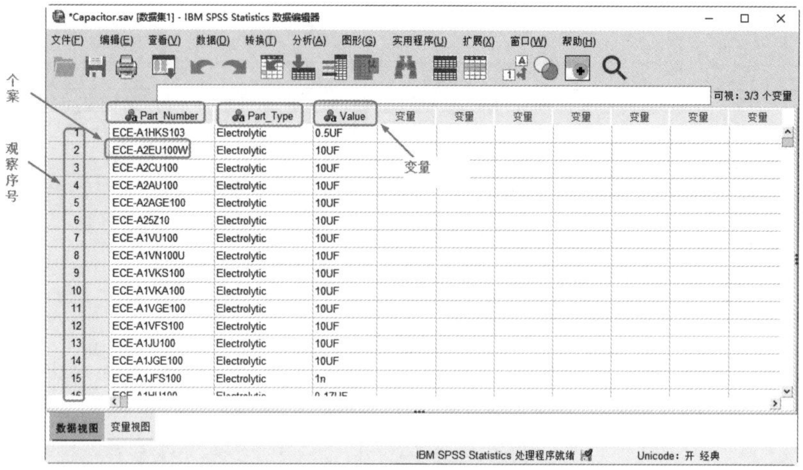

图 2.10　数据显示区

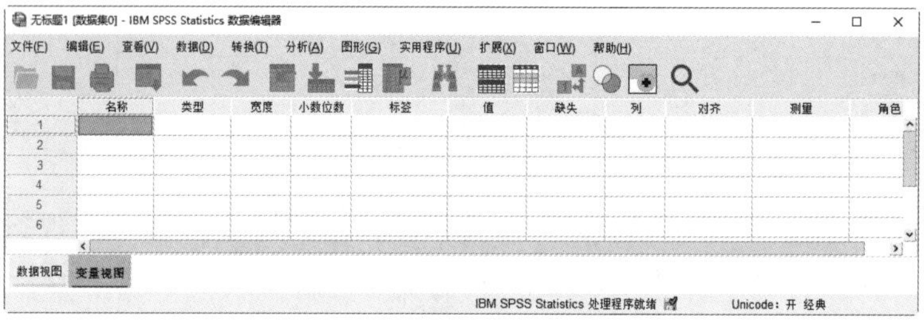

图 2.11　“变量视图”窗口

- 变量名由字符组成。
- 首字符是字母，其后可为字母、数字或除“?”“!”“*”以外的字符，但应该注意不能以连接线“-”和圆点“.”作为变量名的最后一个字符。
- 变量名不能与 SPSS 的保留字相同。SPSS 的保留字有 ALL、AND、BY、EQ、GE、GT、LE、LT、NE、NOT、OR、TO、WITH。
- 系统不区分变量名中的大小写字符。例如，ABC 和 abc 被认为是同一个变量。

（2）类型：选择变量类型。选中并双击“类型”列的单元格，单击单元格右侧的编辑按钮“…”，打开“变量类型”对话框，如图 2.12 所示。

图 2.12 中显示 SPSS 变量类型共有以下几种：数字、逗号、点、科学记数法、日期、美元、定制货币、字符串和受限数字（带有前导零的整数）。同时还可以设置输入变量的宽度与小数位数。

（3）宽度：定义变量宽度，系统默认为 8，可直接输入数值，也可通过箭头进行调整。

（4）小数位数：定义变量小数点后的位数，操作和“宽度”的定义一致，系统默认小数位数为 2。非数值型变量的此设置无效。

（5）标签：对变量的一种补充描述。例如，变量名称为 name，为了更好地理解，可以设置标签为“名称”。

（6）值：输入分类变量的值。在一些分类变量中，如性别，可分成“男”和“女”，将“男”编码为 1，“女”编码为 2。选中“值”列的单元格，单击单元格右侧的编辑按钮“…”，打开“值标签”对话框，在“值”文本框中输入 1，在“标签”文本框中输入“男”，然后单击“添加”按钮，完成值的添加，如图 2.13 所示。

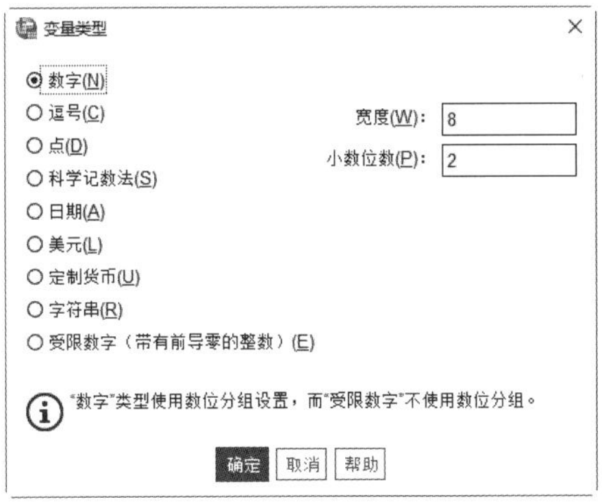

图 2.12 “变量类型”对话框

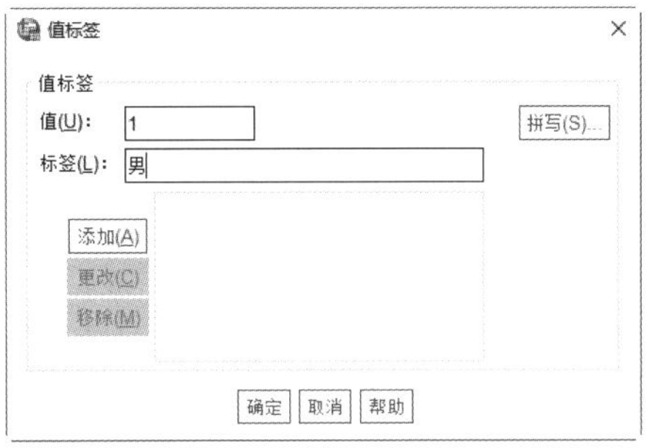

图 2.13 “值标签”对话框

（7）缺失：定义变量是否包含缺失值。

（8）列：变量显示的列的宽度。

（9）对齐：设置变量的对齐方式，包括左对齐、右对齐、居中对齐。

（10）测量：度量标准。

（11）角色：角色定义，包括输入、目标、两者、无、分区、拆分。

扫一扫，看视频

★重点 动手学——定义美元型变量

美元金额的标准书写方式为在数额之前或之后加“USD”，也可以在数额之前加“$”，并且在美元符号和具体数额中间不能留有空格。SPSS 有专门的美元型变量，自带美元符号“$”。本实例演示美元型变量的正确输入方法。

操作步骤

1．启动软件

双击“开始”菜单中的 IBM SPSS Statistics 图标，启动 IBM SPSS Statistics，关闭开始界面，自动弹出默认名称为“无标题 1[数据集 0]”的数据编辑器界面。

2．定义变量

（1）默认打开“数据视图”选项卡，单击左下角的“变量视图”选项卡，打开“变量视图”窗口。在第 1 行的“名称”列中输入“美元”，自动在该行显示其余变量属性，如图 2.14 所示。

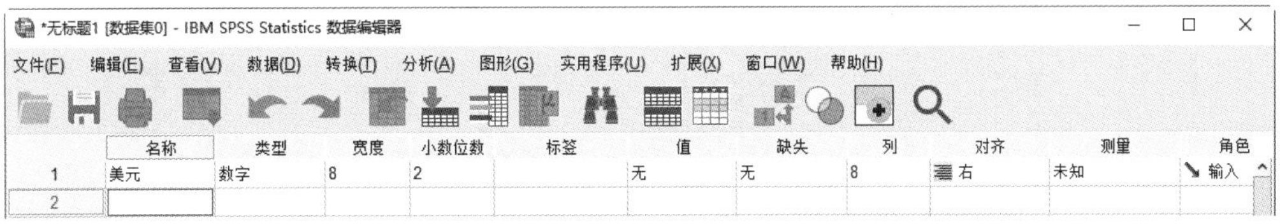

图 2.14 定义“美元”变量

（2）选中并双击“美元”变量的“类型”列的单元格，单击单元格右侧的编辑按钮“…”，弹出“变量类型”对话框，选择“美元”选项，单击“确定”按钮，如图 2.15 所示。

（3）单击左下角的“数据视图”选项卡，打开“数据视图”窗口。双击“美元”变量下第一个单元格，激活单元格，进入编辑状态，在单元格中输入 12，如图 2.16 所示。

（4）在单元格外单击，结束变量值的输入，自动在变量值12前添加美元符号“$”，结果如图2.17所示。

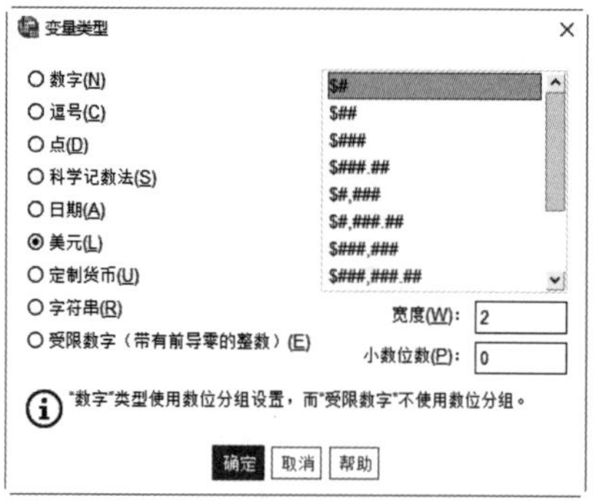

图2.15 “变量类型”对话框

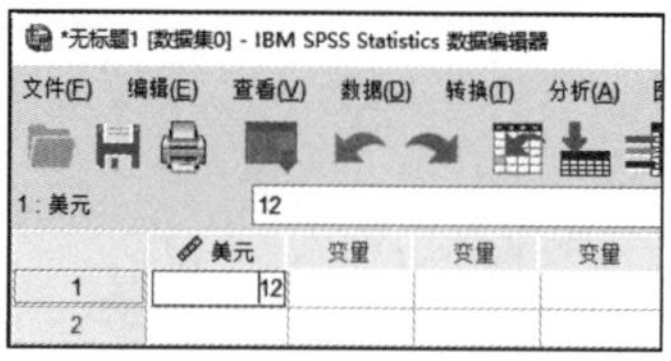

图2.16 输入变量值

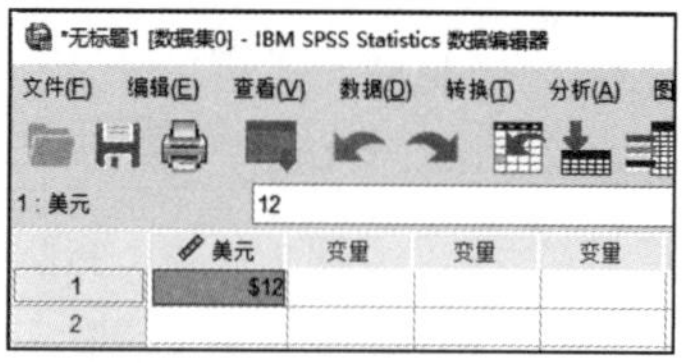

图2.17 自动显示变量值

2.1.6 输出窗口

输出窗口用于显示和编辑数据分析的输出结果。如果运行程序发生错误，则系统会给出出错的信息并停止运行。

SPSS中包含3种输出窗口：结果输出窗口、语句输出窗口、脚本输出窗口。

1. 结果输出窗口

结果输出窗口也称为结果查看器，主要用于输出数据分析结果以及绘制相关分析图表，如图2.18所示。

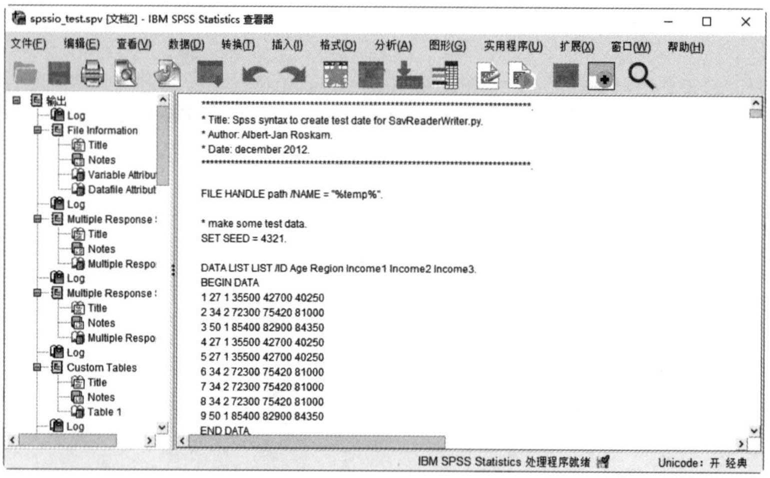

图2.18 结果输出窗口

结果输出窗口的左边是导航窗口，用于显示输出结果的分析目录；右边为输出查看器窗口（内容区），可以对输出的结果进行复制、编辑等操作。

结果输出窗口有自己的菜单栏，其大部分菜单与主菜单相同，也可以执行所有的统计分析功能，对数据文件进行分析，分析结果直接显示在结果输出窗口中。

SPSS中大多数统计分析结果都将以表或图的形式在结果输出窗口中显示。在用户执行某个操作（如打开文件、OLAP 报告等）后，自动弹出结果输出窗口；当相关结果在后台显示不自动弹出时，只需激活即可看到。

SPSS 数据结果文件的默认保存格式为 spv，而 SPSS 数据文件的默认保存格式为 sav。双击后缀名为.spv 的文件，可以直接打开结果输出窗口。

2. 语句输出窗口

语句输出窗口表示通过输入代码的方式进行数据统计分析操作，主要针对中、高级用户，如图 2.19 所示。

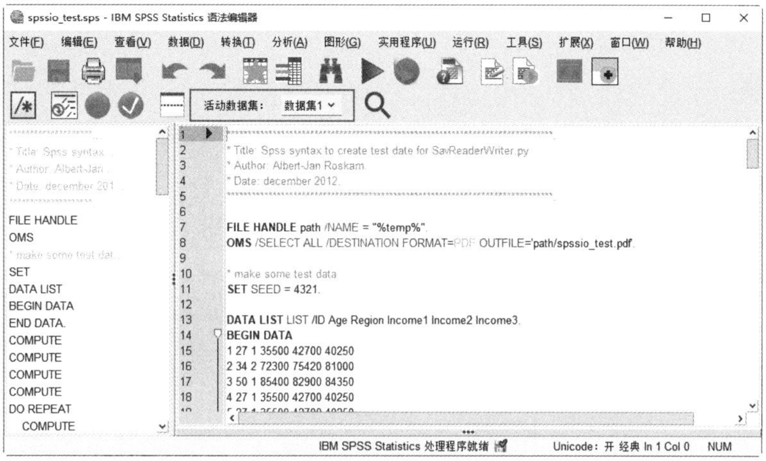

图 2.19 语句输出窗口

在该窗口中可以将语法代码另存为*.sps 类型文件。

3. 脚本输出窗口

脚本输出窗口基于 Sax BASIC 语言的编程环境来显示、操作对话框，使用命令语句执行数据转换和统计分析；输出为多种图表格式文件。

一般情况下，SPSS 使用两种编辑语言编写程序：Python 语言和 Sax BASIC 语言。

使用 Python 语言的编程环境如图 2.20 所示，使用 Sax BASIC 语言的编程环境如图 2.21 所示。

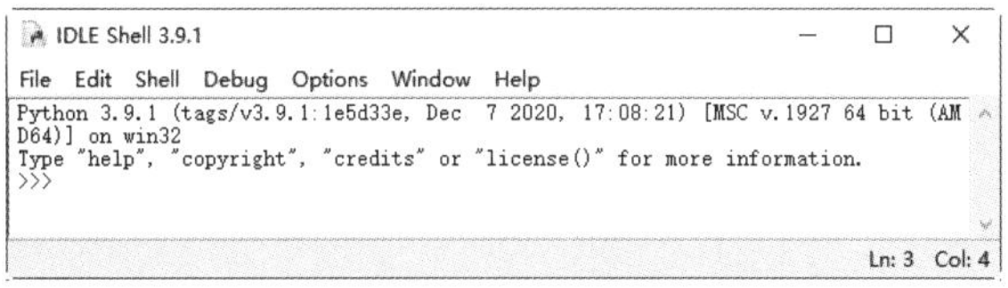

图 2.20 使用 Python 语言的编程环境

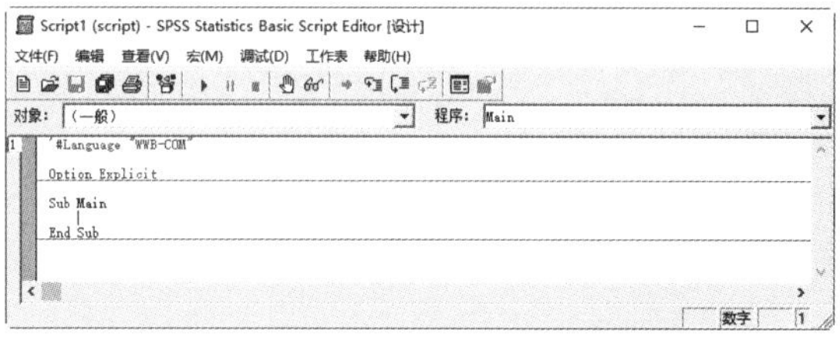

图 2.21 使用 Sax BASIC 语言的编程环境

2.2 文 件 操 作

在 SPSS 中，包含多种类型的文件，如数据文件、因特网数据文件、语法文件、输出文件、工作簿文件、脚本文件等。对文件的基本操作包括新建文件、打开文件、关闭文件及保存文件。

2.2.1 新建文件

进行统计分析前的第一步是建立 SPSS 数据文件，SPSS 数据文件是一种有结构的数据文件，由文件结构和数据两部分组成。一般情况下，SPSS 中的数据文件是指.sav 格式的文件。

【执行方式】

- 菜单栏：选择菜单栏中的“文件”→“新建”→“数据”命令（图 2.22）。
- 快捷键：Ctrl+N。

操作步骤

执行此命令，打开“IBM SPSS Statistics 数据编辑器”窗口，新建一个数据文件“无标题 2[数据集 1]”，如图 2.23 所示。

图 2.22 “新建”子菜单

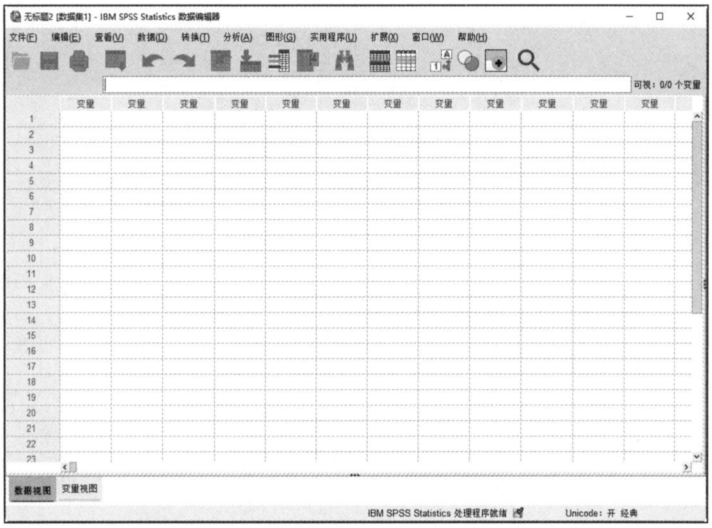

图 2.23 新建一个数据文件

2.2.2 打开文件

1. 打开本地的数据文件

【执行方式】

- 菜单栏：选择菜单栏中的“文件”→“打开”→“数据”命令。
- 工具栏：单击工具栏中的“打开”按钮。
- 快捷键：Ctrl+O。

操作步骤

执行此命令，弹出❶“打开数据”对话框，在❷“查找位置”栏中选择文件所在的位置；在❸

“文件名”文本框中输入文件名称；在❹“文件类型”下拉列表中选择需要打开的文件的类型，如图 2.24 所示。

从图 2.24 中可以看出，SPSS 除了可以打开.sav 格式的数据文件，还可以打开其他格式的数据文件，方便与其他软件进行交互。

注意：

> 打开语法文件、输出文件、工作簿文件、脚本文件的方法与打开数据文件的方法相同，这里不再赘述，打开因特网数据文件的方法略有不同，下面进行详细介绍。

2. 打开因特网数据文件

SPSS 具有强大的数据获取功能，除了可以打开本地的数据文件，还可以打开因特网数据文件。

【执行方式】

菜单栏：选择菜单栏中的“文件”→“打开”→“因特网数据”命令。

操作步骤

执行此命令，弹出“从因特网位置打开数据文件”对话框，如图 2.25 所示。在“文件类型”选项组中选择数据文件的类型即可。

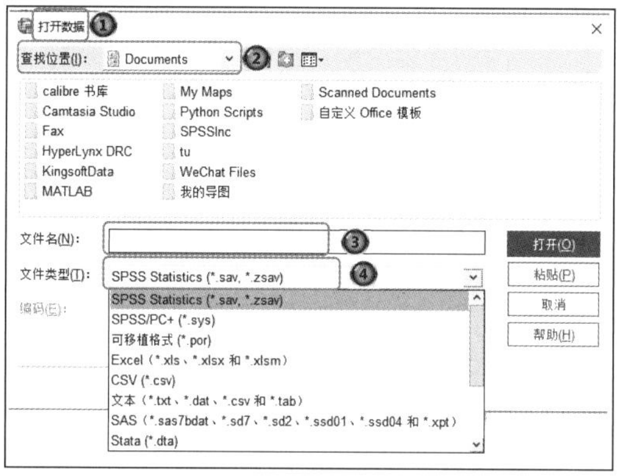

图 2.24 “打开数据”对话框

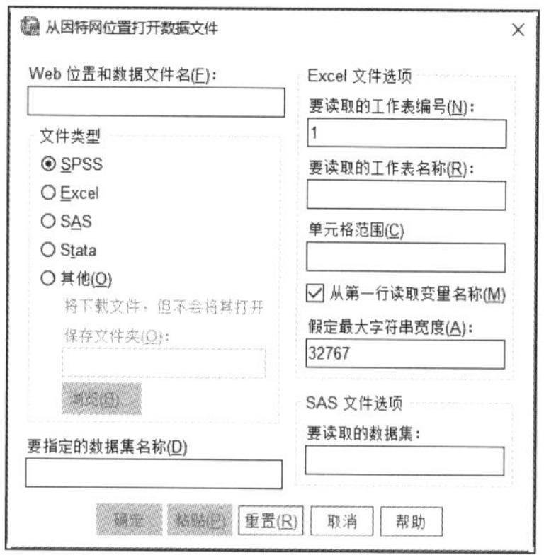

图 2.25 “从因特网位置打开数据文件”对话框

★重点 动手学——设置数据变量

源文件：源文件\第 2 章\german.sav

本实例演示如何打开数据文件，并设置数据的变量类型。

扫一扫，看视频

操作步骤

1. 打开数据文件

（1）选择菜单栏中的“文件”→“打开”→“数据”命令，或者单击工具栏中的“打开”按钮，弹出“打开数据”对话框，如图 2.26 所示。

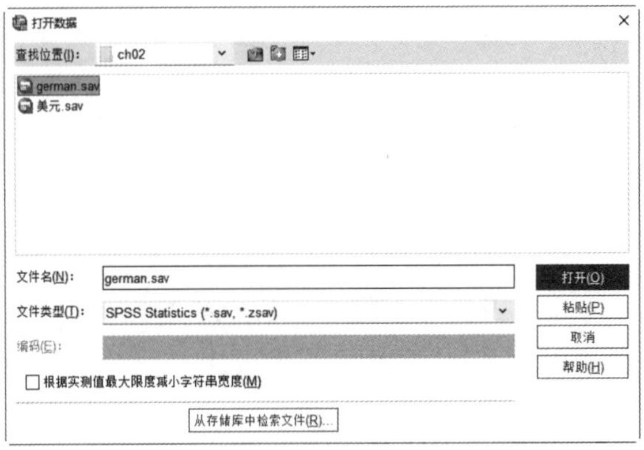

图 2.26　“打开数据”对话框

（2）选择 german.sav 数据集文件，单击“打开”按钮，在“IBM SPSS Statistics 数据编辑器”窗口中显示数据集文件，该文件包含 6 个变量：python、programmieren、macht、überhaupt、völlig、v1，如图 2.27 所示。

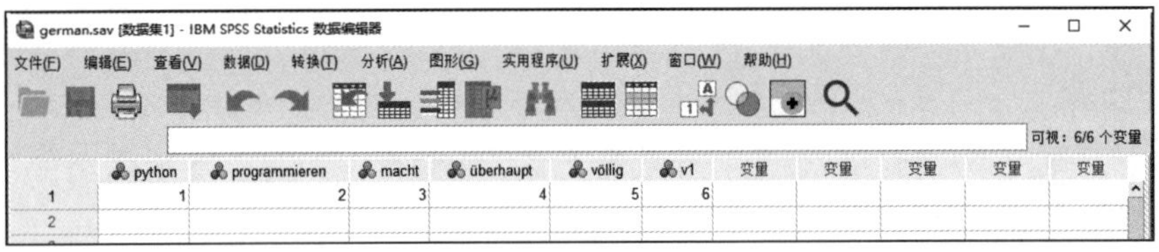

图 2.27　打开数据集

（3）单击左下角的“变量视图”选项卡，切换到“变量视图”窗口，显示 6 个变量的属性参数，如图 2.28 所示。

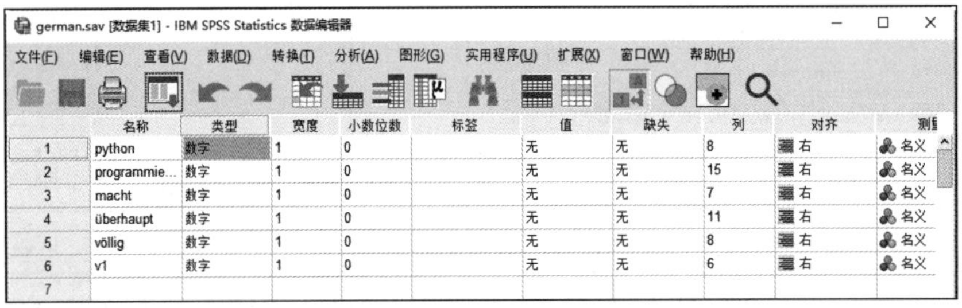

图 2.28　“变量视图”窗口

2. 设置 python 变量

（1）选中第 1 行的 python 变量，选中并双击“类型”列的单元格，默认变量类型为“数字”，单击单元格右侧的编辑按钮“…”，弹出“变量类型”对话框。

（2）选择“受限数字（带有前导零的整数）”选项，在“宽度”文本框中输入 6，如图 2.29 所示。单击“确定”按钮，关闭对话框。变量设置结果如图 2.30 所示。

（3）单击左下角的“数据视图”选项卡，切换到“数据视图”窗口，显示设置后的变量，如图 2.31 所示。

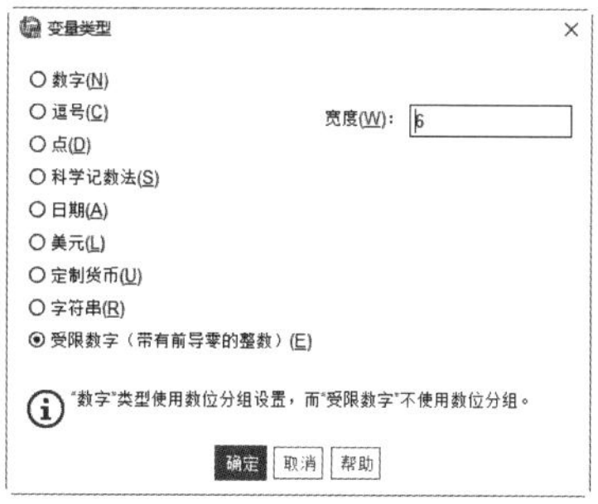

图 2.29 “变量类型”对话框

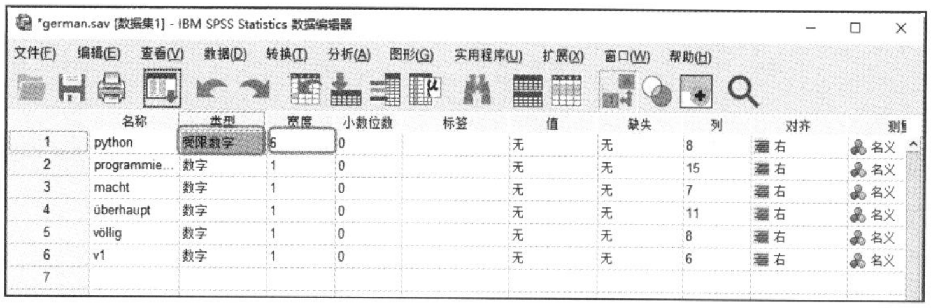

图 2.30 变量设置结果 1

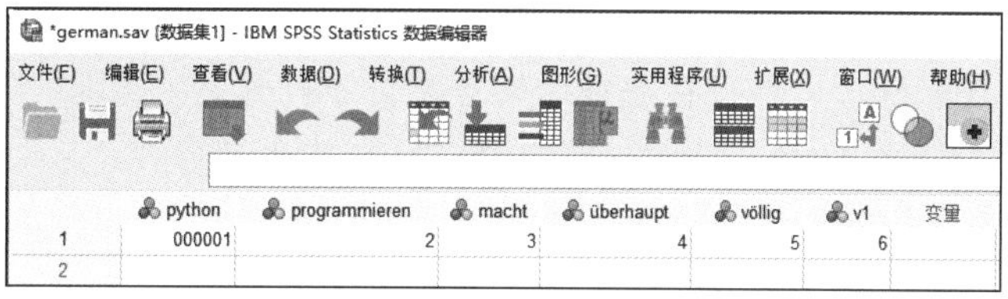

图 2.31 变量设置结果 2

2.2.3 通用打开文件

【执行方式】

菜单栏：选择菜单栏中的“编辑”→General Open（通用打开）命令。

操作步骤

执行该命令，弹出 General Open 对话框，下面介绍该对话框中的选项。在该对话框中可以打开所有类型的文件和数据集，如图 2.32 所示。

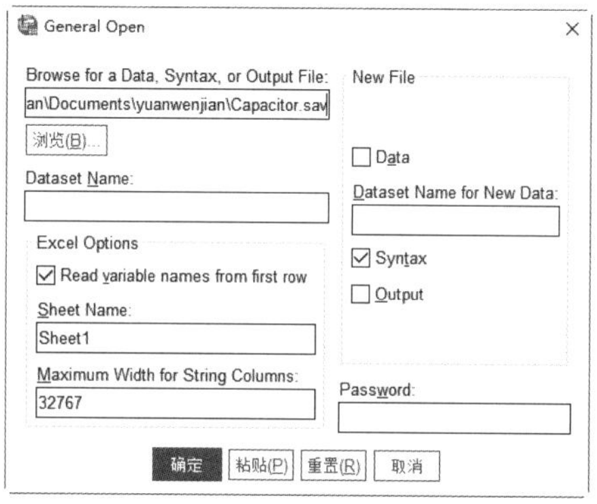

图 2.32 选择文件 1

（1）Browse for a Data, Syntax, or Output File：选择要打开的数据文件、语法文件、输出文件的路径。

（2）Dataset Name：需要打开的数据集文件的名称。

单击“浏览”按钮，弹出“打开”对话框，如图 2.33 所示。在该对话框中选择需要打开的文件。“文件类型”下拉列表中显示的是文件的类型，包括所有文件(*.*)、Data File(*.sav)、Syntax、Viewer、Encrypted syntax、Excel97、Excel2003、Excelm。

单击“打开”按钮，关闭该对话框，返回 General Open 对话框，Browse for a Data, Syntax, or Output File 文本框中会显示需要打开的文件名称及文件路径，如图 2.32 所示。

（3）Excel Options：在该选项组中设置打开文件的选项，数据文件一般均类似 Excel。

- 在 Sheet Name（图表名称）文本框中显示需要打开的文件所在的图表名称，为 Sheet1。
- 在 Maximum Width for String Columns（字符最大宽度）文本框中显示打开文件的字符最大宽度，为 32767。

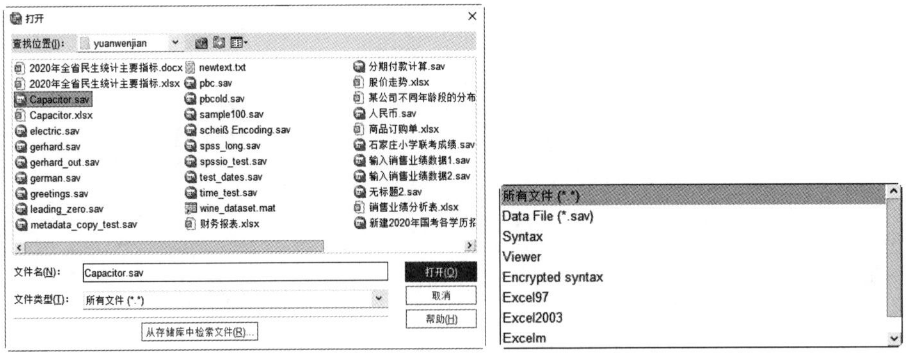

图 2.33　选择文件 2

（4）Data：勾选该复选框，文件将在数据编辑器窗口中打开。

（5）Dataset Name for New Data：设置打开文件中数据的变量名称。

（6）Syntax：勾选该复选框，文件将在语法编辑器窗口中打开。

（7）Output：勾选该复选框，文件将在输出查看器窗口中打开。

（8）Password：当打开加密文件时，在该文本框中输入文件密码。

单击“确定”按钮，关闭对话框，打开指定的文件，如图 2.34 所示。

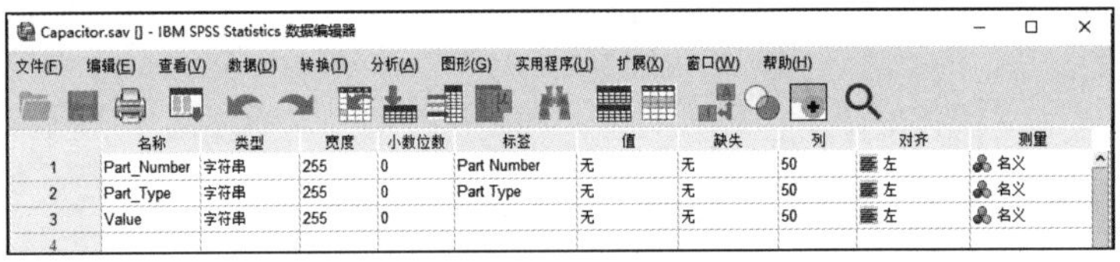

图 2.34　打开指定的文件

2.2.4　关闭文件

如果不再需要某个打开的文件，应将其关闭，这样既可以节约一部分内存，也可以防止数据丢失。

【执行方式】

- 菜单栏：选择菜单栏中的“文件”→“关闭”命令。
- 快捷键：Ctrl+F4。

2.2.5　保存文件

在处理 Excel 文件时，应时常保存文件，以防因为意外事故造成数据丢失。

【执行方式】

- 菜单栏：选择菜单栏中的“文件”→“保存”/“另存为”命令。
- 工具栏：单击工具栏中的“保存”按钮。
- 快捷键：Ctrl+S。

操作步骤

在保存文件时，如果文件已经保存过，SPSS 将用新的文件内容覆盖原有的内容；如果新建的文件还未命名，则弹出“将数据另存为”对话框，选择要保存的位置，指定文件的保存路径和名称，如图 2.35 所示。

【选项说明】

下面介绍“将数据另存为”对话框中的常用选项。

SPSS 提供了一项特殊的保存功能：将输出结果加密保存。

勾选“使用密码对文件进行加密”复选框，单击“保存”按钮，弹出“文件加密”对话框，如图 2.36 所示。在“指定打开文件时需要提供的密码”文本框中输入密码（如密码“1”），为防止输错密码导致无法打开文件，在“确认密码”文本框中继续输入相同的密码。

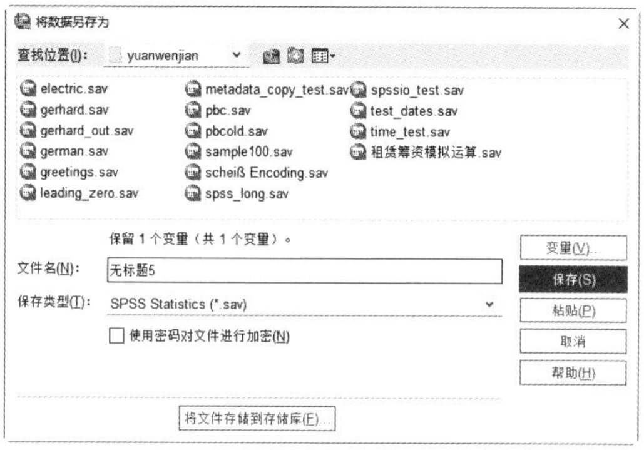

图 2.35　“将数据另存为”对话框

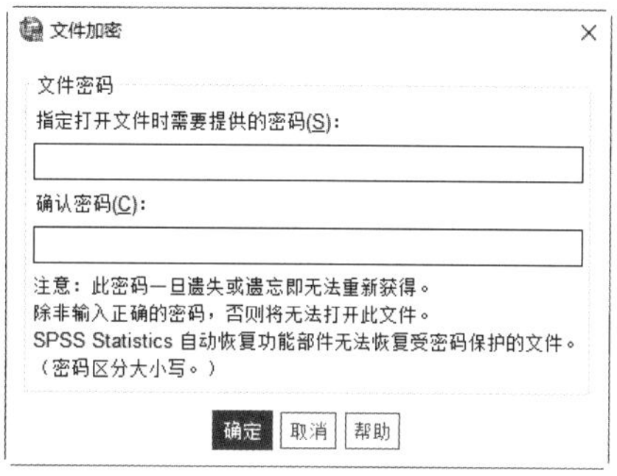

图 2.36　“文件加密”对话框

单击“确定”按钮，关闭对话框，完成文件的加密保存。

在打开添加密码保存的文件时，会弹出“输入密码”对话框，如图 2.37 所示。如果输入的密码错误，则弹出警告对话框，无法打开文件，如图 2.38 所示。如果忘记密码，密码也无法找回，因此要谨慎使用加密保存功能。单击“确定”按钮，弹出“IBM SPSS Statistics 查看器”窗口，显示错误信息，如图 2.39 所示。

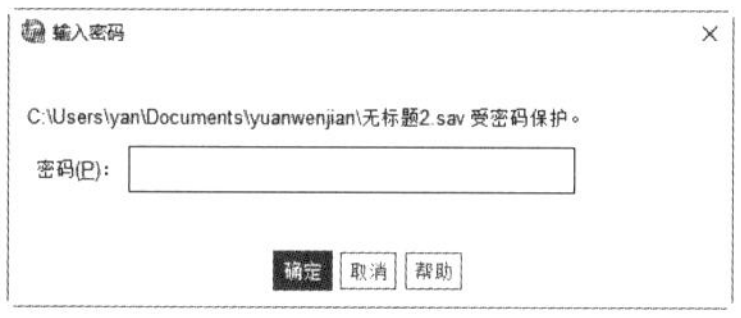

图 2.37　“输入密码”对话框

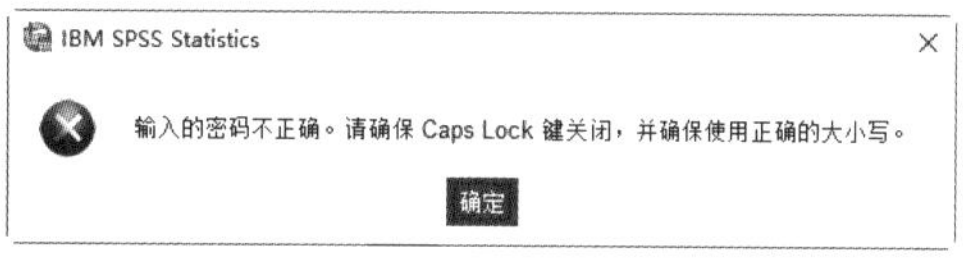

图 2.38　警告对话框

图 2.39　“IBM SPSS Statistics 查看器”窗口

★重点 动手练——创建资产负债表

扫一扫，看视频

源文件： 源文件\第 2 章\财务报表.xlsx

资产负债表是反映企业某一特定日期财务状况的会计报表，属于静态报表。它根据资产、负债和所有者权益之间的相互关系，按照一定的分类标准和顺序，把企业某一特定日期的资产、负债和所有者权益各项目予以适当排列，并对日常工作中形成的大量数据高度浓缩整理后进行编制。

本实例利用 SPSS 导入 Excel 数据创建基本财务报表文件——资产负债表。

思路点拨

（1）新建一个数据文件。

（2）导入“财务报表.xlsx”文件中的“资产负债表”数据。

（3）保存数据文件，命名为“资产负债表”。

（4）保存文件时进行加密，密码为 123456。

2.3 工作环境的设置

在对统计数据进行分析的过程中，效率和正确性往往与工作环境的设置有着密切关系。在 SPSS 统计分析软件中，使用“选项”对话框设置数据编辑器工作环境。

【执行方式】

菜单栏：选择菜单栏中的“编辑”→“选项”命令。

操作步骤

执行此命令，打开“选项”对话框，如图 2.40 所示。该对话框中包含 13 个选项卡，即常规、语言、查看器、数据、货币、输出、图表、透视表、文件位置、脚本、多重插补、语法编辑器、隐私。在该对话框中，有些参数在设置完成后会立即生效，有些则要在 SPSS 重新启动后才能生效。

图 2.40 “选项”对话框

2.3.1　设置常规环境参数

数据编辑器的常规环境参数是通过“常规”选项卡进行设置的（图 2.40）。下面介绍该选项卡中的具体选项。

（1）“应用方式”选项组。该选项组指定 SPSS 统计分析结果的显示方法，包括经典（语法和输出）、工作簿。

（2）“变量列表”选项组。该选项组用于设置显示变量的方式和顺序。根据选择的选项可以设定变量在变量表中的显示方式和显示顺序。

- 变量表中的显示方式包括显示标签、显示名称。
- 变量表中的显示顺序包括字母顺序、文件、测量级别。

（3）“角色”选项组。“角色”这个词源于数据挖掘方法体系的要求。为了节省时间、提高效率，某些对话框可以使用预定义角色，然后自动将变量分配到变量列表中。SPSS 默认为所有变量分配输入角色，角色分配只影响支持角色分配的对话框。一般情况下，该选项使用默认设置即可。

预定义的可用角色如下。

- 输入：变量将用作输入（如自变量、预测变量）。
- 目标：变量将用作输出或目标（如因变量）。
- 两者：变量将同时用作输入和输出。
- 无：变量没有角色分配，即不被纳入分析。
- 分区：变量用于将数据划分为单独的训练、检验和验证样本。
- 拆分：变量将用作拆分文件变量。

（4）“最大线程数”选项组。线程是操作系统能够进行运算调度的最小单位。该选项组用于指定操作系统允许的线程数的上限值。

（5）“自动恢复”选项组。为了防止数据丢失，勾选“已启用”复选框，在“保存文件之间的时间间隔（分钟）”文本框中输入文件保存时间间隔，在“自动恢复文件位置”文本框中输入自动保存文件的位置。

（6）“输出”选项组。该选项组用于设置输出结果。在“测量系统”中设置单位，默认为“厘米”。

（7）“通知”选项组。该选项组用于设置通知信息的显示方式。

- 弹出查看器窗口：勾选该复选框，在查看器窗口中显示通知。
- 滚动到新输出：勾选该复选框，在新的输出结果中显示通知。

（8）“窗口”选项组。在“外观”下拉列表中设置 SPSS 软件启动时的外观，包括 SPSS 浅色、SPSS 标准、SPSS 传统、窗口 4 种类型。

- 启动时打开语法或工作簿窗口：勾选该复选框，启动 SPSS 时自动打开语法编辑器窗口，如图 2.41 所示。
- 一次只打开一个数据集：勾选该复选框，启动 SPSS 后，不能同时打开多个数据文件，只能打开一个，如果需要打开另一个数据文件，需要先关闭当前数据文件。

图 2.41　打开语法编辑器窗口

2.3.2　设置语言环境参数

数据编辑器的语言环境参数是通过“语言”选项卡进行设置的，如图 2.42 所示。下面介绍该选项卡中的具体选项。

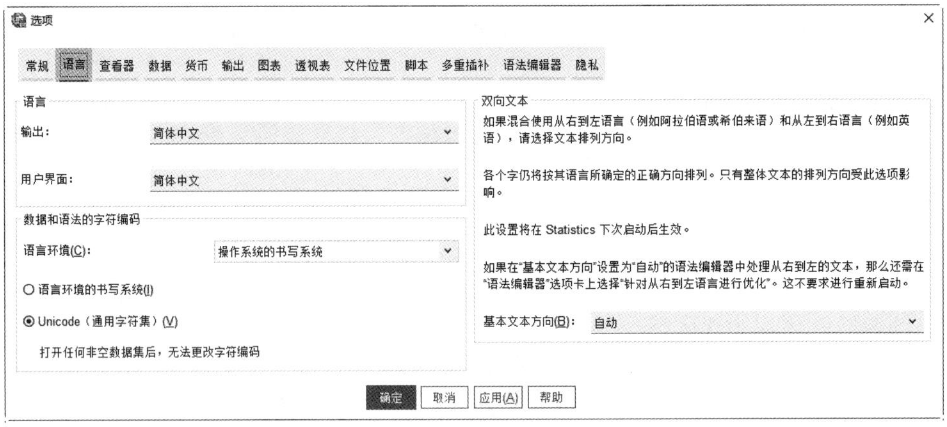

图 2.42　“语言”选项卡

（1）“语言”选项组。该选项组用于指定当前软件界面与输出结果的语言，默认为“简体中文”。

（2）“数据和语法的字符编码”选项组。该选项组用于设置打开的数据文件的字符编码方式，包括“语言环境的书写系统”和“Unicode（通用字符集）”，默认选择“Unicode（通用字符集）”。

（3）“双向文本”选项组。在“基本文本方向”中选择文本排列方向。

2.3.3　设置输出窗口环境参数

数据编辑器最基本的输出窗口是查看器编辑器窗口，通过“查看器”选项卡来实现查看器编辑器窗口的界面设置，如图 2.43 所示。下面介绍该选项卡中的具体选项。

（1）“初始输出状态”选项组。该选项组用于指定查看器编辑器窗口中的图标符号、名称、显示状态与对齐方式。

（2）“标题”选项组。该选项组用于设置窗口中标题的字体类型与字体大小，还可以设置粗体、斜体、下划线、字体颜色等。

（3）“页面标题”选项组。该选项组用于设置窗口中左侧选项栏标题的字体类型与字体大小，还可以设置粗体、斜体、下划线、字体颜色等。

（4）“文本输出”选项组。该选项组用于设置窗口中右侧文本编辑区域的字体类型与字体大小，还可以设置粗体、斜体、下划线、字体颜色等。

（5）“缺省页面设置”选项组。在“方向”选项中选择页面排列方向，包括横向、纵向；在“页边距”选项中设置上、下、左、右四个方向的页边距。

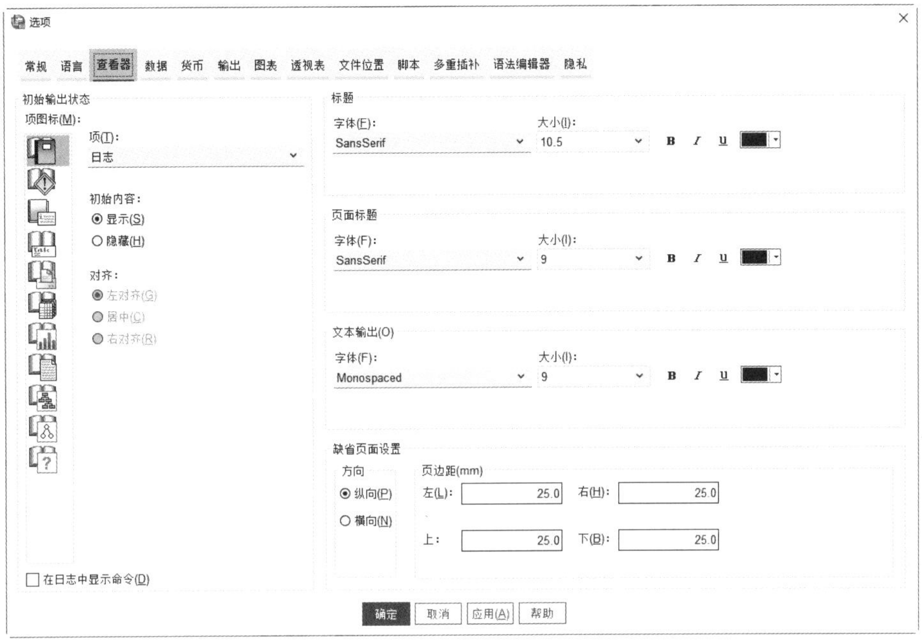

图 2.43　“查看器”选项卡

2.3.4　设置数据环境参数

数据是数据编辑器的基础，数据环境参数是通过“数据”选项卡进行设置的，如图 2.44 所示。下面介绍该选项卡中的具体选项。

（1）“转换与合并选项”选项组。该选项组用于指定数据合并时如何转换计算值。

- 立即计算值：数据合并时，即时计算合并值。
- 在使用前计算值：数据合并后，在使用合并值时计算。

（2）“新数字变量的显示格式”选项组。该选项组用于设置数字变量的宽度与小数位数，宽度默认为 8，小数位数默认为 2。其中，小数点不算位数。

（3）“随机数生成器”选项组。该选项组用于定义随机数的计算方法。

（4）“定制变量视图”按钮。单击该按钮，弹出“定制变量视图”对话框，如图 2.45 所示。显示“变量视图”窗口中的默认变量，通过勾选、取消勾选复选框，对需要设置的变量进行增减与排序。

（5）“更改字典”按钮。单击该按钮，弹出“更改字典”对话框，如图 2.46 所示。在“字典”下拉列表中选择字典类型，包括美式英语、英式英语、美式及英式英语、德语、西班牙语、法语、意大利语、荷兰语、瑞士德语、葡萄牙语、巴西葡萄牙语。

（6）“设置两位数年份的世纪范围”选项组。该选项组用于设置年份的设置方法，若选择“自动”选项，默认范围为 1953—2052；若选择“定制”选项，可在“开始年份”和“结束年份”文本框中输入开始年份和结束年份。

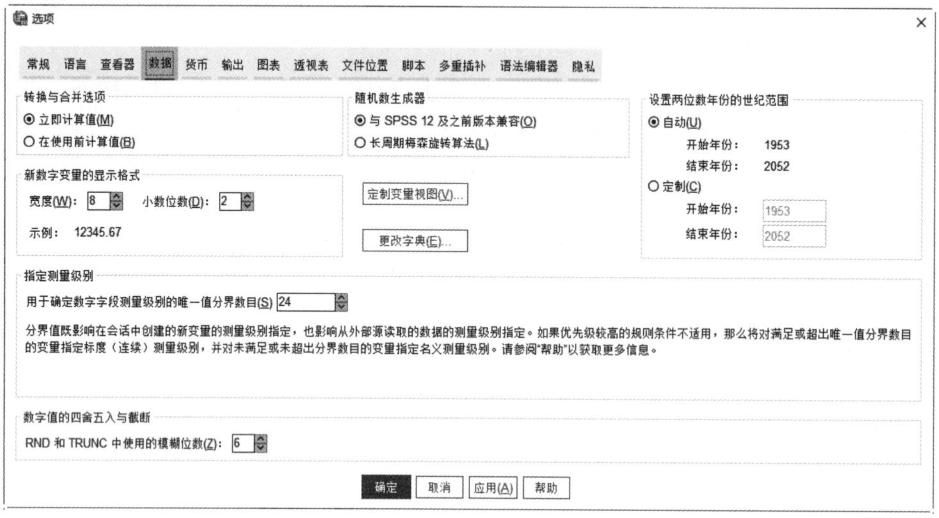

图 2.44 “数据”选项卡

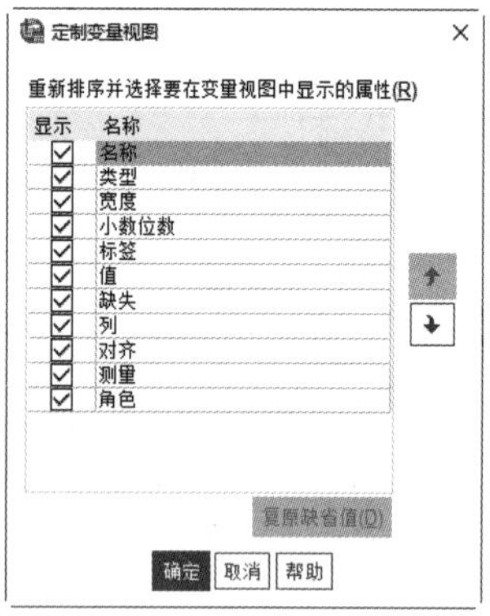

图 2.45 “定制变量视图”对话框

图 2.46 “更改字典”对话框

（7）“指定测量级别”选项组。该选项组用于设置“用于确定数字字段测量级别的唯一值分界数目”的值，默认为 24。

（8）“数字值的四舍五入与截断”选项组。在“RND 和 TRUNC 中使用的模糊位数”文本框中显示四舍五入与截断维数，默认为 6，可以通过单击上、下箭头按钮或直接输入数值进行修改。

2.3.5 设置货币数据环境参数

统计数据中包含一种特殊数据——货币数据，在使用货币数据时，应在数据前添加货币符号，以便系统辨识其为哪个国家的货币，如果不加货币符号，则系统默认为“￥”（人民币）。

货币数据环境是通过“货币”选项卡进行设置的，如图 2.47 所示。该对话框中还包括特殊的前缀和后缀字符以及对负值的特殊处理方式。下面介绍该选项卡中的具体选项。

（1）“定制输出格式”选项组。该选项组中包括 5 种自定义货币显示格式：CCA、CCB、CCC、CCD 和 CCE。

（2）“样本输出”选项组。该选项组用于显示相应输出格式的预览。

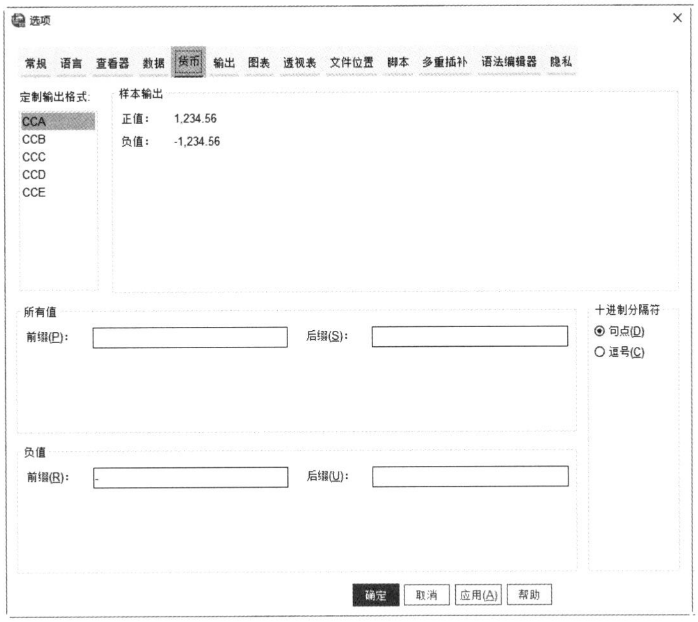

图 2.47 “货币”选项卡

（3）“所有值”选项组。该选项组中包括“前缀”与“后缀”两个输入框，分别用于输入所有值的前缀与后缀。

（4）“负值”选项组。该选项组中同样包括“前缀”与“后缀”两个输入框，分别用于输入所有负值的前缀与后缀，系统默认前缀为“-”。

（5）“十进制分隔符”选项组。该选项组用于设置小数分隔符，有“句点”和“逗号”两种分隔符可选。

扫一扫，看视频

★重点 动手学——定义人民币型变量

人民币（缩写为 RMB）是我国的法定货币，人民币在 ISO 4217 中简称为 CNY（China Yuan），常用简写 RMB（Ren Min Bi）；人民币货币的符号是“￥”，读音为“YUAN”。

SPSS 中没有专门的人民币型变量，因此需要在货币变量中添加人民币货币的符号。本实例演示人民币型变量的正确输入格式。

操作步骤

1．新建数据集文件

（1）双击“开始”菜单中的 IBM SPSS Statistics 图标，启动 IBM SPSS Statistics，关闭开始界面，自动弹出数据编辑器界面。

（2）选择菜单栏中的“文件”→“新建”→“数据”命令，新建空白的数据文件“无标题 2[数据集 1]”，如图 2.48 所示。

2．定义变量

（1）默认打开“数据视图”选项卡，单击左下角的“变量视图”选项卡，打开“变量视图”窗口。在第 1 行的“名称”列中输入“人民币”，自动在该行显示其余变量属性，如图 2.49 所示。

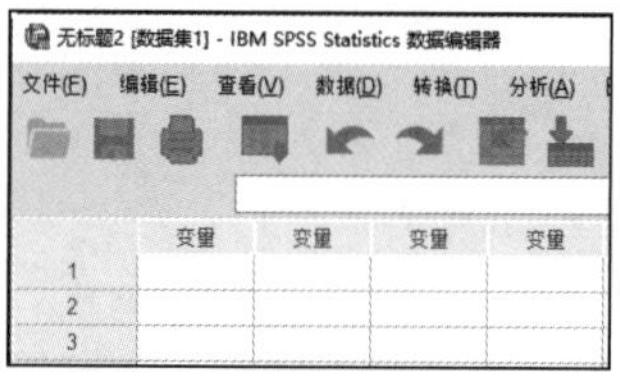

图 2.48　新建数据集文件

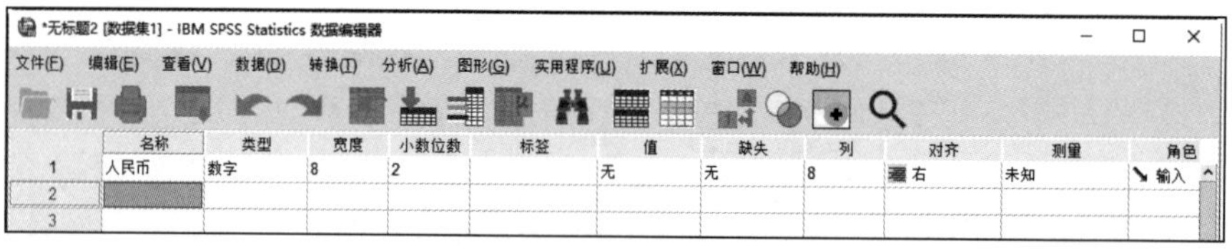

图 2.49　定义“人民币”变量

（2）选中并双击“人民币”变量的“类型”列的单元格，单击单元格右侧的编辑按钮“…”，弹出“变量类型”对话框，选择“定制货币”选项，如图 2.50 所示。单击“确定”按钮，关闭对话框。

（3）单击“数据视图”选项卡，打开“数据视图”窗口。在数据编辑区的左上角“人民币”变量下输入数字“12”，输入变量值后，根据定义的变量宽度与小数位数显示变量为“12.00”，如图 2.51 所示。

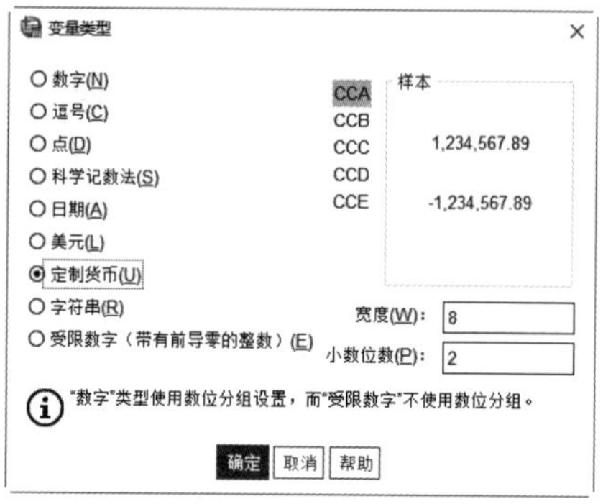

图 2.50　“变量类型”对话框

注意：

人民币货币的符号是“￥”，人民币 12 元的正确输入格式应该为“￥12”，直接输入“￥12”，SPSS 不识别，变量值仍为 12.00。

3. 设置货币型变量

（1）选择菜单栏中的“编辑”→“选项”命令，弹出“选项”对话框，打开❶“货币”选项卡，在❷“定制输出格式”列表中选择自定义货币显示格式 CCA。

（2）在❸“所有值”选项组的“前缀”文本框中输入所有值的前缀“￥”，在“样本输出”选项组中显示相应格式的预览，如图 2.52 所示。

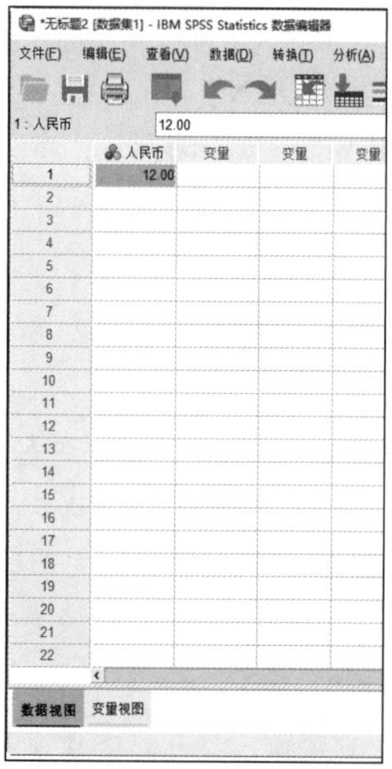

图 2.51　输入变量值

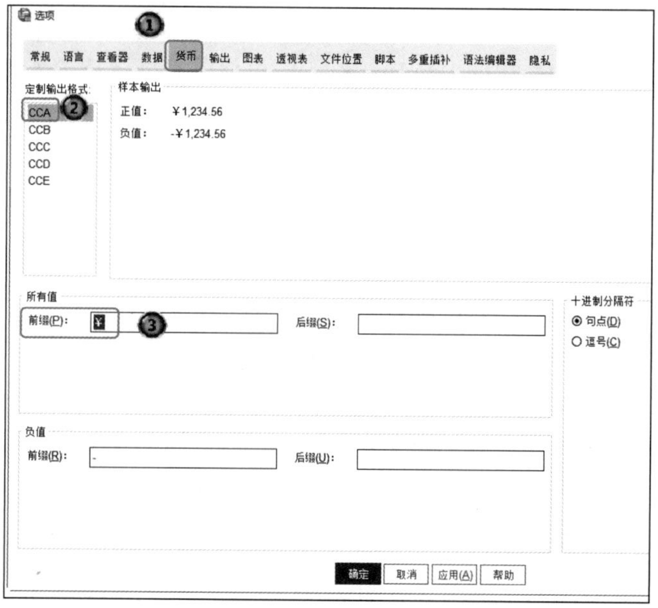

图 2.52　“货币”选项卡

（3）单击“确定”按钮，关闭对话框。此时，“人民币”变量的值变为“￥12.00”，如图 2.53 所示。

4. 保存文件

选择菜单栏中的“文件”→“另存为”命令，弹出“将数据另存为”对话框，选择要保存的位置，输入文件名“人民币”，保存该文件，如图 2.54 所示。

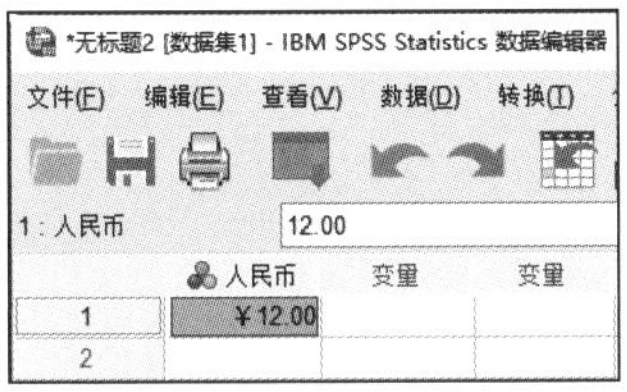

图 2.53　定义变量值

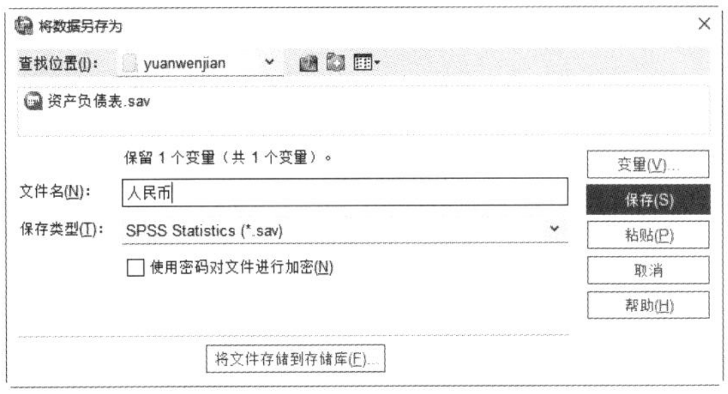

图 2.54　保存文件

2.3.6　设置文件环境参数

任何数据都需要保存在文件中使用，新建文件或打开文件都需要设置文件路径。文件环境参数是通过“文件位置”选项卡进行设置的，如图 2.55 所示。下面介绍该选项卡中的具体选项。

（1）“打开对话框和保存对话框所使用的启动文件夹”选项组。在该选项组中设置 SPSS 打开或保存对话框时显示的默认文件路径，可以指定为系统指定的默认路径（文件夹），也可以选择最近一次使用的文件夹。

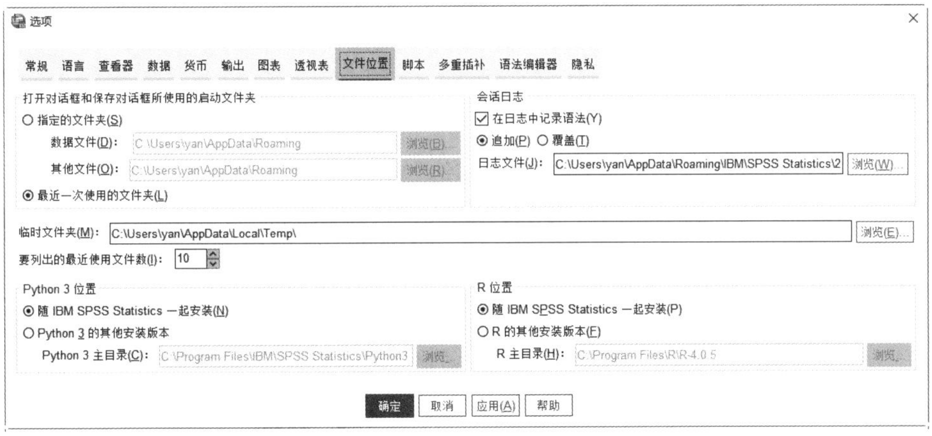

图 2.55　“文件位置”选项卡

SPSS 中的文件包括数据文件和其他文件，在“指定的文件夹”选项中可以设置两种文件的路径。

（2）“会话日志”选项组。该选项组用于设置与日志文件有关的选项。例如，在日志中记录语法，设置日志文件名及存储路径等。

➘ “在日志中记录语法”复选框：勾选该复选框，表示在保存日志文件时记录语句。有两个选项，其中，“追加”选项表示每次运行的语句接在前一次运行语句的记录后面；“覆盖”选项表示每次运行的语句覆盖前一次运行语句的记录。

- 日志文件：打开保存日志文件的对话框，指定日志文件的保存位置和文件名。

（3）“临时文件夹”选项。临时文件的保存位置。

（4）“要列出的最近使用文件数”选项。设定文件表中的文件数，控制显示在文件菜单中的文件数，默认为10。

（5）“Python 3位置”选项组。该选项组用于设置Python 3的安装情况与其他安装版本目录。

（6）“R位置”选项组。该选项组用于设置R的安装情况与其他安装版本目录。

第 3 章　SPSS 数据结构

内容简介

SPSS 数据结构是指对 SPSS 变量及其相关属性的描述。本章将着重介绍 SPSS 28 数据结构的基本知识，即定义变量名、变量类型、变量宽度（小数位数）、变量标签（或值标签）和变量的格式(显示宽度、对齐方式、缺失值、标记等）。

学习要点

- 学会如何定义变量
- 掌握变量的基本操作

3.1　统计学中的几个基本概念

统计是收集、分析、表述和解释数据的方法，通过该方法可以认识客观事物数量的规律。统计学的基本概念是使用 SPSS 的基础，在介绍变量和数据的各项操作之前，先介绍一下 SPSS 中的一些基本术语。

1．数据和数据集

数据是为了描述和解释研究对象而收集、分析和汇总的事实和数字，应用于特定研究对象而收集的所有数据称为研究的数据集。

表 3.1 是各地区分公司资产购置费用统计的数据集，表中的文字、数字和符号内容为数据。通过对 7 个地区的电器设备、电子设备购置费用的数据进行统计分析，可为投资者提供投资建议和投资依据。

表 3.1　各地区分公司资产购置费用统计的数据集

地　区	2018 年		2019 年	
	电器设备	电子设备	电器设备	电子设备
上海	¥20,481,258.00	¥18,153,183.00	¥216,705.00	¥216,069.00
江苏	¥23,455,425.00	¥17,524,072.00	¥1,557,600.00	¥1,291,901.00
浙江	¥9,415,000.00	¥7,492,295.00	¥331,228.00	¥284,428.00
安徽	¥5,650,431.00	¥4,850,582.00	¥1,792,511.00	¥1,517,403.00
福建	¥3,280,077.00	¥2,856,419.00	¥129,281.00	¥94,272.00
江西	¥4,107,118.00	¥3,538,867.00	¥457,199.00	¥581,642.00
山东	¥12,551,563.00	¥10,048,089.00	¥3,097,683.00	¥2,450,890.00

统计数据是对研究现象进行测量的结果。例如，对经济活动总量的测量可以得到国内生产总值（GDP）；对股票价格变动水平的测量可以得到股票价格指数；对人口性别的测量可以得到男女性别比例等。根据不同的测量尺度，统计数据可以分为不同的类型。

2. 数据的测量尺度

在统计学中，可以用四种测量尺度来测度一个特定变量的数据，分别是定类尺度、定序尺度、定距尺度和定比尺度。

（1）定类尺度是对数据类别或属性的一种测度，其值只能代表事物的类别和属性，不能比较各类别之间的大小，所以各类别之间没有顺序或等级，一般以字符、文字表示。例如，国民经济按其经济类型，可以分为国有经济、集体经济、私营经济、个体经济等类。

（2）定序尺度是对数据之间的等级或顺序的一种测度，其计算结果只能排序，不能进行算术运算。这类数据具有定类数据的性质，并且数据的顺序或等级的意义明确，这类数据的测量尺度就是定序尺度。这种测量尺度的主要数学特征是“>”或“<”。定序尺度除了用于分类（组）外，在对定序数据的分析中还可以确定中位数、四分位数、众数等指标的位置。

（3）定距尺度是对数据次序之间间距的测度，不仅能对数据进行排序，还能准确计算出数据之间的差距。生活中最典型的定距尺度的应用是温度计。定距尺度可以用众数、中位数或算术平均值来描述，具有顺序数据的性质，测量结果为数值，可以进行加或减运算。

（4）定比尺度是对两个数据之间的比值的一种测度。定比尺度有一个固定的绝对“零点”，而定距尺度没有。在定距变量中，“0”是一个测量值，不表示没有；而在定比变量中，“0”就表示没有。定比尺度的主要数学特征是可以进行加、减、乘、除运算。例如，将某地区人口数和土地面积进行对比，计算人口密度指标，说明人口相对的密集程度。

3. 变量类型

统计学中的变量类型是指研究对象的特征，有时也称为属性，如人的身高、性别等。每个变量都有值和类型，变量的具体取值称为变量值，如商品销售额可以是20万元、30万元、50万元……，这些数字就是变量值。

在统计学中，根据统计分析的目的，变量可以分为三种，分别是分类变量、顺序变量和连续变量。由于变量就是变化的数据，所以也将统计数据称为分类数据、顺序数据和连续数据。

按照所采用的不同测量尺度，统计学中的变量大致可以分为数值变量和分类变量。

注意：

> 数值变量是值，可以取一些数据，这些值对于加法、减法、求平均值等操作是有意义的，而分类变量对于上述的操作是没有意义的。

（1）数值变量是表示数据大小和多少的数值，数值变量可以分为以下两类。

- 离散变量（discrete）：变量值只能用自然数或整数，其数值是间断的，相邻两个数值之间不再有其他数值，这种变量的取值一般使用计数方法取得。
- 连续变量（continuous）：在一定区间内可以任意取值，其数值是连续不断的，相邻两个数值可作无限分割。

与离散变量相比，连续变量有“真零点”的概念，所以可以进行乘或除运算。

（2）分类变量用标记或名称来识别每个个体的属性，分类变量可以分为以下两类。

- 有序分类变量（ordinal）：描述事物的等级或顺序，变量值可以是数值型或字符型，可以比较优劣，如喜欢的程度：很喜欢、一般、不喜欢。
- 无序分类变量（nominal）：取值之间没有顺序差别，仅做分类，可以分为二分类变量和多分类变量。二分类变量是指将全部数据分成两个类别，如男、女，对、错，阴、阳等。二分类变量是一种特殊的分类变量，有其特有的分析方法。多分类变量是指将数据分成两个以上的类别，如血型分为 A、B、AB、O。

3.2　定 义 变 量

变量是任何程序设计语言的基本元素之一，SPSS 当然也不例外，SPSS 要求事先对所使用的变量进行定义，包括指定变量名称、类型等属性；否则，SPSS 会自动依据变量的值或对变量所进行的操作来识别变量的类型。

3.2.1　创建变量名称

SPSS 变量包含多个属性，变量名称是变量最基本的属性。创建了变量名称后自动按照系统定义的参数为变量添加其余属性。

创建变量最简单的方法是直接输入变量名称。下面介绍具体方法。

（1）单击要输入名称的单元格（“变量”行，“名称”列），单元格边框变为蓝色，表示被激活。

（2）在单元格中输入变量名称。默认情况下，文本在单元格中左对齐，如图 3.1 所示。

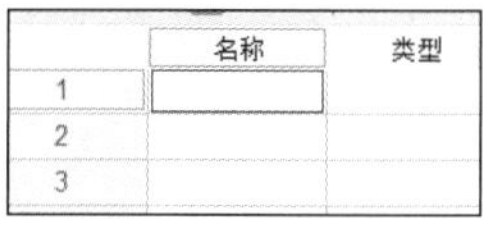

（a）激活单元格

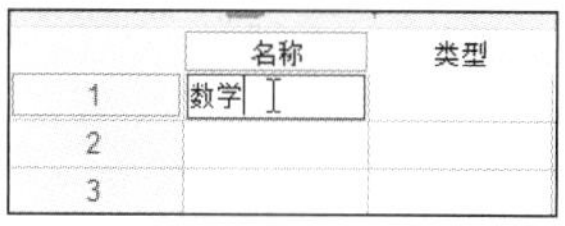

（b）输入名称

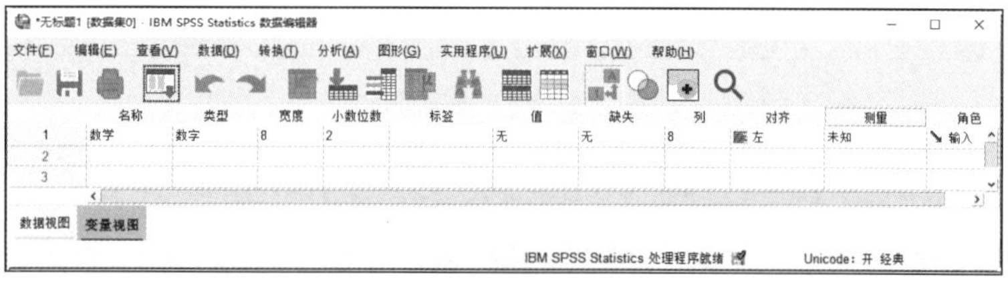

（c）结束操作

图 3.1　输入变量名称

提示：

默认情况下，输入的文本显示为一行。使用 Alt + Enter 快捷键进行换行，可以在单元格中输入多行文本。

（3）输入完毕，执行以下操作之一离开该单元格。

- 按 Enter 键移动到下一个单元格。
- 按 Tab 键移动到右边的单元格。
- 按方向键移动到相邻的单元格。
- 单击其他单元格。

（4）变量名称的标签是对变量名称含义的进一步解释说明，变量名称标签可用中文，总长度可达 120 个字符。变量名称标签的设置方法与变量名称相同，这里不再赘述。

扫一扫，看视频

★重点 动手学——创建固定资产档案

本实例新建一个固定资产档案数据文件，根据名称定义变量并设置变量类型。

操作步骤

1．新建数据文件

双击“开始”菜单中的 IBM SPSS Statistics 图标，启动 IBM SPSS Statistics。选择菜单栏中的“文件”→“新建”→“数据”命令，新建空白的数据文件。

2．定义变量

（1）默认打开“数据视图”选项卡，单击左下角的“变量视图”选项卡，打开“变量视图”窗口。在第 1 行的“名称”列中输入变量名称为“物理类别”，如图 3.2 所示。输入完成后，在编辑框外单击，自动在该行中显示变量的其余属性，如图 3.3 所示。

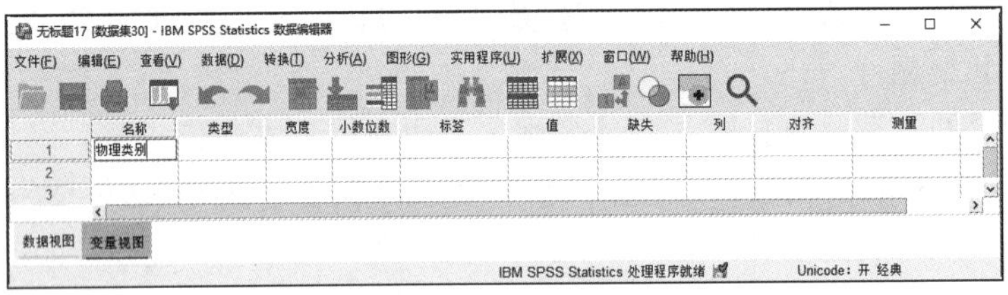

图 3.2　输入变量名称

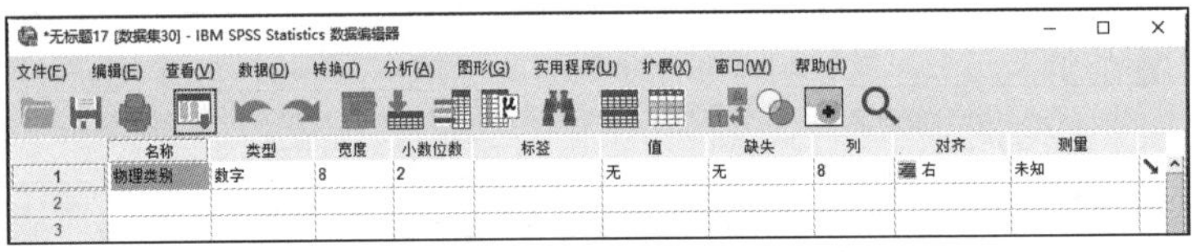

图 3.3　完成变量创建

（2）使用同样的方法，在其他行的“名称”列中输入“资产名称”“使用状态”“使用部门”“原值”“使用年限”，创建变量组，如图 3.4 所示。

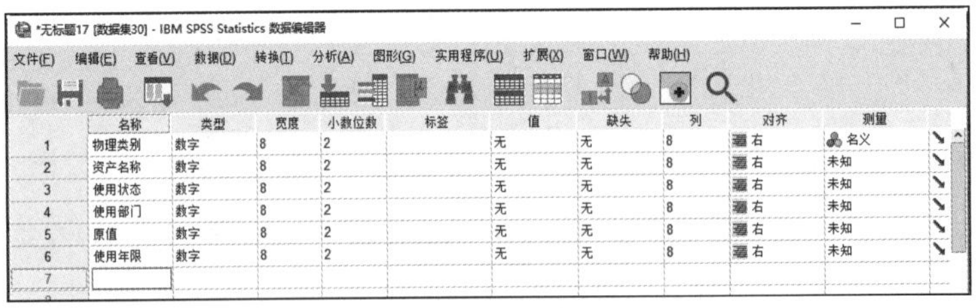

图 3.4　创建变量组

3．保存文件

选择菜单栏中的“文件”→“保存”命令，弹出“将数据另存为”对话框，选择要保存的位置，输入文件名“固定资产档案.sav”，保存该文件，如图 3.5 所示。

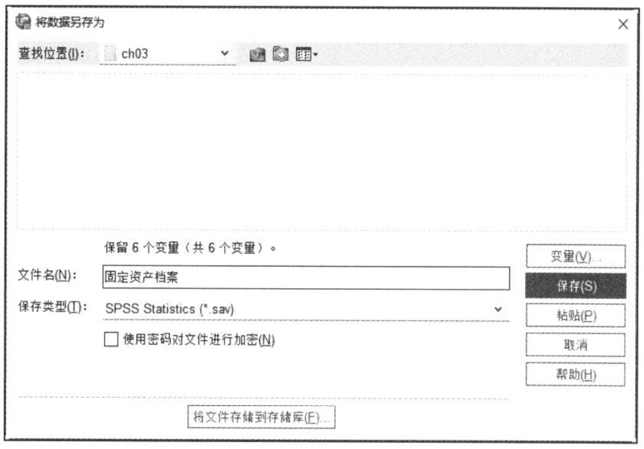

图 3.5 “将数据另存为”对话框

3.2.2 设置变量类型

创建变量名称后，根据变量名称，系统会自动定义变量类型和宽度等属性，如图 3.6 所示。除了变量名称，SPSS 还包含 9 个属性。SPSS 自动定义属性的智能化操作在很大程度上简化了每个属性的设置步骤。但是，不是每个属性都能符合设计者的意图，尤其是变量类型，该属性对后期数据的录入起着至关重要的作用，因此变量类型需要重新进行设计。

	名称	类型	宽度	小数位数	标签	值	缺失	列	对齐	测量
1	学校名	数字	8	2		无	无	8	右	未知
2	学生编号	数字	8	2		无	无	8	右	未知
3	日期	数字	8	2		无	无	8	右	未知
4										

图 3.6 自动定义属性

变量类型是指每个变量取值的类型。如果加载的数据表中的数据格式不符合要求，则可利用 SPSS 编辑器的编辑功能快速更改变量类型。

操作步骤

(1) 在“变量视图”窗口中选中❶“类型”列的单元格，单击该单元格右侧的编辑按钮❷“…”，如图 3.7 所示。

(2) 单击❷该按钮，弹出❸“变量类型”对话框，如图 3.8 所示，进行变量类型的设置。

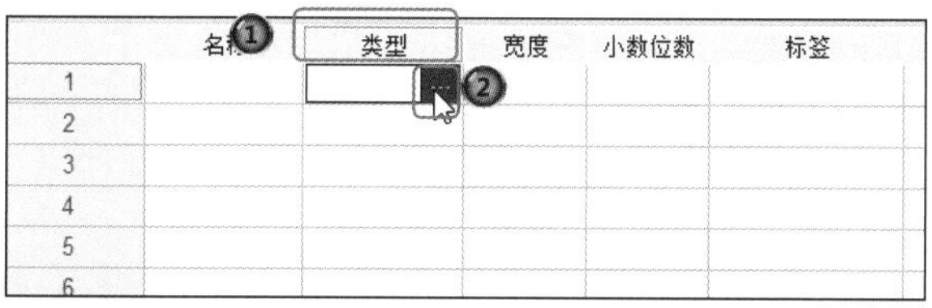

图 3.7 选择单元格

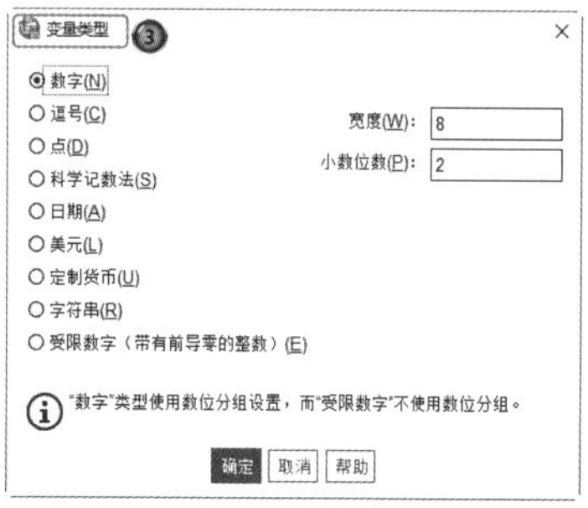

图 3.8 “变量类型”对话框

【选项说明】

变量类型有很多种，根据变量的存储类型，将变量大致分为数值型、字符串型和日期型。将

图 3.8 中的变量类型按照存储类型进行划分。

1．数值型变量

数值型变量指如工资、年龄、成绩等变量，数值型变量有以下 6 种形式。

- 数字：SPSS 默认的数值型变量类型，默认长度为 8，小数位数为 2。
- 逗号：逗号数值型变量的整数部分从右往左每隔三位插入一个逗号作为分隔，默认长度为 2，小数位数为 2，小数点用圆点表示，如 564,77.56。
- 点：点数值型变量的整数部分从右往左每隔三位插入一个圆点作为分隔，小数点用逗号表示，如 564.77,56。
- 科学记数法：科学记数法数值型变量采用指数形式表示，通常适用于很大或很小的数值，如 5.6E+002 表示 5.6×10^2，默认长度为 8，小数位数为 2。
- 美元：是在美元数值前添加美元符号，默认长度为 8，小数位数为 2，有多种形式可选。
- 定制货币：SPSS 只提供美元型变量作为现成的货币描述量，如果使用人民币型变量，则必须进行定义。除了自定义的货币格式，不能更改格式名或添加新的格式名。

2．字符串型变量

字符串型变量通常是一些需要用文字描述的信息，如姓名、住址等，常由字母或一些特殊的符号组成。字符串型变量不参与运算且系统会区分大小写字母。字符串型变量可以用于表示定性变量，如性别可用男、女表示。字符串型变量也可以由数字组成，但数字在这里仅代表一些符号而不再是数值，如病历号、身份证号等信息。

在 SPSS 中，字符串型变量可以包含数字、字母和一些其他特殊符号，默认长度为 8，最长可有 32767 个字符。

3．日期型变量

日期型变量用于表示日期和时间。

注意：

SPSS 定义了许多变量类型，但常用的就是数值型和字符串型。一般选择数值型，但要输入汉字时，必须选择字符串型。

3.2.3 设置变量的显示格式

在“变量视图”窗口中设置变量的显示格式，包括宽度、小数位数和对齐方式。

1．宽度

变量的“宽度”属性是指该变量下所有个案的长度，如数值型变量，12.23 表示 5 个单位宽度，小数点占一个宽度单位；字符串型变量则是每个字母或数字占一个宽度单位，一个汉字占两个宽度单位。例如，身高 162.23 是 6 个单位宽度，性别“男”占两个宽度单位。

在“宽度”列单击，激活调整按钮，每单击一次按钮，宽度值加 1；每单击一次按钮，宽度值减 1；宽度值默认为 8。

2．小数位数

变量的“小数位数”设置的是数字变量小数点后面的位数，创建的数值型变量的小数点后默认包含两位。在“小数位数”列单击，激活调整按钮，每单击一次按钮，小数位数加 1；每单击一次按钮，小数位数减 1；小数位数默认值为 2。

3. 对齐方式

对齐方式是变量在单元格的左右边界之间的横向排列方式，SPSS 共有三种对齐方式：左（左对齐）、右（右对齐）、居中（居中对齐），如图 3.9 所示。

图 3.9 对齐方式

★重点 动手学——定义分期付款计算数据变量

扫一扫，看视频

本实例以制作一个简单的分期付款计算器为例，介绍数据中变量的定义方法。

操作步骤

1. 新建数据文件

双击“开始”菜单中的 IBM SPSS Statistics 图标，启动 IBM SPSS Statistics，选择菜单栏中的“文件”→“新建”→“数据”命令，新建空白的数据文件。

2. 设置变量类型

（1）选择菜单栏中的“编辑”→“选项”命令，弹出“选项”对话框，打开“货币”选项卡，在“定制输出格式”列表中选择自定义货币显示格式 CCB。

注意：

2.3.5 小节中已经讲解过设置 CCA 为人民币变量，在前缀中添加“¥”符号。该操作为系统设置，即使执行重启软件、新建文件、关闭文件等操作，均不会更改设置结果，因此在本书后面的章节中如果没有特别说明，则默认保持该项设置，即 CCA 变量在前缀中添加“¥”符号。

（2）在“所有值”选项组的“后缀”文本框中输入“%”，在“样本输出”选项组中显示相应格式的预览，如图 3.10 所示。单击“确定”按钮，关闭对话框。

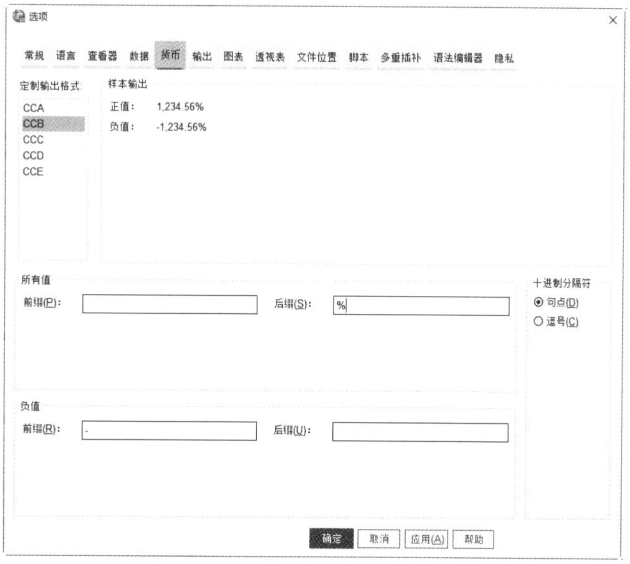

图 3.10 “货币”选项卡

3. 定义变量

（1）默认打开“数据视图”选项卡，单击左下角的“变量视图”选项卡，打开“变量视图”窗口。在第 1 行的“名称”列中输入变量名称为“贷款总额”，自动显示该变量的其余属性，如图 3.11 所示。

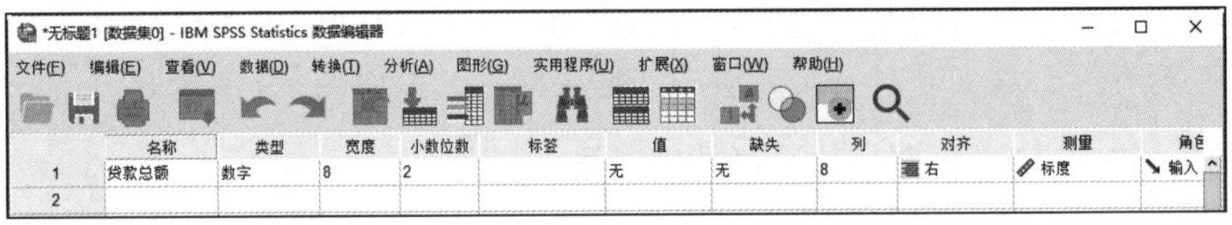

图 3.11　定义变量“贷款总额”

（2）选中并双击“类型”列的单元格，单击单元格右侧的编辑按钮“…”，弹出“变量类型”对话框，选择“定制货币”选项，选择 CCA，如图 3.12 所示。

（3）单击“确定”按钮，关闭对话框，在“测量”列单击下拉按钮，选择“标度”选项，如图 3.13 所示。

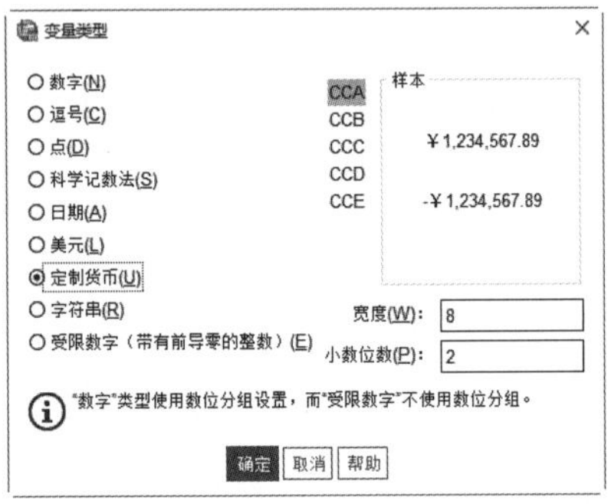

图 3.12　“变量类型”对话框 1

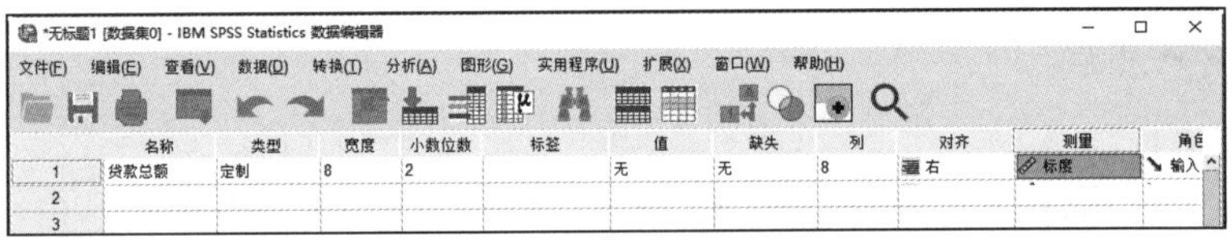

图 3.13　设置“测量”列

（4）在第 2 行的“名称”列中输入“年利率”，定义变量“年利率”。选中并双击“类型”列的单元格，单击该单元格右侧的编辑按钮“…”，弹出“变量类型”对话框，选择“定制货币”选项，选择 CCB，如图 3.14 所示。

（5）单击“确定”按钮，关闭对话框，在变量“年利率”的“测量”列单击下拉按钮，选择“标度”选项，如图 3.15 所示。

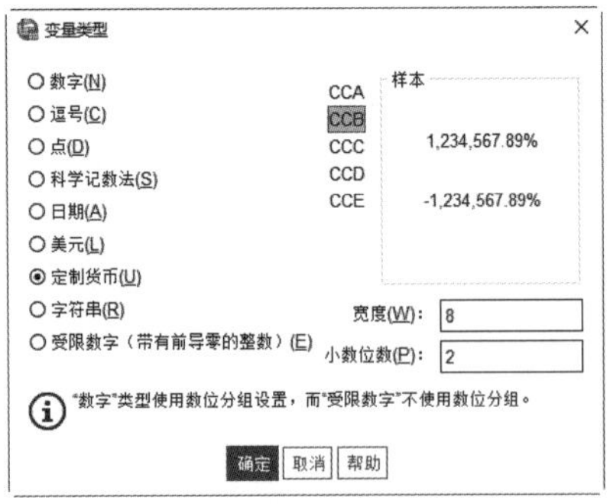

图 3.14　“变量类型”对话框 2

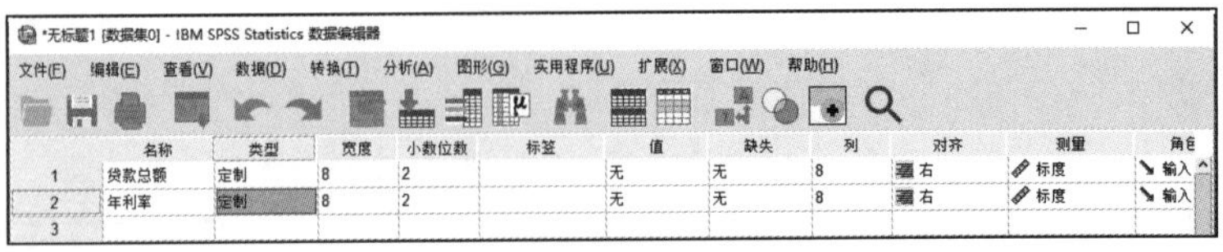

图 3.15　定义变量“年利率”

（6）使用同样的方法，定义变量“贷款期限（年）”、变量“每年还款期数”，在“小数位数”列单击下拉按钮，定义变量的小数位数为 0。定义变量的结果如图 3.16 所示。

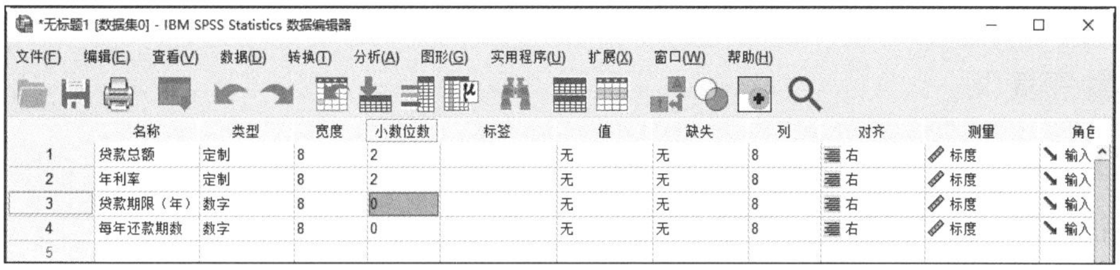

图 3.16　定义变量的结果

4. 输入数据

（1）单击“数据视图”选项卡，打开“数据视图”窗口。在数据编辑区的“贷款总额”变量下输入数字 760000，输入变量值后，根据定义的变量类型、变量宽度与小数位数，显示变量为“¥760000.00”。

（2）在“年利率”变量下输入数字 4.9，输入变量值后，根据定义的变量类型、变量宽度与小数位数，显示变量为 4.90%。

（3）在“贷款期限（年）”变量下输入数字 30，输入变量值后，根据定义的变量类型、变量宽度与小数位数，显示变量为 30。

（4）在“每年还款期数”变量下输入数字 12，输入变量值后，根据定义的变量类型、变量宽度与小数位数，显示变量为 12。

数据输入结果如图 3.17 所示。

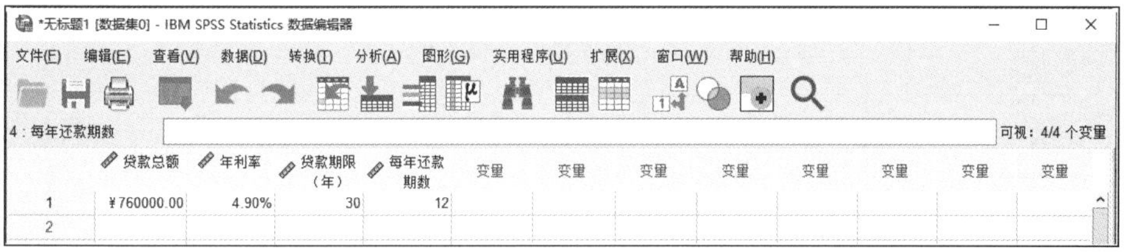

图 3.17　数据输入结果

5. 保存文件

选择菜单栏中的“文件”→“另存为”命令，弹出如图 3.18 所示的“将数据另存为”对话框，选择要保存的位置，输入名称“分期付款计算”，保存该文件。

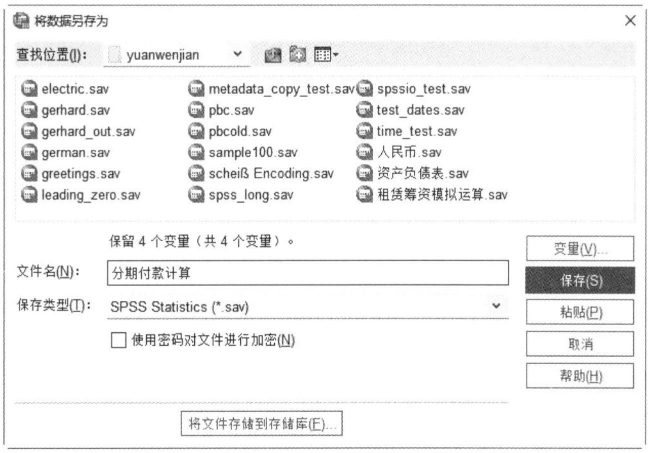

图 3.18　“将数据另存为”对话框

3.2.4 设置变量值

变量值是对变量的可能取值作进一步说明，变量标签在用数值型变量表示非数值型变量时尤其有用。默认情况下，变量值为无，如图 3.19 所示。

	名称	类型	宽度	小数位数	标签	值	缺失	列	对齐	测量	角色
	VAR00001	数字	8	0		无	无	8	右	名义	输入
	VAR00002	数字	8	2		无	无	8	右	名义	输入
	VAR00003	数字	8	2		无	无	8	右	名义	输入
	VAR00004	数字	8	2		无	无	8	右	名义	输入
	VAR00005	数字	8	2		无	无	8	右	名义	输入

图 3.19　显示变量值

选中并双击“值”列的单元格，激活单元格右侧的编辑按钮“…”，如图 3.20 所示。单击该按钮，弹出“值标签”对话框，在“值”文本框中为变量添加值，在“标签”文本框中为变量添加值标签，如图 3.21 所示。单击“添加”按钮，为变量添加一组值标签，如图 3.22 所示。

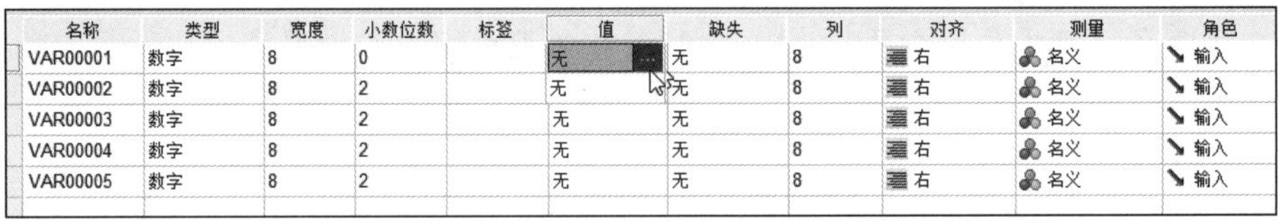

	名称	类型	宽度	小数位数	标签	值	缺失	列	对齐	测量	角色
	VAR00001	数字	8	0		无	无	8	右	名义	输入
	VAR00002	数字	8	2		无	无	8	右	名义	输入
	VAR00003	数字	8	2		无	无	8	右	名义	输入
	VAR00004	数字	8	2		无	无	8	右	名义	输入
	VAR00005	数字	8	2		无	无	8	右	名义	输入

图 3.20　激活编辑按钮“…”

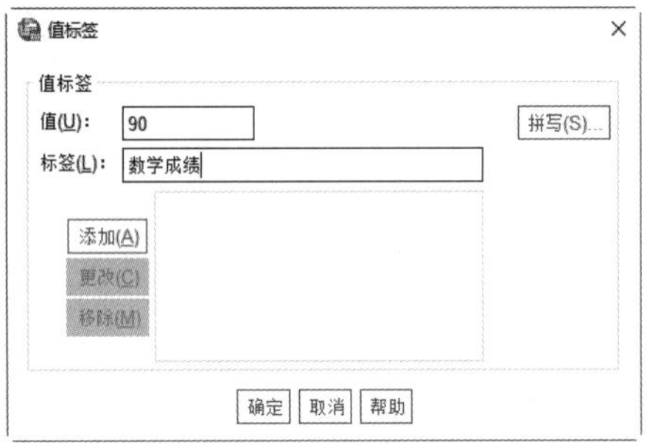

图 3.21　输入参数

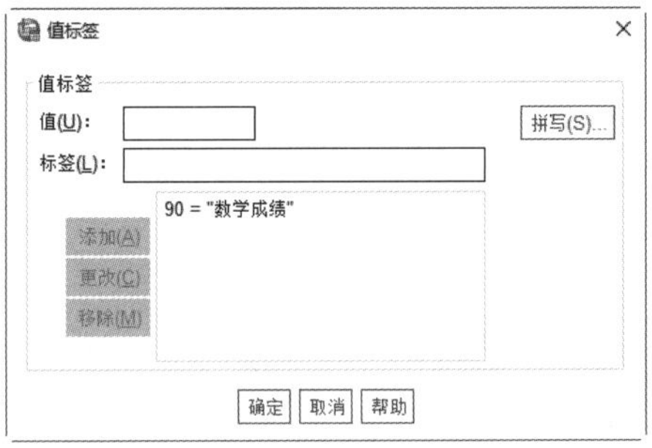

图 3.22　添加值标签

单击“确定”按钮，关闭对话框，完成值标签的添加，添加结果如图 3.23 所示。

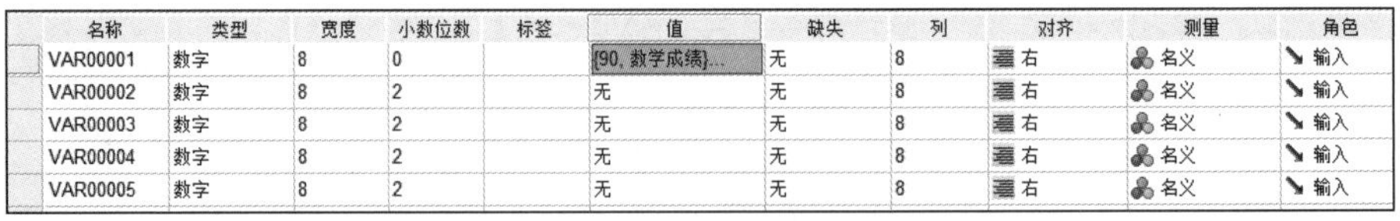

	名称	类型	宽度	小数位数	标签	值	缺失	列	对齐	测量	角色
	VAR00001	数字	8	0		{90, 数学成绩}...	无	8	右	名义	输入
	VAR00002	数字	8	2		无	无	8	右	名义	输入
	VAR00003	数字	8	2		无	无	8	右	名义	输入
	VAR00004	数字	8	2		无	无	8	右	名义	输入
	VAR00005	数字	8	2		无	无	8	右	名义	输入

图 3.23　添加结果

扫一扫，看视频

★重点　动手练——设置诊断结果的值标签

源文件： 源文件\第 3 章\糖尿病样本数据.sav

根据空腹血糖和餐后两小时血糖数据得到的诊断结果，无法直观地显示糖尿病诊断结论。本实例通过添加值标签编辑诊断结果，结果如图 3.24 所示。

思路点拨

（1）打开数据文件“糖尿病样本数据.sav”。

（2）在“饮食”的“值”列添加值与标签的对应关系，2 表示注意，1 表示不注意。

（3）在“诊断结果”的“值”列添加值与标签的对应关系，0 表示正常，1 表示糖尿病。

（4）选择“查看”→“值标签”命令，显示值标签。

（5）保存文件，文件名为“糖尿病样本数据结果.sav”。

样本编号	饮食	年龄	体重	空腹血糖值	餐后两小时血糖值	诊断结果
1	2	25	130	3.5	4.9	0
2	1	35	125	2.9	3.7	0
3	1	45	136	6.3	5.5	0
4	2	63	147	6.0	6.1	0
5	2	46	156	7.0	7.6	0
6	1	48	135	4.7	7.0	0
7	2	49	164	3.8	7.9	0
8	1	47	125	5.4	3.5	0
9	2	46	135	5.8	5.5	0
10	1	48	147	6.1	5.4	0
11	1	35	158	5.4	6.0	0
12	1	65	165	5.1	5.8	0
13	2	67	157	7.1	4.7	1
14	2	53	134	6.2	4.4	0
15	2	56	165	5.4	8.3	0
16	1	58	168	5.4	6.0	0
17	2	89	170	5.6	5.0	0
18	1	68	180	4.4	4.5	0
19	1	56	160	7.2	5.5	1
20	2	70	135	4.1	6.6	0

（a）编辑前

样本编号	饮食	年龄	体重	空腹血糖值	餐后两小时血糖值	诊断结果
1	注意	25	130	3.5	4.9	正常
2	不注意	35	125	2.9	3.7	正常
3	不注意	45	136	6.3	5.5	正常
4	注意	63	147	6.0	6.1	正常
5	注意	46	156	7.0	7.6	正常
6	不注意	48	135	4.7	7.0	正常
7	注意	49	164	3.8	7.9	正常
8	不注意	47	125	5.4	3.5	正常
9	注意	46	135	5.8	5.5	正常
10	不注意	48	147	6.1	5.4	正常
11	不注意	35	158	5.4	6.0	正常
12	不注意	65	165	5.1	5.8	正常
13	注意	67	157	7.1	4.7	糖尿病
14	注意	53	134	6.2	4.4	正常
15	注意	56	165	5.4	8.3	正常
16	不注意	58	168	5.4	6.0	正常
17	注意	89	170	5.6	5.0	正常
18	不注意	68	180	4.4	4.5	正常
19	不注意	56	160	7.2	5.5	糖尿病
20	注意	70	135	4.1	6.6	正常

（b）编辑后

图 3.24 编辑前后的诊断结果变量

3.2.5 设置变量的测量标准

SPSS 中的变量有 3 种测量标准：标度（scale）、名义（nominal）、有序（ordinal），不同的测量标准适用于不同的统计模型。

- 标度变量：通常也称为连续变量，表示变量的值通常是连续的、无界限的，如员工收入、企业销售额等。
- 名义变量：通常也称为无序分类变量，表示变量的值是离散的，个数相对有限。通常变量值的个数不超过 10 个，但值之间没有顺序关系，如性别。
- 有序变量：通常也称为有序分类变量，表示变量的值是离散的，个数相对有限。但值之间是有顺序关系的，如教育水平取值有 1～8 年、2～10 年、3～15 年，这些值之间存在顺序关系。

下面介绍设置测量标准的步骤。

（1）在“变量视图”窗口中，当光标移至“测量”列的单元格时，单击后该单元格的右边就会显示一个下三角按钮。

（2）单击该下三角按钮，在打开的下拉列表中显示 3 种测量标准：标度、有序、名义，如图 3.25 所示。不同类型的测量标准名称前显示不同的符号，如图 3.26 所示。

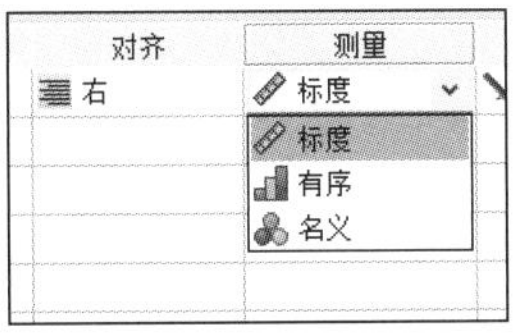

图 3.25 下拉列表

对齐	测量
右	标度
右	有序
右	名义

图 3.26 不同的测量符号

扫一扫，看视频

★重点 动手学——定义就业意向调查报告变量

就业管理部门对即将毕业的大学生进行了一次就业意向的调查，提出的问题之一是关于性别的。本实例根据该问题创建调查报告，区分回答该问题的数据是分类数据还是数值数据，并为每一个数据定义适合的测量尺度。

操作步骤

1. 新建数据文件

双击“开始”菜单中的 IBM SPSS Statistics 图标，启动 IBM SPSS Statistics，选择菜单栏中的“文件”→“新建”→“数据”命令，新建空白的数据文件。

2. 定义变量

默认打开“数据视图”选项卡，单击左下角的“变量视图”选项卡，打开“变量视图”窗口，每一列显示变量的一个属性，每一行显示一个变量。下面在第 1 行定义变量“问题 1”的属性。

（1）在“名称”列输入变量名称“问题 1”，此时，自动在变量行显示变量的其余属性，如图 3.27 所示。根据需要，依次修改变量的属性。

（2）选中并双击“类型”列的单元格，单击单元格右侧的编辑按钮“…”，弹出“变量类型”对话框，选择“字符串”选项，“字符数”默认为 8，单击“确定”按钮，关闭对话框，如图 3.28 所示。

提示：

这里的“字符数”与“宽度”属性具有相同的含义，字符串中不包含小数点，因此，“字符串”变量小数点位自动更新为 0。

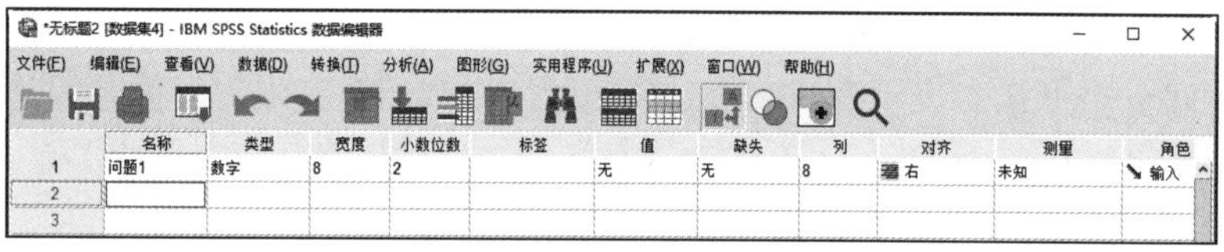

图 3.27 定义变量：问题 1

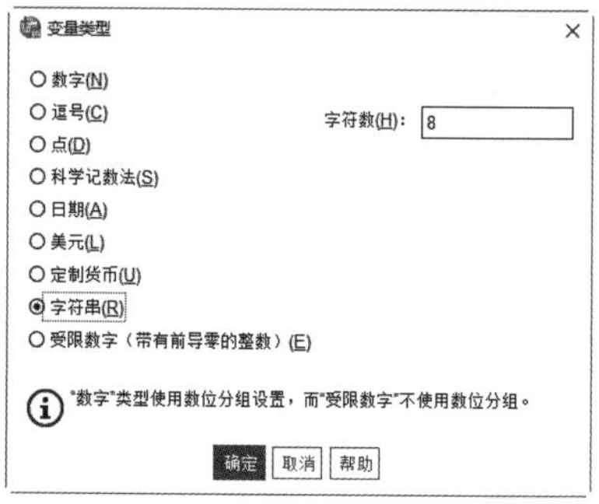

图 3.28 “变量类型”对话框

（3）选中并双击“标签”列的单元格，激活该单元格，进入编辑状态，输入变量名称的说明为“性别”。

（4）选中并双击“值”列的单元格，单击单元格右侧的编辑按钮“…”，弹出“值标签”对话框，在“值”文本框中为变量添加变量值“0”，在“标签”文本框中为变量添加值标签“女”，如图 3.29 所示。单击“添加”按钮，为变量添加一组值标签 0=“女”。使用同样的方法，为变量添加一组值标签 1=“男”。单击“确定”按钮，关闭对话框，完成值标签的添加，结果如图 3.30 所示。

（5）在“对齐”列单击下拉按钮，选择“居中”选项，将变量设置为居中对齐。

（6）在“测量”列单击下拉按钮，选择“名义”选项。变量属性设置结果如图 3.31 所示。

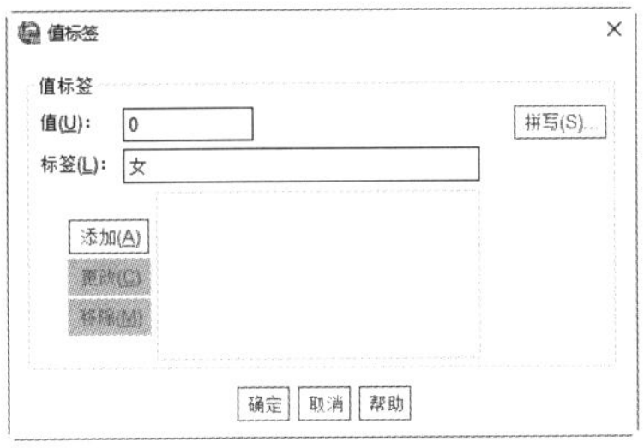

图 3.29 添加变量值

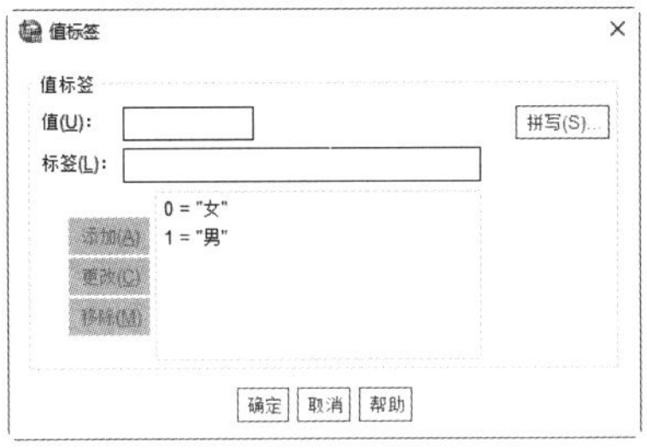

图 3.30 添加值标签

	名称	类型	宽度	小数位数	标签	值	缺失	列	对齐	测量	角色
1	问题1	字符串	8	0	性别	{0, 女}...	无	8	居中	名义	输入

图 3.31 变量属性设置结果

3. 保存文件

选择菜单栏中的“文件”→“另存为”命令，弹出如图 3.32 所示的“将数据另存为”对话框，选择要保存的位置，输入文件名“定义就业意向调查报告变量.sav”，保存该文件。

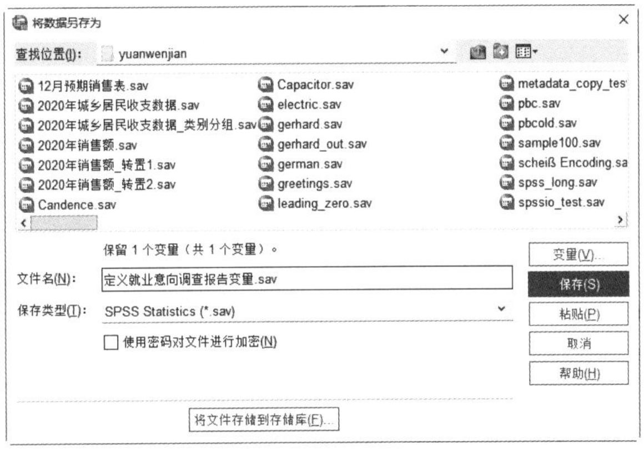

图 3.32 “将数据另存为”对话框

★重点 动手练——制作员工档案表

扫一扫，看视频

某单位制作员工档案表，创建变量并设置变量属性，用于输入员工基本信息，如图 3.33 所示。

	名称	类型	宽度	小数位数	标签	值	缺失	列	对齐	测量
1	员工编号	数字	8	2	A+数字	无	无	8	右	标度
2	职称	字符串	8	0	高级、中级、初级	{0, 低级}...	无	8	左	有序
3	性别	数字	8	2	男、女	无	无	8	右	名义
4	年龄	数字	8	2	24~65	无	无	8	右	标度
5	工龄	数字	8	2		无	无	8	右	标度
6										

图 3.33 员工档案表变量

思路点拨

（1）新建数据文件。

（2）在“变量视图”窗口中直接输入变量名称。

（3）在“类型”列设置变量类型。

（4）在“标签”列输入变量说明。

（5）在“值”列添加变量中输入的数字与字符的对应关系。

（6）在“测量”列选择测量标准。

（7）保存文件，文件名为“员工统计数据.sav”。

3.3 变量的基本操作

变量是程序设计语言的基本元素之一，SPSS 当然也不例外。SPSS 要求先对所使用的变量进行定义，然后才能对变量进行编辑与修改等基本操作。

3.3.1 新建变量

使用“插入变量”命令时，系统不需要输入变量名称，系统将变量名称依次默认为 VAR00001、VAR00002、VAR00003、…。这种方法适用于定义多个变量的情况。

【执行方式】

- 菜单栏：选择菜单栏中的“编辑”→“插入变量”命令。
- 快捷命令：右击，在弹出的快捷菜单中选择“插入变量”命令。

操作步骤

在“变量视图”窗口中选择单元格，执行此命令，在指定单元格所在行（或该行之前）中插入变量，插入的第一个变量默认名称为 VAR00001，其余变量名称在该变量最后的数字位按行依次递增，如图 3.34 所示。

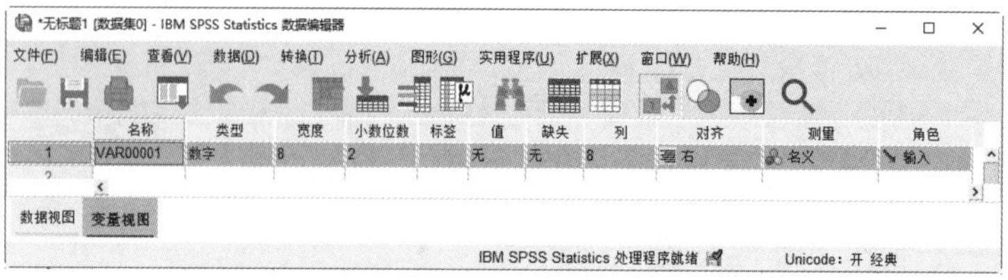

（a）选择第 1 行

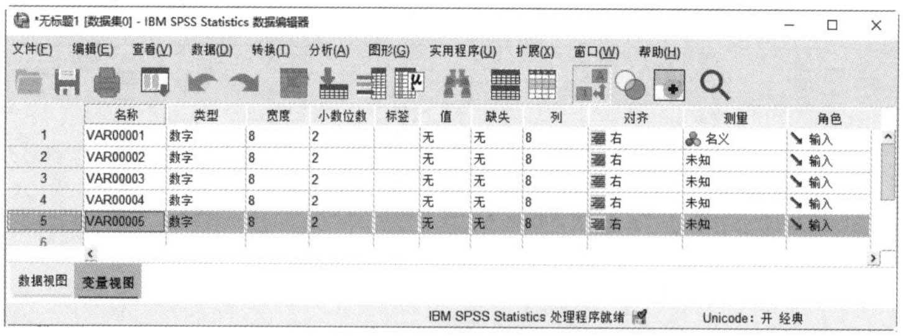

（b）选择第 5 行

图 3.34 插入变量

扫一扫，看视频

★重点 动手练——创建电动车销售比例情况表

某专卖店 4 年内电动车销售比例情况见表 3.2，根据表中数据定义变量：时间、智能型、自动型、机械型。

表 3.2 电动车销售比例情况表

时 间	智 能 型	自 动 型	机 械 型
2018 年	7%	47%	46%
2019 年	21%	45%	34%
2020 年	34%	42%	24%
2021 年	58%	21%	21%

思路点拨

（1）新建数据文件。

（2）在“变量视图”窗口中选中第 4 行，选择“插入变量”命令，直接定义 VAR00001、VAR00002、VAR00003、VAR00004 4 个变量。

（3）修改变量名称为时间、智能型、自动型、机械型。

（4）保存文件为“电动车销售比例情况表.sav”。

3.3.2 删除变量

如果定义的变量多余，则需要删除该变量。SPSS 中的变量带有“记忆性”，删除新建的变量后，在此新建的变量名称按删除前的变量名称依次递增。

【执行方式】

- 菜单栏：选择菜单栏中的“编辑”→“清除”命令。
- 快捷命令：右击，在弹出的快捷菜单中选择“清除”命令。

操作步骤

在“变量视图”窗口中选择变量行编号，选中变量后该变量行变为灰色，执行“清除”命令，删除指定变量，如图 3.35 所示。

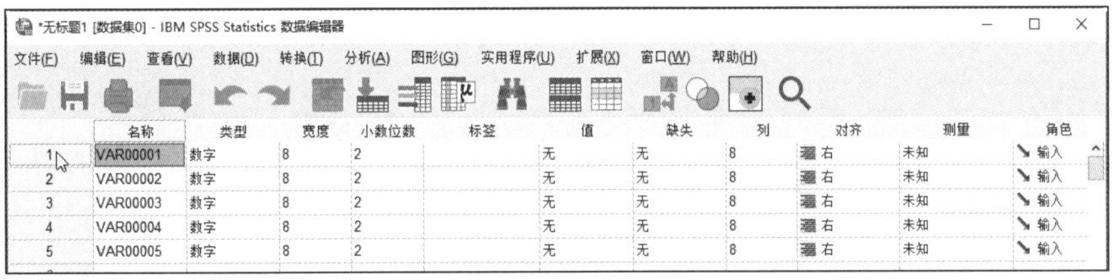

（a）选中变量 VAR00001

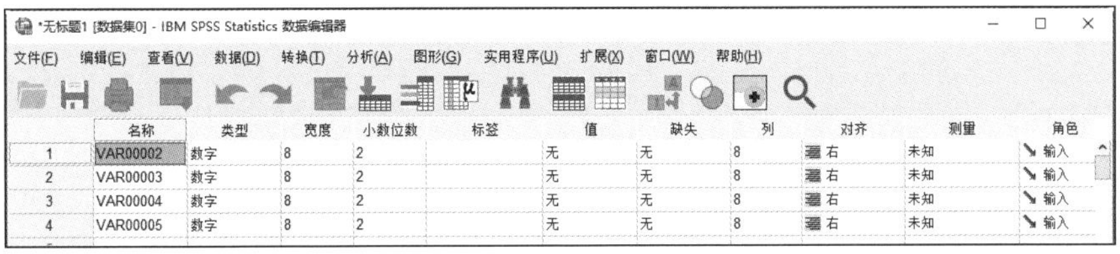

（b）删除结果

图 3.35 删除变量 VAR00001

在图 3.35 中，删除变量 VAR00001 后，再次新建的变量名称为 VAR00006，如图 3.36 所示。

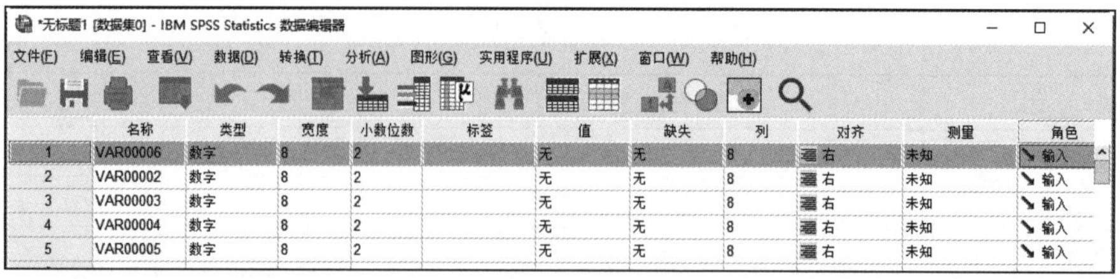

	名称	类型	宽度	小数位数	标签	值	缺失	列	对齐	测量	角色
1	VAR00006	数字	8	2		无	无	8	右	未知	输入
2	VAR00002	数字	8	2		无	无	8	右	未知	输入
3	VAR00003	数字	8	2		无	无	8	右	未知	输入
4	VAR00004	数字	8	2		无	无	8	右	未知	输入
5	VAR00005	数字	8	2		无	无	8	右	未知	输入

图 3.36　新建变量 VAR00006

3.3.3　定制变量属性

SPSS 提供了 11 种变量指定属性，如图 3.37 所示。除此之外，还可以根据实际情况定制变量的属性。

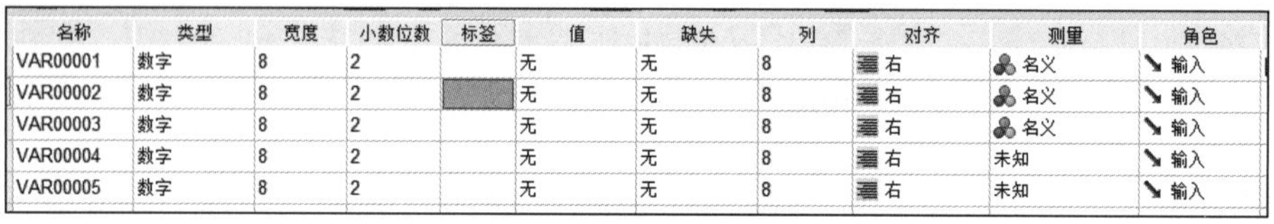

名称	类型	宽度	小数位数	标签	值	缺失	列	对齐	测量	角色
VAR00001	数字	8	2		无	无	8	右	名义	输入
VAR00002	数字	8	2		无	无	8	右	名义	输入
VAR00003	数字	8	2		无	无	8	右	名义	输入
VAR00004	数字	8	2		无	无	8	右	未知	输入
VAR00005	数字	8	2		无	无	8	右	未知	输入

图 3.37　变量默认属性

【执行方式】

菜单栏：选择菜单栏中的“数据”→“定制变量属性”命令。

操作步骤

执行此命令，弹出“新建定制属性”对话框，如图 3.38 所示。在“变量”列表中选择要添加属性的变量，单击➡按钮，将该变量添加到“选择的变量”列表中，在“属性名称”文本框中输入新属性的名称，在“属性值”文本框中输入属性数组，即包含多个值的属性，如图 3.39 所示。为变量 VAR00001 添加属性“级别”，属性值为[1,2,3]，如图 3.40 所示。

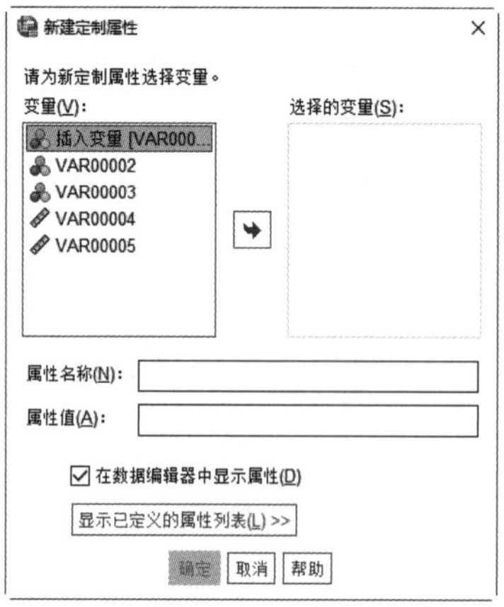

图 3.38　“新建定制属性”对话框

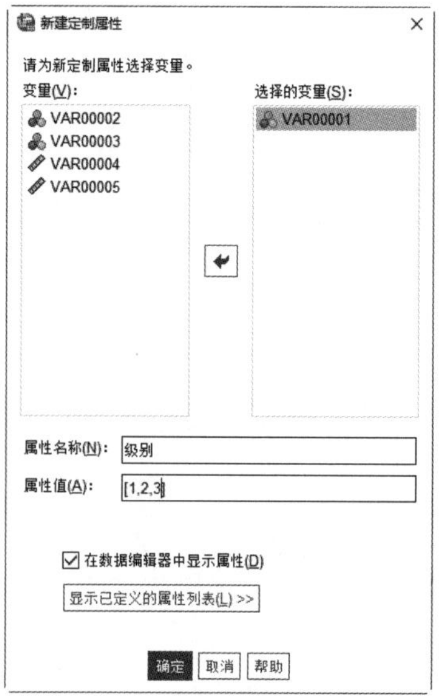

图 3.39　添加属性“级别”

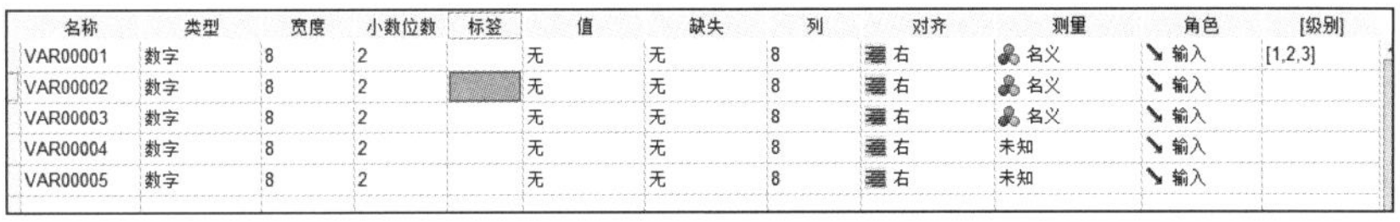

名称	类型	宽度	小数位数	标签	值	缺失	列	对齐	测量	角色	[级别]
VAR00001	数字	8	2		无	无	8	右	名义	输入	[1,2,3]
VAR00002	数字	8	2		无	无	8	右	名义	输入	
VAR00003	数字	8	2		无	无	8	右	名义	输入	
VAR00004	数字	8	2		无	无	8	右	未知	输入	
VAR00005	数字	8	2		无	无	8	右	未知	输入	

图 3.40　属性添加结果

3.3.4　定义变量属性

在数据编辑器的“数据视图”窗口中输入的数据或从外部文件（如 Excel 电子表格或.csv 文本数据文件）读入的数据，有时会缺乏某些非常有用的变量属性。

SPSS 提供了专门为变量指定属性的命令，一次性定义变量的所有属性，包括定制属性。

【执行方式】

菜单栏：选择菜单栏中的“数据”→“定义变量属性”命令。

操作步骤

执行此命令，弹出❶“定义变量属性”对话框，如图 3.41 所示。在❷“变量”列表中选择要扫描的变量，单击❸“转入”按钮，将所选变量添加到“要扫描的变量”列表中。

- 将扫描的个案数目限制为：指定要进行扫描以生成唯一值列表的个案数。这对于有大量个案的数据文件特别有用，因为在这种情况下扫描完整数据文件可能需要很长时间。
- 将显示的值数目限制为：指定要显示的唯一值数目的上限。这主要为了防止出现为标度（连续区间、比率）变量列出上百、上千甚至上百万个值的情况。

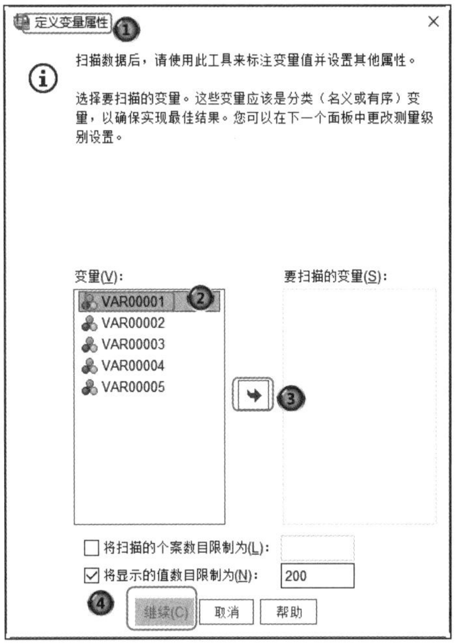

图 3.41　“定义变量属性”对话框 1

单击❹“继续”按钮，打开❺“定义变量属性”对话框，如图 3.42 所示。在该对话框中设置扫描变量的属性参数。

在❻“已扫描变量列表”中选择要为其创建值标签、定义或更改其他变量属性的变量。在❼右侧列表中输入变量的名称、标签、测量级别、类型、角色、宽度、小数等属性。

单击❽“属性”按钮，❾打开“定制变量属性”对话框，显示该变量的定制属性，如图 3.43 所示。如果该变量没有定制属性，则该对话框中显示为空。单击❿“添加”按钮，⓫添加定制属性，单击⓬“删除”按钮，删除存在的定制属性。

在“值标签网格”中为显示为未标注的值输入标签文本。下面介绍未标注的值可以设置的参数。

- 已更改：表示已添加或更改值标签。
- 缺失：定义为代表缺失数据的值。勾选该复选框，更改缺失值类别。
- 计数：每一个值出现在已扫描个案中的次数。
- 值：每个选定的变量的唯一值。该唯一值列表基于已扫描的个案数。例如，如果仅扫描了数据文件中的前 100 个个案，那么列表仅反映这些个案中的唯一值。如果数据文件已按变量排序，而要为该变量指定值标签，列表中显示的唯一值可能远远少于数据中实际有的唯一值。

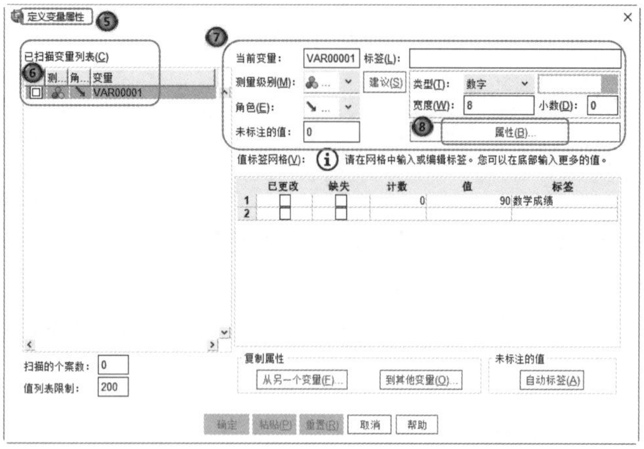

图 3.42 “定义变量属性”对话框 2

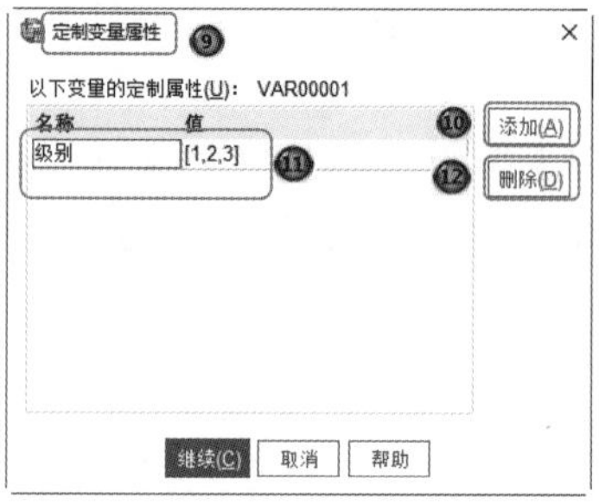

图 3.43 “定制变量属性”对话框

➘ 标签：显示任何已定义的值标签，可在该列添加或更改标签。

在“值标签网格”中选择要为变量创建值标签、定义或更改其他变量属性（如缺失值或描述性变量标签）的数值或字符串变量，如图 3.44 所示。

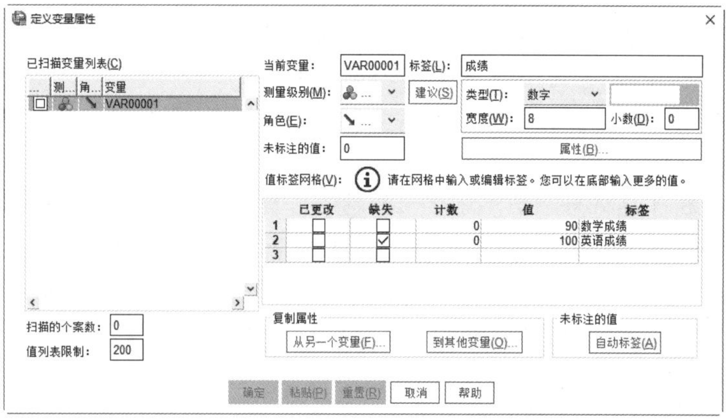

图 3.44 修改变量属性

在“重复属性”选项组中复制变量属性。

➘ 从另一个变量：单击该按钮，将已定义的值标签和其他属性从另一个变量复制到选定的变量。

➘ 到其他变量：单击该按钮，从选定的变量将已定义的值标签和其他属性复制到多个其他变量。

➘ 自动标签：单击该按钮，识别未标注的值并提供“自动标注”功能，为未标注的值添加标签值。

单击“确定”按钮，在数据编辑器中显示修改的属性，结果如图 3.45 所示。

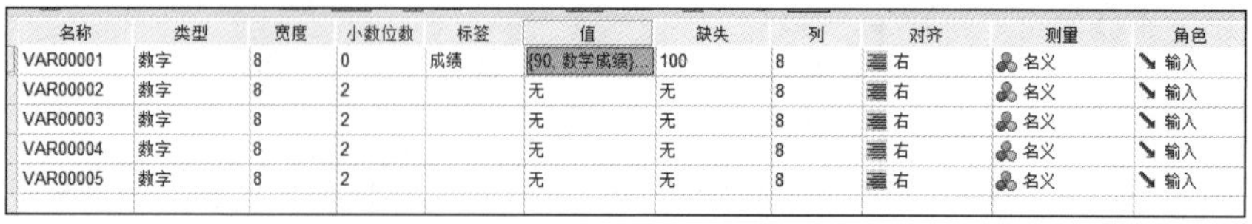

名称	类型	宽度	小数位数	标签	值	缺失	列	对齐	测量	角色
VAR00001	数字	8	0	成绩	{90, 数学成绩}...	100	8	右	名义	输入
VAR00002	数字	8	2		无	无	8	右	名义	输入
VAR00003	数字	8	2		无	无	8	右	名义	输入
VAR00004	数字	8	2		无	无	8	右	名义	输入
VAR00005	数字	8	2		无	无	8	右	名义	输入

图 3.45 变量属性修改结果

扫一扫，看视频

★重点 动手学——编辑固定资产档案变量

源文件： 源文件\第 3 章\固定资产档案.sav

本实例在固定资产档案文件中根据变量名称设置变量类型，如图 3.46 所示。

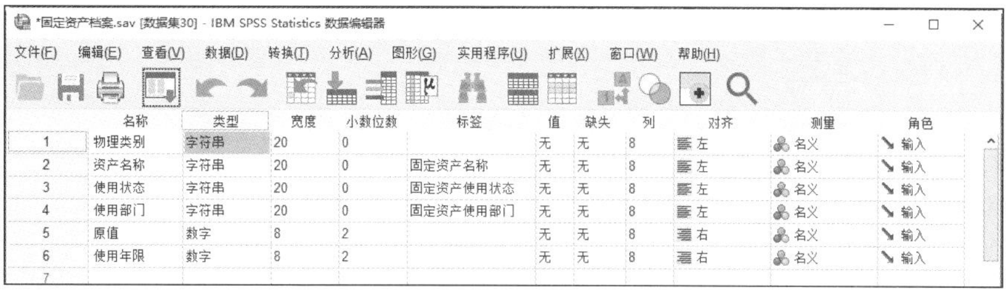

图 3.46 定制变量属性

操作步骤

1. 打开数据文件

选择菜单栏中的“文件”→“打开”→“数据”命令，打开数据文件“固定资产档案.sav”。

2. 设置单个变量类型

在变量“物理类别”的“类型”列单击“…”按钮，弹出“变量类型”对话框，选择“字符串”选项，设置“字符数”为 20，如图 3.47 所示。单击“确定”按钮，关闭对话框。

3. 设置多个变量属性

（1）选择菜单栏中的“数据”→“定义变量属性”命令，弹出“定义变量属性”对话框，在“变量”列表中选择变量：资产名称、使用状态、使用部门，单击➡按钮，将选择的变量添加到“要扫描的变量”列表中，如图 3.48 所示。

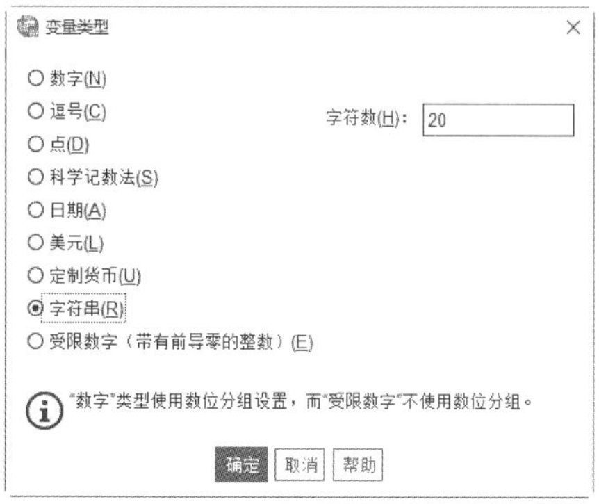

图 3.47 “变量类型”对话框

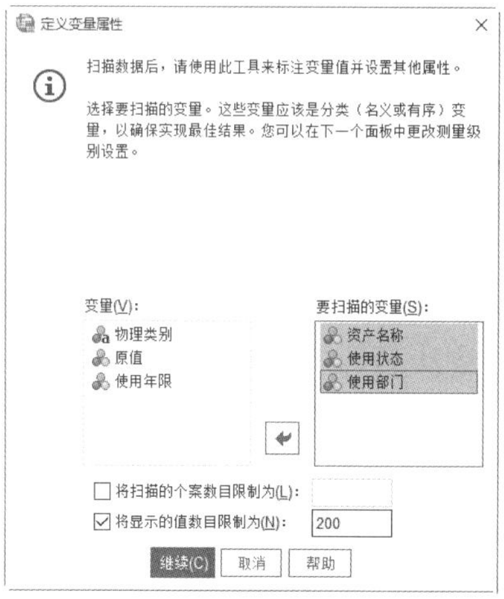

图 3.48 “定义变量属性”对话框

（2）单击“继续”按钮，打开“定义变量属性”主对话框，在“已扫描变量列表”中选择“资产名称”，如图 3.49 所示。

- 在右侧列表的“标签”文本框中输入“固定资产名称”。
- 在右侧列表的“测量级别”下拉列表中选择“名义”。
- 在右侧列表的“类型”下拉列表中选择“字符串”。
- 在右侧列表的“宽度”文本框中输入20。
- 在右侧列表的“角色”下拉列表中默认选择“输入”。

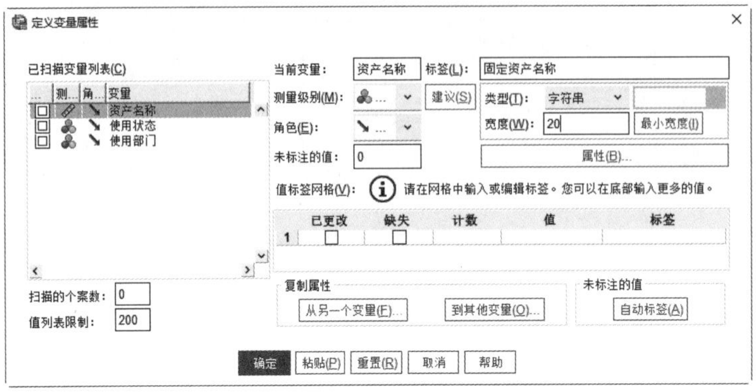

图 3.49 “定义变量属性”主对话框

使用同样的方法，设置变量“使用状态”“使用部门”的属性，变量属性的设置结果如图 3.46所示。

4. 保存文件

选择菜单栏中的“文件”→“另存为”命令，弹出“将数据另存为”对话框，选择要保存的位置，输入名称为“编辑固定资产档案”，保存该文件。

3.3.5 变量的复制、粘贴

复制、粘贴是一对组合命令，只有执行复制命令，才可以激活粘贴命令；只执行复制命令，没有任何意义。

1. 复制变量

【执行方式】

菜单栏：选择菜单栏中的“编辑”→“复制”命令。

操作步骤

在“变量视图”窗口中选择要复制的变量，如图 3.50（a）所示。执行复制命令，激活粘贴命令，选择要粘贴变量的行，如图 3.50（b）所示。

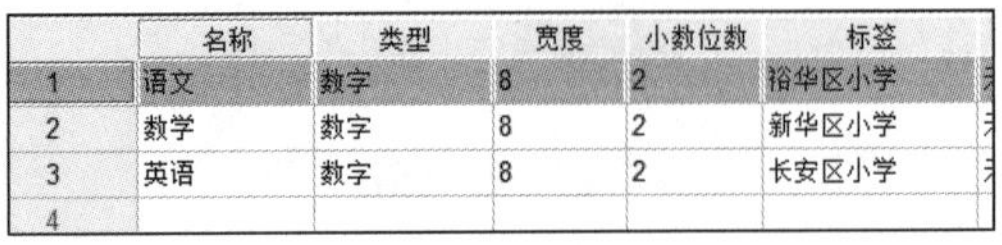

	名称	类型	宽度	小数位数	标签
1	语文	数字	8	2	裕华区小学
2	数学	数字	8	2	新华区小学
3	英语	数字	8	2	长安区小学
4					

（a）选择要复制的变量

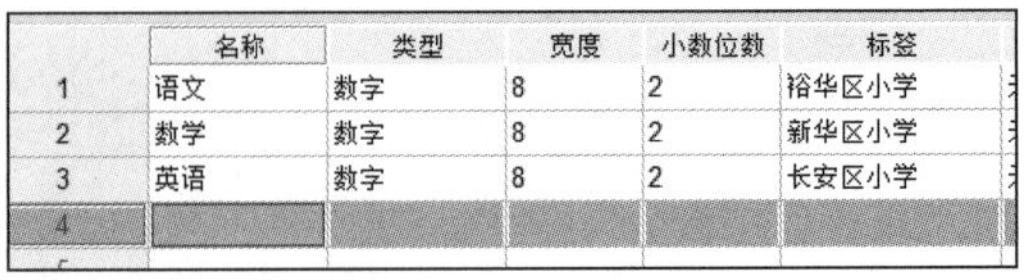

	名称	类型	宽度	小数位数	标签
1	语文	数字	8	2	裕华区小学
2	数学	数字	8	2	新华区小学
3	英语	数字	8	2	长安区小学
4					

（b）选择要粘贴变量的行

图 3.50 复制变量

2. 粘贴变量

【执行方式】

菜单栏：选择菜单栏中的“编辑”→“粘贴”/“粘贴变量”命令。

操作步骤

执行“粘贴”命令，在指定单元格所在行（或该行之前所有的行中）插入变量。插入的变量名称默认为 VAR+数字编号，最后的数字编号依次递增，如图 3.51 所示。

	名称	类型	宽度	小数位数	标签
1	语文	数字	8	2	裕华区小学
2	数学	数字	8	2	新华区小学
3	英语	数字	8	2	长安区小学
4	VAR00044	数字	8	2	裕华区小学

图 3.51　粘贴变量结果

执行“粘贴变量”命令，弹出“粘贴变量”对话框，在该对话框中指定插入的“新变量数”与“新变量名”，单击向上按钮，设置“新变量数”为 3，如图 3.52 所示。单击“确定”按钮，粘贴 3 个变量，如图 3.53 所示。

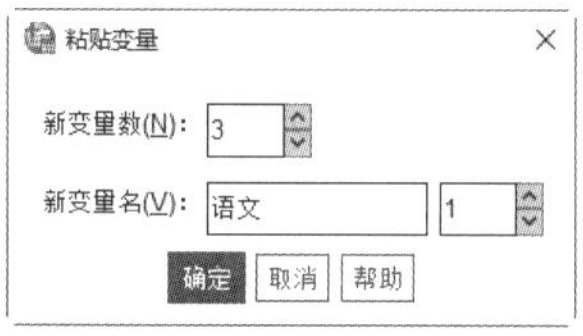

图 3.52　“粘贴变量”对话框

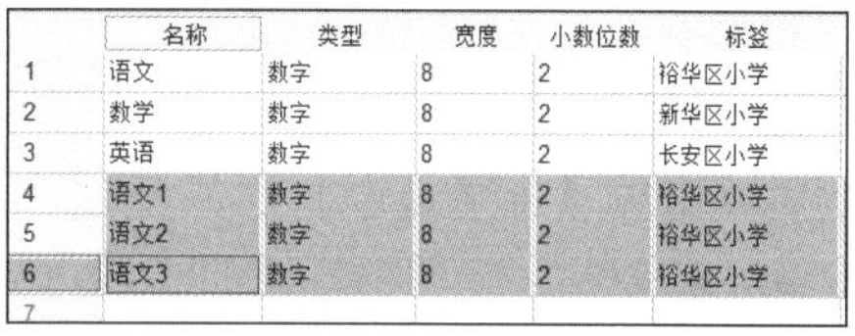

	名称	类型	宽度	小数位数	标签
1	语文	数字	8	2	裕华区小学
2	数学	数字	8	2	新华区小学
3	英语	数字	8	2	长安区小学
4	语文1	数字	8	2	裕华区小学
5	语文2	数字	8	2	裕华区小学
6	语文3	数字	8	2	裕华区小学
7					

图 3.53　粘贴指定变量

★重点 动手学——复制就业意向调查报告变量

扫一扫，看视频

源文件：源文件\第 3 章\定义就业意向调查报告变量.sav

就业管理部门对即将毕业的大学生进行了一次就业意向的调查，提出的 5 个问题如下：

（1）你的性别是什么？

（2）你的年龄是多少？

（3）你希望在哪个城市就业？

（4）你首选的就业方向是什么？

（5）你期望的月薪是多少？

本实例利用复制、粘贴命令，复制调查报告中的变量“问题 1”，得到其余 4 个问题的变量，如图 3.54 所示。

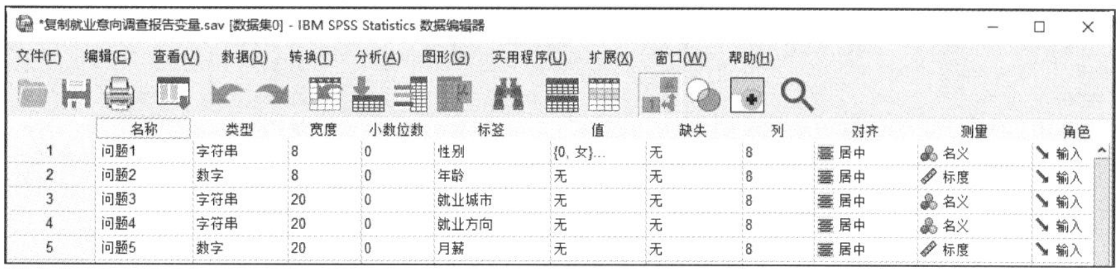

	名称	类型	宽度	小数位数	标签	值	缺失	列	对齐	测量	角色
1	问题1	字符串	8	0	性别	{0, 女}...	无	8	居中	名义	输入
2	问题2	数字	8	0	年龄	无	无	8	居中	标度	输入
3	问题3	字符串	20	0	就业城市	无	无	8	居中	名义	输入
4	问题4	字符串	20	0	就业方向	无	无	8	居中	名义	输入
5	问题5	数字	20	0	月薪	无	无	8	居中	标度	输入

图 3.54　复制变量

操作步骤

1. 打开数据文件

选择菜单栏中的“文件”→“打开”→“数据”命令，打开数据文件“定义就业意向调查报告变量.sav”。

2. 复制变量

（1）在“变量视图”窗口中选中第 1 行“问题 1”变量，选择菜单栏中的“编辑”→“复制”命令，复制该变量的所有属性。

（2）选中第 2 行变量，选择菜单栏中的“编辑”→“粘贴变量”命令，弹出“粘贴变量”对话框，指定“新变量数”为 4，“新变量名”为“问题 2”，如图 3.55 所示。单击“确定”按钮，粘贴 4 个变量，如图 3.56 所示。

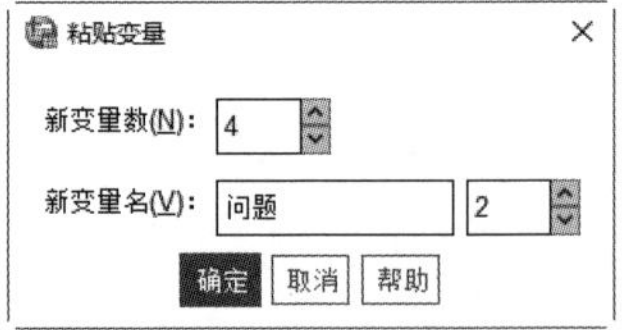

图 3.55 “粘贴变量”对话框

	名称	类型	宽度	小数位数	标签	值	缺失	列	对齐	测量	角色
1	问题1	字符串	8	0	性别	{0, 女}...	无	8	居中	名义	输入
2	问题2	字符串	8	0	性别	{0, 女}...	无	8	居中	名义	输入
3	问题3	字符串	8	0	性别	{0, 女}...	无	8	居中	名义	输入
4	问题4	字符串	8	0	性别	{0, 女}...	无	8	居中	名义	输入
5	问题5	字符串	8	0	性别	{0, 女}...	无	8	居中	名义	输入
6											

图 3.56 粘贴指定变量

3. 修改变量属性

按照下面的参数修改变量属性，结果如图 3.54 所示。

（1）问题 2：“类型”为“数字”，“标签”为“年龄”，“值”为“无”，“测量”为“标度”。

（2）问题 3：“类型”为“字符串”，“宽度”为 20，“标签”为“就业城市”，“值”为“无”，“测量”为“名义”。

（3）问题 4：“类型”为“字符串”，“宽度”为 20，“标签”为“就业方向”，“值”为“无”，“测量”为“名义”。

（4）问题 5：“类型”为“数字”，“宽度”为 20，“标签”为“月薪”，“值”为“无”，“测量”为“标度”。

4. 保存文件

选择菜单栏中的“文件”→“另存为”命令，弹出“将数据另存为”对话框，选择要保存的位置，输入名称为“复制就业意向调查报告变量”，保存该文件。

★重点 动手练——定义国考各学历招录人数变量

对某年度国考各学历招录人数进行统计，需要统计学历、职位数、职位数占比、招录人数、招录人数占比。在 SPSS 中根据上述统计指标定义变量，如图 3.57 所示。

名称	类型	宽度	小数位数	标签	值	缺失	列	对齐	测量	角色
学历	字符串	20	0		无	无	8	居中	名义	输入
职位数	数字	8	0		无	无	8	居中	标度	输入
职位数占比	数字	8	2		无	无	8	居中	标度	输入
招录人数	数字	8	0		无	无	8	居中	标度	输入
招录人数占比	数字	8	2		无	无	8	居中	标度	输入

图 3.57 招录人数变量

思路点拨

（1）新建数据文件。

（2）在“变量视图”窗口中定义变量，变量名分别为学历、职位数、职位数占比、招录人数、招录人数占比。

（3）设置变量属性。

（4）保存文件为“定义国考各学历招录人数变量.sav”。

第 4 章　数 据 管 理

内容简介

SPSS 采用类似 Excel 表格的方式输入与管理数据，数据接口较为通用，能方便地从其他数据库中读入数据。

本章将主要介绍 SPSS 28 中常用的、较为成熟的数据管理，包括录入与导出、合并与拆分，完全可以满足非统计专业人士的工作需要，输出结果十分美观。存储时则是专用的 SPO 格式，可以转存为 HTML 格式和文本格式。

学习要点

- 学会数据的录入与导出
- 掌握数据的合并与拆分

4.1　数 据 录 入

在数据方面，不仅可以在 SPSS 中做数据录入工作，还可以将日常工作中常用的 Excel 表格数据、文本格式数据导入 SPSS 中进行分析，既可以节省相当大的工作量，又可以避免因复制、粘贴操作可能引起的错误。

理论上讲，只要计算机硬盘和内存足够大，SPSS 可以处理任意大小的数据文件，无论文件中包含多少个变量，也无论数据中包含多少个案例。根据数据的多少，将 SPSS 数据的录入方式分为以下三种。

（1）在数据量较少的情况下，直接输入。

（2）在数据量适中的情况下，首先输入变量名称，然后将数据粘贴到该变量名称下。

（3）在数据量很大的情况下，直接导入数据集，但是这种方式很可能会导致数据出现乱码，也可能出现其他转换错误。

4.1.1　输入数据

输入数据需要打开“数据视图”窗口，具体输入数据的步骤如下。

（1）在“输入数据栏”中输入数据的第一步是选择数据所在单元格，在要输入变量名称的单元格中双击或按 Ctrl+“+”快捷键，单元格边框变为蓝色，表示被激活，如图 4.1（a）所示。

（2）在“输入数据栏”中输入数据，如图 4.1（b）所示。按 Enter 键将新输入的数据写入“数据显示区”，如图 4.1（c）所示。

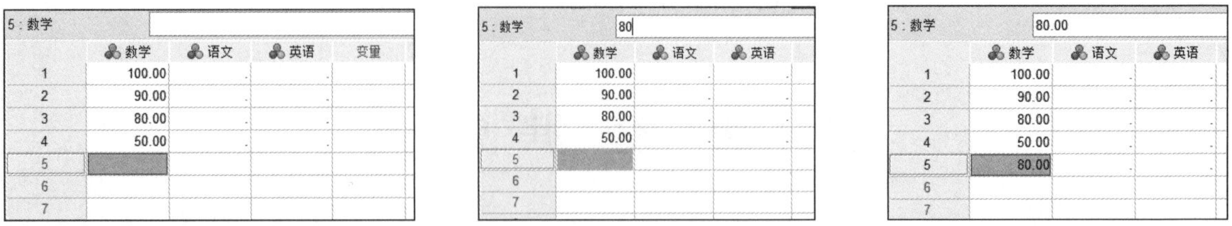

（a）选中单元格　　（b）输入数据　　（c）按 Enter 键显示数据

图 4.1　在“输入数据栏”中输入数据

扫一扫，看视频

★重点 动手学——新建收获量数据文件

源文件： 源文件\第 4 章\收获量数据.sav

在 20 块相同面积的试验田中种植某种新培育的种子，根据 5 种种植间距方案和 4 种施肥方案对种子进行试验，取得的收获量数据（单位：吨）见表 4.1。本实例根据表 4.1 中的收获量数据新建收获量数据文件。

表 4.1　收获量数据

种植间距方案	施肥方案			
	1	2	3	4
1	12.0	9.5	10.4	9.7
2	13.7	11.5	12.4	9.6
3	14.3	12.3	11.4	11.1
4	14.2	14.0	12.5	12.0
5	13.0	14.0	13.1	11.4

操作步骤

1. 新建数据文件

双击“开始”菜单中的 IBM SPSS Statistics 图标，启动 IBM SPSS Statistics，选择菜单栏中的“文件”→“新建”→“数据”命令，新建空白的数据文件。

2. 定义变量

默认打开“数据视图”选项卡，单击左下角的“变量视图”选项卡，打开“变量视图”窗口，在“名称”列输入变量名称，根据需要，依次修改变量的属性，结果如图 4.2 所示。

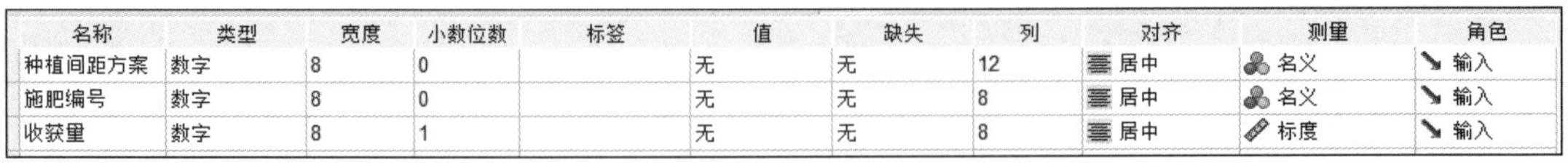

名称	类型	宽度	小数位数	标签	值	缺失	列	对齐	测量	角色
种植间距方案	数字	8	0		无	无	12	居中	名义	输入
施肥编号	数字	8	0		无	无	8	居中	名义	输入
收获量	数字	8	1		无	无	8	居中	标度	输入

图 4.2　定义变量

3. 输入数据

（1）单击左下角的“数据视图”选项卡，打开“数据视图”窗口。按照表 4.1 中的第一列数据，在“种植间距方案”变量下输入 1、2、3、4、5；在“施肥编号”变量下输入 1；在“收获量”变量下按照表 4.1 中的第二列“施肥方案 1”中的数据输入个案值，结果如图 4.3 所示。

（2）使用同样的方法，继续输入施肥方案 2、施肥方案 3、施肥方案 4 中的数据，结果如图 4.4 所示。

	种植间距方案	施肥编号	收获量
1	1	1	12.0
2	2	1	13.7
3	3	1	14.3
4	4	1	14.2
5	5	1	13.0

图 4.3　输入施肥方案 1 中的数据

种植间距方案	施肥编号	收获量
1	1	12.0
2	1	13.7
3	1	14.3
4	1	14.2
5	1	13.0
1	2	9.5
2	2	11.5
3	2	12.3
4	2	14.0
5	2	14.0
1	3	10.4
2	3	12.4
3	3	11.4
4	3	12.5
5	3	13.1
1	4	9.7
2	4	9.6
3	4	11.1
4	4	12.0
5	4	11.4

图 4.4　输入数据结果

4. 保存文件

选择菜单栏中的“文件”→“另存为”命令，弹出“将数据另存为”对话框，选择要保存的位置，输入名称“收获量数据”，保存该文件。

扫一扫，看视频

★重点 动手学——新建胃病样本汇总表

源文件： 源文件\第 4 章\胃病样本汇总表.sav

随机从小区收集 20 组居民运动习惯与胃病诊断结果的数据，汇总数据见表 4.2（单位：人）。本实例根据胃病样本汇总表新建数据文件。

表 4.2　胃病样本汇总表

诊断结果	运动习惯		
	不运动	偶尔运动	长期运动
正常	5	8	5
胃病	2	0	0

操作步骤

1. 新建数据文件

双击“开始”菜单中的 IBM SPSS Statistics 图标，启动 IBM SPSS Statistics，选择菜单栏中的“文件”→“新建”→“数据”命令，新建空白的数据文件。

2. 定义变量

（1）默认打开“数据视图”选项卡，单击左下角的“变量视图”选项卡，打开“变量视图”窗口，在“名称”列中输入变量名称，根据需要，依次修改变量的属性，结果如图 4.5 所示。

（2）选中并双击变量“运动习惯”的“值”列单元格，单击单元格右侧的编辑按钮“…”，弹出“值标签”对话框，为变量添加“值”与对应的“标签”，如图 4.6 所示。

名称	类型	宽度	小数位数	标签	值	缺失	列	对齐	测量
运动习惯	数字	8	0			无	8	居中	名义
诊断结果	数字	8	0			无	8	居中	名义
调查频数	数字	8	0			无	8	居中	标度

图 4.5　定义变量

（3）使用同样的方法，为变量“诊断结果”添加值标签，结果如图 4.7 和图 4.8 所示。

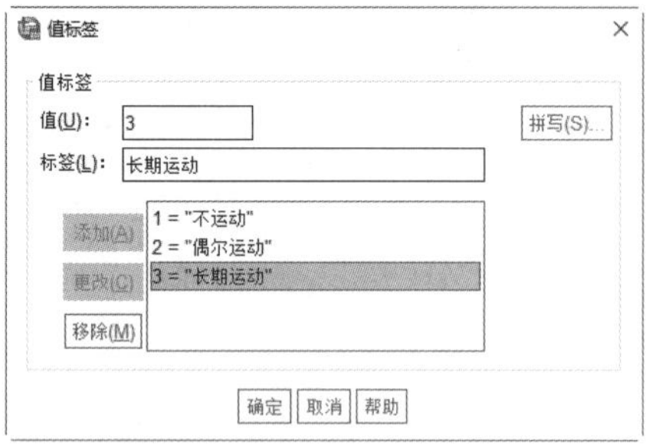

图 4.6　“值标签”对话框 1

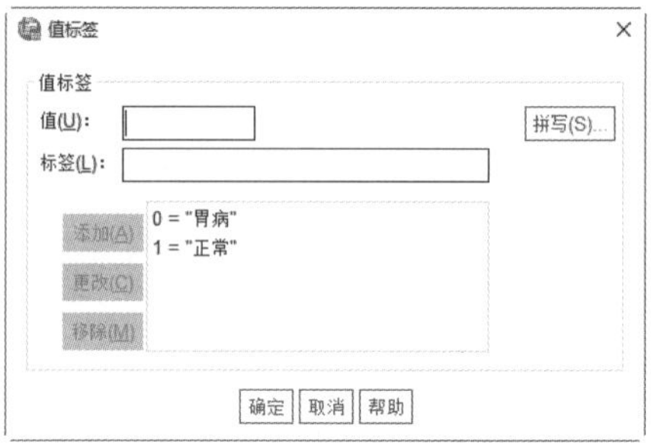

图 4.7　“值标签”对话框 2

名称	类型	宽度	小数位数	标签	值	缺失	列	对齐	测量
运动习惯	数字	8	0		{1, 不运动}...	无	8	居中	名义
诊断结果	数字	8	0		{0, 胃病}...	无	8	居中	名义
调查频数	数字	8	0		无	无	8	居中	标度

图 4.8　添加值标签结果

3．输入数据

单击左下角的“数据视图”选项卡，打开“数据视图”窗口。按照表 4.2 中的数据在变量下输入个案值，结果如图 4.9 所示。

运动习惯	诊断结果	调查频数
不运动	正常	5
偶尔运动	正常	8
长期运动	正常	5
不运动	胃病	2
偶尔运动	胃病	0
长期运动	胃病	0

图 4.9　输入所有数据

4．保存文件

选择菜单栏中的“文件”→“另存为”命令，弹出“将数据另存为”对话框，选择要保存的位置，输入文件名“胃病样本汇总表.sav”，保存该文件。

扫一扫，看视频

★重点　动手练——输入电动车销售比例情况表

源文件：源文件\第 4 章\电动车销售比例情况表.sav

根据某专卖店 4 年内电动车销售比例情况输入数据，结果如图 4.10 所示。

思路点拨

（1）打开数据文件“电动车销售比例情况表.sav”。

（2）在“变量视图”窗口中设置变量属性。

- 时间：类型为字符串，小数位数为 0。
- 智能型：类型为定制货币 CCB，小数位数为 0。
- 自动型：类型为定制货币 CCB，小数位数为 0。
- 机械型：类型为定制货币 CCB，小数位数为 0。

（3）根据表格数据输入个案。

（4）保存文件。

时间	智能型	自动型	机械型
2018年	7%	47%	46%
2019年	21%	45%	34%
2020年	34%	42%	24%
2021年	58%	21%	21%

图 4.10　电动车销售比例情况表

4.1.2　复制、粘贴数据

从外部数据文件中复制、粘贴数据时，有时因为数据格式的不同容易出现差错，无法达到预期的效果。针对变量多属性的特性，SPSS 提供了人性化的功能，执行粘贴操作时，可以选择粘贴需要的属性，如名称、标签名等。

菜单栏中的“编辑”命令下包含 3 个粘贴命令。

- 粘贴。
- 粘贴变量。
- 与变量名称一起粘贴。

相对应地，在从 SPSS 数据编辑器中将输出结果复制、粘贴到外部数据文件中时，也可以选择需要的变量属性。

菜单栏中的❶“编辑”命令下包含❷3 个复制命令，如图 4.11 所示。

- 复制。
- 与变量名称一起复制。
- 与变量标签一起复制。

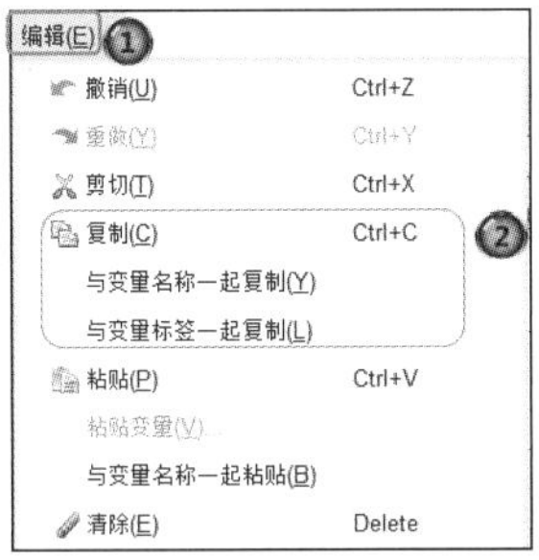

图 4.11　复制、粘贴命令

扫一扫，看视频

★重点 动手学——复制固定资产档案数据

源文件：源文件\第 4 章\编辑固定资产档案.sav

本实例使用复制、粘贴命令，将 Excel 文件中的固定资产档案数据粘贴到 SPSS 中，如图 4.12 所示。

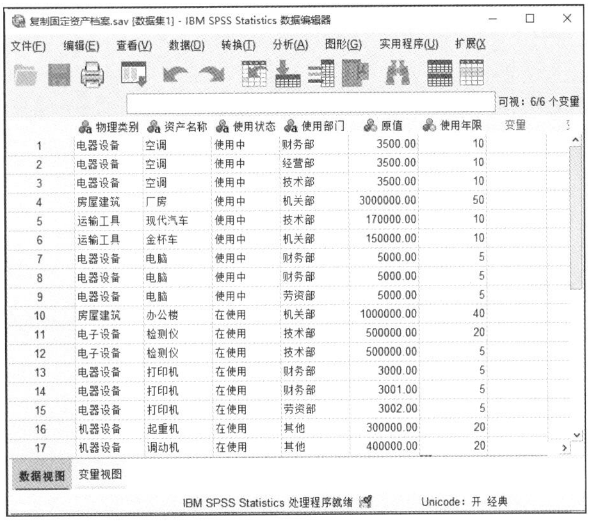

	物理类别	资产名称	使用状态	使用部门	原值	使用年限	变量
1	电器设备	空调	使用中	财务部	3500.00	10	
2	电器设备	空调	使用中	经营部	3500.00	10	
3	电器设备	空调	使用中	技术部	3500.00	10	
4	房屋建筑	厂房	使用中	机关部	3000000.00	50	
5	运输工具	现代汽车	使用中	技术部	170000.00	10	
6	运输工具	金杯车	使用中	机关部	150000.00	10	
7	电器设备	电脑	使用中	财务部	5000.00	5	
8	电器设备	电脑	使用中	财务部	5000.00	5	
9	电器设备	电脑	使用中	劳资部	5000.00	5	
10	房屋建筑	办公楼	在使用	机关部	1000000.00	40	
11	电子设备	检测仪	在使用	技术部	500000.00	20	
12	电子设备	检测仪	在使用	技术部	500000.00	5	
13	电器设备	打印机	在使用	财务部	3000.00	5	
14	电器设备	打印机	在使用	财务部	3001.00	5	
15	电器设备	打印机	在使用	劳资部	3002.00	5	
16	机器设备	起重机	在使用	其他	300000.00	20	
17	机器设备	调动机	在使用	其他	400000.00	20	

图 4.12　粘贴数据

操作步骤

1．打开数据文件

选择菜单栏中的“文件”→“打开”→“数据”命令，打开数据文件“编辑固定资产档案.sav”。

2. 复制数据

（1）打开“固定资产.xlsx”中的“固定资产档案”工作表，选择“物理类别”列下的数据，如图 4.13 所示。按 Ctrl+C 快捷键，打开“编辑固定资产档案.sav”文件，打开“数据视图”窗口，选择“物理类别”变量下的第一行单元格，选择菜单栏中的“编辑”→“粘贴”命令，粘贴到表格中的数据为变量“物理类别”下的个案，结果如图 4.14 所示。

	A	B	C	D	E	F	G	H	I	J	K	L	M	N	O	P	Q
1	固定资产档案								折旧						当前日期:	2022/7/16	
2	卡片编号	物理类别	资产名称	资产编号	变动方式	使用状态	使用日期	使用部门	原值	使用年限	折旧月份	残值率	残值	月折旧额	累计折旧	净值	折旧方法
3	F001	电器设备	调	A001	购入	使用中	2009/8/1	财务部	3,500.00	10	155	5%	175.00	27.71	4295.05	- 795.05	
4	F002	电器设备	空调	A002	购入	使用中	2008/8/1	经营部	3,500.00	10	167	5%	175.00	27.71	4627.57	- 1,127.57	
5	F003	电器设备	空调	A003	购入	使用中	2010/8/1	技术部	3,500.00	10	143	5%	175.00	27.71	3962.53	- 462.53	
6	F004	房屋建筑	厂房	A004	自建	使用中	2006/7/1	机关部	3,000,000.00	50	192	5%	150,000.00	4,750.00	912000	2,088,000.00	
7	F005	运输工具	现代汽车	A005	接受投资	使用中	2011/3/15	技术部	170,000.00	10	136	5%	8,500.00	1,345.83	183032.88	- 13,032.88	
8	F006	运输工具	金杯车	A006	购入	使用中	2012/3/16	机关部	150,000.00	10	124	5%	7,500.00	1,187.50	147250	2,750.00	
9	F007	电器设备	电脑	A007	购入	使用中	2011/8/1	财务部	5,000.00	5	131	5%	250.00	79.17	10371.27	- 5,371.27	
10	F008	电器设备	电脑	A008	购入	使用中	2010/8/1	财务部	5,000.00	5	143	5%	250.00	79.17	11321.31	- 6,321.31	
11	F009	电器设备	电脑	A009	购入	使用中	2012/8/1	劳资部	5,000.00	5	119	5%	250.00	79.17	9421.23	- 4,421.23	
12	F010	房屋建筑	办公楼	A010	自建	在使用	2006/5/1	机关部	1,000,000.00	40	194	5%	50,000.00	1,979.17	383958.98	616,041.02	
13	F011	电子设备	检测仪	A011	接受捐赠	在使用	2007/12/9	技术部	500,000.00	20	175	5%	25,000.00	1,979.17	346354.75	153,645.25	
14	F012	电子设备	检测仪	A012	购入	在使用	2012/12/9	技术部	500,000.00	5	115	5%	25,000.00	7,916.67	910417.05	- 410,417.05	
15	F013	电器设备	打印机	A013	购入	在使用	2011/2/19	财务部	3,000.00	5	137	5%	150.00	47.50	6507.5	- 3,507.50	
16	F014	电器设备	打印机	A014	购入	在使用	2011/2/19	财务部	3,001.00	5	137	5%	150.05	47.52	6510.24	- 3,509.24	
17	F015	电器设备	打印机	A015	购入	在使用	2011/2/19	劳资部	3,002.00	5	137	5%	150.10	47.53	6511.61	- 3,509.61	
18	F016	机器设备	起重机	A016	接受投资	在使用	2012/10/15	其他	300,000.00	20	117	5%	15,000.00	1,187.50	138937.5	161,062.50	
19	F017	机器设备	调动机	A017	接受投资	在使用	2013/2/11	其他	400,000.00	20	113	5%	20,000.00	1,583.33	178916.29	221,083.71	
20																	

图 4.13　选择 Excel 数据

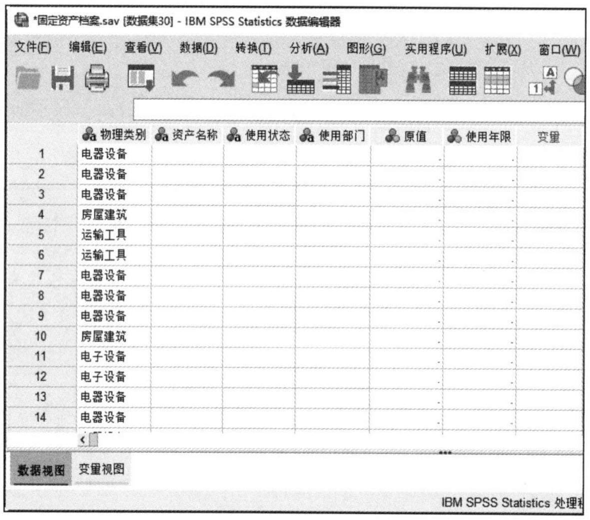

图 4.14　粘贴数据

（2）使用同样的方法，复制 Excel 工作表中“资产名称”“使用状态”“使用部门”“原值”“使用年限”列下的数据，粘贴到 SPSS 中的指定变量下，结果如图 4.12 所示。

3. 保存文件

选择菜单栏中的“文件”→“另存为”命令，弹出“将数据另存为”对话框，选择要保存的位置，输入名称为“复制固定资产档案数据”，保存该文件。

扫一扫，看视频

★重点 动手学——输入销售业绩数据

源文件：源文件\第 4 章\销售业绩分析表.xlsx

本实例在 SPSS 中输入如图 4.15 所示的销售业绩分析表中的数据。

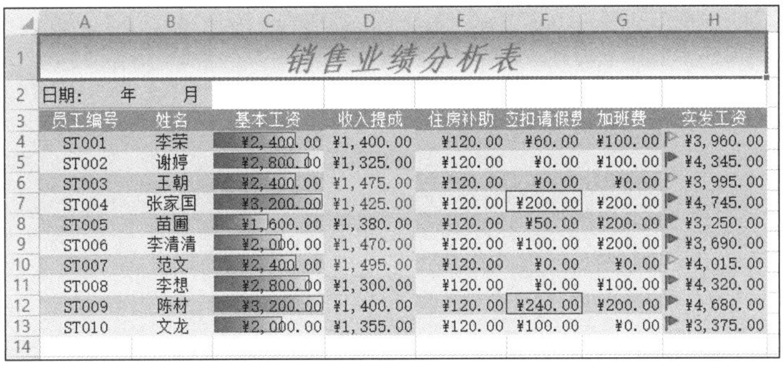

	A	B	C	D	E	F	G	H
1	销售业绩分析表							
2	日期:　年　月							
3	员工编号	姓名	基本工资	收入提成	住房补助	应扣请假费	加班费	实发工资
4	ST001	李荣	¥2,400.00	¥1,400.00	¥120.00	¥60.00	¥100.00	¥3,960.00
5	ST002	谢婷	¥2,800.00	¥1,325.00	¥120.00	¥0.00	¥100.00	¥4,345.00
6	ST003	王朝	¥2,400.00	¥1,475.00	¥120.00	¥0.00	¥0.00	¥3,995.00
7	ST004	张家国	¥3,200.00	¥1,425.00	¥120.00	¥200.00	¥200.00	¥4,745.00
8	ST005	苗圃	¥1,600.00	¥1,380.00	¥120.00	¥50.00	¥200.00	¥3,250.00
9	ST006	李清清	¥2,000.00	¥1,470.00	¥120.00	¥100.00	¥200.00	¥3,690.00
10	ST007	范文	¥2,400.00	¥1,495.00	¥120.00	¥0.00	¥0.00	¥4,015.00
11	ST008	李想	¥2,800.00	¥1,300.00	¥120.00	¥0.00	¥100.00	¥4,320.00
12	ST009	陈材	¥3,200.00	¥1,400.00	¥120.00	¥240.00	¥200.00	¥4,680.00
13	ST010	文龙	¥2,000.00	¥1,355.00	¥120.00	¥100.00	¥0.00	¥3,375.00
14								

图 4.15　销售业绩分析表

操作步骤

1. 新建数据文件

（1）双击“开始”菜单中的 IBM SPSS Statistics 图标，启动 IBM SPSS Statistics，选择菜单栏中的“文件”→“新建”→“数据”命令，新建空白的数据文件。

（2）在源文件目录下双击 Excel 文件“销售业绩分析表.xslx”，打开该文件。在 Excel 中，按 Shift 键选择图 4.16 所示的数据，按 Ctrl+C 快捷键复制数据。

员工编号	姓名	基本工资	收入提成	住房补助	应扣请假费	加班费	实发工资
ST001	李荣	¥2,400.00	¥1,400.00	¥120.00	¥60.00	¥100.00	¥3,960.00
ST002	谢婷	¥2,800.00	¥1,325.00	¥120.00	¥0.00	¥100.00	¥4,345.00
ST003	王朝	¥2,400.00	¥1,475.00	¥120.00	¥0.00	¥0.00	¥3,995.00
ST004	张家国	¥3,200.00	¥1,425.00	¥120.00	¥200.00	¥200.00	¥4,745.00
ST005	苗圃	¥1,600.00	¥1,380.00	¥120.00	¥50.00	¥200.00	¥3,250.00
ST006	李清清	¥2,000.00	¥1,470.00	¥120.00	¥100.00	¥200.00	¥3,690.00
ST007	范文	¥2,400.00	¥1,495.00	¥120.00	¥0.00	¥0.00	¥4,015.00
ST008	李想	¥2,800.00	¥1,300.00	¥120.00	¥0.00	¥100.00	¥4,320.00
ST009	陈材	¥3,200.00	¥1,400.00	¥120.00	¥240.00	¥200.00	¥4,680.00
ST010	文龙	¥2,000.00	¥1,355.00	¥120.00	¥100.00	¥0.00	¥3,375.00

图 4.16　复制 Excel 数据

2. 粘贴数据

（1）单击“数据视图”选项卡，打开“数据视图”窗口。

（2）选择菜单栏中的“编辑”→“粘贴”命令，在数据显示区显示从 Excel 中粘贴的数据，如图 4.17 所示。

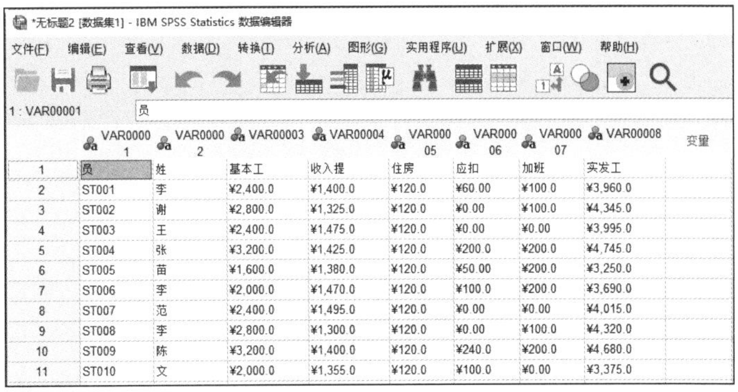

	VAR00001	VAR00002	VAR00003	VAR00004	VAR00005	VAR00006	VAR00007	VAR00008	变量
1	员	姓	基本工	收入提	住房	应扣	加班	实发工	
2	ST001	李	¥2,400.0	¥1,400.0	¥120.0	¥60.00	¥100.0	¥3,960.0	
3	ST002	谢	¥2,800.0	¥1,325.0	¥120.0	¥0.00	¥100.0	¥4,345.0	
4	ST003	王	¥2,400.0	¥1,475.0	¥120.0	¥0.00	¥0.00	¥3,995.0	
5	ST004	张	¥3,200.0	¥1,425.0	¥120.0	¥200.0	¥200.0	¥4,745.0	
6	ST005	苗	¥1,600.0	¥1,380.0	¥120.0	¥50.00	¥200.0	¥3,250.0	
7	ST006	李	¥2,000.0	¥1,470.0	¥120.0	¥100.0	¥200.0	¥3,690.0	
8	ST007	范	¥2,400.0	¥1,495.0	¥120.0	¥0.00	¥0.00	¥4,015.0	
9	ST008	李	¥2,800.0	¥1,300.0	¥120.0	¥0.00	¥100.0	¥4,320.0	
10	ST009	陈	¥3,200.0	¥1,400.0	¥120.0	¥240.0	¥200.0	¥4,680.0	
11	ST010	文	¥2,000.0	¥1,355.0	¥120.0	¥100.0	¥0.00	¥3,375.0	

图 4.17　粘贴 Excel 数据 1

从上面的粘贴结果可以发现，直接将数据从 Excel 等外部工具复制粘贴到 SPSS 是最为方便的数据导入方法。但在数据复制粘贴的过程中，还需要用户自己定义变量的名称。此外，数据会因为不兼容出现数据丢失等问题。

3．保存文件

选择菜单栏中的“文件”→“另存为”命令，弹出“将数据另存为”对话框，选择要保存的位置，输入文件名“输入销售业绩数据 1”，保存该文件。

4．带变量名称粘贴数据

（1）单击“数据视图”选项卡，打开“数据视图”窗口。

（2）选择菜单栏中的“编辑”→“与变量名称一起粘贴”命令，在数据显示区显示从 Excel 中粘贴的数据，如图 4.18 所示。软件自动将 Excel 文件首行的标题作为 SPSS 变量名称，定义变量和粘贴数据一并完成，十分方便。

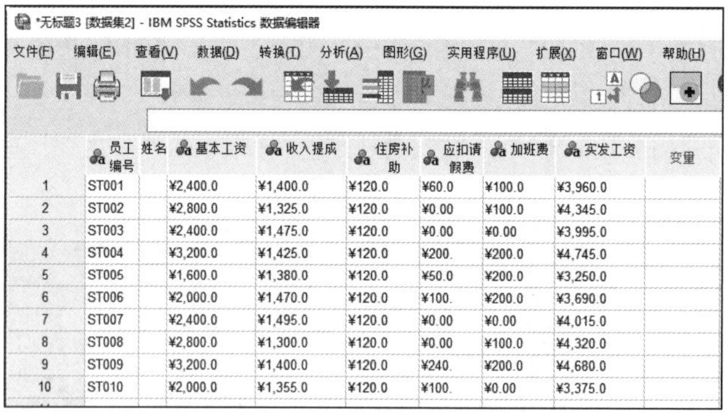

	员工编号	姓名	基本工资	收入提成	住房补助	应扣请假费	加班费	实发工资	变量
1	ST001		¥2,400.0	¥1,400.0	¥120.0	¥60.0	¥100.0	¥3,960.0	
2	ST002		¥2,800.0	¥1,325.0	¥120.0	¥0.00	¥100.0	¥4,345.0	
3	ST003		¥2,400.0	¥1,475.0	¥120.0	¥0.00	¥0.00	¥3,995.0	
4	ST004		¥3,200.0	¥1,425.0	¥120.0	¥200.	¥200.0	¥4,745.0	
5	ST005		¥1,600.0	¥1,380.0	¥120.0	¥50.0	¥200.0	¥3,250.0	
6	ST006		¥2,000.0	¥1,470.0	¥120.0	¥100.	¥200.0	¥3,690.0	
7	ST007		¥2,400.0	¥1,495.0	¥120.0	¥0.00	¥0.00	¥4,015.0	
8	ST008		¥2,800.0	¥1,300.0	¥120.0	¥0.00	¥100.0	¥4,320.0	
9	ST009		¥3,200.0	¥1,400.0	¥120.0	¥240.	¥200.0	¥4,680.0	
10	ST010		¥2,000.0	¥1,355.0	¥120.0	¥100.	¥0.00	¥3,375.0	

图 4.18　粘贴 Excel 数据 2

5．保存文件

选择菜单栏中的“文件”→“另存为”命令，弹出“将数据另存为”对话框，选择要保存的位置，输入文件名“输入销售业绩数据 2”，保存该文件。

4.1.3　导入 Excel 数据

Excel 数据与 SPSS 数据格式类似，因此导入 Excel 数据的步骤比较简单。

【执行方式】

菜单栏：选择菜单栏中的“文件”→“导入数据”→Excel 命令。

操作步骤

执行此命令，弹出“打开数据”对话框，在“文件类型”下拉列表中显示“Excel（*.xls、*.xlsx 和*.xlsm）”，如图 4.19 所示。

单击“打开”按钮，弹出“读取 Excel 文件”对话框，如图 4.20 所示。设置导入数据的范围。单击“确定”按钮，自动新建数据文件，并插入 Excel 文件中的数据，如图 4.21 所示。

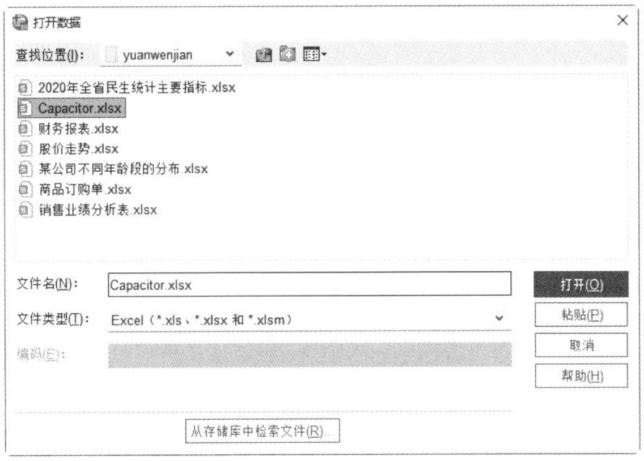

图 4.19　“打开数据”对话框

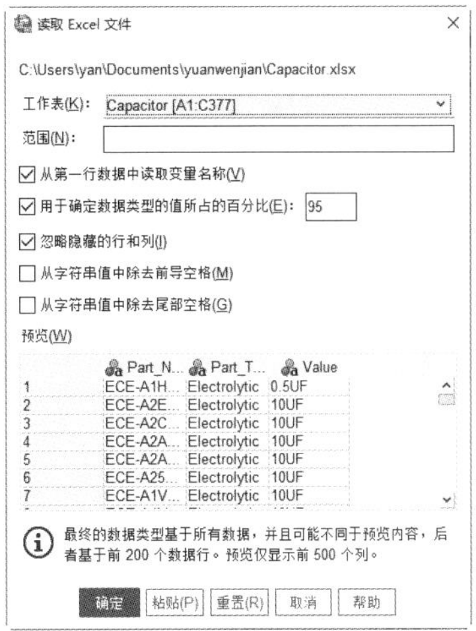

图 4.20　“读取 Excel 文件”对话框

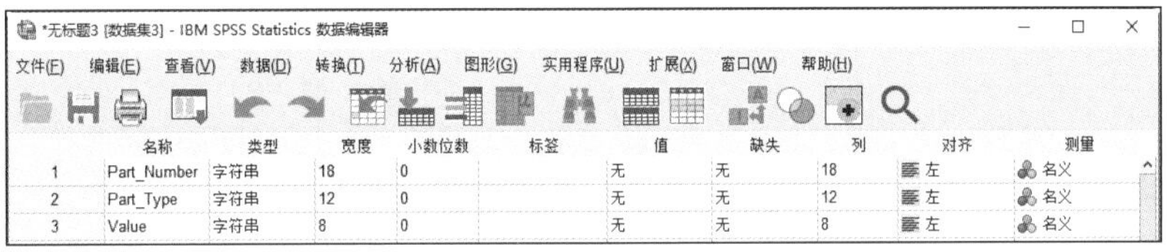

图 4.21　导入 Excel 数据文件

4.1.4　导入文本数据

一般情况下，文本文件包括 txt 文件和 CSV 文件。虽然 SPSS 支持导入文本文件中的数据，但一般文本文件只有纯数据部分，没有结构描述部分。导入文本数据后需要根据文件结构将数据分为变量与个案。

【执行方式】

菜单栏：选择菜单栏中的“文件”→“导入数据”→“CSV 数据”/“文本数据”命令。

操作步骤

执行此命令，弹出“打开数据”对话框，在“文件类型”下拉列表中显示“CSV (*. csv)”，浏览文件所在路径，单击文件名称，如图 4.22 所示。然后单击“打开”按钮，弹出“文本导入向导”对话框，如图 4.23 所示。

【选项说明】

该向导共有 6 步，下面分别进行介绍。

（1）自动识别要打开的 CSV 文件是否与预定义的格式相匹配。

- 选择“是”选项，单击“浏览”按钮，在弹出的对话框中选择预定义格式文件。
- 选择“否”选项，根据 SPSS 的数据格式依次设置数据。

（2）单击“下一步”按钮，进入“文本导入向导”第 2 步界面，定义变量的设置，如图 4.24 所示，包括变量的排列方式（定界、固定宽度）、文件开头设置（是否包括变量名）、小数符号的选择（句点或逗号）。

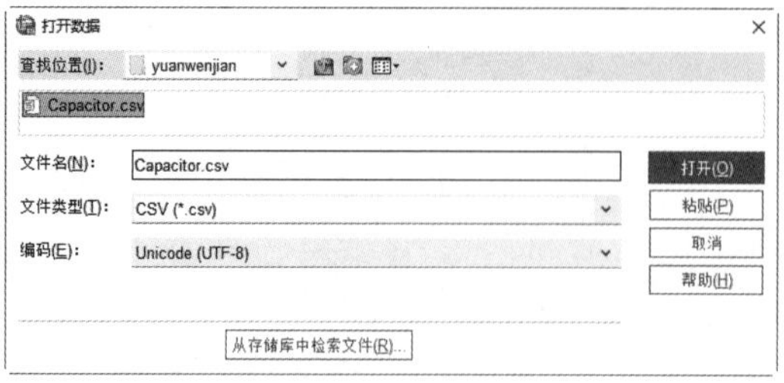

图 4.22　“打开数据”对话框

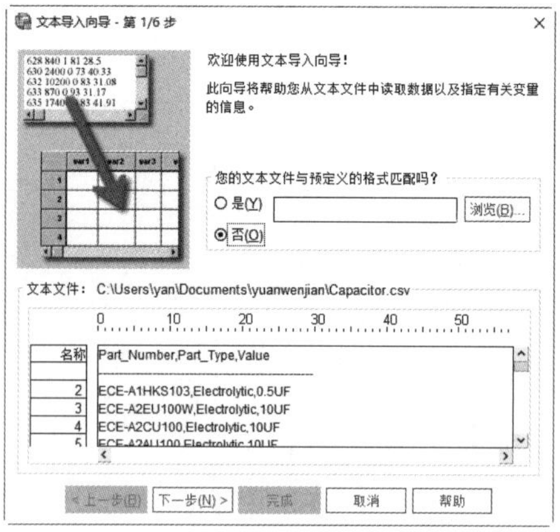

图 4.23　“文本导入向导”对话框

（3）单击“下一步”按钮，进入“文本导入向导”第 3 步界面，定义个案的设置，如图 4.25 所示，包括个案的排列、导入个案个数[全部个案、前 1000 个个案、随机百分比的个案（近似值）%]。

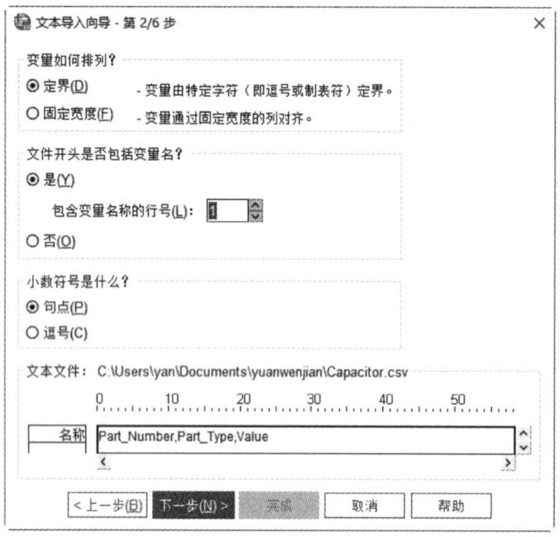

图 4.24　“文本导入向导”第 2 步

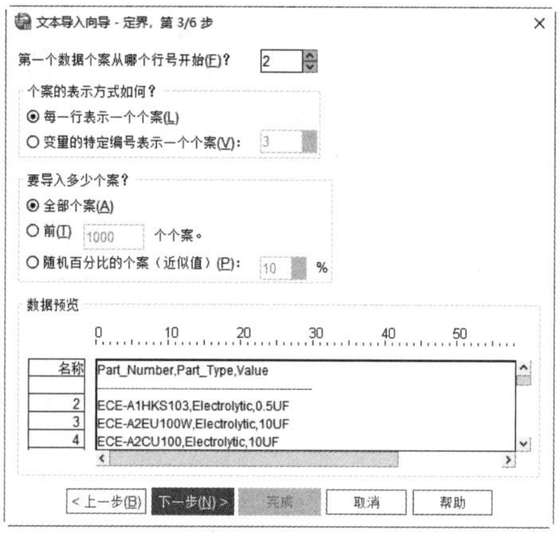

图 4.25　“文本导入向导”第 3 步

（4）单击“下一步”按钮，进入“文本导入向导”第 4 步界面，定义变量中的功能符号，如图 4.26 所示。

- 定界符：设定界限的符号。SPSS 中的定界符包括制表符、逗号、空格、分号，还可以在“其他”文本框中输入指定的定界符符号。
- 前导空格和尾部空格：字符串值中默认包含前导空格和尾部空格，可勾选该选项组中的选项，移除前导空格或尾部空格。
- 文本限定符：文本限定符是用于限定为文本类型的符号。SPSS 中的文本限定符可以用单引号、双引号表示，也可以指定为其他符号。
- 数据预览：根据上面的符号定义，在此处显示数据的预览格式。

（5）单击“下一步”按钮，进入“文本导入向导”第 5 步界面，如图 4.27 所示。在“原始名称”列表中显示导入数据中的变量名称，在“变量名”文本框中可重新定义变量名称，输入新变量名称。在“数据格式”下拉列表中选择数据的格式，一般默认为“自动”。

（6）单击“下一步”按钮，进入“文本导入向导”第 6 步界面，设置文件的后续操作，如是否需要保存此文本格式或是否需要粘贴此语法，如图 4.28 所示。

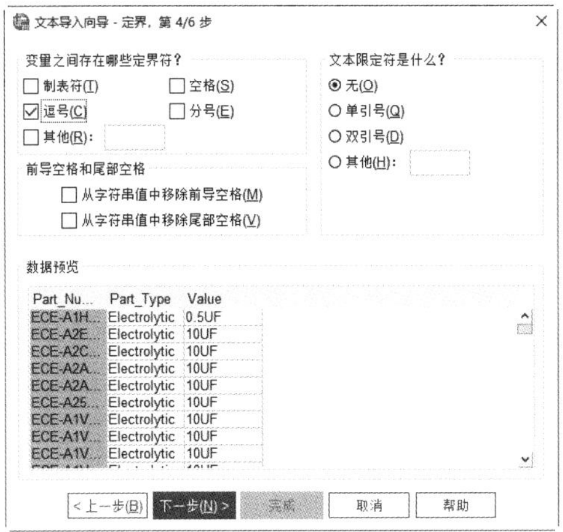

图 4.26 “文本导入向导”第 4 步

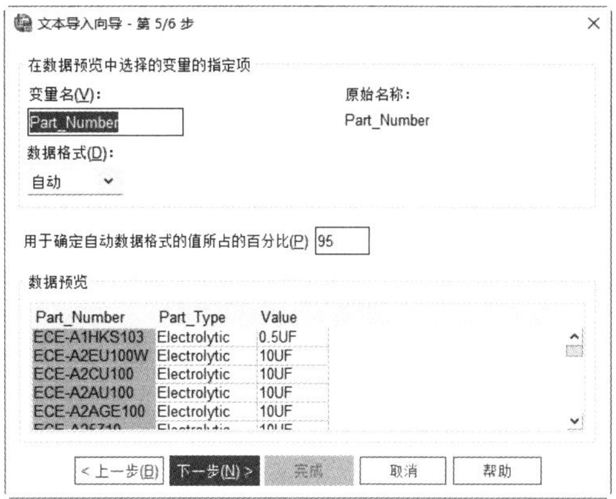

图 4.27 “文本导入向导”第 5 步

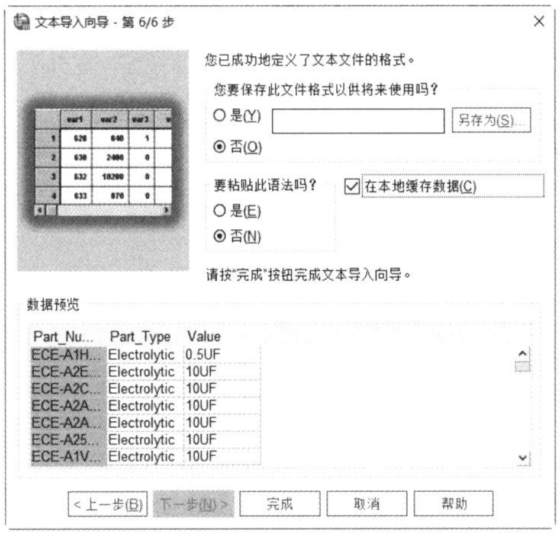

图 4.28 “文本导入向导”第 6 步

单击“完成”按钮，关闭对话框，在“IBM SPSS Statistics 数据编辑器”窗口中自动新建数据文件，并在文件中插入文本数据。

★重点 动手练——导入煤炭开采和矿产业经济指标

扫一扫，看视频

源文件：源文件\第 4 章\煤炭开采和矿产业经济指标.csv

本实例演示从文本文件中导入煤炭开采和矿产业经济指标数据，文本文件如图 4.29 所示。

思路点拨

（1）选择“导入”命令，导入 CSV 文件“煤炭开采和矿产业经济指标.csv”。

（2）变量名称中的单位和括号在导入过程中遗失，修改变量名称。

（3）在“变量视图”窗口中设置变量属性。

- 累计增长：类型为定制货币 CCB。
- 累计增长.1：类型为定制货币 CCB。
- 累计增长.2：类型为定制货币 CCB。

（4）保存文件为“煤炭开采和矿产业经济指标.sav”。

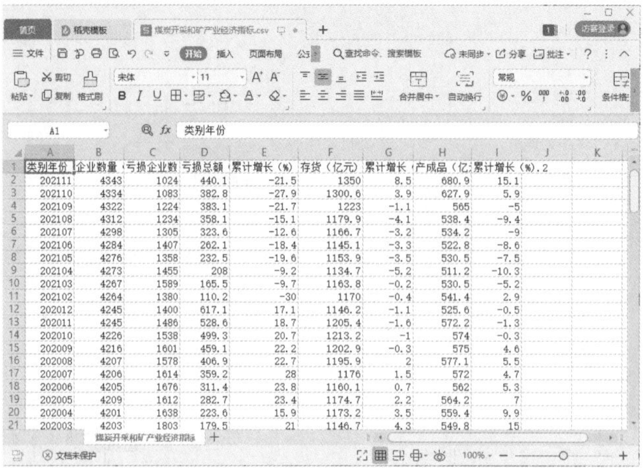

图 4.29　煤炭开采和矿产业经济指标文件

4.1.5　导入数据库数据

数据库文件是按照特定的格式把数据存储起来的文件，用户可以通过软件或 Web 应用对存储的数据进行增、删、改、查操作。常见的数据库文件扩展名有.db、.accdb、.mdf 和.dbf。SPSS 可以使用数据库 ODBC 接口读取数据库文件。

【执行方式】

菜单栏：选择菜单栏中的“编辑”→“数据库”→“新建查询”命令。

操作步骤

（1）执行该命令，弹出“数据库向导”对话框，在该对话框中可以设置 SPSS 从非 SPSS Statistics 数据源中获取数据。在“ODBC 数据源”列表中选择 BenchAccess1740 选项，导入该数据库中的数据。勾选“表”复选框，读取选中数据库中的数据表，如图 4.30 所示。

（2）单击“下一步”按钮，弹出“选择数据”对话框，显示数据源 BenchAccess1740 中包含的数据表，如图 4.31 所示。

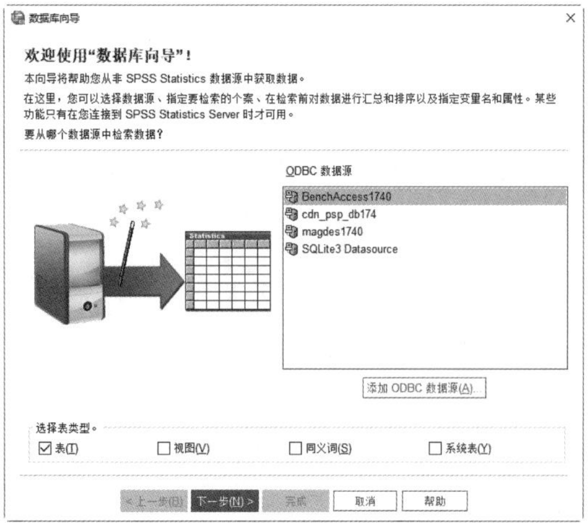

图 4.30　“数据库向导”对话框

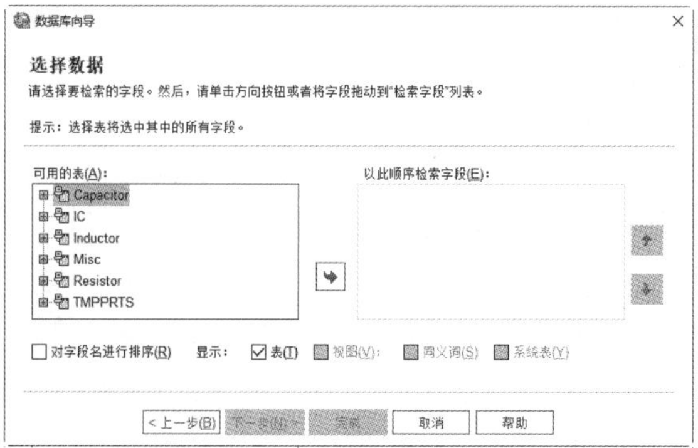

图 4.31　“选择数据”对话框

(3) 勾选“对字段名进行排序”复选框，将“可用的表”列表中的数据表按照首字母排序，如图 4.32 所示。

(4) 在“可用的表”列表中选择数据表 Capacitor（电阻）中的 Part Number（部件编号）、Part Type（部件类型）、Value（参数值）字段，单击➡按钮，将选中的数据表添加到右侧“以此顺序检索字段”列表中，如图 4.33 所示。

图 4.32 对数据表进行排序

图 4.33 选择可用的表

(5) 单击↩按钮，将添加到“以此顺序检索字段”列表中的数据表从当前列表中移除。单击⬆按钮，向上移动选中的数据表；单击⬇按钮，向下移动选中的数据表。

(6) 单击“下一步”按钮，弹出“对检索的个案进行限制”对话框，设置导入数据中的个案的参数，如图 4.34 所示。

(7) 单击“下一步”按钮，弹出“定义变量”对话框，根据前面导入的数据表中的数据定义变量名称与变量类型，如图 4.35 所示。

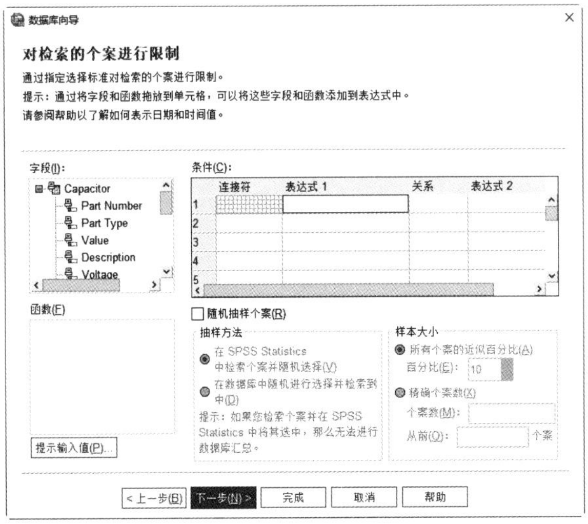

图 4.34 “对检索的个案进行限制”对话框

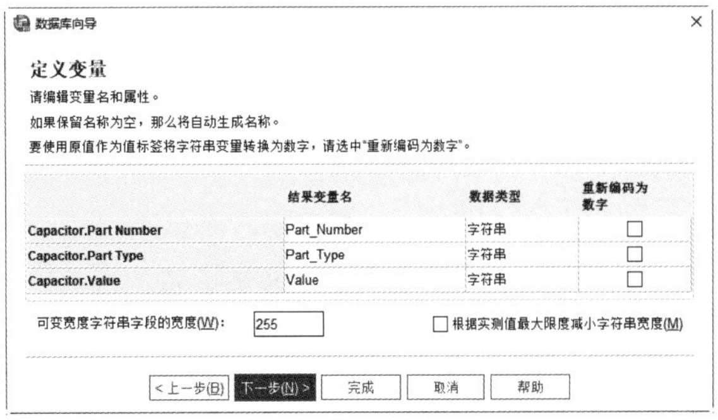

图 4.35 “定义变量”对话框

（8）单击“下一步”按钮，弹出“结果”对话框，根据前面导入的数据表中的参数生成的 SQL 查询编码程序，默认选择“检索已选择的数据”选项，如图 4.36 所示。

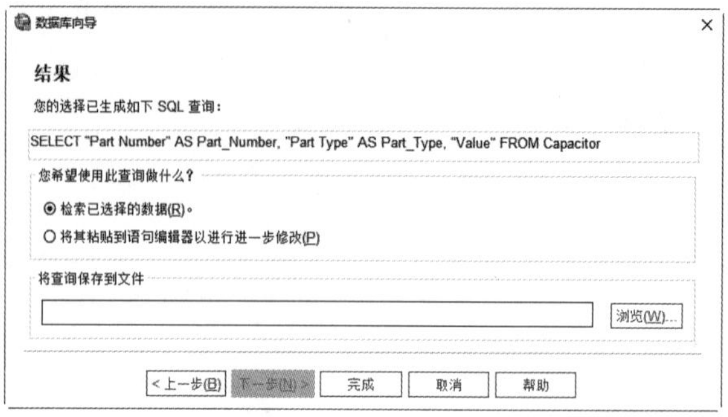

图 4.36　“结果”对话框

（9）单击“完成”按钮，完成数据库的查询。在“IBM SPSS Statistics 数据编辑器”窗口中新建数据文件，并在数据文件中插入按照上述对话框中的选择导入的数据，也就是数据表 Capacitor 中的 Part Number、Part Type、Value 字段，如图 4.37 所示。同时弹出“IBM SPSS Statistics 查看器”窗口，显示运行日志，如图 4.38 所示。

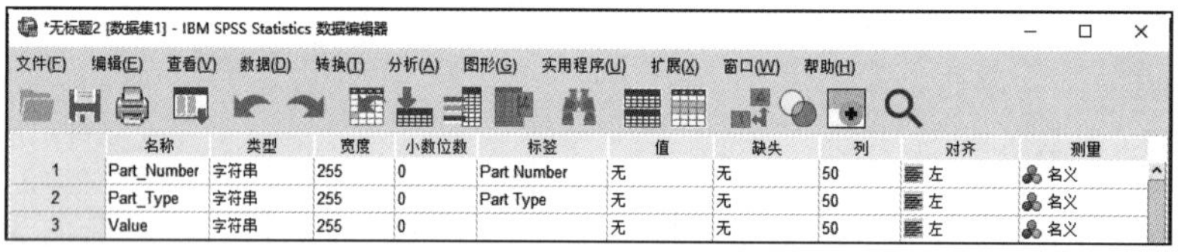

图 4.37　导入数据库数据

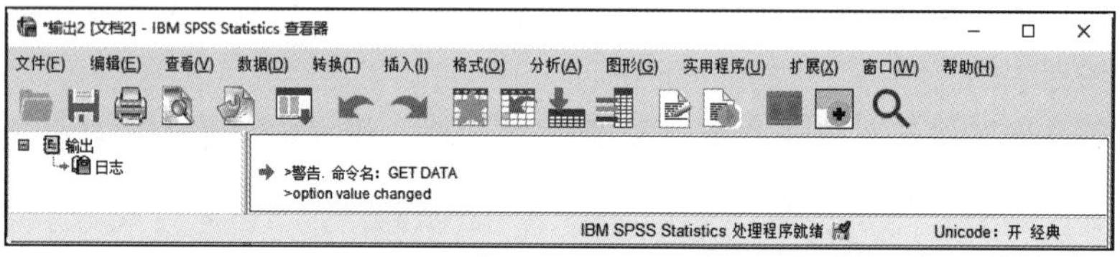

图 4.38　显示运行日志

扫一扫，看视频

★重点 动手学——导入员工医疗费用表

源文件：源文件\第 4 章\员工医疗费用表.xlsx

本实例导入“员工医疗费用表.xlsx”文件中的员工医疗费用，并对导入数据进行整理。

操作步骤

1. 导入数据

（1）选择菜单栏中的“文件”→“导入数据”→Excel 命令，弹出“打开数据”对话框，选择“员工医疗费用表.xlsx”文件，如图 4.39 所示。单击“打开”按钮，弹出“读取 Excel 文件”对话框。

（2）在“工作表”下拉列表中显示导入的 Excel 文件中数据的单元格范围“医疗费用统计表 [A1：H13]”，默认勾选“从第一行数据中读取变量名称”“用于确定数据类型的值所占的百分比”“忽略隐藏的行和列”复选框，在“预览”列表框中显示导入数据的预览效果，如图 4.40 所示。

（3）单击“确定”按钮，自动新建数据文件，并插入 Excel 文件中的数据，如图 4.41 所示。

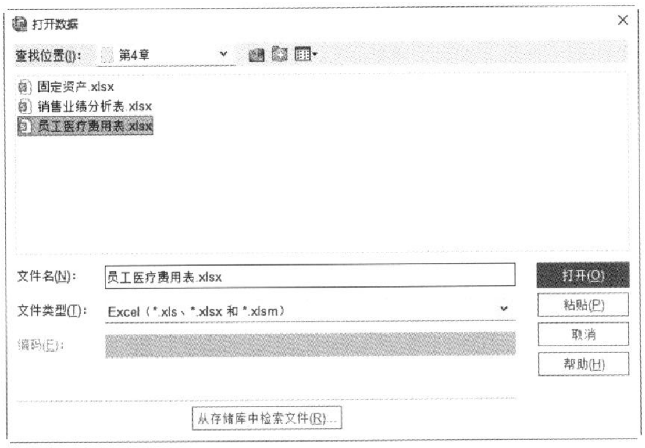

图 4.39　“打开数据”对话框

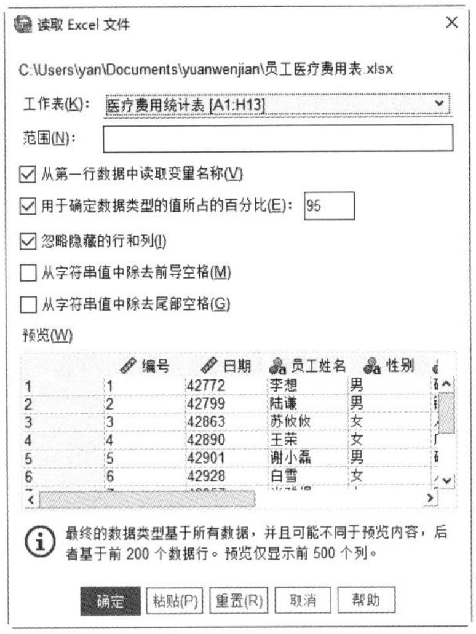

图 4.40　“读取 Excel 文件”对话框

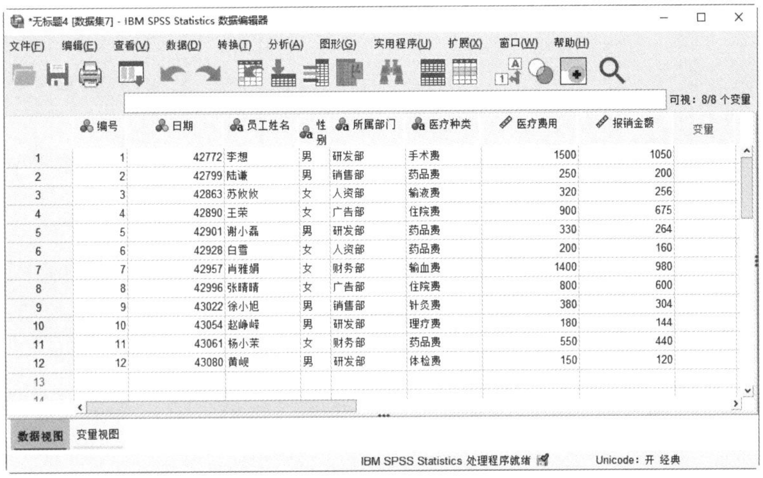

图 4.41　导入 Excel 数据文件

2．数据整理

打开“数据视图”窗口，观察导入的 Excel 数据，对比 Excel 文件中的数据，发现“日期”变量下的个案显示为数字乱码，数据对齐方式各异，需要对数据进行整理。

（1）设置“日期”变量。打开“变量视图”窗口，发现“日期”变量的类型为“数字”，类型有误，导致个案显示出错。单击该变量的“类型”单元格，弹出“变量类型”对话框，选择“字符串”选项，设置“字符数”为 12，如图 4.42 所示。单击“确定”按钮，关闭对话框，结果如图 4.43 所示。

（2）切换选项卡，打开“数据视图”窗口，发现“日期”变量中的个案无法自动完成转换，如图 4.44 所示，需要重新输入数据。

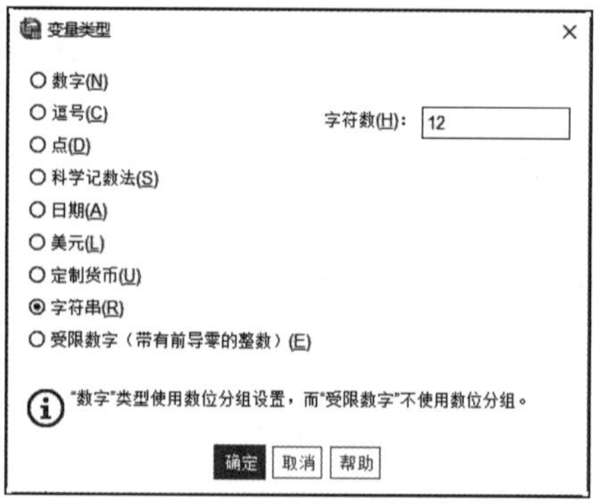

图 4.42　选择变量类型

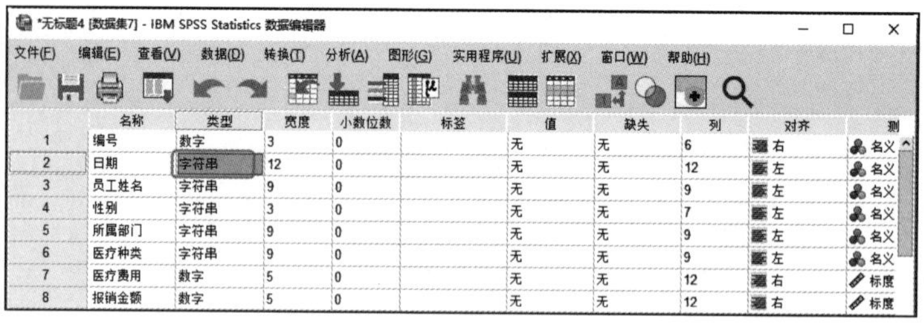

图 4.43　设置变量类型

（3）打开“员工医疗费用表.xlsx”文件，选中“日期”列下的数据，如图 4.45 所示。按 Ctrl+C 快捷键复制 Excel 数据。

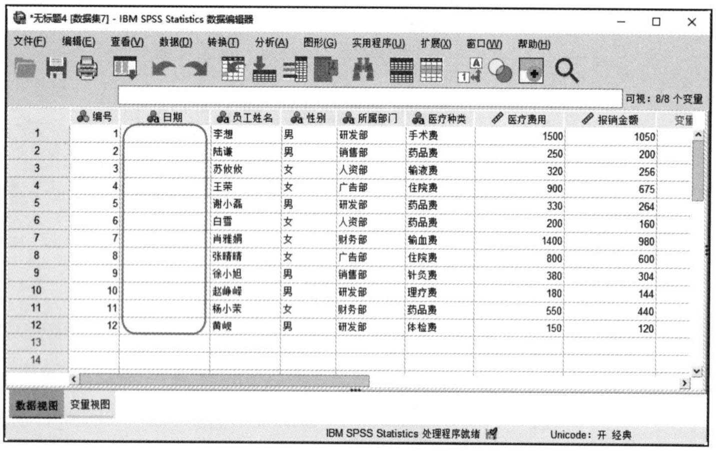

图 4.44　类型转换结果

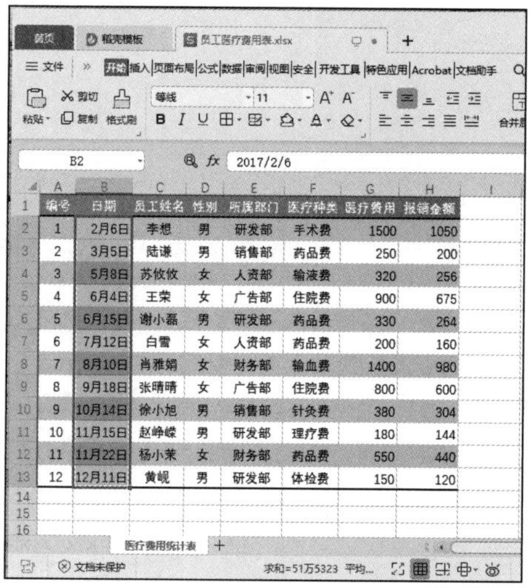

图 4.45　复制 Excel 数据

（4）返回 SPSS，打开“数据视图”窗口，在数据显示区“日期”变量下选择图 4.46 所示的数据粘贴位置，选择菜单栏中的“编辑”→“粘贴”命令，粘贴日期数据，结果如图 4.47 所示。

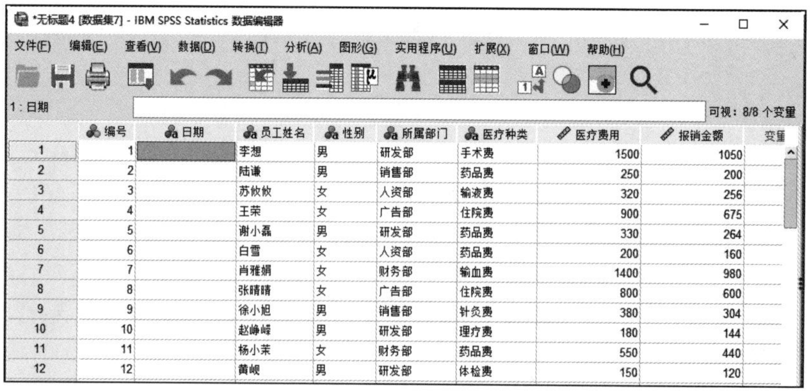

图 4.46　选择粘贴位置

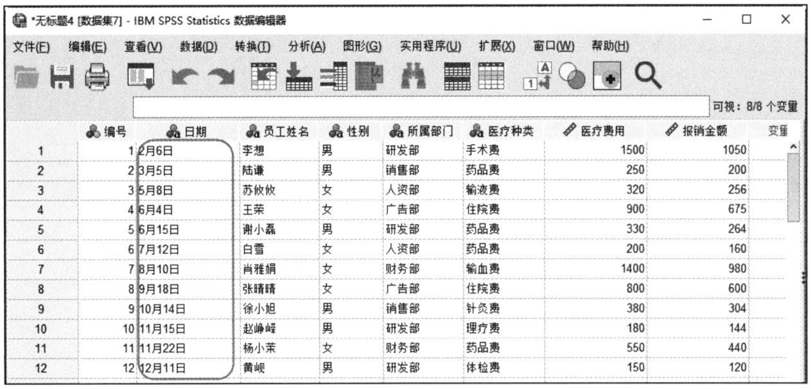

	编号	日期	员工姓名	性别	所属部门	医疗种类	医疗费用	报销金额
1	1	2月6日	李想	男	研发部	手术费	1500	1050
2	2	3月5日	陆谦	男	销售部	药品费	250	200
3	3	5月8日	苏攸攸	女	人资部	输液费	320	256
4	4	6月4日	王荣	女	广告部	住院费	900	675
5	5	6月15日	谢小磊	男	研发部	药品费	330	264
6	6	7月12日	白雪	女	人资部	药品费	200	160
7	7	8月10日	肖雅娟	女	财务部	输血费	1400	980
8	8	9月18日	张晴晴	女	广告部	住院费	800	600
9	9	10月14日	徐小旭	男	销售部	针灸费	380	304
10	10	11月15日	赵峥嵘	男	研发部	理疗费	180	144
11	11	11月22日	杨小茉	女	财务部	药品费	550	440
12	12	12月11日	黄岘	男	研发部	体检费	150	120

图 4.47　粘贴数据

（5）设置对齐方式。打开“变量视图”窗口，单击变量的“对齐”列，选择“居中”选项，如图 4.48 所示。将所有变量的对齐方式设置为居中，结果如图 4.49 所示。

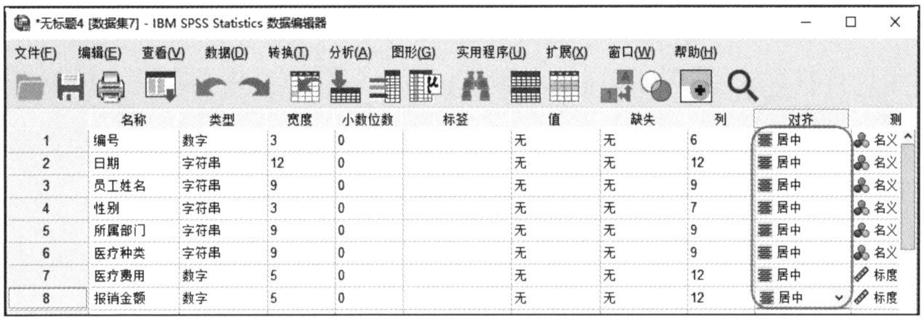

	名称	类型	宽度	小数位数	标签	值	缺失	列	对齐	测
1	编号	数字	3	0		无	无	6	居中	名义
2	日期	字符串	12	0		无	无	12	居中	名义
3	员工姓名	字符串	9	0		无	无	9	居中	名义
4	性别	字符串	3	0		无	无	7	居中	名义
5	所属部门	字符串	9	0		无	无	9	居中	名义
6	医疗种类	字符串	9	0		无	无	9	居中	名义
7	医疗费用	数字	5	0		无	无	12	居中	标度
8	报销金额	数字	5	0		无	无	12	居中	标度

图 4.48　设置对齐方式

	编号	日期	员工姓名	性别	所属部门	医疗种类	医疗费用	报销金额
1	1	2月6日	李想	男	研发部	手术费	1500	1050
2	2	3月5日	陆谦	男	销售部	药品费	250	200
3	3	5月8日	苏攸攸	女	人资部	输液费	320	256
4	4	6月4日	王荣	女	广告部	住院费	900	675
5	5	6月15日	谢小磊	男	研发部	药品费	330	264
6	6	7月12日	白雪	女	人资部	药品费	200	160
7	7	8月10日	肖雅娟	女	财务部	输血费	1400	980
8	8	9月18日	张晴晴	女	广告部	住院费	800	600
9	9	10月14日	徐小旭	男	销售部	针灸费	380	304
10	10	11月15日	赵峥嵘	男	研发部	理疗费	180	144
11	11	11月22日	杨小茉	女	财务部	药品费	550	440
12	12	12月11日	黄岘	男	研发部	体检费	150	120

图 4.49　数据对齐结果

3. 保存文件

选择菜单栏中的“文件”→“另存为”命令，弹出如图 4.50 所示的“将数据另存为”对话框，选择要保存的位置，输入文件名“员工医疗费用表.sav”，保存该文件。

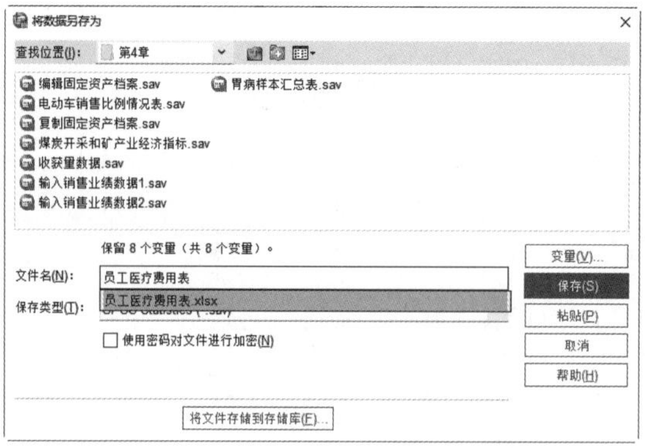

图 4.50 “将数据另存为”对话框

4.2 数据导出

SPSS 的表格、图形结果可直接导出为 Word、文本、网页、Excel 等格式，也可以将表格、交互式图形作为对象选择性粘贴到 Word、PowerPoint 等中，并在其中再利用 SPSS 对它们进行编辑。

【执行方式】

菜单栏：选择菜单栏中的“文件”→“导出”命令。

操作步骤

执行此命令，弹出图 4.51 所示的子菜单，显示导出文件格式。

图 4.51 导出子菜单

选择常见的 Excel 格式，弹出“将数据另存为”对话框，如图 4.52 所示。在“保存类型”下拉列表中显示 Excel 格式，如图 4.53 所示。此外，还包括下面几种格式。

- 1-2-3 R3.0 (*.wk3)：Lotus 1-2-3 电子表格文件，3.0 版本，可以保存的最大变量数为 256。除此之外还包括 1.0 版本、2.0 版本，如 1-2-3 R2.0 (*. wk1)、1-2-3 R1.0 (*. wks)。
- SYLK (*. slk)：电子表格数据库格式文件。
- dBASE Ⅳ(*. dbf)、dBASE Ⅲ(*. dbf)、dBASE Ⅱ(*. dbf)：数据库文件。

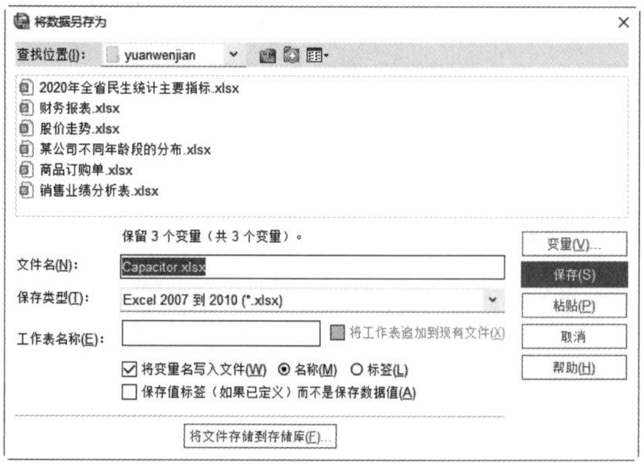

图 4.52 “将数据另存为”对话框

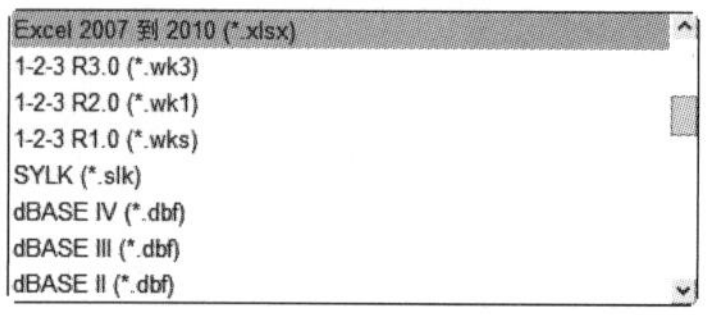

图 4.53 文件格式

扫一扫，看视频

★重点 动手学——导出固定资产分类汇总表

源文件：源文件\第 4 章\固定资产.xlsx

“固定资产.xlsx”中包含 3 个工作表：基础设置、固定资产档案、固定资产报表，固定资产报表中包含 3 个分类汇总表，如图 4.54 所示。本实例导出不同格式的固定资产分类汇总表。

	A	B	C	D	E
1	固定资产报表				
2	固定资产报表1：	按物理类别分类汇总			
3	类别	原值	本月折旧	累计折旧	净值
4	房屋建筑	4,000,000.00	6,729.17	6,729.17	2,704,041.02
5	机器设备	700,000.00	2,770.83	2,770.83	382,146.21
6	电器设备	34,503.00	463.19	463.19	-29,025.31
7	电子设备	1,000,000.00	9,895.84	9,895.84	-256,771.80
8	运输工具	320,000.00	2,533.33	2,533.33	-10,282.88
9	其他设备	-	-	-	-
10	合计：	6,054,503.00	22,392.36	22,392.36	2,790,107.24
11					
12	固定资产报表2：	按使用部门分类汇总			
13	类别	原值	本月折旧	累计折旧	净值
14	财务部	19,501.00	281.07	39,005.37	-19,504.37
15	经营部	3,500.00	27.71	4,627.57	-1,127.57
16	技术部	1,173,500.00	11,269.38	1,443,767.21	-270,267.21
17	机关部	4,150,000.00	7,916.67	1,443,208.98	2,706,791.02
18	劳资部	8,00:	126.70	15,932.84	-7,930.84
19	其他	700,000.00	2,770.83	317,853.79	382,146.21
20	合计：	6,054,503.00	22,392.36	3,264,395.76	2,790,107.24
21					
22	固定资产报表3：	按变动方式汇总			
23	类别	原值	本月折旧	累计折旧	净值
24	购入	684,503.00	9,567.36	1,121,195.36	-436,692.36
25	自建	4,000,000.00	6,729.17	1,295,958.98	2,704,041.02
26	盘盈	-	-	-	-
27	接受投资	870,000.00	4,116.66	500,886.67	369,113.33
28	接受捐赠	500,000.00	1,979.17	346,354.75	153,645.25
29	融资租入	-	-	-	-
30	在建工程转入	-	-	-	-
31	合计：	6,054,503.00	22,392.36	3,264,395.76	2,790,107.24
32					

图 4.54　固定资产分类汇总表

操作步骤

1. 导出固定资产报表 1

（1）导入数据。选择菜单栏中的“文件”→“导入数据”→Excel 命令，弹出“打开数据”对话框，选择“固定资产.xlsx”文件。单击“打开”按钮，弹出“读取 Excel 文件”对话框，如图 4.55 所示。

（2）在“工作表”下拉列表中显示导入的 Excel 文件中的数据“固定资产报表[A1:E31]”，在“范围”文本框中输入 A3:E9，选择数据范围。

（3）取消勾选“用于确定数据类型的值所占的百分比”复选框，在“预览”列表框中显示导入的数据预览效果，如图 4.56 所示。单击“确定”按钮，自动新建数据文件，并插入 Excel 文件中的数据。

（4）保存文件。选择菜单栏中的“文件”→“保存”命令，弹出“将数据另存为”对话框，选择要保存的位置，输入文件名“固定资产报表 1.sav”，保存该文件。

（5）导出 CSV 文件。选择菜单栏中的“文件”→“导出”→CSV 命令，弹出“将数据另存为”对话框，在“保存类型”下拉列表中选择“逗号定界(.csv)”选项，如图 4.57 所示。单击“保存”按钮，关闭对话框。

执行上述操作后，自动弹出“IBM SPSS Statistics 查看器”窗口，显示输出信息，如图 4.58 所示。表示成功导出文件“固定资产报表 1.csv”，同时显示导出文件中的变量名称参数 Variable、变量类型参数 Type 与变量值宽度参数 Width 等。

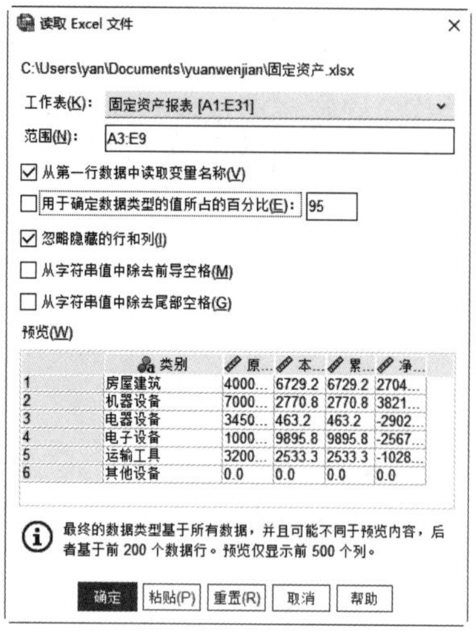

图 4.55 “读取 Excel 文件”对话框 1

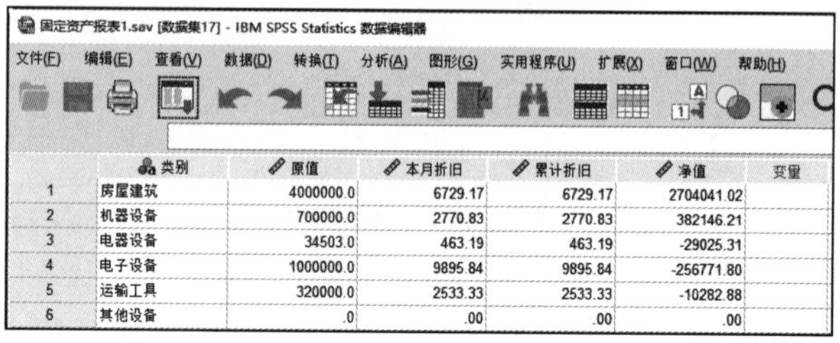

图 4.56 导入固定资产报表 1

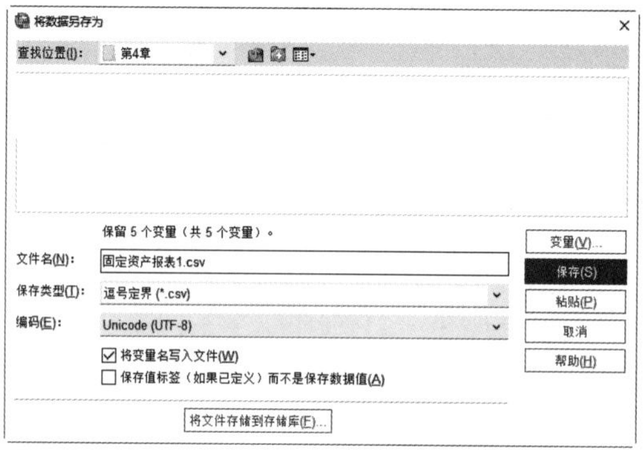

图 4.57 “将数据另存为”对话框 1

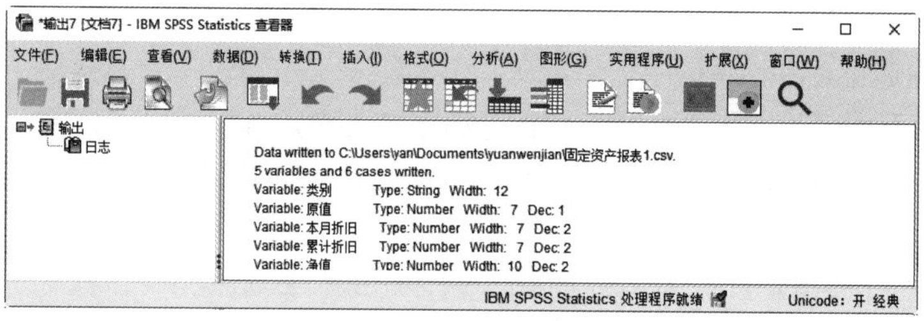

图 4.58 “IBM SPSS Statistics 查看器”窗口 1

2. 导出固定资产报表 2

（1）选择菜单栏中的“文件”→“导入数据”→Excel 命令，弹出“读取 Excel 文件”对话框，如图 4.59 所示。选择工作表、设置范围，将数据导入到数据显示区，保存数据文件为“固定资产报表 2.sav”，如图 4.60 所示。

（2）选择菜单栏中的“文件”→“导出”→SAS 命令，弹出“将数据另存为”对话框，在“保存类型”下拉列表中选择“SAS V9+ Windows 版(*. sas7bdat)”选项，如图 4.61 所示。单击“保存”按钮，关闭对话框。

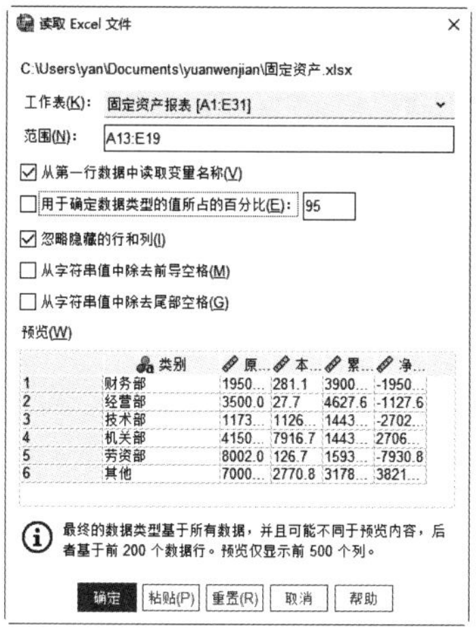

图 4.59　“读取 Excel 文件”对话框 2

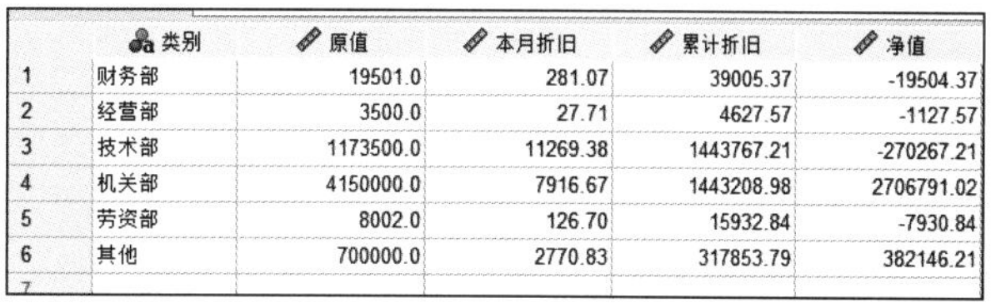

	类别	原值	本月折旧	累计折旧	净值
1	财务部	19501.0	281.07	39005.37	-19504.37
2	经营部	3500.0	27.71	4627.57	-1127.57
3	技术部	1173500.0	11269.38	1443767.21	-270267.21
4	机关部	4150000.0	7916.67	1443208.98	2706791.02
5	劳资部	8002.0	126.70	15932.84	-7930.84
6	其他	700000.0	2770.83	317853.79	382146.21

图 4.60　导入固定资产报表 2

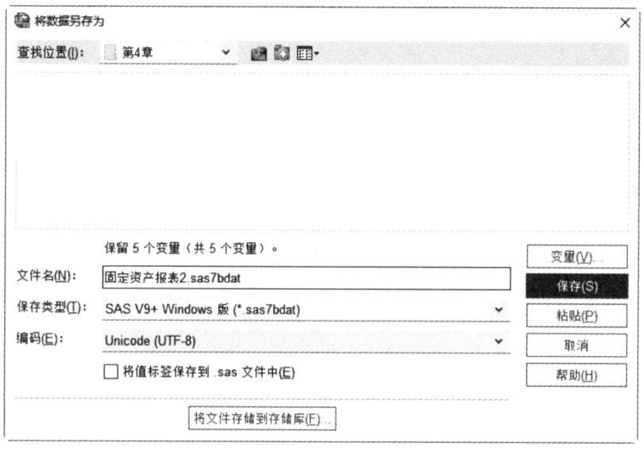

图 4.61　“将数据另存为”对话框 2

3．导出固定资产报表 3

（1）选择菜单栏中的“文件”→“导入数据”→Excel 命令，弹出“读取 Excel 文件”对话框，如图 4.62 所示。选择工作表、设置范围，将数据导入到数据显示区，保存数据文件为“固定资产报表 3.sav”，如图 4.63 所示。

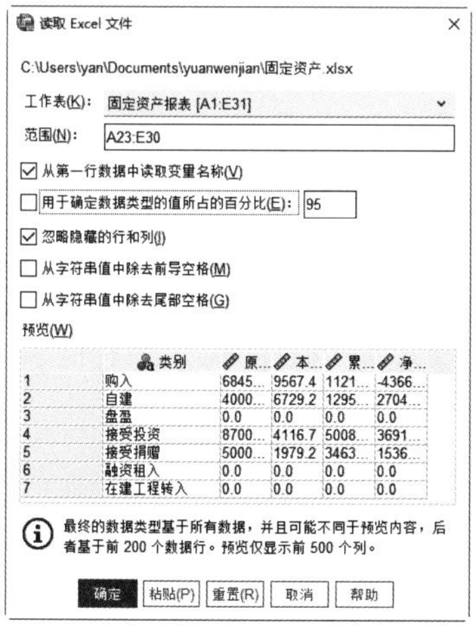

图 4.62　“读取 Excel 文件”对话框 3

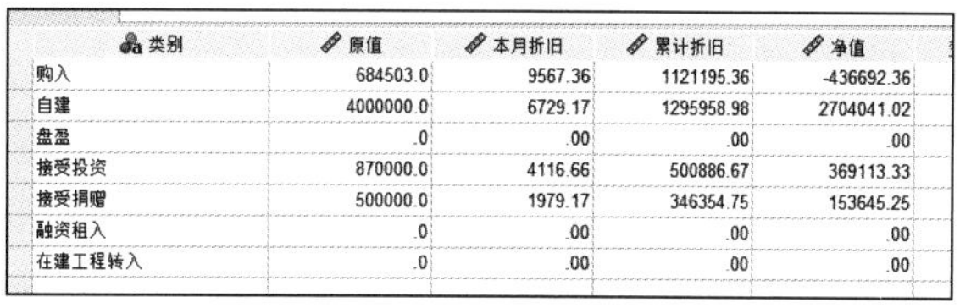

类别	原值	本月折旧	累计折旧	净值
购入	684503.0	9567.36	1121195.36	-436692.36
自建	4000000.0	6729.17	1295958.98	2704041.02
盘盈	.0	.00	.00	.00
接受投资	870000.0	4116.66	500886.67	369113.33
接受捐赠	500000.0	1979.17	346354.75	153645.25
融资租入	.0	.00	.00	.00
在建工程转入	.0	.00	.00	.00

图 4.63　导入固定资产报表 3

（2）选择菜单栏中的“文件”→“导出”→Excel 命令，弹出“将数据另存为”对话框，在“保存类型”下拉列表中选择“Excel 2007 到 2010(*.xlsx)”选项，如图 4.64 所示。单击“保存”按钮，关闭对话框。

双击打开导出的“固定资产报表 3.xlsx”文件，如图 4.65 所示。

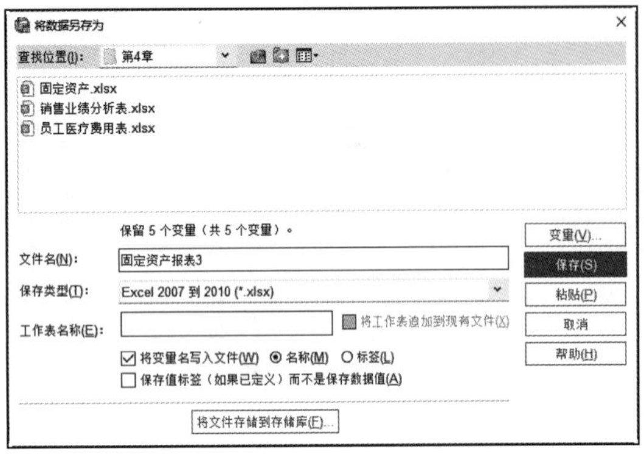

图 4.64 “将数据另存为”对话框 3

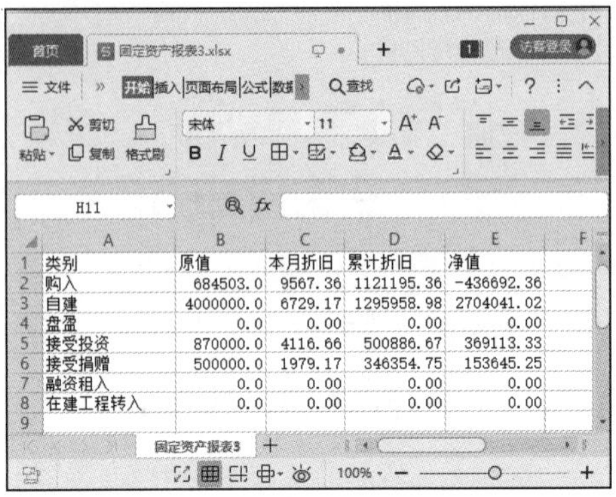

图 4.65 打开导出的 Excel 文件

4.3 数据的基本操作

SPSS 中的数据有其特殊性，通常建立 SPSS 数据文件时应首先定义数据结构部分（定义变量属性），然后输入数据。但在实际应用中，最常见的方式是边录入、边分析、边修改数据结构（变量的属性）。

4.3.1 数据的跳转

在处理较多数据时，如果行数（个案数）、列数（变量）非常多，甚至达到上万条，那么通过移动滚动条查找指定的数据是比较费时费力的。SPSS 提供了跳转命令，可以跳转到指定的个案或变量处。

1. 个案跳转

【执行方式】

菜单栏：选择菜单栏中的“编辑”→“转到个案”命令。

操作步骤

执行此命令，弹出“转到”对话框，打开“个案”选项卡，如图 4.66 所示。在“转到个案号”文本框中输入需要跳转到的个案号，也就是行号。单击“跳转”按钮，会移动滚动条，将要跳转的行置于当前编辑器的首行，如图 4.67 所示。

2. 变量跳转

【执行方式】

菜单栏：选择菜单栏中的“编辑”→“转到变量”命令。

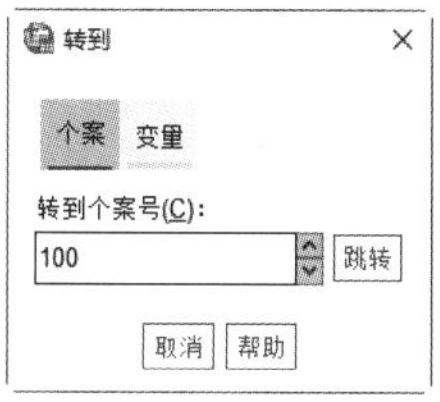

图 4.66　“转到”对话框 1

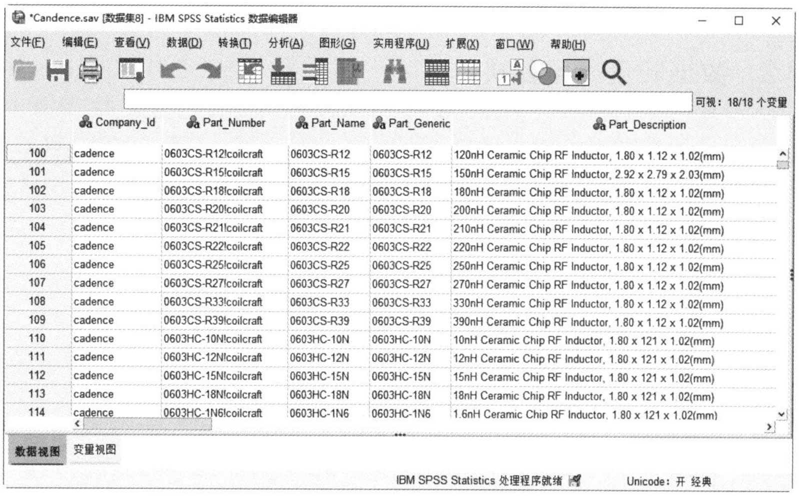

图 4.67　跳转到指定的个案

操作步骤

执行此命令，弹出“转到”对话框，打开“变量”选项卡，如图 4.68 所示。在“转到变量”下拉列表中显示当前所有数据的变量名称，如图 4.69 所示。选择要跳转到的变量名称，也就是列名。单击“跳转”按钮，会移动滚动条，将要跳转的变量列置于当前编辑器中，同时该列显示为灰色选中状态，如图 4.70 所示。

图 4.68　“转到”对话框 2

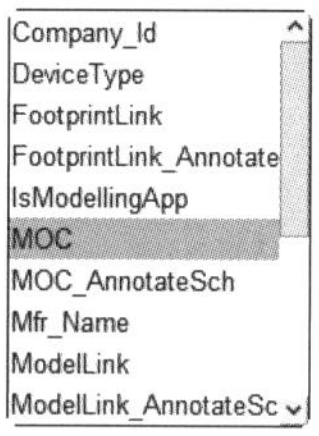

图 4.69　数据的变量名称

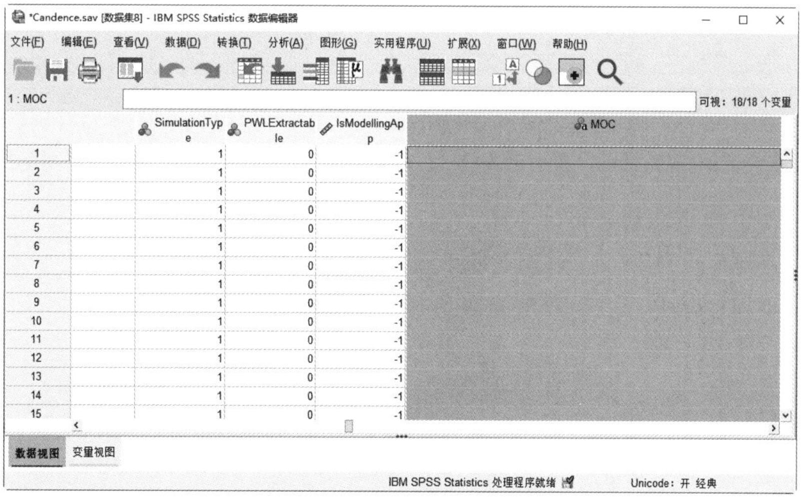

图 4.70　跳转到指定的变量

4.3.2　数据的查找与替换

当需要在数据中查找某个特定的内容，或者将某些内容替换成另外的内容时，就可以使用“查找”和“替换”功能来提高工作效率。

1. 查找功能

SPSS 中的查找功能不仅可以在文档中查找普通的文本，还可以查找特殊格式的字符和段落，大大提高文档的编辑效率。

【执行方式】

- 菜单栏：选择菜单栏中的“编辑”→ “查找”命令。
- 快捷键：Ctrl+F。

操作步骤

执行此命令，弹出图 4.71 所示的❶“查找和替换-数据视图”对话框，默认打开❷“查找”选项卡。❸在“查找”下拉列表中输入要查找的内容，单击❹“查找下一个”按钮，查找符合条件的对象。

单击❺“显示选项”按钮，展开“显示选项”内容，在展开的列表框中显示可设置的查找的❻高级选项，此时“显示选项”按钮变为❼“隐藏选项”按钮，如图 4.72 所示。

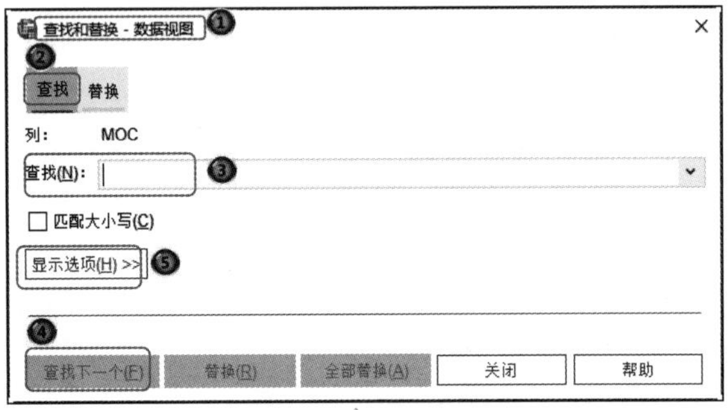

图 4.71　“查找和替换-数据视图”对话框 1

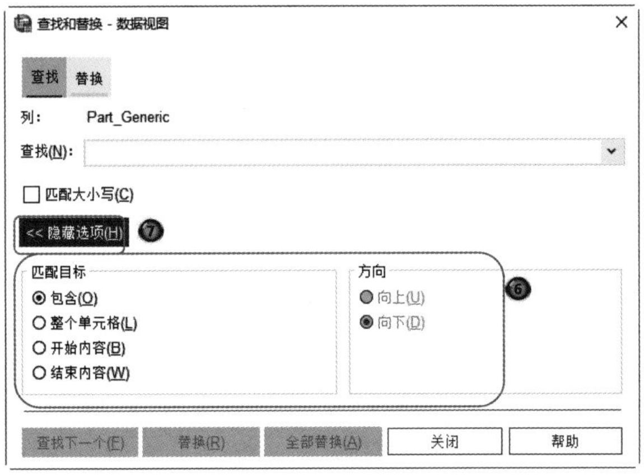

图 4.72　展开“显示选项”

“查找”选项卡中部分选项的具体功能如下。

- “匹配大小写”复选框：查找时区分大小写。
- “包含”选项：查找符合条件的完整单词，而不是某个单词的局部。
- “整个单元格”选项：查找符合条件的完整单词。
- “开始内容”选项：查找所有符合具体前缀的英文单词。
- “结束内容”选项：查找所有符号具体后缀的英文单词。
- “向上”选项：从光标定位点处向上进行查找。
- “向下”选项：从光标定位点处向下进行查找。

2. 替换功能

【执行方式】

- 菜单栏：选择菜单栏中的“编辑”→“替换”命令。
- 快捷键：Ctrl+H。

操作步骤

执行此命令，弹出“查找和替换-数据视图”对话框，自动打开“替换”选项卡，如图 4.73 所示。

在“查找”下拉列表中输入要查找的内容，在“替换内容”下拉列表中输入要替换的内容，单击“显示选项”按钮，可以定制替换条件，方便快捷地完成替换，如图 4.74 所示。

图 4.73　“查找和替换-数据视图”对话框 2

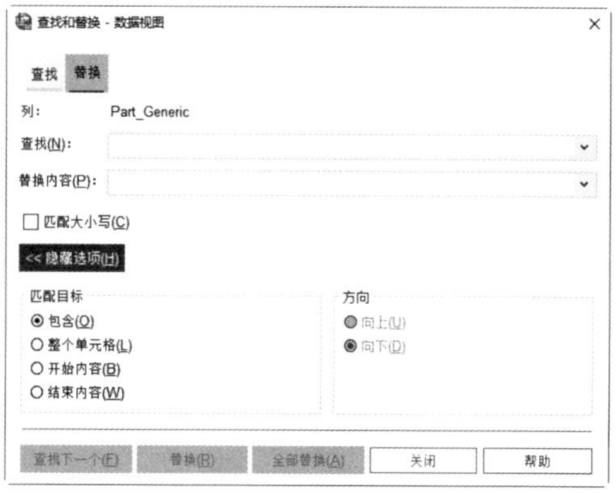

图 4.74　替换文本

单击“替换”按钮，一次替换一个符合条件的对象；单击“全部替换”按钮，一次性替换所有符合条件的对象。全部替换完成后，会弹出替换提示框，单击“确定”按钮，如图 4.75 所示。

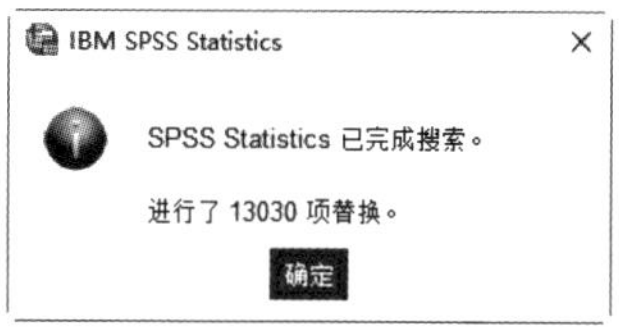

图 4.75　替换完成提示框

返回至“查找和替换-数据应用”对话框，单击“关闭”按钮，返回文档窗口。

4.3.3　数据排秩

排秩是指求某个变量值的秩，用一个新变量（r+原名）保存，而不改变个案原来的顺序，如求成绩名次。个案排秩，简单来说就是求某一观测值在一个序列里的位置（等级）。

【执行方式】

菜单栏：选择菜单栏中的“编辑”→“个案排秩”命令。

操作步骤

执行此命令，弹出“个案排秩”对话框，如图 4.76 所示。在左侧源变量列表中显示所有的变量，单击➡按钮，将需要排序的指标变量添加到右侧“变量”列表中。

【选项说明】

（1）“类型排秩”按钮。单击该按钮，弹出“个案排秩：类型”对话框，如图 4.77 所示，用于设置排秩的方法。默认勾选最常用的方法“秩”复选框，即新变量的值就是它的秩。

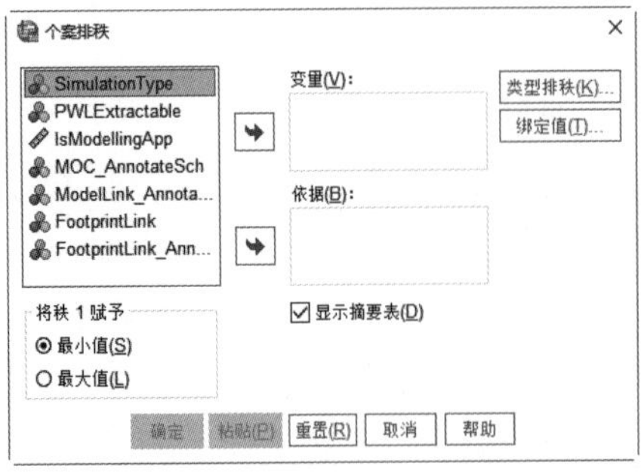

图 4.76　“个案排秩”对话框

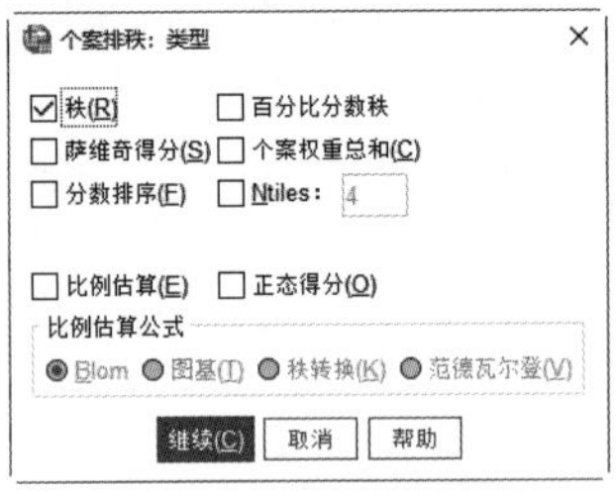

图 4.77　“个案排秩：类型”对话框

1）SPSS 有 8 种排秩方法。

- 秩：简单秩。新变量的值等于它的秩。
- 百分比分数秩：每个秩除以带有有效值的个案数，再乘以 100。
- 萨维奇得分：新变量包含基于指数分布的萨维奇得分。
- 个案权重总和：新变量的值等于个案权重的合计。对于同一组中的所有个案，该新变量是一个常数。
- 分数排序：新变量的值等于秩除以非缺失个案的权重总和。
- Ntiles：基于百分位组的秩，每一组包含的个案数大致相同。例如，4 个 Ntiles 会将秩 1 指定给第 25 个百分位以下的个案，将秩 2 指定给第 25 个与第 50 个百分位之间的个案，将秩 3 指定给第 50 个与第 75 个百分位之间的个案，将秩 4 指定给第 75 个百分位以上的个案。
- 比例估算：估计与特定秩对应的分布的累积比例。
- 正态得分：对应于估计的累积比例的 Z 得分。

2）“比例估算公式”选项组：表示对于“比例估算”和“正态得分”排秩方法，可以选择的“比例估算公式”包括 Blom、图基、秩转换或范德瓦尔登。

- Blom：基于使用公式 $(r-3/8) / (w+1/4)$ 的比例估算创建新的秩变量。其中，w 是个案权重总和，r 是秩。
- 图基：使用公式 $(r-1/3) / (w+1/3)$。其中，r 是秩，w 是个案权重总和。
- 秩转换：使用公式 $(r-1/2) / w$。其中，w 是观察次数，r 是秩，范围为 1～w。
- 范德瓦尔登：由公式 $r/(w+1)$ 定义。其中，w 是个案权重总和；r 是秩，范围为 1～w。

（2）“绑定值”按钮。排序时存在的相同值的个数称为“绑定值”，也称为“结”。单击该按钮，弹出“个案排秩：绑定值”对话框，如图 4.78 所示，用于定义现有变量中存在相同值时的排序方法，有 4 种方法。

- 平均值：取平均秩次。
- 低：最小秩次。
- 高：最大秩次。
- 顺序秩到唯一值：相同秩当作一个记录处理。

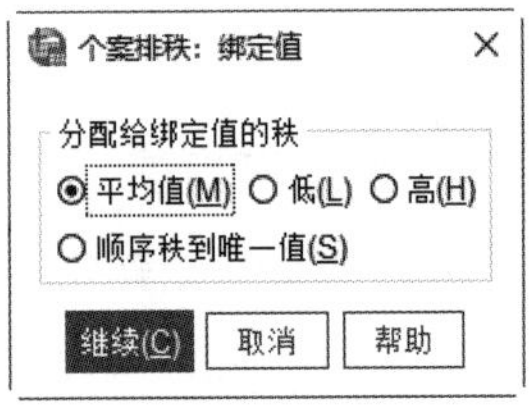

图 4.78　“个案排秩：绑定值”对话框

（3）“变量”列表：显示需要排秩的变量。

（4）“依据”列表：显示分组编秩时的分组变量。

（5）“显示摘要表”复选框：默认勾选该复选框，在输出窗口显示源变量名称、排秩的方法、新变量名称、新变量的标签。一般不更改。

（6）“将秩 1 赋予”选项组：若选择“最小值”选项，则根据要排秩的变量从小到大排序（升序编秩，值小则秩小）；若选择“最大值”选项，则从大到小排序（降序编秩，值大则秩大）。默认选择“最小值”选项。

扫一扫，看视频

★重点 动手学——工厂电扇产量和成本排秩

源文件：源文件\第 4 章\工厂电扇产量和成本.xlsx

某工厂某年度生产电扇的产量和生产成本数据见“工厂电扇产量和成本.xlsx”文件，该工厂固定每个月发货 400 台，本实例使用排秩操作对电扇的产量进行等级划分，结果如图 4.79 所示。

月份	产量（台）	生产成本（元）	R产量
1	360	6100	1.000
2	420	6700	4.000
3	380	6300	2.000
4	435	6850	5.000
5	485	7350	9.000
6	490	7400	10.500
7	395	6450	3.000
8	460	7100	7.000
9	440	6900	6.000
10	490	7400	10.500
11	510	7600	12.000
12	470	7200	8.000

图 4.79　工厂电扇产量和成本等级划分结果

操作步骤

1．导入数据

（1）选择菜单栏中的“文件”→“导入数据”→Excel 命令，弹出“打开数据”对话框，选择“工厂电扇产量和成本.xlsx”文件。单击“打开”按钮，弹出“读取 Excel 文件”对话框，在“预览”选项中显示导入的数据预览效果，如图 4.80 所示。

（2）单击“确定”按钮，自动新建数据文件，并插入 Excel 文件中的数据，如图 4.81 所示。

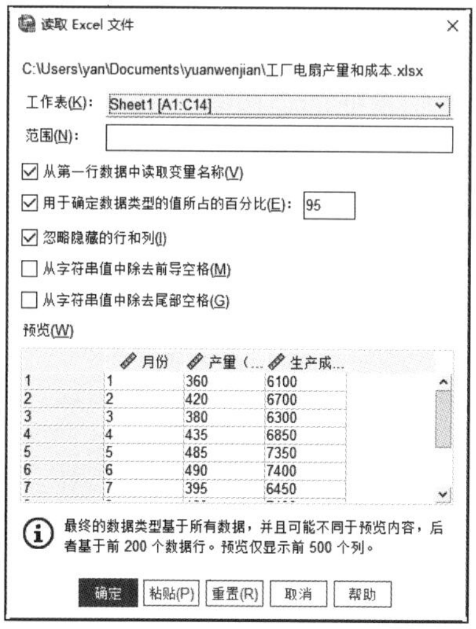

图 4.80　“读取 Excel 文件”对话框

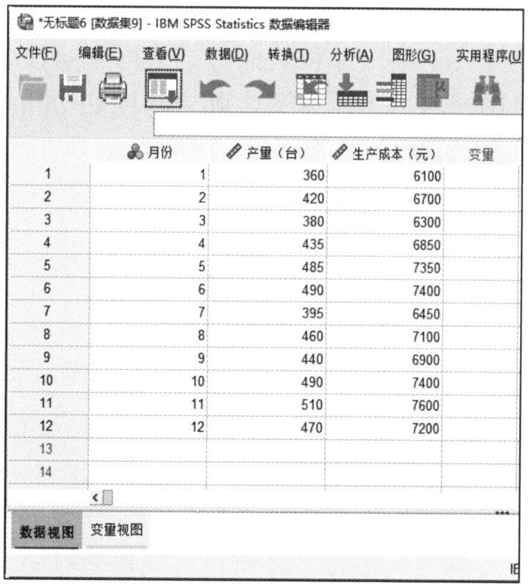

图 4.81　导入 Excel 文件中的数据

2. 保存文件

选择菜单栏中的“文件”→“另存为”命令，弹出“将数据另存为”对话框，选择要保存的位置，输入文件名“工厂电扇产量和成本.sav”，保存该文件。

3. 排秩操作

（1）选择菜单栏中的“编辑”→“个案排秩”命令，弹出“个案排秩”对话框。将“产量（台）”添加到右侧“变量”列表中，取消勾选“显示摘要表”复选框，如图 4.82 所示。

（2）单击“类型排秩”按钮，弹出“个案排秩：类型”对话框，默认勾选“秩”复选框，对“产量”变量进行等级划分，如图 4.83 所示。

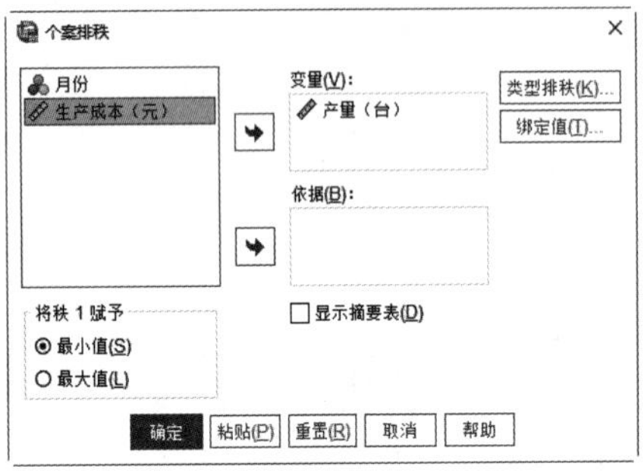

图 4.82　“个案排秩”对话框

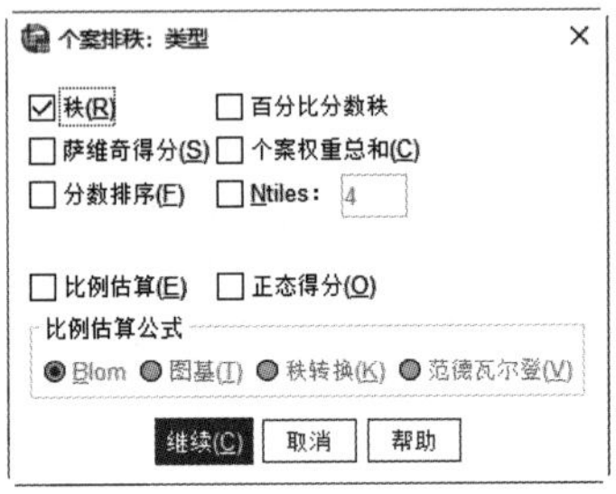

图 4.83　“个案排秩：类型”对话框

（3）单击“继续”按钮，返回主对话框。单击“确定”按钮，关闭对话框，自动添加排秩变量“R 产量”，结果如图 4.79 所示。

4. 保存文件

选择菜单栏中的“文件”→“另存为”命令，弹出“将数据另存为”对话框，选择要保存的位置，输入文件名“工厂电扇产量和成本排秩.sav”，保存该文件。

4.3.4　数据加权

在进行统计分析和市场研究时，一般会涉及对数据进行加权的问题。数据加权是指将数据乘以权重。在 SPSS 中，加权后的数据表面上看没什么变化，但在分析过程中会产生差异。数据加权在绘制散点图、直方图、交叉表和进行回归分析等过程中有着非常重要的作用。

【执行方式】

菜单栏：选择菜单栏中的“数据”→“个案加权”命令。

操作步骤

执行此命令，弹出“个案加权”对话框，如图 4.84 所示。在左侧源变量列表中显示所有的变量，在该对话框中可以执行以下两种操作。

- 不对个案加权：选择该选项，将取消个案的加权。
- 个案加权依据：选择该选项，将对变量下的个案进行加权，在“频率变量”列表框中选择作为权重的变量。

图 4.84　“个案加权”对话框

4.4　数据拆分与合并

在数据分析的实际应用中，有时需要将一个数据文件进行拆分，以分析单个或多个不同变量或个案，有时也需要将多个数据文件合并成一个数据文件，以进行数据比较。

4.4.1　拆分数据文件

拆分文件是一种很常见的数据处理操作。在 SPSS 中，拆分文件命令包括两个：拆分文件和拆分为文件。

1. 拆分文件

拆分文件可以一次性将一个数据集拆分成多块，拆分文件后，在 SPSS 中并不会返回任何直观的结果，需要用户做一次简单的描述统计分析才能看到直观的结果。

【执行方式】

菜单栏：选择菜单栏中的“数据”→“拆分文件”命令。

操作步骤

执行此命令，弹出“拆分文件”对话框，根据变量选择不同的拆分方法进行拆分，如图 4.85 所示。

（1）拆分文件有以下三种方法。

- 分析所有个案，不创建组：不拆分文件（默认操作）。
- 比较组：按所选变量拆分文件，各组分析结果紧挨在一起，便于相互比较。
- 按组来组织输出：按所选变量拆分文件，各组分析结果单独放置。

（2）按分组变量进行文件排序：默认选项。

（3）文件已排序：选择该选项，在大型项目中可以节约时间，但是如果文件本身未排序，那么输出的结果将是错误的。

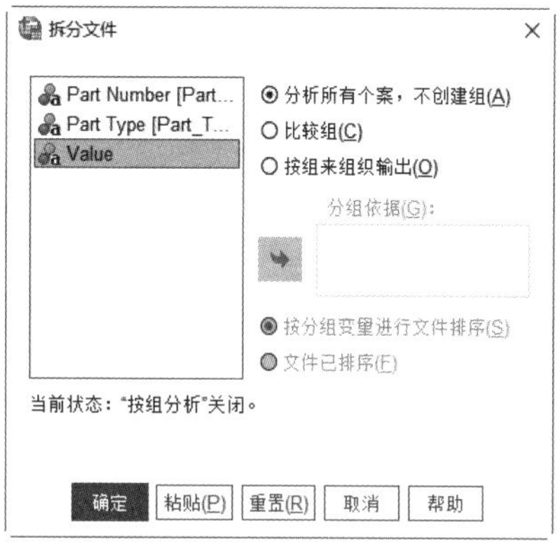

图 4.85　“拆分文件”对话框

2. 拆分为文件

拆分为文件可以一次性将一个数据文件拆成多个数据文件，在 SPSS 中会显示最直观的结果。

【执行方式】

菜单栏：选择菜单栏中的“数据”→“拆分为文件”命令。

【选项说明】

执行此命令，弹出“将数据集拆分为单独的文件”对话框，如图 4.86 所示。下面介绍该对话框中的常用选项。

（1）“变量”列表：在该列表中显示所有的变量。

（2）“按以下变量拆分个案”列表：根据选中变量拆分个案。单击“选项”按钮，弹出图 4.87 所示的“选项”对话框，用于设置输出的拆分文件名称的命名规则。

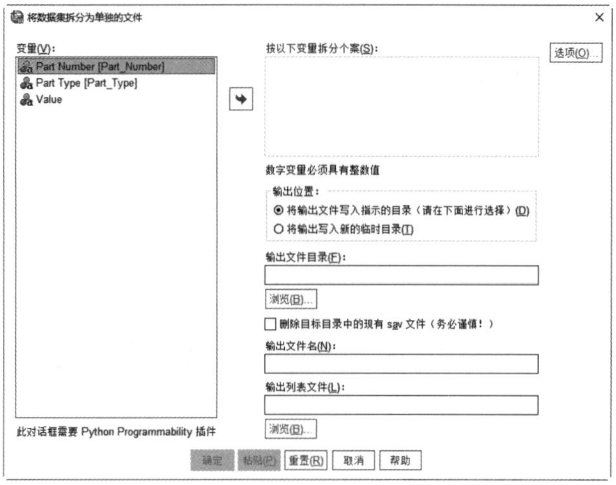

图 4.86 “将数据集拆分为单独的文件”对话框

图 4.87 “选项”对话框

（3）“输出位置”选项组：指定拆分文件的存储位置。

（4）“删除目标目录中的现有 sav 文件”复选框：勾选该复选框，将删除原始数据文件。

扫一扫，看视频

★重点 动手学——电脑公司销售数据分层分析

源文件：源文件\第 4 章\电脑公司销售情况表.xlsx

某电脑公司一周内的产品销售情况见“电脑公司销售情况表.xlsx”文件，对不同销售网点的产品销售量的分层分析，需要通过数据的拆分来实现。

操作步骤

1. 导入数据

（1）选择菜单栏中的“文件”→“导入数据”→Excel 命令，弹出“打开数据”对话框，选择“电脑公司销售情况表.xlsx”文件。单击“打开”按钮，弹出“读取 Excel 文件”对话框，在“预览”选项中显示导入的数据预览效果。

（2）单击“确定”按钮，自动新建数据文件，并插入 Excel 文件中的数据，如图 4.88 所示。

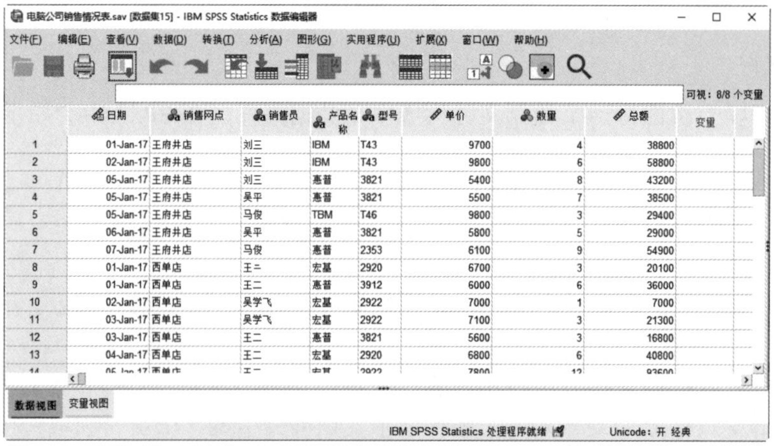

	日期	销售网点	销售员	产品名称	型号	单价	数量	总额	变量
1	01-Jan-17	王府井店	刘三	IBM	T43	9700	4	38800	
2	02-Jan-17	王府井店	刘三	IBM	T43	9800	6	58800	
3	05-Jan-17	王府井店	刘三	惠普	3821	5400	8	43200	
4	05-Jan-17	王府井店	吴平	惠普	3821	5500	7	38500	
5	05-Jan-17	王府井店	马俊	TBM	T46	9800	3	29400	
6	06-Jan-17	王府井店	吴平	惠普	3821	5800	5	29000	
7	07-Jan-17	王府井店	马俊	惠普	2353	6100	9	54900	
8	01-Jan-17	西单店	王=	宏基	2920	6700	3	20100	
9	01-Jan-17	西单店	王二	惠普	3912	6000	6	36000	
10	02-Jan-17	西单店	吴学飞	宏基	2922	7000	1	7000	
11	03-Jan-17	西单店	吴学飞	宏基	2922	7100	3	21300	
12	03-Jan-17	西单店	王二	惠普	3821	5600	3	16800	
13	04-Jan-17	西单店	王二	宏基	2920	6800	6	40800	

图 4.88 导入 Excel 文件中的数据

2．保存文件

选择菜单栏中的“文件”→“另存为”命令，弹出“将数据另存为”对话框，选择要保存的位置，输入文件名“电脑公司销售情况表.sav”，保存该文件。

3．拆分文件

（1）选择菜单栏中的“数据”→“拆分文件”命令，弹出“拆分文件”对话框，根据变量选择不同的拆分方法进行拆分。

（2）双击“销售网点”变量，将其添加到“分组依据”列表中，选择“比较组”选项，按所选变量拆分文件，如图 4.89 所示。单击“确定”按钮，关闭对话框。

（3）选择菜单栏中的“分析”→“描述统计”→“描述”命令，弹出“描述”对话框，将所有数值变量添加到右侧“变量”列表中，如图 4.90 所示。单击“确定”按钮，关闭对话框。

图 4.89　“拆分文件”对话框 1

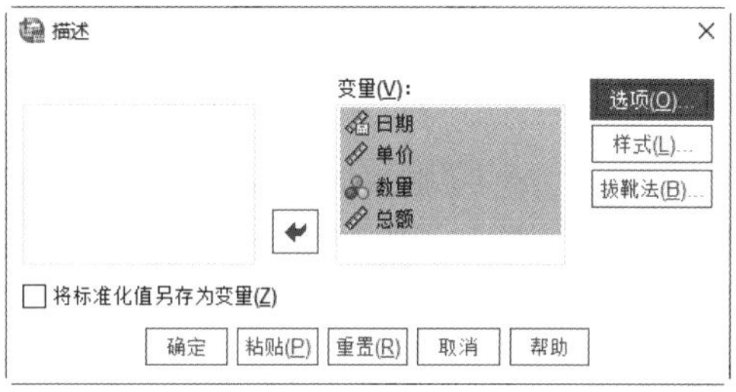

图 4.90　“描述”对话框 1

（4）弹出“IBM SPSS Statistics 查看器”窗口，会显示根据三个销售网点进行分类的描述统计表，包括最小值、最大值、平均值、标准差，如图 4.91 所示。

4．取消拆分文件

（1）选择菜单栏中的“数据”→“拆分文件”命令，弹出“拆分文件”对话框，如图 4.92 所示。选择“分析所有个案，不创建组”选项，取消按照“销售网点”进行的分组拆分。

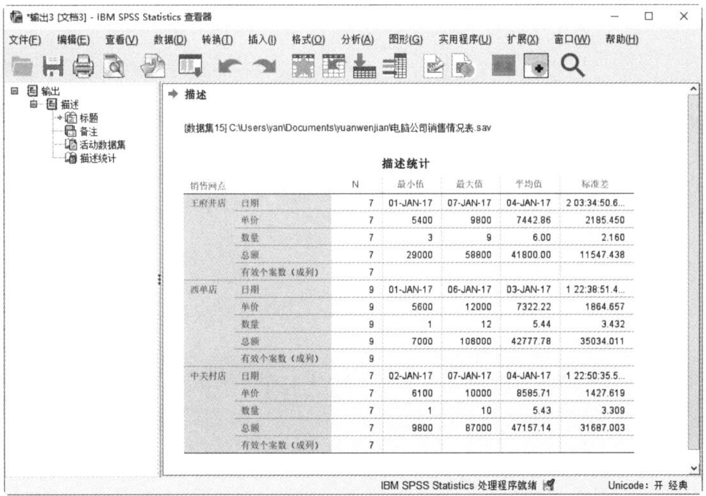

描述统计

销售网点		N	最小值	最大值	平均值	标准差
王府井店	日期	7	01-JAN-17	07-JAN-17	04-JAN-17	2 03:34:50.6...
	单价	7	5400	9800	7442.86	2185.450
	数量	7	3	9	6.00	2.160
	总额	7	29000	58800	41800.00	11547.438
	有效个案数（成列）	7				
西单店	日期	9	01-JAN-17	06-JAN-17	03-JAN-17	1 22:38:51.4...
	单价	9	5600	12000	7322.22	1864.657
	数量	9	1	12	5.44	3.432
	总额	9	7000	108000	42777.78	35034.011
	有效个案数（成列）	9				
中关村店	日期	7	02-JAN-17	07-JAN-17	04-JAN-17	1 22:50:35.5...
	单价	7	6100	10000	8585.71	1427.619
	数量	7	1	10	5.43	3.309
	总额	7	9800	87000	47157.14	31687.003
	有效个案数（成列）	7				

图 4.91　描述统计表（分类）

图 4.92　“拆分文件”对话框 2

（2）单击工具栏中的“重新调用最近使用的对话框”按钮，在下拉列表中选择“描述”命令，如图 4.93 所示。弹出“描述”对话框，该对话框中的参数设置保持之前的选择，如图 4.94 所示。单击“确定”按钮，关闭对话框。

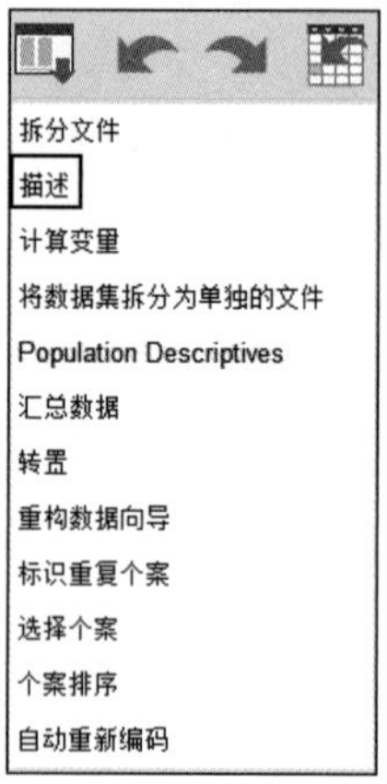

图 4.93　重新调用最近使用的对话框

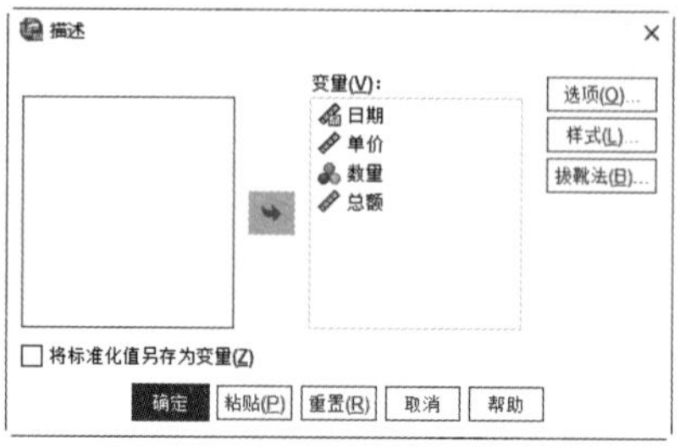

图 4.94　“描述”对话框 2

（3）弹出“IBM SPSS Statistics 查看器”窗口，显示所有个案的描述统计表，包括最小值、最大值、平均值、标准差，如图 4.95 所示。

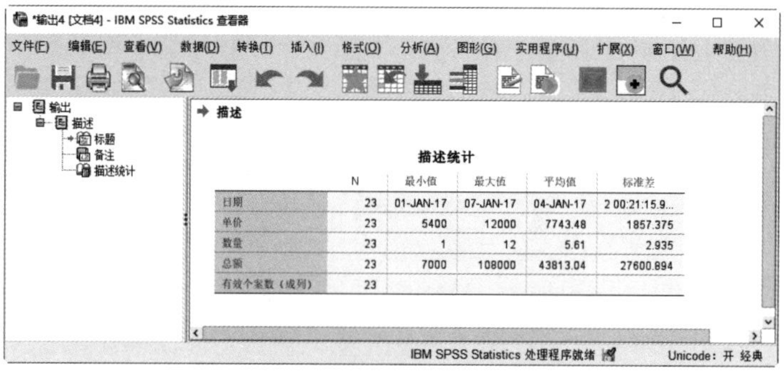

图 4.95　描述统计表（全部）

4.4.2　合并数据文件

在实际应用中，需要分析的数据可能来自不同的数据集，因此在分析数据之前，需要先将不同的数据集进行合并。数据的合并分为纵向合并和横向合并。

（1）纵向合并。从外部数据文件中增加个案到当前数据文件中，称为纵向合并或追加个案，相互合并的数据文件应该有相同的变量。

【执行方式】

菜单栏：选择菜单栏中的“数据”→“合并”→“添加个案”命令。

（2）横向合并。从外部数据文件中增加变量到当前数据文件中，称为横向合并，相互合并的数据文件有共同的关键变量问题（必须先按升序排好，否则合并将失败）。

【执行方式】

菜单栏：选择菜单栏中的“数据”→“合并”→“添加变量”命令。

★重点 动手学——合并固定资产分类汇总表

源文件：源文件\第 4 章\固定资产报表 1.sav、固定资产报表 2.sav、固定资产报表 3.sav

扫一扫，看视频

固定资产报表中包含 3 个分类汇总表（单位：元），本实例纵向合并这 3 个分类汇总表中的内容，如图 4.96 所示。

	类别	原值	本月折旧	累计折旧	净值
1	房屋建筑	4000000.0	6729.17	6729.17	2704041.02
2	机器设备	700000.0	2770.83	2770.83	382146.21
3	电器设备	34503.0	463.19	463.19	-29025.31
4	电子设备	1000000.0	9895.84	9895.84	-256771.80
5	运输工具	320000.0	2533.33	2533.33	-10282.88
6	其他设备	.0	.00	.00	.00
7	财务部	19501.0	281.07	39005.37	-19504.37
8	经营部	3500.0	27.71	4627.57	-1127.57
9	技术部	1173500.0	11269.38	1443767.21	-270267.21
10	机关部	4150000.0	7916.67	1443208.98	2706791.02
11	劳资部	8002.0	126.70	15932.84	-7930.84
12	其他	700000.0	2770.83	317853.79	382146.21
13	购入	684503.0	9567.36	1121195.36	-436692.36
14	自建	4000000.0	6729.17	1295958.98	2704041.02
15	盘盈	.0	.00	.00	.00
16	接受投资	870000.0	4116.66	500886.67	369113.33
17	接受捐赠	500000.0	1979.17	346354.75	153645.25
18	融资租入	.0	.00	.00	.00
19	在建工程转入	.0	.00	.00	.00

图 4.96　合并分类汇总表

操作步骤

1. 打开数据文件

（1）选择菜单栏中的“文件”→“打开”→“数据”命令，弹出“打开数据”对话框，选择“固定资产报表 1.sav”文件，单击“打开”按钮，打开数据文件，如图 4.97 所示。

（2）使用同样的方法，在 SPSS 中打开“固定资产报表 2.sav”文件和“固定资产报表 3.sav”文件。

注意：

如果 3 个数据文件中包含相同的变量组，可以进行横向合并，添加个案。在合并前，需检查数据文件，确保数据文件的变量属性相同，否则容易出现变量不匹配的情况。在本实例中，“类别”变量的“宽度”不统一，分别为 9、12、18，将其统一修改为 18，如图 4.98 所示。

类别	原值	本月折旧	累计折旧	净值
房屋建筑	4000000.0	6729.17	6729.17	2704041.02
机器设备	700000.0	2770.83	2770.83	382146.21
电器设备	34503.0	463.19	463.19	-29025.31
电子设备	1000000.0	9895.84	9895.84	-256771.80
运输工具	320000.0	2533.33	2533.33	-10282.88
其他设备	.0	.00	.00	.00

图 4.97　打开固定资产报表 1

名称	类型	宽度	小数位数
类别	字符串	18	0
原值	数字	7	1
本月折旧	数字	7	2
累计折旧	数字	7	2
净值	数字	10	2

图 4.98　修改变量的宽度

2. 合并文件

（1）选择菜单栏中的“数据”→“合并”→“添加个案”命令，弹出“添加个案至 固定资产报表 1.sav[数据集 22]”对话框，在“打开数据集”选项中选择“固定资产报表 2.sav[数据集 18]”，如图 4.99 所示。

（2）单击“继续”按钮，弹出“添加个案自 数据集18”对话框，如图4.100所示。自动在“新的活动数据集中的变量”列表中显示合并后的数据集中的变量。单击“确定”按钮，关闭对话框，自动在“固定资产报表1.sav”中添加“固定资产报表2.sav”中的个案，结果如图4.101所示。

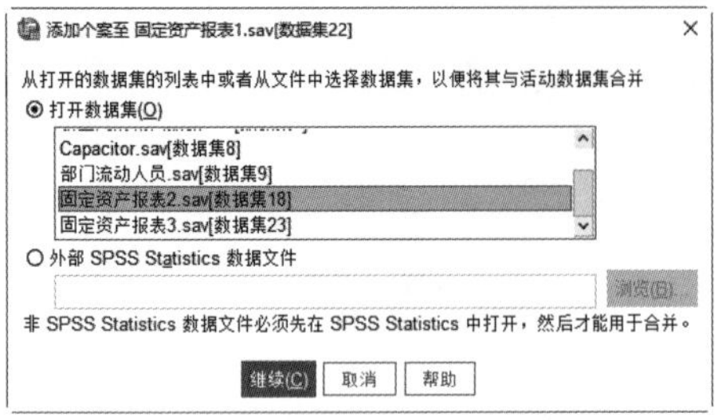

图4.99 “添加个案至 固定资产报表1.sav[数据集22]”对话框

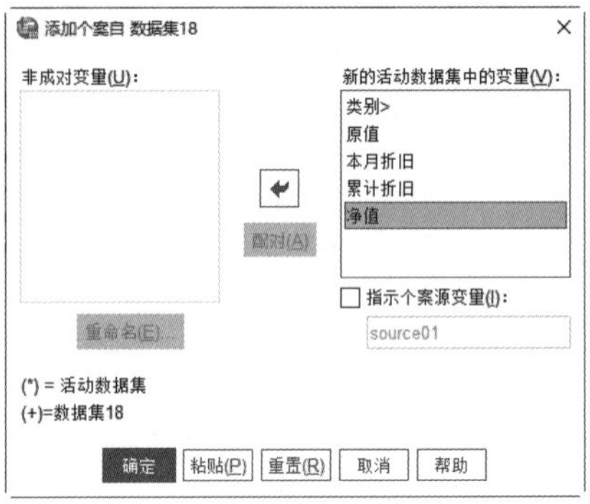

图4.100 “添加个案 自数据集18”对话框

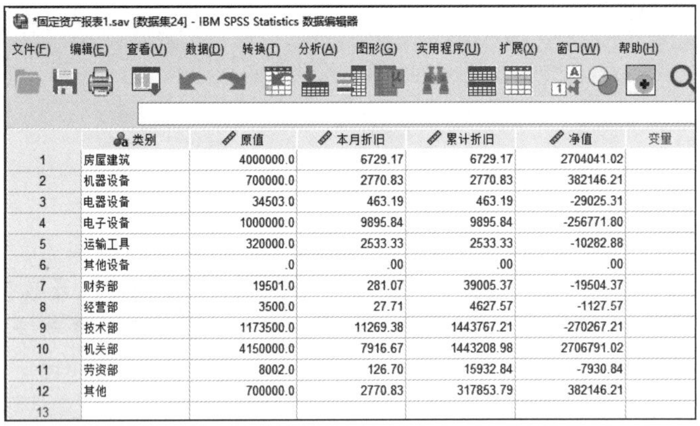

	类别	原值	本月折旧	累计折旧	净值	变量
1	房屋建筑	4000000.0	6729.17	6729.17	2704041.02	
2	机器设备	700000.0	2770.83	2770.83	382146.21	
3	电器设备	34503.0	463.19	463.19	-29025.31	
4	电子设备	1000000.0	9895.84	9895.84	-256771.80	
5	运输工具	320000.0	2533.33	2533.33	-10282.88	
6	其他设备	.0	.00	.00	.00	
7	财务部	19501.0	281.07	39005.37	-19504.37	
8	经营部	3500.0	27.71	4627.57	-1127.57	
9	技术部	1173500.0	11269.38	1443767.21	-270267.21	
10	机关部	4150000.0	7916.67	1443208.98	2706791.02	
11	劳资部	8002.0	126.70	15932.84	-7930.84	
12	其他	700000.0	2770.83	317853.79	382146.21	
13						

图4.101 添加“固定资产报表2.sav”中的个案

（3）单击工具栏中的“重新调用最近使用的对话框”按钮，在下拉列表中选择“选择个案”命令，弹出“添加个案至 固定资产报表1.sav[数据集24]”对话框，在“打开数据集”选项中选择“固定资产报表3.sav[数据集23]”，如图4.102所示。单击“确定”按钮，关闭对话框。

（4）单击“继续”按钮，弹出“添加个案自 数据集23”对话框，自动在“新的活动数据集中的变量”列表中显示合并后的数据集中的变量。单击“确定”按钮，关闭对话框，自动在“固定资产报表1.sav”中添加“固定资产报表3.sav”中的个案，结果如图4.96所示。

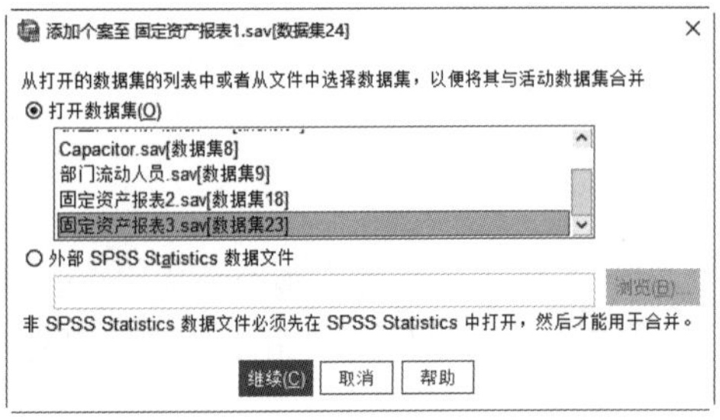

图4.102 “添加个案至 固定资产报表1.sav[数据集24]”对话框

3. 保存文件

选择菜单栏中的"文件"→"另存为"命令，弹出"将数据另存为"对话框，选择要保存的位置，输入名称为"固定资产报表_合并.sav"，保存该文件。

扫一扫，看视频

★重点 动手学——合并商品成本与销售数据

源文件：源文件\第 4 章\商品销售数据.sav、商品成本数据.sav

某商店推出 10 种特价商品，两名员工分别统计该商品的销售数据与成本数据，见"商品销售数据.sav、商品成本数据.sav"文件。横向合并数据，得到商品成本与销售数据表，结果如图 4.103 所示。

编码	名称	销售数量	销售单价	销售金额	单位成本	成本金额
14001.00	商品1	50.00	¥5,000.00	¥250,000.00	¥2,200.00	¥110,000.00
14002.00	商品2	40.00	¥6,500.00	¥260,000.00	¥3,000.00	¥120,000.00
14003.00	商品3	15.00	¥12,000.0	¥180,000.00	¥8,000.00	¥120,000.00
14004.00	商品4	47.00	¥400.00	¥18,800.00	¥240.00	¥11,280.00
14005.00	商品5	25.00	¥890.00	¥22,250.00	¥500.00	¥12,500.00
14006.00	商品6	42.00	¥7,000.00	¥294,000.00	¥4,500.00	¥189,000.00
14007.00	商品7	20.00	¥7,500.00	¥150,000.00	¥4,800.00	¥96,000.00
14008.00	商品8	50.00	¥15,000.0	¥750,000.00	¥11,000.0	¥550,000.00
14009.00	商品9	36.00	¥4,200.00	¥151,200.00	¥2,600.00	¥93,600.00
14010.00	商品10	45.00	¥3,800.00	¥171,000.00	¥2,200.00	¥99,000.00

图 4.103　商品成本与销售数据表

操作步骤

1. 打开数据文件

（1）选择菜单栏中的"文件"→"打开"→"数据"命令，弹出"打开数据"对话框，选择"商品销售数据.sav"文件，单击"打开"按钮，打开数据文件，如图 4.104 所示。

（2）使用同样的方法，在 SPSS 中打开"商品成本数据.sav"文件，如图 4.105 所示。

编码	名称	销售数量	销售单价	销售金额
14001.00	商品1	50.00	¥5,000.00	¥250,000.00
14002.00	商品2	40.00	¥6,500.00	¥260,000.00
14003.00	商品3	15.00	¥12,000.0	¥180,000.00
14004.00	商品4	47.00	¥400.00	¥18,800.00
14005.00	商品5	25.00	¥890.00	¥22,250.00
14006.00	商品6	42.00	¥7,000.00	¥294,000.00
14007.00	商品7	20.00	¥7,500.00	¥150,000.00
14008.00	商品8	50.00	¥15,000.0	¥750,000.00
14009.00	商品9	36.00	¥4,200.00	¥151,200.00
14010.00	商品10	45.00	¥3,800.00	¥171,000.00

图 4.104　商品销售数据

编码	名称	单位成本	成本金额
14001	商品1	¥2,200.00	¥110,000.00
14002	商品2	¥3,000.00	¥120,000.00
14003	商品3	¥8,000.00	¥120,000.00
14004	商品4	¥240.00	¥11,280.00
14005	商品5	¥500.00	¥12,500.00
14006	商品6	¥4,500.00	¥189,000.00
14007	商品7	¥4,800.00	¥96,000.00
14008	商品8	¥11,000.0	¥550,000.00
14009	商品9	¥2,600.00	¥93,600.00
14010	商品10	¥2,200.00	¥99,000.00

图 4.105　商品成本数据

2. 合并变量

（1）选择菜单栏中的"数据"→"合并"→"添加变量"命令，弹出"变量添加至 商品销售数据.sav[数据集 25]"对话框，在"打开数据集"选项中选择"商品成本数据.sav[数据集 26]"，如图 4.106 所示。

（2）单击"继续"按钮，弹出"变量添加自 数据集 26"对话框，设置添加的变量参数。

1）在"合并方法"选项卡中设置合并变量的方法，包括以下三个选项。

- 基于文件顺序的一对一合并。
- 基于键值的一对一合并。
- 基于键值的一对多合并。

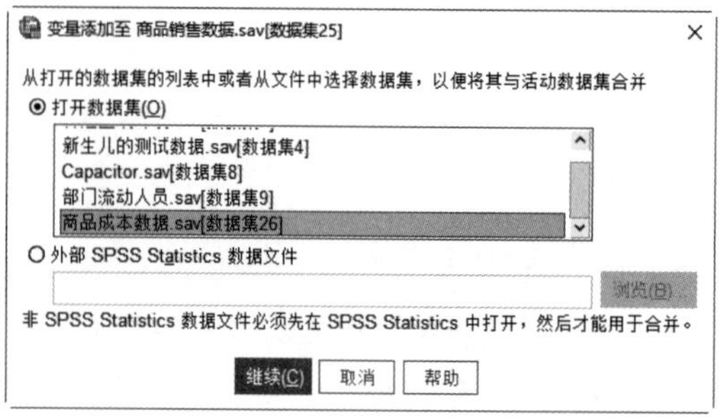

图 4.106　“变量添加至 商品销售数据.sav[数据集 25]”对话框

默认选择“基于键值的一对一合并”选项。

2）在“变量”选项卡中添加或排除键变量，如图 4.107 所示。

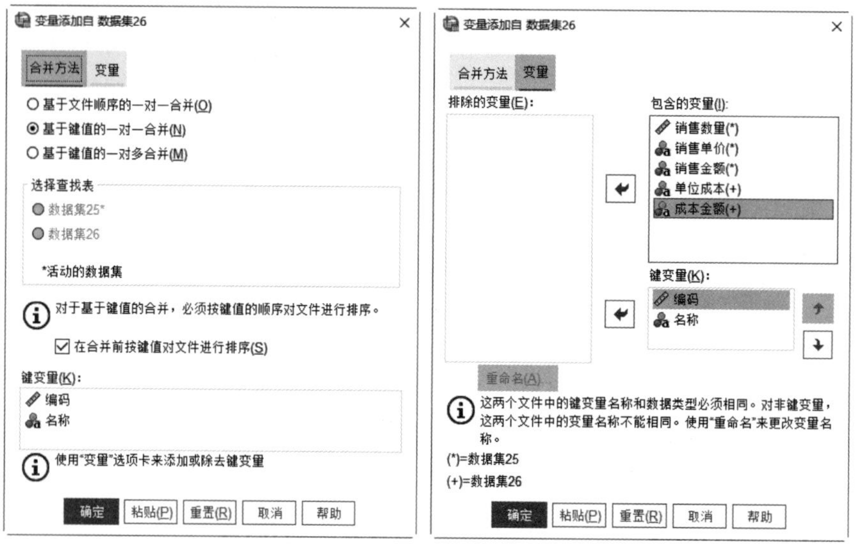

图 4.107　“变量添加自 数据集 26”对话框

（3）单击“确定”按钮，关闭对话框，自动在销售数据中添加成本数据的个案，结果如图 4.103 所示。

3. 保存文件

选择菜单栏中的“文件”→“另存为”命令，弹出“将数据另存为”对话框，选择要保存的位置，输入文件名“商品销售成本_合并数据.sav”，保存该文件。

第 5 章　数 据 分 类

内容简介

数据经过预处理后，可进一步作分类或分组整理。根据统计研究的需要，可将原始数据按照某种标准划分成不同的组别。SPSS 中的分类、分组就是把具有某种共同属性或特征的数据归并在一起，通过其类别的属性或特征对数据进行区分，最终目的是统计数据。

学习要点

- 数据分类统计
- 使用可视分箱分组
- 使用重新编码分组

5.1　数据分类的基本原则

为了实现数据共享和提高处理效率，必须遵循约定的分类原则和方法，按照信息的内涵、性质及管理的要求，将系统内所有信息按一定的结构体系分为不同的集合，从而使每个信息在相应的分类体系中都有一个对应位置。数据分类的基本原则如下。

1．稳定性

依据分类的目的，选择分类对象的最稳定的本质特性作为分类的基础和依据，以确保由此产生的分类结果最稳定。因此，在分类过程中，首先应明确界定分类对象最稳定、最本质的特征。

2．系统性

将选定的分类对象的特征（或特性）按其内在规律系统化地进行排列，形成一个逻辑层次清晰、结构合理、类目明确的分类体系。

3．可扩充性

在类目的设置或层级的划分上，留有适当的余地，以保证分类对象增加时，不会打乱已经建立的分类体系。

4．综合实用性

从实际需求出发，综合各种因素来确定具体的分类原则，使得由此产生的分类结果总体最优、符合需求、综合实用和便于操作。

5．兼容性

有相关的国家标准则应执行国家标准，若没有相关的国家标准，则执行相关的行业标准；

若二者均不存在，则应参照相关的国际标准。这样，才能尽可能保证不同分类体系间的协调一致和转换。

5.2 数据分类统计

分类数据代表着对象的属性特点，如人群的性别、使用语言、国籍大都属于分类数据。分类数据通常也可以用数值表示（例如，1 表示女性；0 表示男性），但需要注意的是，这些数值并没有数学上的意义，仅仅是分类的标记。

5.2.1 数据的计数

计数是指计算若干变量中有几个变量的值落在指定的区间内，并将计数结果存入一个新变量中的过程，即用于计算满足条件的个数。例如，对大学毕业班学生的成绩进行综合测评时，可以依次计算每个学生的若干门课程中有几门课程为优，有几门课程为良，有几门课程不及格。

【执行方式】

菜单栏：选择菜单栏中的“转换”→“对个案中的值进行计数”命令。

操作步骤

执行此命令，弹出❶“计算个案中值的出现次数”对话框，如图 5.1 所示。

（1）在❷“目标变量”文本框中输入计数变量的名称，指定将计数的结果存入新变量中。在❸“目标标签”文本框中输入该变量的描述性说明。

（2）在左侧❹源变量列表中显示数据文件中的所有变量名，选择同类型（数值或字符串）的两个或更多变量，单击❺➡按钮，将需要计数的变量添加到右侧“变量”列表中。

（3）单击❻“定义值”按钮，弹出❼“对个案中的值进行计数：要计数的值”对话框，如图 5.2 所示，在该对话框中定义计数区间。在左侧“值”选项组中选择 SPSS 中的计数区间的描述形式。

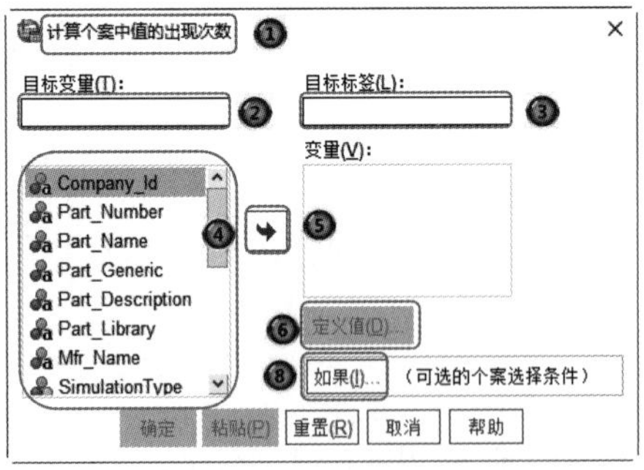

图 5.1 “计算个案中值的出现次数”对话框

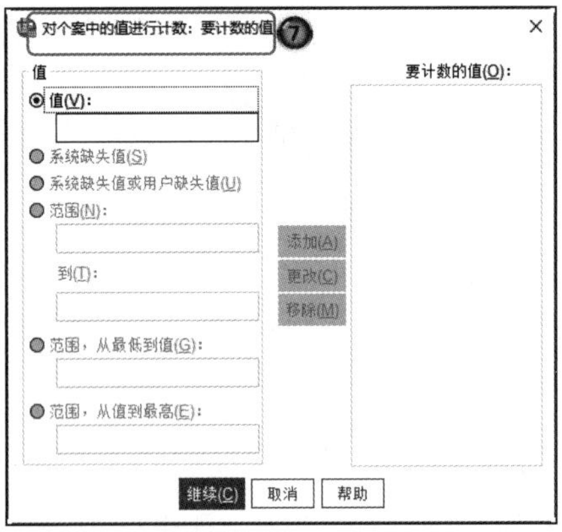

图 5.2 “对个案中的值进行计数：要计数的值”对话框

- 值：单个变量值。
- 系统缺失值：系统缺失值主要是指计算机默认的缺失方式，如果在输入数据时空缺了某些数据或输入了非法的字符，计算机就将其界定为缺失值，此时的数据标记为“?”。

- 系统缺失值或用户缺失值：SPSS 中的缺失值分为用户缺失值和系统缺失值。用户缺失值的编码一般用研究者自己能够识别的数字来表示，如“0”“9”“99”等。
- 范围、到：给定最大值和最小值的区间。
- 范围，从最低到值：小于等于某指定值的区间。
- 范围，从值到最高：大于等于某指定值的区间。

（4）单击❽“如果”按钮，弹出“计算出现次数：If 个案”对话框，如图 5.3 所示。可以使用条件表达式统计所选个案子集的值的出现次数。

条件表达式可以包含变量名称、常数、算术运算符、数值（和其他）函数、逻辑变量以及关系运算符。大多数条件表达式在计算器键盘上使用一个或多个关系运算符（<、>、<=、>=、= 和 ~=）。

条件表达式对每个个案都返回一个值：true、false 或 missing。

- 如果条件表达式的结果为 true，则所选子集中包含该个案。
- 如果条件表达式的结果为 false 或 missing，则所选子集中不包含该个案。

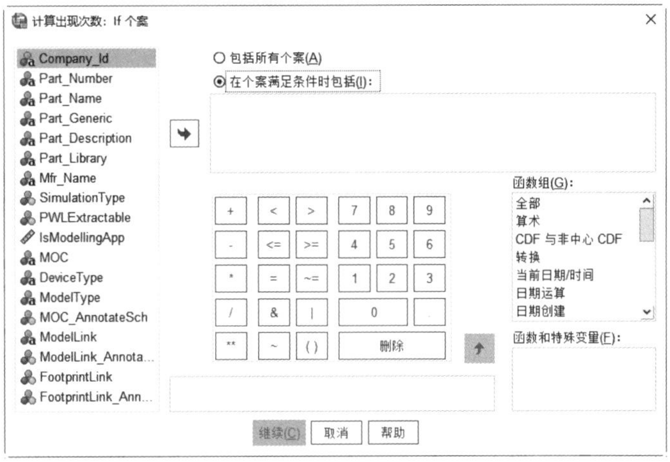

图 5.3 “计算出现次数：If 个案”对话框

5.2.2 数据分类汇总

分类数据本身就是对事物的一种分类，因此，在整理分类数据时需要列出所分的类别。在日常办公和学习研究中，经常需要对数据进行分类汇总。SPSS 中的分类汇总是按照某分类变量进行分类汇总计算的，直接使用分类汇总功能获取平均值、最大值、方差等统计值，而无须手动使用函数计算。例如，在统计公司员工的工资时，要求根据员工的性别求出员工的平均工资和平均年龄。

【执行方式】

菜单栏：选择菜单栏中的“数据”→“汇总”命令。

★重点 动手学——公司成本费用汇总

扫一扫，看视频

源文件：源文件\第 5 章\公司成本费用.xlsx

某公司包括三款畅销产品 A、B、C，2020 年该公司负责人主推这三款产品，产品的成本费用支出见表 5.1。本实例在统计费用时，利用分类汇总命令根据负责人求出产品的平均总费用和平均数量。

表 5.1　产品的成本费用支出表

月份	负责人	产品名	单件费用	数量	总费用
1 月	苏羽	A	245	15	3675
1 月	李耀辉	B	58	20	1160
1 月	张默千	C	89	18	1602
2 月	李耀辉	B	310	20	6200
2 月	苏羽	A	870	18	15660
2 月	李耀辉	B	78	60	4680
3 月	张默千	C	160	16	2560
4 月	苏羽	A	80	32	2560
4 月	张默千	C	760	45	34200

操作步骤

1. 导入数据

选择菜单栏中的“文件”→“导入数据”→Excel 命令，弹出“打开数据”对话框，选择“公司成本费用.xlsx”文件。单击“打开”按钮，弹出“读取 Excel 文件”对话框，单击“确定”按钮，自动新建数据文件，并在文件中插入 Excel 文件中的数据。

2. 保存文件

选择菜单栏中的“文件”→“另存为”命令，弹出“将数据另存为”对话框，选择要保存的位置，输入文件名“公司成本费用.sav”，保存该文件，如图 5.4 所示。

3. 按照“负责人”进行汇总

选择菜单栏中的“数据”→“汇总”命令，弹出“汇总数据”对话框，如图 5.5 所示。在左侧源变量列表中显示文件中的所有变量，按照下面的参数进行设置。

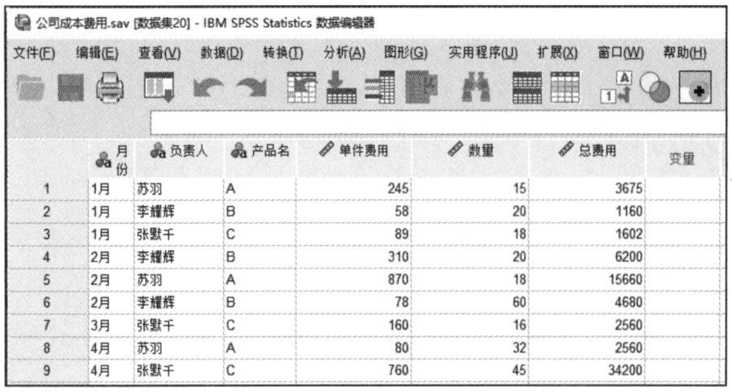

图 5.4　保存文件

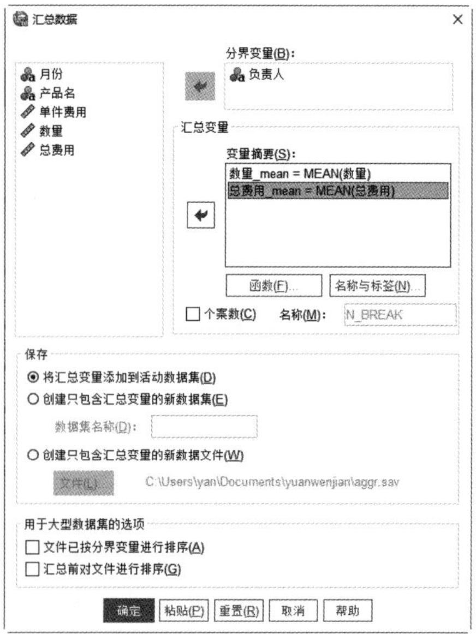

图 5.5　“汇总数据”对话框

（1）分界变量：需要汇总的变量，添加“负责人”变量。

（2）汇总变量：一般是指需要汇总的值，添加“数量”“总费用”变量，激活“函数”和“名称与标签”按钮。

- 函数：总费用默认是平均值。如果需要修改，则单击该按钮，弹出图 5.6 所示的“汇总数据：汇总函数”对话框。在该对话框中选择具体的汇总函数，包括摘要统计，特定值，个案数，百分比、分数和计数。
- 名称与标签：设置汇总函数变量的名称与标签。单击该按钮，弹出“汇总数据：变量名和标签”对话框，如图 5.7 所示。

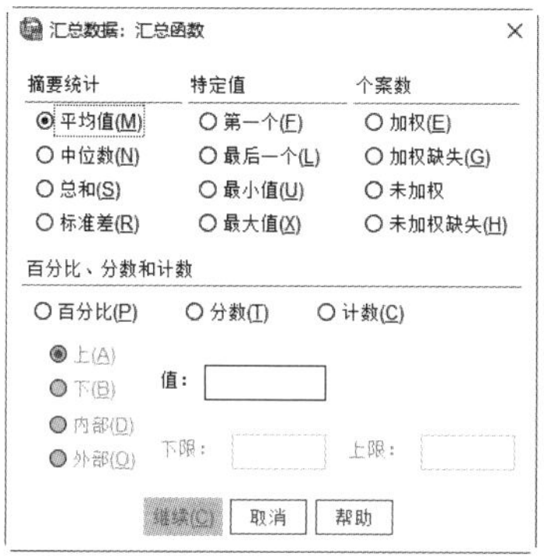

图 5.6　“汇总数据：汇总函数”对话框

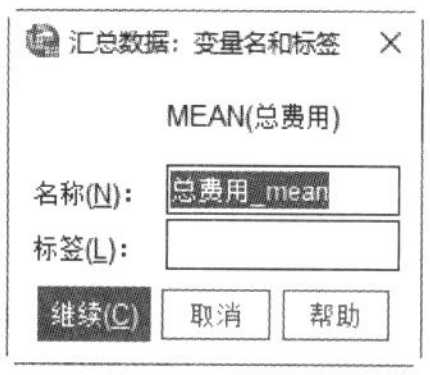

图 5.7　“汇总数据：变量名和标签”对话框

（3）保存：设置添加汇总变量的位置，包括三个选项：将汇总变量添加到活动数据集、创建只包含汇总变量的新数据集、创建只包含汇总变量的新数据文件。默认将汇总变量“总费用_mean”添加到数据集中。

单击“确定”按钮，关闭对话框，在数据表最右列添加汇总变量“数量_mean”“总费用_mean”，如图 5.8 所示。

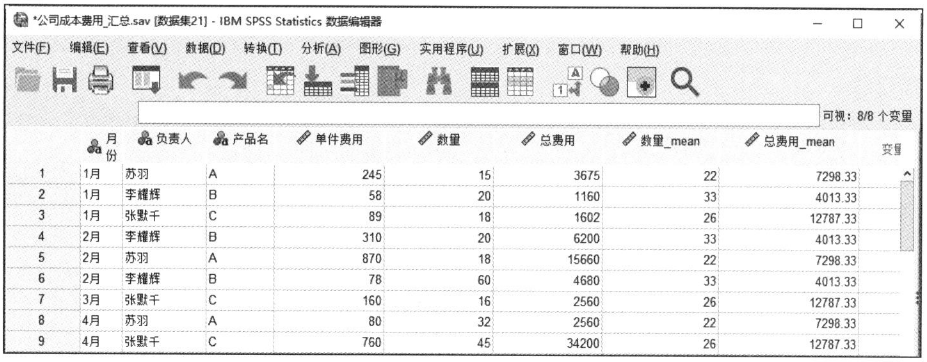

	月份	负责人	产品名	单件费用	数量	总费用	数量_mean	总费用_mean	变量
1	1月	苏羽	A	245	15	3675	22	7298.33	
2	1月	李耀辉	B	58	20	1160	33	4013.33	
3	1月	张默千	C	89	18	1602	26	12787.33	
4	2月	李耀辉	B	310	20	6200	33	4013.33	
5	2月	苏羽	A	870	18	15660	22	7298.33	
6	2月	李耀辉	B	78	60	4680	33	4013.33	
7	3月	张默千	C	160	16	2560	26	12787.33	
8	4月	苏羽	A	80	32	2560	22	7298.33	
9	4月	张默千	C	760	45	34200	26	12787.33	

图 5.8　数据汇总

选择菜单栏中的“文件”→“另存为”命令，弹出“将数据另存为”对话框，选择要保存的位置，输入名称“公司成本费用_汇总.sav”，保存该文件。

5.2.3　定制表汇总分析

SPSS 的定制表功能用于构建简明易懂的汇总表，不但可以汇总 SPSS 的数据，还可以以表格的形式呈现分析结果，允许使用嵌套、堆叠和多个响应类别来处理输出并显示调查结果。

【执行方式】

菜单栏：选择菜单栏中的“分析”→“表”→“定制表”命令。

操作步骤

执行此命令，弹出图 5.9 所示的“定制表”信息对话框，提示需要为分类变量添加标签。若已为分类变量添加标签，则直接单击“确定”按钮，进行下一步操作；若没有为分类变量添加标签，则单击“定义变量属性”按钮，在弹出的对话框中设置变量属性（主要是添加标签），该对话框的具体设置可以参照前面介绍的“定义变量属性”命令。

单击“确定”按钮，弹出图 5.10 所示的“定制表”对话框，该对话框包含四个选项卡，分别是表、标题、检验统计和选项。

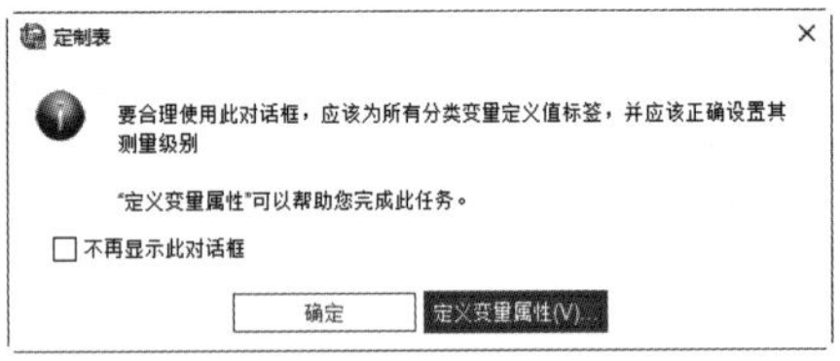

图 5.9 “定制表”信息对话框

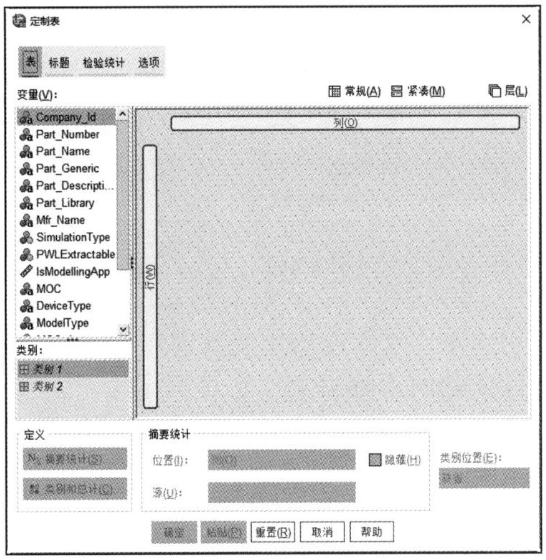

图 5.10 “定制表”对话框

【选项说明】

（1）“表”选项卡：主要进行表格数据的选择。

1）行数据与列数据：可以直接将左侧列表框中的变量拖动到右侧“行”与“列”按钮上。表格的三种显示形式为常规、紧凑、层。

2）“定义”选项组：主要进行统计量的设置。

- 摘要统计：单击该按钮，在弹出的“摘要统计”对话框中进行统计量的设置，如选择需要的统计量以及设置小数位数等，如图 5.11 所示。
- 类别和总计：单击该按钮，弹出“分类和总计”对话框，为表格添加总计和小计，还可以设置总计和小计显示的位置，如图 5.12 所示。

3）“摘要统计”选项组：可设置摘要统计的“位置”和“源”依据。在“类别位置”选项中设置分类变量的位置。

（2）“标题”选项卡：可设置表格的标题并添加文字说明，如图 5.13 所示。

（3）“检验统计”选项卡：可设置 t 检验统计量、z 检验统计量、卡方检验统计量以及对应的显著性水平，如图 5.14 所示。

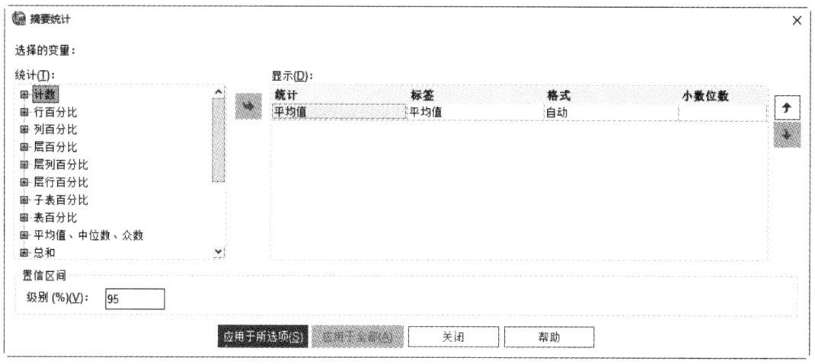

图 5.11 “摘要统计”对话框

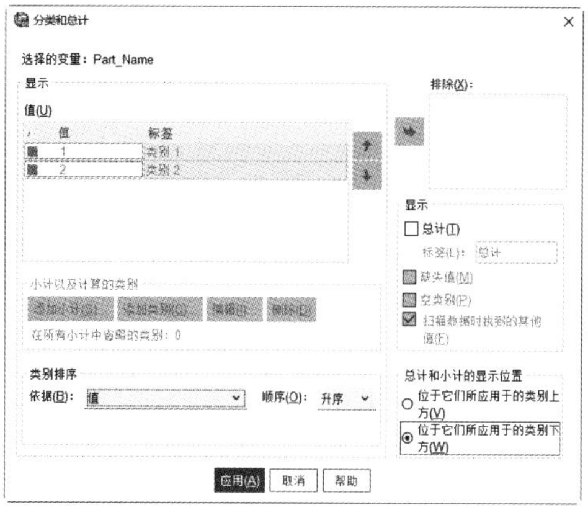

图 5.12 “分类和总计”对话框

（4）“选项”选项卡：可对数据单元格外观、数据列的宽度进行设置；对于标度变量，还可以设置缺失值的处理方式，如图 5.15 所示。

图 5.13 “标题”选项卡

图 5.14 “检验统计”选项卡

图 5.15 “选项”选项卡

扫一扫，看视频

★重点 动手学——编制贷款项目汇总表

源文件：源文件\第 5 章\银行网点贷款项目.sav

某银行拟统计 20 个银行网点的贷款项目数据，本实例按照贷款人的性别和贷款项目，编制汇总表。

操作步骤

1. 打开数据文件

选择菜单栏中的“文件”→“打开”→“数据”命令，弹出“打开数据”对话框，选择“银行网点贷款项目.sav”文件，单击“打开”按钮，打开数据文件。

2. 生成定制表

（1）选择菜单栏中的“分析”→“表”→“定制表”命令，弹出“定制表”对话框，选择“性别”作为行数据，“贷款类型”作为列数据，如图 5.16 所示。

（2）单击“确定”按钮，弹出“IBM SPSS Statistics 查看器”输出窗口，显示数据的汇总表，如图 5.17 所示。

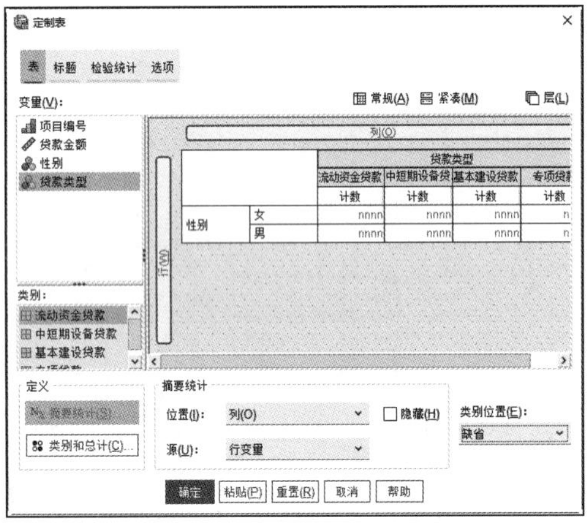

图 5.16 “定制表”对话框

		贷款类型			
		流动资金贷款	中短期设备贷款	基本建设贷款	专项贷款
		计数	计数	计数	计数
性别	女	4	2	3	0
	男	3	5	1	2

图 5.17 输出结果

3. 结果分析

根据对 20 个银行网点进行统计分析的输出结果，“中短期设备贷款”项目最受男性欢迎，有 5 个。

扫一扫，看视频

★重点 动手学——编制职工工资汇总表

源文件：源文件\第 5 章\单位工资表计算.sav

现有某单位 40 名职工的工资表，本实例利用“定制表”命令将职工工资按照性别与职工类别进行分类，编制汇总表。

操作步骤

1. 打开数据文件

选择菜单栏中的“文件”→“打开”→“数据”命令，弹出“打开数据”对话框，选择“单位工资表计算.sav”文件，单击“打开”按钮，打开数据文件，如图 5.18 所示。

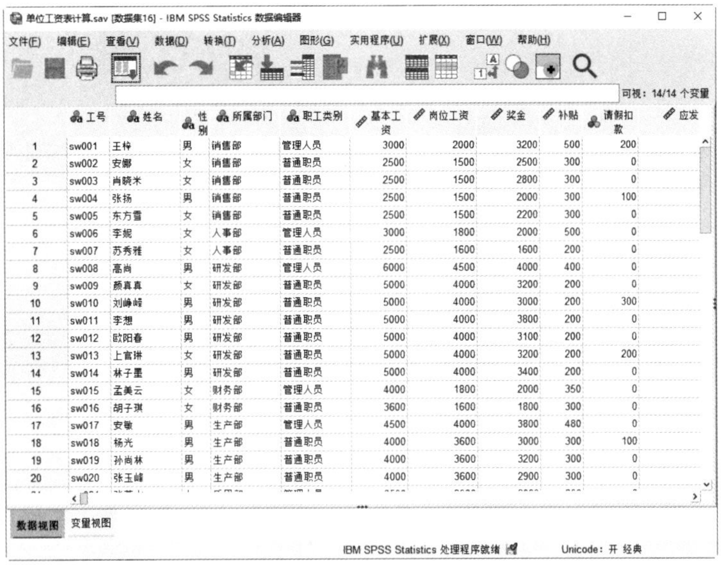

图 5.18 单位工资表

2. 生成定制表

（1）选择菜单栏中的“分析”→“表”→“定制表”命令，弹出“定制表”对话框，选择“性别”“职工类别”作为行数据，选择“基本工资”“岗位工资”“所得税”“实发工资”作为列数据，如图 5.19 所示。

（2）打开“标题”选项卡，单击“表表达式”按钮，在“标题”文本框中显示添加标题的表达式，如图 5.20 所示。

图 5.19 “定制表”对话框

图 5.20 “标题”选项卡

（3）单击“确定”按钮，弹出“IBM SPSS Statistics 查看器”输出窗口，显示数据的汇总表，如图 5.21 所示。

定制表

性别 + 职工类别 BY 基本工资 + 岗位工资 + 所得税 + 实发工资

		基本工资 平均值	岗位工资 平均值	所得税 平均值	实发工资 平均值
性别	男	3857	3143	1832.91	7331.62
	女	3347	2368	1487.75	5951.00
职工类别	管理人员	3922	2867	1807.55	7230.11
	普通职员	3526	2748	1628.72	6514.90

图 5.21　输出结果

3. 分析结果

将职工工资的平均值进行汇总，并按照“性别”和“职工类别”进行统计发现，男性职工的各项工资及所得税明显高于女性职工；管理人员的各项工资及所得税比普通职员高。

4. 生成定制表

单击工具栏中的“重新调用最近使用的对话框”按钮，在下拉列表中选择“定制表”命令，弹出“定制表”对话框，该对话框中显示的参数保持之前的选择，将行数据中的“职工类别”拖到“性别”行数据右侧，如图 5.22 所示。单击“确定”按钮，弹出“IBM SPSS Statistics 查看器”窗口，显示数据的汇总表，如图 5.23 所示。

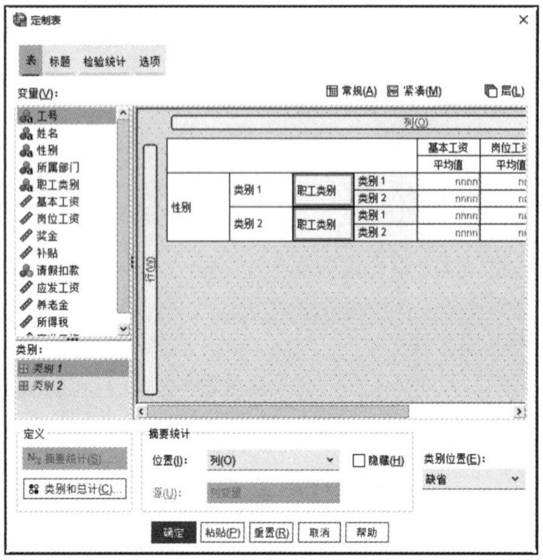

图 5.22　“定制表”对话框

定制表

性别 > 职工类别 BY 基本工资 + 岗位工资 + 所得税 + 实发工资

				基本工资 平均值	岗位工资 平均值	所得税 平均值	实发工资 平均值
性别	男	职工类别	管理人员	4325	3425	2137.28	8549.00
			普通职员	3747	3076	1761.29	7045.18
	女	职工类别	管理人员	3600	2420	1543.76	6175.00
			普通职员	3257	2350	1467.75	5871.00

图 5.23　输出结果

5. 分析结果

根据图 5.23 中的职工工资的平均值进行汇总，并按照“性别”和“职工类别”进行统计发现，男性管理人员的各项工资及所得税明显高于男性普通职员；女性管理人员的各项工资及所得税明显高于女性普通职员。

扫一扫，看视频

★重点 动手学——编制胃病样本汇总三线表

源文件： 源文件\第 5 章\胃病样本数据.sav

为调查得胃病的影响因素，本实例随机从小区收集了 20 组居民的运动习惯与诊断结果的数据，编制运动习惯与诊断结果的汇总三线表。

操作步骤

1. 打开数据文件

选择菜单栏中的“文件”→“打开”→“数据”命令，弹出“打开数据”对话框，选择“胃病样本数据.sav”文件，单击“打开”按钮，打开数据文件。

2. 生成定制表

选择菜单栏中的“分析”→“表”→“定制表”命令，弹出“定制表”对话框，选择“诊断结果”作为行数据，“运动”作为列数据，如图 5.24 所示。单击“确定”按钮，弹出“IBM SPSS Statistics 查看器”窗口，显示数据的汇总表，如图 5.25 所示。

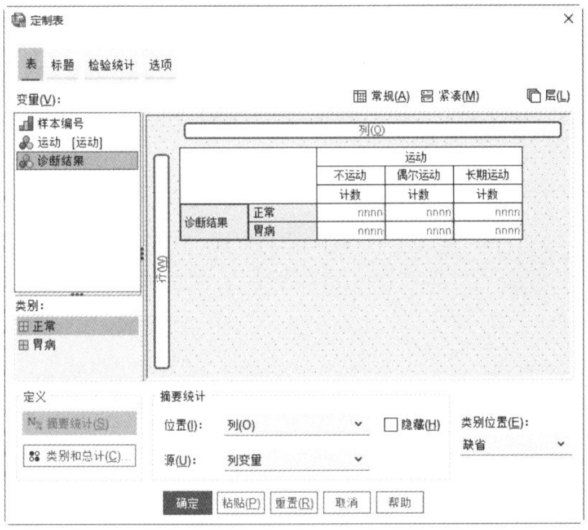

图 5.24 “定制表”对话框

		运动		
		不运动	偶尔运动	长期运动
		计数	计数	计数
诊断结果	正常	5	8	5
	胃病	2	0	0

图 5.25 输出结果

3. 分析结果

根据图 5.25 中的输出结果对样本数据进行统计分析，得胃病的都是不运动的居民。这里大胆假设，胃病与运动习惯有关系，但该汇总表无法支持该假设，还需要进行其他分析。

4. 设置表格格式

图 5.25 中的汇总表不规范，规范的统计表简称“三线表”，不能有竖线和斜线。SPSS 没有标准三线表格式，需要先设置近似三线表。

选择菜单栏中的“编辑”→“选项”命令，弹出“选项”对话框，打开“透视表”选项卡，选择“经典缺省”选项，如图 5.26 所示。单击“确定”按钮，关闭对话框，完成近似三线表格式的设置。

5. 生成定制表

（1）单击工具栏中的“重新调用最近使用的对话框”按钮，在下拉列表中选择“选项”命令，弹出“选项”对话框，该对话框中显示的参数保持之前的选择，单击“确定”按钮，弹出“IBM SPSS Statistics 查看器”窗口，显示数据的汇总三线表，如图 5.27 所示。

（2）在图 5.27 中的汇总表上右击，在弹出的快捷菜单中选择“导出”命令，弹出“导出输出”对话框，在“文件名”文本框中输入文件名称，如图 5.28 所示。单击“确定”按钮，关闭对话框，输出 Excel 汇总表文件“胃病样本数据.xlsx”，如图 5.29 所示。

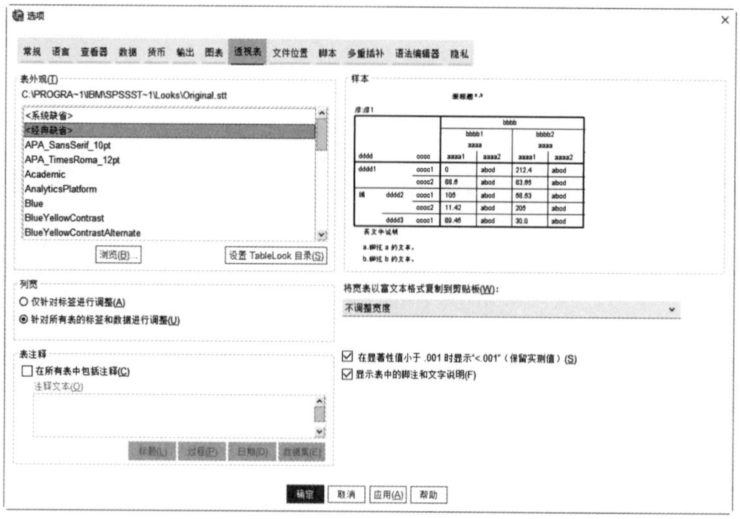

图 5.26 “选项”对话框

		运动		
		不运动	偶尔运动	长期运动
		计数	计数	计数
诊断结果	正常	5	8	5
	胃病	2	0	0

图 5.27 输出结果

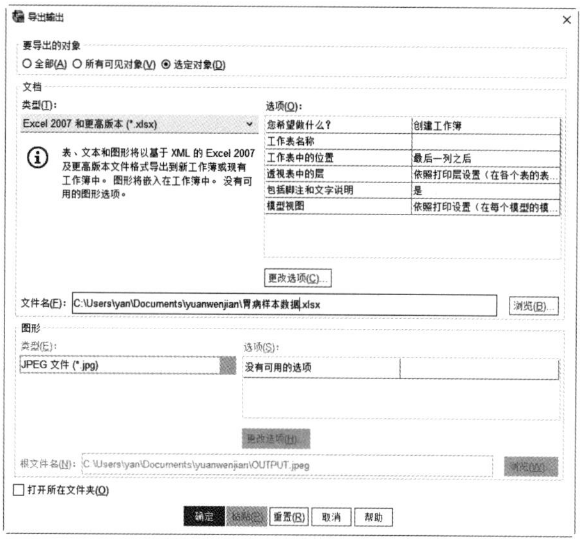

图 5.28 “导出输出”对话框

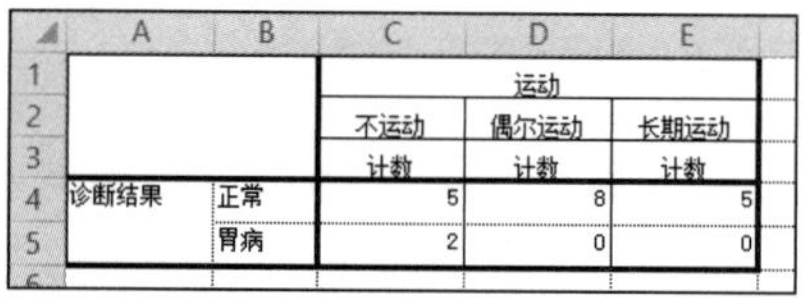

	A	B	C	D	E
1			运动		
2			不运动	偶尔运动	长期运动
3			计数	计数	计数
4	诊断结果	正常	5	8	5
5		胃病	2	0	0

图 5.29 Excel 汇总表文件

5.3 数据分组

在数据的分析和处理过程中，一个非常重要的步骤是需要将数据进行分组处理。下面介绍 SPSS 中两种非常简单的数据分组方式，用于提高数据处理效率。

5.3.1 可视分箱方式

在数据分析中，经常需要对数据进行转换，有时需要把连续变量转换成分类变量，然后观察分类变量之间的关系。基于此，SPSS 提出了可视分箱的功能。

可视分箱功能是把现有变量快速可视化分组，自由设定各组的界限值、值、标签；也可以快速进行等距分组、按百分位数分组（等样本量分组）和等标准差分组。对于可视化程度不高的样本，可以采用“转换”分箱。可视分箱要求被分箱（分组）的变量必须是定序变量或连续变量。

【执行方式】

菜单栏：选择菜单栏中的“转换”→“可视分箱”命令。

扫一扫，看视频

★重点 动手学——员工医疗费用表分组

源文件：源文件\第 5 章\员工医疗费用表.sav

本实例使用可视分箱功能对员工医疗费用进行分组整理，显示医疗费用等级，结果如图 5.30 所示。

编号	日期	员工姓名	性别	所属部门	医疗种类	医疗费用	报销金额	医疗费用等级
1	2月6日	李想	男	研发部	手术费	1500	1050	5
2	3月5日	陆谦	男	销售部	药品费	250	200	2
3	5月8日	苏攸攸	女	人资部	输液费	320	256	2
4	6月4日	王荣	女	广告部	住院费	900	675	4
5	6月15日	谢小磊	男	研发部	药品费	330	264	3
6	7月12日	白雪	女	人资部	药品费	200	160	1
7	8月10日	肖雅娟	女	财务部	输血费	1400	980	5
8	9月18日	张晴晴	女	广告部	住院费	800	600	4
9	10月14日	徐小旭	男	销售部	针灸费	380	304	3
10	11月15日	赵峥嵘	男	研发部	理疗费	180	144	1
11	11月22日	杨小茉	女	财务部	药品费	550	440	3
12	12月11日	黄岘	男	研发部	体检费	150	120	1

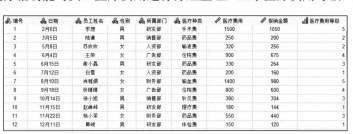

图 5.30　员工医疗费用表分组数据

操作步骤

1. 打开数据文件

选择菜单栏中的“文件”→“打开”→“数据”命令，弹出“打开数据”对话框，选择“员工医疗费用表.sav”文件，单击“打开”按钮，打开数据文件。

2. 计算分组数据

（1）选择菜单栏中的“转换”→“可视分箱”命令，弹出“可视分箱”对话框。在“变量”列表中有有序变量和标度变量，本实例显示标度变量“医疗费用”和“报销金额”；选择两个变量，单击➜按钮，将该变量添加到右侧“要分箱的变量”列表中，如图 5.31 所示。

（2）若个案数目过多，如上万甚至上百万时，分析全部数据的时间会很长，勾选“将扫描的个案数目限制为”复选框，可以限制分析的个案数目。本实例中个案数目不多，不需要限制，默认不勾选该复选框。

（3）单击“继续”按钮，在弹出的对话框中创建新的分组变量。在“已扫描变量列表”中显示需要分组的变量，同时自动显示该变量的信息，如扫描的个案数、缺失值、名称、标签等参数。

（4）在变量属性区的“分箱化变量”文本框中输入“医疗费用等级”，作为新的分组变量名称。同时自动显示该变量的标签为“医疗费用（分箱化）”。在“最小”与“最大”文本框中添加区间分割点，定义分箱的大小。

（5）在“上端点”选项组中默认选择“包括(<=)”选项，表示分割区间的右端点为闭区间，区间点包括在该区间内；若选择“排除(<)”选项，表示分割区间的右端点为开区间，不包括区间点，如图 5.32 所示。

（6）单击右下角的“生成分割点”按钮，弹出“生成分割点”对话框，用于创建区间，如图 5.33 所示。有三种创建方法。

1）选择“等宽区间”：按照等间距分组，只需要定义一个区间。

通过“等宽区间”选项组的“第一个分割点位置”“分割点数”“宽度”中的两个选项定义一

个区间的两个分割点。

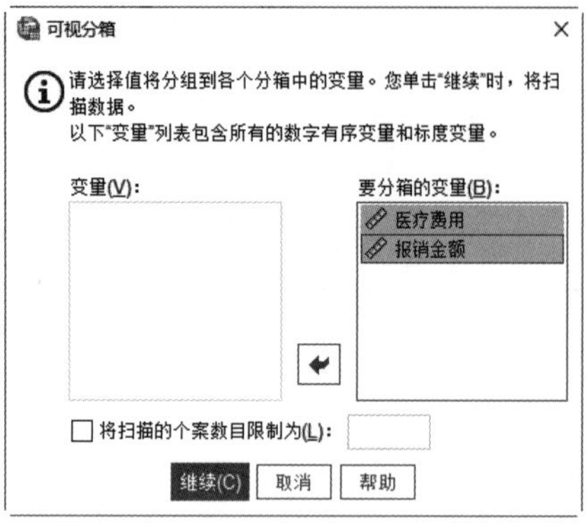

图 5.31 “可视分箱”对话框 1

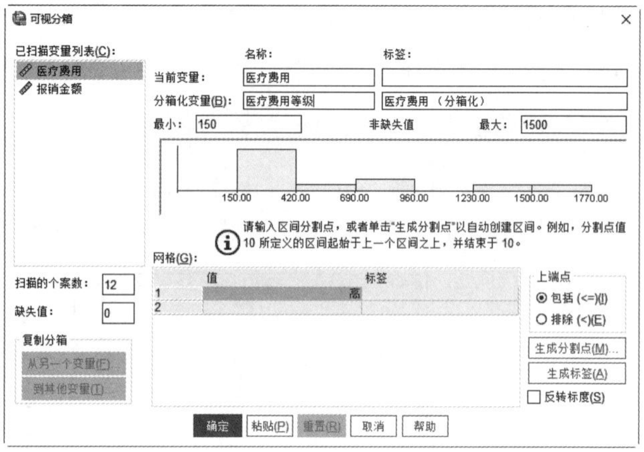

图 5.32 “可视分箱”对话框 2

2）选择“基于所扫描个案的相等百分位数”：按照百分位数分组。

在“分割点数”文本框中指定区间的分组数，分组数=等间距分割点数+1；在“宽度(%)”文本框中输入每个组包含的个案数占比。这两个参数只需设置一个，另一个会自动生成。本实例在“宽度(%)”文本框中输入 20，“分割点数”文本框中自动显示为 4，表示将变量分为 5 组。

3）选择“基于所扫描个案的平均值和选定标准差处的分割点”：按照三种平均值与标准差的计算标准选择。

（7）单击“应用”按钮，返回“可视分箱”对话框，根据生成的 4 个分割点，在“网格”选项的“值”列中会显示对应的费用，如图 5.34 所示。这 4 个分割点即体重的 4 个百分位点。

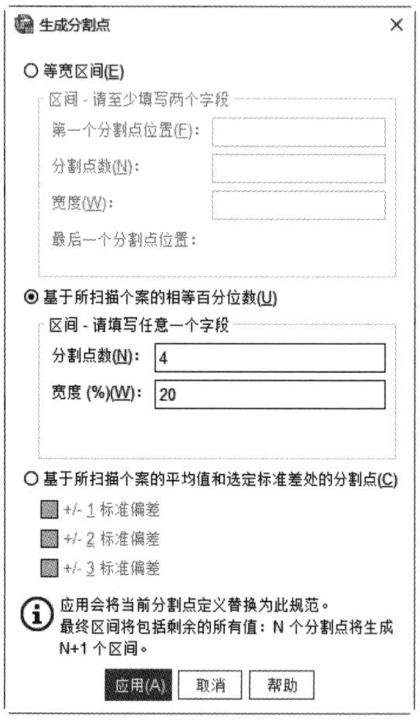

图 5.33 “生成分割点”对话框

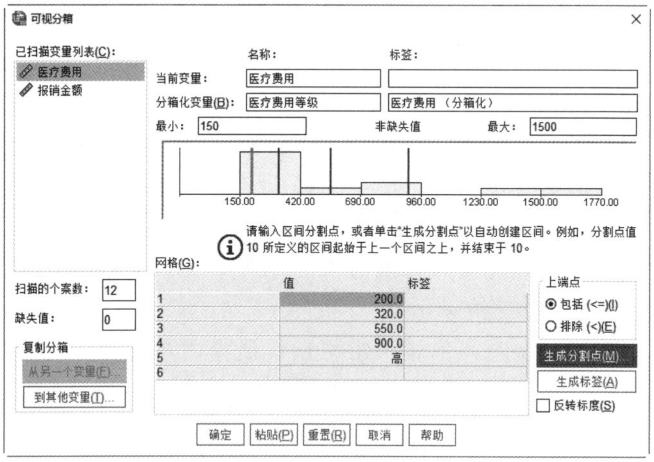

图 5.34 显示费用

（8）单击“生成标签”按钮，根据图 5.34 中“网格”列表中的“值”列和“上端点”选项组定义分组，将每个区间的范围作为变量的标签，如图 5.35 所示。

（9）单击“复制分箱”选项组中的“到其他变量”按钮，弹出“从当前变量复制分箱”对话框，选择“报销金额”，如图 5.36 所示。单击“复制”按钮，将变量“医疗费用”的分箱设置复制到变量“报销金额”上。

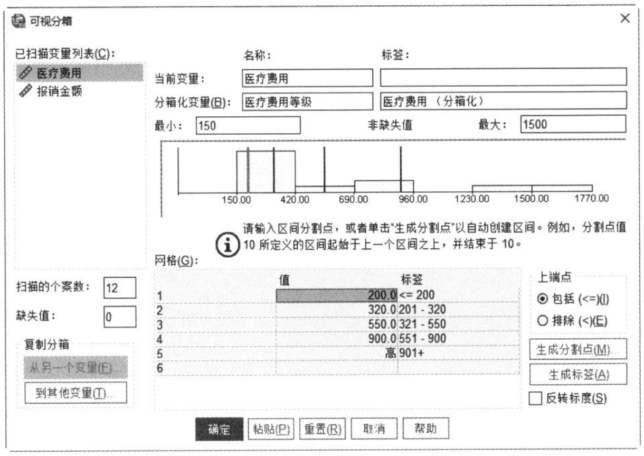

图 5.35　添加标签

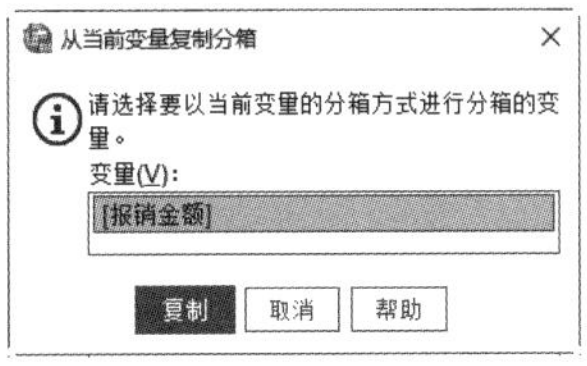

图 5.36　“从当前变量复制分箱”对话框

（10）在“已扫描变量列表”中选择“报销金额”，在右侧显示分箱参数。在“分箱化变量”文本框中输入名称“报销金额等级”，如图 5.37 所示。

（11）单击“确定”按钮，弹出信息提示对话框，如图 5.38 所示。单击“确定”按钮，关闭该对话框。在“数据显示区”最右列自动添加“医疗费用等级”“报销金额等级”变量，如图 5.39 所示。

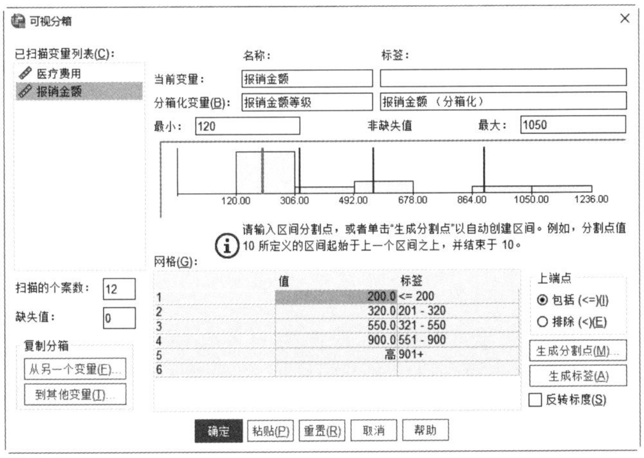

图 5.37　“可视分箱”对话框 3

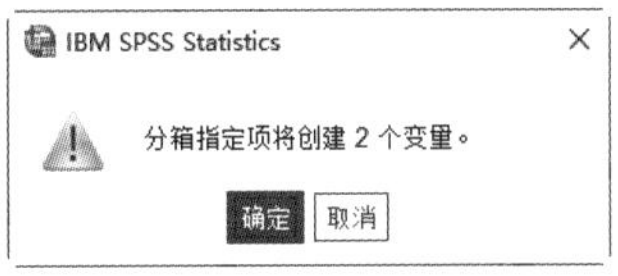

图 5.38　信息提示对话框

编号	日期	员工姓名	性别	所属部门	医疗种类	医疗费用	报销金额	医疗费用等级	报销金额等级
1	2月6日	李想	男	研发部	手术费	1500	1050	5	5
2	3月5日	陆谦	男	销售部	药品费	250	200	2	1
3	5月8日	苏攸攸	女	人资部	输液费	320	256	2	2
4	6月4日	王荣	女	广告部	住院费	900	675	4	4
5	6月15日	谢小磊	男	研发部	药品费	330	264	3	2
6	7月12日	白雪	女	人资部	药品费	200	160	1	1
7	8月10日	肖雅娟	女	财务部	输血费	1400	980	5	5
8	9月18日	张晴晴	女	广告部	住院费	800	600	4	4
9	10月14日	徐小旭	男	销售部	针灸费	380	304	3	2
10	11月15日	赵峥嵘	男	研发部	理疗费	180	144	1	1
11	11月22日	杨小茉	女	财务部	药品费	550	440	3	3
12	12月11日	黄岘	男	研发部	体检费	150	120	1	1

图 5.39　添加变量

（12）打开“变量视图”窗口，会显示新建的“医疗费用等级”“报销金额等级”变量，如图 5.40 所示。在“值”属性上单击，弹出“值标签”对话框，显示个案对应的每个等级及取值范围，如图 5.41 所示。

名称	类型	宽度	小数位数	标签	值	缺失	列	对齐	测量	角色
编号	数字	3	0		无	无	6	居中	名义	输入
日期	字符串	12	0		无	无	12	居中	名义	输入
员工姓名	字符串	9	0		无	无	9	居中	名义	输入
性别	字符串	3	0		无	无	7	居中	名义	输入
所属部门	字符串	9	0		无	无	9	居中	名义	输入
医疗种类	字符串	9	0		无	无	9	居中	名义	输入
医疗费用	数字	5	0		无	无	9	居中	标度	输入
报销金额	数字	5	0		无	无	10	居中	标度	输入
医疗费用等级	数字	5	0	医疗费用（分...	{1, <= 200}...	无	13	右	有序	输入
报销金额等级	数字	5	0	报销金额（分...	{1, <= 200}...	无	13	右	有序	输入

图 5.40　显示变量属性

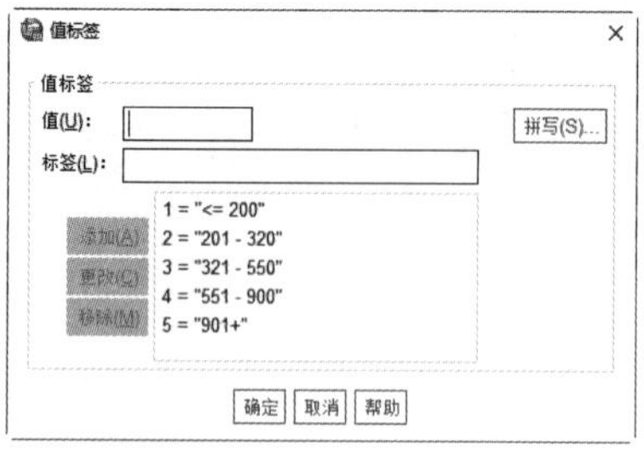

图 5.41　“值标签”对话框

（13）选择菜单栏中的“查看”→“显示值标签”命令，在“医疗费用等级”“报销金额等级”变量中显示值标签，结果如图 5.42 所示。

编号	日期	员工姓名	性别	所属部门	医疗种类	医疗费用	报销金额	医疗费用等级	报销金额等级
1	2月6日	李想	男	研发部	手术费	1500	1050	901+	901+
2	3月5日	陆谦	男	销售部	药品费	250	200	201 - 320	<= 200
3	5月8日	苏攸攸	女	人资部	输液费	320	256	201 - 320	201 - 320
4	6月4日	王荣	女	广告部	住院费	900	675	551 - 900	551 - 900
5	6月15日	谢小磊	男	研发部	药品费	330	264	321 - 550	201 - 320
6	7月12日	白雪	女	人资部	药品费	200	160	<= 200	<= 200
7	8月10日	肖雅娟	女	财务部	输血费	1400	980	901+	901+
8	9月18日	张晴晴	女	广告部	住院费	800	600	551 - 900	551 - 900
9	10月14日	徐小旭	男	销售部	针灸费	380	304	321 - 550	201 - 320
10	11月15日	赵峥嵘	男	研发部	理疗费	180	144	<= 200	<= 200
11	11月22日	杨小茉	女	财务部	药品费	550	440	321 - 550	321 - 550
12	12月11日	黄岘	男	研发部	体检费	150	120	<= 200	<= 200

图 5.42　显示值标签

3. 保存数据文件

选择菜单栏中的“文件”→“另存为”命令，弹出“将数据另存为”对话框，选择要保存的位置，输入文件名“员工医疗费用表_可视化分组.sav”，保存该文件。

5.3.2　重新编码方式

重新编码可以把变量精确地分为若干组，但是需要提前确定好各组的界限值，否则无法快速进行标准分组。SPSS 的重新编码方式分组包括等间距分组、按百分位数分组或等标准分组。

1. 重新编码为相同变量

根据编码的变量进行划分，变量的编码包括两种方法：重新编码为相同变量或不同变量。其中，重新编码为相同变量表示编码后的变量中的新值直接替换掉原始变量中的旧值。

【执行方式】

菜单栏：选择菜单栏中的“转换”→“重新编码为相同的变量”命令。

操作步骤

执行此命令，弹出“重新编码为相同的变量”对话框，如图 5.43 所示。

（1）在左侧源变量列表中显示文件中的所有可用变量。选择需要编码的变量，单击“转入”按钮➡，添加到右侧“变量”列表中。此处选择 Part_Type（元件类型）变量，该变量下的个案包含三种值：Electrolytic（电解）、Ceramic（陶瓷）、MICA（云母）。为统计方便，分别将这三个值编码为 1、2、3。

（2）单击“旧值和新值”按钮，弹出“重新编码为相同变量：旧值和新值”对话框，如图 5.44 所示。

- 在“旧值”选项组中可以设置变量编码前的值和系统缺失值。
- 在“新值”选项组中可以设置变量编码后的值和系统缺失值。
- 在“旧值”选项组中的“值”文本框中输入 Electrolytic，在“新值”选项组中的“值”文本框中输入 1，单击“添加”按钮，在“旧→新”列表中显示编码前后的新旧值，如图 5.44 所示。完成编码值的设置后，单击“继续”按钮，关闭对话框，继续设置其余参数。

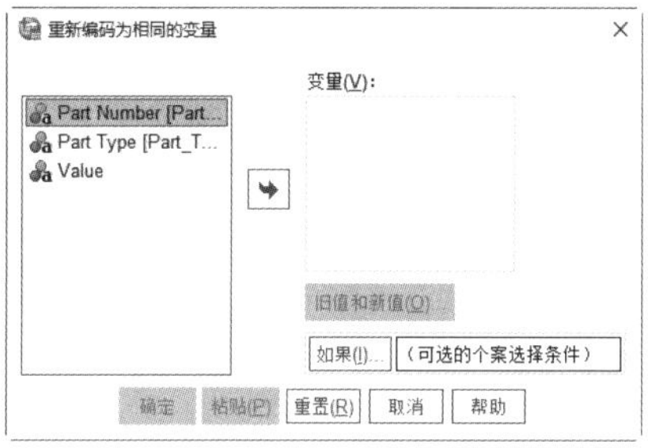

图 5.43 “重新编码为相同的变量”对话框

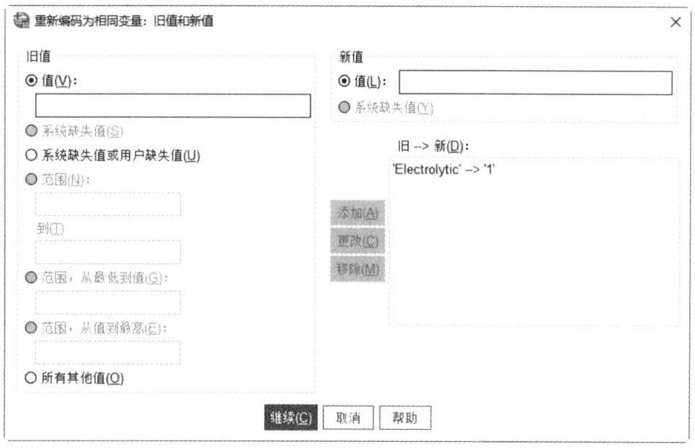

图 5.44 “重新编码为相同变量：旧值和新值”对话框

（3）单击“如果”按钮，弹出“重新编码为相同变量：If 个案”对话框，可设置选择个案的条件，如图 5.45 所示。默认选择“包括所有个案”选项，不需要设置条件，直接选择左侧变量表中的所有变量；选择“在个案满足条件时包括”选项时要利用公式（由变量、运算符和函数组成）计算变量下的个案。

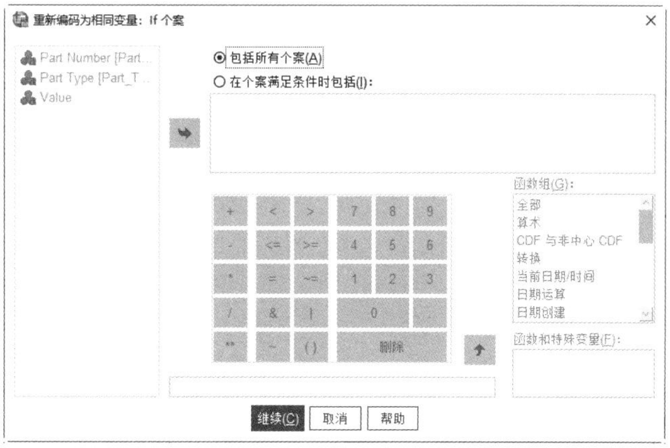

图 5.45 “重新编码为相同变量：If 个案”对话框

（4）单击“继续”按钮，关闭对话框。Capacitor.sav 中 Part_Type 变量下的所有值为 Electrolytic 的个案将编码为 1，如图 5.46 所示。

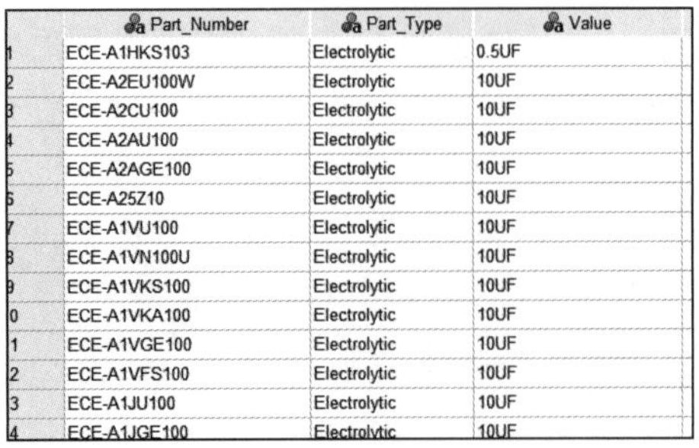

	Part_Number	Part_Type	Value
1	ECE-A1HKS103	Electrolytic	0.5UF
2	ECE-A2EU100W	Electrolytic	10UF
3	ECE-A2CU100	Electrolytic	10UF
4	ECE-A2AU100	Electrolytic	10UF
5	ECE-A2AGE100	Electrolytic	10UF
6	ECE-A25Z10	Electrolytic	10UF
7	ECE-A1VU100	Electrolytic	10UF
8	ECE-A1VN100U	Electrolytic	10UF
9	ECE-A1VKS100	Electrolytic	10UF
10	ECE-A1VKA100	Electrolytic	10UF
11	ECE-A1VGE100	Electrolytic	10UF
12	ECE-A1VFS100	Electrolytic	10UF
13	ECE-A1JU100	Electrolytic	10UF
14	ECE-A1JGE100	Electrolytic	10UF

（a）编码前

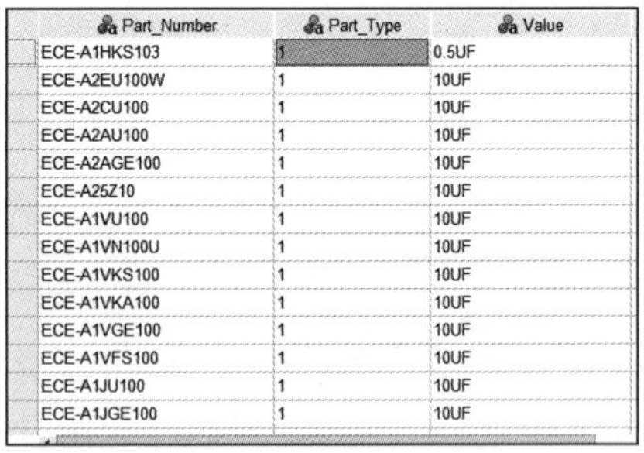

Part_Number	Part_Type	Value
ECE-A1HKS103	1	0.5UF
ECE-A2EU100W	1	10UF
ECE-A2CU100	1	10UF
ECE-A2AU100	1	10UF
ECE-A2AGE100	1	10UF
ECE-A25Z10	1	10UF
ECE-A1VU100	1	10UF
ECE-A1VN100U	1	10UF
ECE-A1VKS100	1	10UF
ECE-A1VKA100	1	10UF
ECE-A1VGE100	1	10UF
ECE-A1VFS100	1	10UF
ECE-A1JU100	1	10UF
ECE-A1JGE100	1	10UF

（b）编码后

图 5.46　重新编码为相同变量

2．重新编码为不同变量

重新编码为不同变量操作可新增一列变量，显示重新编码后的新值。为了不破坏原始数据，一般情况下，在操作时建议选择重新编码为不同变量。

执行菜单栏中的“转换”→“重新编码为不同变量”命令，弹出“重新编码为不同变量”对话框，如图 5.47 所示。该对话框与“重新编码为相同的变量”对话框类似，区别是多出“输出变量”选项组，用于设置新变量的名称与标签。

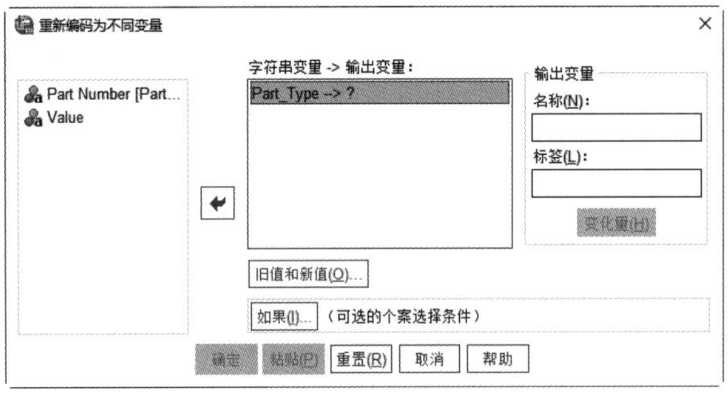

图 5.47　“重新编码为不同变量”对话框

3．自动重新编码

在进行数据录入时，录入数值型数据会更有利于后续的统计计算。如果录入了字符串值，则可以使用 SPSS 的重新编码功能，将字符串值重新编码为数值。

自动重新编码可以自动为变量创建编码，并应用编码文件中特定的编码方案进行编码。同时保留变量定义的标签和值标签，对未定义值标签的任何值，将使用原值作为重新编码后的值标签。

【执行方式】

菜单栏：选择菜单栏中的“转换”→“自动重新编码”命令。

操作步骤

执行此命令，弹出“自动重新编码”对话框，使用指定编码文件中的编码方案进行编码，如图 5.48 所示。在左侧变量列表中选择需要编码的变量，单击“转入”按钮➡，添加到右侧“变量→新名称”列表，此时新名称默认为“????????”。在“新名称”文本框中输入编码变量的名称，单击“添加新名称”按钮，将新名称添加到“变量→新名称”列表中。

【选项说明】

1.“重新编码起点”选项组

定义编码后的排列顺序，起点可以是最小值，也可以是最大值。

2. 通用设置

- “对所有变量使用同一种重新编码方案”复选框：若文件中包含多个字符变量，当同时将其编码为数字变量时，为节省时间，勾选该复选框，多个变量使用同一种编码方案。
- “将空字符串值视为用户缺失值”复选框：若勾选该复选框，在编码过程中，原始个案中的空字符串将作为用户缺失值进行处理。

图 5.48 “自动重新编码”对话框

3.“模板”选项组

设置编码过程中使用的编码文件。勾选“应用文件中的模板”复选框，激活“文件（F）”按钮，单击该按钮，选择模板文件。勾选“将模板另存为”复选框，激活“文件（I）”按钮，单击该按钮，保存模板文件。

扫一扫，看视频

★重点 动手学——创建住房问题调查表

源文件：源文件\第 5 章\住房问题调查表.sav

研究人员在北京、上海两个城市各抽样调查 300 户家庭，其中的一个问题是：“您对您家庭目前的住房状况是否满意？”有 5 个选项：非常不满意、不满意、一般、满意、非常满意。调查结果汇总见表 5.2 和表 5.3。

本实例利用“重新编码为相同的变量”命令对住房问题调查表中的城市名称进行编码，将字符串变量编码为数值变量。

表 5.2 北京市家庭对住房状况的评价

回答类别	户数/户	百分比/%	向上累积		向下累积	
			户数/户	百分比/%	户数/户	百分比/%
非常不满意	24	8.0	24.0	8.0	300.0	100.0
不满意	108	36.0	132.0	44.0	276.0	92.0
一般	93	31.0	225.0	75.0	168.0	56.0
满意	45	15.0	270.0	90.0	75.0	25.0
非常满意	30	10.0	300.0	100.0	30.0	10.0
合　计	300	100.0	—	—	—	—

表 5.3 上海市家庭对住房状况的评价

回答类别	户数/户	百分比/%	向上累积		向下累积	
			户数/户	百分比/%	户数/户	百分比/%
非常不满意	21	7.0	21	7.0	300	100.0

续表

回答类别	户数/户	百分比/%	向上累积		向下累积	
			户数/户	百分比/%	户数/户	百分比/%
不满意	99	33.0	120	40.0	279	93.0
一般	78	26.0	198	66.0	180	60.0
满意	64	21.3	262	87.3	102	34.0
非常满意	38	12.7	300	100.0	38	12.7
合　计	300	100.0	—	—	—	—

操作步骤

1. 新建数据文件

选择菜单栏中的“文件”→“新建”命令，在数据编辑器中新建数据文件。

2. 数据录入

（1）打开“变量视图”窗口，在“名称”列中输入“城市”“回答类别”“户数”，创建三个变量，按照要求设置变量属性，结果如图 5.49 所示。

名称	类型	宽度	小数位数	标签	值	缺失	列	对齐	测量	角色
城市	字符串	20	0		无	无	8	居中	名义	输入
回答类别	字符串	20	0		无	无	8	居中	名义	输入
户数	数字	8	0		无	无	8	居中	标度	输入

图 5.49　设置变量属性

（2）打开“数据视图”窗口，按照表 5.2 和表 5.3 中的数据输入个案，结果如图 5.50 所示。

3. 保存文件

选择菜单栏中的“文件”→“另存为”命令，弹出“将数据另存为”对话框，选择要保存的位置，输入名称“住房问题调查表.sav”，保存该文件。

4. 数据编码

（1）选择菜单栏中的“转换”→“重新编码为相同的变量”命令，弹出“重新编码为相同的变量”对话框，将左侧变量列表中的“城市”变量添加到右侧“字符串变量”列表中，如图 5.51 所示。

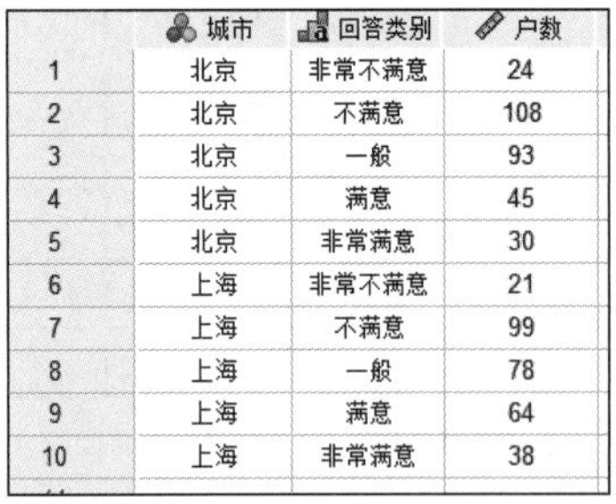

	城市	回答类别	户数
1	北京	非常不满意	24
2	北京	不满意	108
3	北京	一般	93
4	北京	满意	45
5	北京	非常满意	30
6	上海	非常不满意	21
7	上海	不满意	99
8	上海	一般	78
9	上海	满意	64
10	上海	非常满意	38

图 5.50　输入个案

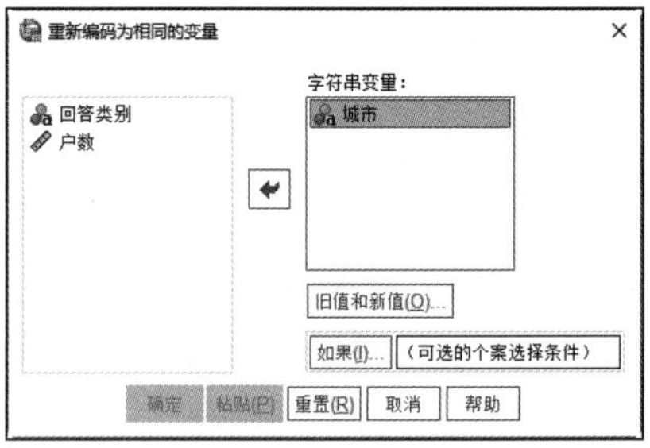

图 5.51　“重新编码为相同的变量”对话框

（2）单击“旧值和新值”按钮，弹出“重新编码为相同变量：旧值和新值”对话框，添加第一个分类变量值。

➘ 在“旧值”选项组中选择“值”选项，输入“北京”。

➘ 在“新值”选项组中选择“值”选项，输入 1。

单击“添加”按钮，在“旧→新”列表中显示添加的变量编码关系：'北京'→'1'，如图 5.52 所示。

（3）添加第二个分类变量值。

➘ 在“旧值”选项组中选择“值”选项，输入“上海”。

➘ 在“新值”选项组中选择“值”选项，输入 2。

单击“添加”按钮，在“旧→新”列表中显示添加的变量编码关系，如图 5.53 所示。单击“继续”按钮，返回“重新编码为相同的变量”对话框。

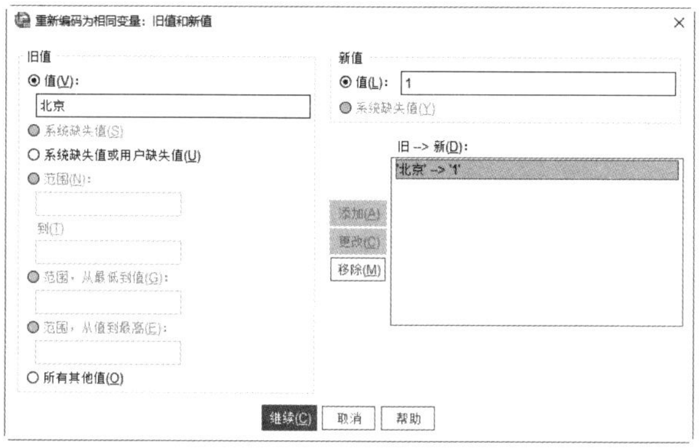

图 5.52　添加新值 1

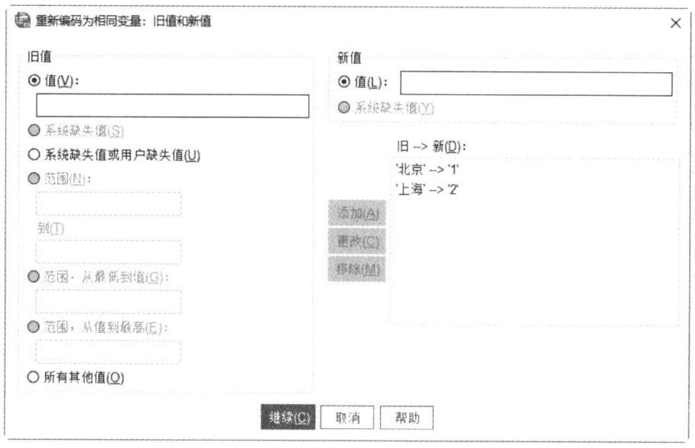

图 5.53　添加新值 2

（4）单击“确定”按钮，关闭“重新编码为相同的变量”对话框。“数据视图”窗口会根据变量“城市”进行编码，更新后的编码结果如图 5.54 所示。

5. 保存文件

选择菜单栏中的“文件”→“另存为”命令，弹出“将数据另存为”对话框，选择要保存的位置，输入文件名“住房问题调查表编码.sav”，保存该文件。

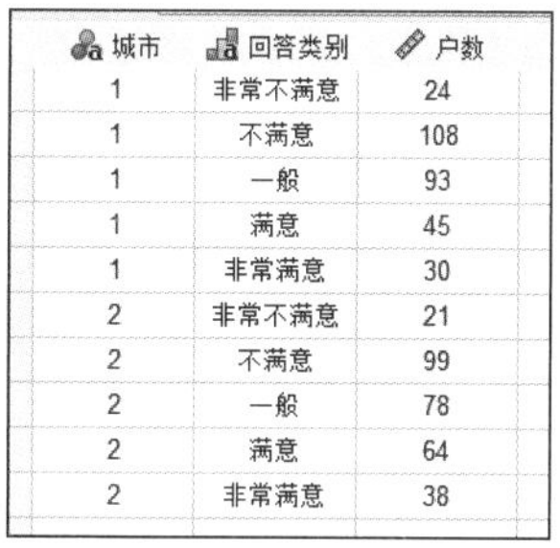

城市	回答类别	户数
1	非常不满意	24
1	不满意	108
1	一般	93
1	满意	45
1	非常满意	30
2	非常不满意	21
2	不满意	99
2	一般	78
2	满意	64
2	非常满意	38

图 5.54　更新后的编码结果

扫一扫，看视频

★重点　动手学——划分男皮鞋的销量数据

源文件：源文件\第 5 章\男皮鞋的销量.sav

某百货商场某季度男皮鞋的销售情况见表 5.4。对男皮鞋号码与销售量按照鞋号与货源进行划分，如图 5.55 所示。其中，男皮鞋号码超过 25.0 厘米的为大号鞋，其余的为小号鞋。由于百货商场每个鞋号存货只有 100 双，因此销售量超出存货的需要等 10 天的调货时间，因此根据货源可将鞋划分为现货与调货。

表 5.4　某百货商场某季度男皮鞋的销售情况

男皮鞋号码/厘米	销售量/双
24.0	12
24.5	84
25.0	118

续表

男皮鞋号码/厘米	销售量/双
25.5	541
26.0	320
26.5	104
27.0	52
合计	1231

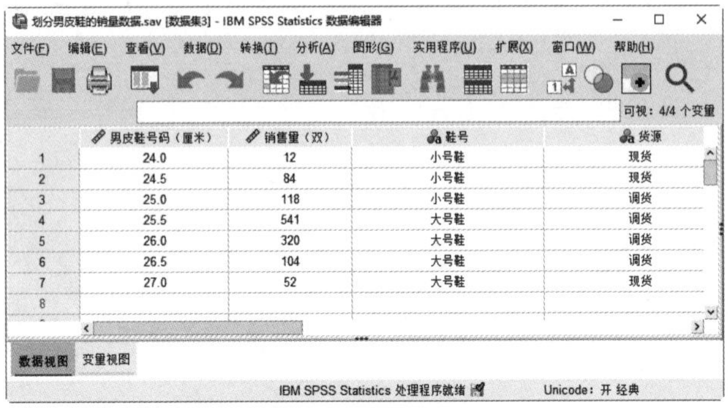

	男皮鞋号码（厘米）	销售量（双）	鞋号	货源
1	24.0	12	小号鞋	现货
2	24.5	84	小号鞋	现货
3	25.0	118	小号鞋	调货
4	25.5	541	大号鞋	调货
5	26.0	320	大号鞋	调货
6	26.5	104	大号鞋	调货
7	27.0	52	大号鞋	现货

图 5.55　划分男皮鞋的销量数据

操作步骤

1. 打开数据文件

选择菜单栏中的“文件”→“打开”→“数据”命令，弹出“打开数据”对话框，选择“男皮鞋的销量.sav”文件，单击“打开”按钮，打开数据文件，如图 5.56 所示。

2. 数据编码

（1）选择菜单栏中的“转换”→“重新编码为不同变量”命令，弹出“重新编码为不同变量”对话框。

（2）将左侧源变量列表中的变量“男皮鞋号码（厘米）”添加到右侧“数字变量→输出变量”列表中，显示为“男皮鞋号码（厘米）→??????”。在“输出变量”选项组的“名称”文本框中输入变量名称“鞋号”，在“标签”文本框中输入变量说明 “大号、小号”，单击“变化量”按钮，在“数字变量→输出变量”列表中显示“男皮鞋号码（厘米）→鞋号”，如图 5.57 所示。

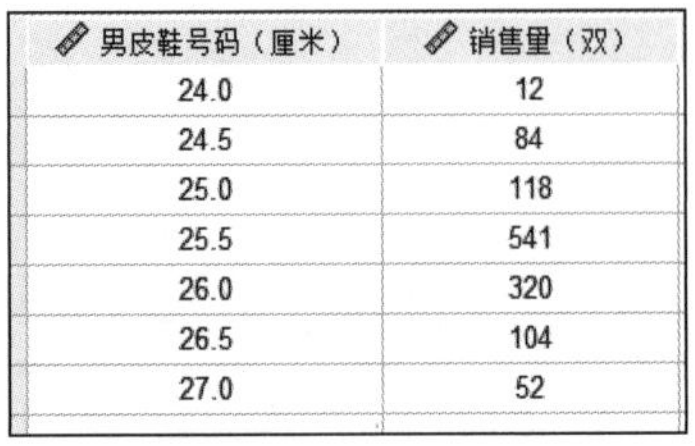

男皮鞋号码（厘米）	销售量（双）
24.0	12
24.5	84
25.0	118
25.5	541
26.0	320
26.5	104
27.0	52

图 5.56　显示文件数据

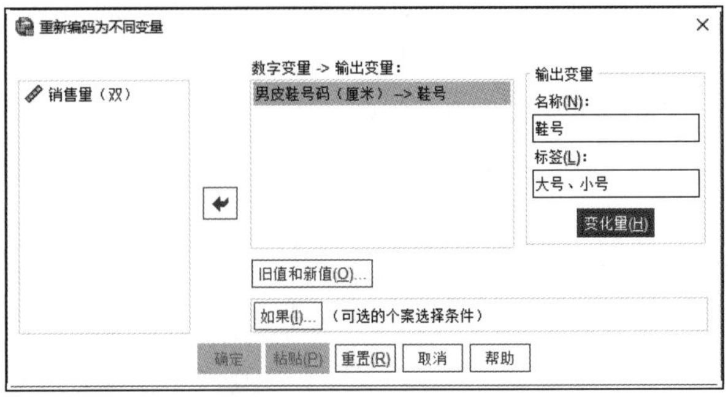

图 5.57　“重新编码为不同变量”对话框

（3）单击“旧值和新值”按钮，弹出“重新编码为不同变量：旧值和新值”对话框，添加第一个分类变量值。

➘ 在“旧值”选项组中选择“范围，从最低到值”选项，输入 25.0。
➘ 勾选“输出变量是字符串”复选框，“宽度”设置为 20。
➘ 在“新值”选项组中选择“值”选项，输入“小号鞋”。

单击“添加”按钮，在“旧→新”列表中显示添加的变量编码关系：Lowest thru 25.0→'小号鞋'，如图 5.58 所示。

（4）添加第二个分类变量值。

➘ 在“旧值”选项组中选择“所有其他值”选项。
➘ 勾选“输出变量是字符串”复选框，“宽度”设置为 20。
➘ 在“新值”选项组中选择“值”选项，输入“大号鞋”。

单击“添加”按钮，在“旧→新”列表中显示添加的变量编码关系：ELSE→'大号鞋'，如图 5.59 所示。

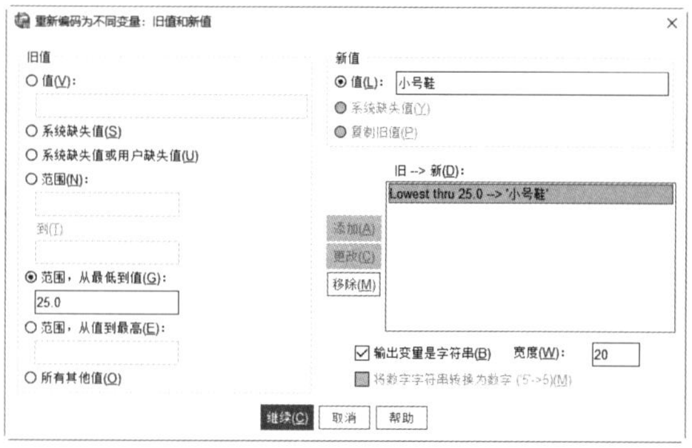

图 5.58　添加新值 1

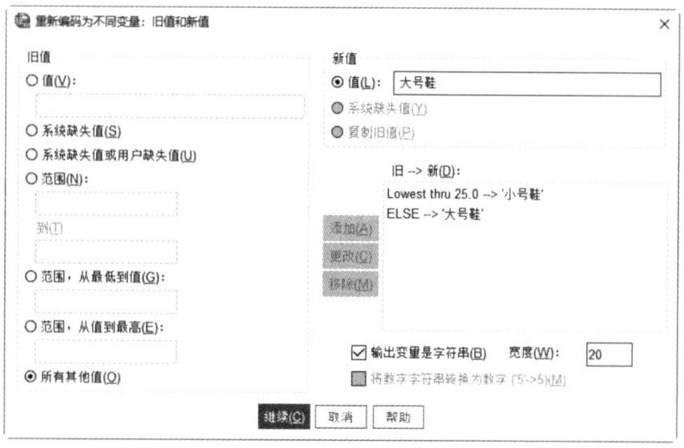

图 5.59　添加新值 2

（5）单击“继续”按钮，返回“重新编码为不同变量”对话框，单击“确定”按钮，关闭该对话框。“数据视图”中显示根据“男皮鞋号码（厘米）”变量进行编码得到的分类变量“鞋号”，设置变量对齐方式为居中，如图 5.60 所示。同时自动弹出查看器窗口，显示输出信息。

3. 划分货源

（1）单击工具栏中的“重新调用最近使用的对话框”按钮，在下拉列表中选择“重新编码为不同变量”命令，弹出“重新编码为不同变量”对话框，该对话框中显示的参数保持图 5.61 中的设置，单击“重置”按钮，清空参数设置。

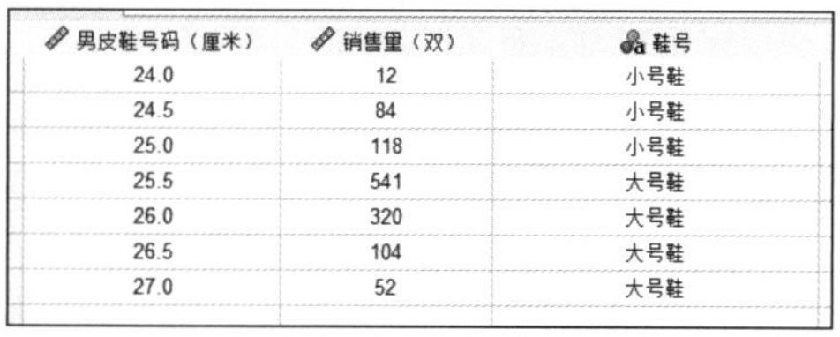

男皮鞋号码（厘米）	销售量（双）	鞋号
24.0	12	小号鞋
24.5	84	小号鞋
25.0	118	小号鞋
25.5	541	大号鞋
26.0	320	大号鞋
26.5	104	大号鞋
27.0	52	大号鞋

图 5.60　变量“鞋号”编码结果

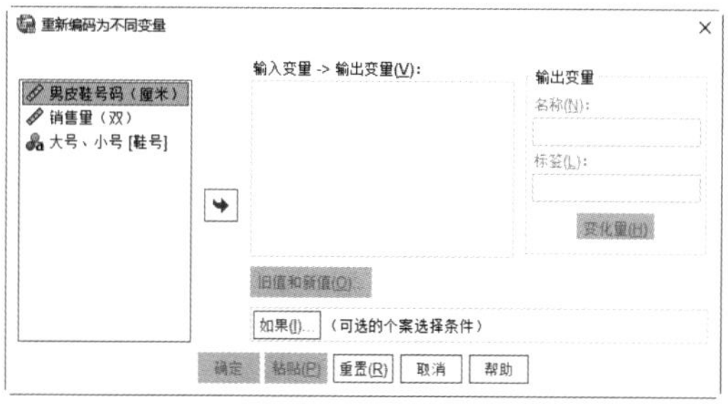

图 5.61　重置选项

（2）设置编码变量。

- 将左侧源变量列表中的变量“销售量（双）”添加到右侧“数字变量→输出变量”列表中。
- 在“输出变量”选项组的“名称”文本框中输入变量名称“货源”，在“标签”文本框中输入变量说明“现货与调货”，单击“变化量”按钮，在“数字变量→输出变量”列表中添加变量，如图5.62所示。

（3）单击“旧值和新值”按钮，弹出“重新编码为不同变量：旧值和新值”对话框，添加第一个分类变量值。

- 在“旧值”选项组中选择“范围，从最低到值”选项，输入100。
- 勾选“输出变量是字符串”复选框，“宽度”设置为20。
- 在“新值”选项组中选择“值”选项，输入“现货”。

单击“添加”按钮，在“旧→新”列表中显示添加的变量编码关系。

（4）添加第二个分类变量值。

- 在“旧值”选项组中选择“所有其他值”选项。
- 勾选“输出变量是字符串”复选框，“宽度”设置为20。
- 在“新值”选项组中选择“值”选项，输入“调货”。

单击“添加”按钮，在“旧→新”列表中显示添加的变量编码关系：ELSE→'调货'，如图5.63所示。

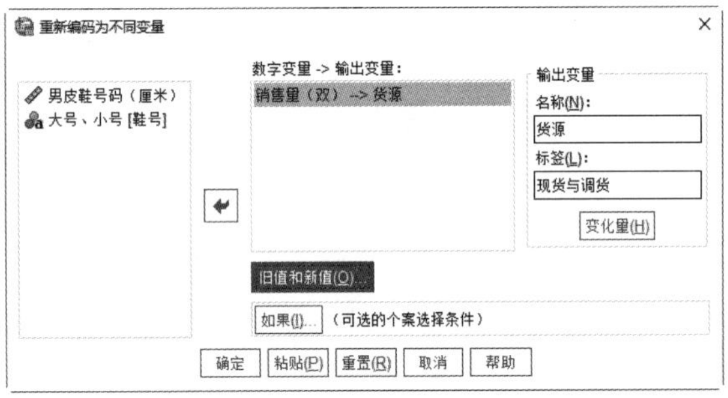

图5.62　设置编码变量

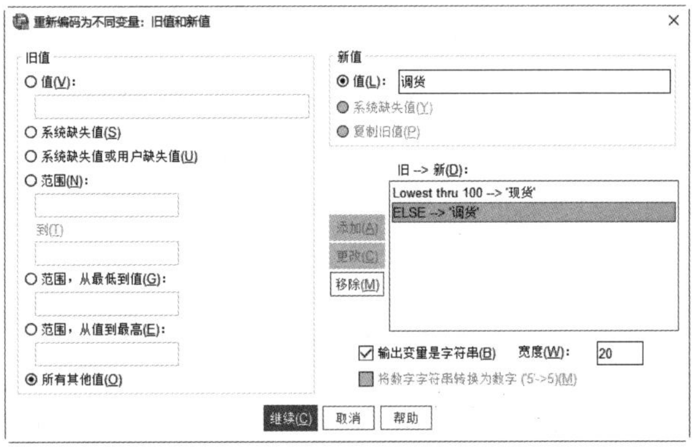

图5.63　添加旧值和新值

（5）单击“继续”按钮，返回“重新编码为不同变量”对话框，单击“确定”按钮，关闭“重新编码为不同变量”对话框。“数据视图”中显示根据“男皮鞋号码（厘米）”变量进行编码，得到的分类变量为“货源”，“变量视图”中设置变量对齐方式为居中，如图5.55所示。同时自动弹出查看器窗口，显示输出信息。

4．保存文件

选择菜单栏中的“文件”→“另存为”命令，弹出“将数据另存为”对话框，选择要保存的位置，输入文件名“划分男皮鞋的销量数据.sav”，保存该文件。

★重点 动手学——组装产品方法数据转换

扫一扫，看视频

源文件： 源文件\第5章\两种方法组装产品时间.sav

某车间举行了使用两种方法组装某设备的比赛，某小组12名工人考核成绩（单位：分钟）如下。

方法 1：28.3、30.1、29.0、37.6、32.1、28.8、36.0、37.2、38.5、34.4、28.0、30.0。

方法 2：27.6、22.2、31.0、33.8、20.0、30.2、31.7、26.0、32.0、31.2、33.4、26.5。

为进行统计分析，设置两套考核标准。

标准 1：30 分钟及以上认为成绩不合格，30 分钟以内认为成绩合格。

标准 2：考核时间按照时间间隔为 1 分钟进行分组。

本实例根据两套考核标准将小组的考核成绩转换为分类变量与定序变量，方便后面进行差异性检验。

操作步骤

1. 新建数据文件

选择菜单栏中的“文件”→“新建”命令，在数据编辑器中新建数据文件。

2. 数据录入

（1）打开“变量视图”窗口，在“名称”列输入“方法 1”“方法 2”，创建两个变量，结果如图 5.64 所示。

（2）打开“数据视图”窗口，在两个变量下输入考核成绩，结果如图 5.65 所示。

名称	类型	宽度	小数位数	标签	值	缺失	列	对齐	测量	角色
方法1	数字	8	1		无	无	8	居中	标度	输入
方法2	数字	8	1		无	无	8	居中	标度	输入

图 5.64　创建变量

方法1	方法2
28.3	27.6
30.1	22.2
29.0	31.0
37.6	33.8
32.1	20.0
28.8	30.2
36.0	31.7
37.2	26.0
38.5	32.0
34.4	31.2
28.0	33.4
30.0	26.5

图 5.65　输入数据

3. 创建分类变量

（1）选择菜单栏中的“转换”→“重新编码为不同变量”命令，弹出“重新编码为不同变量”对话框。单击➡按钮，将左侧源变量列表中的变量添加到中间“输入变量→输出变量”列表中，显示为“方法 1→??????”。

（2）在“输出变量”选项组下的“名称”文本框中输入分组变量名称“方法 1 标准 1”，单击“变化量”按钮，在“输入变量→输出变量”列表中显示编码前后变量名称为“方法 1→方法 1 标准 1”。

（3）单击“旧值和新值”按钮，弹出“重新编码为不同变量：旧值和新值”对话框，添加第一个分类变量值。

- 在“旧值”选项组中选择“范围，从最低到值”选项，输入 30。
- 在“新值”选项组中选择“值”选项，输入 0。

（4）单击“添加”按钮，在“旧→新”列表中显示添加的变量编码关系：Lowest thru 30→0。同样地，添加第二个分类变量值：ELSE→1，如图 5.66 所示。

（5）单击“继续”按钮，返回“重新编码为不同变量”对话框。使用同样的方法，创建输出变量“方法 2→方法 2 标准 1”，如图 5.67 所示。

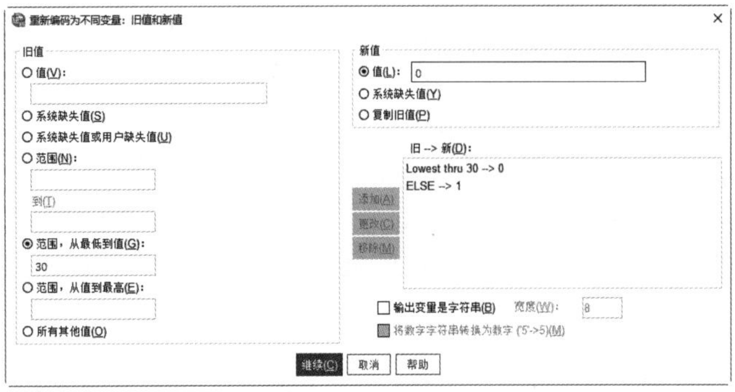

图 5.66　添加新值

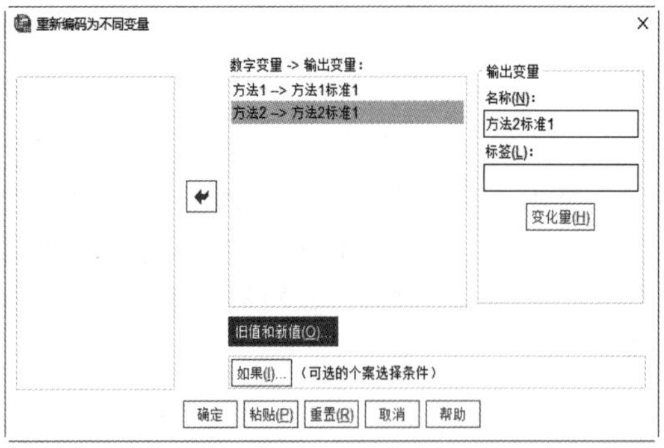

图 5.67　创建输出变量

（6）单击“确定”按钮，关闭对话框。“数据视图”中显示分类变量“方法 1 标准 1”“方法 2 标准 1”，在“变量视图”中设置变量对齐方式为居中，小数位数为 0，测量类型为“名义”，结果如图 5.68 所示。此时数据编辑器中显示的变量的值为 0、1；其中 0 表示考核成绩不合格，1 表示考核成绩合格。

方法1	方法2	方法1标准1	方法2标准1
28.3	27.6	0	0
30.1	22.2	1	0
29.0	31.0	0	1
37.6	33.8	1	1
32.1	20.0	1	0
28.8	30.2	0	1
36.0	31.7	1	1
37.2	26.0	1	0
38.5	32.0	1	1
34.4	31.2	1	1
28.0	33.4	0	1
30.0	26.5	0	0

图 5.68　变量编码结果

4．添加值标签

（1）打开“变量视图”窗口，选中“方法 1 标准 1”变量的“值”单元格，单击右侧的编辑按钮“…”，弹出“值标签”对话框，为分类变量添加值标签，如图 5.69 所示。单击“确定”按钮，关闭对话框，完成值标签的添加，结果如图 5.70 所示。

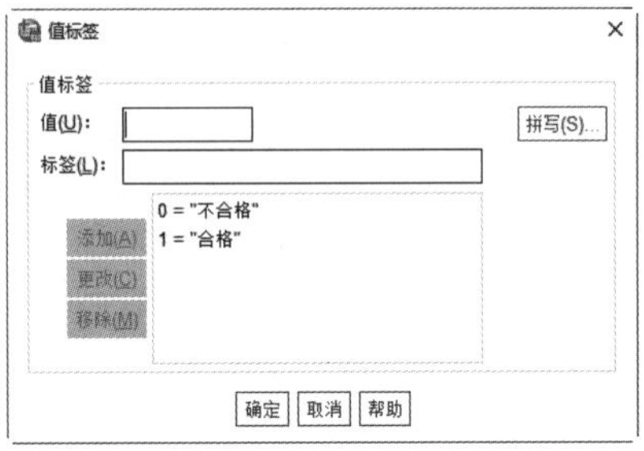

图 5.69　添加值标签

名称	类型	宽度	小数位数	标签	值	缺失
方法1	数字	8	1		无	无
方法2	数字	8	1		无	无
方法1标准1	数字	8	0		{0, 不合格}...	无
方法2标准1	数字	8	0		无	无

图 5.70　添加结果

（2）选中“方法 1 标准 1”变量，选择菜单栏中的“编辑”→“与变量标签一起复制”命令，复制该变量的值标签。选中“方法 2 标准 1”变量，选择菜单栏中的“编辑”→“粘贴”命令，粘贴复制的值标签，如图 5.71 所示。

（3）返回“变量视图”窗口，在数据编辑器窗口中显示的不再是变量的值，而是变量的值标签（勾选“查看”→“显示值标签”复选框），如图 5.72 所示。

5．创建定序变量

（1）选择菜单栏中的“转换”→“可视分箱”命令，弹出“可视分箱”对话框，如图 5.73 所示。在“变量”列表中选择“方法 1”“方法 2”，单击➜按钮，将该变量添加到右侧“要分箱的变量”列表中。

名称	类型	宽度	小数位数	标签	值
方法1	数字	8	1		无
方法2	数字	8	1		无
方法1标准1	数字	8	0		{0, 不合格}...
方法2标准1	数字	8	0		{0, 不合格}...

图 5.71 复制值标签

方法1	方法2	方法1标准1	方法2标准1
28.3	27.6	不合格	不合格
30.1	22.2	合格	不合格
29.0	31.0	不合格	合格
37.6	33.8	合格	合格
32.1	20.0	合格	不合格
28.8	30.2	不合格	合格
36.0	31.7	合格	合格
37.2	26.0	合格	不合格
38.5	32.0	合格	合格
34.4	31.2	合格	合格
28.0	33.4	不合格	合格
30.0	26.5	不合格	不合格

图 5.72 显示变量值标签

（2）单击“继续”按钮，弹出子对话框，在“分箱化变量”中输入“方法 1 标准 2”，单击右下角的“生成分割点”按钮，弹出“生成分割点”对话框，用于创建区间。在“等宽区间”选项组下“第一个分割点位置”文本框中输入 28.0，“宽度”文本框中输入 2，如图 5.74 所示。

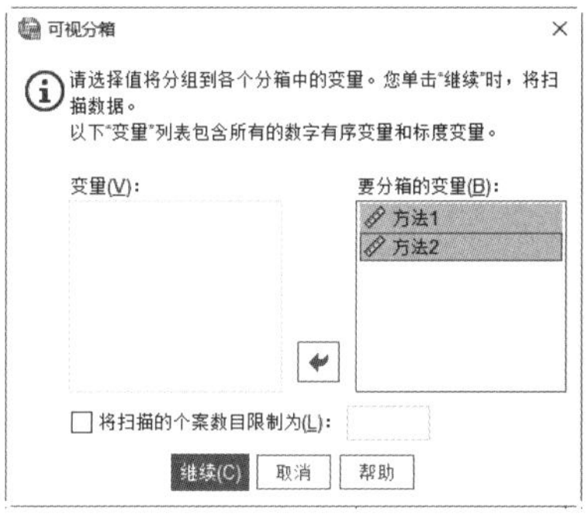

图 5.73 “可视分箱”对话框

图 5.74 “生成分割点”对话框

（3）单击“应用”按钮，返回“可视分箱”对话框，根据创建的 6 个分割点在“网格”选项组的“值”列中呈现对应的值。单击“生成标签”按钮，根据“网格”中的“值”和“上端点”选项组定义分组后每个区间的范围为变量的标签，如图 5.75 所示。

（4）使用同样的方法，创建“方法 2”的分箱化变量“方法 2 标准 2”，根据分箱参数（第一个分割点为最小值 20.0，分箱宽度为 2）生成分割点，并生成标签，结果如图 5.76 所示。

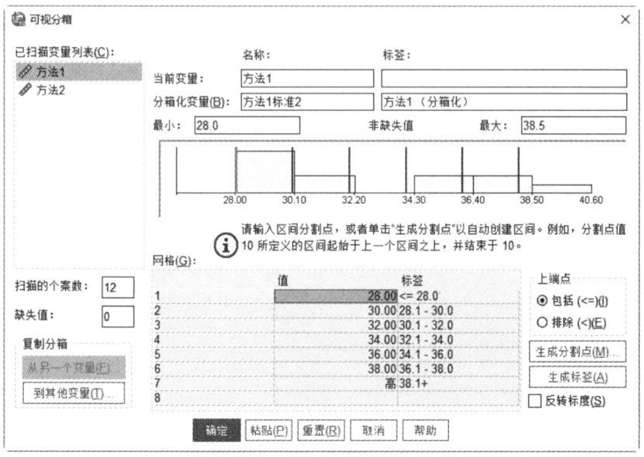

图 5.75 创建分割点

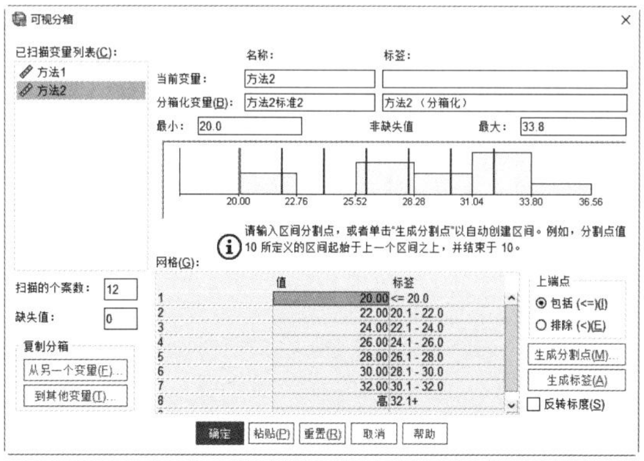

图 5.76 创建分箱化变量“方法 2 标准 2”

单击“确定”按钮，关闭该对话框，在数据显示区最右列自动添加两个定序变量，如图 5.77 所示。

方法1	方法2	方法1标准1	方法2标准1	方法1标准2	方法2标准2
28.3	27.6	不合格	不合格	28.1 - 30.0	26.1 - 28.0
30.1	22.2	合格	不合格	30.1 - 32.0	22.1 - 24.0
29.0	31.0	不合格	合格	28.1 - 30.0	30.1 - 32.0
37.6	33.8	合格	合格	36.1 - 38.0	32.1+
32.1	20.0	合格	不合格	32.1 - 34.0	<= 20.0
28.8	30.2	不合格	合格	28.1 - 30.0	30.1 - 32.0
36.0	31.7	合格	合格	34.1 - 36.0	30.1 - 32.0
37.2	26.0	合格	不合格	36.1 - 38.0	24.1 - 26.0
38.5	32.0	合格	合格	38.1+	30.1 - 32.0
34.4	31.2	合格	合格	34.1 - 36.0	30.1 - 32.0
28.0	33.4	不合格	合格	<= 28.0	32.1+
30.0	26.5	不合格	不合格	28.1 - 30.0	26.1 - 28.0

图 5.77　添加定序变量

6．保存文件

选择菜单栏中的“文件”→“另存为”命令，弹出“将数据另存为”对话框，选择要保存的位置，输入名称“两种方法组装产品时间.sav”，保存该文件。

扫一扫，看视频

★重点 动手练——住房问题调查表自动编码

源文件：源文件\第 5 章\住房问题调查表.sav

分类变量可以是字符串也可以是数字，住房调查表中的“城市”与“回答类别”变量为分类变量。本实例演示将住房调查表中的字符分类变量重新编码为数字分类变量。

思路点拨

（1）打开数据文件“住房问题调查表.sav”，如图 5.78 所示。

（2）使用“自动重新编码”命令，将字符串变量转换为数字分类变量。其中，将“城市”变量编码为“城市因素”，将“回答类别”变量编码为“回答因素”。

（3）显示变量值标签，如图 5.79 所示。

城市	回答类别	户数
北京	非常不满意	24
北京	不满意	108
北京	一般	93
北京	满意	45
北京	非常满意	30
上海	非常不满意	21
上海	不满意	99
上海	一般	78
上海	满意	64
上海	非常满意	38

图 5.78　住房问题调查表

城市 into 城市因素
Old Value　New Value　Value Label
北京　1　北京
上海　2　上海

回答类别 into 回答因素
Old Value　New Value　Value Label
不满意　1　不满意
非常不满意　2　非常不满意
非常满意　3　非常满意
满意　4　满意
一般　5　一般

城市	回答类别	户数	城市因素	回答因素
北京	非常不满意	24	1	2
北京	不满意	108	1	1
北京	一般	93	1	5
北京	满意	45	1	4
北京	非常满意	30	1	3
上海	非常不满意	21	2	2
上海	不满意	99	2	1
上海	一般	78	2	5
上海	满意	64	2	4
上海	非常满意	38	2	3

图 5.79　变量重新编码

（4）保存文件为“住房问题调查表自动编码.sav”。

第 6 章　数据清洗和数据加工

内容简介

一般情况下，数据挖掘出来之后会有很多无用或重复的数据，如果直接用这些数据进行分析，会影响分析结果。要想得到一个简洁、规范、清晰的样本数据，需要进行数据清洗和数据加工。数据加工的步骤通常包括数据抽取、数据转换、数据计算。

学习要点

- 数据排序
- 数据结构转换
- 数据行列转换

6.1　数 据 清 洗

数据清洗就是将重复的、错误的数据进行筛选或清除，将缺失的数据补充完整，将错误的数据纠正或删除。SPSS 没有提供 Excel 中类似于删除重复项的功能，但可以分步操作：先将重复个案找出并标记；再根据是否重复的标记进行排序，将重复个案排在一起；最后删除重复个案。

6.1.1　识别重复个案

在一些测验统计结果中，经常会出现重复个案，如果不作处理，显然会影响统计结果。SPSS 默认生成标识重复个案的变量（1=唯一个案或主个案，0=重复个案），并且可以将具有相同关键变量值的个案按指定顺序排序，定义第一个或最后一个具有相同关键变量值的个案为主个案。

【执行方式】

菜单栏：选择菜单栏中的“数据”→“识别重复个案”命令。

操作步骤

执行此命令，弹出“标识重复个案”对话框，如图 6.1 所示。在左侧源变量列表中显示文件中的所有变量。但不是所有变量都需要进行重复个案识别操作。

（1）在“定义匹配个案的依据”列表中显示一个或多个变量，作为识别重复个案的标准。

（2）在“匹配组内的排序依据”列表中对重复个案进行排序，选择作为依据进行排序的变量。在“排序”选项组中选择升序或降序。

（3）执行标识重复个案操作后，生成一个重复个案标识变量，在“要创建的变量”选项组中设置变量参数。

1）如果勾选“主个案指示符（1=唯一个案或主个案，0=重复个案）”复选框，则生成一个重复个案标识变量“最后一个基本个案”。

- 每组中的最后一个个案为主个案：在排序后的个案中，唯一个案或主个案排在最后面。
- 每组中的第一个个案为主个案：在排序后的个案中，唯一个案或主个案排在最前面。
- 勾选“按指示符的值进行过滤”复选框，根据指示符的值进行排序。
- 在“名称”文本框中输入重复个案标识变量的名称，默认为“最后一个基本个案”。

2）如果勾选“每个组中的匹配个案的连续计数（0=非匹配个案）”复选框，则生成一个非匹配个案标识变量“匹配顺序”。

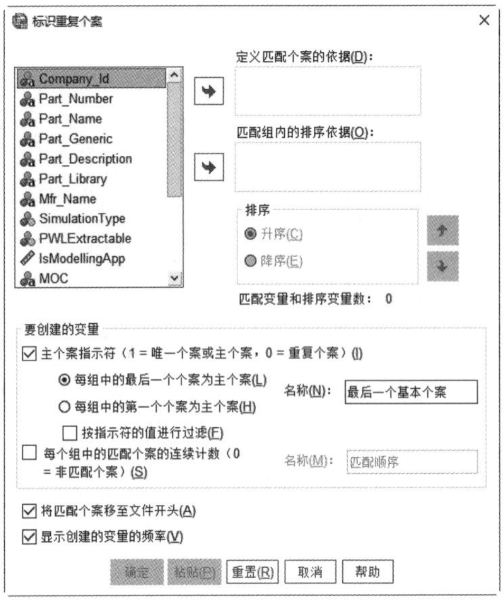

图 6.1　“标识重复个案”对话框

（4）默认勾选“将匹配个案移至文件开头”复选框，表示将数据中的重复个案放置在文件开头。

（5）默认勾选“显示创建的变量的频率”复选框，表示显示个案标识变量的频率。

6.1.2　数据排序

将杂乱无章的数据元素通过一定的方法按关键字顺序排列的过程称为排序。在 SPSS 中，某些数据在使用前需要根据某些变量值重新排列，如按身高排列、按成绩排名等。

SPSS 的数据排序是将数据编辑窗口中的数据按照某一个或多个指定变量的值进行升序或降序排列。这里的变量也称为排序变量。

【执行方式】

- 菜单栏：选择菜单栏中的“数据”→“个案排序”命令。
- 快捷命令：右击，在弹出的快捷菜单中选择“升序排序”“降序排序”命令。

操作步骤

执行此命令，弹出❶“个案排序”对话框，该对话框中显示所有数据按照指定的变量升序或降序排列，如图 6.2 所示。

- ❷左侧变量列表：显示数据中的所有变量。
- ❸ ➡按钮：单击该按钮，在“排序依据”列表中选择作为依据的变量名称。排序变量只有一个时，称为单值排序；排序变量有多个时，称为多重排序。多重排序中第一个指定的排序变量称为主排序变量，其他变量依次称为第二排序变量、第三排序变量等。
- ❹“排列顺序”选项组：选择“升序”或“降序”选项，设置排列顺序。
- ❺“保存包含排序后的数据的文件”复选框：勾选该复选框，将保存排序后的文件。单击❻“文件”按钮，弹出“将排序后的数据另存为”对话框，如图 6.3 所示。输入排序数据文件名称，并单击“保存”按钮。
- ❼“创建索引”复选框：勾选该复选框，在排序数据文件中添加索引。

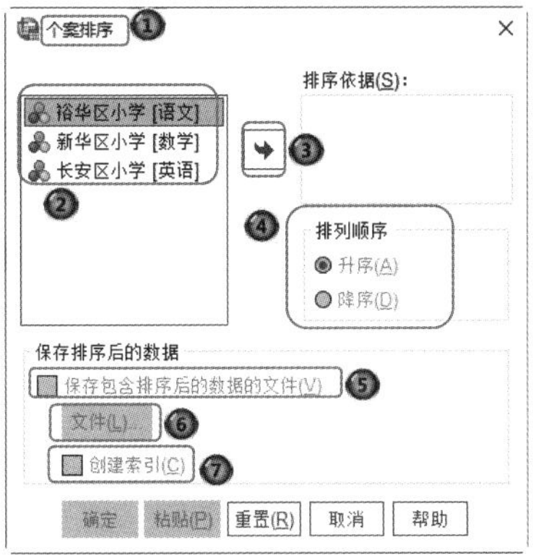

图 6.2　“个案排序”对话框

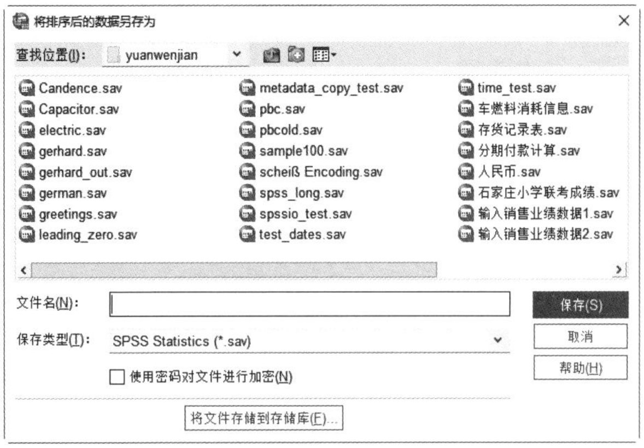

图 6.3　“将排序后的数据另存为”对话框

注意：

数据排序是对整行数据排序，而不是只对某列变量排序；数据排序后，原有数据的排序次序必然被打乱，排序后不能撤销。

数据排序便于数据的浏览，有助于了解数据的取值状况、缺失值数量等。通过数据排序能够快捷地找到数据的最大值和最小值，进而可以计算出数据的范围，初步把握和比较数据的离散程度。通过数据排序能够快速发现数据的异常值，为进一步明确它们是否会对分析产生重要影响提供帮助。

扫一扫，看视频

★重点 动手学——整理商品订购记录表

源文件：源文件\第 6 章\商品订购单.xlsx

某家具销售公司员工整理二季度商品订购记录表，检查是否有错误、重复信息。本实例利用“识别重复个案”命令将数据的重复值进行标记，然后删除重复个案，最终实现去重操作，如图 6.4 所示。

	A	B	C	D	E	F	G
1	某家具销售公司二季度商品订购记录表						
2	名称	型号	生产厂	单价	采购数量	总价	订购日期
3	沙发	S001	天成沙发厂	1000	3	3000	2017年4月2日
4	椅子	Y001	永昌椅业	230	6	1380	2017年4月4日
5	沙发	S002	天成沙发厂	1200	8	9600	2017年4月6日
6	茶几	C001	新时代家具城	500	9	4500	2017年4月7日
7	桌子	Z001	新时代家具城	600	6	3600	2017年4月10日
8	茶几	C002	新时代家具城	360	12	4320	2017年4月14日
9	椅子	Y002	永昌椅业	550	15	8250	2017年4月17日
10	沙发	S003	新世界沙发城	2300	11	25300	2017年4月20日
11	椅子	Y003	永昌椅业	500	8	4000	2017年4月21日
12	椅子	Y004	新时代家具城	550	6	3300	2017年4月22日
13	茶几	C001	新时代家具城	500	9	4500	2017年4月23日
14	桌子	Z001	新时代家具城	600	6	3600	2017年4月25日
15	沙发	S004	新世界沙发城	2900	3	8700	2017年4月26日
16	茶几	C003	新时代家具城	850	8	6800	2017年4月28日
17	桌子	Z002	新时代家具城	560	9	5040	2017年4月30日
18	沙发	S011	天成沙发厂	1000	3	3000	2017年5月2日
19	椅子	Y011	永昌椅业	230	6	1380	2017年5月4日
20	沙发	S012	天成沙发厂	1200	8	9600	2017年5月6日
21	茶几	C011	新时代家具城	500	9	4500	2017年5月7日
22	桌子	Z011	新时代家具城	600	6	3600	2017年5月10日
23	茶几	C012	新时代家具城	360	12	4320	2017年5月14日

图 6.4　商品订购记录表（部分数据）

操作步骤

1. 导入数据文件

（1）选择菜单栏中的“文件”→“导入数据”→Excel 命令，弹出“打开数据”对话框，选择“商品订购单.xlsx”文件。单击“打开”按钮，弹出“读取 Excel 文件”对话框。

（2）在“工作表”下拉列表中显示导入的 Excel 文件中数据的单元格，在“范围”文本框中输入 A2:G47，选择数据范围。默认勾选“从第一行数据中读取变量名称”“用于确定数据类型的值所占的百分比”“忽略隐藏的行和列”复选框，“预览”选项下会显示导入的数据预览效果，如图 6.5 所示。

（3）单击“确定”按钮，导入 Excel 文件中的数据，如图 6.6 所示。

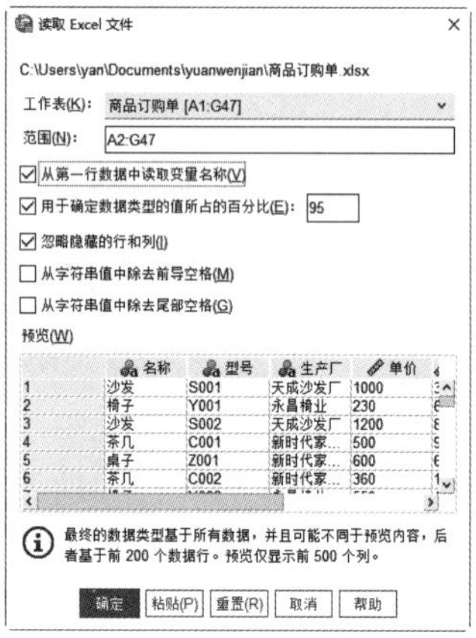

图 6.5 “读取 Excel 文件”对话框

图 6.6 导入 Excel 文件中的数据

2. 数据整理

打开“数据视图”窗口，观察导入的数据，对比 Excel 文件中的数据，发现“订购日期”变量下的个案显示为数字乱码，需要对数据进行整理。操作步骤如下：

（1）打开“变量视图”窗口，“订购日期”变量的“类型”显示为“数字”，说明类型有误，导致个案结果出错。

（2）单击该变量的“类型”单元格，弹出“变量类型”对话框，选择“字符串”选项，“字符数”设置为 20，如图 6.7 所示。单击“确定”按钮，关闭对话框。

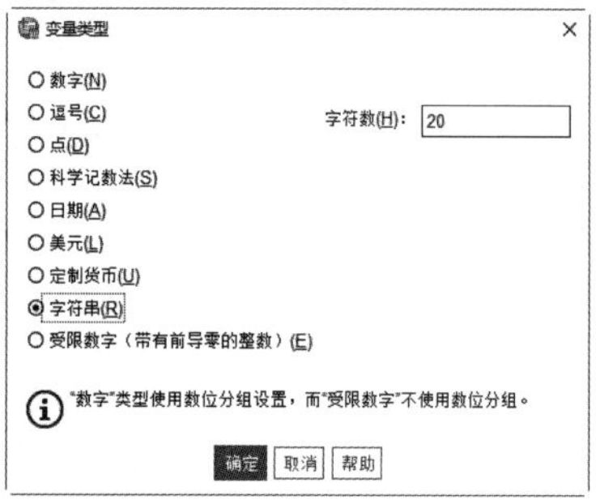

图 6.7 选择日期类型

（3）单击该变量的“对齐”单元格，选择“居中”选项。变量类型设置结果如图 6.8 所示。

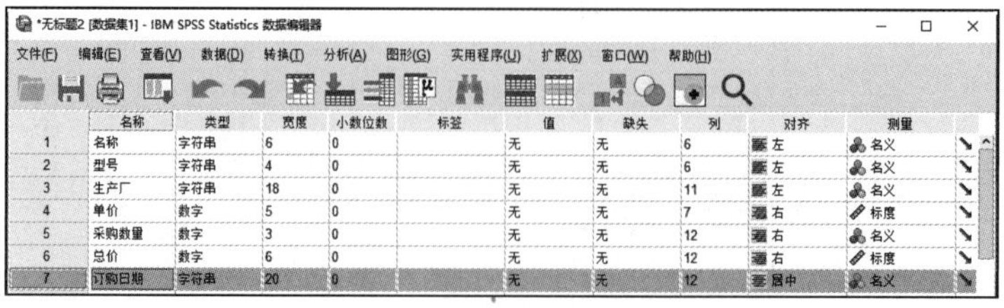

图 6.8 变量类型设置结果

（4）打开“数据视图”窗口，此时“订购日期”变量中的个案无法自动完成转换，如图 6.9 所示，需要重新输入数据。

（5）打开“商品订购单.xlsx”文件，选中“订购日期”列下的数据，如图 6.10 所示。按 Ctrl+C 快捷键复制 Excel 数据。

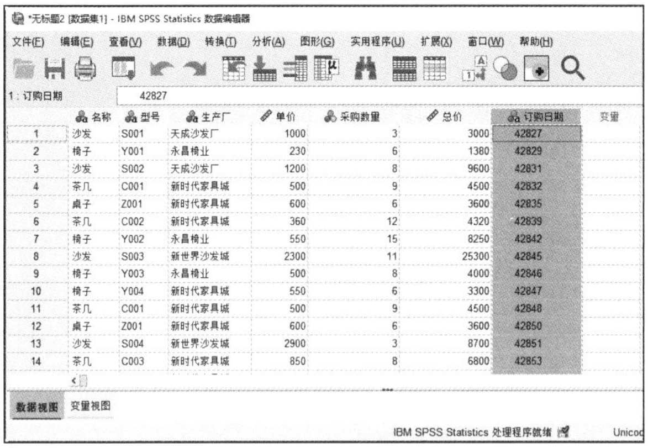

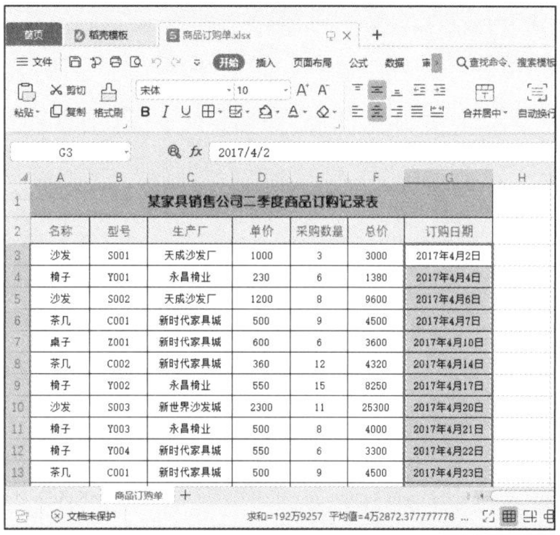

图 6.9　类型转换结果　　　　图 6.10　复制 Excel 数据

（6）返回 SPSS，选中“数据视图”窗口的数据显示区的“订购日期”列，选择菜单栏中的“编辑”→“粘贴”命令，粘贴日期数据，结果如图 6.11 所示。

图 6.11　粘贴数据结果

3．保存文件

选择菜单栏中的“文件”→“另存为”命令，弹出“将数据另存为”对话框，选择要保存的位置，输入名称“商品订购单.sav”，保存该文件。

4．标记重复数据

（1）选择菜单栏中的“数据”→“识别重复个案”命令，弹出“标识重复个案”对话框。

（2）在左侧源变量列表中选择变量“名称”“型号”，单击➡按钮，将选中变量添加到“定义匹配个案的依据”列表中。

（3）在左侧源变量列表中选择变量“单价”，单击➡按钮，将选中变量添加到“匹配组内的排序依据”列表中。在“排序”选项组中选择“升序”选项，将重复个案以“单价”中的个案为依据进行升序排序，如图 6.12 所示。

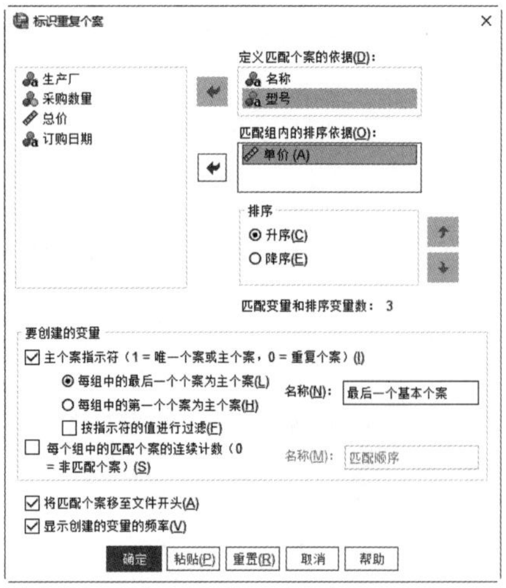

图 6.12　“标识重复个案”对话框

（4）单击“确定”按钮，关闭该对话框，在数据显示区最右列自动添加“最后一个基本个案”变量。其中，0 代表重复个案；1 代表唯一个案或主个案，如图 6.13 所示。同时，弹出“IBM SPSS Statistics 查看器”窗口，如图 6.14 所示。输出结果中包含如下统计信息。

- 个案数：有效值个数与缺失值个数。
- 每个作为主个案的最后一个匹配个案的指示符：包含重复个案与主个案的频率、百分比、有效百分比、累积百分比。

图 6.13　添加“最后一个基本个案”变量

5. 重复个案排序

在“数据视图”窗口中选择“最后一个基本个案”变量，右击，在弹出的快捷菜单中选择“升序排序”命令，如图 6.15 所示。在“最后一个基本个案”变量中将个案按照升序进行排列，为 0（重复）的都排在前面，如图 6.16 所示。

6. 删除重复个案

在“最后一个基本个案”变量下选中变量值为 0（重复）的个案，右击，在弹出的快捷菜单中选择“清除”命令，删除重复的个案，结果如图 6.17 所示。

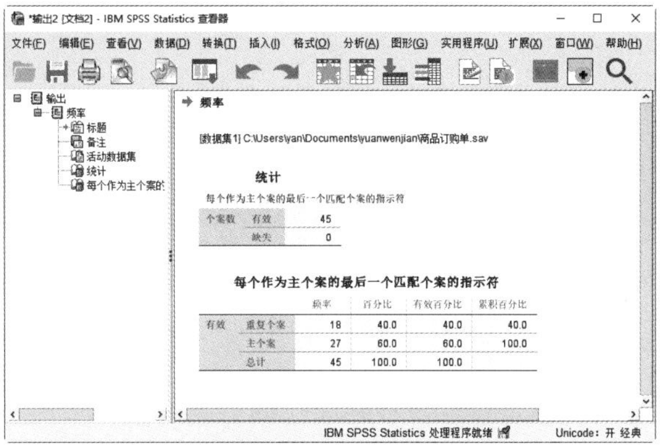

图 6.14　“IBM SPSS Statistics 查看器”窗口

图 6.15　快捷菜单

图 6.16　重复个案排序

图 6.17　删除重复个案

7. 保存文件

选择菜单栏中的“文件”→“另存为”命令，弹出“将数据另存为”对话框，选择要保存的位置，输入名称“商品订购单_清除重复个案.sav”，保存该文件。

6.2 数 据 转 换

不同来源的数据可能存在不同的结构，所以需要进行数据转换。数据转换主要是指将数据转换成规范、清晰，又易于分析的结构。一般来说，数据转换有结构转换和行列转换。

6.2.1 结构转换

在数据分析中，根据不同的业务需求，需要对数据进行结构转换。结构转换主要是指一维数据表与二维数据表之间的转换。

SPSS 的数据重构也称为“数据重组”，包含了将选定变量重构为个案、将选定个案重构为变量和转置所有数据（即数据转置）的功能。

【执行方式】

菜单栏：选择菜单栏中的“数据”→“重构”命令。

操作步骤

执行此命令，弹出“重构数据向导”对话框，如图 6.18 所示。在该对话框中可以选择数据重构的方法，具体介绍如下。

- 将选定变量重构为个案：将选定变量重组为个案。
- 将选定个案重构为变量：对相关个案组进行重新安排，将选定个案重组为变量。
- 转置所有数据：所有个案都将变为变量，而所选变量将变为新数据集中的个案，即数据转置。

扫一扫，看视频

★重点 动手学——不同部门员工分析

源文件：源文件\第 6 章\招聘员工统计表.xls

某单位的招聘员工数据如图 6.19 所示。本实例利用“重构”命令整理数据，统计不同部门的现有人数和招聘人数。

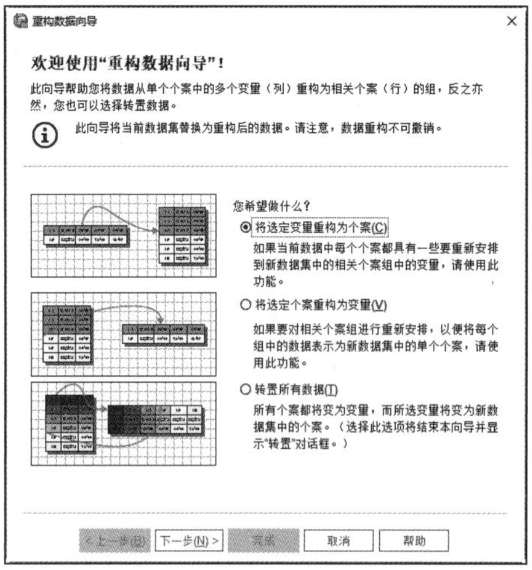

图 6.18 “重构数据向导”对话框

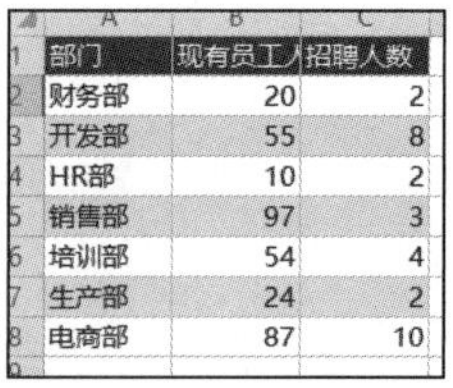

部门	现有员工人	招聘人数
财务部	20	2
开发部	55	8
HR部	10	2
销售部	97	3
培训部	54	4
生产部	24	2
电商部	87	10

图 6.19 招聘员工数据

操作步骤

1．导入数据文件

（1）选择菜单栏中的“文件”→“导入数据”→Excel 命令，弹出“打开数据”对话框，选择“招聘员工统计表.xls”文件。单击“打开”按钮，弹出“读取 Excel 文件”对话框。

（2）在“工作表”下拉列表中显示导入的 Excel 文件中数据的单元格，取消勾选“用于确定数据类型的值所占的百分比”复选框，在“预览”选项下显示导入的数据预览效果，如图 6.20 所示。

（3）单击“确定”按钮，导入 Excel 文件中的数据，如图 6.21 所示。

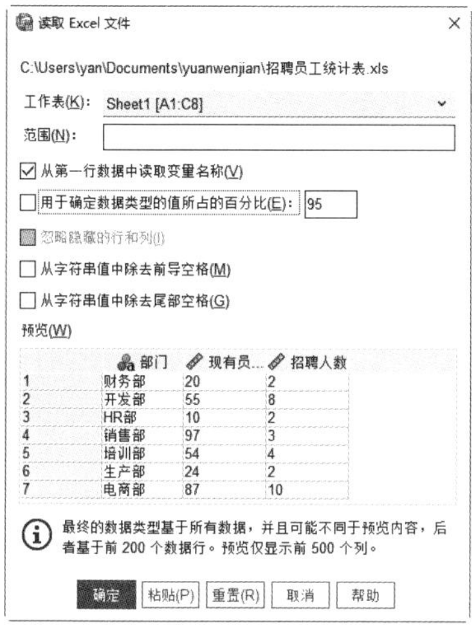

图 6.20　“读取 Excel 文件”对话框

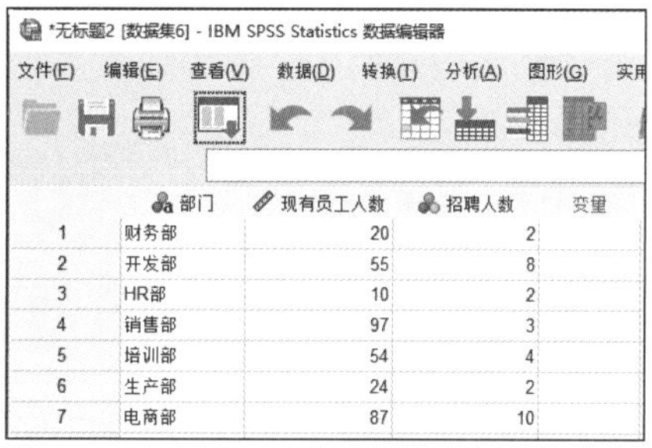

图 6.21　导入 Excel 文件中的数据

2．保存文件

选择菜单栏中的“文件”→“另存为”命令，弹出“将数据另存为”对话框，选择要保存的位置，输入名称“招聘员工统计表.sav”，保存该文件。

3．数据转置

（1）选择菜单栏中的“数据”→“重构”命令，弹出“重构数据向导”对话框，选择“转置所有数据”选项，如图 6.22 所示。单击“完成”按钮，弹出“转置”对话框。具体介绍如下。

- 左侧的列表：源数据包含的所有变量。
- 右侧的“变量”列表：添加要重构的个案。
- “名称变量”列表：输入要重构的变量。

（2）单击按钮，将源数据中的“部门”变量中的个案添加到“名称变量”列表中，作为新的变量名称；将“现有员工人数”“招聘人数”变量中的个案添加到“变量”列表中，如图 6.23 所示。

（3）单击“确定”按钮，关闭对话框，完成数据的转置，如图 6.24 所示。可以看到，“部门”已变为变量，而“现有员工人数”“招聘人数”则变为个案。

（4）选择菜单栏中的“文件”→“另存为”命令，弹出“将数据另存为”对话框，选择要保存的位置，输入名称“招聘员工统计表_转置.sav”，保存该文件。

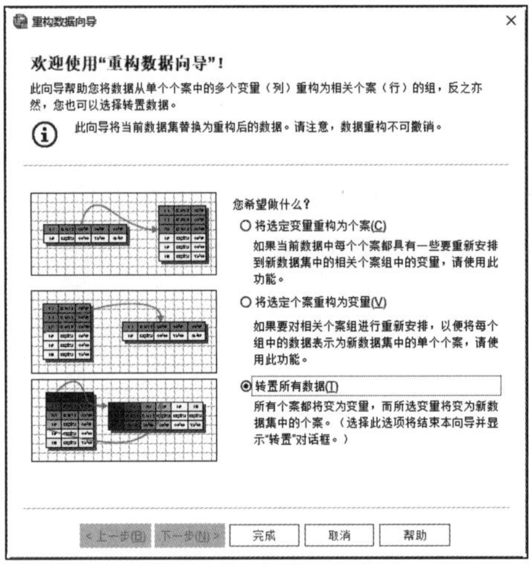

图 6.22　“重构数据向导”对话框

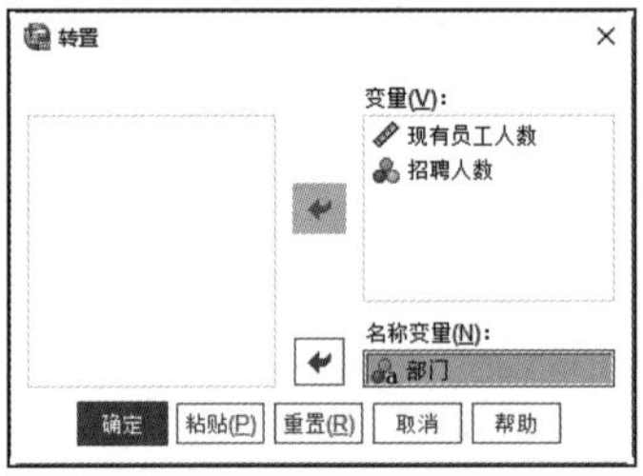

图 6.23　“转置”对话框

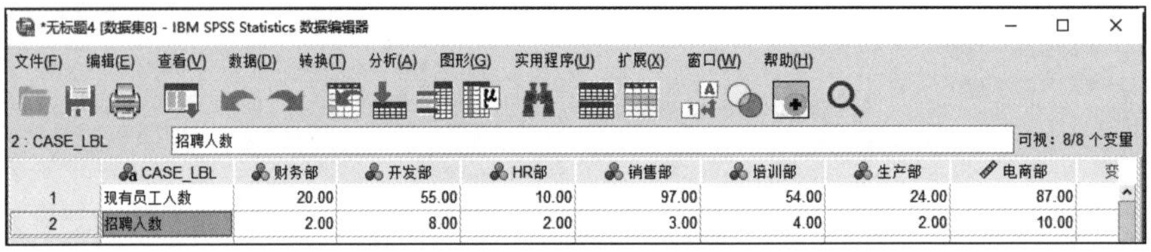

图 6.24　完成数据的转置

扫一扫，看视频

★重点 动手学——统计员工人数

源文件： 源文件\第 6 章\招聘员工统计表_转置.sav

本实例使用“重构”命令，重构某单位统计招聘员工数据，方便分析所有员工人数。

操作步骤

1. 打开数据文件

选择菜单栏中的“文件”→“打开”→“数据”命令，弹出“打开数据”对话框，选择“招聘员工统计表_转置.sav”文件。单击“打开”按钮，打开该数据文件。

2. 数据结构变换

（1）选择菜单栏中的“数据”→“重构”命令，弹出“重构数据向导”对话框，选择“将选定变量重构为个案”选项，如图 6.25 所示。

（2）单击“下一步”按钮，弹出“变量到个案：变量组数目”窗口。该窗口用于选择变量组数目，即将所有变量下的个案分成几个变量组，包括两个选项：一个和多个。选择“一个”选项，如图 6.26 所示。

（3）单击“下一步”按钮，弹出“变量到个案：选择变量”窗口，如图 6.27 所示。具体介绍如下。

- “当前文件中的变量”列表：当前数据集中所包含的变量。
- “个案组标识”选项组：用于识别个案的变量，也可以作为个案组标识来识别不同的个案。
- “要转置的变量”选项组：用于设置重构后出现的变量。将要重构的变量添加到列表中，再为这些转置的变量创建一个目标变量，说明这些转置变量的特征。在本实例中，将不同部门的变量添加为要转置的变量，然后在“目标变量”中输入变量名称，创建一个名为“员工人数”的目标变量。

- “固定变量”列表：保持不变的变量。

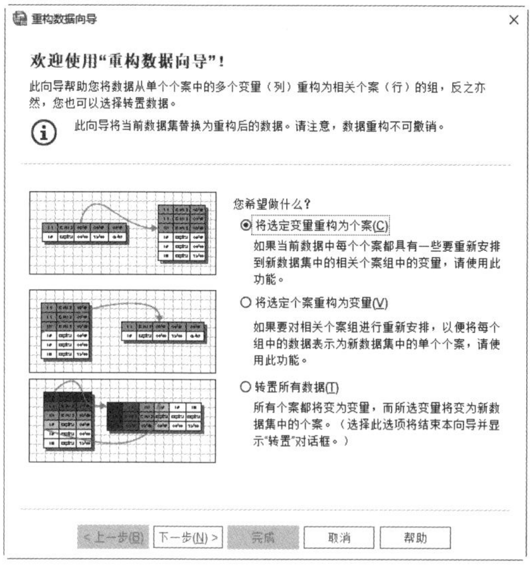

图 6.25 “重构数据向导”对话框

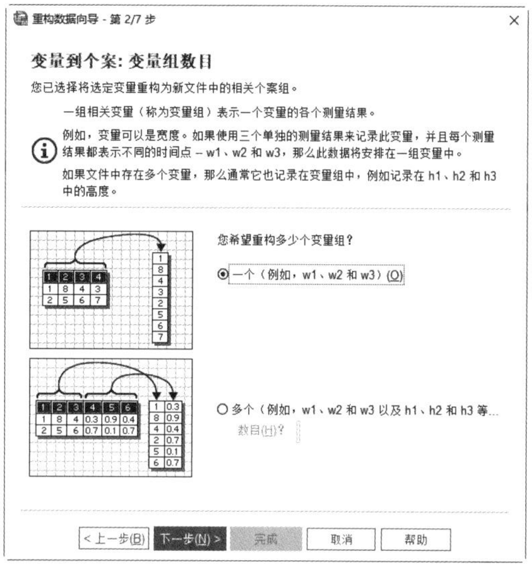

图 6.26 “变量到个案：变量组数目”窗口

（4）单击“下一步”按钮，弹出“变量到个案：创建索引变量”窗口，如图 6.28 所示。当创建的目标变量的值在单个个案中有多个变量出现时，就需要创建索引变量。本实例中，使用的目标变量是单因子的，所以选择创建“一个”索引变量。

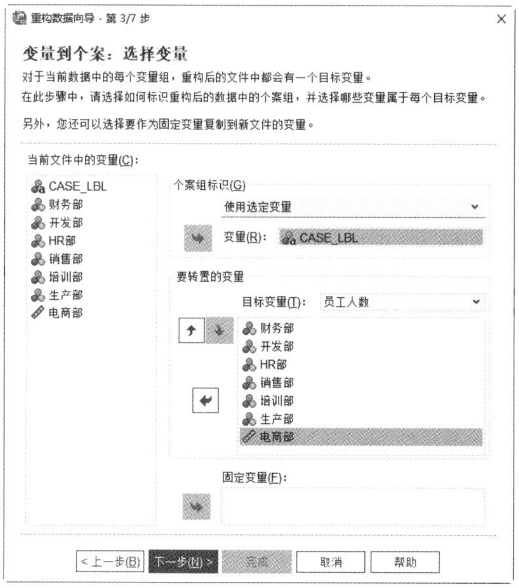

图 6.27 “变量到个案：选择变量”窗口

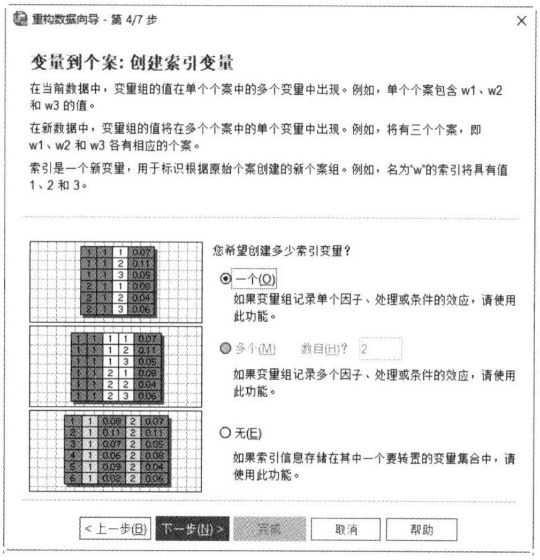

图 6.28 “变量到个案：创建索引变量”窗口

（5）单击“下一步”按钮，弹出“变量到个案：创建一个索引变量”窗口，如图 6.29 所示。设置索引变量的类型、索引变量名和标签。索引变量的类型通过“连续数字”或“变量名”选项进行指定，选择“变量名”选项，会自动根据变量名显示索引值。

（6）单击“下一步”按钮，弹出“变量到个案：选项”窗口，如图 6.30 所示。在该窗口中设置要应用于重构后的数据文件的选项，具体介绍如下。

- “未选择的变量的处理方式”选项组：对于未处理变量的处理方式，包括从新数据文件中删除变量、保留并作为固定变量处理。
- “所有转置后的变量中的系统缺失值或空值”选项组：系统缺失值或空值的处理方式，包括在新文件中创建个案、废弃数据。
- “个案计数变量”选项组：勾选“计算由当前数据中的个案创建的新个案的数目”复选框，可以显示“名称”和“标签”。

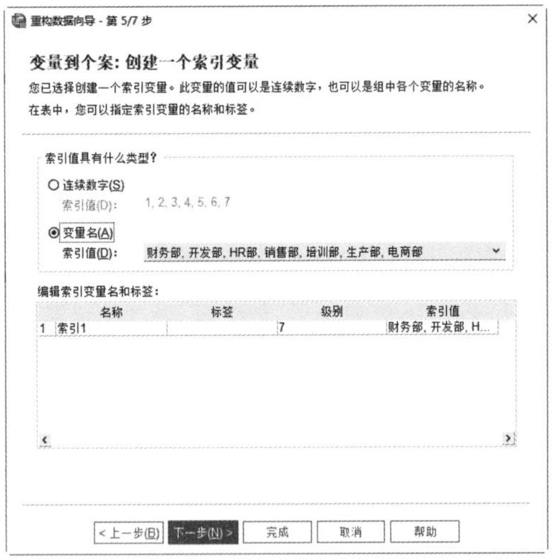

图 6.29 “变量到个案：创建一个索引变量”窗口

图 6.30 “变量到个案：选项”窗口

（7）单击“下一步”按钮，弹出“完成”窗口，如图 6.31 所示。完成数据重构设置后，可以选择立即重构数据，或者保存、修改语法后再重构数据。默认选择“立即重构数据”选项，单击“完成”按钮，关闭对话框。

（8）在数据显示区可以看到，“索引 1”中包含了 7 种值，对应每一个索引变量，有其对应的“员工人数”个案，如图 6.32 所示。

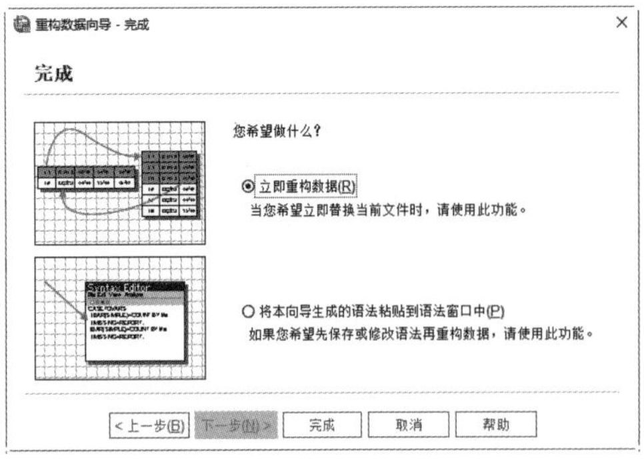

图 6.31 “完成”窗口

图 6.32 数据结构变换结果

3. 保存文件

选择菜单栏中的“文件”→“另存为”命令，弹出“将数据另存为”对话框，选择要保存的位置，输入名称“招聘员工统计表_变量转个案.sav”，保存该文件。

扫一扫，看视频

★重点 动手学——计算中国在历届夏季奥运会获得的奖牌

源文件：源文件\第 6 章\历届夏季奥运会获得的奖牌.sav

中国在历届夏季奥运会中获得的奖牌数量见表 6.1，利用数据重构分析中国在历届夏季奥运会中获得的奖牌数量。

表 6.1　中国在历届夏季奥运会中获得的奖牌数量

届数	年份	举办地点	金牌数	银牌数	铜牌数
23	1984 年	洛杉矶	15	8	9
24	1988 年	汉城（现为“首尔”）	5	11	12
25	1992 年	巴塞罗那	16	22	16
26	1996 年	亚特兰大	16	22	12
27	2000 年	悉尼	28	16	15
28	2004 年	雅典	32	17	14
29	2008 年	北京	48	21	28
30	2012 年	伦敦	38	27	23
31	2016 年	里约热内卢	26	18	26
32	2021 年	东京	38	32	19

操作步骤

1. 打开数据文件

选择菜单栏中的“文件”→“打开”→“数据”命令，弹出“打开数据”对话框，选择“历届夏季奥运会获得的奖牌.sav”文件，单击“打开”按钮，打开数据文件，如图 6.33 所示。

届数	年份	地点	金牌数	银牌数	铜牌数
23	1984年	洛杉矶	15	8	9
24	1988年	汉城	5	11	12
25	1992年	巴塞罗那	16	22	16
26	1996年	亚特兰大	16	22	12
27	2000年	悉尼	28	16	15
28	2004年	雅典	32	17	14
29	2008年	北京	48	21	28
30	2012年	伦敦	38	27	23
31	2016年	里约热内卢	26	18	26
32	2021年	东京	38	32	19

图 6.33　历届夏季奥运会获得的奖牌数量

2. 数据转置

（1）选择菜单栏中的“数据”→“重构”命令，弹出“重构数据向导”对话框，选择“将选定变量重构为个案”选项，如图 6.34 所示。单击“下一步”按钮，设置要重构变量组的数目，选择“一个”选项，如图 6.35 所示。

（2）单击“下一步”按钮，在“个案组标识”选项组的下拉列表中选择“无”；在“目标变量”文本框中输入“奖牌数”作为新添加的变量；在“当前文件中的变量”列表中选择“金牌数[金牌数]”“银牌数[银牌数]”“铜牌数[铜牌数]”，单击“转入”按钮，将选中变量添加到“目标变量”列表中，如图 6.36 所示。默认将选择的变量作为固定变量，因此可不设置固定变量。

（3）单击“下一步”按钮，在“变量到个案：创建一个索引变量”窗口中选择默认设置。再单击“下一步”按钮，在弹出的窗口中选择“变量名”选项，会自动根据变量名显示索引值。在“编辑索引变量名和标签”列表中修改索引值为“奖牌类型”，如图 6.37 所示。

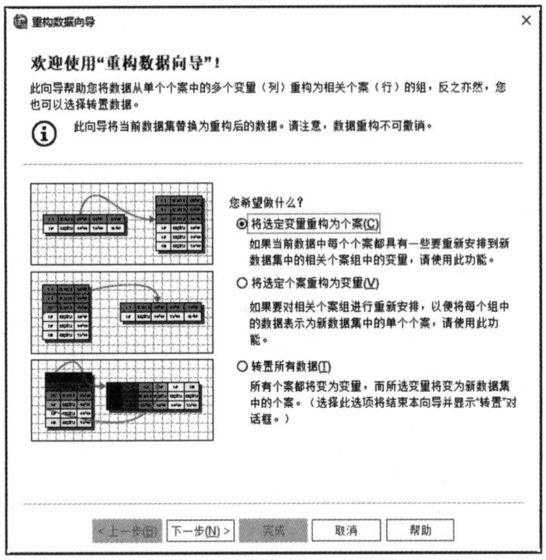

图 6.34 “重构数据向导”对话框

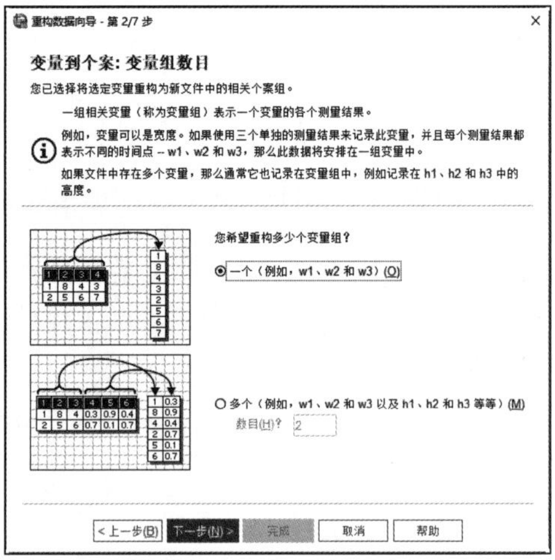

图 6.35 设置变量组数目

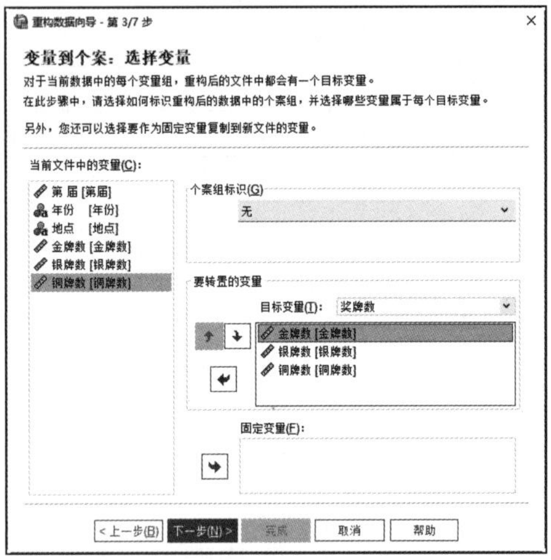

图 6.36 选择变量

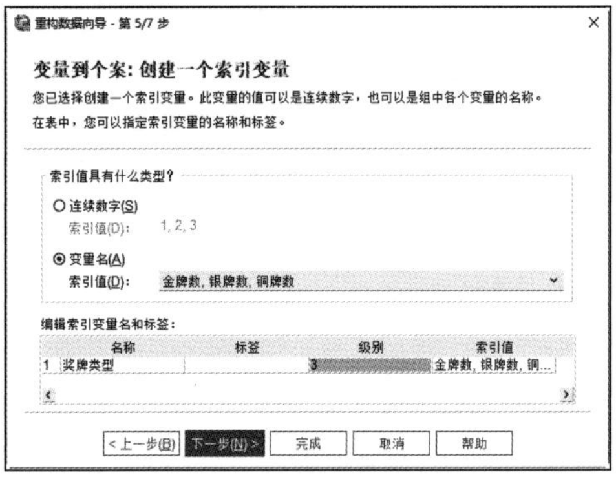

图 6.37 创建索引变量

（4）单击“完成”按钮，关闭对话框。在数据显示区可以看到创建了“奖牌类型”与“奖牌数”变量，如图 6.38 所示。

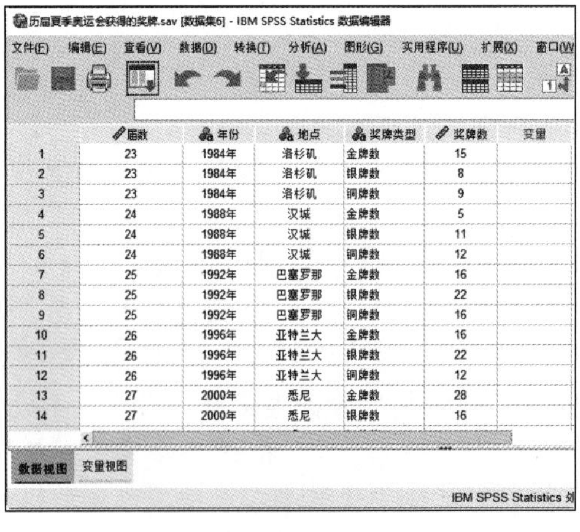

	届数	年份	地点	奖牌类型	奖牌数	变量
1	23	1984年	洛杉矶	金牌数	15	
2	23	1984年	洛杉矶	银牌数	8	
3	23	1984年	洛杉矶	铜牌数	9	
4	24	1988年	汉城	金牌数	5	
5	24	1988年	汉城	银牌数	11	
6	24	1988年	汉城	铜牌数	12	
7	25	1992年	巴塞罗那	金牌数	16	
8	25	1992年	巴塞罗那	银牌数	22	
9	25	1992年	巴塞罗那	铜牌数	16	
10	26	1996年	亚特兰大	金牌数	16	
11	26	1996年	亚特兰大	银牌数	22	
12	26	1996年	亚特兰大	铜牌数	12	
13	27	2000年	悉尼	金牌数	28	
14	27	2000年	悉尼	银牌数	16	

图 6.38 数据结构变换

3．保存文件

选择菜单栏中的“文件”→“另存为”命令，弹出“将数据另存为”对话框，选择要保存的位置，输入名称“历届夏季奥运会获得的奖牌数调整结构.sav”，保存该文件。

6.2.2　行列转换

在进行数据分析时，常常要从不同的维度观察数据，如从时间的维度或地区的维度。此时需要把行列数据进行转换。在 SPSS 中，利用转置可以实现数据的行列转换。

【执行方式】

菜单栏：选择菜单栏中的“数据”→“转置”命令。

操作步骤

执行此命令，弹出“转置”对话框，如图 6.39 所示。在该对话框中设置表格的行列转换，也就是将变量与个案进行转换。

- 左侧源变量列表：显示数据中的所有变量。
- ➡按钮：单击该按钮，在“变量”列表中选择作为依据的变量名称。

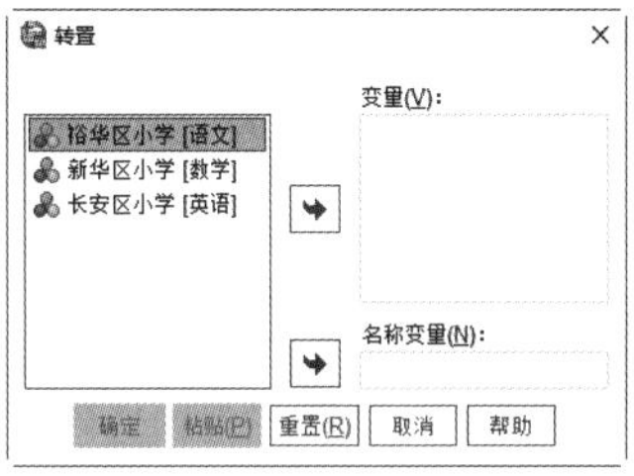

图 6.39　“转置”对话框

例如，小学联考成绩转置前后的数据对比如图 6.40 所示。

	语文	数学	英语
1	90.00	92.00	98.00
2	88.00	96.00	86.00
3	85.00	98.00	93.00
4	96.00	99.00	87.00
5			

（a）转置前

CASE_LBL	var001	var002	var003	var004
语文	90.00	88.00	85.00	96.00
数学	92.00	96.00	98.00	99.00
英语	98.00	86.00	93.00	87.00

（b）转置后

图 6.40　小学联考成绩转置前后的数据对比

★重点 动手练——销售额数据转置

扫一扫，看视频

源文件：源文件\第 6 章\2020 年销售额.sav

2020 年某单位销售额数据如图 6.41 所示，使用不同的方法将表中的数据进行转置。

商品	第一季度	第二季度	第三季度	第四季度
A	2.00	2.25	2.35	2.50
B	1.80	1.90	2.20	2.10
C	2.10	2.30	2.00	2.20
D	2.35	2.15	2.00	2.40

图 6.41　2020 年某单位销售额数据

思路点拨

（1）打开数据文件“2020 年销售额.sav”。

（2）利用“转置”命令，创建转置文件“2020 年销售额_转置 1.sav”，设置“商品”为“名称变量”。

（3）利用“重构”命令，创建转置文件“2020 年销售额_转置 2.sav”，设置“商品”为“名称变量”。

第 7 章　数 据 计 算

内容简介

SPSS 28 提供了非常强大的数据计算功能，可以运用公式对数据进行计算。数据计算是 SPSS 的核心部分，运用公式，SPSS 可以自动根据变量更新计算结果，经过计算、转换处理，在原有数据的基础上，产生一些信息更丰富的新数据。

学习要点

- 公式计算
- 数学运算函数
- 字符串函数
- 日期和时间函数

7.1　公 式 计 算

在数学、物理学、化学、生物学等自然科学中，公式是用数学符号表示几个变量之间关系的表达式。函数和表达式（公式）是计算和统计的基础。

7.1.1　计算变量

计算和转化变量在数据处理分析过程中非常重要，对于一些分析方法，原变量可能并不适合直接进行分析，此时就需要对原变量进行转化，创建新的变量。

【执行方式】

菜单栏：选择菜单栏中的“转换”→“计算变量”命令。

操作步骤

执行此命令，弹出“计算变量”对话框，如图 7.1 所示。在该对话框中定义符合要求的公式。

（1）在“目标变量”文本框中输入新变量或已经定义的变量的名称，在该变量中保存计算结果。单击下方的“类型和标签”按钮，在弹出的“类型和标签”对话框中定义变量的类型和标签。变量的数据类型应与计算结果的数据类型相一致。

（2）在“数字表达式”文本框中构建一个表达式，该表达式是由变量、运算符或函数组成的公式。可以使用计算器键盘将计算表达式输入到“数字表达式”文本框中。如果用户需要调用函数，则可以从右侧的“函数组”列表中选择，系统提供了数学函数、逻辑函数、日期函数等。

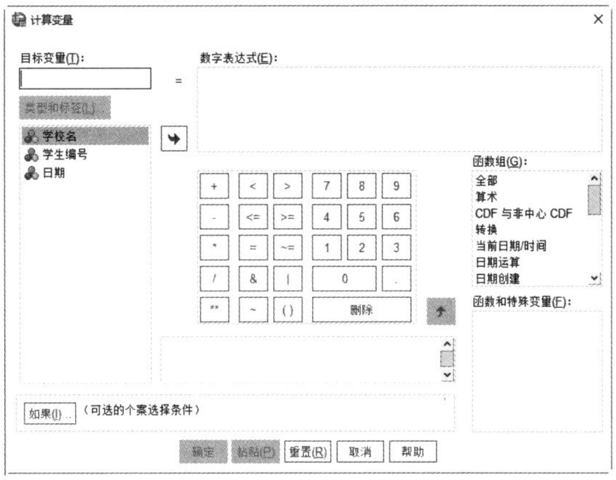

图 7.1　“计算变量”对话框

(3) 从“函数组”列表中选择函数，再双击“函数和特殊变量”列表中的函数或变量（也可以选择函数或变量，单击[↑]按钮，粘贴函数或变量）。

(4) 单击“如果”按钮，弹出“计算变量：If 个案”对话框，具体介绍如下。

- 包括所有个案：选择变量下的所有个案。
- 在个案满足条件时包括：选择满足条件的个案。

完成新变量的计算后，返回数据集，可以看到新变量已经出现在原有变量的右方。

扫一扫，看视频

★重点 动手学——完善产量和成本统计表

源文件：源文件\第 7 章\工厂电扇产量和成本.sav

某生产电扇的工厂每月 15 号发货，本实例演示如何将发货的具体年份和日期添加到产量和生产成本统计表中，如图 7.2 所示。

操作步骤

1. 打开数据文件

选择菜单栏中的“文件”→“打开”→“数据”命令，弹出“打开数据”对话框，选择“工厂电扇产量和成本.sav”文件，打开数据文件，如图 7.3 所示。

月份	产量（台）	生产成本（元）	年份	日期
1	360	6100	2021	15
2	420	6700	2021	15
3	380	6300	2021	15
4	435	6850	2021	15
5	485	7350	2021	15
6	490	7400	2021	15
7	395	6450	2021	15
8	460	7100	2021	15
9	440	6900	2021	15
10	490	7400	2021	15
11	510	7600	2021	15
12	470	7200	2021	15

图 7.2　产量和生产成本统计表

	月份	产量（台）	生产成本（元）
1	1	360	6100
2	2	420	6700
3	3	380	6300
4	4	435	6850
5	5	485	7350
6	6	490	7400
7	7	395	6450
8	8	460	7100
9	9	440	6900
10	10	490	7400
11	11	510	7600
12	12	470	7200

图 7.3　打开数据文件

2. 添加“年份”“日期”

(1) 选择菜单栏中的“转换”→“计算变量”命令，弹出“计算变量”对话框，在“目标变量”文本框中输入“年份”，在“数字表达式”文本框中输入 2021，如图 7.4 所示。

(2) 单击“确定”按钮，关闭对话框，返回数据集，可以看到在原有变量的右方插入了“年份”

变量，设置变量“小数位数”为 0，如图 7.5 所示。

（3）使用同样的方法，在数据集的右方插入“日期”变量，设置变量“小数位数”为 0，如图 7.2 所示。

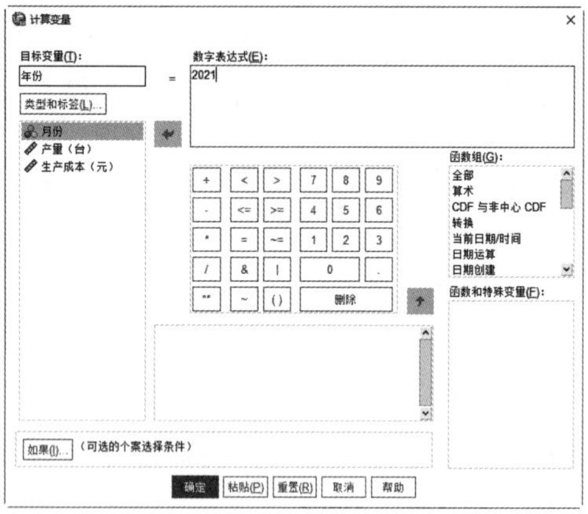

图 7.4　“计算变量”对话框

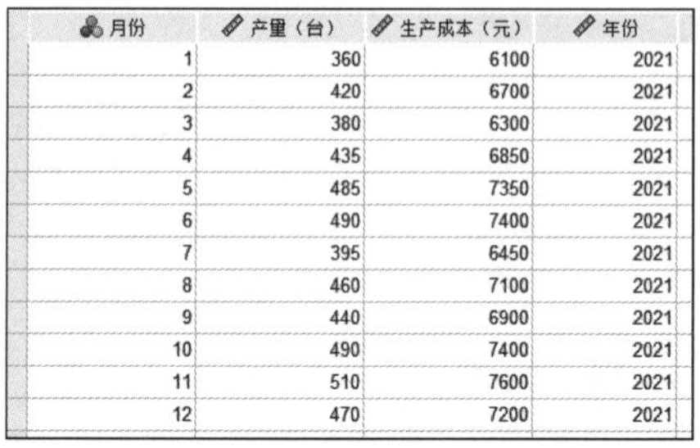

月份	产量（台）	生产成本（元）	年份
1	360	6100	2021
2	420	6700	2021
3	380	6300	2021
4	435	6850	2021
5	485	7350	2021
6	490	7400	2021
7	395	6450	2021
8	460	7100	2021
9	440	6900	2021
10	490	7400	2021
11	510	7600	2021
12	470	7200	2021

图 7.5　创建“年份”变量

3．保存文件

选择菜单栏中的“文件”→“保存”命令，弹出“将数据另存为”对话框，选择要保存的位置，输入名称“完善产量和成本统计表.sav”，保存该文件。

7.1.2　数据计算规则

在 SPSS 中，数据计算涉及三个部分：算术表达式、条件表达式、函数。

1．算术表达式

算术表达式是由常量、变量、算术运算符、圆括号、函数等组成的式子。其中，字符串型常量应用英文引号引起来；同一算术表达式中的常量与变量的数据类型应一致。

2．条件表达式

条件表达式分为简单条件表达式和复合条件表达式。简单条件表达式由关系运算符、常量、变量以及算术表达式组成；复合条件表达式又称逻辑表达式，由逻辑运算符、圆括号、简单条件表达式组成。

3．函数

函数是事先编写好并存储在 SPSS 软件中，能够实现某些特定计算任务的一段计算机程序。根据函数功能和处理的变量类型，SPSS 函数大致可以分为 8 类，分别是算术函数、统计函数、与分布相关的函数、查找函数、字符串函数、日期函数、缺失函数和其他函数。

7.2　数学运算函数

在 SPSS 中，运算符和算术函数可以执行简单的数学计算，统计函数可以计算数据的平均值、标准差等统计量。

7.2.1 运算符

SPSS 提供了能满足用户各种简单计算需求的运算符。例如，对数据进行加、减、乘、除等运算。运算符包括算术运算符、关系运算符和逻辑运算符三种。本小节将简要介绍各种运算符的功能。

1. 算术运算符

算术运算符就是进行数学运算的运算符，算术运算符的加、减、乘、除、乘方与传统意义上的加、减、乘、除、乘方（幂）类似，用法基本相同。SPSS 的算术运算符见表 7.1。

表 7.1 SPSS 的算术运算符

运算符	定　义
+	加
-	减
*	乘
/	除
**	乘方（幂）

2. 关系运算符

关系运算符主要用于比较数据，返回由数 0 和 1 组成的表示二者关系的矩阵，0 和 1 分别表示不满足或满足指定关系。SPSS 的关系运算符见表 7.2。

表 7.2 SPSS 的关系运算符

运 算 符	定　义
=	等于
～=	不等于
>	大于
>=	大于等于
<	小于
<=	小于等于

3. 逻辑运算符

逻辑运算符主要用于逻辑判断。所有非零数值均被认为真，零为假。当输出逻辑判断结果时，判断为真则输出 1，判断为假则输出 0。SPSS 的逻辑运算符见表 7.3。

表 7.3 SPSS 的逻辑运算符

<table>
<tr><th>运算符</th><th>定　义</th></tr>
<tr><td>&（AND）</td><td>逻辑与</td></tr>
<tr><td>|（OR）</td><td>逻辑或</td></tr>
<tr><td>～（NOT）</td><td>逻辑非</td></tr>
</table>

在这三种逻辑运算符中，～的运算最优先，其次是&，最后是|，可通过圆括号改变这种运算次序。

扫一扫，看视频

★重点 动手学——计算固定资产残值

源文件： 源文件\第 7 章\固定资产档案.sav

本实例利用“计算变量”命令计算固定资产档案中的残值，其计算公式为：残值=原值×残值率，指定残值率为 5%。

操作步骤

1. 打开数据文件

选择菜单栏中的“文件”→“打开”→“数据”命令，弹出“打开数据”对话框，选择“固定资产档案.sav”文件，单击“打开”按钮，打开数据文件，如图 7.6 所示。

2. 创建“残值率”变量

（1）选择菜单栏中的“转换”→“计算变量”命令，弹出“计算变量”对话框，计算残值率。在“目标变量”文本框中输入“残值率”，作为新变量名称；在“数字表达式”文本框中输入 5，如图 7.7 所示。

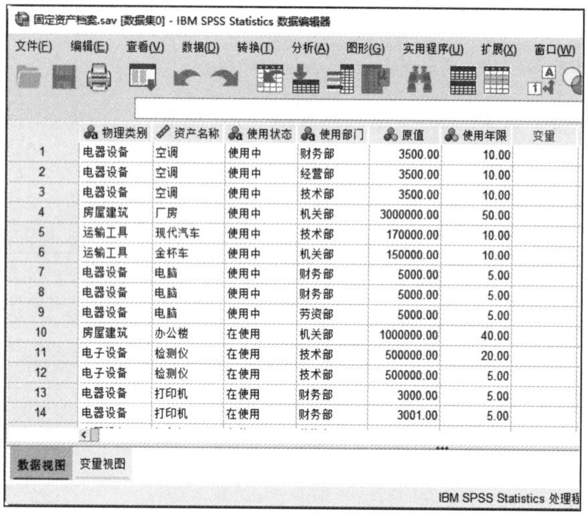

	物理类别	资产名称	使用状态	使用部门	原值	使用年限	变量
1	电器设备	空调	使用中	财务部	3500.00	10.00	
2	电器设备	空调	使用中	经营部	3500.00	10.00	
3	电器设备	空调	使用中	技术部	3500.00	10.00	
4	房屋建筑	厂房	使用中	机关部	3000000.00	50.00	
5	运输工具	现代汽车	使用中	技术部	170000.00	10.00	
6	运输工具	金杯车	使用中	机关部	150000.00	10.00	
7	电器设备	电脑	使用中	财务部	5000.00	5.00	
8	电器设备	电脑	使用中	财务部	5000.00	5.00	
9	电器设备	电脑	使用中	劳资部	5000.00	5.00	
10	房屋建筑	办公楼	在使用	机关部	1000000.00	40.00	
11	电子设备	检测仪	在使用	技术部	500000.00	20.00	
12	电子设备	检测仪	在使用	技术部	500000.00	5.00	
13	电器设备	打印机	在使用	财务部	3000.00	5.00	
14	电器设备	打印机	在使用	财务部	3001.00	5.00	

图 7.6 打开数据文件

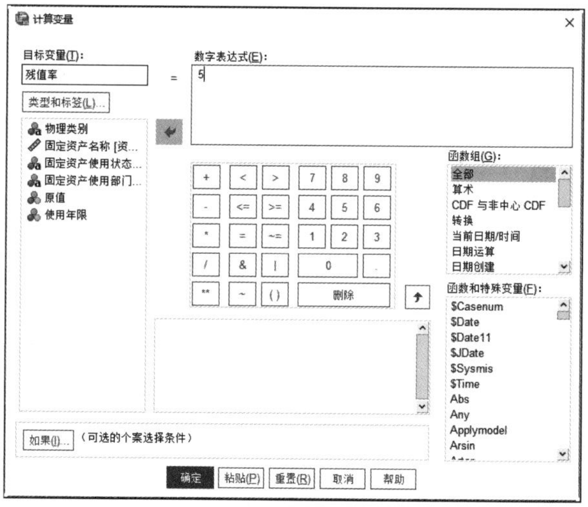

图 7.7 “计算变量”对话框

（2）单击“确定”按钮，关闭对话框，返回数据集，可以看到在原有变量的右方插入了“残值率”变量，该变量下的个案值均为 5.00，如图 7.8 所示。

（3）打开“变量视图”窗口，在“残值率”中设置类型为“定制货币”→“CCB”，小数位数为 0；切换到“数据视图”窗口，显示“残值率”变量下的个案值均为 5%，如图 7.9 所示。

3. 计算残值

（1）选择菜单栏中的“转换”→“计算变量”命令，弹出“计算变量”对话框，在“目标变量”文本框中输入“残值”；在变量列表中选择“原值”“残值率”，双击选中变量，将其添加到“数字表达式”文本框中；在计算器键盘中单击“*”，在“数字表达式”文本框中显示计算公式，如图 7.10 所示。

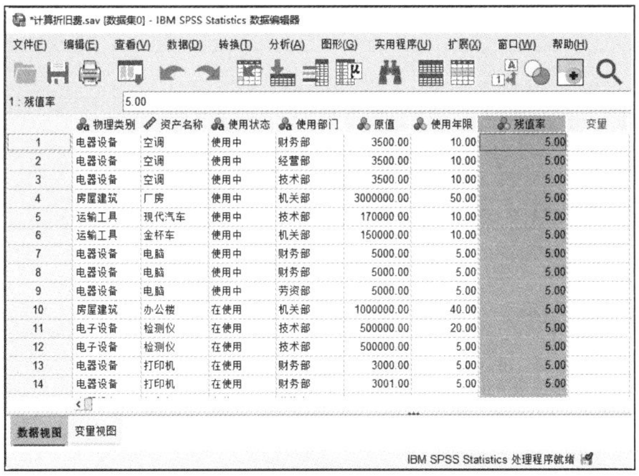

图 7.8　创建“残值率”变量

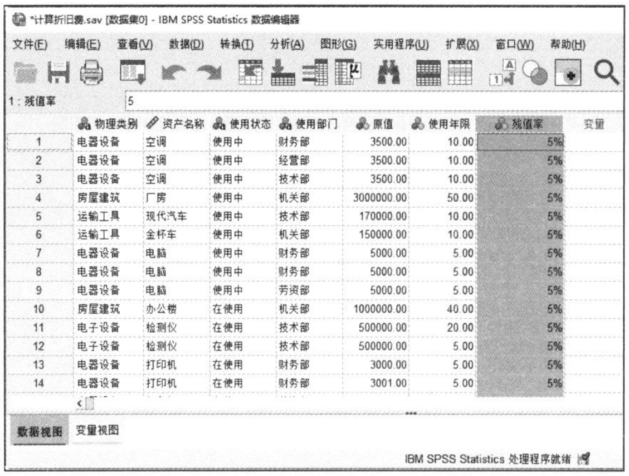

图 7.9　设置“残值率”属性

（2）单击“确定”按钮，关闭对话框，返回数据集，可以看到在原有变量的右方插入了“残值”变量，如图 7.11 所示。

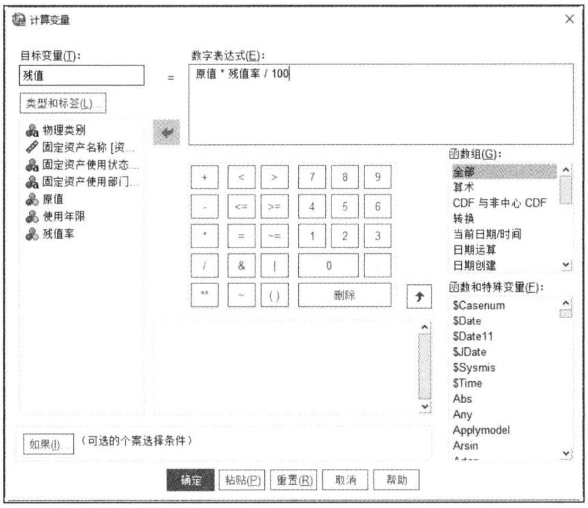

图 7.10　“计算变量”对话框

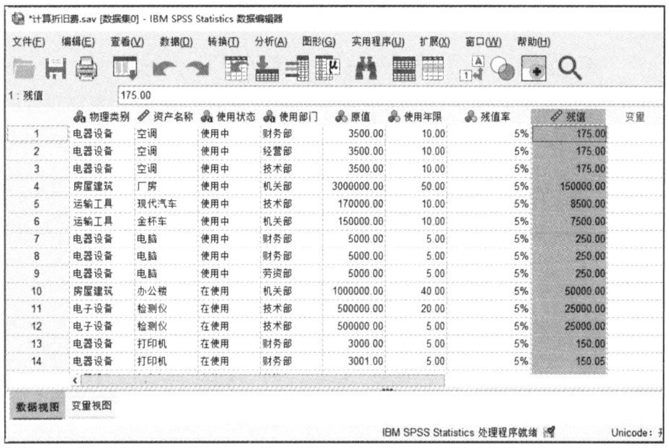

图 7.11　创建“残值”变量

4．保存文件

选择菜单栏中的“文件”→“另存为”命令，弹出“将数据另存为”对话框，选择要保存的位置，输入名称“计算固定资产残值.sav”，保存该文件。

7.2.2　算术函数

除了使用简单的加、减、乘、除运算符进行计算，还可以使用 SPSS 内置算术函数。算术函数的格式见表 7.4。

表 7.4　算术函数的格式

函数名	函 数 格 式	说　明
Abs	ABS(numexpr)	绝对值函数，返回 numexpr 的绝对值，numexpr 必须为数值
Arsin	ARSIN(numexpr)	反正弦函数，返回 numexpr 的反正弦（以弧度为单位），返回值为-1～1 之间的数值

续表

函数名	函 数 格 式	说　明
Artan	ARTAN(numexpr)	反正切函数，返回 numexpr 的反正切（以弧度为单位），numexpr 必须为数值
Cos	COS(radians)	余弦函数，返回 radians 的余弦（以弧度为单位），radians 必须为数值
Exp	EXP(numexpr)	幂函数，返回 e 的 numexpr 次幂，其中 e 是自然对数的底数，而 numexpr 是数值
Lg10	LG10(numexpr)	底数为 10 的对数函数，返回以 10 为底数的 numexpr 的对数，numexpr 必须为大于 0 的数值
Ln	LN(numexpr)	底数为 e 的对数函数，返回以 e 为底数的 numexpr 的对数，numexpr 必须为大于 0 的数值
Lngamma	LNGAMMA(numexpr)	完全伽马函数，返回 numexpr 的完全伽马函数的对数，numexpr 必须为大于 0 的数值
Mod	MOD(numexpr,modulus)	求余数函数，返回 numexpr 除以 modulus 所得到的余数。两个参数都必须为数值，且 modulus 不得为 0
Rnd(1) Rnd(2) Rnd(3)	RND(numexpr[,mult,fuzzbits])	四舍五入函数，返回对 numexpr 舍入后产生的整数，numexpr 必须为数值。刚好以.5 结尾的数值将舍去 0 以后的数值
Sin	SIN(radians)	正弦函数，返回 radians 的正弦（以弧度为单位），radians 必须为数值
Sqrt	SQRT(numexpr)	开平方函数，返回 numexpr 的正平方根，numexpr 必须为非负数
Trunc(1) Trunc(2) Trunc(3)	TRUNC(numexpr[,mult,fuzzbits]	向 0 截断函数，返回 numexpr 被截断为整数（向 0 的方向）的值

★重点 动手学——计算单位工资表

扫一扫，看视频

源文件：源文件\第 7 章\单位工资表.xlsx

图 7.12 所示为某单位工资表，本实例利用函数计算员工应发工资、实发工资，计算公式如下：

- 应发工资=基本工资+岗位工资+奖金+补贴。
- 养老金=应发工资×0.08。
- 所得税=(应发工资-养老金-请假扣款-5000)×0.2。
- 实发工资=应发工资-养老金-请假扣款-所得税。

	A	B	C	D	E	F	G	H	I	J
1	工号	姓名	性别	所属部门	职工类别	基本工资	岗位工资	奖金	补贴	请假扣款
2	sw001	王梓	男	销售部	管理人员	3000.00	2000.00	3200.00	500.00	200.00
3	sw002	安娜	女	销售部	普通职员	2500.00	1500.00	2500.00	300.00	0.00
4	sw003	肖晓米	女	销售部	普通职员	2500.00	1500.00	2800.00	300.00	0.00
5	sw004	张扬	男	销售部	普通职员	2500.00	1500.00	2000.00	300.00	100.00
6	sw005	东方雪	女	销售部	普通职员	2500.00	1500.00	2200.00	300.00	0.00
7	sw006	李妮	女	人事部	管理人员	3000.00	1800.00	2000.00	500.00	0.00
8	sw007	苏秀雅	女	人事部	普通职员	2500.00	1600.00	1600.00	200.00	0.00
9	sw008	高尚	男	研发部	管理人员	6000.00	4500.00	4000.00	400.00	0.00
10	sw009	颜真真	女	研发部	普通职员	5000.00	4000.00	3200.00	200.00	0.00
11	sw010	刘峥嵘	男	研发部	普通职员	5000.00	4000.00	3000.00	200.00	300.00
12	sw011	李想	男	研发部	普通职员	5000.00	4000.00	3800.00	200.00	0.00
13	sw012	欧阳春	男	研发部	普通职员	5000.00	4000.00	3100.00	200.00	0.00
14	sw013	上官琳	女	研发部	普通职员	5000.00	4000.00	3200.00	200.00	200.00
15	sw014	林子墨	男	研发部	普通职员	5000.00	4000.00	3400.00	200.00	0.00
16	sw015	孟美云	女	财务部	管理人员	4000.00	1800.00	2000.00	350.00	0.00
17	sw016	胡子琪	女	财务部	普通职员	3600.00	1600.00	1800.00	300.00	0.00
18	sw017	安敏	男	生产部	管理人员	4500.00	4000.00	3800.00	480.00	0.00
19	sw018	杨光	男	生产部	普通职员	4000.00	3600.00	3000.00	300.00	100.00
20	sw019	孙尚林	男	生产部	普通职员	4000.00	3600.00	3200.00	300.00	0.00
21	sw020	张玉峰	男	生产部	普通职员	4000.00	3600.00	2900.00	300.00	0.00
22	sw021	张若水	女	质量部	管理人员	3500.00	3000.00	2000.00	200.00	0.00
23	sw022	李怡然	女	质量部	普通职员	3000.00	2800.00	1800.00	160.00	0.00
24	sw023	张晓	男	质量部	普通职员	3000.00	2800.00	1800.00	160.00	0.00
25	sw024	肖林	男	质量部	普通职员	3000.00	2800.00	1800.00	160.00	0.00
26	sw025	高军	男	质量部	普通职员	3000.00	2800.00	1800.00	160.00	0.00
27	sw026	苏羽	女	企划部	管理人员	4500.00	3000.00	2500.00	300.00	0.00
28	sw027	王朝	男	企划部	普通职员	4000.00	2500.00	2200.00	200.00	0.00
29	sw028	高育林	男	企划部	普通职员	4000.00	2500.00	2200.00	200.00	0.00
30	sw029	周茉	女	企划部	普通职员	4000.00	2500.00	2200.00	200.00	200.00
31	sw030	毛荣荣	女	企划部	普通职员	4000.00	2500.00	2200.00	200.00	100.00
32	sw031	谢梅	女	办公室	管理人员	3000.00	2500.00	1800.00	200.00	0.00
33	sw032	李小萌	女	办公室	普通职员	2600.00	2200.00	1500.00	160.00	0.00
34	sw033	孟思凡	女	办公室	普通职员	2600.00	2200.00	1500.00	160.00	0.00
35	sw034	林若尘	男	办公室	普通职员	2600.00	2200.00	1500.00	160.00	0.00
36	sw035	丁敏敏	女	办公室	普通职员	2600.00	2200.00	1500.00	160.00	0.00
37	sw036	唐明昊	男	广告部	管理人员	3800.00	3200.00	2800.00	500.00	0.00
38	sw037	林宇轩	男	广告部	普通职员	3200.00	2800.00	2500.00	380.00	0.00
39	sw038	薛瑞	男	广告部	普通职员	3200.00	2800.00	2500.00	380.00	100.00
40	sw039	李瑞军	男	广告部	普通职员	3200.00	2800.00	2500.00	380.00	0.00
41	sw040	黄莺	女	广告部	普通职员	3200.00	2800.00	2500.00	380.00	0.00

图 7.12　单位工资表

操作步骤

1. 打开数据文件

选择菜单栏中的“文件”→“导入数据”→Excel 命令，弹出“打开数据”对话框，选择“单位工资表.xlsx”文件，单击“打开”按钮，打开数据文件。先检查 Excel 文件中的数据格式是否有误，是否有缺失值，如图 7.13 所示。

2. 计算残值

（1）选择菜单栏中的“转换”→“计算变量”命令，弹出“计算变量”对话框，在“目标变量”文本框中输入“应发工资”，在源变量列表中选择“基本工资”“岗位工资”“奖金”“补贴”，将其添加到“数字表达式”文本框中，在计算器键盘中单击“+”，在“数字表达式”文本框中显示计算公式，如图 7.14 所示。

图 7.13　导入 Excel 数据

图 7.14　“计算变量”对话框

（2）单击“确定”按钮，关闭对话框，返回数据集，可以看到在原有变量的右侧插入了“应发工资”变量，如图 7.15 所示。

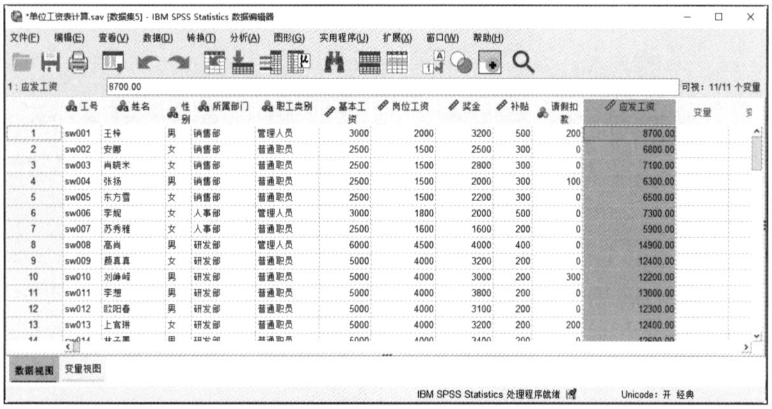

图 7.15　创建“应发工资”变量

（3）使用同样的方法，根据下面的公式创建变量：养老金、所得税、实发工资，结果如图 7.16 所示。

- 养老金=应发工资×0.08。
- 所得税=(应发工资-养老金-请假扣款-5000)×0.2。
- 实发工资=应发工资-养老金-请假扣款-所得税。

该公司工资实行现金结算，元以下的零头要四舍五入，因此使用 RND 函数重新计算实发工资。

图 7.16　创建其余变量

（4）单击工具栏中的“重新调用最近使用的对话框”按钮，在下拉列表中选择“计算变量”命令，弹出“计算变量”对话框，该对话框中显示参数保持之前的设置，在“数字表达式”文本框中选中所有参数，如图 7.17 所示。

（5）在“函数组”列表中选择“算术”，在“函数和特殊变量”列表中双击函数 Rnd(1)，在“数字表达式”文本框中显示函数表达式，如图 7.18 所示。

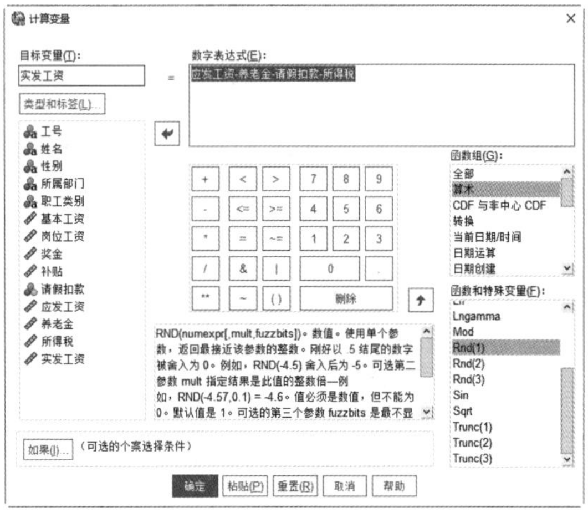

图 7.17　计算实发工资

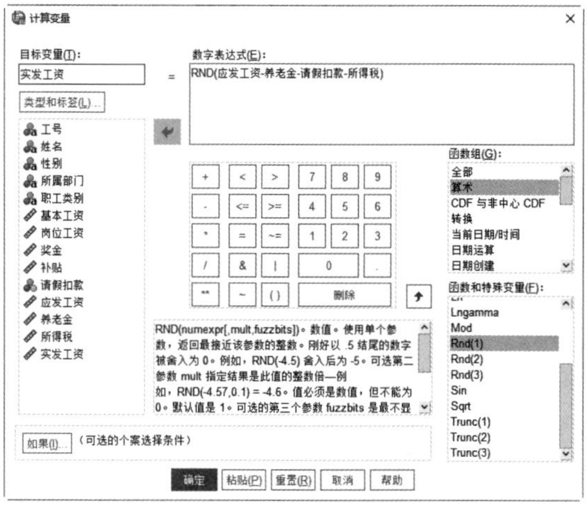

图 7.18　计算新的实发工资

（6）单击“确定”按钮，弹出提示对话框，提示是否更改现有的变量，如图 7.19 所示。单击“确定”按钮，关闭提示对话框，在数据编辑区显示四舍五入后的实发工资，如图 7.20 所示。

3．保存文件

选择菜单栏中的“文件”→“另存为”命令，弹出“将数据另存为”对话框，选择要保存的位置，输入名称“单位工资表计算.sav”，保存该文件。

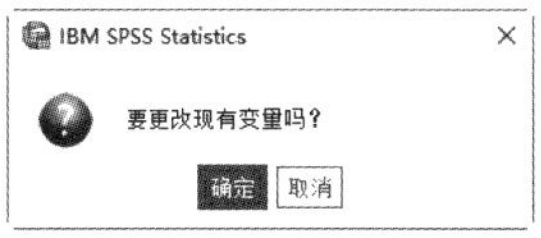

图 7.19 提示对话框

	职工类别	基本工资	岗位工资	奖金	补贴	请假扣款	应发工资	养老金	所得税	实发工资
1	管理人员	3000	2000	3200	500	200	8700.00	696.00	1560.80	6243.00
2	普通职员	2500	1500	2500	300	0	6800.00	544.00	1251.20	5005.00
3	普通职员	2500	1500	2800	300	0	7100.00	568.00	1306.40	5226.00
4	普通职员	2500	1500	2000	300	100	6300.00	504.00	1139.20	4557.00
5	普通职员	2500	1500	2200	300	0	6500.00	520.00	1196.00	4784.00
6	管理人员	3000	1800	2000	500	0	7300.00	584.00	1343.20	5373.00
7	普通职员	2500	1600	1600	200	0	5900.00	472.00	1085.60	4342.00
8	管理人员	6000	4500	4000	400	0	14900.00	1192.00	2741.60	10966.00
9	普通职员	5000	4000	3200	200	0	12400.00	992.00	2281.60	9126.00
10	普通职员	5000	4000	3000	200	300	12200.00	976.00	2184.80	8739.00
11	普通职员	5000	4000	3800	200	0	13000.00	1040.00	2392.00	9568.00
12	普通职员	5000	4000	3100	200	0	12300.00	984.00	2263.20	9053.00
13	普通职员	5000	4000	3200	200	200	12400.00	992.00	2241.60	8966.00

图 7.20 编辑结果

扫一扫，看视频

★重点 动手学——计算诊断结果

源文件：源文件\第 7 章\血糖样本数据.sav

血糖的高低主要是受遗传和环境影响。在医院随机抽取 20 人的血糖数据作为样本。健康人的空腹血糖值（GLU）应该小于 6.1mmol/L，餐后两小时血糖值应该小于 7.8mmol/L。如果空腹血糖值不小于 7mmol/L，餐后两小时血糖值不小于 11.1mmol/L，则诊断结果为糖尿病。

本实例根据空腹血糖值和餐后两小时血糖值数据诊断是否为糖尿病，结果如图 7.21 所示。

家族遗传病	性别	运动	饮食	年龄	体重	空腹血糖值	餐后两小时血糖值	诊断结果
高血压	男	长期运动	注意	25	130	3.5	4.9	正常
高血糖	女	偶尔运动	不注意	35	125	2.9	3.7	正常
高血脂	女	不运动	不注意	45	136	6.3	5.5	正常
无	女	长期运动	注意	63	147	6.0	6.1	正常
高血糖	男	偶尔运动	注意	46	156	7.0	7.6	正常
高血压	女	长期运动	不注意	48	135	4.7	7.0	正常
无	男	偶尔运动	注意	49	164	3.8	7.9	正常
高血压	女	偶尔运动	不注意	47	125	5.4	3.5	正常
无	男	偶尔运动	注意	46	135	5.8	5.5	正常
高血糖	女	长期运动	不注意	48	147	6.1	5.4	正常
高血脂	女	偶尔运动	不注意	35	158	5.4	6.0	正常
无	男	不运动	不注意	65	165	5.1	5.8	正常
高血压	女	不运动	注意	67	157	7.1	4.7	患病
高血糖	男	偶尔运动	注意	53	134	6.2	4.4	正常
无	男	不运动	注意	56	165	5.4	8.3	正常
高血压	男	长期运动	不注意	58	168	5.4	6.0	正常
无	女	偶尔运动	注意	89	170	5.6	5.0	正常
无	男	不运动	不注意	68	180	4.4	4.5	正常
高血糖	女	不运动	不注意	56	160	7.2	5.5	患病
高血压	女	不运动	注意	70	135	4.1	6.6	正常

图 7.21 糖尿病样本数据

操作步骤

1. 打开数据文件

选择菜单栏中的“文件”→“打开”→“数据”命令，弹出“打开数据”对话框，选择“血糖样本数据.sav”文件。单击“打开”按钮，打开数据文件，如图 7.22 所示。

2. 计算诊断结果

（1）选择菜单栏中的“转换”→“计算变量”命令，弹出“计算变量”对话框，在“目标变量”

文本框中输入“诊断结果”，在“数字表达式”文本框中输入“(空腹血糖值>=7) or (餐后两小时血糖值>=11.1)”，如图 7.23 所示。单击“类型和标签”按钮，编辑“诊断结果”变量值标签，0 为正常，1 为患病。

家族遗传病	性别	运动	饮食	年龄	体重	空腹血糖值	餐后两小时血糖值
高血压	男	长期运动	注意	25	130	3.5	4.9
高血糖	女	偶尔运动	不注意	35	125	2.9	3.7
高血脂	女	不运动	不注意	45	136	6.3	5.5
无	女	长期运动	注意	63	147	6.0	6.1
高血糖	男	偶尔运动	注意	46	156	7.0	7.6
高血压	女	长期运动	不注意	48	135	4.7	7.0
无	男	偶尔运动	注意	49	164	3.8	7.9
高血压	女	偶尔运动	不注意	47	125	5.4	3.5
无	男	偶尔运动	注意	46	135	5.8	5.5
高血糖	女	长期运动	不注意	48	147	6.1	5.4
高血脂	女	偶尔运动	不注意	35	158	5.4	6.0
无	男	不运动	不注意	65	165	5.1	5.8
高血压	女	不运动	注意	67	157	7.1	4.7
高血糖	男	偶尔运动	注意	53	134	6.2	4.4
无	男	不运动	注意	56	165	5.4	8.3
高血压	男	长期运动	不注意	58	168	5.4	6.0
无	女	偶尔运动	注意	89	170	5.6	5.0
无	男	不运动	不注意	68	180	4.4	4.5
高血糖	女	不运动	不注意	56	160	7.2	5.5
高血压	女	不运动	注意	70	135	4.1	6.6

图 7.22 显示数据

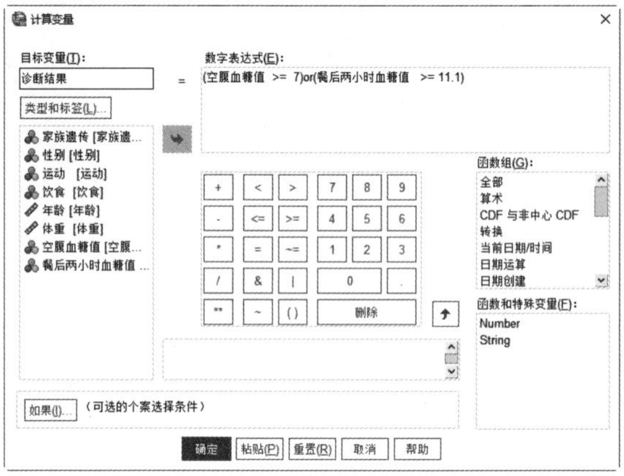

图 7.23 “计算变量”对话框

（2）单击“确定”按钮，关闭对话框，在数据编辑区显示新建的“诊断结果”变量，设置该变量小数位数为 0，如图 7.21 所示。

3. 保存文件

选择菜单栏中的“文件”→“另存为”命令，弹出“将数据另存为”对话框，选择要保存的位置，输入名称“糖尿病样本数据.sav”，保存该文件。

7.2.3 统计函数

统计函数在统计分析中非常常用，主要用于计算能反映变量的数据特征、时间序列的滞后期等变量。统计函数见表 7.5。

表 7.5 统计函数

函数名	函数格式	说　明
Mean	MEAN(numexpr,numexpr,[…])	求平均值
Median	MEDIAN(numexpr, numexpr, […])	求中位数
Min	MIN(value, value,[…])	求最小值
Max	MAX(value, value,[…])	求最大值
Sum	SUM(numexpr,numexpr,[…])	求和
Sd	SD(numexpr,numexpr,[…])	求标准差
Variance	VARIANCE(numexpr,numexpr,[…])	求方差
Cfvar	CFVAR(numexpr,numexpr,[…])	求变异系数

★重点 动手学——计算奖牌数

源文件：源文件\第 7 章\历届夏季奥运会获得的奖牌.sav

利用求和函数计算中国在历届夏季奥运会中获得的奖牌数，结果如图 7.24 所示。

届数	年份	地点	金牌数	银牌数	铜牌数	奖牌数
23	1984年	洛杉矶	15	8	9	32
24	1988年	汉城	5	11	12	28
25	1992年	巴塞罗那	16	22	16	54
26	1996年	亚特兰大	16	22	12	50
27	2000年	悉尼	28	16	15	59
28	2004年	雅典	32	17	14	63
29	2008年	北京	48	21	28	97
30	2012年	伦敦	38	27	23	88
31	2016年	里约热内卢	26	18	26	70
32	2021年	东京	38	32	19	89

图 7.24　计算奖牌数

操作步骤

1. 打开数据文件

选择菜单栏中的“文件”→“打开”→“数据”命令，弹出“打开数据”对话框，选择“历届夏季奥运会获得的奖牌.sav”文件，单击“打开”按钮，打开数据文件，如图 7.25 所示。

2. 计算“奖牌数”变量

（1）选择菜单栏中的“转换”→“计算变量”命令，弹出“计算变量”对话框。

（2）在“目标变量”文本框中输入“奖牌数”，在“函数组”列表中选择“统计”，在“函数和特殊变量”列表中双击 Sum，“数字表达式”文本框中会添加函数的调用格式。在源变量列表中选择“金牌数”“银牌数”“铜牌数”变量，将其添加到“数字表达式”文本框中，如图 7.26 所示。

届数	年份	地点	金牌数	银牌数	铜牌数
23	1984年	洛杉矶	15	8	9
24	1988年	汉城	5	11	12
25	1992年	巴塞罗那	16	22	16
26	1996年	亚特兰大	16	22	12
27	2000年	悉尼	28	16	15
28	2004年	雅典	32	17	14
29	2008年	北京	48	21	28
30	2012年	伦敦	38	27	23
31	2016年	里约热内卢	26	18	26
32	2021年	东京	38	32	19

图 7.25　历届夏季奥运会获得的奖牌数量

图 7.26　创建“奖牌数”变量

（3）单击“确定”按钮，关闭对话框，返回数据集，可以看到在原有变量的右方插入了“奖牌数”变量，在“变量视图”窗口中设置变量小数位数为 0，对齐方式为居中，结果如图 7.24 所示。

3. 保存文件

选择菜单栏中的“文件”→“另存为”命令，弹出“将数据另存为”对话框，选择要保存的位置，输入名称“计算历届夏季奥运会奖牌数.sav”，保存该文件。

扫一扫，看视频

★重点 动手学——统计农产品的销量

源文件：源文件\第 7 章\农产品的销量.sav

三家商店联营上半年内每月售出的某种农产品的数量（以 kg 计）分别为 X_1、X_2、X_3。已知 $X_1 \sim N(200,225)$，$X_2 \sim N(240,240)$，$X_3 \sim N(180,225)$，本实例利用 SPSS 创建农产品的销量数据文件，结果如图 7.27 所示。

操作步骤

1. 新建数据文件

（1）选择菜单栏中的“文件”→“新建”→“数据”命令，新建数据文件。

（2）打开“变量视图”窗口，创建“时间”变量，如图 7.28 所示。打开“数据视图”窗口，输入数据。

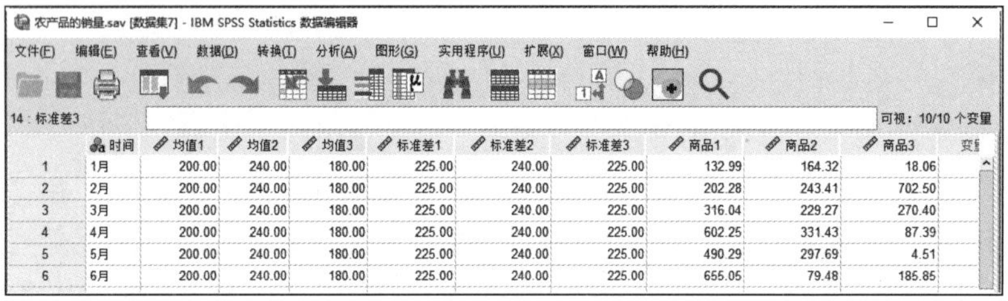

图 7.27　某种农产品的销量

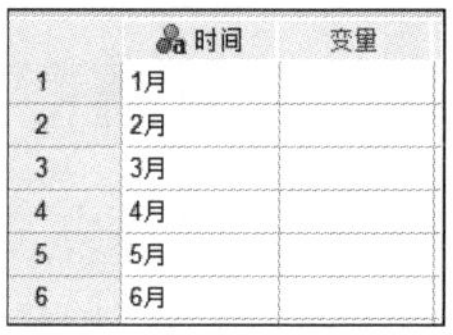

图 7.28　“时间”变量

2. 输入数据

（1）商店每月售出的某种农产品的数量 X_1、X_2、X_3 服从正态分布 $X \sim N(\mu,\sigma^2)$，μ 是均值，σ 是标准差。

（2）选择菜单栏中的“转换”→“计算变量”命令，弹出“计算变量”对话框，在“目标变量”文本框中输入“均值 1”，在计算器键盘中单击数字，在“数字表达式”文本框中输入 200，如图 7.29 所示。

（3）单击“确定”按钮，关闭对话框，返回数据集，可以看到在原有变量的右侧添加了“均值 1”变量，数据均为 200.00，结果如图 7.30 所示。

图 7.29　创建“均值 1”变量

图 7.30　“均值 1”变量

（4）使用同样的方法，输入“均值 2”“均值 3”“标准差 1”“标准差 2”“标准差 3”的数据，结果如图 7.31 所示。

时间	均值1	均值2	均值3	标准差1	标准差2	标准差3
1月	200.00	240.00	180.00	225.00	240.00	225.00
2月	200.00	240.00	180.00	225.00	240.00	225.00
3月	200.00	240.00	180.00	225.00	240.00	225.00
4月	200.00	240.00	180.00	225.00	240.00	225.00
5月	200.00	240.00	180.00	225.00	240.00	225.00
6月	200.00	240.00	180.00	225.00	240.00	225.00

图 7.31　输入数据后的结果

3．计算“商品 1”

（1）选择菜单栏中的“转换”→“计算变量”命令，弹出“计算变量”对话框，在“目标变量”文本框中输入“商品 1”。在“函数组”列表中选择“随机数”，在“函数和特殊变量”列表中双击“Rv.Normal”；在“函数组”列表中选择“算术”，在“函数和特殊变量”列表中双击 Abs。“数字表达式”文本框中会添加函数调用格式，如图 7.32 所示。

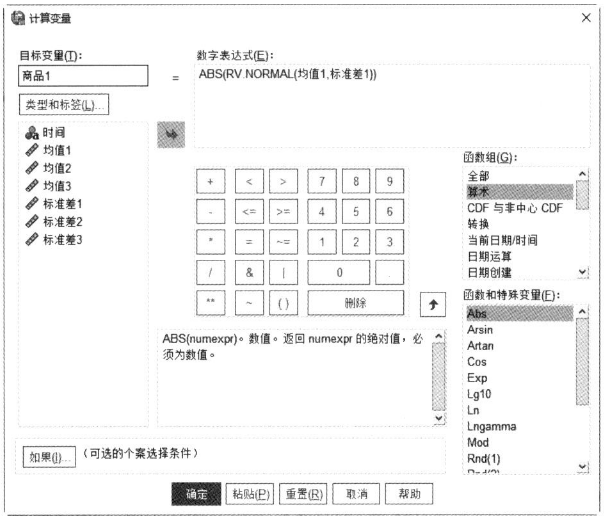

图 7.32　创建“商品 1”变量

（2）单击“确定”按钮，关闭对话框，返回数据集，可以看到在原有变量的右侧插入了“商品 1”变量，如图 7.33 所示。

时间	均值1	均值2	均值3	标准差1	标准差2	标准差3	商品1
1月	200.00	240.00	180.00	225.00	240.00	225.00	132.99
2月	200.00	240.00	180.00	225.00	240.00	225.00	202.28
3月	200.00	240.00	180.00	225.00	240.00	225.00	316.04
4月	200.00	240.00	180.00	225.00	240.00	225.00	602.25
5月	200.00	240.00	180.00	225.00	240.00	225.00	490.29
6月	200.00	240.00	180.00	225.00	240.00	225.00	655.05

图 7.33　“商品 1”变量

（3）使用同样的方法，根据均值与标准差创建服从正态分布的商店农产品销售量变量“商品 2”“商品 3”，结果如图 7.27 所示。

4．保存文件

选择菜单栏中的“文件”→“另存为”命令，弹出“将数据另存为”对话框，选择要保存的位置，输入名称“农产品的销量.sav”，保存该文件。

7.3 字符串函数

在数学、物理学及力学等各种学科和工程应用中，经常会遇到字符串运算问题，在 SPSS 中，字符串运算是指在特定的情况下，使用符号或数值表达式进行不同的运算。字符串函数位于“函数组”中“字符串”类别下。

7.3.1 字符串运算函数

字符串运算是各种高级语言必不可少的部分，SPSS 中关于字符串运算的具体函数见表 7.6。

表 7.6 字符串运算函数

函数名	函 数 格 式	说 明
Char.Index(2) Char.Index(3)	CHAR.INDEX(haystack,needle[,divisor])	返回指示 haystack 中第一次出现 needle 的字符位置的数字。可选的第三个参数 divisor 用于将 needle 划分为单独字符串的字符数。每个子字符串用于进行搜索，函数返回第一个出现的任何子字符串
Char.Length	CHAR.LENGTH(strexpr)	返回 strexpr 的字符长度，并删除尾部空格
Char.Lpad(2) Char.Lpad(3)	CHAR.LPAD(strexpr1,length[,strexpr2])	使用尽可能多拟合 strexpr2 的完整副本作为填充字符串，向左填充 strexpr1，以使其长度达到 length 所指定的值。length 必须为正整数。如果省略可选参数 strexpr2，则会用空格填充值
Char.Mblen	CHAR.MBLEN(strexpr,pos)	返回 strexpr 的字符位置 pos 处的字符中的字节数
Char.Rpad(2) Char.Rpad(3)	CHAR.RPAD(strexpr1,length[,strexpr2])	使用 strexpr2 向右填充 strexpr1，以使其延伸到 length 所给定的长度，该长度使用同填充字符串一样多的完整副本，这些副本将拟合 strexpr2。length 必须为正整数。可选的第三个参数 strexpr2 是一个用引号引起的字符串或一个解析为字符串的表达式
Char.Substr(2) Char.Substr(3)	CHAR.SUBSTR(strexpr,pos[,length])	返回 strexpr 中从字符位置 pos 开始的子字符串。可选的第三个参数 length 代表子字符串中的字符数。如果省略可选的参数 length，则返回 strexpr 从 pos 字符位置开始到 strexpr 结束的子字符串
Concat	CONCAT(strexpr,strexpr[,…])	返回拼接而成的字符串，strexpr 必须为字符串
Length	LENGTH(strexpr)	返回 strexpr 的字节长度，strexpr 必须是一个字符串表达式
Lower	LOWER(strexpr)	返回 strexpr，同时大写字母都更改为小写字母而其他字符不变
Ltrim(1) Ltrim(2)	LTRIM(strexpr[,char])	返回包含移去的 char 的任何前导实例的 strexpr。如果不指定 char，则会移去前导空格。char 必须解析为单个字符
Mblen.Byte	MBLEN.BYTE(strexpr,pos)	返回 strexpr 的字节位置 pos 处的字符中的字节数
Normalize	NORMALIZE(strexpr)	返回 strexpr 标准化版本
Ntrim	NTRIM(varname)	返回 varname 值，不用删除尾部空格。varname 的值必须是一个变量名，不能是一个表达式
Rtrim(1) Rtrim(2)	RTRIM(strexpr[,char])	删除 strexpr 中 char 的尾部实例。可选的第二个参数 char 是包含在一对单引号中的单个字符，或者是某个产生单个字符的表达式。如果省略 char，则会删除尾部空格
Strunc	STRUNC(strexpr,length)	返回截断至长度（以字节为单位）的 strexpr，然后删除所有尾部空格截断将删除任何可能被截断的字符片段
Upcase	UPCASE(strexpr)	返回 strexpr，同时小写字母都更改为大写字母而其他字符不变

扫一扫，看视频

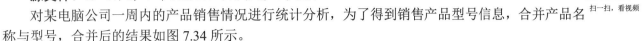

★重点 动手学——合并销售产品型号信息

源文件：源文件\第 7 章\电脑公司销售情况表.sav

对某电脑公司一周内的产品销售情况进行统计分析，为了得到销售产品型号信息，合并产品名称与型号，合并后的结果如图 7.34 所示。

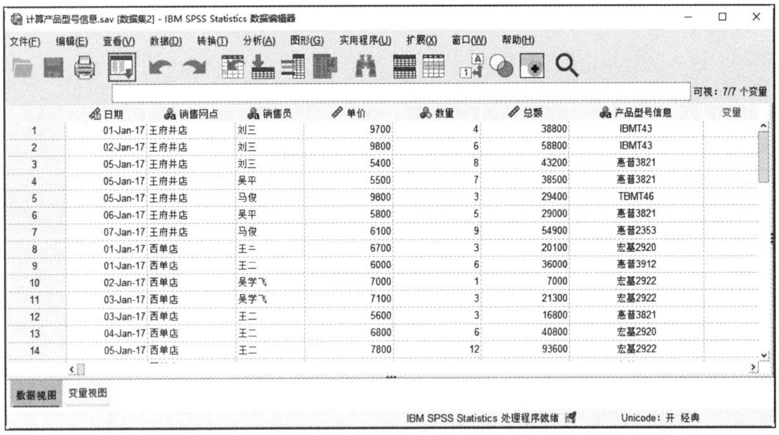

	日期	销售网点	销售员	单价	数量	总额	产品型号信息	变量
1	01-Jan-17	王府井店	刘三	9700	4	38800	IBMT43	
2	02-Jan-17	王府井店	刘三	9800	6	58800	IBMT43	
3	05-Jan-17	王府井店	刘三	5400	8	43200	惠普3821	
4	05-Jan-17	王府井店	吴平	5500	7	38500	惠普3821	
5	05-Jan-17	王府井店	马俊	9800	3	29400	TBMT46	
6	06-Jan-17	王府井店	吴平	5800	5	29000	惠普3821	
7	07-Jan-17	王府井店	马俊	6100	9	54900	惠普2353	
8	01-Jan-17	西单店	王三	6700	3	20100	宏基2920	
9	01-Jan-17	西单店	王二	6000	6	36000	惠普3912	
10	02-Jan-17	西单店	吴学飞	7000	1	7000	宏基2922	
11	03-Jan-17	西单店	吴学飞	7100	3	21300	宏基2922	
12	03-Jan-17	西单店	王二	5600	3	16800	惠普3821	
13	04-Jan-17	西单店	王二	6800	6	40800	宏基2920	
14	05-Jan-17	西单店	王二	7800	12	93600	宏基2922	

图 7.34 合并销售产品型号信息

操作步骤

1．打开数据文件

选择菜单栏中的“文件”→“打开”→“数据”命令，弹出“打开数据”对话框，选择“电脑公司销售情况表.sav”文件，单击“打开”按钮，打开数据文件，如图 7.35 所示。

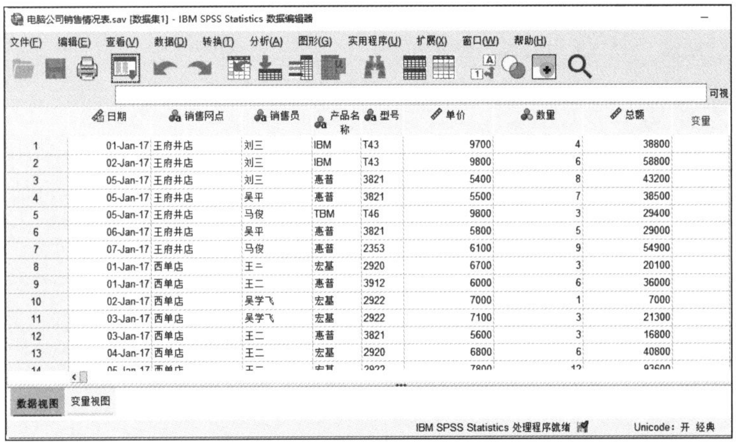

	日期	销售网点	销售员	产品名称	型号	单价	数量	总额	变量
1	01-Jan-17	王府井店	刘三	IBM	T43	9700	4	38800	
2	02-Jan-17	王府井店	刘三	IBM	T43	9800	6	58800	
3	05-Jan-17	王府井店	刘三	惠普	3821	5400	8	43200	
4	05-Jan-17	王府井店	吴平	惠普	3821	5500	7	38500	
5	05-Jan-17	王府井店	马俊	TBM	T46	9800	3	29400	
6	06-Jan-17	王府井店	吴平	惠普	3821	5800	5	29000	
7	07-Jan-17	王府井店	马俊	惠普	2353	6100	9	54900	
8	01-Jan-17	西单店	王三	宏基	2920	6700	3	20100	
9	01-Jan-17	西单店	王二	惠普	3912	6000	6	36000	
10	02-Jan-17	西单店	吴学飞	宏基	2922	7000	1	7000	
11	03-Jan-17	西单店	吴学飞	宏基	2922	7100	3	21300	
12	03-Jan-17	西单店	王二	惠普	3821	5600	3	16800	
13	04-Jan-17	西单店	王二	宏基	2920	6800	6	40800	

图 7.35 电脑公司销售情况表

2．创建“产品型号信息”变量

（1）选择菜单栏中的“转换”→“计算变量”命令，弹出“计算变量”对话框。

（2）在“目标变量”文本框中输入“产品型号信息”，在“函数组”列表中选择“字符串”，在“函数和特殊变量”列表中双击函数 Concat，“数字表达式”文本框中会添加函数调用格式

CONCAT(?,?)，在源变量列表中选择“产品名称”“型号”变量，替换“数字表达式”文本框中的字符串参数“？”，结果如图 7.36 所示。

（3）单击“目标变量”下方的“类型和标签”按钮，弹出“类型和标签”对话框，设置变量的类型为“字符串”，宽度为 20。单击“继续”按钮，关闭该对话框。

（4）单击“确定”按钮，关闭对话框，返回数据集，可以看到在原有变量的右侧插入了“产品型号信息”变量，在“变量视图”窗口中设置变量的对齐方式为居中，结果如图 7.34 所示。

3. 保存文件

选择菜单栏中的“文件”→“另存为”命令，弹出“将数据另存为”对话框，选择要保存的位置，输入名称“计算产品型号信息.sav”。单击“变量”按钮，弹出“将数据另存为：变量”对话框，默认勾选该文件中所有的变量，取消勾选“产品名称”“型号”变量，如图 7.37 所示。单击“继续”按钮，返回主对话框，单击“保存”按钮，保存该文件。

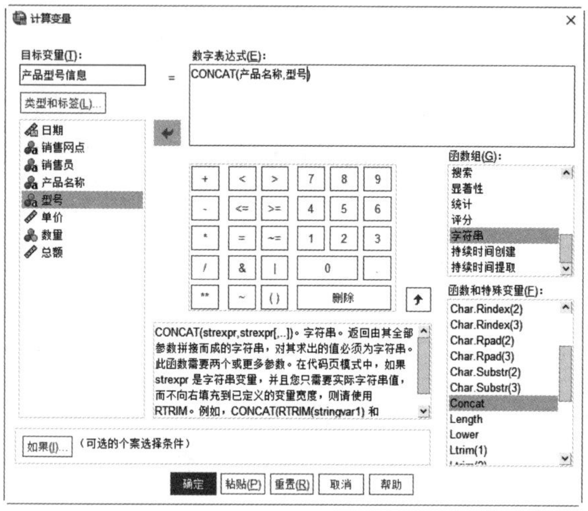

图 7.36　创建“产品型号信息”变量

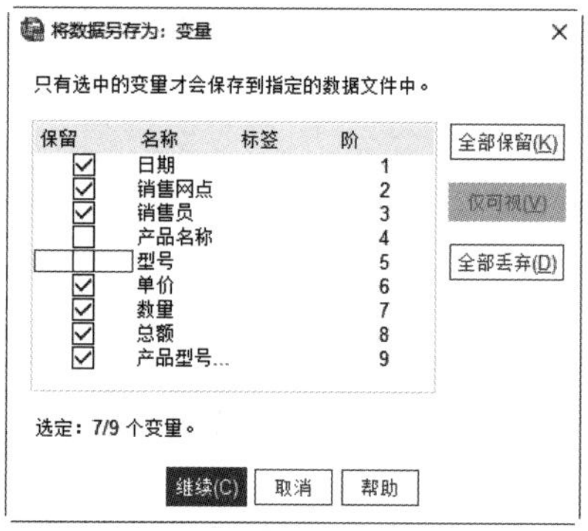

图 7.37　“将数据另存为：变量”对话框

7.3.2　字符串搜索函数

在“函数组”列表中选择“搜索”类别，会显示在指定变量中搜索字符串的函数，具体见表 7.7。

表 7.7　搜索函数

函数名	函 数 格 式	说　　明
Any	ANY(test,value,value)	若参数 test 的值和后面参数的值相同，则返回为真，记为 1
Char.Index(2) Char.Index(3)	CHAR.INDEX(haystack,needle[,divisor])	返回一个整数，指示字符串 needle 第一次出现在字符串 haystack 中的起始位置。可选的第三个参数 divisor 用于将 needle 划分为单独字符串的字符数。每个子字符串用于搜索，函数返回第一个出现的任何子字符串
Char.Rindex(2) Char.Rindex(3)	CHAR.RINDEX(haystack,needle[,divisor])	返回一个整数，指示字符串 needle 最后一次出现在字符串 haystack 中的起始字符位置。可选的第三个参数 divisor 用于将 needle 划分为单独字符串的字符数
Max	MAX(value,value[...])	返回参数的最大值。value 是有效非缺失值
Min	MIN(value,value[...])	返回参数的最小值。value 是有效非缺失值
Range	RANGE(test,lo,hi)	如果参数 test 的值包含在参数集 lo 至 hi 的范围内，返回值则为 T 或 1

续表

函数名	函 数 格 式	说　　明
Replace(3) Replace(4)	REPLACE(a1,a2,a3[,a4])	在 a1 中，将 a2 的对象替换为 a3。可选参数 a4 指定要替换的对象数；如果省略 a4，则替换所有对象。参数 a1、a2 和 a3 必须解析为字符串值（用引号括起的文本字符串或字符串变量），可选参数 a4 必须解析为非负整数

7.3.3　字符串转换函数

在运算时，如果输入的数据类型与运算符或函数所需的类型不一致，SPSS 会自动报错，因此需要在数据计算之前转换数据类型。

在 SPSS 中，转换函数主要用于进行数字与字符串的类型转换，其格式见表 7.8。

表 7.8　转换函数

函数名	函 数 格 式	说　　明
Number	NUMBER(strexpr,format)	将字符串表达式 strexpr 转换为数字形式，参数 format 用于设置 strexpr 的数字格式
String	STRING(numexpr,format)	将数字 numexpr 转换为字符串表达式形式，参数 format 是一种数字格式

★重点 动手练——替换商品订购单数据

扫一扫，看视频

源文件：源文件\第 7 章\商品订购单.sav

将某家具销售公司二季度商品订购记录表中的生产厂“永昌椅业”修改为“天府家具”，更新订购记录表，更新结果如图 7.38 所示。

名称	型号	生产厂	单价	采购数量	总价	订购日期	新生产厂
沙发	S001	天成沙发厂	1000	3	3000	2017年4月2日	天成沙发厂
椅子	Y001	永昌椅业	230	6	1380	2017年4月4日	天府家具
沙发	S002	天成沙发厂	1200	8	9600	2017年4月6日	天成沙发厂
茶几	C001	新时代家具城	500	9	4500	2017年4月7日	新时代家具城
桌子	Z001	新时代家具城	600	6	3600	2017年4月10日	新时代家具城
茶几	C002	新时代家具城	360	12	4320	2017年4月14日	新时代家具城
椅子	Y002	永昌椅业	550	15	8250	2017年4月17日	天府家具
沙发	S003	新世界沙发城	2300	11	25300	2017年4月20日	新世界沙发城
椅子	Y003	永昌椅业	500	8	4000	2017年4月21日	天府家具
椅子	Y004	新时代家具城	550	6	3300	2017年4月22日	新时代家具城
茶几	C001	新时代家具城	500	9	4500	2017年4月23日	新时代家具城
桌子	Z001	新时代家具城	600	6	3600	2017年4月25日	新时代家具城
沙发	S004	新世界沙发城	2900	3	8700	2017年4月26日	新世界沙发城
茶几	C003	新时代家具城	850	8	6800	2017年4月28日	新时代家具城

图 7.38　更新后的商品订购记录表

思路点拨

（1）打开数据文件“商品订购单.sav”。

（2）利用“计算变量”命令，选择“搜索”类别下的函数 Replace(3)。

（3）设置“数字表达式”为“REPLACE(生产厂,"永昌椅业","天府家具")”。

（4）定义“新生产厂”变量，将类型调整为“字符串”，长度设置为 20。

（5）保存为“替换商品订购单.sav”文件。

7.4　日期和时间

在 SPSS 中，日期和时间也可以参与计算。使用日期和时间函数可以解决工作中经常遇到的问题。

7.4.1 日期和时间的表示形式

在 SPSS 中，日期和时间独立为一个变量类型，所以对于日期数据的处理功能更为强大。日期和时间一般通过指定符号标识符组成，构造日期的符号标识符及其说明见表 7.9。

表 7.9 构造日期的符号标识符

符号标识符	说　明	示　例
yyyy	完整年份	1990，2020
yy	两位数年份	90，20
QQ	字母 Q 和一个数字的季度年份	Q1
mmm	三个字母的月份	Mar，Dec
mm	两位数月份	03，12
dd	两位数日期	05，20
ddd	三位数，日期的序数，范围为 1～365（或 366，具体取决于是不是闰年）	080（第 80 天）
hh	两位数小时	05
mm	两位数分钟	12，02
ss	两位数秒	07，59
ss:ss	秒与毫秒	00:57
ww WK	ww 代表年中的星期的序数	2WK

日期以不同的形式显示，SPSS 定义了 34 种表示日期格式的字符串，日期的格式见表 7.10。

表 7.10 日期的格式

日期的格式	说　明	示　例
'dd-mmm-yyyy'	日（2 位）-月份（英文缩写）-年份（4 位）	10-Mar-2020
'dd-mmm-yy'	日（2 位）-月份（英文缩写）-年份（2 位）	10-Mar-20
'mm/dd/yyyy'	月份（2 位）/日（2 位）/年份（4 位）	03/10/2020
'mm/dd/yy'	月份（2 位）/日（2 位）/年份（2 位）	03/10/20
'dd.mm.yyyy'	日（2 位）.月份（英文）.年份（4 位）	10.03.2020
'dd.mm.yy'	日（2 位）.月份（英文）.年份（2 位）	10.03.20
'yyyy/mm/dd'	年份（4 位）/月份（2 位）/日（2 位）	2020/03/10
'yy/mm/dd'	年份（2 位）/月份（2 位）/日（2 位）	20/03/10
'yyddd'	年份（2 位）日期的序数（自 1 月 1 日算起）	20070
'yyyyddd'	年份（4 位）日期的序数（自 1 月 1 日算起）	2020070
'q Q yyyy'	季度 Q 年份（4 位）	1 Q 2020
'q Q yy'	季度 Q 年份（2 位）	1 Q 20
'mmm yyyy'	月份（英文）年份（4 位）	Mar 2020
'mmm yy'	月份（英文）年份（2 位）	Mar 20
'ww WK yyyy'	周数“WK”年份（4 位）	10 WK 2020
'ww WK yy'	周数“WK”年份（2 位）	10 WK 20
'dd-mmm-yyyy hh:mm'	日（2 位）-月份（英文缩写）-年份（4 位）时（2 位）：分（2 位）	10-Mar-2020 15:45
'dd-mmm-yyyy hh:mm:ss'	日（2 位）-月份（英文缩写）-年份（4 位）时（2 位）：分（2 位）：秒（2 位）	10-Mar-2020 15:45:22
'dd-mmm-yyyy hh:mm:ss:ss'	日（2 位）-月份（英文缩写）-年份（4 位）时（2 位）：分（2 位）：秒（2 位）：毫秒（2 位）	10-Mar-2020 15:45:22:12

续表

日期的格式	说　明	示　例
'yyyy-mm-dd hh:mm'	年份（4 位）-月份（2 位）-日（2 位）时（2 位）：分（2 位）	2020-10-03 15:45
'yyyy-mm-dd hh:mm:ss'	年份（4 位）-月份（2 位）-日（2 位）时（2 位）：分（2 位）：秒（2 位）	2020-10-03 15:45:22
'yyyy-mm-dd hh:mm:ss:ss'	年份（4 位）-月份（2 位）-日（2 位）时（2 位）：分（2 位）：秒（2 位）：毫秒（2 位）	2020-10-03 15:45:22:12
'mm:ss'	分（2 位）：秒（2 位）	45:22
'mm:ss:ss'	分（2 位）：秒（2 位）：毫秒	45:22:12
'hh:mm'	时（2 位）：分（2 位）	15:45
'hh:mm:ss'	时（2 位）：分（2 位）：秒（2 位）	15:45:22
'hh:mm:ss:ss'	时（2 位）：分（2 位）：秒（2 位）：毫秒	15:45:22:12
'ddd hh:mm'	日数 时（2 位）：分（2 位）	159759 15:45
'ddd hh:mm:ss'	日数 时（2 位）：分（2 位）：秒（2 位）	159759 15:45:22
'ddd hh:mm:ss:ss'	日数 时（2 位）：分（2 位）：秒（2 位）：毫秒	159759 15:45:22:12
Monday, TuesdayMon,	星期几的英文	Monday
Tue, Wed	星期几的英文缩写	Mon
January, February	月份的英文	February
Jan, Feb, Mar	月份的英文缩写	Feb

7.4.2　利用向导创建日期和时间

在 SPSS 中，利用向导命令可以定义专门的日期和时间类型数据。下面介绍具体的操作方法。

【执行方式】

菜单栏：选择菜单栏中的“转换”→“日期和时间向导”命令。

操作步骤

执行此命令，弹出“日期和时间向导”对话框，如图 7.39 所示。在该对话框中可以对日期和时间类型数据执行一系列操作，包括创建日期和时间，以及提取日期和时间中的值等。

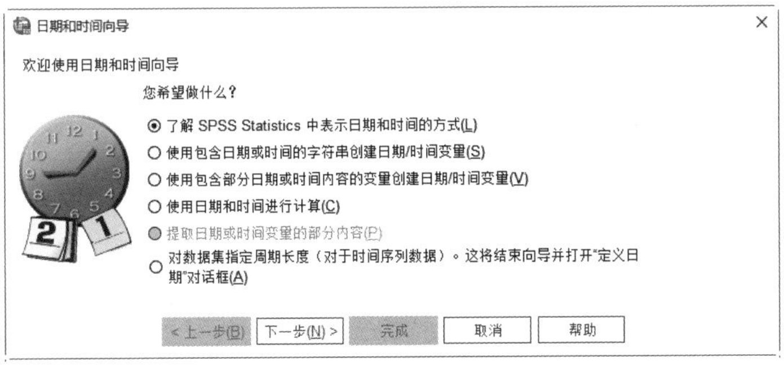

图 7.39　“日期和时间向导”对话框

★重点 动手学——创建发货日期

源文件：源文件\第 7 章\完善工厂电扇产量和成本统计表.sav

扫一扫，看视频

某生产电扇的工厂每个月 15 日发货，本实例演示如何在数据文件中添加“发货日期”变量，结果如图 7.40 所示。

月份	产量（台）	生产成本（元）	年份	日	发货日期
1	360	6100	2021	15	15-Jan-2021
2	420	6700	2021	15	15-Feb-2021
3	380	6300	2021	15	15-Mar-2021
4	435	6850	2021	15	15-Apr-2021
5	485	7350	2021	15	15-May-2021
6	490	7400	2021	15	15-Jun-2021
7	395	6450	2021	15	15-Jul-2021
8	460	7100	2021	15	15-Aug-2021
9	440	6900	2021	15	15-Sep-2021
10	490	7400	2021	15	15-Oct-2021
11	510	7600	2021	15	15-Nov-2021
12	470	7200	2021	15	15-Dec-2021

图 7.40　完善后的工厂电扇产量和成本统计表

操作步骤

1. 打开数据文件

选择菜单栏中的“文件”→“打开”→“数据”命令，弹出“打开数据”对话框，选择“完善工厂电扇产量和成本统计表.sav”文件，打开数据文件。

2. 创建日期和时间变量

（1）选择菜单栏中的“转换”→“日期和时间向导”命令，弹出“日期和时间向导”对话框，选择“使用包含部分日期或时间内容的变量创建日期/时间变量”选项，如图 7.41 所示。

（2）单击“下一步”按钮，在“变量”列表中选择对应变量添加到“年份”“月份”“月内第几天”选项中，如图 7.42 所示。

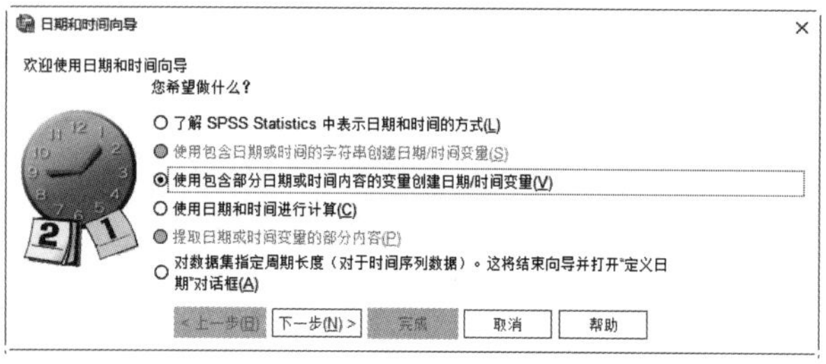

图 7.41　“日期和时间向导”对话框

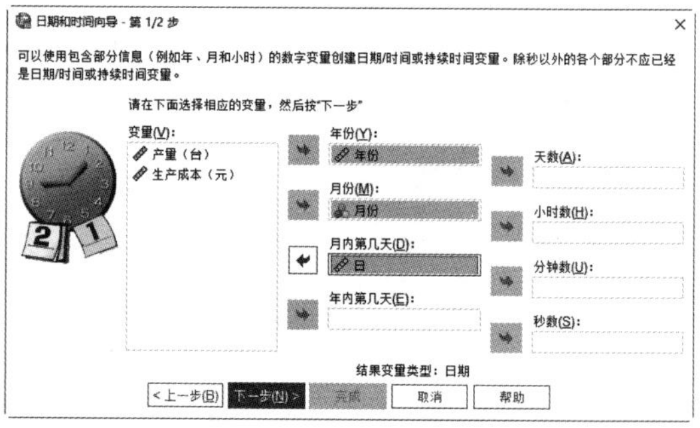

图 7.42　选择变量

（3）单击“下一步”按钮，在“结果变量”列表中输入“发货日期”，作为创建的变量名称，在“输出格式”列表中选择日期和时间格式为 dd-mmm-yyyy，如图 7.43 所示。

图 7.43　设置结果变量参数

（4）单击“完成”按钮，关闭对话框，在数据显示区最右侧添加了“发货日期”变量，如图 7.40 所示。

3. 保存文件

选择菜单栏中的“文件”→“另存为”命令，弹出“将数据另存为”对话框，选择要保存的位置，输入名称“创建发货日期.sav”，保存该文件。

7.4.3 日期和时间函数

日期与时间函数是指在公式中用来分析和处理日期值和时间值的函数，日期和时间函数可以支持对日期的高效计算，包括获取当前的日期和时间、创建日期和时间、日期和时间的提取、日期和时间的运算等。

1. 当前日期/时间函数

在 SPSS 中，“当前日期/时间”函数组下包含的函数会根据系统时间计算并获取当前日期和时间。当前日期/时间函数见表 7.11。

表 7.11 当前日期/时间函数

函数格式	说　明
$Date	以 dd-mmm-yy 的形式返回当前的日期和时间
$Date11	以 dd-mmm-yyyy 的形式返回当前的日期和时间
$JDate	返回天数表示的当前的日期和时间，天数从 1582 年 10 月 14 日（阳历第一天）开始计算
$Time	返回秒数表示的当前的日期和时间，从 1582 年 10 月 14 日（阳历第一天）开始计算

2. 日期创建函数

日期值的组成参数包括年、月、日、天数、季节、星期。“日期创建”函数组下有创建不同形式日期的函数，其调用格式见表 7.12。

表 7.12 日期创建函数

函数格式	说　明
DATE.DMY(d,m,y)	返回与指定的日、月、年对应的日期值
DATE.MDY(m,d,y)	返回与指定的月、日、年对应的日期值
DATE.YRDA(y,d)	返回与指定的年、日对应的日期值
DATE.QYR(q,y)	返回与指定的季节、年对应的日期值
DATE.MOYR(m,y)	返回与指定的月、年对应的日期值
DATE.WKYR(w,y)	返回与指定的星期、年对应的日期值
DATE.YRDAY(y,dm)	返回与指定的年、天数对应的日期值

3. 日期运算函数

“日期运算”函数组下的函数可以进行时间和日期的差值计算、根据指定方法计算，函数的调用格式见表 7.13。

表 7.13 日期运算函数

函数名	函 数 格 式	说 明
Datediff	DATEDIFF(datetime2, datetime1, "unit")	计算两个日期/时间值之间的差，datetime2 及 datetime1 均为日期或时间格式变量（或表示有效日期/时间值的数值），unit 为单位，可选值包括年、季、月、周、日、小时、分钟、秒
Datesum(3) Datesum(4)	DATESUM(datetime, value, "unit", "method")	根据给定日期或时间值 datetime 计算日期或时间值，method 表示可选方法（以引号括起）

4．日期提取函数

为提高日期的显示精度，SPSS 中可以输出特定的日期参数，“日期提取”函数组下显示根据指定日期和时间值提取指定的年、月、日、星期和季度等信息，函数的调用格式见表 7.14。

表 7.14 日期提取函数

函数名	函 数 格 式	说 明
Xdate.Date	XDATE.DATE(datevalue)	返回变量 datevalue 中的日期部分
Xdate.Jday	XDATE.JDAY(datevalue)	返回变量 datevalue 中一年当中的天数（1～366 之间的整数）
Xdate.Mday	XDATE.MDAY(datevalue)	返回变量 datevalue 中一年当中的日期（1～31 之间的整数）
Xdate.Month	XDATE.MONTH (datevalue)	返回变量 datevalue 中一年当中的月份（1～12 之间的整数）
Xdate.Quarter	XDATE.QUARTER(datevalue)	返回变量 datevalue 中一年当中的季度数（1～4 之间的整数）
Xdate.Tday	XDATE.TDAY(timevalue)	返回变量 timevalue 中的天数（整数）
Xdate.Time	XDATE.TIME(datetime)	返回变量 datevalue 中的时间部分
Xdate.Week	XDATE.WEEK(datevalue)	返回变量 datevalue 中一年当中的星期数（1～52 之间的整数）
Xdate.Wkday	XDATE.WKDAY(datevalue)	返回变量 datevalue 中一周当中的星期数（1～7 之间的整数）
Xdate.Year	XDATE.YEAR(datevalue)	返回变量 datevalue 中的年份（4 位整数）
YRMODA	YRMODA(year,month,day)	根据指定的 year、month、day 输出从 1582 年 10 月 15 日开始到当前时间的天数

5．持续时间计算函数

“持续时间创建”“持续时间提取”函数组中显示对于时间的计算，根据指定日期和时间值提取指定天、时、分、秒等信息，函数的调用格式见表 7.15。

要正确显示以上函数值，必须指定正确的日期型变量(Date)格式，一般情况下，日期用 mm/dd/yy 格式表示，时间则用 hh:mm:ss 格式表示。具体函数见表 7.15。

表 7.15 持续时间计算函数

函数名	函 数 格 式	说 明
Time. Days	TIME.DAYS(days)	返回指定天数 days 对应的时间区间
Time. Hms(1) Time. Hms(2) Time. Hms(3)	TIME.HMS(hours[,minutes,seconds])	返回指定时间数 hours（minutes 或 seconds）对应的时间区间
Ctime.Days	CTIME.DAYS(timevalue)	返回指定时间区间 timevalue 对应的天数（可以是小数）
Ctime.Hours	CTIME.HOURS(timevalue)	返回指定时间区间 timevalue 对应的小时数（可以是小数）
Ctime.Minutes	CTIME.MINUTES(timevalue)	返回指定时间区间 timevalue 对应的分钟数（可以是小数）
Ctime.Seconds	CTIME.SECONDS(timevalue)	返回指定时间区间 timevalue 对应的秒数（可以是小数）
Xdate.Hour	XDATE.HOUR(datetime)	返回指定时间和日期 datetime 对应的小时数（0～23 之间的整数）

续表

函数名	函 数 格 式	说　明
Xdate.Minute	XDATE.MINUTES(datetime)	返回指定时间和日期 datetime 对应的分钟数（0～59 之间的整数）
Xdate.Second	XDATE.SECONDS(datetime)	返回指定时间和日期 datetime 对应的秒数（0～59 之间的整数）
Xdate.Tday	XDATE.HOUR(datetime)	返回指定时间和日期 datetime 对应的天数（整数）

扫一扫，看视频

★重点 动手学——计算发货日期

源文件：源文件\第 7 章\创建发货日期.sav

本实例根据产量和成本统计表中的时间参数值，使用日期函数计算发货日期是星期几，结果如图 7.44 所示。

	月份	产量（台）	生产成本（元）	年份	日	发货日期	星期
1	1	360	6100	2021	15	15-Jan-2021	6
2	2	420	6700	2021	15	15-Feb-2021	2
3	3	380	6300	2021	15	15-Mar-2021	2
4	4	435	6850	2021	15	15-Apr-2021	5
5	5	485	7350	2021	15	15-May-2021	7
6	6	490	7400	2021	15	15-Jun-2021	3
7	7	395	6450	2021	15	15-Jul-2021	5
8	8	460	7100	2021	15	15-Aug-2021	1
9	9	440	6900	2021	15	15-Sep-2021	4
10	10	490	7400	2021	15	15-Oct-2021	6
11	11	510	7600	2021	15	15-Nov-2021	2
12	12	470	7200	2021	15	15-Dec-2021	4

图 7.44　计算发货日期

操作步骤

1. 打开数据文件

选择菜单栏中的“文件”→“打开”→“数据”命令，弹出“打开数据”对话框，选择“创建发货日期.sav”文件，打开数据文件，如图 7.40 所示。

2. 计算“星期”变量

（1）选择菜单栏中的“转换”→“计算变量”命令，弹出“计算变量”对话框，在该对话框中使用公式计算变量中的个案。

（2）在“目标变量”文本框中输入“星期”，在“函数组”列表中选择“日期提取”，在下面的“函数和特殊变量”列表中双击函数 Xdate.Wkday，在“数字表达式”文本框中会显示函数表达式，在该函数表达式中添加变量“发货日期”，如图 7.45 所示。

（3）单击“确定”按钮，关闭对话框，返回数据集，可以看到新变量已经出现在原有变量的右侧。打开“变量视图”窗口，设置“星期”变量的“小数位数”为 0，返回“数据视图”窗口，显示变量设置结果，如图 7.44 所示。

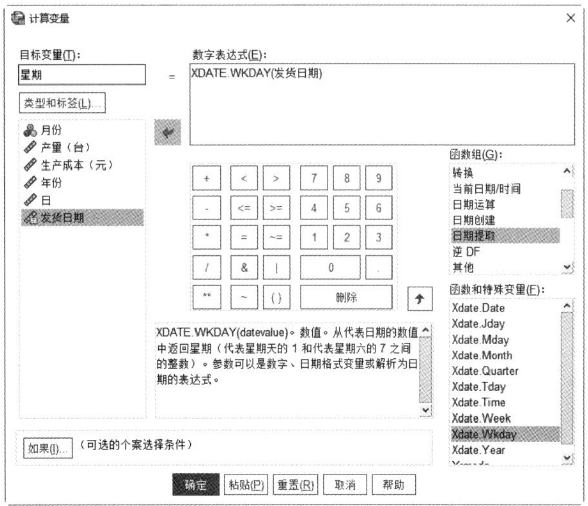

图 7.45　计算“星期”变量

3. 保存文件

选择菜单栏中的“文件”→“另存为”命令，弹出“将数据另存为”对话框，选择要保存的位置，输入名称“计算发货日期.sav”，保存该文件。

扫一扫，看视频

★重点 动手练——记录电脑公司销售数据时间

源文件： 源文件\第 7 章\电脑公司销售情况表.sav

某电脑公司对一周内的产品销售情况表进行分析，在根据时间进行分组分析前，提取日期数据中的日，如图 7.46 所示。

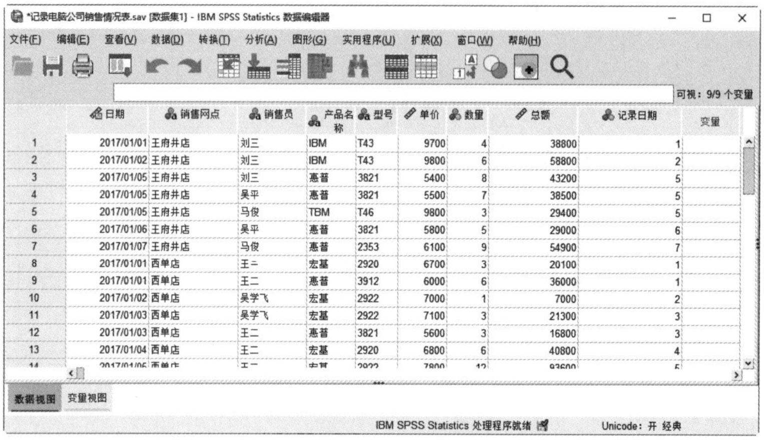

图 7.46 电脑公司销售情况表

思路点拨

（1）打开数据文件“电脑公司销售情况表.sav”。

（2）将变量“日期”的类型调整为 yyyy/mm/dd 形式。

（3）利用“计算变量”命令，添加“记录日期”变量，调用“日期提取”函数组中的 Xdate.Mday 函数，对日期进行转换。

（4）将结果保存为“记录电脑公司销售情况表.sav”文件。

7.5 特殊函数

除了在“函数组”中根据功能划分的函数，SPSS 中还有一些无法划分到指定类别中的特殊函数，见表 7.16。

表 7.16 特殊函数

函数名	函数格式	说明
$Casenum	$Casenum	最大个案数量
Lag(1) Lag(2)	LAG(variable[, n])	前一个个案或前 n 个个案中的变量的值。可选的第二个参数 n 必须为正整数；默认值是 1
Valuelabel	VALUELABEL(varname)	返回变量的值的值标签；如果值没有值标签，则返回空字符串。varname 的值必须是一个变量名，不能是一个表达式

★重点 动手学——计算人员变动

源文件：源文件\第 7 章\部门流动人员.xlsx、部门流动人员.sav

扫一扫，看视频

某上市公司包含 A~J 共 10 个部门，2020 年每个部门的人员变动情况见表 7.17，计算每个部门的人员变动值。

表 7.17　2020 年每个部门的人员变动情况表

部　门	入职人数	离职人数
部门 A	2	0
部门 B	3	1
部门 C	10	4
部门 D	4	5
部门 E	6	3
部门 F	2	4
部门 G	7	5
部门 H	5	1
部门 I	1	0
部门 J	4	2

操作步骤

1. 导入数据文件

选择菜单栏中的“文件”→“导入数据”→Excel 命令，弹出“打开数据”对话框，选择“部门流动人员.xlsx”文件，单击“打开”按钮，弹出“读取 Excel 文件”对话框，在“预览”选项中显示导入的数据预览效果，如图 7.47 所示。单击“确定”按钮，自动新建数据文件，并在文件中插入 Excel 文件中的数据，如图 7.48 所示。

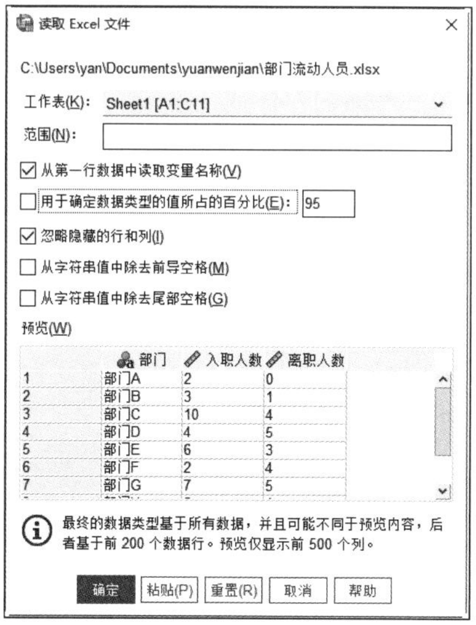

图 7.47　“读取 Excel 文件”对话框

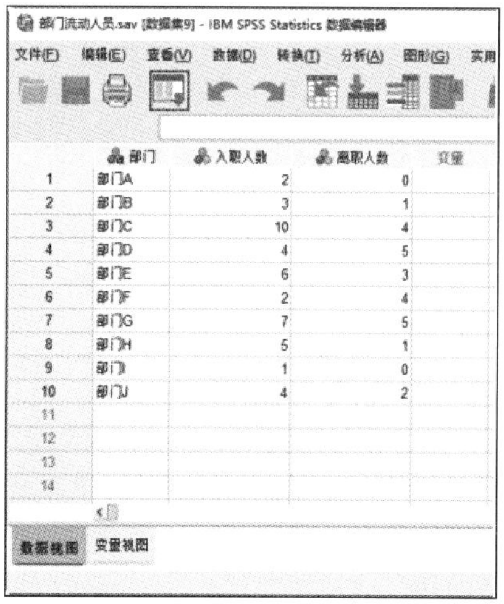

图 7.48　导入 Excel 数据

2. 保存文件

选择菜单栏中的“文件”→“另存为”命令，弹出“将数据另存为”对话框，选择要保存的位置，输入名称“部门流动人员.sav”，保存该文件。

3. 计算“流动人员”变量

（1）选择菜单栏中的“转换”→“计算变量”命令，弹出“计算变量”对话框，在该对话框中使用公式计算变量中的个案。

（2）在“目标变量”文本框中输入“流动人员”，在源变量列表中双击“入职人员”“离职人员”，可以将变量名称添加到“数字表达式”文件框中，在计算器键盘上单击“-”，将其添加到“数字表达式”文本框中，得到数字表达式“入职人数 - 离职人数”。

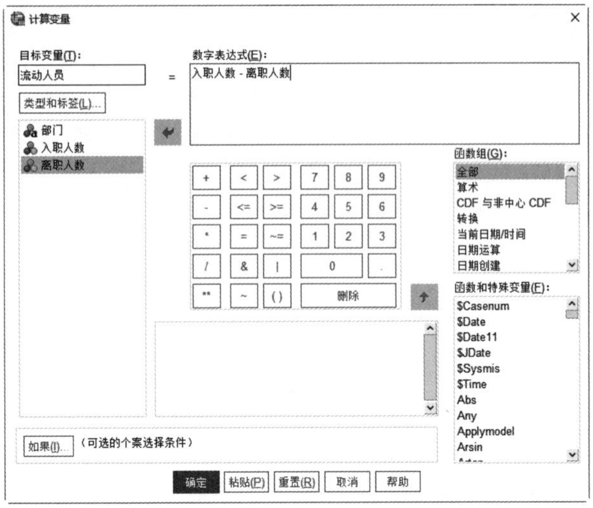

图 7.49 “计算变量”对话框

（3）完成新变量的计算公式，如图 7.49 所示，单击“确定”按钮，关闭对话框，返回数据集，可以看到新变量已经出现在原有变量的右侧，如图 7.50 所示。

（4）打开“变量视图”窗口，将“流动人员”变量的“小数位数”设置为 0，返回“数据视图”窗口，显示变量设置结果，如图 7.51 所示。

	部门	入职人数	离职人数	流动人员
1	部门A	2	0	2.00
2	部门B	3	1	2.00
3	部门C	10	4	6.00
4	部门D	4	5	-1.00
5	部门E	6	3	3.00
6	部门F	2	4	-2.00
7	部门G	7	5	2.00
8	部门H	5	1	4.00
9	部门I	1	0	1.00
10	部门J	4	2	2.00
11				

图 7.50 计算“流动人员”变量

部门	入职人数	离职人数	流动人员
部门A	2	0	2
部门B	3	1	2
部门C	10	4	6
部门D	4	5	-1
部门E	6	3	3
部门F	2	4	-2
部门G	7	5	2
部门H	5	1	4
部门I	1	0	1
部门J	4	2	2

图 7.51 变量设置结果

4. 计算“部门编号”变量

（1）单击工具栏中的“重新调用最近使用的对话框”按钮，在下拉列表中选择“计算变量”命令，弹出“计算变量”对话框，删除“数字表达式”文本框中的所有参数。

（2）在“函数组”列表中选择“其他”，在下面的“函数和特殊变量”列表中双击函数$Casenum，在“数字表达式”文本框中显示了函数表达式，如图 7.52 所示。

（3）单击“确定”按钮，关闭对话框，在数据编辑区显示以行号定义的“部门编号”变量，默认数字格式的“小数位数”为 2，在“变量视图”窗口中修改为 0，结果如图 7.53 所示。

5. 保存文件

选择菜单栏中的“文件”→“保存”命令，保存该文件。

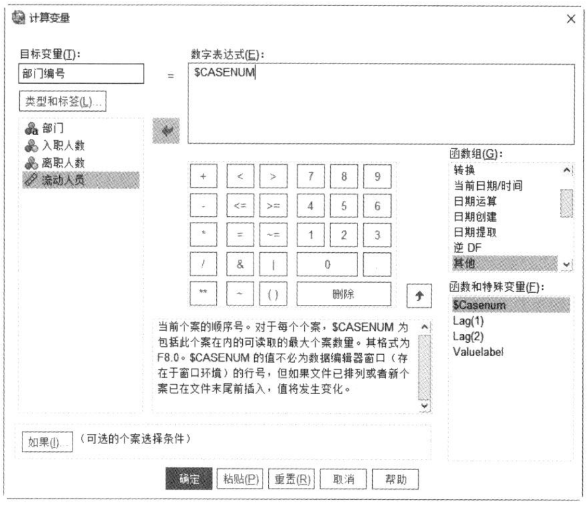

图 7.52 计算“部门编号”变量

	部门	入职人数	离职人数	流动人员	部门编号
1	部门A	2	0	2	1
2	部门B	3	1	2	2
3	部门C	10	4	6	3
4	部门D	4	5	-1	4
5	部门E	6	3	3	5
6	部门F	2	4	-2	6
7	部门G	7	5	2	7
8	部门H	5	1	4	8
9	部门I	1	0	1	9
10	部门J	4	2	2	10

图 7.53 编辑“部门编号”

扫一扫，看视频

★重点 动手学——显示分组信息

源文件：源文件\第 7 章\员工医疗费用表_可视化分组.sav、显示员工医疗费用表分组.sav

某公司根据医疗费用划分等级，因为用数字表示等级不足以描述分组信息，所以本实例使用函数显示分组标签，详细解释分组信息，如图 7.54 所示。

编号	日期	员工姓名	性别	所属部门	医疗种类	医疗费用	报销金额	医疗费用等级	分组情况
1	2月6日	李想	男	研发部	手术费	1500	1050	5	>900
2	3月5日	陆谦	男	销售部	药品费	250	200	2	201 ~ 320
3	5月8日	苏攸攸	女	人资部	输液费	320	256	2	201 ~ 320
4	6月4日	王荣	女	广告部	住院费	900	675	4	551 ~ 900
5	6月15日	谢小磊	男	研发部	药品费	330	264	3	321 ~ 550
6	7月12日	白雪	女	人资部	药品费	200	160	1	<= 200
7	8月10日	肖雅娟	女	财务部	输血费	1400	980	5	>900
8	9月18日	张晴晴	女	广告部	住院费	800	600	4	551 ~ 900
9	10月14日	徐小旭	男	销售部	针灸费	380	304	3	321 ~ 550
10	11月15日	赵峥嵘	男	研发部	理疗费	180	144	1	<= 200
11	11月22日	杨小茉	女	财务部	药品费	550	440	3	321 ~ 550
12	12月11日	黄舰	男	研发部	体检费	150	120	1	<= 200

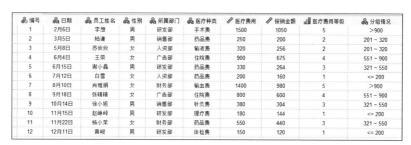

图 7.54 某公司根据医疗费用划分等级

操作步骤

1. 打开数据文件

选择菜单栏中的“文件”→“打开”→“数据”命令，弹出“打开数据”对话框，选择“员工医疗费用表_可视化分组.sav”文件，打开数据文件，如图 7.55 所示。

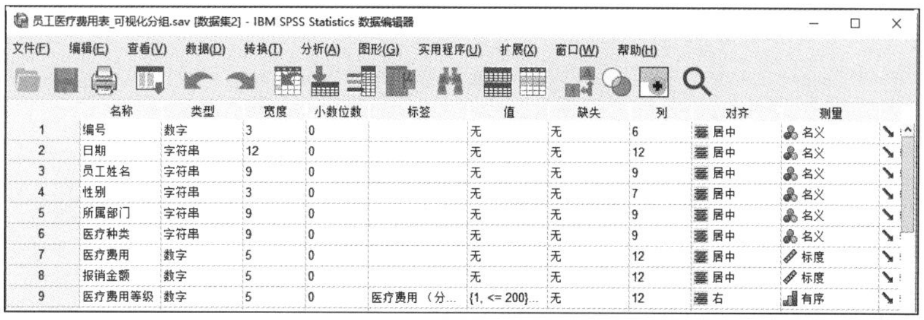

	名称	类型	宽度	小数位数	标签	值	缺失	列	对齐	测量
1	编号	数字	3	0		无	无	6	居中	名义
2	日期	字符串	12	0		无	无	12	居中	名义
3	员工姓名	字符串	9	0		无	无	9	居中	名义
4	性别	字符串	3	0		无	无	7	居中	名义
5	所属部门	字符串	9	0		无	无	9	居中	名义
6	医疗种类	字符串	9	0		无	无	9	居中	名义
7	医疗费用	数字	5	0		无	无	12	居中	标度
8	报销金额	数字	5	0		无	无	12	居中	标度
9	医疗费用等级	数字	5	0	医疗费用（分...	{1, <= 200}...	无	12	右	有序

图 7.55 打开数据文件

2．计算“分组情况”变量

（1）选择菜单栏中的“转换”→“计算变量”命令，弹出“计算变量”对话框，通过函数显示“医疗费用等级”变量的值标签内容。

（2）在“目标变量”文本框中输入“分组情况”，单击下方的“类型和标签”按钮，弹出“计算变量：类型和标签”对话框，如图7.56所示。变量的类型选择为“字符串”，宽度设置为20。单击“继续”按钮，关闭该对话框。

（3）在“函数组”列表中选择“其他”，在下面的“函数和特殊变量”列表中双击函数Valuelabel，在“数字表达式”文本框中显示函数表达式，如图7.57所示。

图7.56　“计算变量：类型和标签”对话框

图7.57　创建“分组情况”变量1

（4）单击“确定”按钮，关闭对话框，在数据编辑区显示“分组情况”变量，在“变量视图”窗口中将“小数位数”修改为0，结果如图7.58所示。

	部门	入职人数	离职人数
1	部门A	2	0
2	部门B	3	1
3	部门C	10	4
4	部门D	4	5
5	部门E	6	3
6	部门F	2	4
7	部门G	7	5
8	部门H	5	1
9	部门I	1	0
10	部门J	4	2

图7.58　导入Excel数据

3．替换符号

（1）选中“分组情况”变量列，选择菜单栏中的“编辑”→“替换”命令，弹出“查找和替换-数据视图”对话框，自动打开“替换”选项卡。

（2）在“查找”搜索框中输入要查找的内容“-”，在“替换内容”搜索框中输入需要替换的内容“~”，如图7.59所示。

（3）单击“全部替换”按钮，一次性替换所有符合条件的对象。全部替换完成后，会弹出替换完成提示框，单击“确定”按钮，如图 7.60 所示。

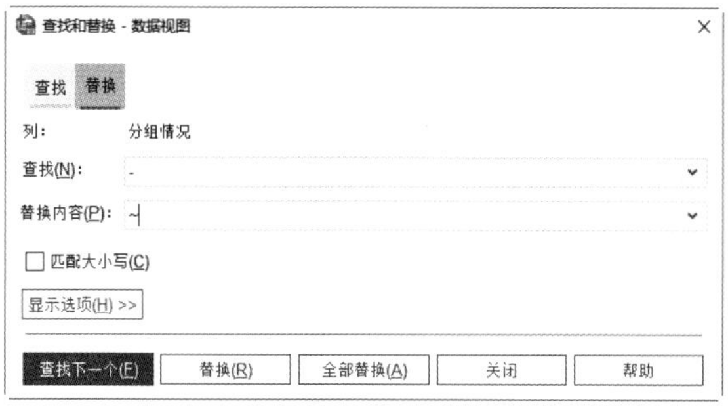

图 7.59　替换文本

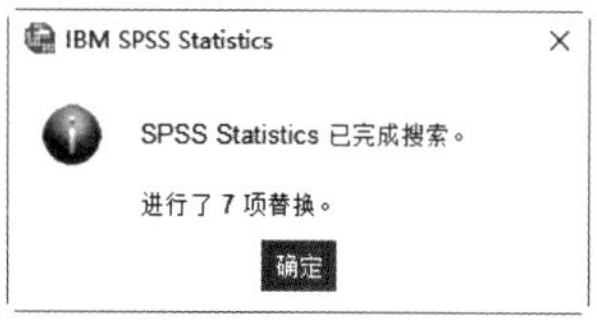

图 7.60　替换完成提示框

（4）返回至“查找和替换-数据视图”对话框，单击“关闭”按钮，返回“数据视图”窗口。切换到“变量视图”窗口，设置变量“医疗费用等级”“分组情况”的对齐方式为“居中”。

（5）返回“数据视图”窗口，使用同样的方法，将“901+”替换为“>900”，替换后的“分组情况”变量结果如图 7.54 所示。

4．保存文件

选择菜单栏中的“文件”→“另存为”命令，弹出“将数据另存为”对话框，选择要保存的位置，输入名称“显示员工医疗费用表分组.sav”，保存该文件。

第 8 章　数据分析图表

内容简介

19 世纪上半叶，随着各种工艺技术的完善，统计图形和专题绘图领域迅猛发展，现代大多数统计图形都是在此时出现的。在此期间，数据的收集整理范围明显扩大，大量社会管理方面的数据被收集用于分析。

对数据分布的分析一般会用到图表，但不可以把数据可视化简单地看作绘制图表。在 SPSS 中创建图表有三种方法：使用图表构建器、使用图形画板模板选择器、使用旧对话框。

学习要点

- 图表构建器
- 图形画板模板选择器
- 旧对话框

8.1　使用图表构建器创建图表

图表构建器是 SPSS 中创建图表的入口，通过图表构建器可以创建条形图、折线图、面积图、饼图/极坐标图、散点图/点图、直方图、股价图、箱图、双轴图等多种图表。

8.1.1　图表构建器

在 SPSS 中，使用图表构建器创建常用图表很方便，图表构建器根据预定义的图库图表或图表的单独部分（如轴和条形）生成图表，通过选择图库图表类型或从提供的图表类型选项中选择基本元素来生成图表。

【执行方式】

菜单栏：选择菜单栏中的“图形”→“图表构建器”命令。

操作步骤

执行此命令，弹出“图表构建器”提示对话框，提示创建图表之前需要定义变量的测量级别，如图 8.1 所示。在开始构建图表前，需要确定待用变量是否有意义。例如，这里使用的是分组变量，就需要为分组值设置值标签，否则只会显示数字组号。

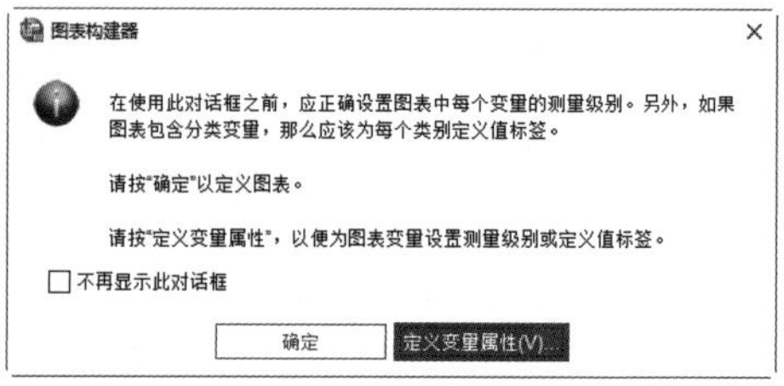

图 8.1　提示对话框

（1）单击“定义变量属性”按钮，弹出“定义变量属性”对话框，定义数据显示区所有变量的所有属性，若变量定义不符合条件，则无法创建正确的图表。

（2）若勾选“不再显示此对话框”复选框，再次执行此命令时，不再显示该提示对话框，直接显示下一个对话框，根据变量构建图表。单击“确定”按钮，弹出“图表构建器”对话框，如图 8.2 所示。

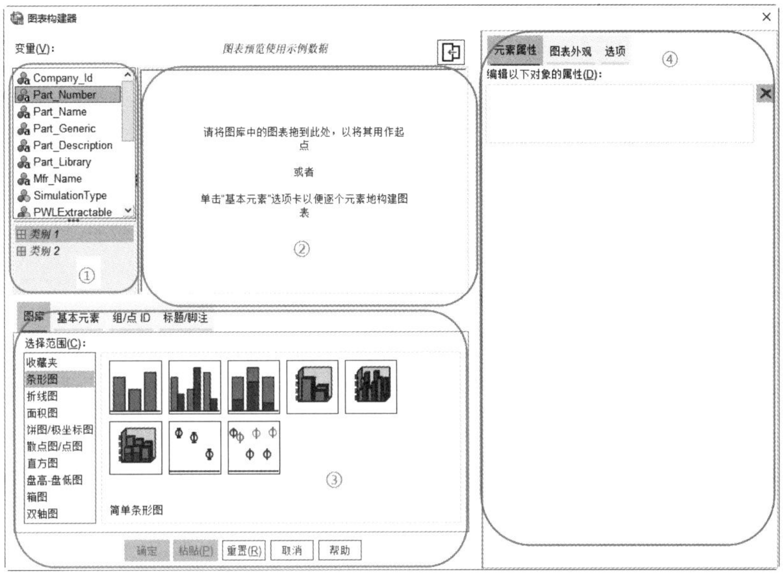

图 8.2　“图表构建器”对话框

“图表构建器”对话框根据功能可分为四个部分。

- 变量区：显示图表中数据涉及的所有变量。
- 预览区：显示整个图表及其包含的元素。
- 图表元素区：选中图表中的任意元素。
- 信息设置区：设置图表中任意元素的属性。

8.1.2　选择图表类型

图表元素区的“图库”选项卡用于显示常用的统计图表类型，选择图表类型包括以下两种方法。

（1）选中图表类型将其拖到预览区。

（2）双击图表类型名称。

执行上述操作后，在预览区显示该图表的预览图，如图 8.3 所示。

每种图表类型下还包含一种或多种子类型，在“选择范围”列表中根据图表类型显示具体的统计图表。

1．条形图

条形图用于显示特定时间内各项数据的变化情况，或者比较各项数据之间的差别，如图 8.4 所示。条形图包含简单条形图、群集条形图、堆积条形图、简单 3-D 条形图、群集 3-D 条形图、堆积 3-D 条形图、1-D 框图简单误差条形图、群集误差条形图。

在条形图中，类别数据通常显示在垂直轴（Y 轴）上，数值显示在水平轴（X 轴）上，以突出数值的比较。

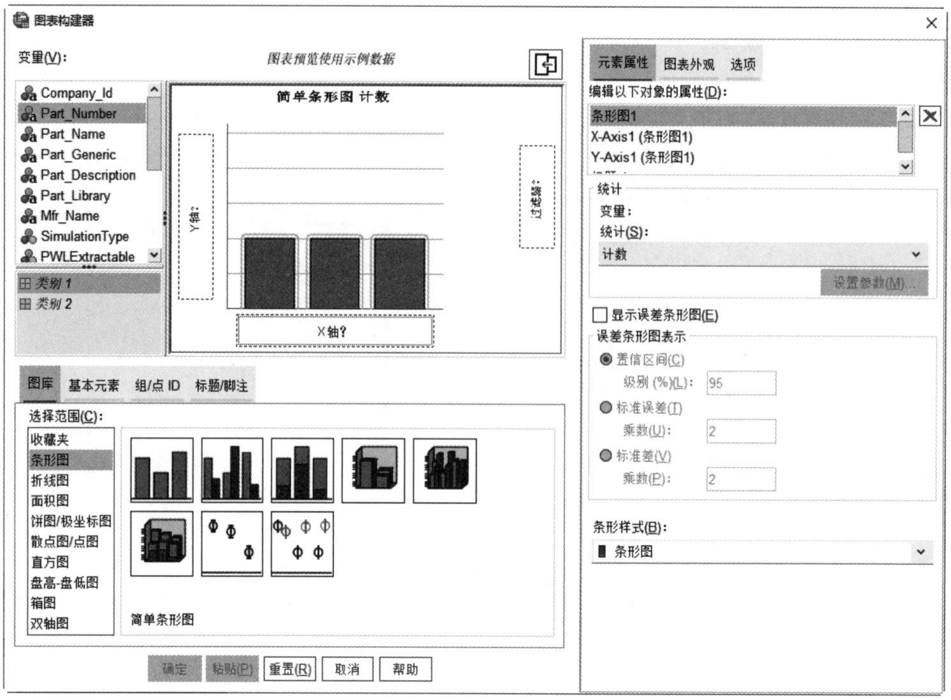

图 8.3　选择图表类型

2. 折线图

折线图以等间隔显示数据的变化趋势，如图 8.5 所示。在折线图中，类别数据沿水平轴均匀分布，数值数据沿垂直轴均匀分布。折线图包括两个类别：简单线图和多重线图。

3. 面积图

面积图强调幅度随时间的变化量，如图 8.6 所示。在面积图中，类别数据通常显示在水平轴上，数值数据显示在垂直轴上。面积图包括两个类别：简单面积图和堆积线图。

4. 饼图/极坐标图

饼图以圆心角不同的扇形显示某一数据系列中每一项数值与总和的比例关系，在需要突出某个重要项时十分有用，如图 8.7 所示。

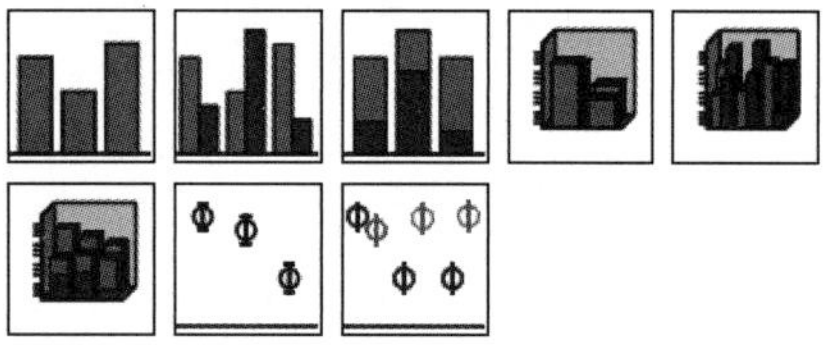

图 8.4　条形图示例

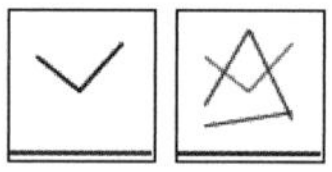

图 8.5　折线图示例

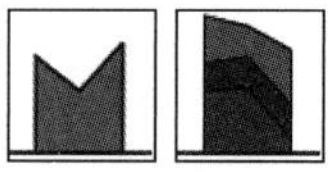

图 8.6　面积图示例

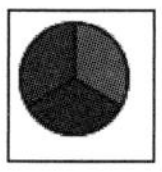

图 8.7　饼图示例

5. 散点图/点图

散点图有两个数值轴，沿水平轴方向显示一组数值数据，沿垂直轴方向显示另一组数值数据，如图 8.8 所示。散点图多用于科学数据的显示和比较，包括散点图、简单 3-D 散点图、组 3-D 散点图、摘要点图、简单点图、散点图矩阵和垂线图。

6．直方图

直方图是展示数据的分组分布状态的一种图形，常用于分析数据分布比重和分布频率。使用方块（称为“箱”）代表各个数据区间的数据分布情况，如图 8.9 所示。直方图分为 4 类：简单直方图、堆积直方图、频率多边形图、总体锥形图。

7．股价图

股价图也称盘高-盘低图，用于描述股票价格走势，如图 8.10 所示。也可以用于科学数据，如随温度变化的数据。在生成这种图形时，必须注意以正确的顺序组织数据。股价图包括高-低-收盘图、简单全距条形图、群集全距条形图、差异面积图。

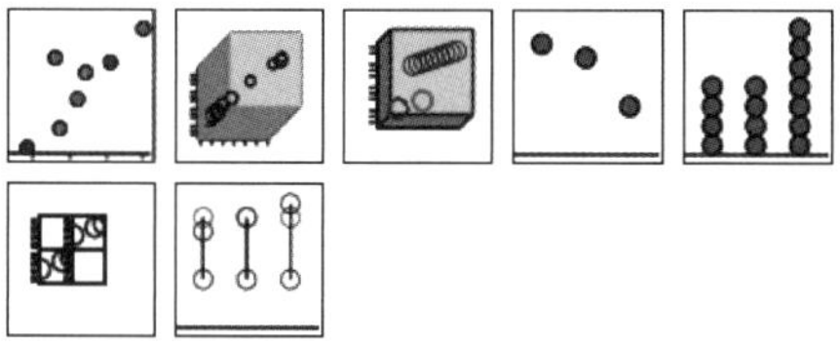

图 8.8　散点图示例

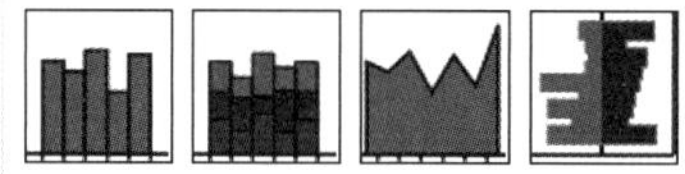

图 8.9　直方图示例

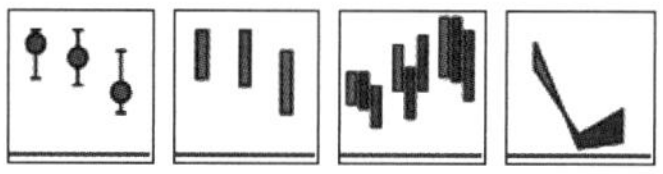

图 8.10　股价图示例

8．箱图

箱图的优点是可以很方便地一次看到一批数据的最大值、上四分位数、中位数、下四分位数、最小值和离散值，是一种快速查看数据分布的图表类型，如图 8.11 所示。箱图包括简单框图、群集框图、1-D 框图。

每个箱图由最中间的横粗线、一个方框、外延出来的两条细线和最外端可能存在的单独散点组成。

（1）最中间的粗线表示变量的中位数（Median，M）。

（2）方框上端和下端表示上、下四分位数（Q1 和 Q3，也就是 25%和 75%百分位数）。上端与下端的距离为四分位差（Interquartile，IQR）。

（3）方框上、下细线断点表示除去异常值外的最大值和最小值。

（4）异常值的判断与标记。与四分位数的距离超过 1.5 倍四分位差的被定义为异常值，用大写字母 O 表示，超过 3 倍四分位差的用“*”表示。符号旁边为异常值对应的行号。

9．双轴图

双轴图是具有两个单独的度量轴和一个维度轴的图，包括两种类型的子图：包含分类 X 轴的双 Y 轴、包含刻度 X 轴的双 Y 轴，如图 8.12 所示。

图 8.11　箱图示例

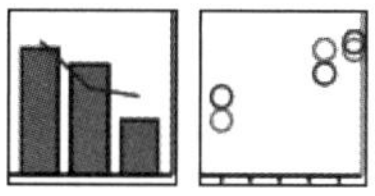

图 8.12　双轴图示例

★重点 动手学——绘制公司成本总费用饼图

源文件：源文件\第 8 章\公司成本费用.sav

利用饼图分析某公司畅销产品 A、B、C 总成本费用所占比例，如图 8.13 所示。

扫一扫，看视频

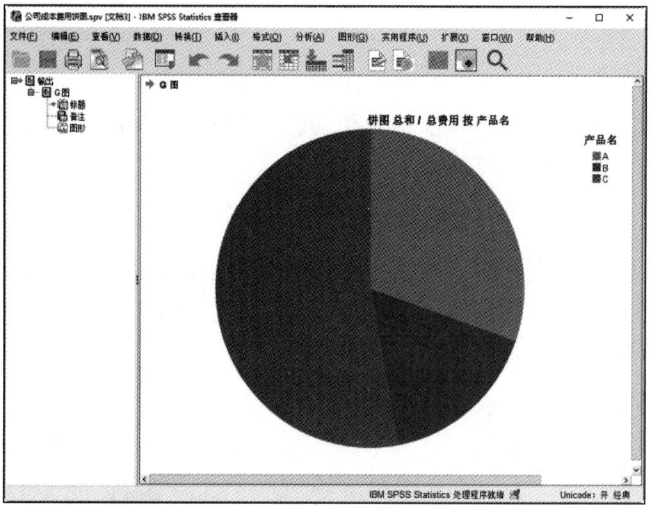

图 8.13　输出结果-饼图

操作步骤

1. 打开数据文件

选择菜单栏中的“文件”→“打开”→“数据”命令，弹出“打开数据”对话框，选择“公司成本费用.sav”文件，单击“打开”按钮，打开数据文件，如图 8.14 所示。

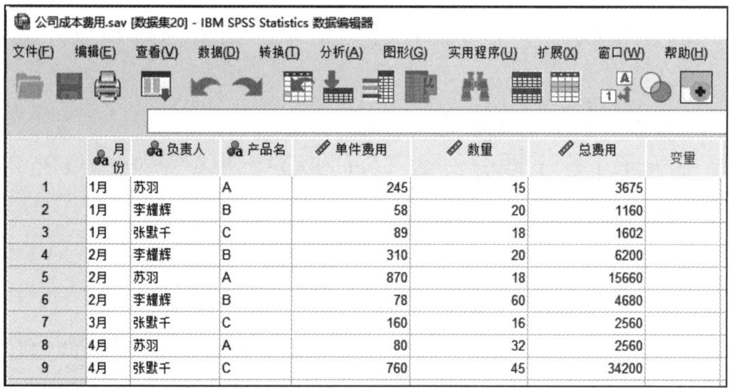

	月份	负责人	产品名	单件费用	数量	总费用	变量
1	1月	苏羽	A	245	15	3675	
2	1月	李耀辉	B	58	20	1160	
3	1月	张默千	C	89	18	1602	
4	2月	李耀辉	B	310	20	6200	
5	2月	苏羽	A	870	18	15660	
6	2月	李耀辉	B	78	60	4680	
7	3月	张默千	C	160	16	2560	
8	4月	苏羽	A	80	32	2560	
9	4月	张默千	C	760	45	34200	

图 8.14　打开数据文件

2. 使用图表构建器创建饼图

（1）选择菜单栏中的“图形”→“图表构建器”命令，弹出“图表构建器”对话框中的提示信息面板，单击“确定”按钮，弹出“图表构建器”对话框。

（2）选择图表类型。在图表元素区的“图库”选项卡中选择“饼图/极坐标图”，双击“饼图”图表类型，在预览区显示饼图的预览图，需要设置的饼图参数包括“分区依据?”“角度变量?”“过滤器?”，如图 8.15 所示。

（3）设置图表变量，结果如图 8.16 所示。

- 在“变量”列表中选择“产品名”，将其拖到预览区中的“分区依据?”虚线框中。
- 将“变量”列表中的“总费用”拖到“角度变量?”虚线框中，在“元素属性”选项卡中设置“统计”值为“总和”。

（4）单击“确定”按钮，在“IBM SPSS Statistics 查看器”窗口中输出不同产品总费用饼图，如图 8.17 所示。

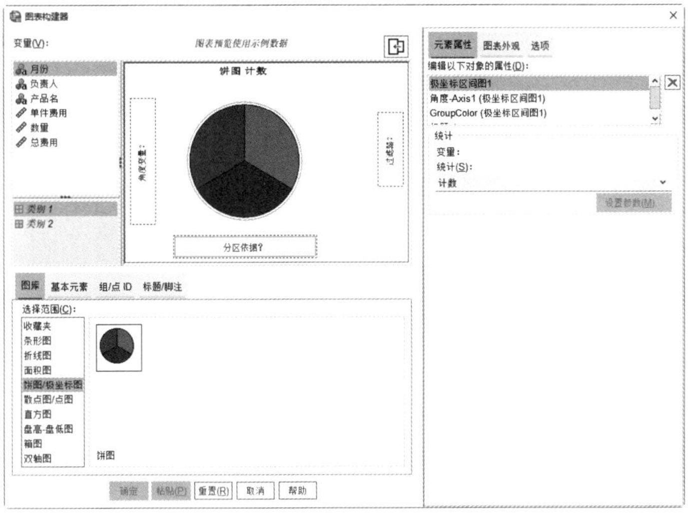

图 8.15 “图表构建器”对话框

3. 保存文件

在“IBM SPSS Statistics 查看器”窗口中选择菜单栏中的“文件”→“另存为”命令，弹出“将输出另存为”对话框，选择要保存的位置，输入名称“公司成本费用饼图.spv”，单击“保存”按钮，保存该文件。

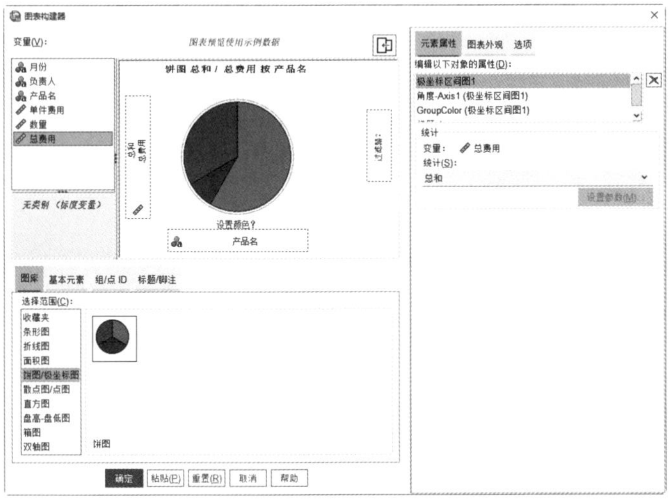

图 8.16 图表参数选择

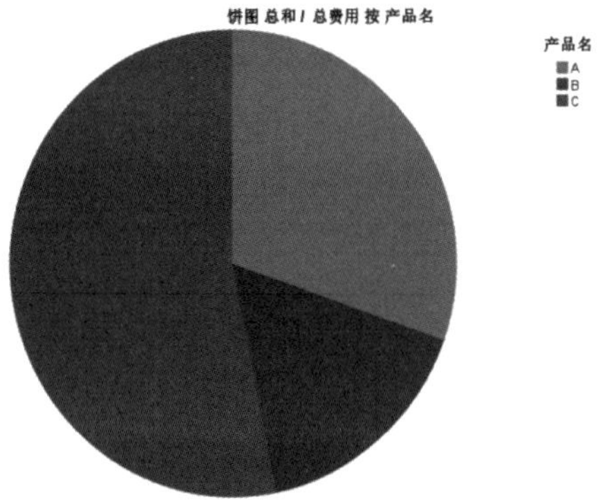

图 8.17 输出饼图

★重点 动手学——绘制客运量统计表双轴图

扫一扫，看视频

源文件：源文件\第 8 章\编辑客运量统计表.sav

“编辑客运量统计表.sav”是交通部门发布的 1998—2011 年分类客运统计数据表，本实例利用双轴图分析分类客运统计数据变化规律，如图 8.18 所示。

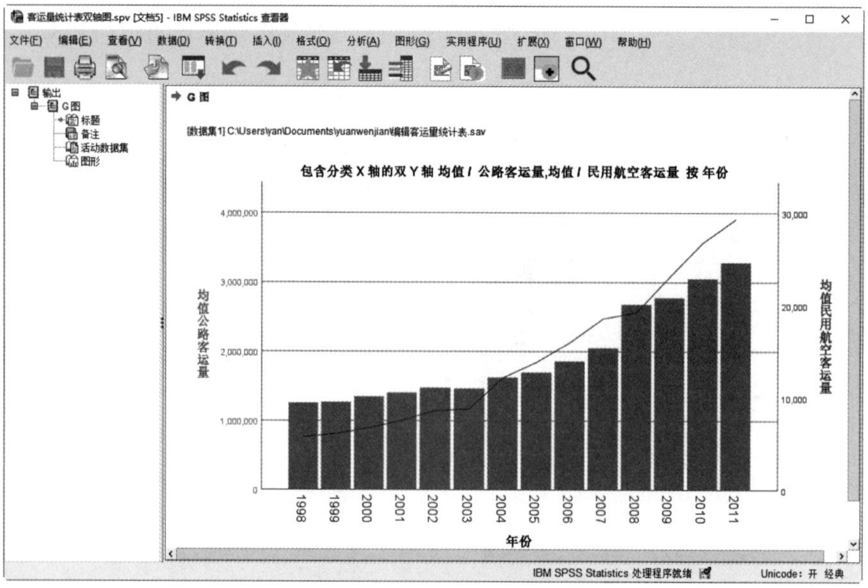

图 8.18　统计表双轴图

操作步骤

1. 打开数据文件

选择菜单栏中的“文件”→“打开”→“数据”命令，弹出“打开数据”对话框，选择“编辑客运量统计表.sav”文件，单击“打开”按钮，打开数据文件，如图 8.19 所示。

年份	公路客运量	水运客运量	民用航空客运量
1998	1257332	20545	5755
1999	1269004	19151	6094
2000	1347392	19386	6722
2001	1402798	18645	7524
2002	1475257	18693	8594
2003	1464335	17142	8759
2004	1624526	19040	12123
2005	1697381	20227	13827
2006	1860487	22047	15968
2007	2050680	22835	18576
2008	2682114	20334	19251
2009	2779081	22314	23052
2010	3052738	22392	26769
2011	3286220	24556	29317

图 8.19　客运量统计数据

2. 使用图表构建器创建双轴图

通过上面的数据发现，公路客运量与民用航空客运量相差 3 个数量级，在同一坐标系下显示没有对比性，需要采用双 Y 轴坐标系，一个设为主轴，另一个设为副轴，默认一个柱状图配一个折线图，两个图不是同一个纵轴尺度。

（1）选择菜单栏中的“图形”→“图表构建器”命令，弹出“图表构建器”对话框中的提示信息面板，单击“确定”按钮，弹出“图表构建器”对话框。

（2）选择图表类型。在图表元素区的“图库”选项卡中选择“双轴图”，双击第一个“包含分类 X 轴的双 Y 轴”图表类型，在预览区显示双轴图，需要设置的双轴图参数包括“X 轴?”“Y 轴?”“Y 轴?”和“过滤器?”，如图 8.20 所示。

（3）设置图表变量，结果如图 8.21 所示。

- 将“变量”列表中的“年份”拖到❶中“X 轴?”的虚线框中。
- 将“变量”列表中的“公路客运量”拖到❷“Y 轴?”的虚线框中。
- 将“变量”列表中的“民用航空客运量”拖到❸“Y 轴?”的虚线框中。

（4）单击“确定”按钮，在“IBM SPSS Statistics 查看器”窗口中输出公路客运量条形图、民用航空客运量折线图，如图 8.18 所示。

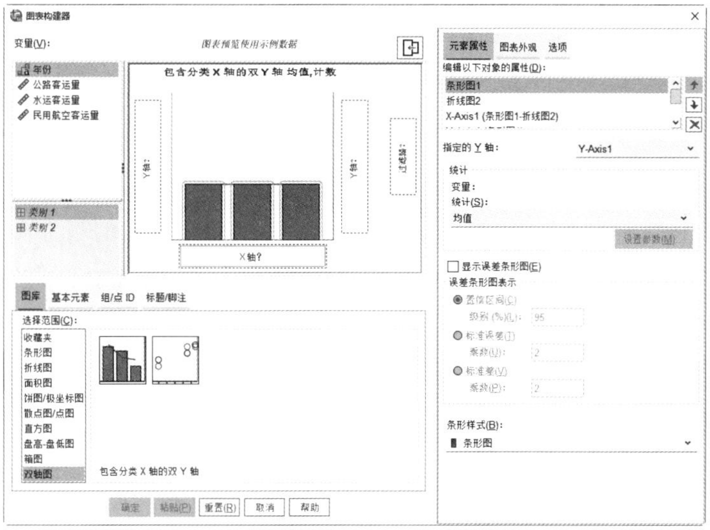

图 8.20 “图表构建器”对话框

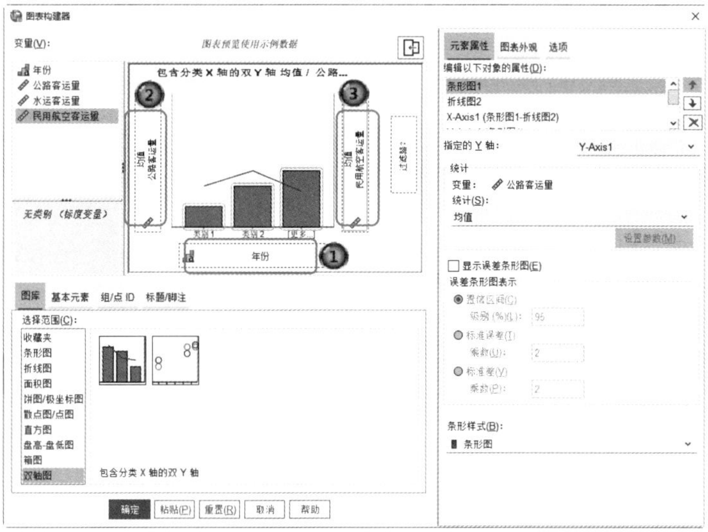

图 8.21 图表参数选择

3. 保存文件

在“IBM SPSS Statistics 查看器”窗口中选择菜单栏中的“文件”→“另存为”命令，弹出“将输出另存为”对话框，选择要保存的位置，输入名称“客运量统计表双轴图.spv”，单击“保存”按钮，保存该文件。

8.1.3 选择图表元素属性

图表构建器的特点是通过图表元素创建图表。选择好图表类型，在预览区会显示图表，还需要进一步对图表中的元素属性进行设置。选中最简单的条形图后，预览区显示图表默认的 4 个元素属性，分别为图形、X 轴、Y 轴和标题，如图 8.22 所示。

（1）在图表元素区选择图表元素，图表元素除了上面的 4 个基本属性外，还包括变量和标题（默认为 1 个，可以添加多个）。

（2）在“基本元素”选项卡中显示图表的基本元素，在“选择轴”列表中显示 5 种图表坐标轴对象，每种图表坐标轴对象下还包含一系列图表元素，如图 8.23 所示。

（3）在“组/点 ID”选项卡中设置需要添加到放置区的变量，如 X 轴上的聚类变量、Z 轴上的聚类变量、分组/堆积变量、行面板变量、列面板变量、点 ID 标签，如图 8.24 所示。

（4）在“标题/脚注”选项卡中设置需要添加的标题、子标题和脚注，如图 8.25 所示。

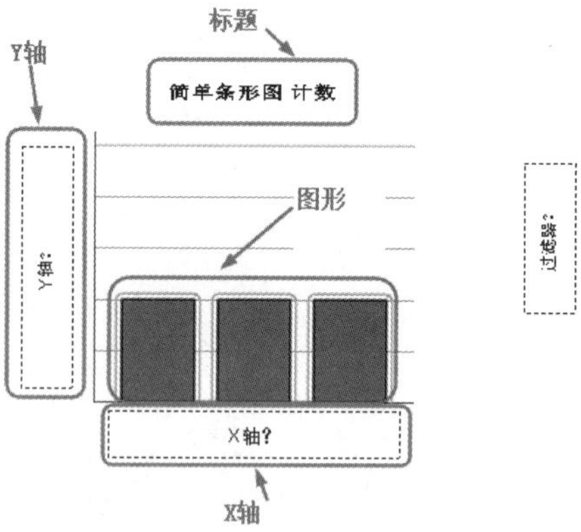

图 8.22　图表预览

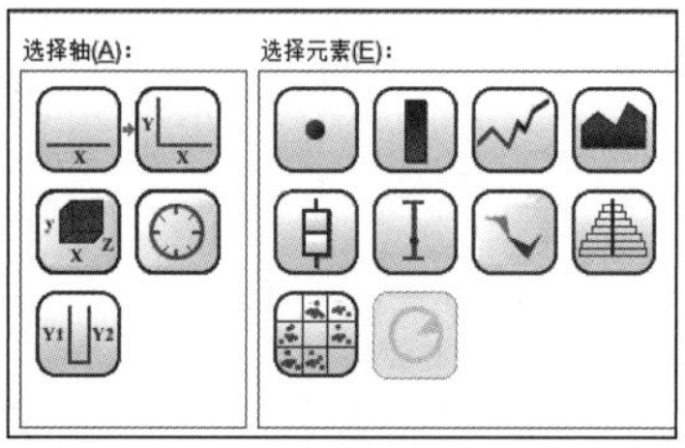

图 8.23　设置图表的基本元素

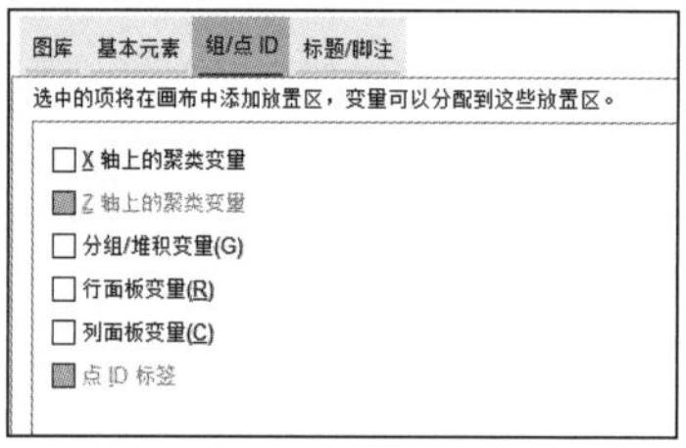

图 8.24　“组/点 ID”选项卡

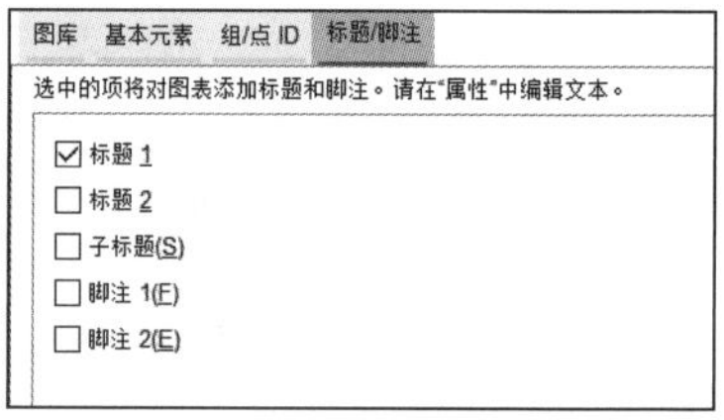

图 8.25　“标题/脚注”选项卡

8.1.4　设置图表元素属性

信息设置区中的“元素属性”选项卡用于设置选中元素的内容，选择不同的图表类型，信息窗格中所提供的选项会有所不同。

在“编辑以下对象的属性”列表中显示图表的四个默认属性，X-Axis1、Y-Axis1 是固定属性，不可删除，其余属性可以根据具体情况进行删减。下面分别进行介绍。

（1）X-Axis1。X-Axis1 元素对象用于设置 X 坐标轴的属性，如图 8.26 所示。

- 在“变量”列表中选择变量，将其拖到预览区“X 轴?”边框中，完成 X 轴变量的选择，此时，在“轴标签”中显示 X 轴上添加变量的标签名，如图 8.27 所示。
- “排序依据”下拉列表中显示变量排序的依据，包括定制、标签、值。
- “方向”下拉列表中显示数据排序方法，包括升序或降序。
- 在“小/空类别”选项组下设置空类别、小类别的显示方式。

（2）Y-Axis1。在 X 轴添加表示对比分类的变量后，Y 轴会自动添加相应的数值，默认情况下，Y 轴显示对 X 轴变量的计数值，如图 8.28 所示。

在“标度范围”选项组中根据 Y 轴变量数值自动定义最小值、最大值、主增量和原点，也可以取消勾选“自动”复选框，激活“定制”文本框，重新设置 Y 轴数值范围。

在“标度类型”选项组中选择 Y 轴的标度类型，包括线性、对数、对数（安全）、幂。

（3）条形图 1。在“图库”选项卡中选择图表类型为“条形图”时，图表名称显示为“条形图 1”，如图 8.29 所示。若选择“面积图”，则图表名称显示为“面积图 1”。

在“统计”选项组下的“统计”下拉列表中，默认 Y 轴显示 X 轴数据的“计数”值，常用统计值还包括百分比、均值、最大值等。

勾选“显示误差条形图”复选框，绘制误差条形图，如图 8.30 所示。同时激活“误差条形图表示”选项组中的选项，指定误差条形图的置信区间。

图 8.26　设置 X-Axis1 对象属性

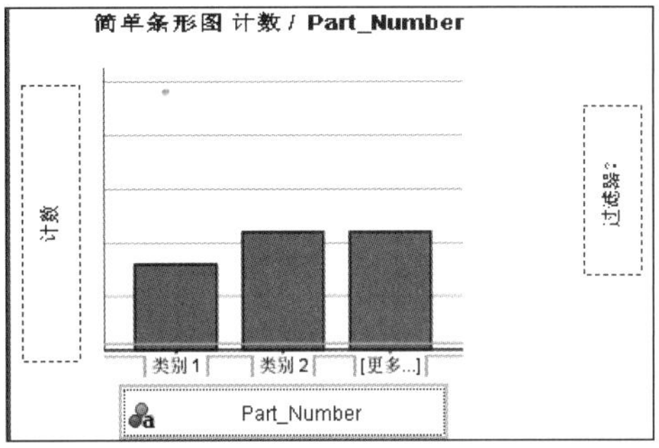

图 8.27　选择 X 轴变量

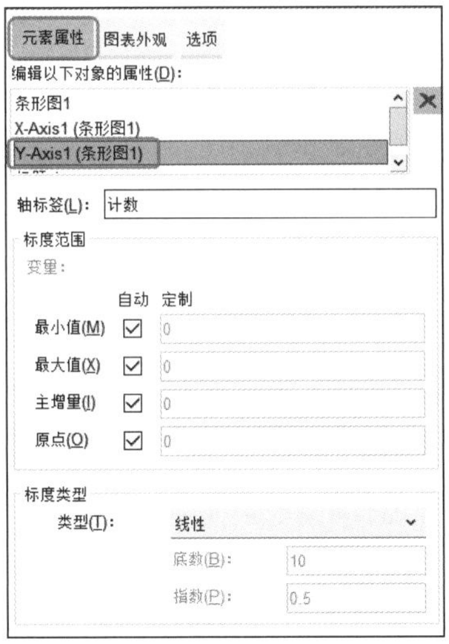

图 8.28　设置 Y-Axis1 对象属性

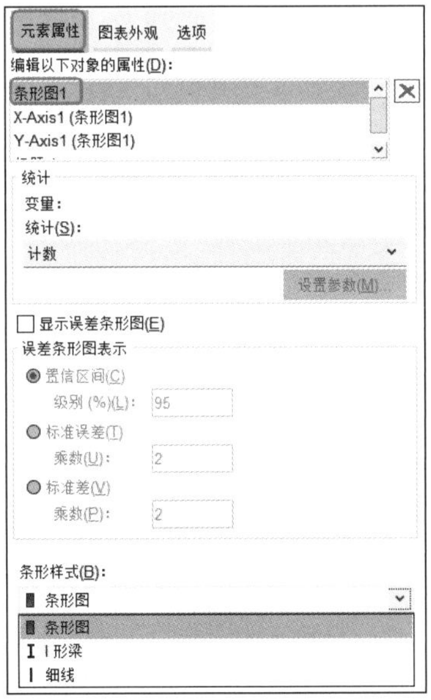

图 8.29　设置“条形图 1”对象属性

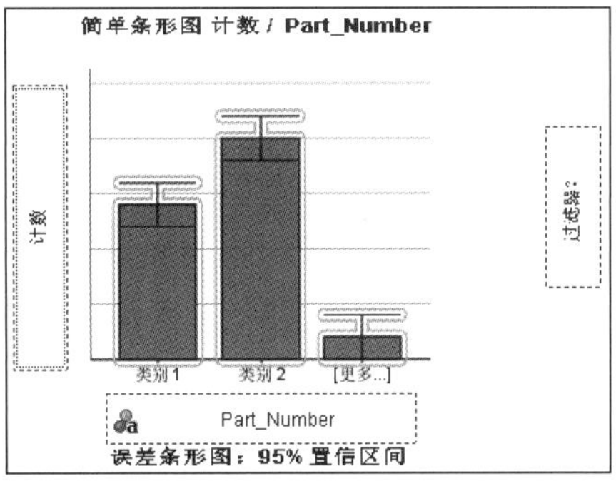

图 8.30　误差条形图

在“条形样式”下拉列表中显示条形图的显示样式，包括条形图、I 形梁、细线，如图 8.31 所示。

（4）标题 1。“标题 1”用于定义图表的标题，图表的标题包括三种定义方法。

- 自动：选择该项，默认根据 X 轴、Y 轴中的变量标签定义。
- 定制：选择该项，在文本框中输入新标题的名称。
- 无：选择该项，不显示该图表中的标题。

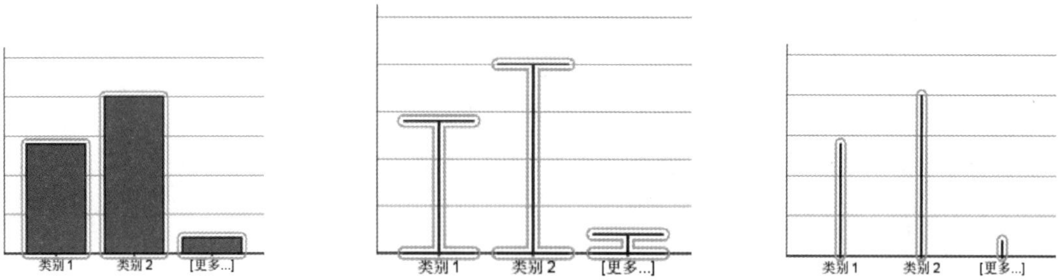

（a）条形图　　（b）I 形梁　　（c）细线

图 8.31　条形图的显示样式

扫一扫，看视频

★重点 动手学——绘制奖牌条形图

源文件：源文件\第 8 章\历届夏季奥运会获得的奖牌数调整结构.sav

中国在历届夏季奥运会中获得的奖牌数量见“历届夏季奥运会获得的奖牌数调整结构.sav”文件，本实例利用条形图分析 2008 年后中国在夏季奥运会中获得的奖牌数量，结果如图 8.32 所示。

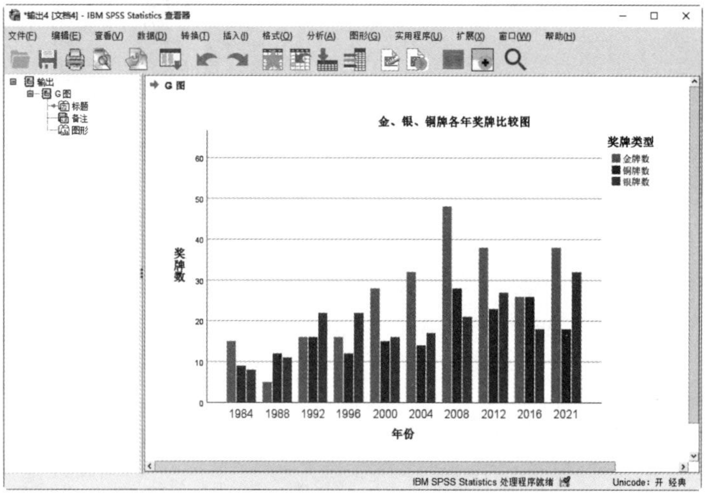

图 8.32　奖牌比较条形图

操作步骤

1. 打开数据文件

选择菜单栏中的“文件”→“打开”→“数据”命令，弹出“打开数据”对话框，选择“历届夏季奥运会获得的奖牌数调整结构.sav”文件，单击“打开”按钮，打开数据文件，如图 8.33 所示。

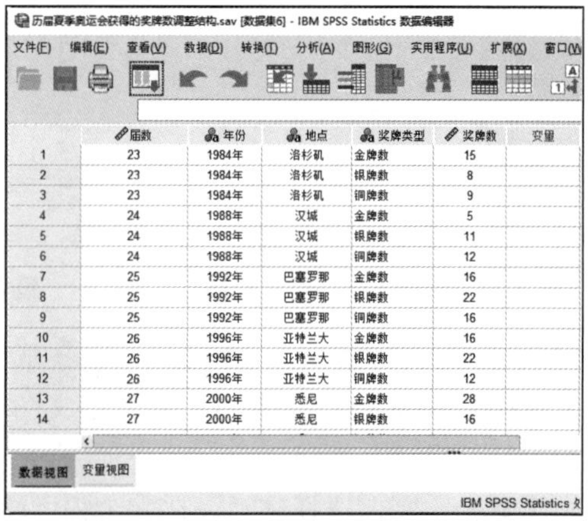

	届数	年份	地点	奖牌类型	奖牌数	变量
1	23	1984年	洛杉矶	金牌数	15	
2	23	1984年	洛杉矶	银牌数	8	
3	23	1984年	洛杉矶	铜牌数	9	
4	24	1988年	汉城	金牌数	5	
5	24	1988年	汉城	银牌数	11	
6	24	1988年	汉城	铜牌数	12	
7	25	1992年	巴塞罗那	金牌数	16	
8	25	1992年	巴塞罗那	银牌数	22	
9	25	1992年	巴塞罗那	铜牌数	16	
10	26	1996年	亚特兰大	金牌数	16	
11	26	1996年	亚特兰大	银牌数	22	
12	26	1996年	亚特兰大	铜牌数	12	
13	27	2000年	悉尼	金牌数	28	
14	27	2000年	悉尼	银牌数	16	

图 8.33　数据结构变换

2. 使用图表构建器创建条形图

（1）选择菜单栏中的“图形”→“图表构建器”命令，弹出“图表构建器”对话框中的提示信息面板，单击“确定”按钮，弹出“图表构建器”对话框，如图 8.34

所示。

（2）选择图表类型。在图表元素区的“图库”选项卡中选择“条形图”，双击“群集条形图”图表类型，在预览区中预览。

（3）设置图表变量。

- 在“变量”列表中选择“年份”，将其拖到“X 轴?”虚线框中，作为条形图的 X 分类轴变量。
- 将“金牌数”拖到“计数”虚线框中作为 Y 轴，在“元素属性”选项卡中设置“统计”值为“值”。
- 将“奖牌类型”拖到预览区右上角的“X 轴上的聚类：设置颜色”虚线框中。

（4）设置标题。选择“标题/脚注”选项卡，选中“标题 1”，在“元素属性”选项卡中选择“定制”选项，设置文本内容为“金、银、铜牌各年奖牌比较图”，如图 8.34 所示。

（5）单击“确定”按钮，在“IBM SPSS Statistics 查看器”窗口中输出奖牌比较条形图，如图 8.32 所示。

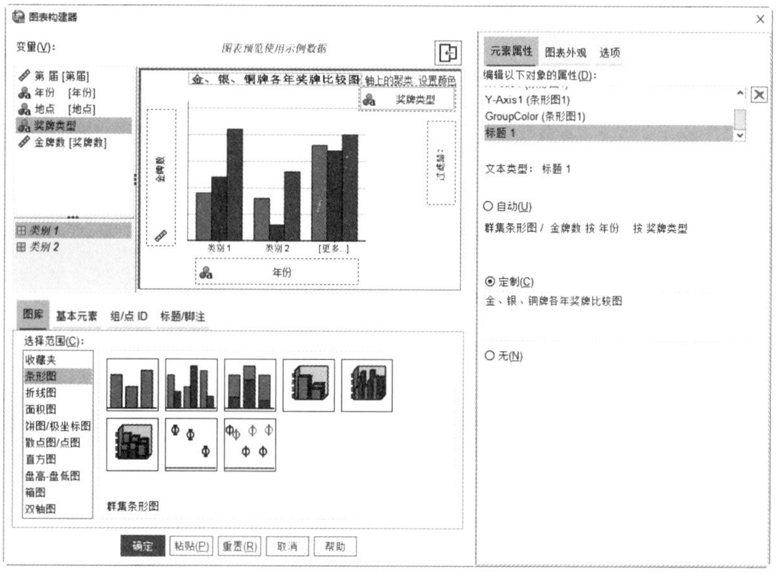

图 8.34　“图表构建器”对话框

3．保存文件

在“IBM SPSS Statistics 查看器”窗口中选择菜单栏中的“文件”→“另存为”命令，弹出“将输出另存为”对话框，选择要保存的位置，输入名称“夏季奥运会获得的奖牌条形图.spv”，如图 8.35 所示，单击“保存”按钮，保存该文件。

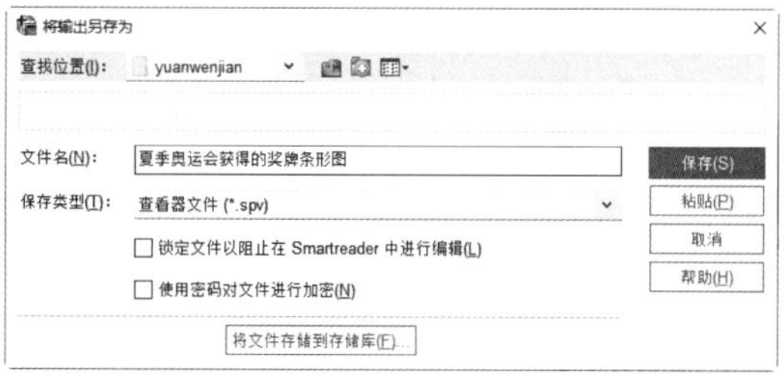

图 8.35　“将输出另存为”对话框

8.1.5　设置图表外观

信息设置区的“图表外观”选项卡用于设置图表的外观，包括颜色、框架、网格线和模板的设置，如图 8.36 所示。

（1）在“循环顺序”列表中显示 30 个类别的条形对象的颜色，每个对象设置不同颜色，也可以在右侧“可用颜色”选项中修改选中类别的颜色。

（2）在“框架”选项组中设置在图表内部和外部添加框架。

（3）在“网格线”选项组中设置在 X、Y 轴添加网格线，如图 8.37 所示。

（4）在“模板”下拉列表中显示已定义的几种图表模板。

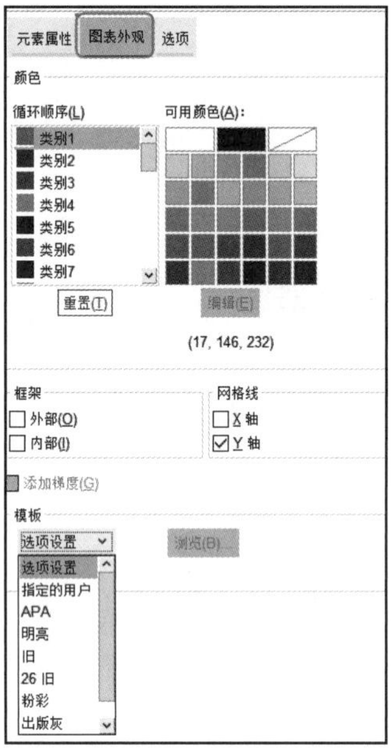

图 8.36　“图表外观”选项卡

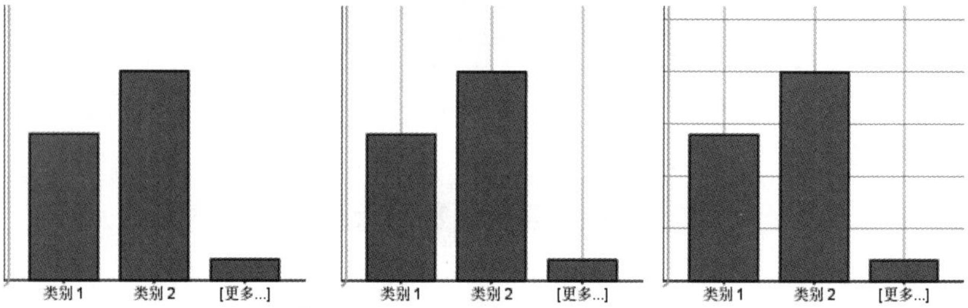

（a）不添加　　（b）添加 X 轴　　（c）添加 X、Y 轴

图 8.37　网格线设置

扫一扫，看视频

★重点 动手学——绘制公司成本总费用箱图

源文件： 源文件\第 8 章\公司成本费用表.sav

本实例利用箱图分析某公司不同负责人销售产品 A、B、C 的总费用，结果如图 8.38 所示。

操作步骤

1. 打开数据文件

选择菜单栏中的“文件”→“打开”→“数据”命令，弹出“打开数据”对话框，选择“公司成本费用表.sav”文件，单击“打开”按钮，打开数据文件。

2. 使用图表构建器创建群集框图

（1）选择菜单栏中的“图形”→“图表构建器”命令，弹出“图表构建器”对话框中的提示信息面板，单击“确定”按钮，弹出“图表构建器”对话框。

（2）选择图表类型。在图表元素区的“图库”选项卡中选择“箱图”，双击“群集框图”图表类型，在预览区显示群集框图的预览图，需要设置的箱图参数包括“X 轴?”“Y 轴?”“X 轴上的聚类：设置颜色”和“过滤器?”。

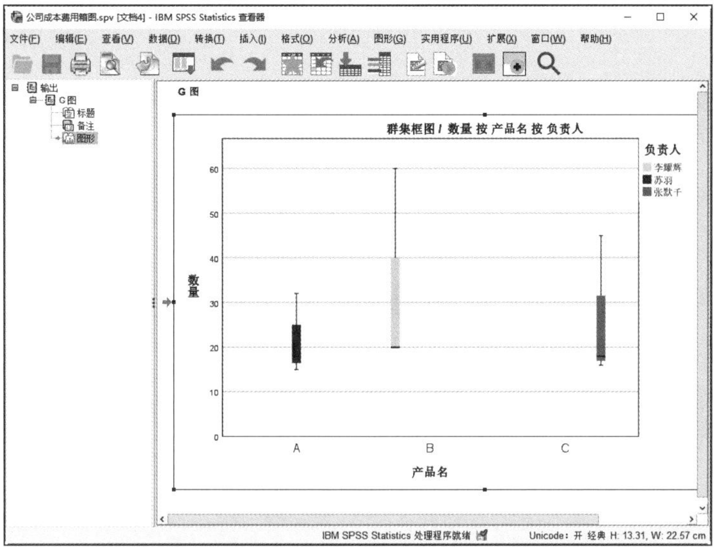

图 8.38　输出结果——箱图

（3）根据图 8.39 所示设置图表参数。

- 在“变量”列表中选择“产品名”，将其拖到“X 轴?”虚线框中。
- 在“变量”列表中选择“数量”，将其拖到“Y 轴?”虚线框中。
- 在“变量”列表中选择“负责人”，将其拖到“X 轴上的聚类：设置颜色”虚线框中。

（4）在“循环顺序”列表中修改类别 1、类别 2、类别 3 对象的颜色，在右侧“可用颜色”选项中修改选中类别的颜色，在“框架”选项组中勾选“内部”复选框，在图表内部添加框架。

（5）单击“确定”按钮，弹出“IBM SPSS Statistics 查看器”窗口，输出不同产品总费用箱图，如图 8.39 所示。

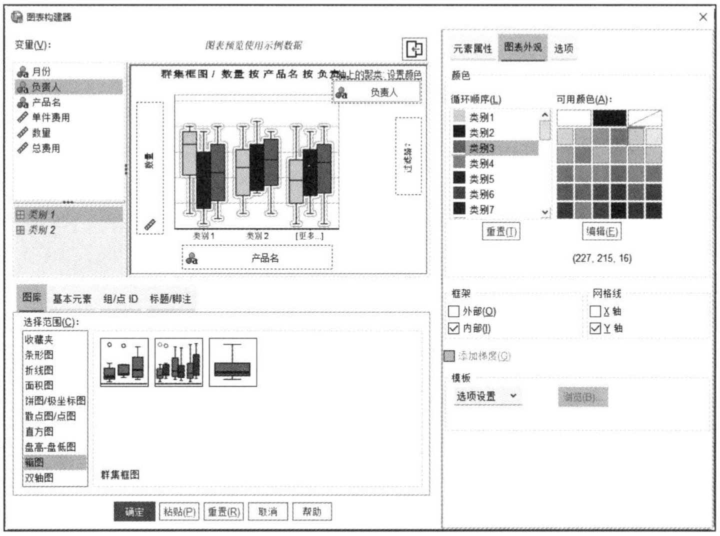

图 8.39　图表参数选择

3. 保存文件

在“IBM SPSS Statistics 查看器”窗口中选择菜单栏中的“文件”→“另存为”命令，弹出“将输出另存为”对话框，选择要保存的位置，输入名称“公司成本费用箱图.spv”，单击“保存”按钮，保存该文件。

8.1.6 设置图表选项

信息设置区中的“选项”选项卡用于设置图表对用户缺失值的处理方式、面板的显示比例、面板是否回绕，如图 8.40 所示。

扫一扫，看视频

★重点 动手练——绘制 2020 年销售额统计图

源文件：源文件\第 8 章\2020 年销售额.sav

2020 年某单位销售额数据如图 8.41 所示，本实例使用不同的统计图进行分析。

思路点拨

（1）打开数据文件“2020 年销售额.sav”。

（2）在“变量视图”窗口中检查变量的“测量”属性。

（3）利用“图表构建器”命令创建第一季度销售额的条形图。

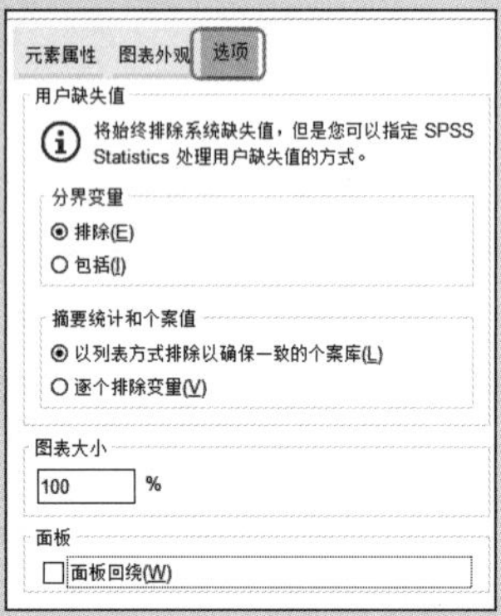

图 8.40 “选项”选项卡

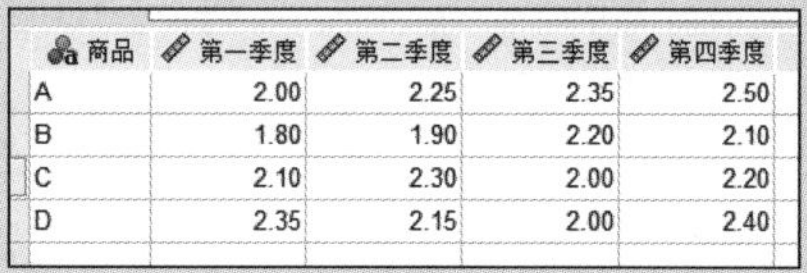

商品	第一季度	第二季度	第三季度	第四季度
A	2.00	2.25	2.35	2.50
B	1.80	1.90	2.20	2.10
C	2.10	2.30	2.00	2.20
D	2.35	2.15	2.00	2.40

图 8.41 2020 年某单位销售额数据

（4）利用“图表构建器”命令创建第二季度销售额的折线图。

（5）利用“图表构建器”命令创建第三季度销售额的面积图。

（6）利用“图表构建器”命令创建第四季度销售额的饼图。

（7）保存创建的各个统计图形为“2020 年销售额条形图”“2020 年销售额折线图”“2020 年销售额面积图”“2020 年销售额饼图”。

8.2 使用图形画板模板选择器创建图表

在 SPSS 中，图形画板模板选择器是一个类似于绘图向导的可视化界面，它会根据用户选择的变量数量和测量尺度，自动给出可绘制的图形供用户选择。对比图表构建器，图形画板模板选择器可以选择更多相似的可视化类型，图表类型十分丰富多样，除了常见的统计图外，还可以创建成热力图、地图等相对更高级的图表类型。

【执行方式】

菜单栏：选择菜单栏中的“图形”→“图形画板模板选择器”命令。

操作步骤

执行此命令，弹出“图形画板模板选择器”对话框，用于创建可视化图表，如图 8.42 所示。

（1）“基本”选项卡：在该选项卡中设置可视化图标的基本创建方法。在左侧变量列表中选择变量作为图表中的数据，激活图形模板，在右侧直接选择图表类型即可。

（2）“详细”选项卡：在该选项卡中通过设置图表的可视化参数创建图表，如图 8.43 所示。可视化图表的参数包括以下三个方面。

- 可视化类型：在该下拉列表中选择可视化图表类型，在下方显示不同图表类型的演示图。在“X”下拉列表中可以选择图表中的 X 轴数据，参数与“基本”选项卡中的相同。
- 可选审美原则：可视化图表更注重图形的显示效果，可以设置图标的色彩、形状、透明度、数据标签。
- 面板与动画：设置图表中的面板样式和动画。

（3）“标题”选项卡：用于添加可视化标题。

（4）“选项”选项卡：设置数据中用户缺失值的处理方法和图表输出标签。

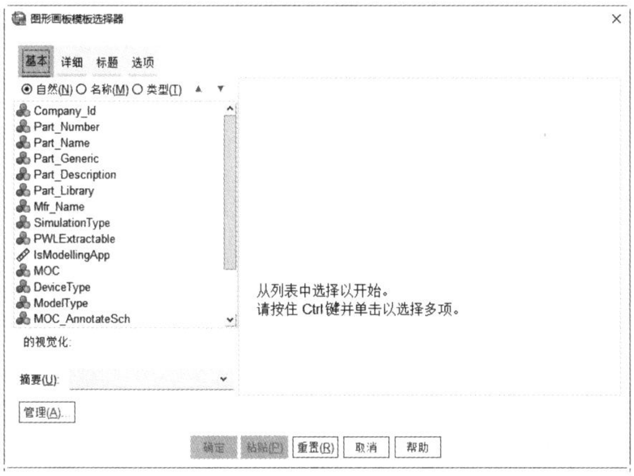

图 8.42　“图形画板模板选择器”对话框

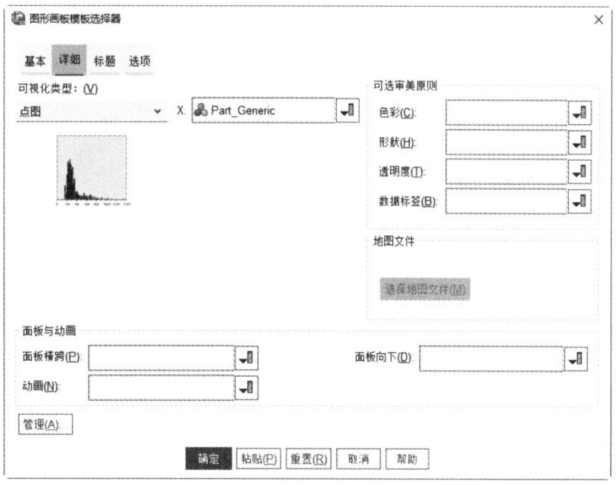

图 8.43　“详细”选项卡

8.2.1　点图

点图用点（数）来表现与数据值对应的边界或域对象，一个域对象中点的总个数代表了域对应的数据值，如人口、快餐店个数、某种商标的碳酸汽水的提供商个数等。点图对分析单标度变量的分布情况非常有用。

★重点　动手学——绘制流动人员点图

扫一扫，看视频

源文件： 源文件\第 8 章\部门流动人员.sav

本实例利用图形画板模板选择器绘制点图，分析 10 个部门的流动人员情况，结果如图 8.44 所示。

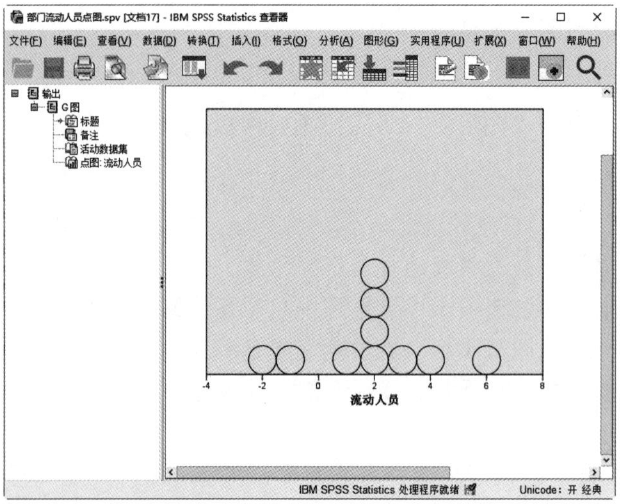

图 8.44　部门流动人员点图

操作步骤

1. 打开数据文件

选择菜单栏中的“文件”→“打开”→“数据”命令，弹出“打开数据”对话框，选择“部门流动人员.sav”文件，单击“打开”按钮，打开数据文件，如图 8.45 所示。

2. 绘制点图

（1）选择菜单栏中的“图形”→“图形画板模板选择器”命令，弹出“图形画板模板选择器”对话框，在左侧变量列表中选中“流动人员”，如图 8.46 所示。图形画板模板选择器根据选择的变量自动提供三种图表类型：带有正态分布的直方图、点图、直方图。

	部门	入职人数	离职人数	流动人员	部门编号
1	部门A	2	0	2	1
2	部门B	3	1	2	2
3	部门C	10	4	6	3
4	部门D	4	5	-1	4
5	部门E	6	3	3	5
6	部门F	2	4	-2	6
7	部门G	7	5	2	7
8	部门H	5	1	4	8
9	部门I	1	0	1	9
10	部门J	4	2	2	10

图 8.45　部门流动人员数据

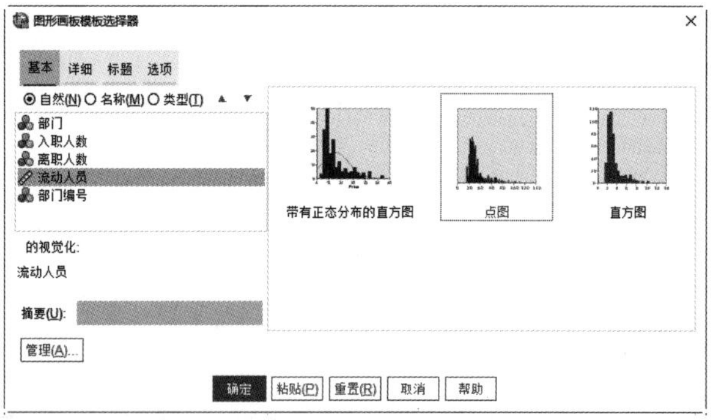

图 8.46　“图形画板模板选择器”对话框

（2）选择“点图”，单击“确定”按钮，弹出“IBM SPSS Statistics 查看器”窗口，显示流动人员计数数据的点图。

3. 保存文件

在“IBM SPSS Statistics 查看器”窗口中选择菜单栏中的“文件”→“另存为”命令，弹出“将输出另存为”对话框，选择要保存的位置，输入名称“部门流动人员点图.spv”，保存该文件。

8.2.2　带正态分布的直方图

直方图是一种用于展示定量数据分布的常用图形。通过直方图，用户可以很直观地看出数据分布的形状、中心位置以及数据的离散程度等。为了进一步判断数据的正态分布情况，可以为直方图添加正态分布曲线。在 SPSS 中，带正态分布的直方图由柱形图（直方图）和折线图（正态分布曲线）构成。

★重点 动手练——绘制流动人员直方图

扫一扫，看视频

源文件：源文件\第 8 章\部门流动人员.sav

本实例利用直方图分析 10 个部门的流动人员情况，如图 8.47 所示。

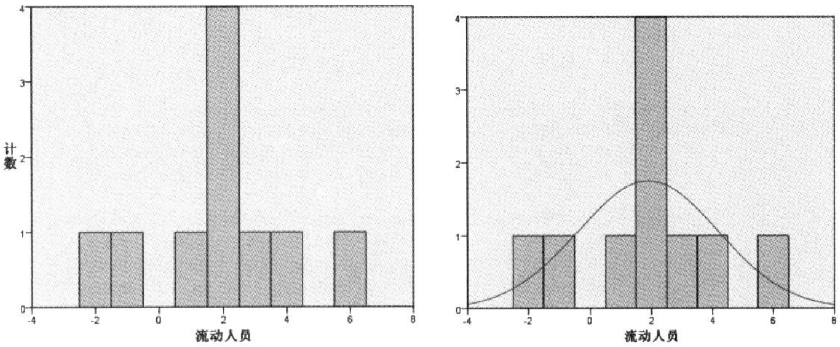

图 8.47　直方图

思路点拨

（1）打开数据文件“部门流动人员.sav”。

（2）利用“图形画板模板选择器”命令，创建流动人员的直方图。

（3）利用“图形画板模板选择器”命令，创建流动人员的带正态分布的直方图。

8.2.3　散点图

散点图是用于研究两个变量之间关系的经典图表，有两个数值轴，沿水平轴（X 轴）方向显示一组数值数据，沿垂直轴（Y 轴）方向显示另一组数值数据，在水平轴和垂直轴数值的交叉处显示散点（坐标点），利用散点的分布形态反映变量统计关系。

★重点 动手学——绘制温度调节器液体温度散点图矩阵

扫一扫，看视频

源文件：源文件\第 8 章\温度调节器液体温度.sav

本实例利用图形画板模板选择器绘制散点图矩阵，分析温度调节器液体温度数据，结果如图 8.48 所示。

操作步骤

1. 打开数据文件

选择菜单栏中的“文件”→“打开”→“数据”命令，弹出“打开数据”对话框，选择“温度调节器液体温度.sav”文件，单击“打开”按钮，打开数据文件，如图 8.49 所示。

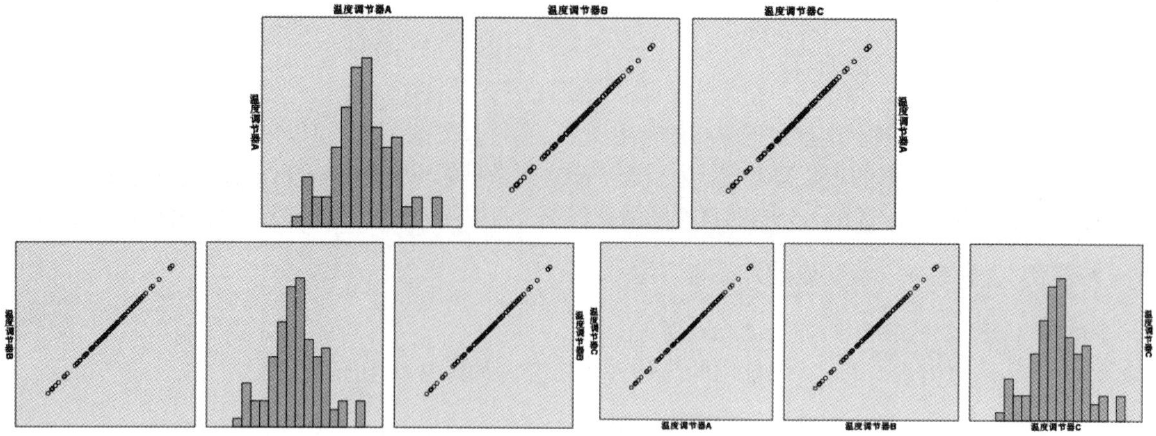

图 8.48　绘制散点图矩阵

测量次数	温度调节器A	温度调节器B	温度调节器C	温度调节器D
1	100.3576394871990	100.3576394871990	100.3576394871990	100.3576394871990
2	99.2272998539444	99.2272998539444	99.2272998539444	99.2272998539444
3	99.9958080750357	99.9958080750357	99.9958080750357	99.9958080750357
4	100.3106679869450	100.3106679869450	100.3106679869450	100.3106679869450
5	99.6399572196405	99.6399572196405	99.6399572196405	99.6399572196405
6	100.1327557928460	100.1327557928460	100.1327557928460	100.1327557928460
7	100.0542742628580	100.0542742628580	100.0542742628580	100.0542742628580
8	100.0021457154670	100.0021457154670	100.0021457154670	100.0021457154670
9	99.9126998947035	99.9126998947035	99.9126998947035	99.9126998947035
10	100.2165130949770	100.2165130949770	100.2165130949770	100.2165130949770
11	100.6015186869060	100.6015186869060	100.6015186869060	100.6015186869060
12	99.5174671647416	99.5174671647416	99.5174671647416	99.5174671647416
13	100.5141370389910	100.5141370389910	100.5141370389910	100.5141370389910
14	100.1143150650620	100.1143150650620	100.1143150650620	100.1143150650620

图 8.49　温度调节器液体温度数据

2. 绘制散点图

（1）选择菜单栏中的“图形”→“图形画板模板选择器”命令，弹出“图形画板模板选择器”对话框，在左侧变量列表中选中“温度调节器 A”“温度调节器 B”“温度调节器 C”，如图 8.50 所示。图形画板模板选择器根据选择的变量自动提供 5 种图表类型。

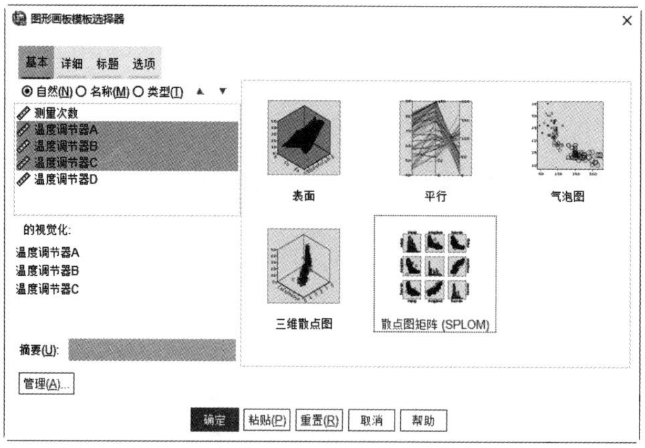

图 8.50　“图形画板模板选择器”对话框

（2）选择“散点图矩阵”，单击“确定”按钮，关闭对话框，在“IBM SPSS Statistics 查看器”窗口中显示温度调节器液体温度散点图矩阵，如图 8.48 所示。

3．保存文件

在“IBM SPSS Statistics 查看器”窗口中选择菜单栏中的“文件”→“另存为”命令，弹出“将输出另存为”对话框，选择要保存的位置，输入名称“温度调节器液体温度散点图.spv”，保存该文件。

8.3　使用旧对话框创建图表

旧对话框按照图表种类区分，每种图表均有不同的对话框操作界面，以便于习惯老版本的用户使用。数据分析图表多种多样，常用的包括条形图、折线图、面积图、饼图、股价图（高-低盘图）、箱图、误差条形图、人口金字塔、散点图/点图、直方图。

8.3.1　直方图

直方图又称统计分布图，用于展示连续变量的分布状况。直方图以各矩形的面积表示各组段的频数（或频率），以所有矩形的面积总和为总频数（或为 1），常用于展示数据的分布类型。

【执行方式】

菜单栏：选择菜单栏中的“图形”→“旧对话框”→“直方图”命令。

操作步骤

执行此命令，弹出图 8.51 所示的❶“直方图”对话框。在❷左侧变量列表中导入个案，将其作为图表中的分析数据。勾选❸“显示正态曲线”复选框，在直方图上叠加显示正态曲线。

该对话框中还包括设置标题的功能，单击❹“标题”按钮，弹出“标题”对话框，在第 1 行、第 2 行文本框中输入标题名称，如果需要子标题、脚注，则在相应的空白处填写。

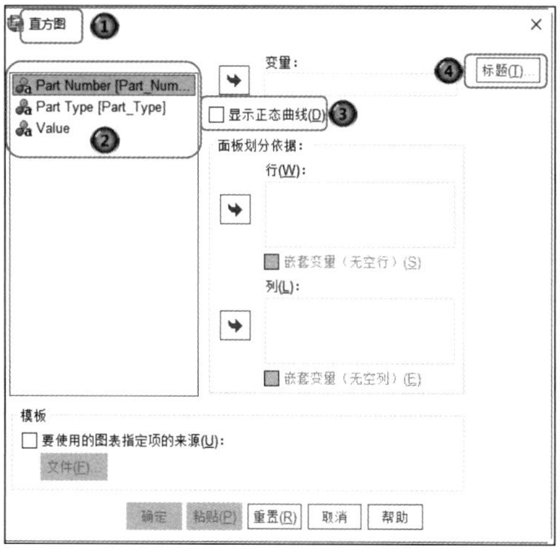

图 8.51　“直方图”对话框

★重点　动手学——绘制预期销售表的直方图

源文件：源文件\第 8 章\12 个月预期销售表.sav

本实例利用旧对话框绘制直方图，分析某企业 12 个月的预期销售情况，如图 8.52 所示。

扫一扫，看视频

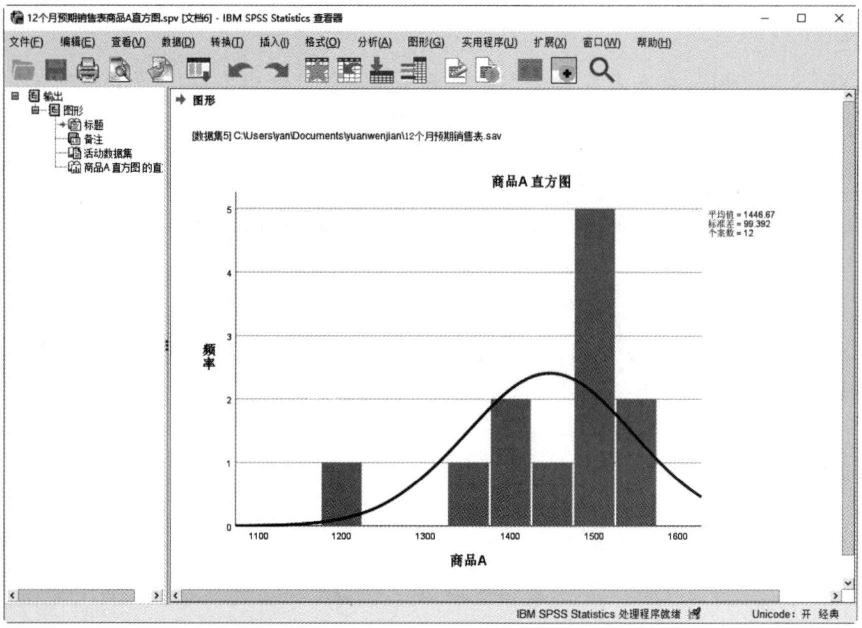

图 8.52　商品 A 直方图

操作步骤

1. 打开数据文件

选择菜单栏中的“文件”→“打开”→“数据”命令，弹出“打开数据”对话框，选择“12 个月预期销售表.sav”文件，单击“打开”按钮，打开数据文件，如图 8.53 所示。

2. 使用对话框绘制简单折线图

（1）选择菜单栏中的“图形”→“旧对话框”→“直方图”命令，弹出“直方图”对话框，在“变量”列表中导入“商品 A”，勾选“显示正态曲线”复选框，如图 8.54 所示。

（2）单击“标题”按钮，弹出“标题”对话框，在“标题”选项组的“第 1 行”文本框中输入“商品 A 直方图”，如图 8.55 所示。单击“继续”按钮，返回“直方图”对话框。单击“确定”按钮，弹出“IBM SPSS Statistics 查看器”窗口，显示 12 个月商品 A 的预期销售数据的直方图。

日期	商品A	商品B	商品C	商品D
1月	1200	2200	1600	2500
2月	1400	2800	1800	2560
3月	1350	2500	1580	2460
4月	1480	2600	1700	2790
5月	1500	2780	1890	2900
6月	1550	2580	1690	2890
7月	1490	2490	1780	2790
8月	1380	2600	1670	2480
9月	1500	2700	1800	2560
10月	1520	2800	1860	2700
11月	1460	2680	1900	2900
12月	1530	2490	1860	2860

图 8.53　12 个月预期销售数据

3. 保存文件

在“IBM SPSS Statistics 查看器”窗口中选择菜单栏中的“文件”→“另存为”命令，弹出“将输出另存为”对话框，选择要保存的位置，输入名称“12 个月预期销售表商品 A 直方图.spv”，单击“保存”按钮，保存该文件。

图 8.54 “直方图”对话框

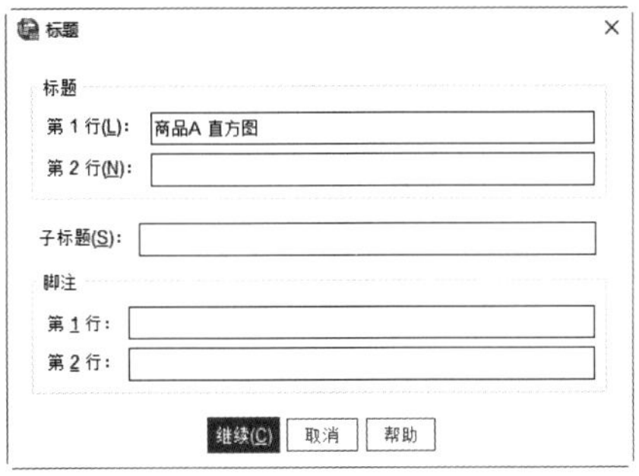

图 8.55 “标题”对话框

8.3.2 条形图

条形图通过长方形的形状和颜色编码数据的属性，一般用于显示一段时间内的数据变化，条形越短则数值越小，条形越长则数值越大。条形图简明、醒目，是一种常用的统计图，包括条形图、三维条形图、误差条形图三种。

1. 条形图

【执行方式】

菜单栏：选择菜单栏中的“图形”→“旧对话框”→“条形图”命令。

操作步骤

执行此命令，弹出图 8.56 所示的“条形图”对话框。首先需要选择不同的图表类型，条形图主要有简单条形图、簇状条形图、堆积条形图。簇状条形图用于比较不同的类别；堆积条形图是特殊的条形图，不仅可以显示同类别中每种数据的大小，还可以显示总量的大小，如表示不同支付方式的人数及总人数。

在“图表中的数据为”选项组中通过不同的选项设置图表中的数据。

- 个案组摘要：图表中的数据为所有个案，这些个案依照某个变量以组的形式显示。
- 单独变量的摘要：图表中的数据为多个变量中的个案，一个变量可以用前两种选项代替。选择这个选项的同时大多选择簇状和堆积的复杂条形图格式。
- 单个个案的值：在图表中显示每个个案所对应的变量的值。简单条形图在图表中显示单个变量，簇状条形图和堆积条形图在图表中显示多个变量。

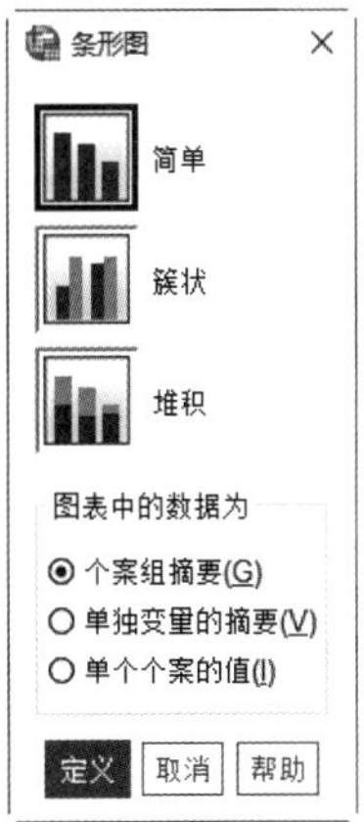

图 8.56 “条形图”对话框

2. 三维条形图

三维条形图以三维格式显示水平矩形，而不以三维格式显示数据。

【执行方式】

菜单栏：选择菜单栏中的“图形”→“旧对话框”→“三维条形图”命令。

操作步骤

执行此命令，弹出图 8.57 所示的“三维条形图”对话框，设置 Y 轴与 Z 轴图表中的数据的类型，可以是个案组、单独变量或单个个案。

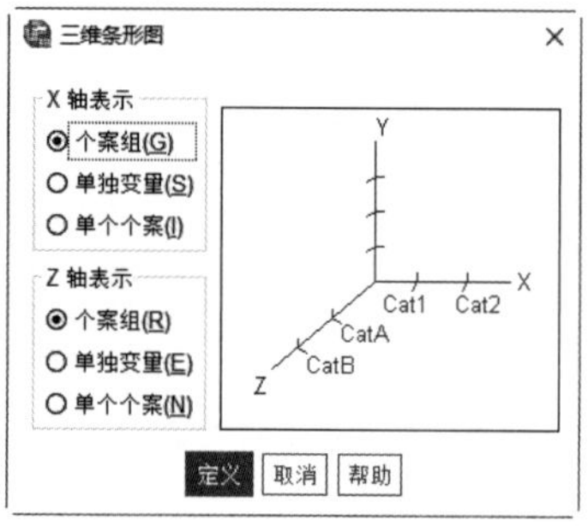

图 8.57　“三维条形图”对话框

3. 误差条形图

误差条形图是一种在统计图表中表示误差的条形图，用于直观显示数据的变异。误差条越长，代表该项数据误差越大；反之亦然。它通常覆盖在条形图的顶部或点图的周围。

【执行方式】

菜单栏：选择菜单栏中的“图形”→“旧对话框”→“误差条形图”命令。

操作步骤

执行此命令，弹出图 8.58 所示的“误差条形图”对话框，包括简单与簇状两种类型。在“图表中的数据为”选项组中通过不同的选项设置图表中的数据。

- 个案组摘要：图表中的数据为所有个案，这些个案依照某个变量以组的形式显示。
- 单独变量的摘要：图表中的数据为多个变量中的个案。

单击“定义”按钮，弹出“定义简单误差条形图：单独变量的摘要”对话框，在“误差条形图”选项中选择图表的 Y 轴可用的变量，在“条形表示”选项组中设置误差条形图中的条形表示数据的计算值，包括均值的置信区间、均值的标准误差、标准差，如图 8.59 所示。

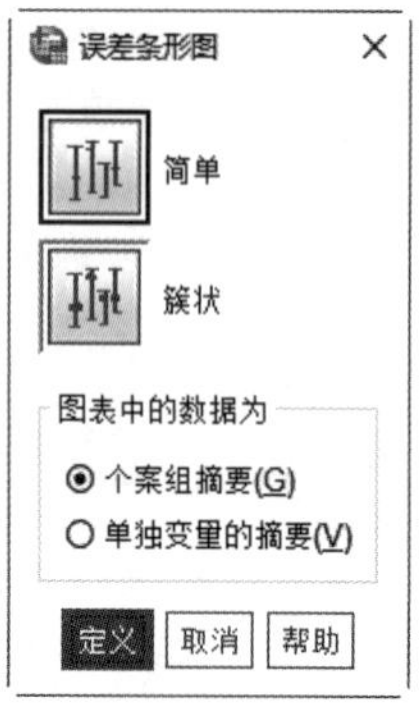

图 8.58　“误差条形图”对话框

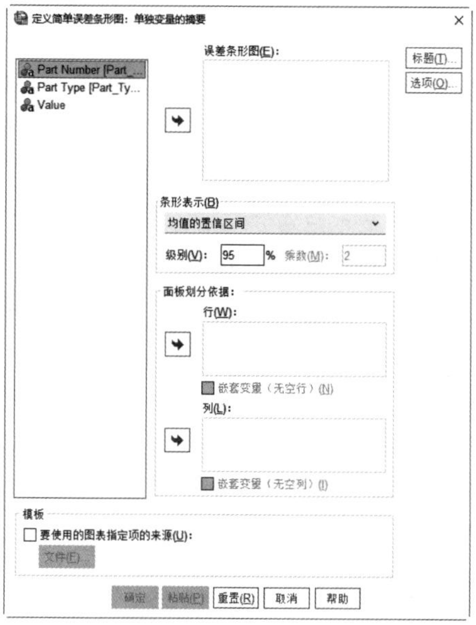

图 8.59　“定义简单误差条形图：单独变量的摘要”对话框

★重点　动手学——绘制奖牌分类比较条形图

扫一扫，看视频

源文件： 源文件\第 8 章\历届夏季奥运会获得的奖牌数调整结构.sav

本实例利用条形图分析中国在 2008 年后的夏季奥运会中获得的奖牌数量，结果如图 8.60 所示。

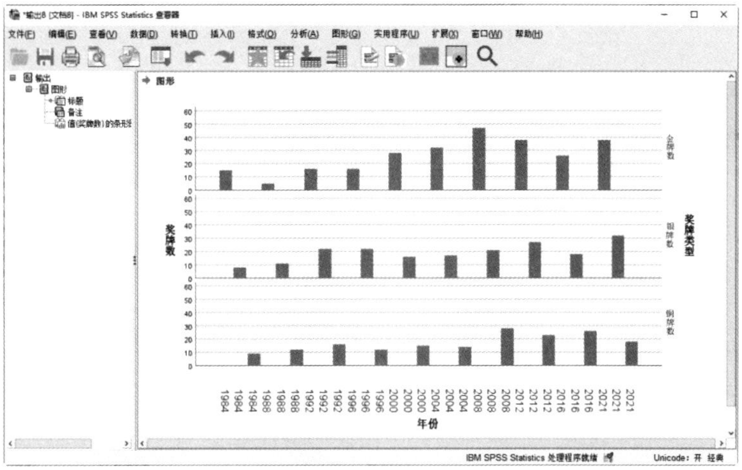

图 8.60 奖牌分类比较条形图

操作步骤

1. 打开数据文件

选择菜单栏中的“文件”→“打开”→“数据”命令，弹出“打开数据”对话框，选择“历届夏季奥运会获得的奖牌数调整结构.sav”文件，单击“打开”按钮，打开数据文件，如图 8.61 所示。

2. 使用旧对话框绘制条形图

（1）选择菜单栏中的“图形”→“旧对话框”→“条形图”命令，弹出“条形图”对话框，在“图表中的数据为”选项组中选择“单个个案的值”选项，如图 8.62 所示。

（2）单击“定义”按钮，弹出“定义简单条形图：单个个案的值”对话框，在“条形表示”选项中导入“金牌数”，在“类别标签”选项组中选择“变量”选项，导入“年份”，在“行”选项中导入“奖牌类型”，如图 8.63 所示。

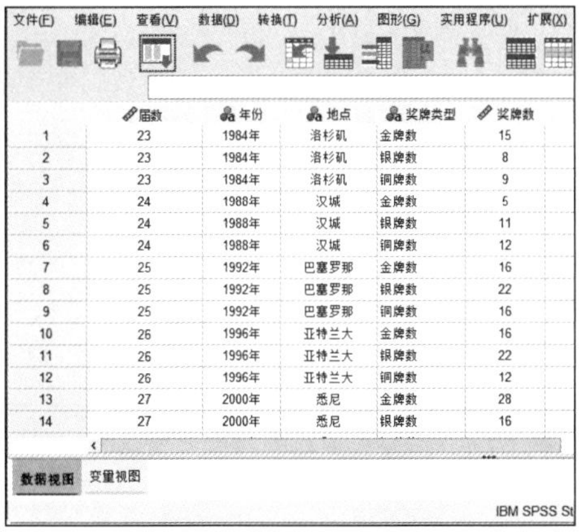

图 8.61 数据结构变换

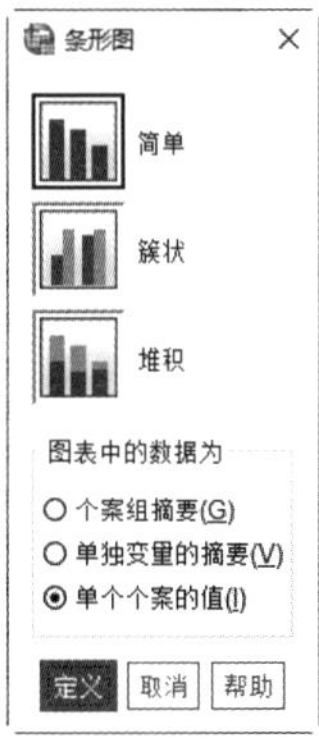

图 8.62 “条形图”对话框

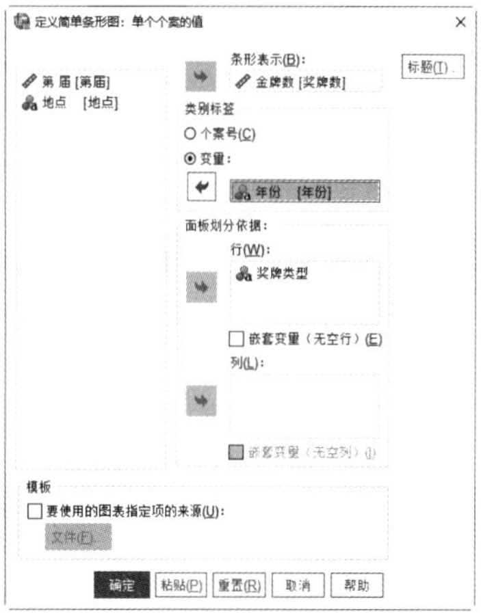

图 8.63 “定义简单条形图：单个个案的值”对话框

（3）单击“确定”按钮，弹出“IBM SPSS Statistics 查看器”窗口，根据“奖牌类型”分别显示奖牌比较条形图，如图 8.60 所示。

3. 保存文件

在“IBM SPSS Statistics 查看器”窗口中选择菜单栏中的“文件”→“另存为”命令，弹出“将输出另存为”对话框，选择要保存的位置，输入名称“奥运会分类奖牌条形图.spv”，单击“保存”按钮，保存该文件。

8.3.3 折线图

折线图是用直线段将各数据点连接起来，以折线方式显示数据变化趋势的图形。折线图可以显示随时间（根据常用比例设置）变化的连续数据，因此非常适用于分析在相等时间间隔下数据的趋势。在折线图中，类别数据沿水平轴均匀分布，所有值数据沿垂直轴均匀分布。

【执行方式】

菜单栏：选择菜单栏中的“图形”→“旧对话框”→“折线图”命令。

操作步骤

执行此命令，弹出图 8.64 所示的“折线图”对话框，有三种类型的折线图。

- 简单：简单折线图表示使用单个变量中的个案显示单条线条的折线图。
- 多线：多线折线图表示使用多个变量中的个案显示多条线条的折线图。
- 垂线：垂线折线图是折线图的特例，通过数据点向 X 轴作垂线，用线条表示，用小圆圈（默认标记）或指定的标记符号与线条相连，并在 Y 轴上标记数据点的值。

在“图表中的数据为”选项组中设置图表中的数据，可以是个案组摘要、单独变量的摘要或单个个案的值。

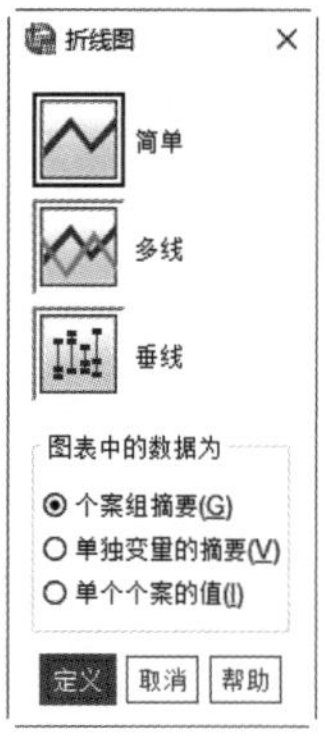

图 8.64 “折线图”对话框

★重点 动手学——绘制奖牌折线图

扫一扫，看视频

源文件：源文件\第 8 章\历届夏季奥运会获得的奖牌.sav

本实例根据中国在历届夏季奥运会中获得的金银铜奖牌数量绘制折线图。

操作步骤

1. 打开数据文件

选择菜单栏中的“文件”→“打开”→“数据”命令，弹出“打开数据”对话框，选择“历届夏季奥运会获得的奖牌.sav”文件，单击“打开”按钮，打开数据文件，如图 8.65 所示。

	届数	年份	地点	金牌数	银牌数	铜牌数
1	23	1984年	洛杉矶	15	8	9
2	24	1988年	汉城	5	11	12
3	25	1992年	巴塞罗那	16	22	16
4	26	1996年	亚特兰大	16	22	12
5	27	2000年	悉尼	28	16	15
6	28	2004年	雅典	32	17	14
7	29	2008年	北京	48	21	28
8	30	2012年	伦敦	38	27	23
9	31	2016年	里约热内卢	26	18	26
10	32	2021年	东京	38	32	19

图 8.65 历届奥运会获得的奖牌数据

2. 使用旧对话框绘制简单折线图

（1）选择菜单栏中的“图形”→“旧对话框”→“折线图”命令，弹出“折线图”对话框，选择折线图类型为“简单”，在“图表中的数据为”选项组中选择“单个个案的值”选项。

（2）单击“定义”按钮，弹出“定义简单折线图：单个个案的值”对话框，在“折线表示”选项中导入“金牌数”，在“类别标签”选项组中选择“变量”选项，导入“年份”，如图 8.66 所示。

（3）单击“标题”按钮，弹出“标题”对话框，在“标题”选项组的“第 1 行”文本框中输入“金牌数折线图”，如图 8.67 所示。单击“继续”按钮，返回“定义简单折线图：单个个案的值”对话框。单击“确定”按钮，弹出“IBM SPSS Statistics 查看器”窗口，显示不同年份金牌数的折线图，如图 8.68 所示。

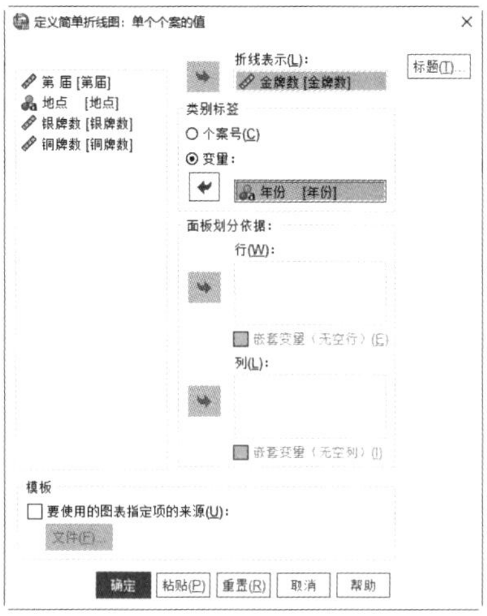

图 8.66　“定义简单折线图：单个个案的值”对话框

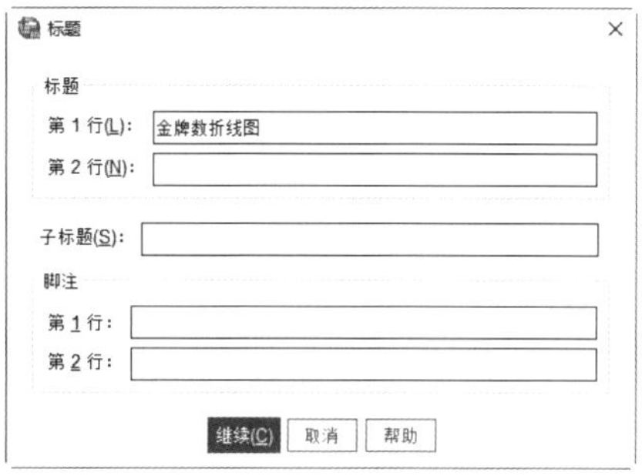

图 8.67　“标题”对话框

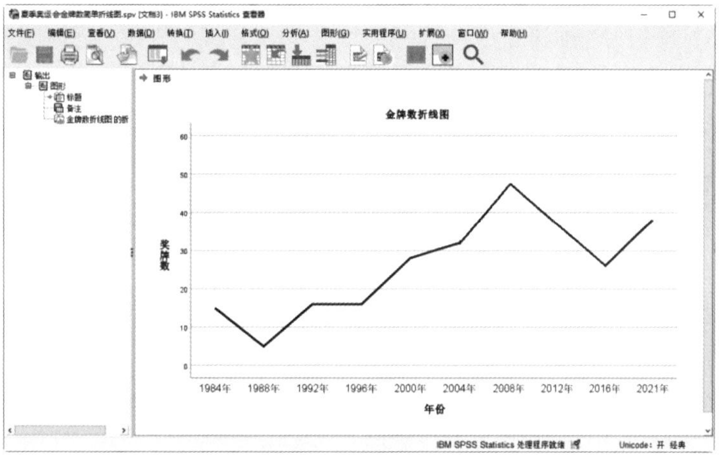

图 8.68　金牌数折线图

3. 保存文件

在“IBM SPSS Statistics 查看器”窗口中选择菜单栏中的“文件”→“另存为”命令，弹出“将输出另存为”对话框，选择要保存的位置，输入名称“夏季奥运会金牌数简单折线图.spv”，单击“保存”按钮，保存该文件。

4. 使用旧对话框绘制多线折线图

（1）选择菜单栏中的“图形”→“旧对话框”→“折线图”命令，弹出“折线图”对话框，选择折线图类型为“多线”，在“图表中的数据为”选项组中选择“单个个案的值”。

（2）单击“定义”按钮，弹出“定义多线折线图：单个个案的值”对话框，在“折线表示”选项中导入“金牌数”“银牌数”“铜牌数”，在“类别标签”选项组中选择“变量”选项，导入“年份”，如图 8.69 所示。

（3）单击“标题”按钮，弹出“标题”对话框，在“标题”选项组的“第 1 行”文本框中输入“奖牌数折线图”，如图 8.70 所示。单击“继续”按钮，返回“定义多线折线图：单个个案的值”对话框。单击“确定”按钮，弹出“IBM SPSS Statistics 查看器”窗口，显示不同年份的金牌、银牌、铜牌数的折线图，如图 8.71 所示。

图 8.69 “定义多线折线图：单个个案的值”对话框

图 8.70 “标题”对话框

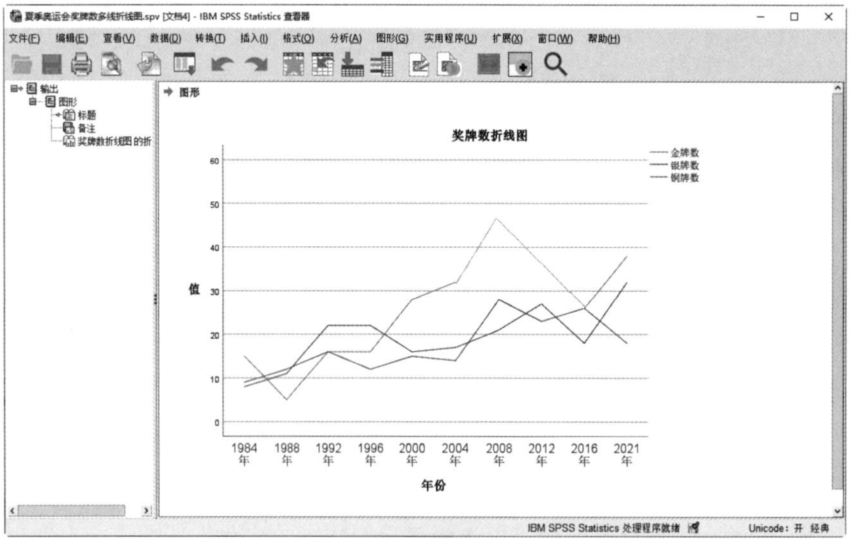

图 8.71 奖牌数折线图

5. 保存文件

在“IBM SPSS Statistics 查看器”窗口中选择菜单栏中的“文件”→“另存为”命令，弹出“将输出另存为”对话框，选择要保存的位置，输入名称“夏季奥运会奖牌数多线折线图.spv”，单击“保存”按钮，保存该文件。

第 9 章　数据分布的特征分析

内容简介

统计数据经过整理和显示后，就可以对数据分布的形状和特征有一个大致的了解，为进一步掌握数据分布的特征和规律，需要找到反映数据分布特征的代表值。SPSS 通过概括性度量来反映数据分布特征。

学习要点

- 描述性统计分析
- 频数分析

9.1　数据的概括性度量

数据分布的特征可以从三个方面进行测度和描述：一是分布的集中趋势，反映各数据向其中心值靠拢或聚集的程度；二是分布的离散程度，反映各数据远离其中心值的趋势；三是分布的形态，反映数据分布的形状。这三个方面分别反映了数据分布特征的不同，如图 9.1 所示。

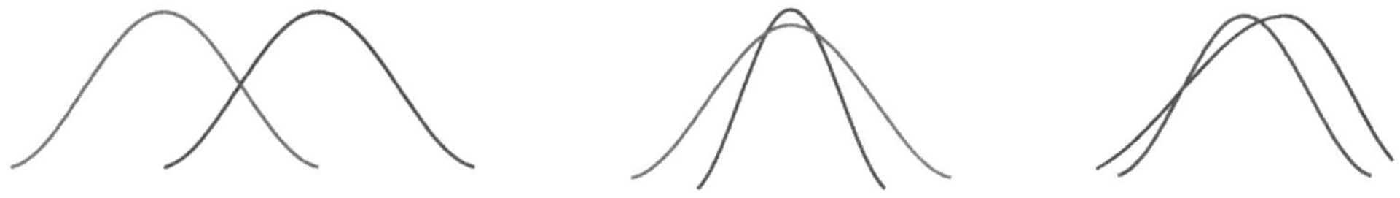

（a）分布的集中趋势　　（b）分布的离散程度　　（c）分布的形态

图 9.1　数据分布的特征

9.1.1　集中趋势度量

集中趋势是一种用各种具有代表性作用的度量来反映变量数值趋向中心位置的资料分析方法。最常用的指标有算术平均值、几何平均值、中位数和众数等。下面根据数据的类型对集中趋势的度量值进行介绍。

1. 分类数据

分类数据的集中趋势的度量是众数。

众数主要用于度量分类数据的集中趋势，当然也适用于作为顺序数据和数值型数据的集中趋势的度量值。一般情况下，只有在数据量较大的情况下，众数才有意义。

在统计实践中，常使用众数来近似反映社会经济现象的一般水平，反映了一组数据的集中程度。

日常生活中诸如“最佳”“最受欢迎”“最满意”等，都与众数有关系，它反映了一种最普遍的倾向。例如，用众数说明某次考试学生成绩最集中的水平，说明城镇居民最普遍的生活水平等。

众数是一个位置代表值，它不受数据中极端值的影响。从分布的角度看，众数是具有明显集中趋势的数值，一组数据分布的最高峰点所对应的数即为众数。当然，如果数据的分布没有明显的集中趋势或最高峰点，众数也可能不存在；如果有两个最高峰点，也可以有两个众数。

2. 顺序数据

顺序数据的集中趋势的度量值包括中位数和分位数。

（1）中位数。一组数据排序后处于中间位置上的变量值，称为中位数（median），用 M_e 表示。中位数将从中间点将全部数据等分成两部分，一部分数据比中位数大，另一部分数据则比中位数小。中位数主要用于度量顺序数据的集中趋势，也适用于度量数值型数据的集中趋势，但不适用于分类数据。

中位数是通过排序得到的，不受最大、最小两个极端数值的影响。当一组数据中的个别数据变动较大时，常用中位数来描述这组数据的集中趋势。

（2）分位数。与中位数类似的有四分位数（quartile）、十分位数（decile）和百分位数（percentile）等。它们分别是用 3 个点、9 个点和 99 个点将数据 4 等分、10 等分和 100 等分后各分位点上的值。这里只介绍四分位数的计算，其他分位数与之类似。

一组数据排序后处于 25%和 75%位置上的值，称为四分位数，也称四分位点。四分位数通过 3 个点将全部数据等分为 4 部分，其中每部分包含 25%的数据。很显然，中间的四分位数就是中位数，因此通常所说的四分位数是指处于 25%位置上的数值（下四分位数）和处于 75%位置上的数值（上四分位数）。与中位数的计算方法类似，根据未分组数据计算四分位数时，首先对数据进行排序，然后确定四分位数所在的位置。

3. 数值型数据

平均数（mean）也称均值，是一组数据相加后除以数据的个数所得到的结果。平均数在统计学中具有重要的地位，是集中趋势的最主要度量值，它主要适用于数值型数据，而不适用于分类数据和顺序数据。平均数是通过计算得到的，因此它会因每一个数据的变化而变化。

根据所掌握数据的不同，平均数有不同的计算形式和计算公式。平均值包含算术平均值、几何平均值、平方平均值（均方根平均值）、调和平均值、加权平均值等。

9.1.2 离散程度度量

数据的离散程度是数据分布的另一个重要特征，它所反映的是各数据远离其中心值的程度。数据的离散程度越大，集中趋势的度量值对该组数据的代表性就越差；离散程度越小，其代表性就越好。而集中趋势的各度量值就是对数据离散程度所作的描述。

描述数据离散程度采用的度量值，根据所依据数据类型的不同，主要有四分位差、方差和标准差、极差、平均差以及度量相对离散程度的离散系数等。

1. 四分位差

上四分位数与下四分位数之差称为四分位差（quartile deviation），也称内距或四分间距（inter-quartile range），用 Q_d 表示。

四分位差反映了中间 50%数据的离散程度，其数值越小，说明中间的数据越集中；数值越大，说明中间的数据越分散。四分位差不受极值的影响。此外，由于中位数处于数据的中间位置，因此四分位差的大小在一定程度上也说明了中位数对一组数据的代表程度。

四分位差主要用于度量顺序数据的离散程度。对于数值型数据也可以计算四分位差，但不适用于分类数据。

2. 数值型数据

度量数值型数据离散程度的值主要有极差、平均差、标准差和方差，其中最常用的是方差和标准差。

（1）极差。数据的最大值与最小值之差称为极差（range），也称全距，用 R 表示。极差是描述数据离散程度的最简单的度量值，计算简单，易于理解，但它容易受极端值的影响。由于极差只是利用了一组数据的极端数据，不能反映出中间数据的离散状况，因而不能准确描述出数据的离散程度。

（2）平均差。各数据与其平均数离差的绝对值的平均数称为平均差（mean deviation），也称平均离差，用 M 表示。

平均差以平均数为中心，反映了每个数据与平均数的平均差异程度，它能全面、准确地反映一组数据的离散状况。平均差越大说明数据的离散程度越大；反之，则说明数据的离散程度越小。为了避免离差之和等于 0 而无法计算平均差这一问题，在计算时对离差取绝对值，以离差的绝对值来表示总离差，这给计算带来了不便，因而实际中应用较少。但平均差的实际意义比较清楚，容易理解。

（3）标准差。标准差是最常用的反映数据分布离散程度的指标。标准差越大，数据波动越大；标准差越小，数据波动越小。

（4）方差。方差不仅表达了数据偏离均值的程度，更揭示了数据内部彼此波动的程度，在许多实际问题中，研究方差（即偏离程度）有着重要意义。在样本容量相同的情况下，方差越大，数据的波动就越大，越不稳定。

3. 离散系数

离散系数（coefficient of variation）也称变异系数，是度量数据离散程度的相对统计量。离散系数通常是以标准差来计算的，因此也称标准差系数，计算方法是数据的标准差与其平均数之比。离散系数的作用主要是比较不同数据的离散程度。离散系数大，说明数据的离散程度大；离散系数小，说明数据的离散程度小。

9.1.3 分布形态度量

分布形态度量是指判断数据的分布是否对称，偏斜程度如何，陡缓程度如何。分布形态的描述统计量主要有偏度系数和峰度系数。

偏度系数是描述数据分布形态是否对称的统计量。如果一组数据的分布是对称的，则偏度系数等于 0；如果偏度系数明显不等于 0，则表明数据分布是非对称的。

峰度系数是描述数据分布形态陡缓程度的统计量，当数据分布的形态与标准正态分布的形态相同时，峰度值等于 0；如果更陡峭，则峰度值大于 0，称为尖峰分布；如果更平缓，则峰度值小于 0，称为平峰分布。

★重点 动手学——计算农产品销量的均值和方差

扫一扫，看视频

源文件： 源文件\第 9 章\农产品的销量.sav

三家商店联营，它们半年内每月售出的某种农产品的数量（以 kg 计）分别为 X_1、X_2、X_3。已知 $X_1 \sim N(200,225)$，$X_2 \sim N(240,240)$，$X_3 \sim N(180,225)$。本实例使用统计函数计算商店农产品销量每个月的均值和方差，如图 9.2 所示。

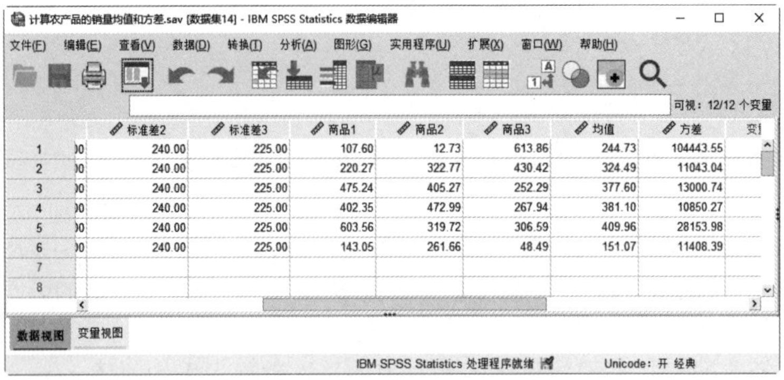

	标准差2	标准差3	商品1	商品2	商品3	均值	方差
1	240.00	225.00	107.60	12.73	613.86	244.73	104443.55
2	240.00	225.00	220.27	322.77	430.42	324.49	11043.04
3	240.00	225.00	475.24	405.27	252.29	377.60	13000.74
4	240.00	225.00	402.35	472.99	267.94	381.10	10850.27
5	240.00	225.00	603.56	319.72	306.59	409.96	28153.98
6	240.00	225.00	143.05	261.66	48.49	151.07	11408.39

图 9.2　农产品销量每个月的均值和方差

操作步骤

1. 打开数据文件

选择菜单栏中的“文件”→“打开”→“数据”命令，弹出“打开数据”对话框，选择“农产品的销量.sav”文件，单击“打开”按钮，打开数据文件，如图 9.3 所示。

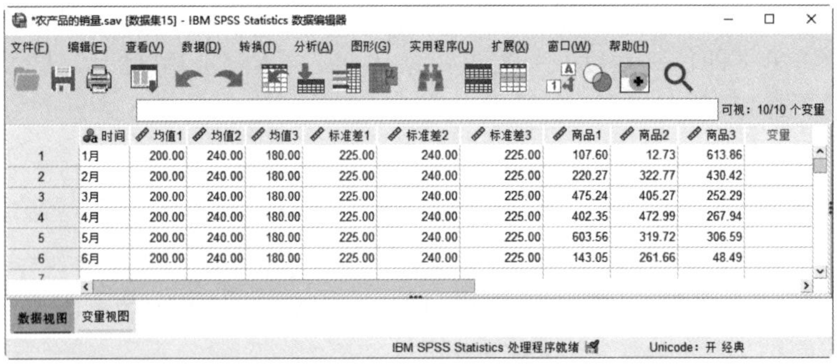

	时间	均值1	均值2	均值3	标准差1	标准差2	标准差3	商品1	商品2	商品3
1	1月	200.00	240.00	180.00	225.00	240.00	225.00	107.60	12.73	613.86
2	2月	200.00	240.00	180.00	225.00	240.00	225.00	220.27	322.77	430.42
3	3月	200.00	240.00	180.00	225.00	240.00	225.00	475.24	405.27	252.29
4	4月	200.00	240.00	180.00	225.00	240.00	225.00	402.35	472.99	267.94
5	5月	200.00	240.00	180.00	225.00	240.00	225.00	603.56	319.72	306.59
6	6月	200.00	240.00	180.00	225.00	240.00	225.00	143.05	261.66	48.49

图 9.3　打开数据文件

2. 计算均值

（1）选择菜单栏中的“转换”→“计算变量”命令，弹出“计算变量”对话框，在“目标变量”文本框中输入“均值”。在“函数组”列表中选择“统计”，在“函数和特殊变量”列表中双击 Mean 函数，会在“数字表达式”文本框中添加函数调用格式，如图 9.4 所示。

（2）单击“确定”按钮，关闭对话框，返回数据集，可以看到在原有变量的右侧插入了“均值”变量，如图 9.5 所示。

3. 计算方差

（1）选择菜单栏中的“转换”→“计算变量”命令，弹出“计算变量”对话框，在“目标变量”文本框中输入“方差”。在“函数组”列表中选择“统计”，在“函数和特殊变量”列表中双击 Variance 函数，会在“数字表达式”文本框中添加函数调用格式，如图 9.6 所示。

（2）单击“确定”按钮，关闭对话框，返回数据集，可以看到在原有变量的右侧插入了“方差”变量，如图 9.7 所示。

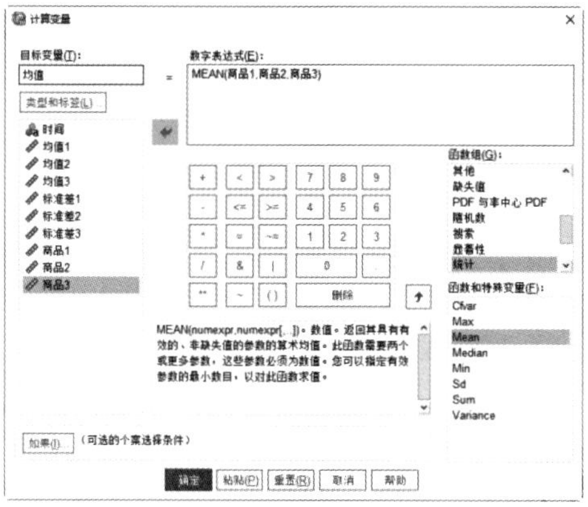

图 9.4　“计算变量”对话框 1

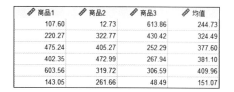

商品1	商品2	商品3	均值
107.60	12.73	613.86	244.73
220.27	322.77	430.42	324.49
475.24	405.27	252.29	377.60
402.35	472.99	267.94	381.10
603.56	319.72	306.59	409.96
143.05	261.66	48.49	151.07

图 9.5　创建“均值”

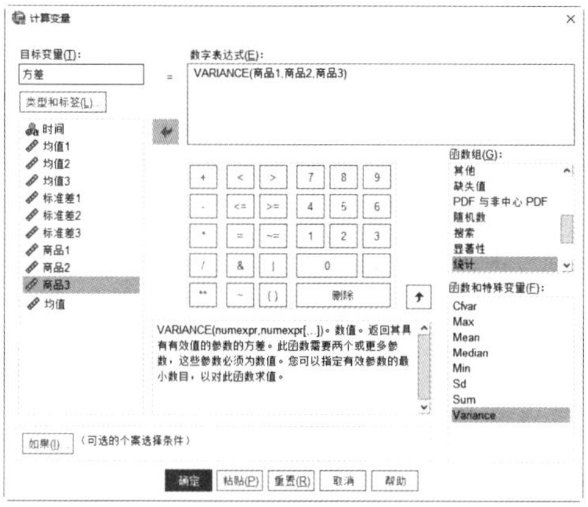

图 9.6　“计算变量”对话框 2

商品1	商品2	商品3	均值	方差
107.60	12.73	613.86	244.73	104443.55
220.27	322.77	430.42	324.49	11043.04
475.24	405.27	252.29	377.60	13000.74
402.35	472.99	267.94	381.10	10850.27
603.56	319.72	306.59	409.96	28153.98
143.05	261.66	48.49	151.07	11408.39

图 9.7　创建“方差”

（3）根据图 9.7 所示的计算结果可知：

“均值”用于分析数据的集中趋势，5 月均值最大，数据最集中，6 月份均值最小。

“方差”用于分析数据的离散程度，1 月份方差最大，说明 1 月份数据的波动越大，最不稳定。2 月份方差最小，说明 2 月份数据的波动越小，最稳定。

4．保存文件

选择菜单栏中的“文件”→“另存为”命令，弹出“将数据另存为”对话框，选择要保存的位置，输入名称“计算农产品的销量均值和方差.sav”，保存该文件。

9.2　描述性统计分析

描述性统计分析是一种较为初等的数据统计分析方式，包括数据频数、数据集中趋势、数据离散程度、数据分布等。通过分析数据频数，可以剔除数据中的异常值；通过分析众数、平均数、中位数等，可以了解数据的集中趋势；通过分析方差、标准差，可以了解数据的离散程度；通过对数据进行正态分布检验，可以了解数据的分布情况。

9.2.1 计算描述性统计量

在 SPSS 中，描述性统计分析主要是计算描述集中趋势和离散趋势的各种统计量，此外还有一个重要的功能是对变量做标准化变换及 Z 变换。

【执行方式】

菜单栏：选择菜单栏中的“分析”→“描述统计”→“描述”命令。

操作步骤

执行此命令，弹出图 9.8 所示的“描述”对话框，在❶左侧变量列表中显示统计数据中所有的变量，单击❷“转入”按钮➡，将选中变量添加到右侧❸“变量”列表中，对这些变量中的个案进行描述分析。单击“确定”按钮，弹出“IBM SPSS Statistics 查看器”窗口，显示描述集中趋势和离散趋势的各种统计量。

【选项说明】

下面介绍“描述”对话框中的常用选项。

1. ❹“选项”按钮

单击该按钮，弹出“描述：选项”对话框，选择需要计算的统计量参数和统计量数据的排序方法，如图 9.9 所示。

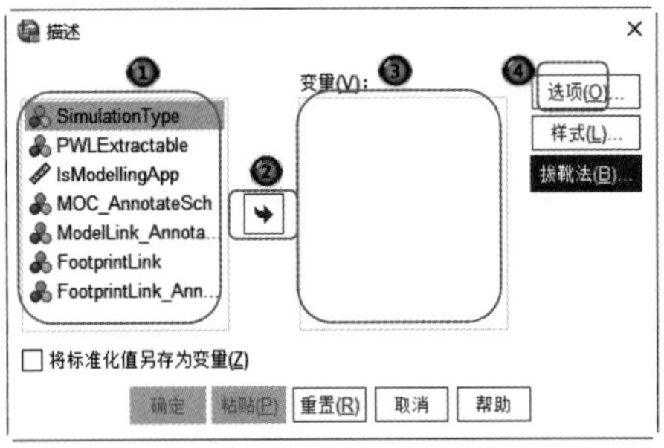

图 9.8 “描述”对话框

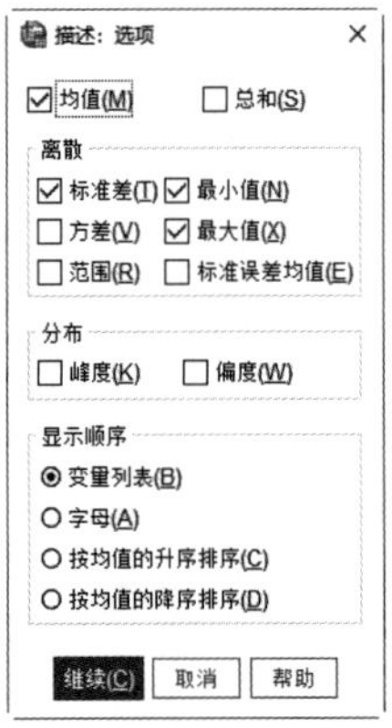

图 9.9 “描述：选项”对话框

（1）通用统计量包括均值和总和。

（2）在“离散”选项组中选择对离散程度进行分析的统计量，包括标准差、最小值、方差、最大值、范围、标准误差均值。

（3）在“分布”选项组中选择对数据分布进行分析的统计量，包括峰度和偏度。

（4）在“显示顺序”选项组中根据选项设置数据在数据编辑窗口中的排列顺序。

- 变量列表：按照数据原来的顺序进行排列。
- 字母：按照数据的字母顺序进行排列。
- 按均值的升序（降序）排序：按照均值进行升序（降序）排列。

2. “将标准化值另存为变量”复选框

勾选该复选框，将对“变量”列表中被选中的数据进行标准化，然后将标准化的结果保存到新变量中。新变量的变量名会在原变量名前面添加字母 z，并被添加在数据编辑窗口的最后一列。

通过标准化，可将均值为 $\bar{x}$ 、标准差为 s 的原变量转化成均值为 0、标准差为 1 的新变量。

★重点 动手学——计算销售统计数据

扫一扫，看视频

源文件：源文件\第 9 章\销售额表.sav

销售额表.sav 是某外贸公司 5 个业务员某年份的销售额数据（单位：万元）。本实例计算销售数据的最小值、最大值和总和，如图 9.10 所示。

描述统计

	N	最小值	最大值	总和
K_1月	5	100.00	300.00	880.00
K_2月	5	100.00	250.00	820.00
K_3月	5	100.00	250.00	930.00
K_4月	5	180.00	250.00	1080.00
K_5月	5	180.00	220.00	1020.00
K_6月	5	170.00	220.00	930.00
K_7月	5	150.00	220.00	940.00
K_8月	5	150.00	220.00	920.00
K_9月	5	170.00	220.00	970.00
K_10月	5	150.00	250.00	1050.00
K_11月	5	170.00	220.00	970.00
K_12月	5	150.00	220.00	990.00
有效个案数（成列）	5			

图 9.10　销售统计数据

操作步骤

1. 打开数据文件

（1）选择菜单栏中的“文件”→“打开”→“数据”命令，弹出“打开数据”对话框，选择“销售额表.sav”文件。单击“打开”按钮，打开数据文件，如图 9.11 所示。

（2）选择菜单栏中的“数据”→“转置”命令，弹出“转置”对话框，单击“转入”按钮 ➡，在“变量”列表中选择作为个案的变量名称，在“名称变量”列表中添加作为变量名的变量，如图 9.12 所示。

时间	阳华	梁兴	柳文哲	方强	赵明
1月	100.00	200.00	300.00	180.00	100.00
2月	150.00	150.00	170.00	100.00	250.00
3月	200.00	100.00	180.00	250.00	200.00
4月	250.00	250.00	180.00	220.00	180.00
5月	200.00	200.00	220.00	180.00	220.00
6月	220.00	180.00	180.00	170.00	180.00
7月	180.00	220.00	170.00	150.00	220.00
8月	220.00	220.00	150.00	150.00	180.00
9月	220.00	180.00	200.00	200.00	170.00
10月	180.00	220.00	250.00	250.00	150.00
11月	170.00	220.00	200.00	200.00	180.00
12月	220.00	220.00	150.00	200.00	200.00

图 9.11　打开数据文件

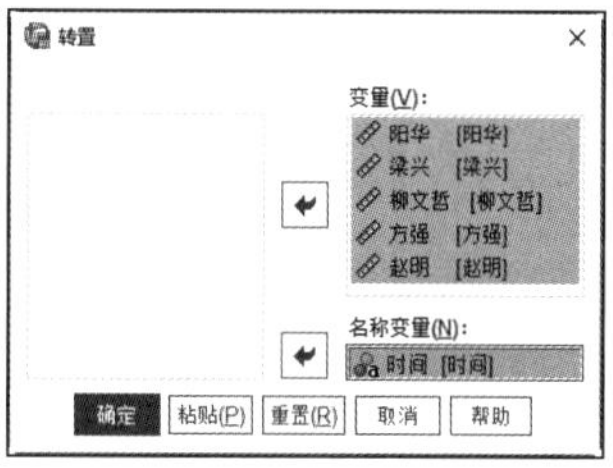

图 9.12　“转置”对话框

（3）单击“确定”按钮，关闭对话框。数据转置（部分数据）结果如图 9.13 所示。

	CASE_LBL	K_1月	K_2月	K_3月	K_4月	K_5月	K_6月	K_7月	K_8月
1	阳华	100.00	150.00	200.00	250.00	200.00	220.00	180.00	220.00
2	梁兴	200.00	150.00	100.00	250.00	200.00	180.00	220.00	220.00
3	柳文哲	300.00	170.00	180.00	180.00	220.00	180.00	170.00	150.00
4	方强	180.00	100.00	250.00	220.00	180.00	170.00	150.00	150.00
5	赵明	100.00	250.00	200.00	180.00	220.00	180.00	220.00	180.00
6									

图 9.13　数据转置（部分数据）结果

2. 保存文件

选择菜单栏中的“文件”→“另存为”命令，弹出“将数据另存为”对话框，选择要保存的位置，输入名称“销售额表_转置.sav”，单击“保存”按钮，保存该文件。

3. 计算描述统计量

（1）选择菜单栏中的“分析”→“描述统计”→“描述”命令，弹出图 9.14 所示的“描述”对话框，选中左侧变量列表中的所有变量，单击“转入”按钮➡，将所选变量添加到右侧“变量”列表中。

（2）单击“选项”按钮，弹出“描述：选项”对话框，勾选“总和”“最小值”“最大值”复选框，如图 9.15 所示。单击“确定”按钮，弹出“IBM SPSS Statistics 查看器”窗口，显示描述数据的这 3 种统计量。

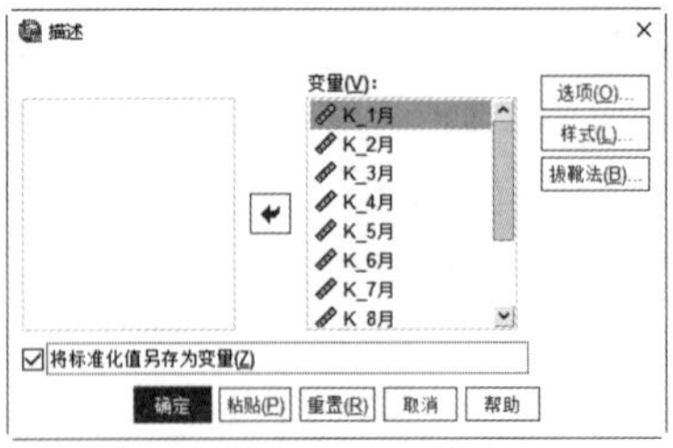

图 9.14 “描述”对话框

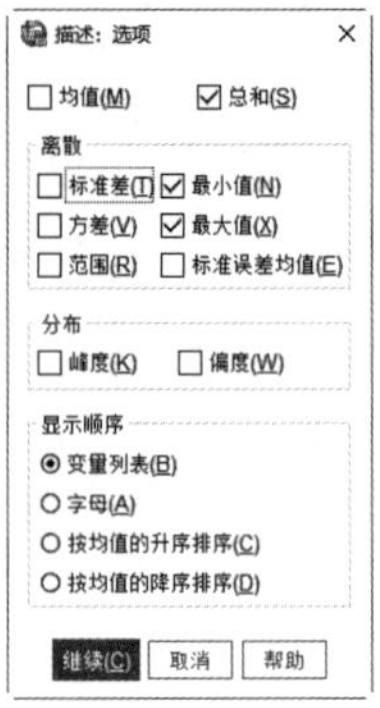

图 9.15 “描述：选项”对话框

扫一扫，看视频

★重点 动手练——计算员工医疗费用表统计量

源文件： 源文件\第 9 章\员工医疗费用表.xls

使用频数分析、描述性分析两种方法对员工医疗费用表中的报销金额进行统计分析，计算描述集中趋势、离散程度、分布特征等统计量。频数分析结果如图 9.16 所示，描述性分析结果如图 9.17 所示。

统计

报销金额

个案数	有效	12
	缺失	0
平均值		432.75
平均值标准误差		93.470
中位数		284.00
众数		120[a]
标准 偏差		323.790
方差		104839.841
偏度		1.022
偏度标准误差		.637
峰度		-.218
峰度标准误差		1.232
范围		930
最小值		120
最大值		1050
总和		5193

a. 存在多个众数。显示了最小的值。

图 9.16 频数分析结果

描述统计

	N	范围	最小值	最大值	总和	平均值		标准差	方差	偏度		峰度	
	统计	统计	统计	统计	统计	统计	标准误差	统计	统计	统计	标准误差	统计	标准误差
报销金额	12	930	120	1050	5193	432.75	93.470	323.790	104839.841	1.022	.637	-.218	1.232
有效个案数（成列）	12												

图 9.17 描述性分析结果

思路点拨

（1）打开“员工医疗费用表.xls”。

（2）利用“频率”命令计算“集中趋势”“离散”“分布”选项中的统计量。

（3）利用“描述”命令计算“离散”“分布”选项中的统计量。

9.2.2 使用图形进行描述统计

为了使统计数据更易于理解，一般将采取表格、图形或数值的形式汇总数据的统计方法称为描述统计。描述统计是统计研究的基础，它为推断统计、咨询和决策提供了必要的事实依据。描述数据的分布情况的图表包括折线图、直方图、箱图等。

数据的箱图是由箱子和直线组成的图形，它是基于以下 5 个数的图形概括：最小值 Min、第一四分位数 Q_1、中位数 M、第三四分位数 Q_3 和最大值 Max，如图 9.18 所示。箱图适用于比较两个或两个以上数据集的性质，可以将几个数据集的箱图画在同一个数轴上。

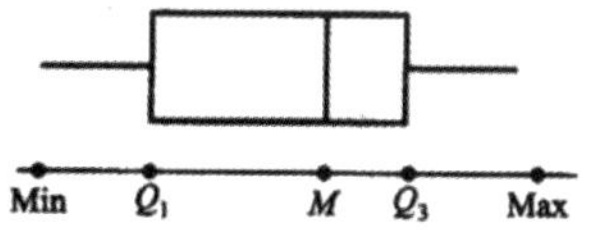

图 9.18　箱图

从箱图中可以形象地看出数据集的以下重要性质。

- 中心位置：中位数所在的位置就是数据的中心。
- 散布程度：全部数据都落在[Min, Max]之内，在区间[Min, Q_1]、[Q_1, M]、[M, Q_3]、[Q_3, Max]的数据个数各占 1/4。当区间较短时，表示落在该区间的点较集中，反之较为分散。
- 是否对称：若中位数位于箱子的中间位置，则表示数据分布较为对称；若 Min 离 M 的距离远于 Max 离 M 的距离，则表示数据分布向左倾斜，反之表示数据向右倾斜，并且能看出分布尾部的长短。

如果某一个数据不寻常地大于或小于该数据集中的其他数据，则称这个数据为疑似异常值。疑似异常值的存在，会对随后的计算结果产生不适当的影响，检查疑似异常值并加以适当的处理是十分重要的，箱图只要稍加修改，就能用来检测数据集是否存在疑似异常值。

★重点 动手学——分析肺活量分布特征

源文件：源文件\第 9 章\肺活量数据.sav

扫一扫，看视频

“肺活量数据.sav”是 25 个男子和 25 个女子的肺活量数据（单位：升）。

本实例利用描述统计分析计算统计量，从集中趋势、离散程度、分布情况三个方面分析数据分布的特征，如图 9.19 所示。最后利用折线图、箱图显示数据的分布情况。

➡ 描述

描述统计

	N	总和	平均值	标准差	方差	偏度		峰度	
	统计	统计	统计	统计	统计	统计	标准误差	统计	标准误差
女子组	25	87.2	3.488	.4086	.167	-.030	.464	-.433	.902
男子组	25	132.2	5.288	.7574	.574	.146	.464	-.714	.902
有效个案数（成列）	25								

图 9.19　计算数据统计量

操作步骤

1. 打开数据文件

选择菜单栏中的“文件”→“打开”→“数据”命令，弹出“打开数据”对话框，选择“肺活量数据.sav”文件。单击“打开”按钮，打开数据文件，如图 9.20 所示。

2. 计算描述统计量

（1）选择菜单栏中的“分析”→“描述统计”→“描述”命令，弹出图 9.21 所示的“描述”对话框，选中左侧变量列表中的变量，单击“转入”按钮➡，将所选变量添加到右侧“变量”列表中。

（2）单击“选项”按钮，弹出“描述：选项”对话框，如图 9.22 所示。勾选“均值”“总和”“标准差”“方差”“峰度”“偏度”复选框。单击“确定”按钮，弹出“IBM SPSS Statistics 查看器”窗口，显示描述数据分布特征的统计量，如图 9.19 所示。

图 9.20　打开数据文件

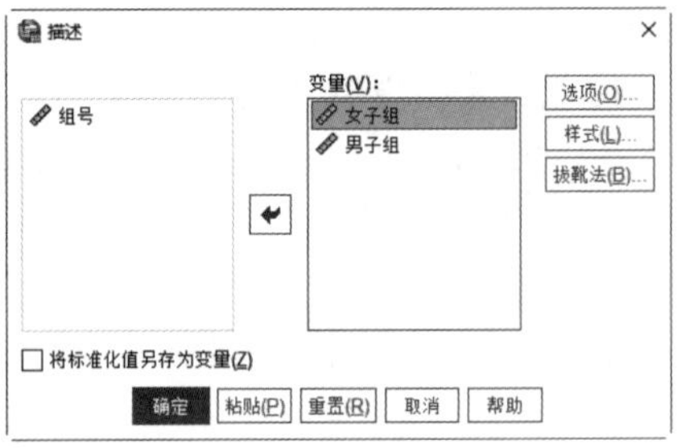

图 9.21　“描述”对话框

图 9.22　“描述：选项”对话框

（3）根据上面计算的统计量可知，男子组的均值与总和较大，数据更集中；女子组的标准差和方差更小，数据波动较小，更平缓；女子组的偏度系数小于 0，分布左偏；女子组的偏度系数的绝对值小，数据偏移的程度小；女子组的峰度系数的绝对值较小，相较男子组的数据分布更平稳。

3．绘制折线图

（1）选择菜单栏中的“图形”→“旧对话框”→“折线图”命令，弹出“折线图”对话框，选择条形图类型为“多线”，在“图表中的数据为”选项组中选择“单独变量的摘要”。

（2）单击“定义”按钮，弹出“定义多线折线图：单独变量的摘要”对话框，在“折线表示”列表中选择“MEAN([女子组])”“MEAN([男子组])”，在“类别轴”选项中选择“组号”，如图 9.23 所示。单击“标题”按钮，弹出“标题”对话框，在“标题”选项组中“第 1 行”文本框中输入“肺活量分布折线图”，如图 9.24 所示。单击“继续”按钮，返回主对话框。

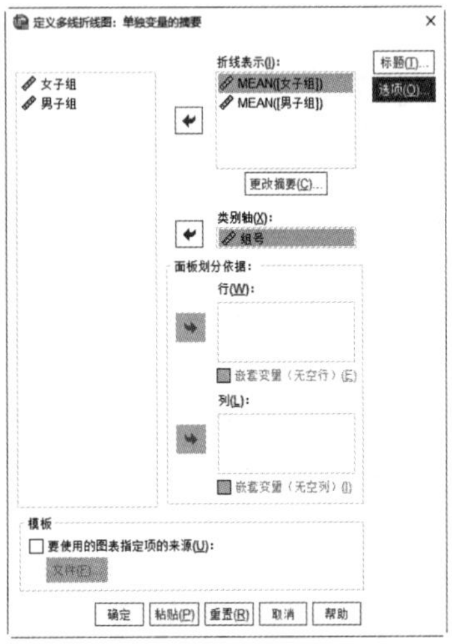

图 9.23　“定义多线折线图：单独变量的摘要”对话框

图 9.24　“标题”对话框

（3）单击“确定”按钮，弹出“IBM SPSS Statistics 查看器”窗口，显示男子组、女子组肺活量的折线图，如图 9.25 所示。

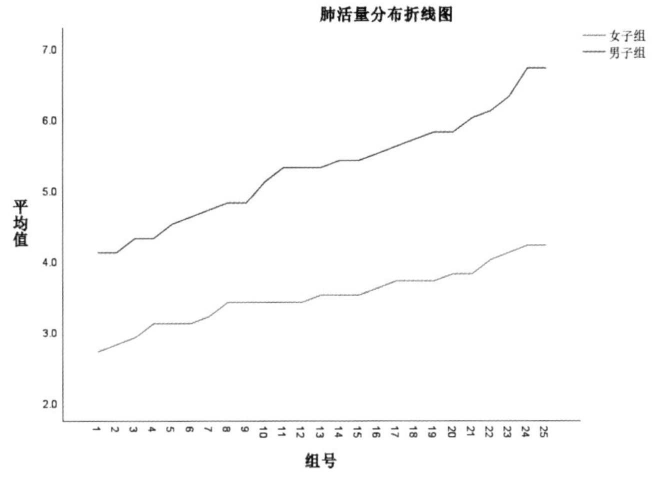

图 9.25 肺活量分布折线图

4. 绘制箱图

（1）选择菜单栏中的“图形”→“旧对话框”→“箱图”命令，弹出图 9.26 所示的“箱图”对话框，选择“简单”选项，在“图表中的数据为”选项组中选择“单独变量的摘要”。单击“定义”按钮，打开“定义简单箱图：单独变量的摘要”对话框，在“箱表示”与“个案标注依据”列表中导入相应变量，如图 9.27 所示。

（2）单击“确定”按钮，弹出“IBM SPSS Statistics 查看器”窗口，显示男子组、女子组肺活量的箱图，如图 9.28 所示。

（3）在图 9.28 所示的箱图中，可以明显地看到男子的肺活量要比女子大，男子的肺活量较女子的肺活量更为分散。

（4）在“IBM SPSS Statistics 查看器”窗口中选择菜单栏中的“文件”→“另存为”命令，弹出“将输出另存为”对话框，选择要保存的位置，输入名称“肺活量分布.spv”，单击“保存”按钮，保存该文件。

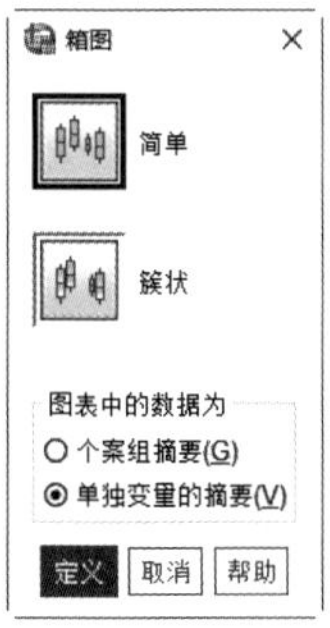

图 9.26 “箱图”对话框

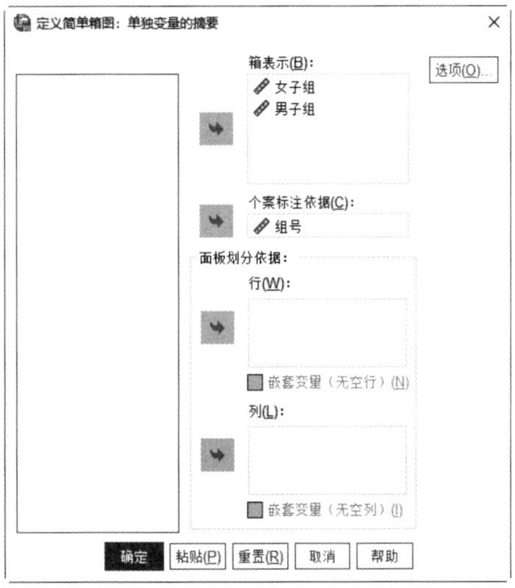

图 9.27 “定义简单箱图：单独变量的摘要”对话框

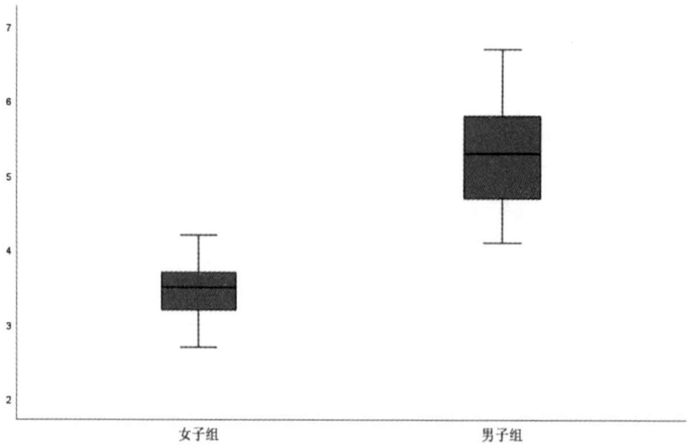

图 9.28　肺活量箱图

9.3　频数分析

频数是指变量中代表某种特征的数（标志值）出现的次数。频数分布是一种数据的表格汇总，表示在几个互不重叠的分组中每个组的项目个数。

9.3.1　频数分布分析

频数分布分析主要通过频数分布表、条形图和直方图，以及表示集中趋势和离散趋势的各种统计量、描述数据的分布特征进行分析。

【执行方式】

菜单栏：选择菜单栏中的“分析”→“描述统计”→“频率”命令。

操作步骤

执行此命令，弹出图 9.29 所示的“频率”对话框，在左侧变量列表中显示统计数据中所有的变量，单击“转入”按钮，将选中变量添加到右侧“变量”列表中，计算这些变量中重复个案的个数。单击“确定”按钮，弹出“IBM SPSS Statistics 查看器”窗口，显示统计的频数，也就是重复个案的计数结果。

【选项说明】

下面介绍“频率”对话框中的常用选项。

1．“统计”按钮

单击该按钮，弹出“频率：统计”对话框，如图 9.30 所示。选择需要计算的统计量。

（1）“百分位值”选项组中的统计量。

- 四分位数：选择此项，计算四分位数。
- 分割点：选择此项，在其后的文本框中输入数值，假设为 10，则表示计算并显示 10 分位数。
- 百分位：选择此项，在其后的文本框中输入数值，可计算想要显示的百分位数。

（2）在“集中趋势”选项组中选择对集中趋势进行分析的统计量，包括均值、中位数、众数、总和。

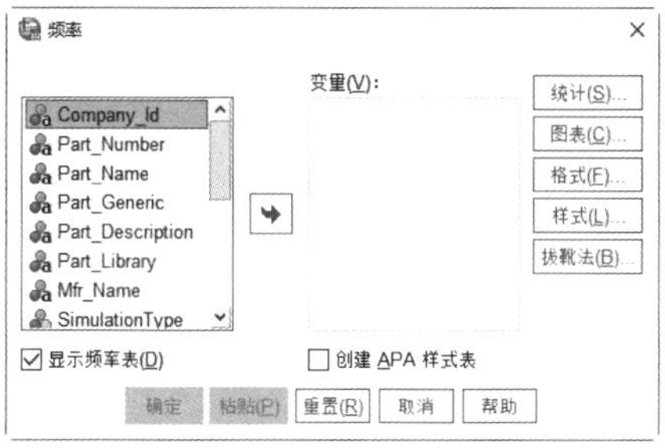

图 9.29　“频率”对话框

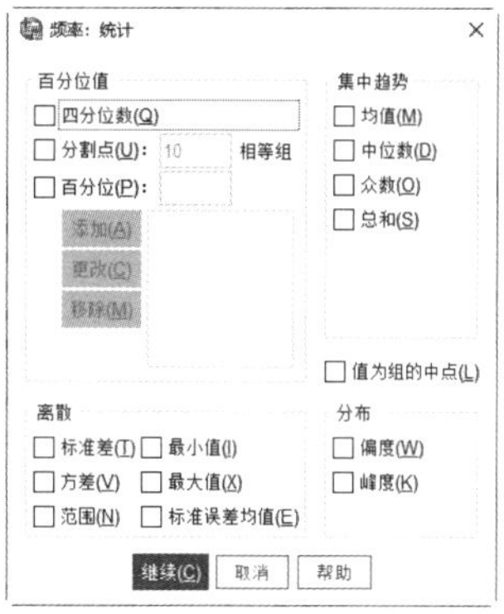

图 9.30　“频率：统计”对话框

（3）在“离散”选项组中选择对离散程度进行分析的统计量，包括标准差、最小值、方差、最大值、范围、标准误差均值。

（4）在“分布”选项组中选择对数据分布进行分析的统计量，包括偏度和峰度。

（5）“值为组的中点”复选框：如果数据已经分组，而且数据取值为初始分组的中点，可以选择此项，将计算百分位数统计和数据的中位数。

2. “图表”按钮

单击该按钮，弹出“频率：图表”对话框，如图 9.31 所示。选择频数分析的图表类型，包括无、条形图、饼图、直方图，默认选择“无”，不输出任何统计图。“图表值”选项组中显示统计图中 Y 值的取值，可以是“频率”，也可以是“百分比”。

图 9.31　“频率：图表”对话框

3. “格式”按钮

单击该按钮，弹出“频率：格式”对话框，如图 9.32 所示。

（1）在“排序方式”选项组中选择创建频率变量后该变量中个案的排序方式。

（2）在“多个变量”选项组中选择统计结果的显示方式。

- 比较变量：系统默认选择，将所有变量的描述性统计的结果显示在同一张表格中，方便用户进行比较分析。
- 按变量组织输出：分别对每个变量输出单独的描述统计表格。

（3）“最大类别数”：通过输入的数值，可确定频数表输出的方位，即输出数据的组数不得大于窗口中输入的数值。“最大类别数”的默认值为 10。

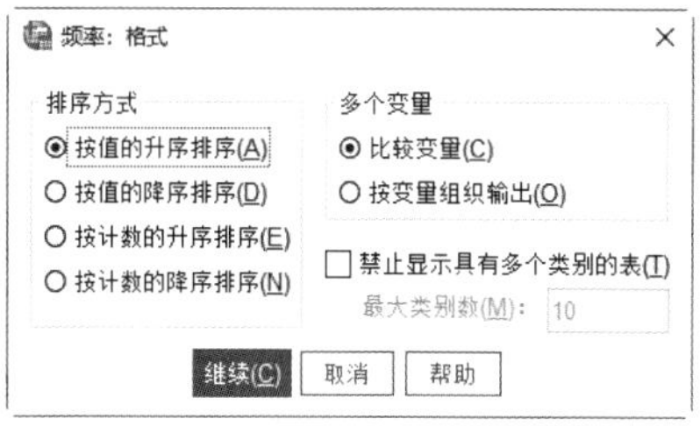

图 9.32　“频率：格式”对话框

4. “样式”按钮

单击该按钮，弹出“表样式”对话框，如图 9.33 所示。根据单元格值有条件地编排表中单元格背景和文本的格式。请注意，如果各个表或者表中的值都不满足指定的条件，那么输出表中可能不会进行条件格式的转换。

5. “拔靴法”按钮

单击该按钮，弹出“拔靴法”对话框，如图 9.34 所示。

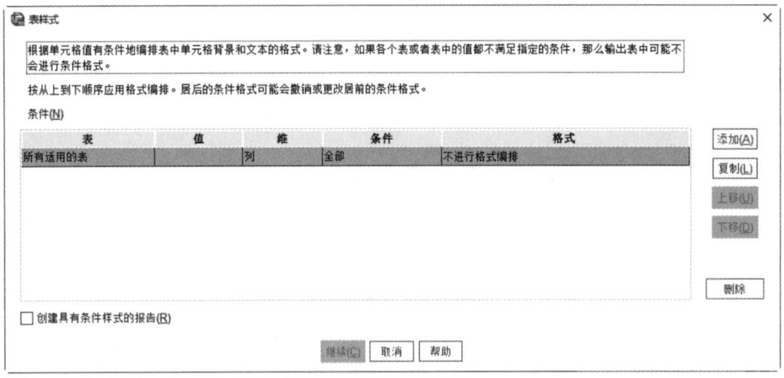

图 9.33　“表样式”对话框

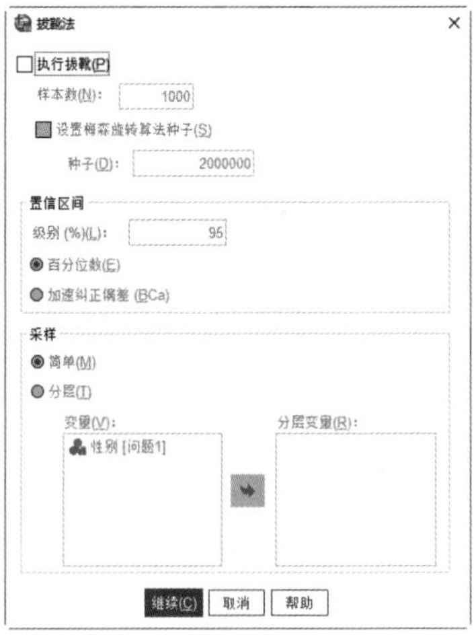

图 9.34　“拔靴法”对话框

（1）勾选“执行拔靴”复选框，使用拔靴法计算频数。拔靴法通过具有估计值特性的样本数据来描述该特性，它不断地从真实数据中进行抽样，以替代先前生成的样本。使用拔靴法计算频数需要设置样本数、置信区间与采样方法。

（2）“样本数”的默认值为 1000，在“样本数”文本框中可以修改样本数，样本数越大，对于估计结果的准确性越有利。

（3）勾选“设置梅森旋转算法种子”复选框，采用梅森旋转算法计算样本数据。选择此项，是为了让分析结果能够复制，即再次运行时，设置同样的种子数，会得到相同的结果。

（4）“置信区间”选项组：级别通常被设定为 95%，有以下两种方法。

- “百分位数”法：其 95%置信区间值为 P2.5～P97.5。
- “加速纠正偏差”法：是对百分位数法的修正，结果更为精确，也需要更多的时间进行计算。

（5）“采样”选项组指定系统进行反复采样使用的方法。

- 简单：系统从原始资料中不断抽取样本并计算统计量后放回。
- 分层：按照原始资料的某个特征先进行分层，然后进行采样。但层内单位同质性较高，而层之间单位差异较大时，分层法采样更为科学。

扫一扫，看视频

★重点　动手学——编制贷款项目频数分布表

源文件：源文件\第 9 章\银行网点贷款项目.sav

某银行统计了 20 个银行网点贷款项目数据，本实例编制贷款人的性别和贷款项目频数分布表。

操作步骤

1. 打开数据文件

选择菜单栏中的“文件”→“打开”→“数据”命令，弹出“打开数据”对话框，选择“银行网点贷款项目.sav”文件，单击“打开”按钮，打开数据文件，如图 9.35 所示。

2. 计算“频数”变量

（1）选择菜单栏中的“分析”→“描述统计”→“频率”命令，弹出“频率”对话框，在左侧变量列表中选择“性别”“贷款类型”，单击“转入”按钮➡，将选中变量添加到右侧“变量”列表中，默认勾选“显示频率表”复选框，如图 9.36 所示。

（2）单击“图表”按钮，弹出“频率：图表”对话框，选择“图表类型”为“饼图”，在“图表值”选项组中选择“百分比”，如图 9.37 所示。

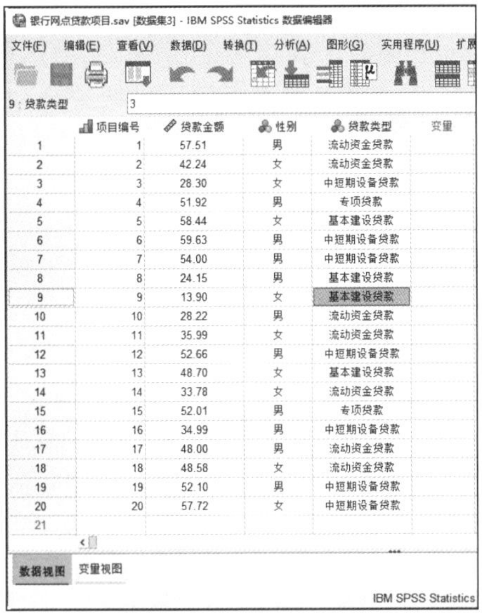

	项目编号	贷款金额	性别	贷款类型	变量
1	1	57.51	男	流动资金贷款	
2	2	42.24	女	流动资金贷款	
3	3	28.30	女	中短期设备贷款	
4	4	51.92	男	专项贷款	
5	5	58.44	女	基本建设贷款	
6	6	59.63	男	中短期设备贷款	
7	7	54.00	男	中短期设备贷款	
8	8	24.15	男	基本建设贷款	
9	9	13.90	女	基本建设贷款	
10	10	28.22	男	流动资金贷款	
11	11	35.99	女	流动资金贷款	
12	12	52.66	男	中短期设备贷款	
13	13	48.70	女	基本建设贷款	
14	14	33.78	女	流动资金贷款	
15	15	52.01	男	专项贷款	
16	16	34.99	男	中短期设备贷款	
17	17	48.00	男	流动资金贷款	
18	18	48.58	女	流动资金贷款	
19	19	52.10	男	中短期设备贷款	
20	20	57.72	女	中短期设备贷款	
21					

图 9.35　打开数据文件

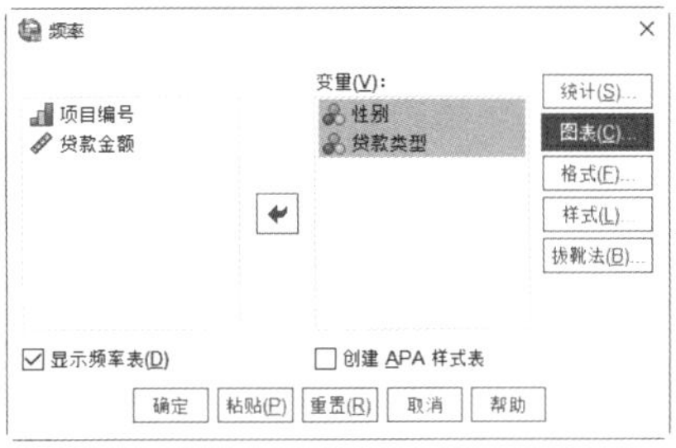

图 9.36　“频率”对话框

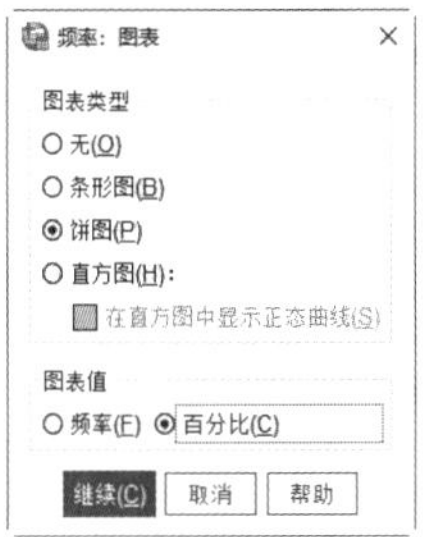

图 9.37　“频率：图表”对话框

（3）单击“确定”按钮，弹出“IBM SPSS Statistics 查看器”窗口，显示数据的统计值表、频率表和饼图，如图 9.38 所示。

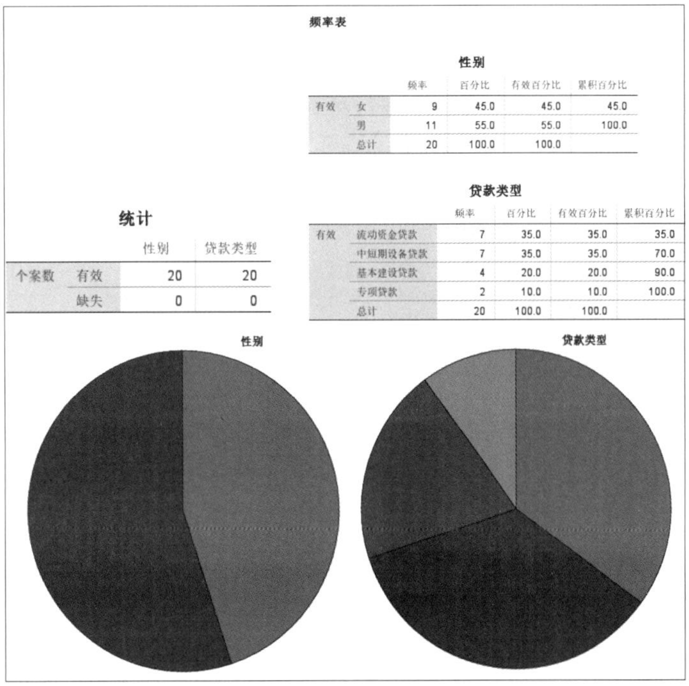

频率表

统计

		性别	贷款类型
个案数	有效	20	20
	缺失	0	0

性别

		频率	百分比	有效百分比	累积百分比
有效	女	9	45.0	45.0	45.0
	男	11	55.0	55.0	100.0
	总计	20	100.0	100.0	

贷款类型

		频率	百分比	有效百分比	累积百分比
有效	流动资金贷款	7	35.0	35.0	35.0
	中短期设备贷款	7	35.0	35.0	70.0
	基本建设贷款	4	20.0	20.0	90.0
	专项贷款	2	10.0	10.0	100.0
	总计	20	100.0	100.0	

图 9.38　输出结果

根据图 9.38 所示结果对 20 个银行网点进行统计分析可知，男性贷款项目比女性多；贷款类型中“专项贷款”最少，“基本建设贷款”次之。

扫一扫，看视频

★重点 动手学——编制产品销售收入数据频数分布表

源文件：源文件\第 9 章\企业产品销售收入.xls

“企业产品销售收入.xls”是某行业管理局所属 40 个企业某年份的产品销售收入数据（单位：万元）。本实例根据 Excel 文件中的数据进行适当的分组，编制频数分布表并计算出累积频数和累积频率。

操作步骤

1．导入数据

（1）选择菜单栏中的“文件”→“导入数据”→Excel 命令，弹出“打开数据”对话框，选择“企业产品销售收入.xls”文件。单击“打开”按钮，弹出“读取 Excel 文件”对话框，如图 9.39 所示。

（2）取消勾选“从第一行数据中读取变量名称”复选框，在“预览”选项中显示导入的数据预览效果。单击“确定”按钮，会自动新建数据文件，并导入 Excel 文件中的数据，如图 9.40 所示。

（3）打开“变量视图”窗口，修改 V1 为“原始数据”，对齐方式为居中，结果如图 9.41 所示。

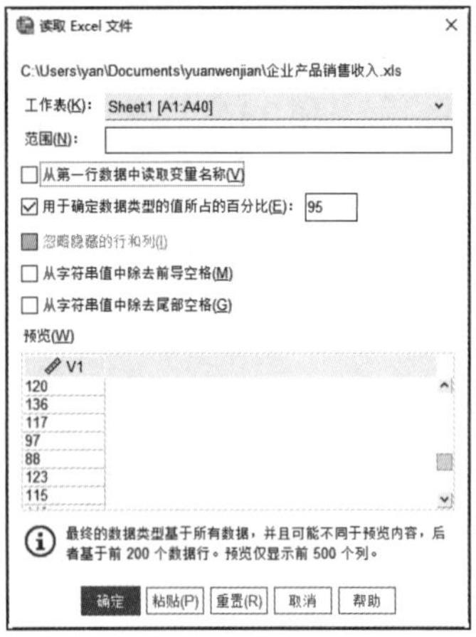

图 9.39 “读取 Excel 文件”对话框

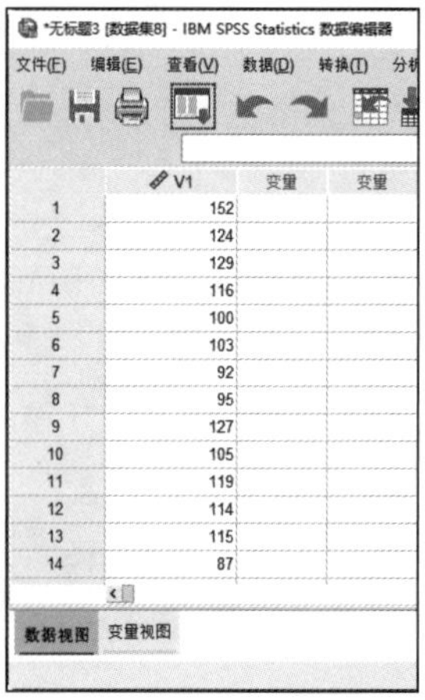

图 9.40 导入 Excel 文件中的数据

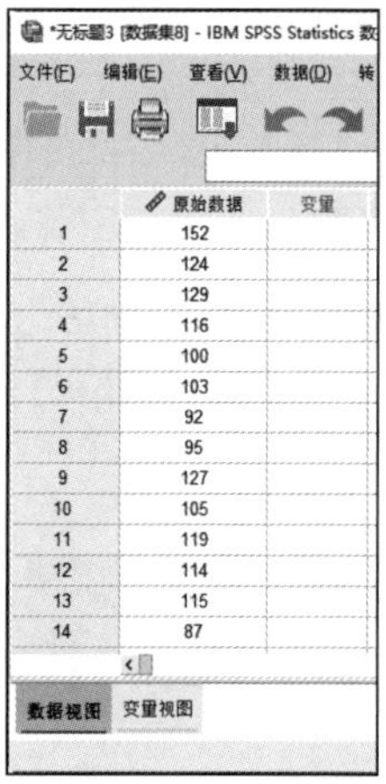

图 9.41 编辑变量

2．保存文件

选择菜单栏中的“文件”→“另存为”命令，弹出“将数据另存为”对话框，选择要保存的位置，输入名称“企业产品销售收入数据.sav”，单击“保存”按钮，保存该文件。

3．数据分组

（1）选择菜单栏中的“转换”→“可视分箱”命令，弹出“可视分箱”对话框，如图 9.42 所示。在“变量”列表中选择“原始数据”，单击“转入”按钮 ➡，将该变量添加到右侧“要分箱的变量”列表中。

（2）单击“继续”按钮，弹出子对话框。单击子对话框右下角的“生成分割点”按钮，弹出“生成分割点”对话框，如图 9.43 所示。选择“基于所扫描个案的相等百分位数”选项，按照百分位数进行分组。在“分割点数”文本框中输入 5（分组数为 6），自动在“宽度”文本框中显示每个组包含的个案数占比为 16.67%。

（3）单击“应用”按钮，返回“可视分箱”对话框，根据创建的 5 个分割点在“网格”选项组下的“值”列中呈现对应的费用值。

（4）单击“生成标签”按钮，自动定义分组后每个区间的范围作为变量的标签，双击“标签”列可以修改，相关设置如图 9.44 所示。

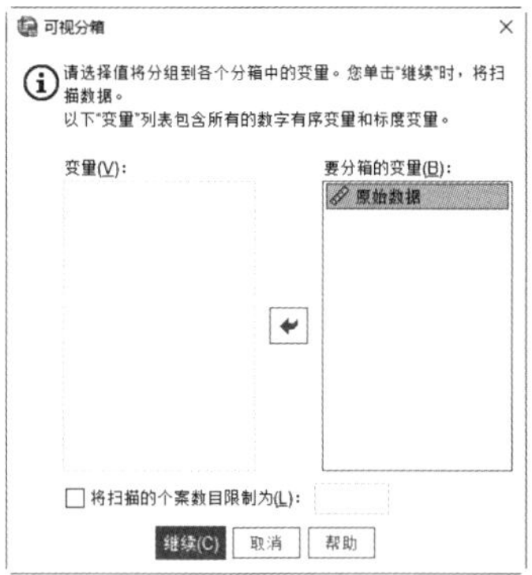

图 9.42 “可视分箱”对话框

图 9.43 “生成分割点”对话框

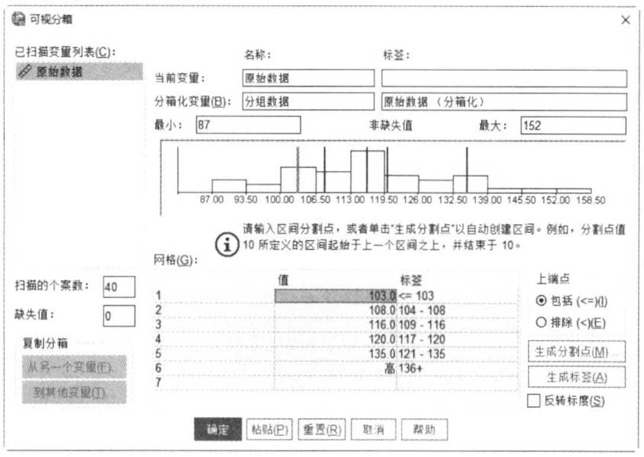

图 9.44 添加标签

（5）单击“确定”按钮，关闭该对话框，弹出信息提示对话框，单击“确定”按钮，关闭该对话框。在数据显示区的最右列自动添加“分组数据”变量，显示“原始数据”的分组等级，如图 9.45 所示。

（6）选择菜单栏中的“查看”→“显示值标签”命令，在“分组数据”变量中显示值标签，结果如图 9.46 所示。

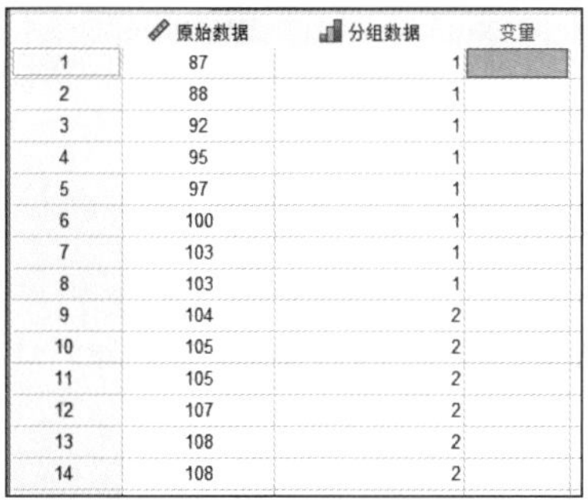

图 9.45 添加“分组数据”变量

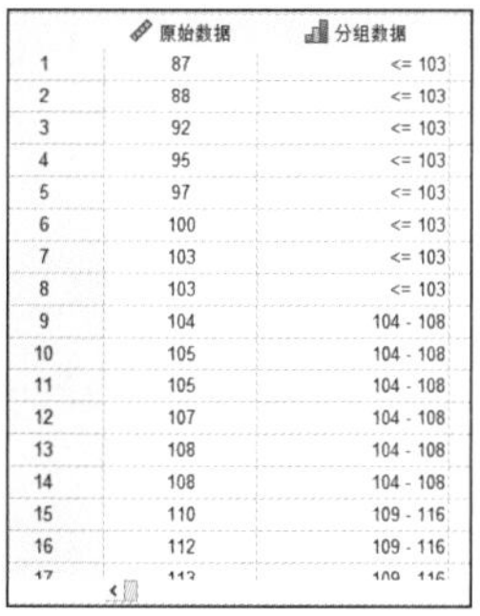

图 9.46 显示变量值标签

4. 保存文件

选择菜单栏中的“文件”→“另存为”命令，弹出“将数据另存为”对话框，选择要保存的位置，输入名称“企业产品销售收入_分组数据.sav”，单击“保存”按钮，保存该文件。

5. 计算“频数”

（1）选择菜单栏中的“分析”→“描述统计”→“频率”命令，弹出“频率”对话框，在左侧变量列表中选择“原始数据（分箱化）”，单击“转入”按钮➡，将选中变量添加到右侧“变量”列表中。

（2）单击“统计”按钮，弹出“频率：统计”对话框，在“集中趋势”选项组中选择对集中趋势进行分析的所有统计量，如图 9.47 所示。

（3）单击“图表”按钮，弹出“频率：图表”对话框，选择频数分析的图表类型“条形图”，在“图表值”选项组中选择“频率”，如图 9.48 所示。

图 9.47 “频率：统计”对话框

图 9.48 “频率：图表”对话框

（4）默认勾选“显示频率表”复选框，单击“确定”按钮，弹出“IBM SPSS Statistics 查看器”窗口，显示数据的统计值表、频率表和条形图，如图 9.49 所示。

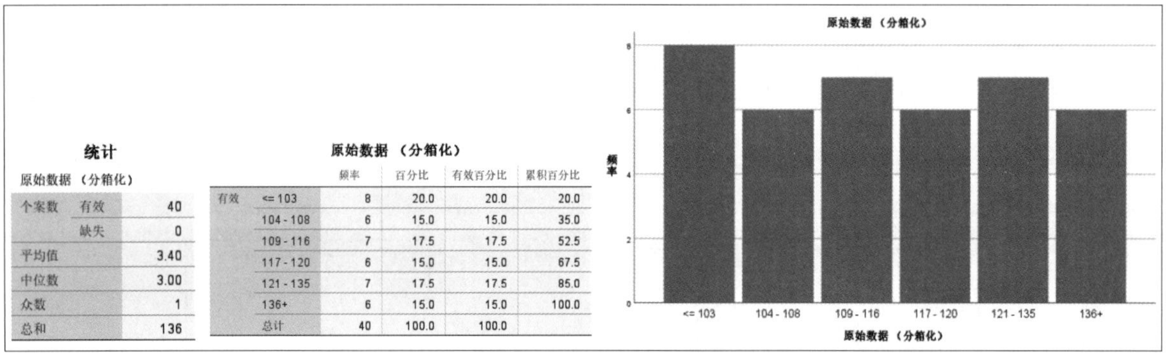

统计

原始数据（分箱化）

个案数	有效	40
	缺失	0
平均值		3.40
中位数		3.00
众数		1
总和		136

原始数据（分箱化）

		频率	百分比	有效百分比	累积百分比
有效	<= 103	8	20.0	20.0	20.0
	104 - 108	6	15.0	15.0	35.0
	109 - 116	7	17.5	17.5	52.5
	117 - 120	6	15.0	15.0	67.5
	121 - 135	7	17.5	17.5	85.0
	136+	6	15.0	15.0	100.0
	总计	40	100.0	100.0	

图 9.49 输出结果

根据上面对 40 个企业进行统计分析的结果可知，销售额最多的企业为等级 1，分布在“<=103”区间，频率为 8，包括 8 个企业。

6. 保存文件

在“IBM SPSS Statistics 查看器”窗口中选择菜单栏中的“文件”→“另存为”命令，弹出“将输出另存为”对话框，选择要保存的位置，输入名称“编制频数分布表.spv”，单击“保存”按钮，保存该文件，如图 9.50 所示。

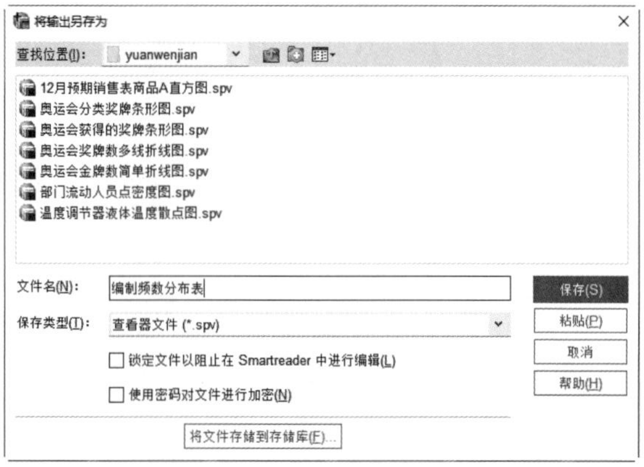

图 9.50 “将输出另存为”对话框

★重点 动手练——分析家电行业售后服务的质量等级

源文件：源文件\第 9 章\家电行业售后服务的质量等级.sav

扫一扫，看视频

为评价家电行业售后服务的质量，随机抽取了 100 个评价数据构成一个样本。服务质量的等级分别为：A. 好；B. 较好；C. 一般；D. 较差；E. 差，调查结果见表 9.1。本实例利用频率表和条形图统计调查结果，如图 9.51 所示。

表 9.1　调查结果

B	E	C	C	A	D	C	B	A	E
D	A	C	B	C	D	E	C	E	E
A	D	B	C	C	A	E	D	C	B
B	A	C	D	E	A	B	D	D	C
C	B	C	E	D	B	C	C	B	C
D	A	C	B	C	D	E	C	E	B
B	E	C	C	A	D	C	B	A	E
B	A	C	D	E	A	B	D	D	C
A	D	B	C	C	A	E	D	C	B
C	B	C	E	D	B	C	C	B	C

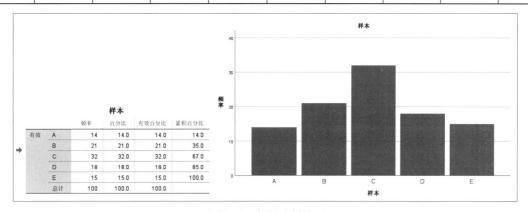

样本

		频率	百分比	有效百分比	累积百分比
有效	A	14	14.0	14.0	14.0
	B	21	21.0	21.0	35.0
	C	32	32.0	32.0	67.0
	D	18	18.0	18.0	85.0
	E	15	15.0	15.0	100.0
	总计	100	100.0	100.0	

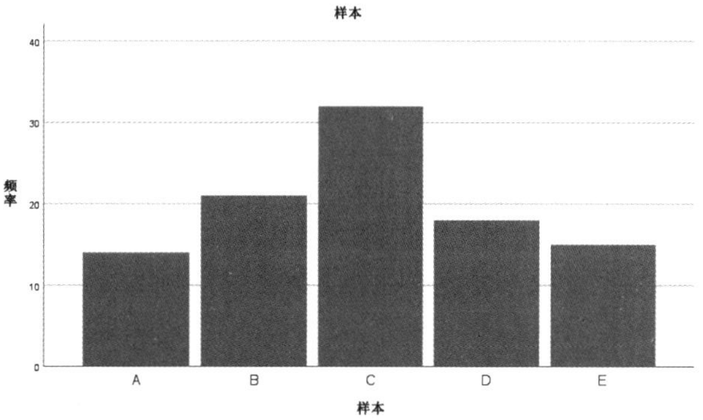

图 9.51　频数分析结果

思路点拨

(1) 新建数据文件“家电行业售后服务的质量等级.sav”。

(2) 创建“样本”变量，类型为字符串，测量类别为有序。

(3) 利用“频率”命令选择“样本”变量。

(4) 选择“图表类型”为“条形图”，图表值为“频率”。

9.3.2　比率分析

比率分析是两变量间变量值比率变化的描述分析，适用于数值型变量。SPSS 的比率分析通过计算基本描述统计量（如均值、中位数、标准差、全距等）和其他描述指标，刻画比率变量的集中趋势和离散程度。

【执行方式】

菜单栏：选择菜单栏中的“分析”→“描述统计”→“比率”命令。

操作步骤

执行此命令，弹出“比率统计”对话框，选择相应变量的分子、分母和组变量，如图 9.52 所示。

左侧变量列表中显示的是统计数据中所有的变量，选中变量后单击“转入”按钮➡，将选中变量添加到右侧列表中。“比率统计”对话框包括以下参数。

- 分子：比率变量的分子变量。
- 分母：比率变量的分母变量。
- 组变量：如果对不同组间的比率进行比较，需要选择分组变量，同时还可以设置组变量的排序方式。

单击“确定”按钮，弹出“IBM SPSS Statistics 查看器”窗口，会显示描述比率分析的统计量表格。

单击“统计”按钮，弹出“比率统计：统计”对话框，会显示按照分析方法划分的统计量，如图 9.53 所示。

图 9.52 “比率统计”对话框

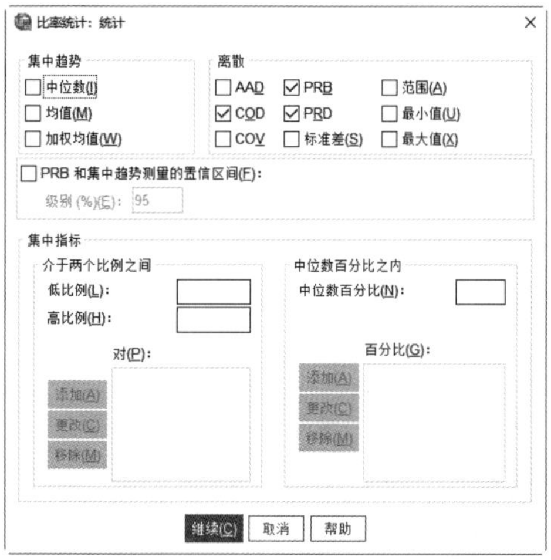

图 9.53 “比率统计：统计”对话框

【选项说明】

下面介绍“比率统计：统计”对话框中的常用选项。

（1）“集中趋势”选项组中提供了一些基本统计指标，具体含义如下。

- 中位数：小于该值的比率数与大于该值的比率数相等。
- 均值：比率的总和除以比率的总数所得的结果。
- 加权均值：分子的均值除以分母的均值所得到的结果。

（2）“PRB 和集中趋势测量的置信区间”选项：显示 PRB、均值、中位数和加权均值的置信区间，“级别”默认值为 95。

（3）“离散”选项组中提供了测量观察值中的变量差或分散量，具体含义如下。

- AAD（absolute average deviation，平均绝对偏差）：是对比率变量离散程度的描述，计算公式为

$$\text{AAD}=\frac{\sum|R_i-M|}{N}$$

其中，R 是比率数；M 是比率变量的中位数；N 是样本数。

- COD（coefficient of dispersion，离散系数）：也是对比率变量离散程度的描述，描述比率变异大小的指标，其数值越大，说明比率变异越大。计算公式为

$$\text{COD}=\frac{\frac{\sum|R_i-\bar{R}|}{N}}{M}$$

- COV（coefficient of variation，变异系数）：用于对比率变量离散程度的描述，分为基于均值的变异系数（mean centered COV）和基于中位数的变异系数（median centered COV）。前者是通常意义下的变异系数，是标准差除以均值；后者定义为

$$\text{COV}=\frac{\sqrt{\frac{\sum(R_i-M)^2}{N}}}{M}$$

- PRB（price-related bias，价格相关偏差）：用于衡量高价房地产的评估价格比是系统性地偏高还是偏低的指数。从中位数比率基于值代理测量的以 2 为底的对数来回归评估比率的百分比差异，其中值代理测量计算为销售价格平均值以及评估值与中位数比率之比。
- PRD（price-related differential，相关价格微分）：是比率均值与加权比率均值的比，也是比率变量离散程度的描述。也称回归系数，即均值除以加权均值所得到的值。
- 标准差：比率与比率均值间的偏差的平方和，再除以比率总数减一，取正的平方根所得到的值。
- 范围：最大比率减去最小比率。
- 最大值：最大比率。
- 最小值：最小比率。

（4）“集中指标”选项组主要度量落在某个区间的比率百分比，有以下两种计算方法。

1）“介于两个比例之间”选项组。区间是通过指定区间的最小值和最大值而显式定义的。输入最小比值和最大比值，单击“添加”按钮可获得区间。

- 低比例：最低比例小于 1。
- 高比例：最高比例大于 1。

2）“中位数百分比之内”选项组。区间是通过指定中位数的百分比而隐式定义的。在“中位数百分比”文本框中输入 0～100 的值，单击“添加”按钮，指定中位数的百分比而隐式定义区间大小，区间的下界等于(1－0.01 ×值)× 中位数，上界等于 (1＋0.01× 值)×中位数。

★重点 动手学——分析亏损企业所占比率

扫一扫，看视频

源文件：源文件\第 9 章\煤炭开采和矿产业经济指标.sav

根据“煤炭开采和矿产业经济指标.sav”分析亏损企业与全部企业的比率，结果如图 9.54 所示。

操作步骤

1．打开数据文件

选择菜单栏中的“文件”→“打开”→“数据”命令，弹出“打开数据”对话框，选择“煤炭

开采和矿产业经济指标.sav”文件。单击“打开”按钮，打开数据文件，如图 9.55 所示。

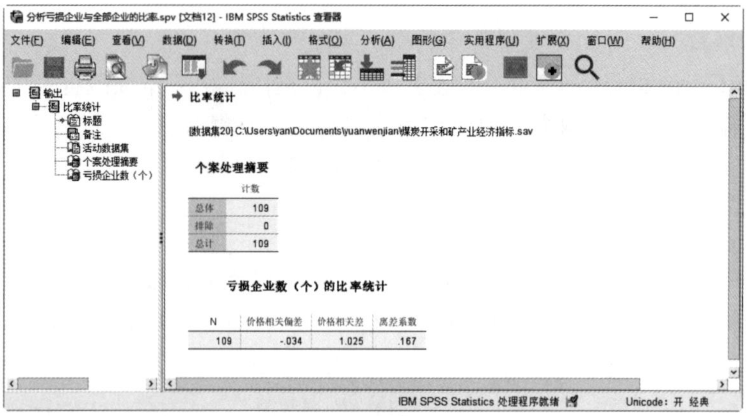

	计数
总体	109
排除	0
总计	109

N	价格相关偏差	价格相关差	离差系数
109	-.034	1.025	.167

图 9.54　输出结果文件

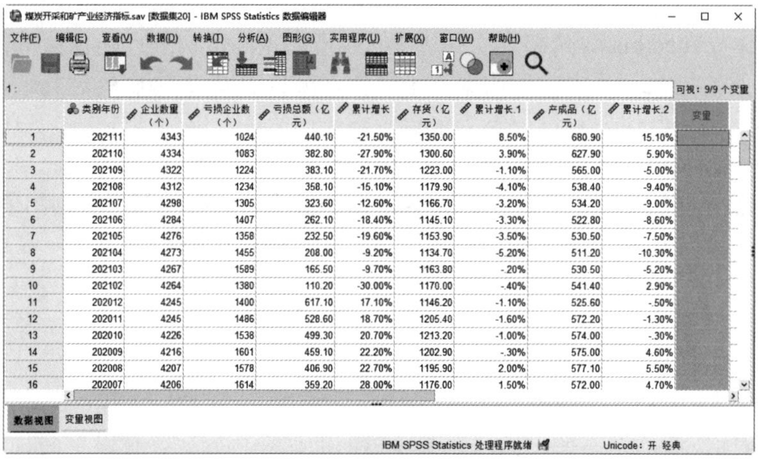

	类别年份	企业数量（个）	亏损企业数（个）	亏损总额（亿元）	累计增长	存货（亿元）	累计增长.1	产成品（亿元）	累计增长.2
1	202111	4343	1024	440.10	-21.50%	1350.00	8.50%	680.90	15.10%
2	202110	4334	1083	382.80	-27.90%	1300.60	3.90%	627.90	5.90%
3	202109	4322	1224	383.10	-21.70%	1223.00	-1.10%	565.00	-5.00%
4	202108	4312	1234	358.10	-15.10%	1179.90	-4.10%	538.40	-9.40%
5	202107	4298	1305	323.60	-12.60%	1166.70	-3.20%	534.20	-9.00%
6	202106	4284	1407	262.10	-18.40%	1145.10	-3.30%	522.80	-8.60%
7	202105	4276	1358	232.50	-19.60%	1153.90	-3.50%	530.50	-7.50%
8	202104	4273	1455	208.00	-9.20%	1134.70	-5.20%	511.20	-10.30%
9	202103	4267	1589	165.50	-9.70%	1163.80	-.20%	530.50	-5.20%
10	202102	4264	1380	110.20	-30.00%	1170.00	-.40%	541.40	2.90%
11	202012	4245	1400	617.10	17.10%	1146.20	-1.10%	525.60	-.50%
12	202011	4245	1486	528.60	18.70%	1205.40	-1.60%	572.20	-1.30%
13	202010	4226	1538	499.30	20.70%	1213.20	-1.00%	574.00	-.30%
14	202009	4216	1601	459.10	22.20%	1202.90	-.30%	575.00	4.60%
15	202008	4207	1578	406.90	22.70%	1195.90	2.00%	577.10	5.50%
16	202007	4206	1614	359.20	28.00%	1176.00	1.50%	572.00	4.70%

图 9.55　打开数据文件

2. 比率分析

（1）选择菜单栏中的“分析”→“描述统计”→“比率”命令，弹出图 9.56 所示的“比率统计”对话框，在“分子”列表中添加“亏损企业数（个）”“公路行驶（升/公里）”变量；在“分母”列表中添加“企业数量（个）”变量。

（2）默认勾选“显示结果”复选框，表示在统计表中显示个案数 N。

（3）单击“确定”按钮，弹出“IBM SPSS Statistics 查看器”窗口，显示数据的个案处理摘要表和比率统计表，如图 9.54 所示。

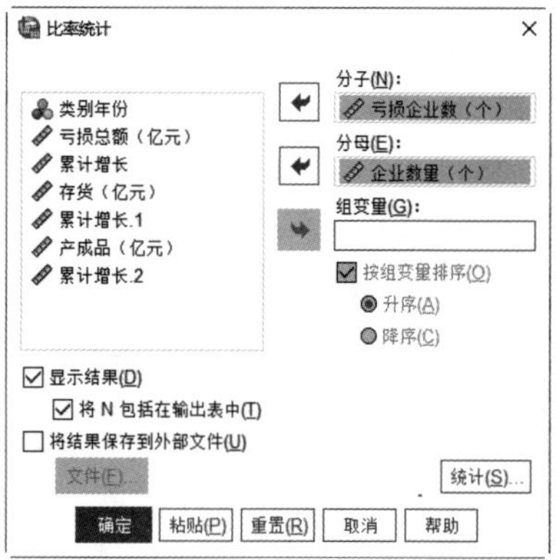

图 9.56　“比率统计”对话框

3. 保存文件

在“IBM SPSS Statistics 查看器”窗口中选择菜单栏中的“文件”→“另存为”命令，弹出“将输出另存为”对话框，选择要保存的位置，输入名称“分析亏损企业与全部企业的比率.spv”，单击“保存”按钮，保存该文件。

第 10 章　参 数 检 验

内容简介

不同的统计分析方法都有其应用条件和适用范围。参数检验基于两个假设：正态性假定和方差齐性假定。因此，在一个统计过程中，首先必须进行数据的正态性检验和方差齐性检验。

学习要点

- 正态性检验
- 方差齐性检验

10.1　推断性统计分析

在统计研究中，把从全部总体中收集的一部分个体称为样本，而利用样本数据对总体特征进行估计和推断，并做出假设检验的过程称为推断性统计。

10.1.1　推断性统计概述

推断性统计可以将根据描述性统计分析得到的趋势应用于整体，包括 t 检验、方差检验、卡方检验、秩和检验，其特点是将随机的数据作为研究对象来进行数据分析。

推断性统计分析是统计学的基本方法，在统计研究中得到了极为广泛的应用，推断性统计包括两方面的内容：总体参数估计和假设检验。

1．总体参数估计

从样本中获得一组数据，研究如何通过这组信息对总体特征进行估计，也就是如何从局部结果推论总体情况的过程，称为总体参数估计。总体参数估计可分为点估计和区间估计。

（1）点估计：用样本统计量来估计总体参数，因为样本统计量为数轴上某一点值，估计的结果也以某一点值表示，这样总是存在误差，并不能准确地计算误差。另外，点估计无法计算正确估计总体参数的概率。所以，点估计只能用于模糊估计的场景，更好的办法是对总体参数进行区间估计。

（2）区间估计：根据样本统计量，利用抽样分布的原理，用概率表示总体参数可能落在某数值区间之内的估计方法。区间估计的种类有很多，主要有总体平均值的区间估计、总体百分数的区间估计、标准差和方差的区间估计、相关系数的区间估计。

2．假设检验

在统计学中，通过样本统计量得出的差异作一般性结论，判断总体参数之间是否存在差异，这种推论过程称为假设检验。

假设检验分为参数检验和非参数检验。在进行假设检验时，若已知总体的分布形式，需要对总体的位置参数进行假设检验，称其为参数假设检验。若对总体分布形式所知甚少，需要对未知分布函数的形式及其他特征进行假设检验，称其为非参数假设检验。

推断性统计分析步骤如下。

（1）假设检验：在假设检验中，需要提出两种假设，即原假设 H_0 和备择假设 H_1。H_0 和 H_1 是相互对立的。

（2）单侧检验与双侧检验：双侧检验的拒绝区域在抽样分布的两侧，其目的是在规定的显著性水平下，观察所抽取的样本统计量是否显著地高于或低于假设的总体参数。单侧检验又可分为左侧检验（下限检验）和右侧检验（上限检验），它们都只有一个拒绝区域，分别位于抽样分布的左侧和右侧，见表 10.1。

表 10.1　假设检验的基本形式

假设	双侧检验	单侧检验	
		左侧检验	右侧检验
原假设	H_0：$\mu=\mu_0$	H_0：$\mu\geqslant\mu_0$	H_0：$\mu\leqslant\mu_0$
备择假设	H_1：$\mu\neq\mu_0$	H_1：$\mu<\mu_0$	H_1：$\mu>\mu_0$

如果要检验的是样本所取自的总体的参数是否大于某个特定值时，则采用右侧检验；反之，如果要检验的是样本所取自的总体的参数是否小于某个特定值时，则采用左侧检验。

（3）抽样误差计算：根据显著性水平 α 和检验统计量的抽样分布求出相应的临界值。

（4）p-值决策：在假设检验中 p 值是检验决策的依据，其含义是样本间的差异由抽样误差所致的概率。统计学根据显著性检验方法所得到的 p 值，一般认为 $p<0.05$ 代表有统计学差异，$p<0.01$ 代表有显著的统计学差异，$p<0.001$ 代表有极其显著的统计学差异，其含义是样本间的差异由抽样误差所致的概率小于 0.05、0.01、0.001。

10.1.2　参数检验

在实际工作中，不可能总是遇到满足正态性假定和方差齐性假定的统计数据，这时如果强行采用参数检验就会造成错误。因此要进行参数检验的数据必须先进行正态性检验和方差齐性检验。正态性检验的原假设是：数据服从正态分布；方差齐性检验的原假设是：数据方差相等（也称具有方差齐性）。

1. 正态性检验

正态分布是统计学中最重要的一个概率分布。在自然现象和社会现象中，大量随机变量都服从或近似服从正态分布。例如，一个地区的成年男性的身高、测量某零件长度的误差、海洋波浪的高度、半导体器件中的热噪声电流或电压等，都服从正态分布。

当一组数据的分布形式如图 10.1 所示，则可以称其服从正态分布。正态曲线呈钟形，中间高，两头低，左右对称。当判断一组数据是否符合正态分布时，通常通过偏度、峰度统计量进行描述，它们分别表示正态曲线的偏离中心程度、集中趋势。

正态性检验依赖于数据的两个指标：样本的均值和方差。

- 均值：样本所有数据的平均值。
- 方差：衡量样本全部数据偏离均值的程度。

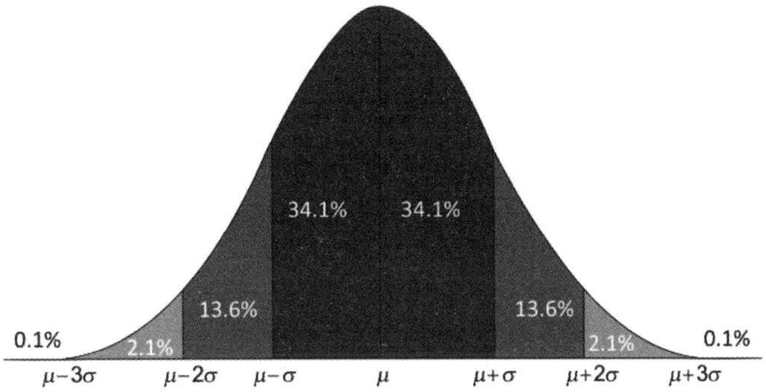

图 10.1　正态分布形式

2. 方差齐性检验

方差齐性是统计学中的一个经典概念，用于表示多个将要检验或分析的总体，其数据具有散布程度特点的一致性程度。

方差齐性检验又称等方差性、同方差性和方差一致性检验，是数理统计学中检查不同样本的总体方差是否相同的一种方法，其基本原理是先对总体的特征做出某种假设，然后通过抽样研究的统计推理，对应该拒绝还是接受此假设做出推断。原假设是被检验的各方差在给定显著性水平的统计上没有显著性差异。

方差齐性假设是方差分析和回归分析的重要假设。在对不同样本组进行比较时，判断某个变量值在不同样本组的方差是否一致。样本容量较小时用方差的无偏估计量比较；而样本容量较大时，直接用两个方差相比，结果相差较大，两个样本的离散程度差距大，因此无法进行假设检验。

10.2　正态性检验

在科学研究中，往往需要对数据进行差异性检验。常用的参数检验需要数据服从正态分布，因此需要先对数据进行正态性检验，不服从正态分布则使用非参数检验。

利用观测数据判断总体是否服从正态分布的检验称为正态性检验，它是统计学中一种特殊的拟合优度假设检验。常用的正态性检验方法有偏度-峰度检验法、正态概率图法。

10.2.1　偏度-峰度检验法

偏度-峰度检验法通过描述数据偏度（K）和峰度（W）系数检验数据的正态性。理论上讲，标准正态分布的偏度和峰度均为 0，但实际数据很少符合标准正态分布。因此，如果峰度的绝对值小于 10 且偏度的绝对值小于 3，则说明数据虽然不是绝对符合标准正态分布，但基本可接受为正态分布。

利用偏度和峰度进行正态性检验时，可以同时计算其相应的 Z 评分（Z-score），即偏度 Z-score=偏度值/标准误差，峰度 Z-score=峰度值/标准误差。在 α=0.05 的检验水平下，若 Z-score 在±1.96 之间，则可认为其服从正态分布。

★重点 动手学——偏度-峰度检验新生儿测试数据的正态分布

扫一扫，看视频

源文件： 源文件\第 10 章\新生儿测试数据.sav

本实例通过偏度-峰度检验法判断新生儿测试数据是否符合正态分布。

操作步骤

1. 打开数据文件

选择菜单栏中的“文件”→“打开”→“数据”命令，弹出“打开数据”对话框，选择“新生儿测试数据.sav”文件，单击“打开”按钮，打开数据文件，如图 10.2 所示。

出生时间（天数）	性别	皮肤颜色	肌肉弹性	反应的敏感性	心脏的搏动
30	女	5	10	12000	240000.00%
20	女	5	8	24000	480000.00%
25	男	5	8	17000	340000.00%
18	男	5	9	15000	300000.00%
29	男	3	6	16100	536666.67%
35	男	3	6	32000	1066666.67%
25	男	4	9	13000	325000.00%
34	女	4	7	12000	300000.00%
30	女	3	7	4000	133333.33%
30	女	4	10	9000	225000.00%

图 10.2　新生儿测试数据

2. 计算偏度与峰度

（1）选择菜单栏中的“分析”→“描述统计”→“频率”命令，弹出“频率”对话框，在左侧变量列表中选择变量“反应的敏感性”“心脏的搏动”，单击“转入”按钮➡，将选中变量添加到右侧“变量”列表中。取消勾选“显示频率表”复选框，如图 10.3 所示。

（2）单击“统计”按钮，弹出“频率：统计”对话框，在“分布”选项组中勾选“偏度”和“峰度”复选框，计算偏度系数和峰度系数，如图 10.4 所示。

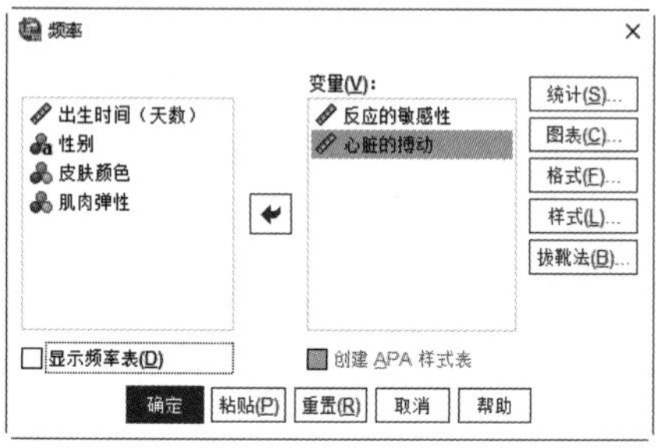

图 10.3　“频率”对话框

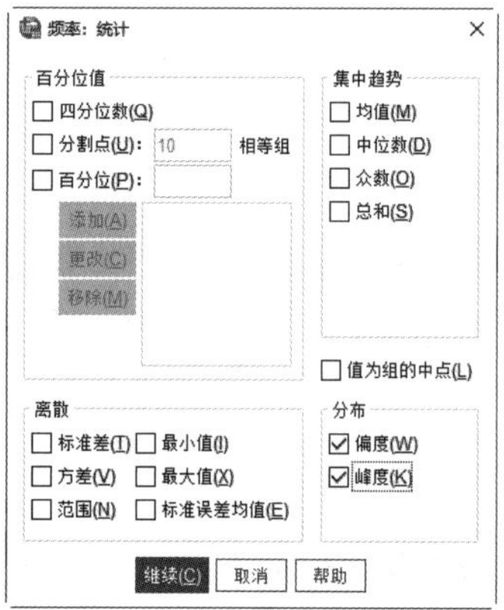

图 10.4　“频率：统计”对话框

（3）单击“继续”按钮，返回主对话框。单击“图表”按钮，弹出“频率：图表”对话框，图表类型选择为“直方图”，勾选“在直方图中显示正态曲线”复选框，如图 10.5 所示。

（4）单击“确定”按钮，弹出“IBM SPSS Statistics 查看器”窗口，显示数据的频率表和直方图，如图 10.6 和图 10.7 所示。

3. 分析结果

下面根据输出结果依次进行分析。

（1）根据直方图概率表可以粗略得出结论：反应的敏感性数据符合正态分布，心脏的搏动数据可能不符合正态分布。

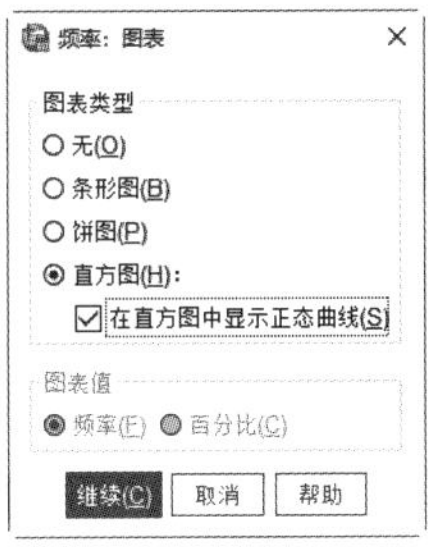

图 10.5 “频率：图表”对话框

频率

统计

		反应的敏感性	心脏的搏动
个案数	有效	10	10
	缺失	0	0
偏度		.971	2.108
偏度标准误差		.687	.687
峰度		1.460	5.170
峰度标准误差		1.334	1.334

图 10.6 输出频率表

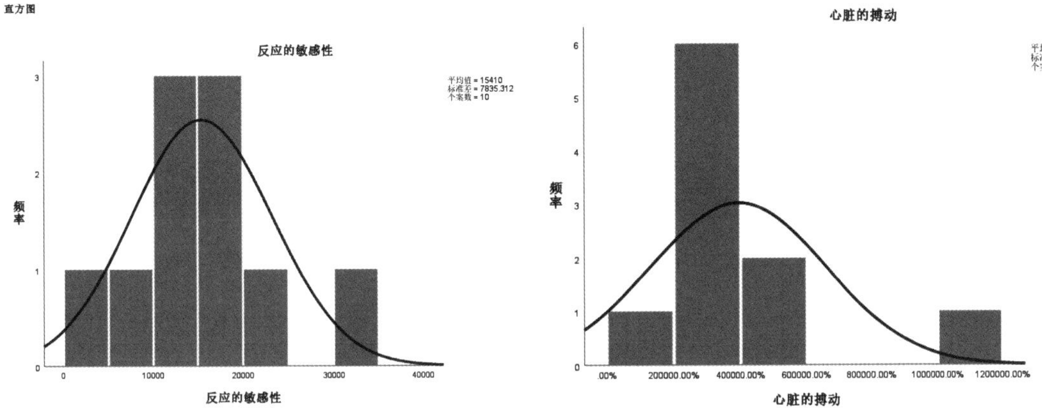

图 10.7 输出直方图

（2）根据频率表可以得出以下结论。

- 反应的敏感性的峰度绝对值为 1.460，小于 10，偏度绝对值为 0.971，小于 3，所以数据为正态分布。
- 心脏的搏动的峰度绝对值为 5.170，小于 10，偏度绝对值为 2.108，小于 3，所以基本可接受数据为正态分布。

10.2.2 正态概率图法

当数据的样本量较大时，正态性检验可能会比较敏感，更容易提示数据不符合正态分布，一般推荐使用图示法（如直方图、Q-Q 图等）来判断数据的正态性。

正态概率图法是最直观、简单的正态性检验方法，能够充分展现很多分布特征。展示的是样本的累积概率分布与理论正态分布的累积概率分布之间的关系。如果图中各点为直线或接近直线，则样本的正态分布假设可以接受。

正态概率图是一种特殊的坐标轴，其横坐标是等间隔的观测值坐标，纵坐标是观测值的累积分布函数值（即累积概率值）。如果这组实数服从正态分布，则正态概率图将显示为一条直线。

P-P 图（频率-频率图）、Q-Q 图（分位数-分位数图）是常见的正态概率图，都可以用来考查数据资料是否服从某种分布类型。若检验的分布类型为正态分布，数据点与理论直线（即对角线）基本重合，则基本认为数据服从正态分布。若偏离直线，则认为数据可能不服从正态分布。

1. P-P 图

P-P 图是根据样本的累积概率对应于所指定的理论分布累积概率绘制的散点图，用于直观地检测样本数据是否符合某一概率分布。如果样本数据服从所假定的正态分布，则散点较好地落在从原点出发的 45°线附近。P-P 图反映了实际观测值的累积频率（横坐标）与正态分布的理论累积概率（纵坐标）的符合程度。

【执行方式】

菜单栏：选择菜单栏中的“分析”→“描述统计”→“P-P 图”命令。

操作步骤

执行此命令，弹出图 10.8 所示的“P-P 图”对话框，在左侧变量列表中显示统计数据中所有可用的变量，单击“转入”按钮，将需要检验的变量添加到右侧“变量”列表中，可以选择一个或多个变量。

单击“确定”按钮，弹出“IBM SPSS Statistics 查看器”窗口，显示选中变量的 P-P 图。

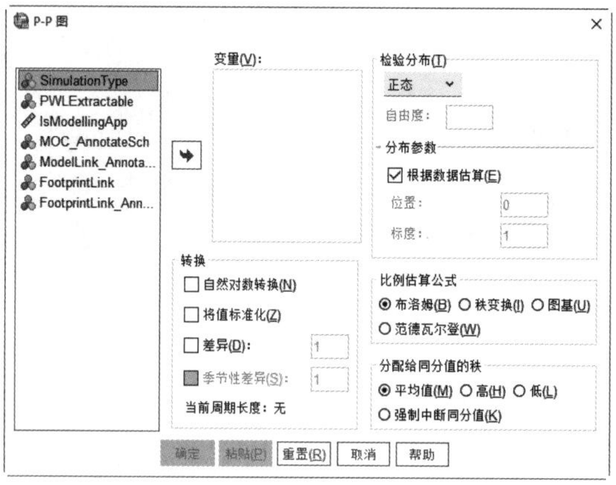

图 10.8 “P-P 图”对话框

【选项说明】

下面介绍“P-P 图”对话框中的常用选项。

（1）“检验分布”选项组。在该选项组中按照数据的分布函数定义数据分布形态，包括贝塔、卡方、指数、伽马、正态、拉普拉斯、逻辑斯谛、对数正态、帕累托、学生氏、均匀和威布尔。在该选项组中还可以设置数据的分布参数。

- 若选中“卡方”检验，则激活“自由度”文本框。
- 若选中“指数”检验，则激活“分布参数”选项组中的选项，一般选择“根据数据估算”复选框及其下方的参数。

（2）“转换”选项组。对数据做一些转换的目的是让它能够符合所做的假设，在已有理论上对其进行分析。如果绘制的 P-P 图中各点不呈直线，但有一定规律，可以对变量数据进行转换，使转换后的数据更接近指定分布。对需要检验的变量进行转换时，在该选项组中显示转换方法。

- 自然对数转换：勾选该项，对数据进行自然对数转换。转换后，不会改变数据的相对关系，数据更加平稳，也削弱了模型的共线性、异方差性等。
- 将值标准化：勾选该项，将数据进行标准化处理。

（3）“比例估算公式”选项组。在该选项组中选择计算估计值的方法。

（4）“分配给同分值的秩”选项组。在该选项组中对数据进行排秩，按照指定顺序为列中的值分配排秩分值。

- 平均值：选择该项，对于结对值（值相同）将分配该值的平均秩。
- 高/低：选择该项，使用排秩查找列中的最大值/最小值。
- 强制中断同分值：选择该项，排秩分值不包含相同值。

扫一扫，看视频

★重点 动手学——根据 P-P 图判断温度调节器液体温度正态性

源文件：源文件\第 10 章\温度调节器液体温度.sav

本实例利用 P-P 图直观判断温度调节器液体温度数据是否符合正态分布。

操作步骤

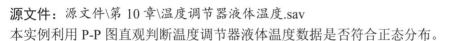

（1）打开数据文件。4 选择菜单栏中的“文件”→“打开”→“数据”命令，弹出“打开数据”对话框，选择“温度调节器液体温度.sav”文件，单击“打开”按钮，打开数据文件。

（2）绘制 P-P 图。选择菜单栏中的“分析”→“描述统计”→“P-P 图”命令，弹出图 10.9 所示的“P-P 图”对话框。在“变量”列表中添加变量“温度调节器 A”“温度调节器 B”“温度调节器 C”“温度调节器 D”进行检验，在“检验分布”下拉列表中选择“正态”选项（默认），检验选中变量中的数据是否符合正态分布。

图 10.9　“P-P 图”对话框

（3）单击“确定”按钮，弹出“IBM SPSS Statistics 查看器”窗口，显示选中变量的 P-P 图，如图 10.10 所示。

从 P-P 图中可以看出，温度调节器 A、温度调节器 B、温度调节器 C、温度调节器 D 的数据散点基本落在从原点出发的 45°线附近，所以样本数据符合正态分布。

2．Q-Q 图

Q-Q 图（Q 代表分位数）是一个概率图，用图形的方式比较两个概率分布，用概率分布的分位数进行正态性考查。如果样本数对应的总体分布符合正态分布，则 Q-Q 图中的样本数据对应的散点应基本落在从原点出发的 45°线附近。

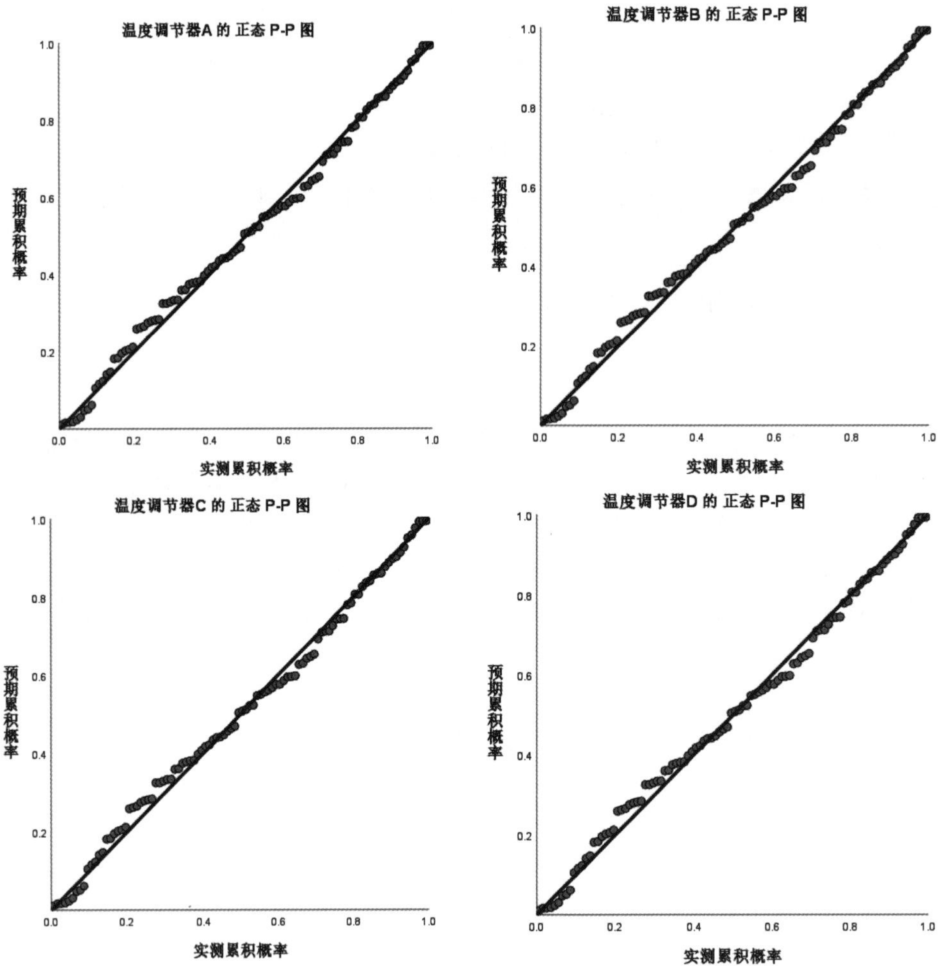

图 10.10　P-P 图

Q-Q 图反映了实际观测值的分位数（横坐标）相较于正态分布的理论分位数（纵坐标）的符合程度。

【执行方式】

菜单栏：选择菜单栏中的“分析”→“描述统计”→“Q-Q 图”命令。

Q-Q 图与 P-P 图的绘制方法类似，这里不再赘述。

10.3　探索性分析

探索性数据分析是任何数据分析或数据科学项目中的重要一步，是调查数据集以发现模式和异常（异常值）并根据对数据集的理解形成假设的过程。

10.3.1　探索性分析概述

进行探索性分析的主要步骤如下。

1．观察数据的分布特征

通过绘制直方图、箱图和茎叶图等图形，直观地反映数据的分布形式和规律，包括考查数据中是否存在异常值等。直方图主要用于展示分组数据的分布，对于未分组的原始数据则可以用茎叶图或箱图来观察其分布。

（1）茎叶图：茎叶图是指由“频率”“茎”“叶”三部分组成、反映原始数据分布的图形。通过茎叶图，可以看出数据的分布形状及数据的离散状况。例如，分布是否对称、数据是否集中、是否有离群点等。

茎叶图类似于横置的直方图，与直方图相比，茎叶图既能反映出数据的分布状况，又能展示每个原始数值（即保留了原始数据的信息）。而直方图则不能展示原始数值。

（2）箱图：箱图是指由一组数据的最大值、最小值、中位数和两个四分位数（即 5 个特征值）组成、反映原始数据分布的图形。

对于一组数据，统计学中也称一个数据“批”或单批数据；而对于多组数据也称多批数据。对于单批数据，可以绘制简单箱图；对于多批数据，可以绘制批比较箱图。通过批比较箱图，不仅可以反映出组数据分布的特征，还可以对多组数据的分布特征进行比较。

2．正态性检验

检验数据是否服从正态分布，以便决定它们是否能用只对正态分布数据适用的方法，如使用夏皮洛-威尔克检验法（S-W 检验）、柯尔莫戈罗夫-斯米诺夫检验法（K-S 检验）进行正态性检验。

3．方差齐性检验

探索性数据分析是任何数据分析或数据科学项目中的重要一步，是调查数据集以发现模式和异常（异常值）并根据对数据集的理解形成假设的过程。

方差齐性检验用于检测两组独立数据围绕平均值发生的波动是否一致。只有经过方差齐性检验后才可对数据进行 t 检验。方差齐性检验只能用于正态分布数据，不可用于非正态分布数据。

在 IBM SPSS Statistics 中，方差齐性检验为莱文检验。当进行方差齐性检验时，SPSS 首先会假设两组数据的方差相等，然后进行统计学计算，评价显著性水平。

- 如果显著性值>0.05，则接受原假设，认为两组数据的方差相等。
- 如果显著性值<0.05，则不接受原假设，认为两组数据的方差不相等。

10.3.2　探索性分析方法

在 SPSS 中，探索性分析是指在对数据的基本特征统计量有初步了解的基础上，对数据进行更为深入和详细的描述性统计分析，如方差齐性检验和正态性检验。

【执行方式】

菜单栏：选择菜单栏中的“分析”→“描述统计”→“探索”命令。

操作步骤

执行此命令，弹出图 10.11 所示的“探索”对话框。在❶左侧变量列表中显示统计数据中所有的变量，单击“转入”按钮➡，将选中变量添加到右侧变量列表中。“探索”对话框中包括以下参数。

- 因变量列表❷：从该列表中选择因变量。因变量是用户研究的目标变量，一般为连续变量。
- 因子列表❸：从该列表中选择影响因变量的因子变量，一般为分类变量。

- 个案标注依据④：从变量列表中选择标签变量，在结果中标识观测量。

对这些变量中的个案进行探索性分析。探索性分析包含两种描述方法：统计量和统计图。在“显示”选项组中进行选择。

- 两者：选择此项，在输出结果窗口中显示统计量和统计图。
- 统计：选择此项，在输出结果窗口中只显示统计量。
- 图：选择此项，在输出结果窗口中只显示统计图。

单击“确定”按钮，弹出输出窗口，在输出窗口中显示描述探索性分析的统计量和统计图。

【选项说明】

下面介绍“探索”对话框中的常用选项。

1. “统计”按钮

单击该按钮，弹出“探索：统计”对话框，显示需要计算的统计量，如图 10.12 所示。

- 描述：勾选此项，将生成描述性统计表格，表中将显示样本数据的统计量，包括平均值、中位数、5%调整平均数、标准误差、方差、标准差、最大值、最小值、组距、四分位数、峰度、偏度及封堵和偏度的标准误差。均值的置信区间：可输入数值指定均值的置信区间的置信度，系统默认的置信度为 95%。
- M-估计量：勾选此项，将计算并生成稳健估计量：Huber’s、Andrews、Hampel’s、Tukey’s。M-估计量用于判断样本数据有无明显异常值，如果 M-估计量离平均数和中位数比较远，那么可能存在异常值。M-估计在计算时对所有观测值赋予权重，随观测值距分布中心的远近而变化，通过给远离中心值的样本数据赋予较小的权重来减小异常值的影响。
- 离群值：勾选此项，将以多个变量为参照基准，计算出样本数据中不合群的数据。
- 百分位数：勾选此项，将计算并显示指定的百分位数，包括 5%、10%、25%、50%、75%、90%、95%等。

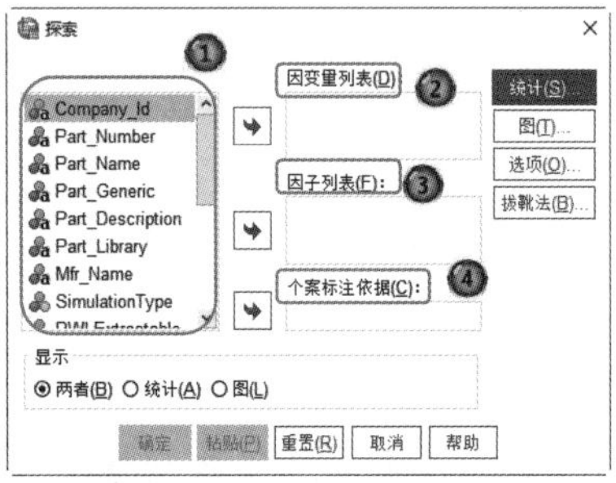

图 10.11 “探索”对话框

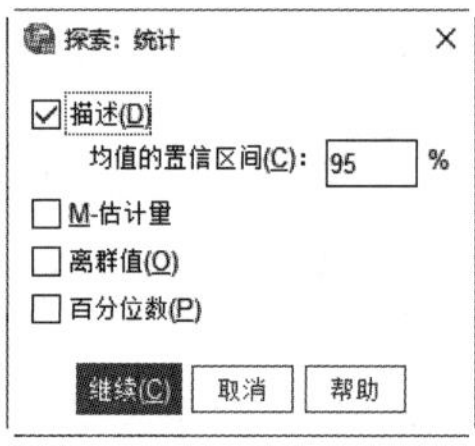

图 10.12 “探索：统计”对话框

2. “图”按钮

单击该按钮，弹出“探索：图”对话框，设置描述探索性分析的统计图，如图 10.13 所示。下面介绍不同类型统计图的参数。

（1）“箱图”选项组：设置关于箱图的参数。

- 因子级别并置：选择此项，将为每个因变量创建一个箱图，在每个箱图内根据分组变量不同的取值创建箱型单元。
- 因变量并置：选择此项，将为每个分组变量创建一个箱图，在每个箱图内用不同的颜色区分不同因变量对应的箱型单元，方便用户进行比较。

➘ 无：选择此项，则不创建箱图。

（2）“描述图”选项组：设置关于描述数据性质的输出图形，包括茎叶图与直方图两个选项，其中茎叶图为默认设置。

➘ 茎叶图：在图的底端注明了茎的宽和每一叶代表的观测量数。

➘ 直方图：勾选此项，则绘制直方图。

（3）“含检验的正态图”复选框：勾选此项，将进行正态检验，输出检验正态性的柯尔莫戈洛夫-斯米诺夫统计量及其 Lilliefors（K-S 检验的一种）置信水平，并生成正态 Q-Q 概率图和无趋势正态 Q-Q 概率图。

（4）“含莱文检验的分布-水平图”选项组：将对所有的分布-水平图进行方差齐性检验和数据转换，同时输出回归直线的斜率及方差齐性的莱文检验。如果没有指定分组变量，则此选项无效。

➘ 无：不进行莱文检验。

➘ 功效估算：利用统计功效估算样本量，进行数据转换。

➘ 转换后：选择此项，变换原始数据。用户可在“功效”下拉列表中选择数据变量类型。

➘ 未转换：选择此项，不变换原始数据。

3．“选项”按钮

单击该按钮，弹出“探索：选项”对话框，如图 10.14 所示。对数据进行分析时，选择对缺失值的处理方法。

➘ 成列排除个案：选择此项，对所有的分析过程剔除分组变量和因变量中带缺失值的观测量数据。

➘ 成对排除个案：选择此项，同时剔除带缺失值的观测量及与缺失值有成对关系的观测量。

➘ 报告值：选择此项，将分组变量的缺失值单独分为一组，作为一个单独的类别进行统计，在输出频数表的同时输出缺失值类别。

图 10.13　“探索：图”对话框

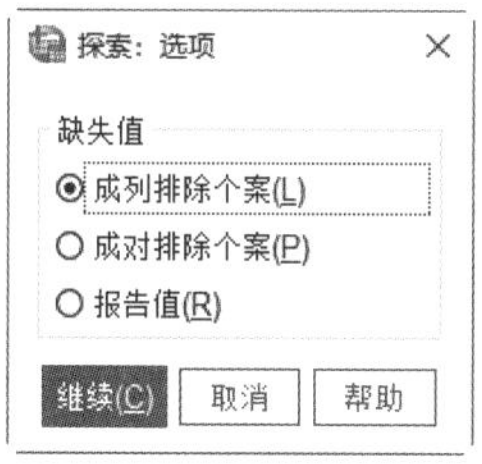

图 10.14　“探索：选项”对话框

★重点 动手学——探索性分析新生儿测试数据正态分布

扫一扫，看视频

源文件：源文件\第 10 章\新生儿测试数据.sav

本实例通过探索性分析对新生儿数据进行正态性检验，判断数据是否符合正态分布。输出结果如图 10.15 所示。

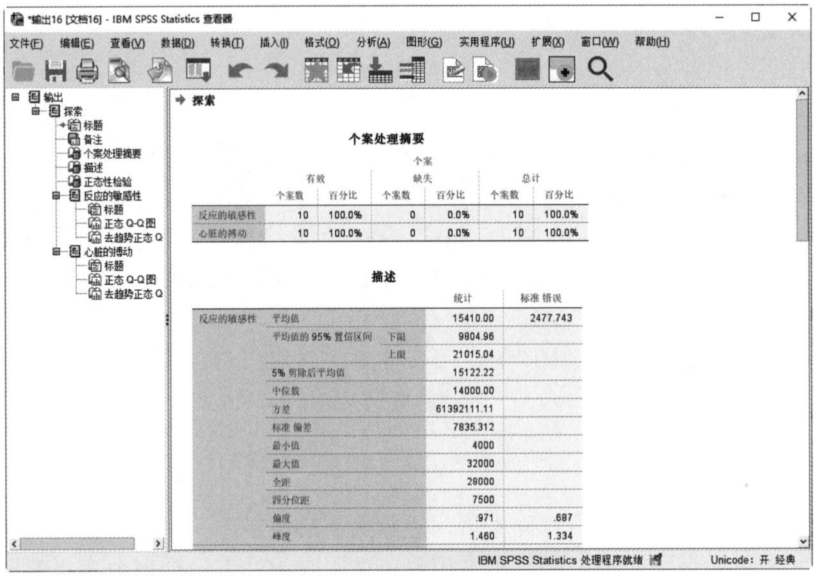

图 10.15　正态性检验结果

操作步骤

1. 打开数据文件

选择菜单栏中的“文件”→“打开”→“数据”命令，弹出“打开数据”对话框，选择“新生儿测试数据.sav”文件，单击“打开”按钮，打开数据文件。

2. 探索性分析

（1）选择菜单栏中的“分析”→“描述统计”→“探索”命令，弹出图 10.16 所示的“探索”对话框。

- 在“因变量列表”中添加“反应的敏感性”“心脏的搏动”变量。
- 在“显示”选项组中选择“两者”选项（默认），表示同时显示统计表和统计图。

（2）单击“图”按钮，弹出“探索：图”对话框，如图 10.17 所示。

- 在“箱图”选项组中选择“无”选项。
- 勾选“含检验的正态图”复选框，将进行正态检验。

（3）单击“继续”按钮，返回主对话框。单击“确定”按钮，弹出“IBM SPSS Statistics 查看器”窗口，显示数据的个案处理表、描述统计表、正态性检验表和 Q-Q 图，如图 10.18 所示。

3. 分析结果

（1）正态性检验表。图 10.18 中的正态性检验表包含两种检验结果：柯尔莫戈洛夫-斯米诺夫、夏皮洛-威尔克。当样本量小于 50 时，需要查看夏皮洛-威尔克检验显著性；当样本量大于 50 时，需要查看柯尔莫戈洛夫-斯米诺夫检验显著性。本实例中的样本量小于 50，查看夏皮洛-威尔克检验显著性结果，如图 10.18 所示。

- 新生儿反应的敏感性数据的显著性值为 0.188，大于 0.05，因此认为反应的敏感性数据符合正态分布，可以进行方差齐性检验。

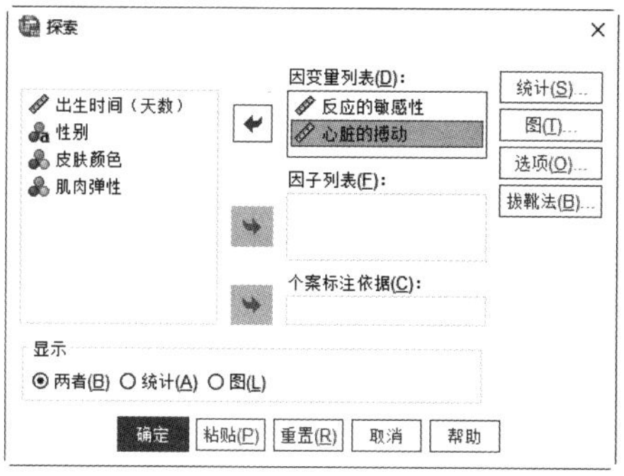

图 10.16　“探索”对话框

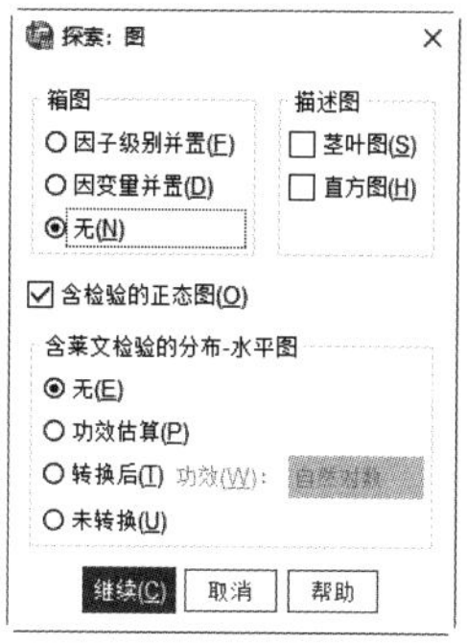

图 10.17　“探索：图”对话框

➘ 新生儿心脏的搏动数据的显著性值为 0.023，小于 0.05，因此认为心脏的搏动数据不符合正态分布，不可以进行方差齐性检验。

正态性检验

	柯尔莫戈洛夫-斯米诺夫[a]			夏皮洛-威尔克		
	统计	自由度	显著性	统计	自由度	显著性
反应的敏感性	.220	10	.188	.929	10	.436
心脏的搏动	.282	10	.023	.773	10	.007

a. 里利氏显著性修正

图 10.18　正态性检验表

（2）Q-Q 图。Q-Q 图与 P-P 图相似，反映了样本实际累积概率和理论累积概率的符合程度，符合程度越高，落在直线上的点就越多，数据就越接近正态分布。

★重点　动手练——判断温度调节器液体温度正态性

源文件：源文件\第 10 章\温度调节器液体温度.sav

本实例利用探索性分析判断温度调节器液体温度数据是否符合正态分布。

扫一扫，看视频

思路点拨

（1）打开数据文件“温度调节器液体温度.sav”。

（2）使用“探索”命令，选择因变量“温度调节器 A”“温度调节器 B”“温度调节器 C”“温度调节器 D”。

（3）勾选“含检验的正态图”复选框，进行正态性检验。

（4）根据图 10.19 所示的正态性检验表分析结果。样本量大于 50，查看柯尔莫戈洛夫-斯米诺夫检验，其显著性值均大于 0.05，因此认为数据符合正态分布。

正态性检验

	柯尔莫戈洛夫-斯米诺夫[a]			夏皮洛-威尔克		
	统计	自由度	显著性	统计	自由度	显著性
温度调节器A	.059	100	.200*	.987	100	.405
温度调节器B	.059	100	.200*	.987	100	.405
温度调节器C	.059	100	.200*	.987	100	.405
温度调节器D	.059	100	.200*	.987	100	.405

*. 这是真显著性的下限。

a. 里利氏显著性修正

图 10.19　正态性检验表

扫一扫，看视频

★重点 动手学——判断收获量数据的正态性和方差齐性

源文件：源文件\第 10 章\收获量数据.sav

在 20 块同样面积的试验田中种植某种新培育的种子，根据种子的种植间距和施肥方案，分别采用 5 种种植间距方案和 4 种施肥方案搭配进行试验，取得的收获量数据见表 10.2。

表 10.2 收获量数据　　单位：吨

种植间距方案	施肥方案			
	1	2	3	4
1	12.0	9.5	10.4	9.7
2	13.7	11.5	12.4	9.6
3	14.3	12.3	11.4	11.1
4	14.2	14.0	12.5	12.0
5	13.0	14.0	13.1	11.4

利用探索性分析方法完成以下检验，结果如图 10.20 所示。

（1）判断收获量数据是否符合正态分布。

（2）检验种植间距与收获量的显著性关系（进行 t 检验前，需要检验种植间距与收获量的方差是否相等）。

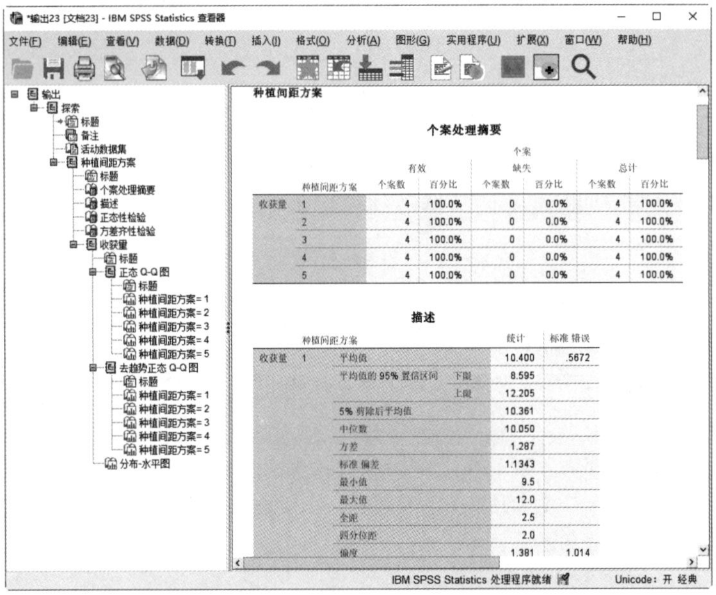

图 10.20　探索性分析结果

操作步骤

1．打开数据文件

选择菜单栏中的“文件”→“打开”→“数据”命令，弹出“打开数据”对话框，选择“收获量数据.sav”文件，单击“打开”按钮，打开数据文件，如图 10.21 所示。

2. 探索性分析

（1）选择菜单栏中的“分析”→“描述统计”→“探索”命令，弹出图 10.22 所示的“探索”对话框。

- 在“因变量列表”中添加“收获量”变量。
- 在“因子列表”中添加“种植间距方案”变量。
- 在“显示”选项组中选择“两者”选项（默认），表示同时显示统计表和统计图。

（2）单击“图”按钮，弹出“探索：图”对话框，如图 10.23 所示。

- 在“箱图”选项组中选择“无”选项。
- 勾选“含检验的正态图”复选框，将进行正态性检验。
- 在“含莱文检验的分布-水平图”选项组中选择“未转换”选项（默认）。

（3）单击“继续”按钮，返回主对话框。单击“确定”按钮，弹出“IBM SPSS Statistics 查看器”窗口，显示数据的个案处理表、描述统计表、正态性检验表和方差齐性检验表等。

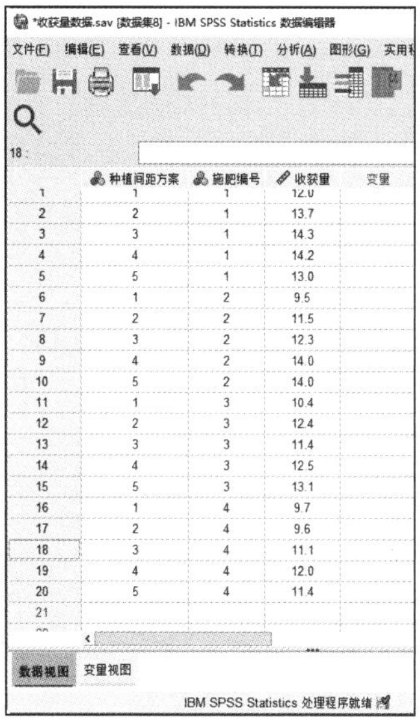

图 10.21 收获量数据

图 10.22 “探索”对话框

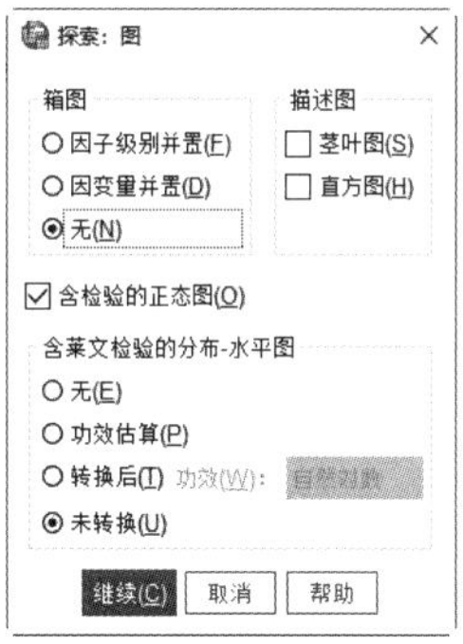

图 10.23 “探索：图”对话框

3. 分析结果

（1）判断正态性。在正态性检验表中查看夏皮洛-威尔克检验结果中的显著性，如图 10.24 所示。数据显著性值均大于 0.05，接受正态分布假设，因此认为收获量数据符合正态分布，可以进一步进行方差齐性检验。

（2）判断方差齐性。方差齐性检验表中的显著性如图 10.25 所示。种植间距方案与收获量数据基于平均值的显著性值为 0.854，大于 0.05，接受方差齐性假设。因此认为种植间距方案与收获量数据的方差相等，具有方差齐性。

正态性检验

		柯尔莫戈洛夫-斯米诺夫[a]			夏皮洛-威尔克		
	种植间距方案	统计	自由度	显著性	统计	自由度	显著性
收获量	1	.250	4	.	.872	4	.305
	2	.181	4	.	.989	4	.955
	3	.243	4	.	.883	4	.352
	4	.275	4	.	.870	4	.297
	5	.296	4	.	.927	4	.579

a. 里利氏显著性修正

图 10.24 正态性检验表

方差齐性检验

		莱文统计	自由度 1	自由度 2	显著性
收获量	基于平均值	.329	4	15	.854
	基于中位数	.313	4	15	.865
	基于中位数并具有调整后自由度	.313	4	11.905	.864
	基于剪除后平均值	.334	4	15	.851

图 10.25 方差齐性检验表

10.4 对数转换

如果数据不符合正态分布，则不能直接进行显著性分析。具体有以下两种解决方法。

- 对数据进行转换（如对数转换等），使转换后的数据符合正态分布，继而采用参数检验方法，如 t 检验、方差分析等。
- 直接用非参数检验方法，如两组独立样本选择曼-惠特尼秩和检验，三组及以上独立样本选择克鲁斯卡尔-沃利斯检验。

10.4.1 正态性检验

在 SPSS 中，可以通过对数函数计算转换变量，直接将不符合正态分布的数据转换为符合正态分布的数据。

【执行方式】

菜单栏：选择菜单栏中的“转换”→“计算变量”命令。

操作步骤

执行此命令，弹出❶“计算变量”对话框，在“函数组”列表中选择❷“算术”，在“函数和特殊变量”列表中选择❸函数 Lg10（正确函数应为 lg，lg 即以 10 为底的对数函数。为便于读者理解，此处以系统显示为主）和 Ln，如图 10.26 所示。

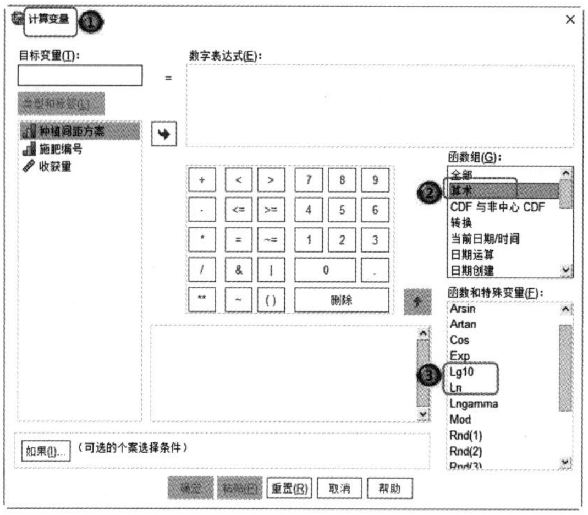

图 10.26 “计算变量”对话框

- Lg10：底数为 10 的对数函数。例如，表达式为 Lg10(numexpr)，则返回以 10 为底的 numexpr 的对数，numexpr 必须为大于 0 的数值。
- Ln：底数为 e 的对数函数。例如，表达式为 Ln(numexpr)，则返回以 e 为底的 numexpr 的对数，numexpr 必须为大于 0 的数值。

扫一扫，看视频

★重点 动手学——新生儿转换数据正态性检验

源文件：源文件\第 10 章\新生儿测试数据.sav、新生儿的测试数据_对数转换.sav

根据“探索性分析新生儿测试数据正态分布”实例的分析结果，心脏的搏动数据不符合正态分布。本实例通过对测试数据进行对数转换，对转换后的数据进行正态性检验，判断其是否符合正态分布。

操作步骤

1. 打开数据文件

选择菜单栏中的“文件”→“打开”→“数据”命令，弹出“打开数据”对话框，选择“新生儿测试数据.sav”文件，单击“打开”按钮，打开数据文件。

2. 数据转换

（1）选择菜单栏中的“转换”→“计算变量”命令，弹出“计算变量”对话框，进行如下设置，如图 10.27 所示。

- 在“目标变量”文本框中输入“心脏的搏动转换”。
- 在变量列表中选择“心脏的搏动”变量，单击转入按钮，将变量添加到“数字表达式”文本框中，选中该变量。
- 在“函数组”列表中选择“算术”，在“函数和特殊变量”列表中选择函数 Ln，双击该函数，将函数表达式添加到“数字表达式”文本框中。

（2）单击“确定”按钮，在数据编辑器中添加变量“心脏的搏动转换”，如图 10.28 所示。

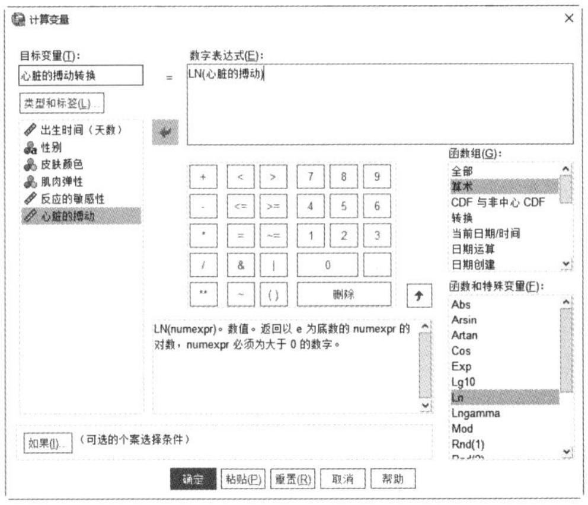

图 10.27　“计算变量”对话框

出生时间（天数）	性别	皮肤颜色	肌肉弹性	反应的敏感性	心脏的搏动	心脏的搏动转换
30	女	5	10	12000	240000.00%	12.39
20	女	5	8	24000	480000.00%	13.08
25	男	5	8	17000	340000.00%	12.74
18	男	5	9	15000	300000.00%	12.61
29	男	3	6	16100	536666.67%	13.19
35	男	3	6	32000	1066666.67%	13.88
25	男	4	9	13000	325000.00%	12.69
34	女	4	7	12000	300000.00%	12.61
30	女	3	7	4000	133333.33%	11.80
30	女	4	10	9000	225000.00%	12.32

图 10.28　对数转换数据

3. 保存文件

选择菜单栏中的“文件”→“另存为”命令，弹出“将数据另存为”对话框，选择要保存的位置，输入名称“新生儿的测试数据_对数转换.sav”，单击“保存”按钮，保存该文件。

4. 探索性分析

（1）选择菜单栏中的“分析”→“描述统计”→“探索”命令，弹出图 10.29 所示的“探索”

对话框。

➘ 在“因变量列表”中添加“心脏的搏动转换”变量。

➘ 在“显示”选项组中选择“两者”选项（默认），表示同时显示统计表和统计图。

（2）单击“图”按钮，弹出“探索：图”对话框。

➘ 在“箱图”选项组中选择“无”。

➘ 勾选“含检验的正态图”复选框，将进行正态性检验。

（3）单击“继续”按钮，返回主对话框。单击“确定”按钮，弹出“IBM SPSS Statistics 查看器”窗口，显示数据的个案处理表、描述统计表、正态性检验表和 Q-Q 图。

5. 分析结果

查看正态性检验表中夏皮洛-威尔克检验的显著性值，如图 10.30 所示。新生儿心脏的搏动转换数据的显著性值为 0.735，大于 0.05，因此认为心脏的搏动经过对数转换后的数据符合正态分布。

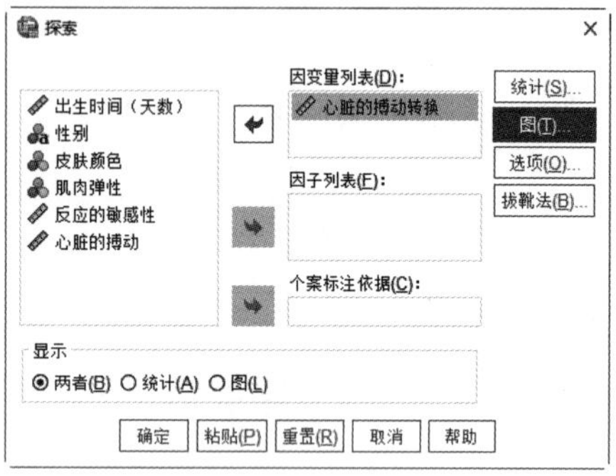

图 10.29 “探索”对话框 1

正态性检验

	柯尔莫戈洛夫-斯米诺夫[a]			夏皮洛-威尔克		
	统计	自由度	显著性	统计	自由度	显著性
心脏的搏动转换	.197	10	.200*	.956	10	.735

*. 这是真显著性的下限。

a. 里利氏显著性修正

图 10.30 正态性检验表

下面可以对转换后的数据进行方差齐性检验。

6. 方差齐性检验

（1）选择菜单栏中的“分析”→“描述统计”→“探索”命令，弹出“探索”对话框，如图 10.31 所示。

➘ 在“因变量列表”中添加“心脏的搏动转换”变量。

➘ 在“因子列表”中添加“性别”变量，作为因子变量。

➘ 在“显示”选项组中选择“两者”选项（默认），表示同时显示统计表和统计图。

（2）单击“图”按钮，弹出“探索：图”对话框，对转换后的数据进行方差齐性检验。

➘ 在“箱图”选项组中选择“无”。

➘ 取消勾选“含检验的正态图”复选框，不进行正态性检验。

➘ 在“含莱文检验的分布-水平图”选项组中选择“未转换”（默认）。

（3）单击“继续”按钮，返回主对话框。单击“确定”按钮，弹出“IBM SPSS Statistics 查看器”窗口，显示数据的个案处理表、描述统计表和方差齐性检验表等。

7. 分析结果

查看方差齐性检验表中的显著性值，如图 10.32 所示。性别对心脏的搏动数据基于平均值的显著性值为 0.635，大于 0.05，接受方差齐性假设。因此认为性别对心脏的搏动数据方差相等，具有方差齐性，可以使用参数检验的方法进行显著性关系的判断。

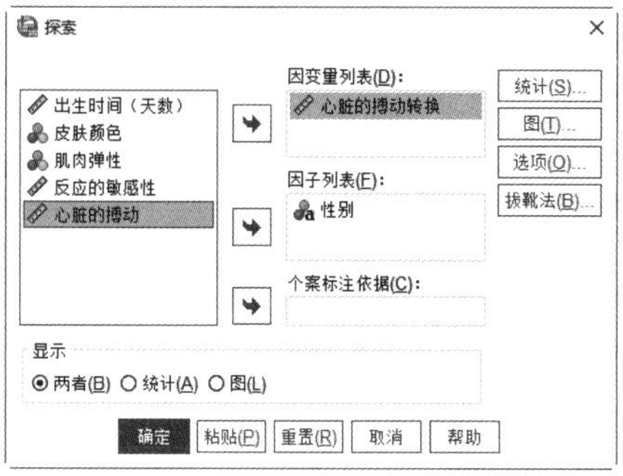

图 10.31 “探索”对话框 2

方差齐性检验

		莱文统计	自由度 1	自由度 2	显著性
心脏的搏动转换	基于平均值	.244	1	8	.635
	基于中位数	.025	1	8	.878
	基于中位数并具有调整后自由度	.025	1	6.893	.879
	基于剪除后平均值	.209	1	8	.660

图 10.32　方差齐性检验表

10.4.2　方差齐性检验

一般情况下，在进行假设检验时，按照先判断假设条件，后进行检验的顺序进行统计分析。在 SPSS 中，大多同时进行假设条件的判断与检验。也就是说，即使数据不满足假设条件，同样可以计算出检验结果。此时需要读者通过检验结果判断假设条件，若不满足假设条件，则检验结果无统计意义。

★重点 动手学——新生儿数据方差齐性检验

扫一扫，看视频

源文件：源文件\第 10 章\新生儿测试数据.sav

根据“探索性分析新生儿测试数据正态分布”实例分析结果，心脏的搏动数据不符合正态分布，进行方差齐性检验无意义。本实例通过探索性分析方法，在进行方差齐性检验时，对测试数据进行自然对数转换，检验数据的方差齐性。

操作步骤

1. 打开数据文件

选择菜单栏中的“文件”→“打开”→“数据”命令，弹出“打开数据”对话框，选择“新生儿测试数据.sav”文件，单击“打开”按钮，打开数据文件。

2. 探索性分析

（1）选择菜单栏中的“分析”→“描述统计”→“探索”命令，弹出图 10.33 所示的“探索”对话框。

- 在“因变量列表”中添加“心脏的搏动”变量。
- 在“因子列表”中添加“性别”变量。
- 在“显示”选项组中选择“两者”选项（默认），表示同时显示统计表和统计图。

（2）单击“图”按钮，弹出“探索：图”对话框，对转换后的数据进行方差齐性检验，参数设置如图 10.34 所示。

- 在“箱图”选项组中选择“无”选项。
- 勾选“含检验的正态图”复选框，进行正态性检验。
- 在“含莱文检验的分布-水平图”选项组中选择“转换后”选项，在“功效”下拉列表中选择“自然对数”。

（3）单击“继续”按钮，返回主对话框。单击“确定”按钮，弹出“IBM SPSS Statistics 查看器”窗口，显示数据的个案处理表、描述统计表、正态性检验表和方差齐性检验表等。

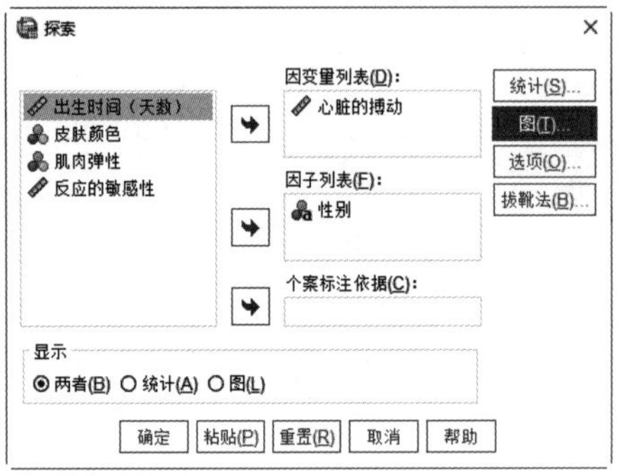

图 10.33 “探索”对话框

图 10.34 “探索：图”对话框

3. 分析结果

（1）判断正态性。查看正态性检验表中夏皮洛-威尔克检验中的显著性值，如图 10.35 所示。

第一组数据（性别男）显著性值为 0.031，小于 0.05，不接受正态分布假设。

第二组数据（性别女）显著性值为 0.593，大于 0.05，接受正态分布假设。

因此认为，男性心脏的搏动数据不符合正态分布，直接进行方差齐性检验无统计意义；女性心脏的搏动数据符合正态分布，可以进一步进行方差齐性检验。

提示：

心脏的搏动数据如果没有转换，数据分析至此结束，不需要进行方差齐性分析。本实例在参数设置中进行了对数转换，因此需要继续进行方差齐性分析。

（2）判断方差齐性。查看方差齐性检验表中的显著性值，如图 10.36 所示。性别对心脏的搏动数据基于平均值的显著性值为 0.635，大于 0.05，接受方差齐性假设。因此认为性别对心脏的搏动数据方差相等，具有方差齐性，可以使用参数检验的方法进行显著性关系的判断。

正态性检验

		柯尔莫戈洛夫-斯米诺夫[a]			夏皮洛-威尔克		
	性别	统计	自由度	显著性	统计	自由度	显著性
心脏的搏动	男	.305	5	.146	.752	5	.031
	女	.225	5	.200*	.929	5	.593

*. 这是真显著性的下限。

a. 里利氏显著性修正

图 10.35 正态性检验表

方差齐性检验

		莱文统计	自由度 1	自由度 2	显著性
心脏的搏动	基于平均值	.244	1	8	.635
	基于中位数	.025	1	8	.878
	基于中位数并具有调整后自由度	.025	1	6.893	.879
	基于剪除后平均值	.209	1	8	.660

图 10.36 方差齐性检验表

提示：

对于不符合正态分布的数据，在两种对数转换方法的分析结果中，方差齐性的判断结果相同。

第 11 章　非参数检验

内容简介

在数据分析过程中，由于各种原因，人们往往无法对总体分布形态进行简单假定，此时参数检验的方法就不再适用了。基于这种考虑，需要在总体方差未知或所知甚少的情况下，利用样本数据对总体分布形态等特征进行推断，这种方法称为非参数检验。非参数检验在推断过程中不涉及与总体分布有关的参数。

非参数检验是统计分析方法的重要组成部分，它与参数检验共同构成统计分析的基本内容。本章按照样本划分非参数检验方法，包括单样本非参数检验、独立样本非参数检验和相关样本非参数检验。

学习要点

- 单样本非参数检验
- 独立样本非参数检验
- 相关样本非参数检验

11.1　单样本非参数检验

单样本非参数检验是对单个总体的分布形态等进行推断的方法，其中包括单样本检验、二项检验、卡方检验、柯尔莫戈洛夫-斯米诺夫检验等方法。

11.1.1　单样本检验

在 SPSS 中，单样本检验是指使用一个或多个非参数检验方法（二项检验、卡方检验或柯尔莫戈洛夫-斯米诺夫检验等）来确定样本中单个字段中的差别的命令。

【执行方式】

菜单栏：选择菜单栏中的“分析”→ “非参数检验”→“单样本”命令。

操作步骤

执行此命令，弹出“单样本非参数检验”对话框，在该对话框中可以使用二项检验、卡方检验或柯尔莫戈洛夫-斯米诺夫检验来自动比较实测数据和假设数据，如图 11.1 所示。

【选项说明】

该对话框包含三个选项卡：目标、字段、设置。下面介绍该对话框中的常用选项。

（1）“目标”选项卡。该选项卡用于设置目标样本，包括以下三个选项。

- 自动比较实测数据和假设数据：选择该项，自动选择检验方法来比较实测数据和假设数据，一般默认选择该选项。
- 检验序列的随机性：选择该项，使用游程检验来检验序列的随机性。
- 定制分析：选择该项，可以选择要执行的检验方法。

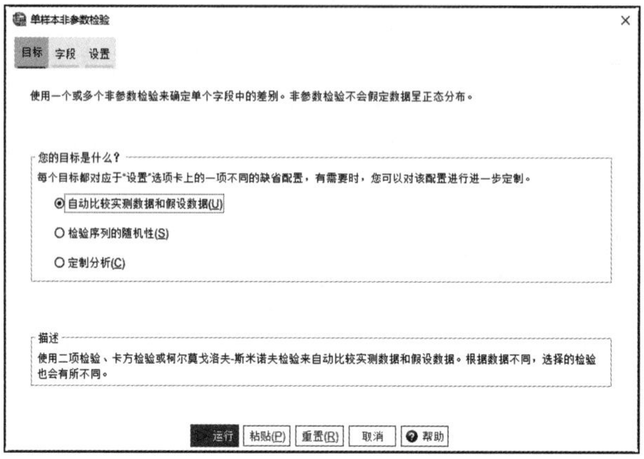

图 11.1 “单样本非参数检验”对话框

（2）“字段”选项卡。该选项卡用于设置检测字段，如图 11.2 所示。一般默认选择“使用预定义角色”选项。

（3）“设置”选项卡。该选项卡用于选择检验方法、设置检验选项、定义用户缺失值的处理方法，如图 11.3 所示。

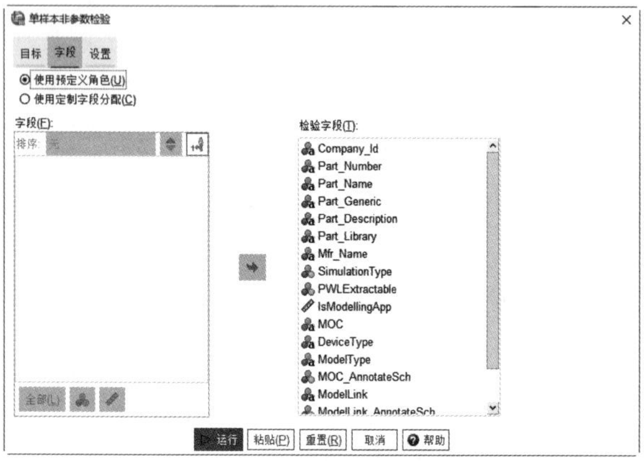

图 11.2 “字段”选项卡

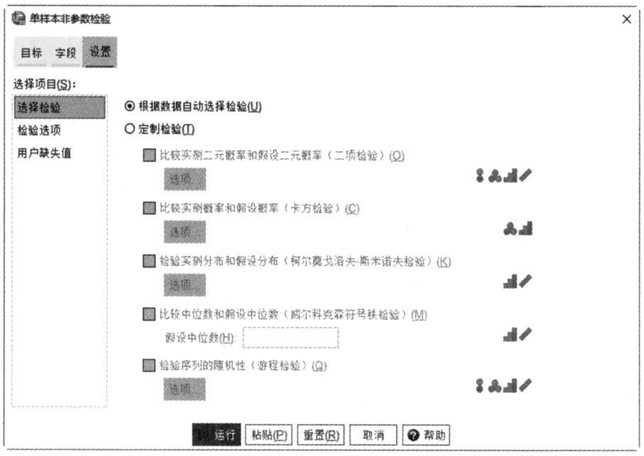

图 11.3 “设置”选项卡

扫一扫，看视频

★重点 动手学——使用单样本检验方法检验钢材消费量与国民收入

源文件：源文件\第 11 章\钢材消费量与国民收入.sav

“钢材消费量与国民收入.sav”是中国某年间钢材消费量与国民收入之间的关系数据，本实例试判断钢材消费量、国民收入是否符合正态分布。

操作步骤

1. 打开数据文件

选择菜单栏中的“文件”→“打开”→“数据”命令，弹出“打开数据”对话框，选择“钢材消费量与国民收入.sav”文件，单击“打开”按钮，打开数据文件，如图 11.4 所示。

2. 自动检验

（1）选择菜单栏中的“分析”→“非参数检验”→“单样本”命令，弹出“单样本非参数检验”对话框，默认选择“自动比较实测数据和假设数据”选项，自动比较实测数据和假设数据。

（2）打开“字段”选项卡，默认选择“使用预定义角色”选项，在右侧“检验字段”列表中显示所有变量，如图 11.5 所示。

样本编号	钢材消费量x（万t）	国民收入y（亿元）
1	549	910
2	429	851
3	538	942
4	698	1097
5	872	1284
6	988	1502
7	807	1394
8	738	1303
9	1025	1555
10	1316	1917
11	1539	2051
12	1561	2111
13	1785	2286
14	1762	2311
15	1960	2003
16	1902	2435

图 11.4　钢材消费量与国民收入数据

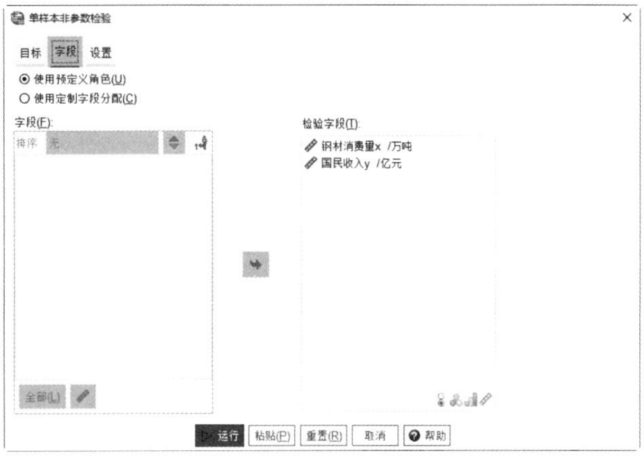

图 11.5　“字段”选项卡

（3）单击“运行”按钮，弹出“IBM SPSS Statistics 查看器”窗口，显示数据的假设检验摘要表、单样本柯尔莫戈洛夫-斯米诺夫正态检验摘要表，如图 11.6 所示。

图 11.6　非参数检验结果

3. 分析结果

下面根据图 11.6 中的结果依次进行分析。

（1）假设检验摘要表中显示假设检验结果，观察“显著性”和“决策”两项，若显著性值大于 0.05（预先设置的显著性水平），则保留原假设；否则拒绝原假设。本实例中的钢材消费量与国民收入的显著性值均大于 0.05，“决策”栏中显示“保留原假设。”，即

- 钢材消费量 x/万 t 的分布为正态分布，均值为 1154，标准差为 529.988。
- 国民收入 y/亿元的分布为正态分布，均值为 1622，标准差为 539.025。

（2）单样本柯尔莫戈洛夫-斯米诺夫正态检验摘要表中包括样本总计、最极端差值、检验统计、及渐进显著性的信息。

扫一扫，看视频

★重点 动手学——使用单样本检验方法检验单位工资表计算数据

源文件：源文件\第 11 章\单位工资表计算.sav

本实例对工资表中的奖金与性别进行非参数检验。

（1）判断员工男女比例是否相等。

（2）判断员工奖金是否符合正态分布。

操作步骤

1. 打开数据文件

选择菜单栏中的“文件”→“打开”→“数据”命令，弹出“打开数据”对话框，选择“单位工资表计算.sav”文件，单击“打开”按钮，打开数据文件，如图 11.7 所示。

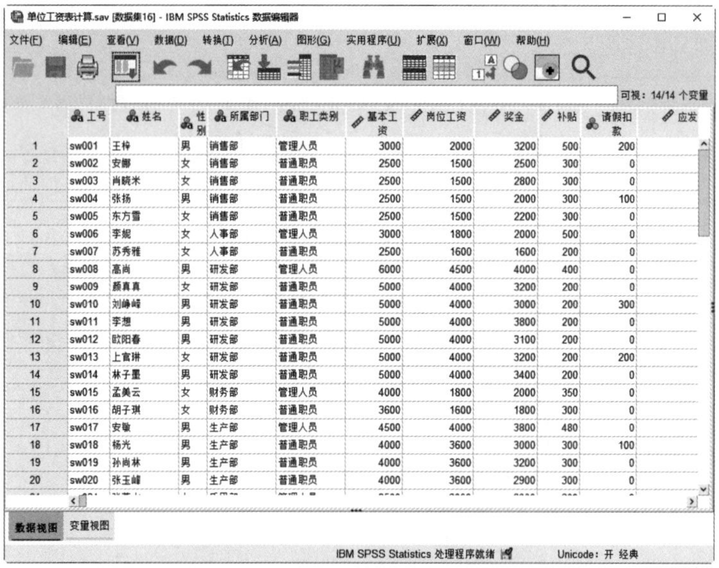

图 11.7 单位工资表计算数据

2. 自动检验

（1）选择菜单栏中的“分析”→“非参数检验”→“单样本”命令，弹出“单样本非参数检验”对话框，默认选择“自动比较实测数据和假设数据”选项，自动比较实测数据和假设数据。

（2）打开“字段”选项卡，选择“使用定制字段分配”选项，在左侧“字段”列表中显示所有变量，双击“性别”“奖金”变量，将其添加到右侧“检验字段”列表中，如图 11.8 所示。

（3）打开“设置”选项卡，选择“检验选项”选项，设置“显著性水平”为 0.01，“置信区间”为 99.0，如图 11.9 所示。

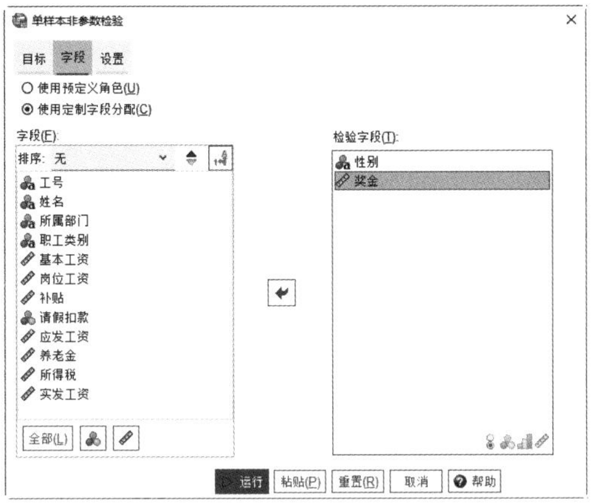

图 11.8 “字段”选项卡

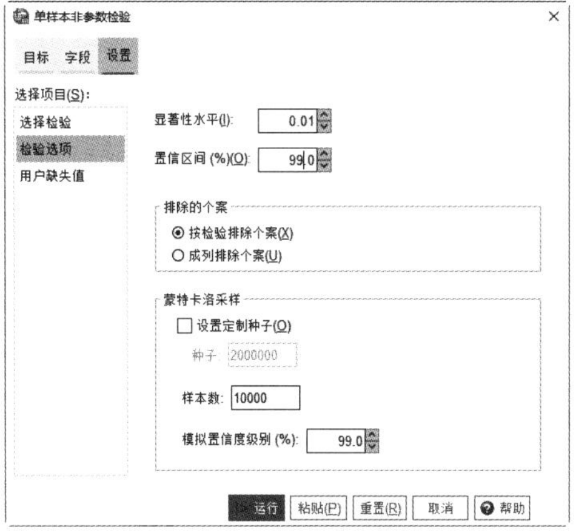

图 11.9 “设置”选项卡

（4）单击“运行”按钮，关闭对话框，弹出“IBM SPSS Statistics 查看器”窗口，显示数据的假设检验摘要表、单样本二项检验、单样本二项检验摘要表、单样本柯尔莫戈洛夫-斯米诺夫正态检验摘要表，如图 11.10 所示。

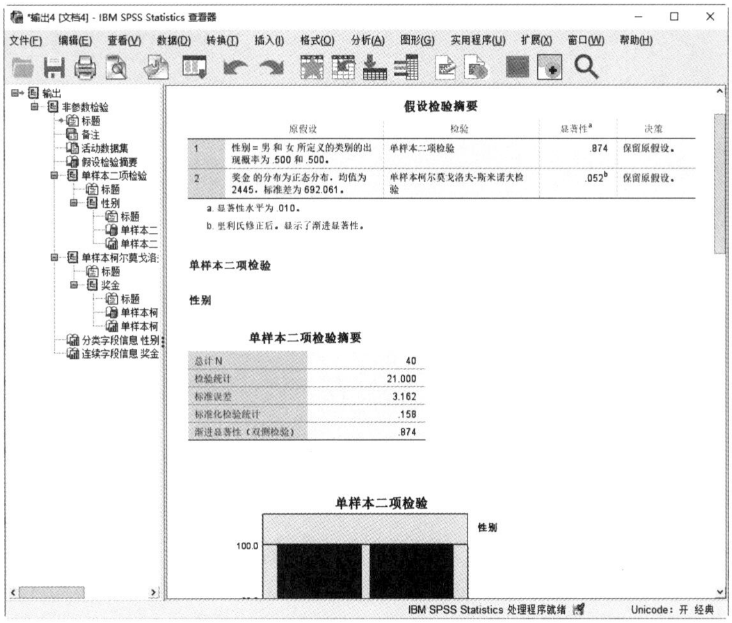

图 11.10 非参数检验结果

3. 分析结果

下面根据图 11.10 中的结果依次进行分析。

（1）假设检验摘要表中显示假设检验结果。在本实例中，使用单样本二项检验判断性别概率，显著性值为 0.874>0.05，保留原假设：性别 = 男和女所定义的类别的出现概率为.500 和.500。

使用单样本柯尔莫戈洛夫-斯米诺夫正态检验判断奖金的分布是否为正态分布，显著性值为 0.052>0.05，保留原假设：奖金的分布为正态分布，均值为 2445，标准差为 692.061。

（2）单样本二项检验摘要表中显示性别信息，包括总计、检验统计、标准误差、标准化检验统计和渐进显著性。

（3）单样本柯尔莫戈洛夫-斯米诺夫正态检验摘要表中显示奖金信息，包括样本总计、最极端差值、检验统计和渐进显著性。

11.1.2 二项检验

在处理实际数据时，有些数据的值只有两个，如合格/不合格、是/否、生/死等。二项分布就是对只有两种互斥结果的离散型随机事件的规律性进行描述的一种概率分布。二项检验就是检验样本是否来自参数为(n, p)的二项分布总体的方法，其中 n 为样本量，p 为比例。

【执行方式】

菜单栏：选择菜单栏中的“分析”→“非参数检验”→“旧对话框”→“二项”命令。

操作步骤

执行此命令，弹出图 11.11 所示的“二项检验”对话框，❶在左侧变量列表中显示统计数据中所有可用的变量，单击“转入”按钮➡，将选中变量添加到❷右侧“检验变量列表”中。

单击“确定”按钮，弹出“IBM SPSS Statistics 查看器”窗口，在窗口中对选中变量进行二项检验。

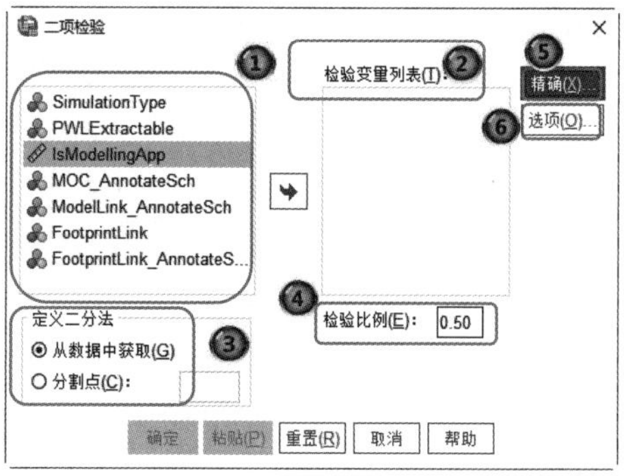

图 11.11 “二项检验”对话框

【选项说明】

下面介绍“二项检验”对话框中的常用选项。

1. “定义二分法”❸选项组

二项分布只有两个结果，因此需要根据指定的方法将变量中的数据分为两个值。

- 从数据中获取：选择该项，系统自动进行划分。
- 分割点：选择该项，在其后的文本框中输入分割点，通过该分割点进行划分。

2. “检验比例”❹选项

设置样本检验比例，默认值为 0.50。样本检验比例主要包括单样本检验比例和双样本检验比例。这里介绍的是单样本检验比例，即在 n 次独立重复试验中，检验事件 A 出现的频率。通过设置该参数，将其与样本频率进行比较。

3. “精确”❺按钮

单击该按钮，弹出“精确检验”对话框，如图 11.12 所示。进行二项检验时除了可以使用蒙特卡洛法、仅渐进法，还可以选择精确方法。在进行非参数检验时，需要设置精确检验方法，用于计算检验对应的 p 值。

- 仅渐进法：默认方法。
- 蒙特卡洛法（又称统计试验法）：选择此项，使用蒙特卡洛法进行二项检验。蒙特卡洛法是基于概率论的算法，需要指定置信度级别和样本数。
- 精确：选择此项，需要限制每次检验的时间，在限制允许的情况下，使用精确方法代替蒙特卡洛法。

4. “选项”⑥按钮

单击该按钮，弹出“二项检验：选项”对话框，如图 11.13 所示。

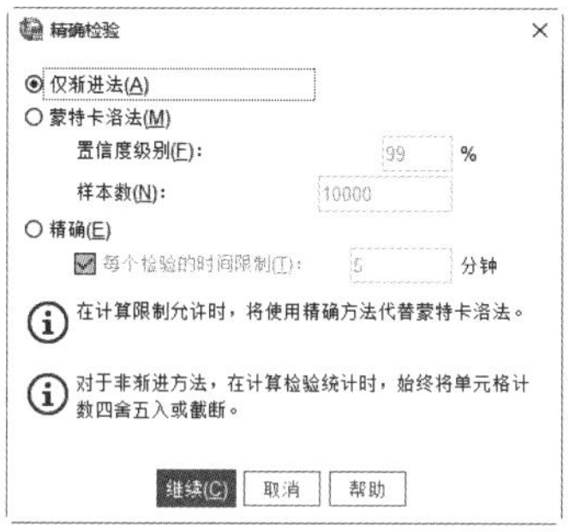

图 11.12 “精确检验”对话框

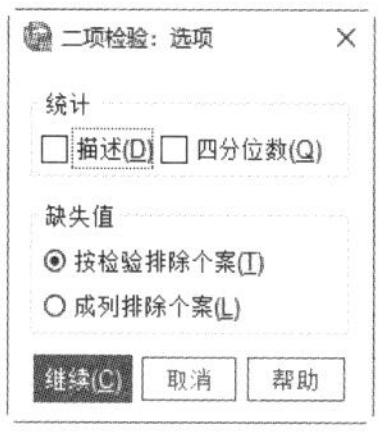

图 11.13 “二项检验：选项”对话框

（1）“统计”选项组：用于选择输出结果中的统计值。

- 描述：选择该项，输出描述统计表，其中包括变量的 N（样本数）、平均值、标准差、最小值、最大值。
- 四分位数：选择该项，在输出的描述统计表中添加四分位数。

（2）“缺失值”选项组：定义缺失值的处理方法。

★重点 动手学——判断学生考试成绩的不及格率

扫一扫，看视频

源文件：源文件\第 11 章\学生各科的考试成绩数据.sav

“学生各科的考试成绩数据.sav”是某校从大一年级期末考试中抽取的 8 名学生的考试成绩。试用二项检验方法检验学生期末考试各科成绩的不及格率是否低于全校不及格率（40%）。

操作步骤

1. 打开数据文件

选择菜单栏中的“文件”→“打开”→“数据”命令，弹出“打开数据”对话框，选择“学生各科的考试成绩数据.sav”文件，单击“打开”按钮，打开数据文件，如图 11.14 所示。

2. 二项检验

（1）选择菜单栏中的“分析”→“非参数检验”→“旧对话框”→“二项”命令，弹出“二项检验”对话框，将学生成绩添加到右侧的“检验变量列表”中。

（2）设置“定义二分法”的选项和“检验比例”。假设将学生成绩分为及格与不及格两类（以 59 分为界限），二项检验原假设应为：各科成绩的不及格率（<=59 的概率）大于等于 0.4。在“定义二分法”选项组中选择“分割点”选项，在文本框中输入 59；在“检验比例”文本框中输入 0.4，如图 11.15 所示。

课程名称	学生A	学生B	学生C	学生D	学生E	学生F	学生G	学生H
计算机科学导论	76	90	85	68	93	86	90	95
C语言及程序设计	65	49	86	71	86	91	85	89
汇编语言	98	35	84	74	69	83	86	85
计算机组成原理	74	59	76	90	63	77	90	82
算法与数据结构	68	68	93	73	65	76	79	84
操作系统原理	70	98	81	78	84	90	81	79
软件工程	55	91	76	67	67	70	86	73
计算机网络	85	78	59	80	87	81	76	67

图 11.14　学生各科的考试成绩数据

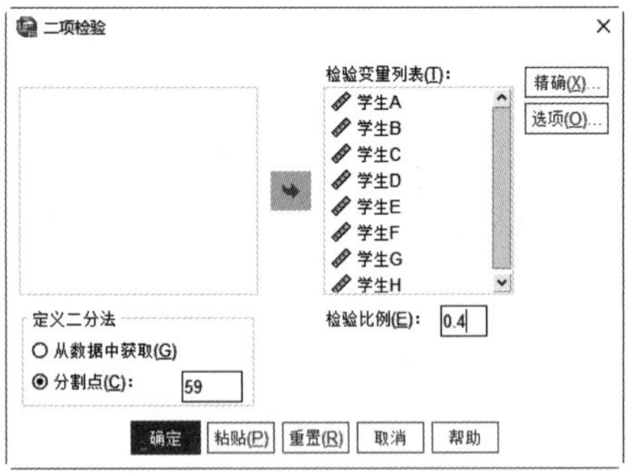

图 11.15　“二项检验”对话框

（3）单击“选项”按钮，弹出“二项检验：选项”对话框，勾选“描述”复选框，输出描述统计表。单击“继续”按钮，关闭对话框。

（4）单击“确定”按钮，弹出“IBM SPSS Statistics 查看器”窗口，显示数据的描述统计表和二项检验表，如图 11.16 和图 11.17 所示。

描述统计

	N	平均值	标准差	最小值	最大值
学生A	8	73.88	13.065	55	98
学生B	8	71.00	22.271	35	98
学生C	8	80.00	10.142	59	93
学生D	8	75.13	7.492	67	90
学生E	8	76.75	11.889	63	93
学生F	8	81.75	7.246	70	91
学生G	8	84.13	5.055	76	90
学生H	8	81.75	8.828	67	95

图 11.16　描述统计表

二项检验

		类别	N	实测比例	检验比例	精确显著性（单尾）
学生A	组 1	<= 59	1	.1	.4	.106[a]
	组 2	> 59	7	.9		
	总计		8	1.0		
学生B	组 1	<= 59	3	.4	.4	.594[a]
	组 2	> 59	5	.6		
	总计		8	1.0		
学生C	组 1	<= 59	1	.1	.4	.106[a]
	组 2	> 59	7	.9		
	总计		8	1.0		
学生D	组 1	<= 59	0	.0	.4	.017[a]
	组 2	> 59	8	1.0		
	总计		8	1.0		
学生E	组 1	<= 59	0	.0	.4	.017[a]
	组 2	> 59	8	1.0		
	总计		8	1.0		
学生F	组 1	<= 59	0	.0	.4	.017[a]
	组 2	> 59	8	1.0		
	总计		8	1.0		
学生G	组 1	<= 59	0	.0	.4	.017[a]
	组 2	> 59	8	1.0		
	总计		8	1.0		
学生H	组 1	<= 59	0	.0	.4	.017[a]
	组 2	> 59	8	1.0		
	总计		8	1.0		

a. 备择假设指出第一个组中的个案比例 < .4。

图 11.17　二项检验表

3. 分析结果

下面根据输出结果依次进行分析。

（1）在描述统计表中显示：8 名学生的 N、平均值、标准差、最小值和最大值。

（2）在二项检验表中显示：学生 A、学生 B、学生 C 中组 1（<=59）的显著性值，分别为 0.106、0.594、0.106，大于 0.05，接受原假设。得出结论：学生 A、学生 B、学生 C 各科成绩的不及格率大于 0.4，高于全校不及格率。

学生 D、学生 E、学生 F、学生 G、学生 H 中组 1（<=59）的显著性值均为 0.017，小于 0.05，拒绝原假设。得出结论：学生 D、学生 E、学生 F、学生 G、学生 H 各科成绩的不及格率小于 0.4，低于全校不及格率。

11.1.3 卡方检验

卡方检验是一种用途很广的计数资料的假设检验方法，主要是比较理论频数和实际频数的吻合程度，用于研究总体分布和理论分布是否存在显著差异，适用于有多个分类值的总体分布的分析。卡方检验的原假设 H_0：样本的总体分布与期望分布或某一理论分布无差异。

【执行方式】

菜单栏：选择菜单栏中的“分析”→“非参数检验”→“旧对话框”→“卡方”命令。

操作步骤

执行此命令，弹出图 11.18 所示的“卡方检验”对话框，通过样本数据的分布来检验总体分布与期望分布或某一理论分布是否一致，H_0 假设是样本的总体分布与期望分布没有显著差异。

在左侧变量列表中显示统计数据中所有可用的变量，单击“转入”按钮➡，将选中变量添加到右侧“检验变量列表”中。单击“确定”按钮，弹出“IBM SPSS Statistics 查看器”窗口，在该窗口中对选中变量进行卡方检验。

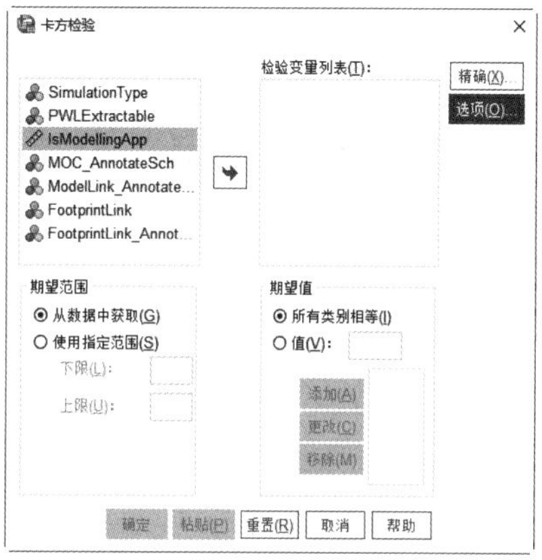

图 11.18 “卡方检验”对话框

【选项说明】

下面介绍“卡方检验”对话框中的常用选项。

（1）“期望范围”选项组。设 $X_1, X_2, \cdots, X_n$ 是来自总体 $N(0,1)$ 的样本，则称统计量

$$x^2 = X_1^2 + X_2^2 + \cdots + X_n^2$$

服从自由度为 n 的 χ^2 分布（卡方分布），记为 $\chi^2 \sim \chi^2(n)$。卡方分布的数学期望 $E(\chi^2) = n$，因此需要指定卡方分布的期望值。

- 从数据中获取：选择该项，系统自动计算卡方分布的数学期望。
- 使用指定范围：选择该项，在下面的文本框中输入下限和上限。

（2）“期望值”选项组。设置不同类别的期望值，默认所有类别的期望值相等，即所有类别的数据服从同一个卡方分布。

★重点 动手练——使用卡方检验判断学生对餐厅改革的意见

扫一扫，看视频

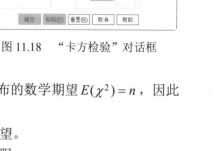

源文件：源文件\第 11 章\学生对餐厅改革的调查.sav

一所大学准备开展一项学生对餐厅改革的调查，为了解男女生对这一措施的看法，分别抽取了 100 名男生和 100 名女生进行调查，利用卡方检验研究赞成、反对人数的分布。

卡方检验原假设 H_0：男生、女生赞成和反对的人数与期望分布（1:1）无差异。

思路点拨

（1）打开“学生对餐厅改革的调查.sav”文件，如图 11.19 所示。

（2）选择“卡方”命令，自动比较分类变量（男生看法、女生看法）的实测频数和期望频数。

（3）单击“确定”按钮，弹出“IBM SPSS Statistics 查看器”窗口，显示数据的卡方检验结果，显示实测

个案数和期望个案数以及它们的残差。

（4）根据图 11.20 所示的检验统计表，可以看出男生看法的渐近显著性值为 0.549，大于显著性水平 0.05，所以不拒绝原假设，即男生赞成和反对的人数与期望分布（1:1）无显著差异。女生看法的渐近显著性值为 0.001，小于显著性水平 0.01，所以拒绝原假设，即女生赞成和反对的人数与期望分布（1:1）有显著差异。

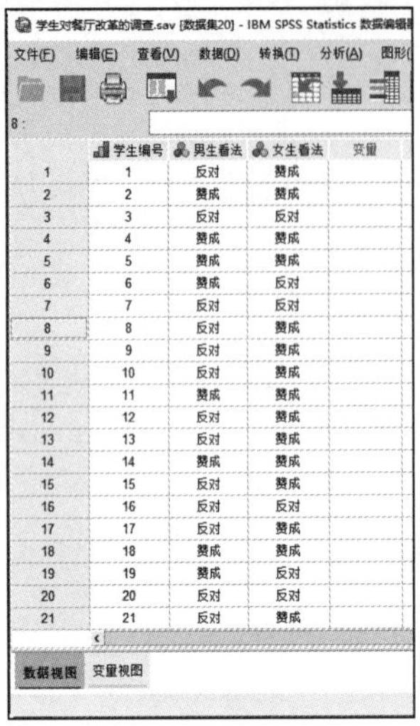

	学生编号	男生看法	女生看法	变量
1	1	反对	赞成	
2	2	赞成	赞成	
3	3	反对	反对	
4	4	赞成	赞成	
5	5	赞成	赞成	
6	6	赞成	反对	
7	7	反对	反对	
8	8	反对	赞成	
9	9	反对	赞成	
10	10	反对	赞成	
11	11	赞成	赞成	
12	12	反对	赞成	
13	13	反对	赞成	
14	14	赞成	赞成	
15	15	反对	赞成	
16	16	反对	反对	
17	17	反对	赞成	
18	18	赞成	赞成	
19	19	赞成	反对	
20	20	反对	反对	
21	21	反对	赞成	

图 11.19 学生对餐厅改革看法的调查数据

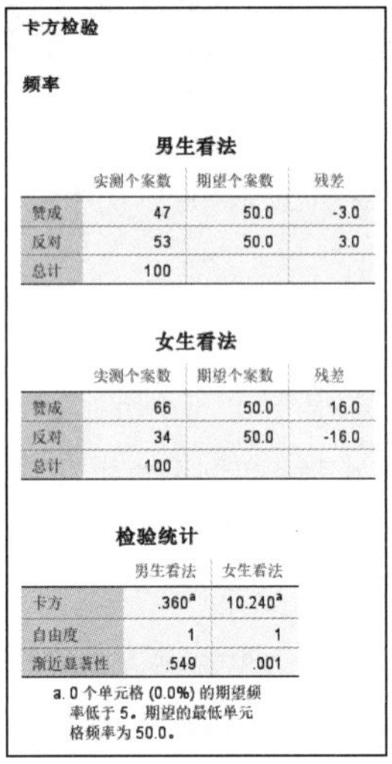

卡方检验

频率

男生看法

	实测个案数	期望个案数	残差
赞成	47	50.0	-3.0
反对	53	50.0	3.0
总计	100		

女生看法

	实测个案数	期望个案数	残差
赞成	66	50.0	16.0
反对	34	50.0	-16.0
总计	100		

检验统计

	男生看法	女生看法
卡方	.360[a]	10.240[a]
自由度	1	1
渐近显著性	.549	.001

a. 0 个单元格 (0.0%) 的期望频率低于 5。期望的最低单元格频率为 50.0。

图 11.20 卡方检验统计表

11.1.4 柯尔莫戈洛夫-斯米诺夫检验

柯尔莫戈洛夫-斯米诺夫检验简称 K-S 检验，是一种拟合优度的非参数检验方法，通过一组观测数值，判断样本总体是否服从某一理论分布。其原假设 H_0：样本服从某一理论分布。

【执行方式】

菜单栏：选择菜单栏中的“分析”→“非参数检验”→“旧对话框”→“单样本 K-S”命令。

操作步骤

执行此命令，弹出图 11.21 所示的“单样本柯尔莫戈洛夫-斯米诺夫检验”对话框，在左侧变量列表中显示统计数据中所有可用的变量，单击“转入”按钮，将选中变量添加到右侧“检验变量列表”中。

单击“确定”按钮，弹出“IBM SPSS Statistics 查看器”窗口，显示选中变量的单样本柯尔莫戈洛夫-斯米诺夫检验结果。

图 11.21 “单样本柯尔莫戈洛夫-斯米诺夫检验”对话框

【选项说明】

下面介绍“单样本柯尔莫戈洛夫-斯米诺夫检验”对话框中的常用选项。

1．“检验分布”选项组

单样本柯尔莫戈洛夫-斯米诺夫检验是一种分布拟合优度的检验方法，具体是将一个变量的累计分布函数与特定分布进行比较。单样本柯尔莫戈洛夫-斯米诺夫检验可以检验 4 种比较常见的统计分布，分别是正态分布、均匀分布、泊松分布和指数分布。

（1）正态分布。若连续型随机变量 X 的概率密度为

$$f(X)=\frac{1}{\sqrt{2\pi}\sigma}\mathrm{e}^{-\frac{(X-\mu)^2}{2\sigma^2}},-\infty<X<\infty$$

其中，μ,σ（$\sigma>0$）为常数，则称 X 服从参数为 μ、σ 的正态分布或高斯（Gauss）分布，记为 $X\sim N(\mu,\sigma^2)$。

（2）均匀分布。若连续型随机变量 X 的概率密度为

$$f(X)=\begin{cases}\dfrac{1}{b-a}, & a<X<b\\ 0, & 其他\end{cases}$$

则称 X 在区间 (a,b) 上服从均匀分布，记为 $X\sim U(a,b)$。例如，抛硬币正反面出现的次数服从均匀分布。

（3）泊松分布。设随机变量 X 所有可能的取值为 $0,1,2,\cdots$，而取各个值的概率为

$$P\{K=k\}=\frac{\lambda^k\mathrm{e}^{-\lambda}}{k!},\ k=0,1,2,\cdots$$

其中，$\lambda>0$，且 λ 是常数，则称 X 服从参数为 λ 的泊松分布，记为 $X\sim\pi(\lambda)$。

（4）指数分布。若连续型随机变量 X 的概率密度为

$$f(X)=\begin{cases}\dfrac{1}{\theta}\mathrm{e}^{-X/\theta}, & X>0\\ 0, & 其他\end{cases}$$

其中，$\theta>0$，且 θ 为常数，则称 X 服从参数为 θ 的指数分布。例如，在间隔时间内放射出 α 粒子的数目。

2．“模拟”按钮

单击该按钮，弹出“蒙特卡洛模拟参数”对话框，使用蒙特卡洛模拟方法进行检验，设置置信度级别和样本数。

3．“精确”按钮

单击该按钮，弹出“精确检验”对话框，设置使用精确方法代替常用的蒙特卡洛方法。只有勾选“泊松”复选框，才可以激活该复选框。

★重点 动手学——检验螺栓口径数据的正态性

扫一扫，看视频

源文件： 源文件\第 11 章\螺栓口径数据.sav

某工厂制造螺栓，规定螺栓口径为 7.0cm，抽取 30 组螺栓进行检测，螺栓口径数据见“螺栓口径数据.sav 文件”。

本实例使用柯尔莫戈洛夫-斯米诺夫检验方法检验螺栓口径数据是否服从正态分布。

操作步骤

1．打开数据文件

选择菜单栏中的“文件”→“打开”→“数据”命令，弹出“打开数据”对话框，选择“螺栓口径数据.sav”文件，单击“打开”按钮，打开数据文件，如图 11.22 所示。

2. 正态性检验

（1）选择菜单栏中的“分析”→“非参数检验”→“旧对话框”→“单样本 K-S”命令，弹出“单样本柯尔莫戈洛夫-斯米诺夫检验”对话框，将“螺栓口径”变量添加到右侧的“检验变量列表”中，如图 11.23 所示。

（2）单击“确定”按钮，弹出“IBM SPSS Statistics 查看器”窗口，显示单样本柯尔莫戈洛夫-斯米诺夫检验表，如图 11.24 所示。

3. 分析结果

假设 H_0：抽检的螺栓口径服从正态分布，H_1：抽检的螺栓口径不服从正态分布。

单样本柯尔莫戈洛夫-斯米诺夫检验表中显示：样本的平均值 $\mu = 7.0279$，标准差 $\sigma = 0.01979$，显著性水平>0.05，所以接受原假设。得出结论：抽检的螺栓口径服从正态分布。

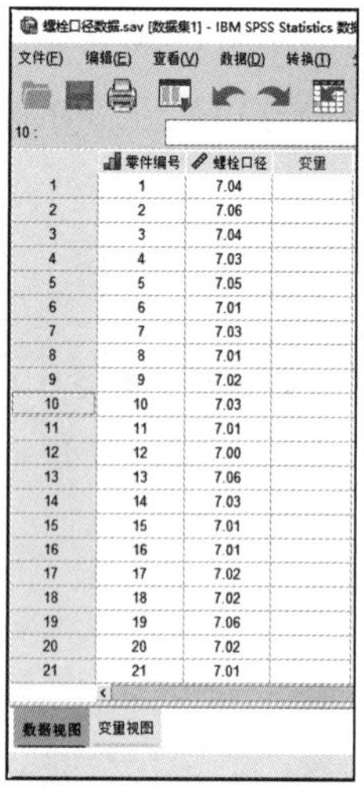

	零件编号	螺栓口径	变量
1	1	7.04	
2	2	7.06	
3	3	7.04	
4	4	7.03	
5	5	7.05	
6	6	7.01	
7	7	7.03	
8	8	7.01	
9	9	7.02	
10	10	7.03	
11	11	7.01	
12	12	7.00	
13	13	7.06	
14	14	7.03	
15	15	7.01	
16	16	7.01	
17	17	7.02	
18	18	7.02	
19	19	7.06	
20	20	7.02	
21	21	7.01	

图 11.22　螺栓口径数据

图 11.23　“单样本柯尔莫戈洛夫-斯米诺夫检验”对话框

单样本柯尔莫戈洛夫-斯米诺夫检验

			螺栓口径
N			30
正态参数[a,b]	平均值		7.0279
	标准差		.01979
最极端差值	绝对		.133
	正		.133
	负		-.107
检验统计			.133
渐近显著性（双尾）[c]			.189
蒙特卡洛显著性（双尾）[d]	显著性		.188
	99% 置信区间	下限	.178
		上限	.198

a. 检验分布为正态分布。
b. 根据数据计算。
c. 里利氏显著性修正。
d. 基于 10000 蒙特卡洛样本且起始种子为 597394405 的里利氏法。

图 11.24　检验结果

11.2　独立样本非参数检验

独立样本非参数检验是将研究对象随机地分配到两组中，分别接受不同的处理，或者分别从两个总体中完全随机地抽取一部分个性进行研究。

11.2.1　两独立样本检验

两独立样本检验是在对总体数据分布没有全面了解的情况下，通过分析样本数据，推断样本来自的两个独立总体分布是否存在显著差异的分析方法。原假设 H_0：两独立样本来自的总体分布不存在显著差异。

【执行方式】

菜单栏：选择菜单栏中的“分析”→“非参数检验”→“旧对话框”→“2 个独立样本”命令。

操作步骤

执行此命令，弹出图 11.25 所示的“两个独立样本检验”对话框，在该对话框中可以使用不同的检验方法。由于检验的原理不同，因此对同一份数据而言，不同的检验方法得到的结果也可能不同。

- 曼-惠特尼 U：两个样本秩和检验，应用范围最广，可确定两个样本来自的总体的中位数是否不同。
- 莫斯极端反应：莫斯极端反应检验，单侧检验，假定实验变量在一个方向影响某些主体，而在相反方向影响其他主体，它以实验组为参照，检验与控制组相比是否存在极端反应。

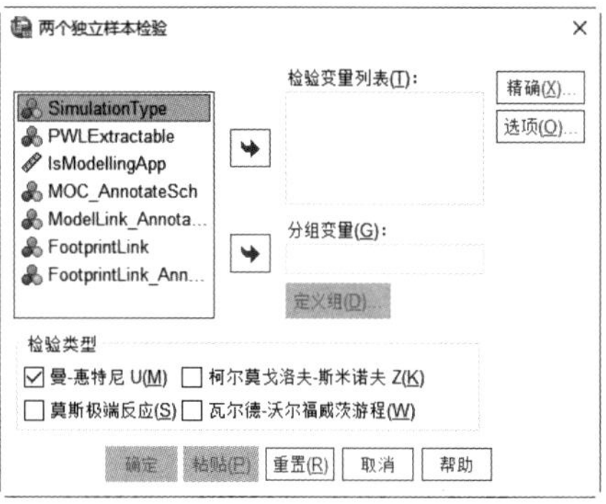

图 11.25 “两个独立样本检验”对话框

- 柯尔莫戈洛夫-斯米诺夫 Z：检验两个样本的累积频数分布曲线，判断两个样本的分布是否相同，不适用于检查中心位置。
- 瓦尔德-沃尔福威茨游程：单侧检验，是一种对两个样本秩分别排序的游程检验，检验两个样本是否来自同样的分布，还可以检测集中趋势、离散趋势、偏度的波动情况，不适用于检查中心位置。

11.2.2 多个独立样本检验

多个独立样本检验是推断样本来自的两个独立总体分布是否存在显著差异的分析方法，多个独立样本检验是两独立样本检验的扩展功能。原假设 H_0：多个独立样本来自的总体分布不存在显著差异。

【执行方式】

菜单栏：选择菜单栏中的“分析”→“非参数检验”→“旧对话框”→“K 独立样本”命令。

操作步骤

执行此命令，弹出图 11.26 所示的“针对多个独立样本的检验”对话框，在该对话框中可以使用不同的检验方法。以下是“检验类型”选项组的说明。

- 克鲁斯卡尔-沃利斯 H：多样本秩和检验，也称“K-W 检验”“H 检验”等，应用范围最广。原假设是各样本服从的概率分布具有相同的中位数，原假设被拒绝意味着至少一个样本的概率分布的中位数不同于其他样本。此检验并不能识别出这些差异发生在哪些样本之间以及样本间差异的大小。当数据因为不符合正态分布和方差齐性而不适合使用单因素方差分析时，可以使用该检验。

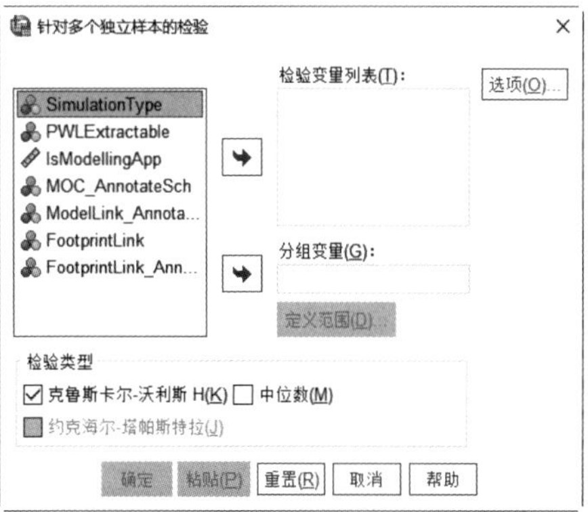

图 11.26 “针对多个独立样本的检验”对话框

- 中位数：检验独立样本来自的总体的中位数是否存在显著差异。其原假设是多个独立样本来自的多个总体的中位数无显著差异。

- 约克海尔-塔帕斯特拉：对连续变量和有序分类变量都适用，分组变量为有序分类变量时，检验效能要高于克鲁斯卡尔-沃利斯 H 检验。

扫一扫，看视频

★重点 动手学——判断血糖数据的差异性

源文件：源文件\第 11 章\血糖样本数据.sav

影响血糖高的因素主要是遗传背景和环境因素，研究院为研究具体影响因素（家族遗传、性别、饮食、运动、年龄、体重），在医院随机抽取 20 人的血糖样本数据，具体数据见“血糖样本数据.sav”。

本实例根据家族遗传与性别将空腹血糖值和餐后两小时血糖值进行分组，利用独立样本非参数检验方法判断分组后的数据是否有差异。

操作步骤

1. 打开数据文件

选择菜单栏中的“文件”→“打开”→“数据”命令，弹出“打开数据”对话框，选择“血糖样本数据.sav”文件。单击“打开”按钮，打开数据文件，如图 11.27 所示。

	家族遗传病	性别	运动	饮食	年龄	体重	空腹血糖值	餐后两小时血糖值	变量
1	高血压	男	长期运动	注意	25	130	7.6	8.8	
2	高血糖	女	偶尔运动	不注意	35	125	9.4	7.5	
3	高血脂	女	不运动	不注意	45	136	3.1	5.7	
4	无	女	长期运动	注意	63	147	6.0	8.3	
5	高血糖	男	偶尔运动	注意	46	156	3.1	3.9	
6	高血压	女	长期运动	不注意	48	135	10.1	8.2	
7	无	男	偶尔运动	注意	49	164	10.2	9.4	
8	高血压	女	偶尔运动	不注意	47	125	7.2	6.1	
9	无	男	偶尔运动	注意	46	135	3.6	6.4	
10	高血糖	女	长期运动	不注意	48	147	9.8	8.8	
11	高血脂	女	偶尔运动	不注意	35	158	8.4	7.7	
12	无	男	不运动	不注意	65	165	4.0	5.2	
13	高血压	女	不运动	注意	67	157	11.2	10.7	
14	高血糖	男	偶尔运动	注意	53	134	5.4	7.5	
15	无	男	不运动	注意	56	165	9.4	8.2	
16	高血压	男	长期运动	不注意	58	168	3.1	3.6	
17	无	女	偶尔运动	注意	89	170	3.3	3.7	
18	无	男	不运动	不注意	68	180	10.4	7.3	
19	高血糖	女	不运动	不注意	56	160	8.9	8.1	
20	高血压	女	不运动	注意	70	135	5.1	6.8	

图 11.27 打开数据文件

2. 正态性检验

（1）选择菜单栏中的“分析”→“描述统计”→“探索”命令，弹出图 11.28 所示的“探索”对话框，在“因变量列表”中添加“空腹血糖值”和“餐后两小时血糖值”变量。单击“图”按钮，弹出“探索：图”对话框，在“箱图”选项组中选择“无”选项，勾选“含检验的正态图”复选框，将进行正态性检验。单击“继续”按钮，返回主对话框。

（2）单击“确定”按钮，弹出“IBM SPSS Statistics 查看器”窗口，显示数据的个案处理表、描述统计表、正态性检验表和 Q-Q 图，如图 11.29 所示。

3. 分析结果（正态性检验）

由于数据量小于 50，所以查看图 11.29 所示的正态性检验表中的夏皮洛-威尔克检验的显著性。

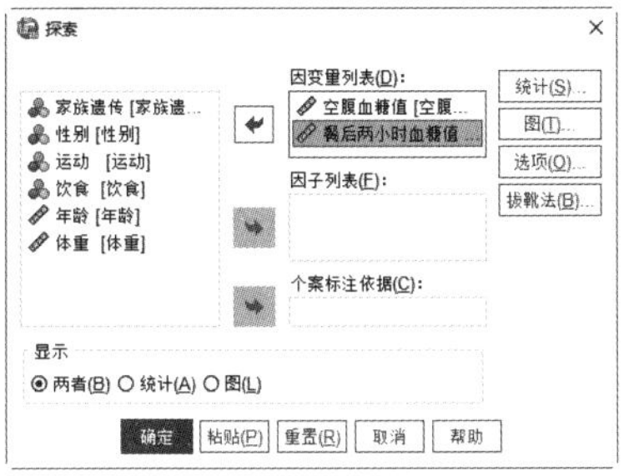

图 11.28　“探索”对话框

正态性检验

	柯尔莫戈洛夫-斯米诺夫[a]			夏皮洛-威尔克		
	统计	自由度	显著性	统计	自由度	显著性
空腹血糖值	.148	20	.200*	.888	20	.025
餐后两小时血糖值	.142	20	.200*	.952	20	.392

*. 这是真显著性的下限。

a. 里利氏显著性修正

图 11.29　正态性检验表

- 空腹血糖值显著性值为 0.025，小于 0.05，因此认为空腹血糖数据不服从正态分布，需要进行非参数检验。
- 餐后两小时血糖值显著性值为 0.392，大于 0.05，因此认为餐后两小时血糖数据服从正态分布，需要进行参数检验。

4. 两独立样本检验

（1）根据性别将空腹血糖值分为组 1 和组 2。原假设：不同性别的两组空腹血糖数据没有差异。

（2）选择菜单栏中的“分析”→“非参数检验”→“旧对话框”→“两个独立样本”命令，弹出“两个独立样本检验”对话框，在“检验变量列表”中添加“空腹血糖值”，默认勾选“曼-惠特尼 U”复选框。

（3）在“分组变量”列表中添加“性别”，单击“定义组”按钮，弹出“双独立样本：定义组”对话框，设置组 1、组 2 的值为 1、2，如图 11.30 所示。单击“继续”按钮，返回主对话框，参数设置结果如图 11.31 所示。

（4）单击“确定”按钮，弹出“IBM SPSS Statistics 查看器”窗口，显示曼-惠特尼检验结果，如图 11.32 所示。

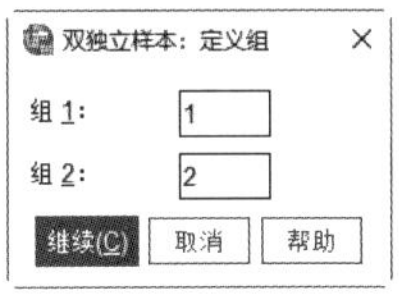

图 11.30　“双独立样本：定义组”对话框

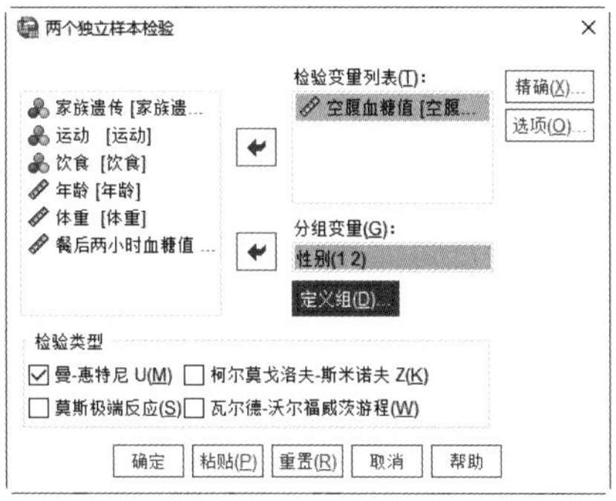

图 11.31　“两个独立样本检验”对话框

曼-惠特尼检验

秩

	性别	N	秩平均值	秩的总和
空腹血糖值	男	9	9.50	85.50
	女	11	11.32	124.50
	总计	20		

检验统计[a]

	空腹血糖值
曼-惠特尼 U	40.500
威尔科克森 W	85.500
Z	-.685
渐近显著性（双尾）	.493
精确显著性[2*(单尾显著性)]	.503[b]

a. 分组变量：性别

b. 未针对绑定值进行修正。

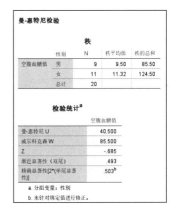

图 11.32　曼-惠特尼检验结果

5. 分析结果（两独立样本检验）

下面对图 11.32 中的结果依次进行分析。

（1）在秩表中显示：空腹血糖值的 N、秩平均值、秩的总和。

（2）在检验统计表中显示：不同性别的空腹血糖值的显著性值大于 0.05，接受原假设，即不同性别的空腹血糖数据没有差异。

6. 多个独立样本检验

（1）根据家族遗传将空腹血糖值分为 4 组。原假设：4 组（根据遗传病分组）空腹血糖数据没有差异。

（2）选择菜单栏中的“分析”→“非参数检验”→“旧对话框”→“K 独立样本”命令，弹出“针对多个独立样本的检验”对话框，在“检验变量列表”中添加“空腹血糖值”，默认勾选“克鲁斯卡尔-沃利斯 H”复选框。

（3）在“分组变量”列表中添加“家族遗传病”，单击“定义范围”按钮，弹出“多个独立样本：定义范围”对话框，设置分组变量的最小值、最大值为 1、4，如图 11.33 所示。单击“继续”按钮，返回主对话框，参数设置结果如图 11.34 所示。

（4）单击“确定”按钮，弹出“IBM SPSS Statistics 查看器”窗口，显示克鲁斯卡尔-沃利斯检验结果，如图 11.35 所示。

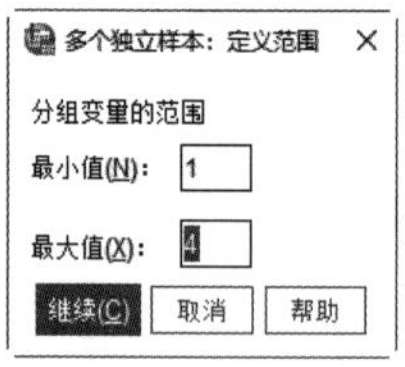

图 11.33 “多个独立样本：定义范围”对话框

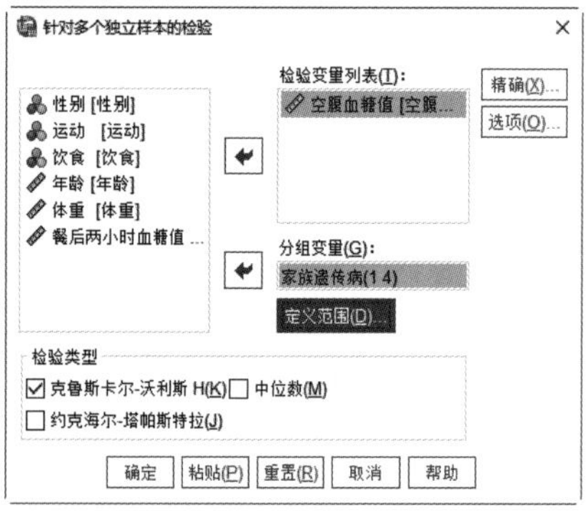

图 11.34 “针对多个独立样本的检验”对话框

克鲁斯卡尔-沃利斯检验

秩

	家族遗传病	N	秩平均值
空腹血糖值	高血糖	5	10.70
	高血压	6	11.17
	高血脂	2	7.00
	无	7	10.79
	总计	20	

检验统计[a,b]

	空腹血糖值
克鲁斯卡尔-沃利斯 H	.801
自由度	3
渐近显著性	.849

a. 克鲁斯卡尔-沃利斯检验

b. 分组变量：家族遗传病

图 11.35 克鲁斯特卡尔-沃利斯检验结果

7. 分析结果（多个独立样本检验）

下面根据图 11.35 中的结果依次进行分析。

（1）在秩表中显示：根据家族遗传病分成 4 组的空腹血糖值和餐后两小时血糖值的 N 和秩平均值。

（2）在检验统计表中显示：不同家族遗传病的空腹血糖值显著性值为 0.849，大于 0.05，接受原假设，即不同家族遗传病的空腹血糖值没有差异。

11.2.3 多独立样本检验

一般来说，在研究中往往需要对多个独立的样本进行比较分析，如果样本数据不满足独立性或正态分布的条件，则需要使用多独立样本检验。为了分析多个独立样本之间的关系对结果是否产生影响，需要使用多独立样本检验方法进行两两比较。

【执行方式】

菜单栏：选择菜单栏中的“分析”→“非参数检验”→“独立样本”命令。

操作步骤

执行此命令，弹出“非参数检验：两个或两个以上的独立样本”对话框，如图 11.36 所示。

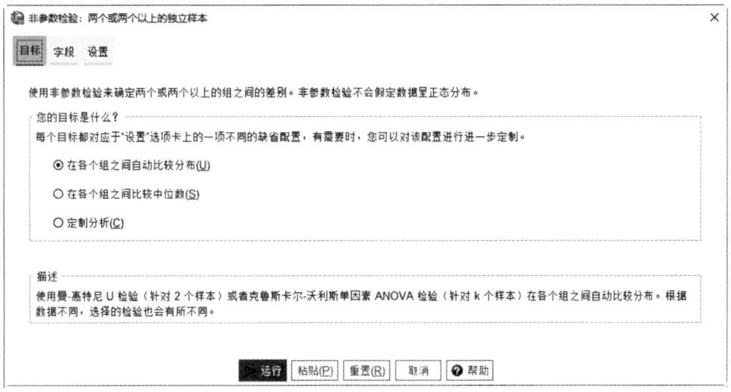

图 11.36 “非参数检验：两个或两个以上的独立样本”对话框

【选项说明】

下面介绍“非参数检验：两个或两个以上的独立样本”对话框中的常用选项。

（1）“目标”选项卡。该选项卡用于设置目标样本，包括以下三个选项。

- 在各个组之间自动比较分布：选择该项，自动选择检验方法来比较各个组之间的数据和。
- 在各个组之间比较中位数：选择该项，使用中位数检验方法（针对 K 个样本）在各个组之间比较中位数。
- 定制分析：选择该项，可以自行选择要执行的检验方法。

（2）“字段”选项卡。该选项卡用于设置检测字段，一般默认选择“使用预定义角色”。

（3）“设置”选项卡。该选项卡用于选择检验方法、设置检验选项、定义用户缺失值的处理方法，如图 11.37 所示。

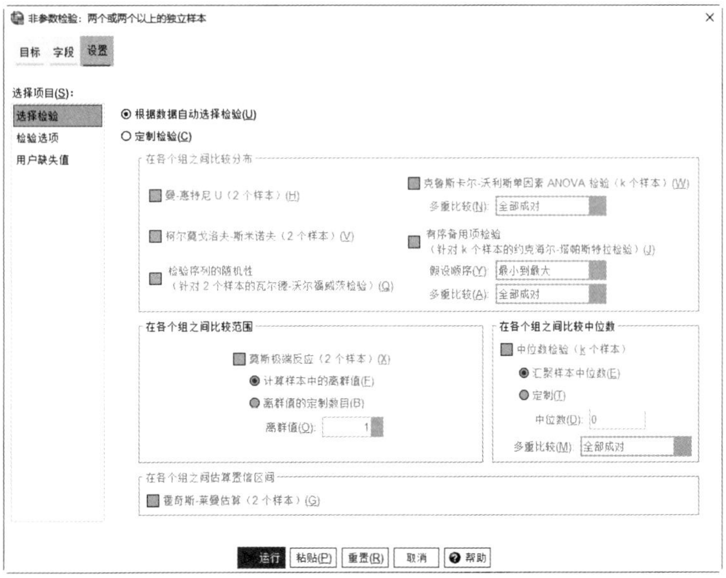

图 11.37 “设置”选项卡

扫一扫，看视频

★重点 动手练——检验销售员对销售总额的影响

源文件：源文件\第 11 章\电脑公司销售情况表编码.sav

现有某电脑公司销售数据统计表，本实例利用独立样本检验每个销售员的销售总额的分布是否相同。

思路点拨

（1）打开“电脑公司销售情况表编码.sav”文件，提出的原假设是每个销售员的销售总额的分布没有差异。

（2）利用探索性分析判断销售员、销售总额的正态性，只有不符合正态性的数据才可以进行非参数检验。

（3）利用“独立样本”命令，自动根据销售员对销售总额进行分组，比较各组数据是否有差异。

（4）单击“确定”按钮，弹出“IBM SPSS Statistics 查看器”窗口，显示数据的克鲁斯卡尔-沃利斯检验结果。

（5）根据图 11.38 中的假设检验摘要表，显著性值（双侧检验）为 0.917，大于显著性水平 0.05，所以接受原假设，即在 6 个销售员中，销售总额的分布相同，没有显著性差异。

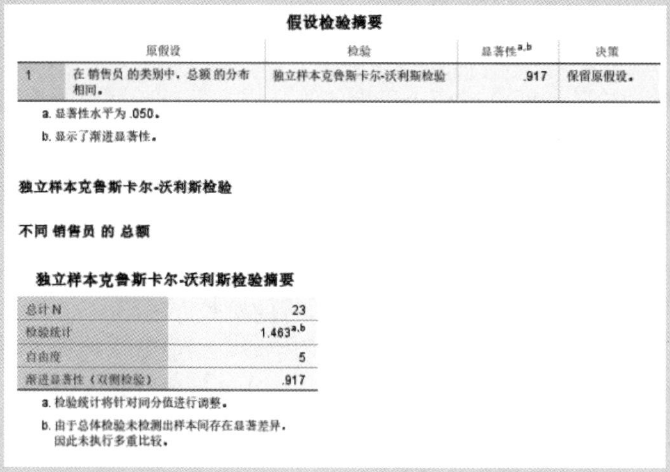

假设检验摘要

	原假设	检验	显著性[a,b]	决策
1	在 销售员 的类别中，总额 的分布相同。	独立样本克鲁斯卡尔-沃利斯检验	.917	保留原假设。

a. 显著性水平为 .050。

b. 显示了渐进显著性。

独立样本克鲁斯卡尔-沃利斯检验

不同 销售员 的 总额

独立样本克鲁斯卡尔-沃利斯检验摘要

总计 N	23
检验统计	1.463[a,b]
自由度	5
渐进显著性（双侧检验）	.917

a. 检验统计将针对同分值进行调整。

b. 由于总体检验未检测出样本间存在显著差异，因此未执行多重比较。

图 11.38　克鲁斯卡尔-沃利斯检验结果

11.3　相关样本非参数检验

相关样本一般是指同一组样本先后接受两种不同的处理，得到两组具有对应关系的数据。相关样本非参数检验是有对应关系的样本数据之间的检验方法。

11.3.1　两个相关样本检验

两个相关样本检验也称两配对相关样本检验，它是一种非参数检验，一般用于同一研究对象（或两个配对对象）的两种不同处理的效果比较，以及同一研究对象（或两个配对对象）被处理前后的效果比较，前者推断两种处理的效果有无差别，后者推断某种处理是否有效。

【执行方式】

菜单栏：选择菜单栏中的“分析”→“非参数检验”→“旧对话框”→“2 个相关样本”命令。

操作步骤

执行此命令，弹出图 11.39 所示的“两个相关样本检验”对话框。以下是“检验类型”选项组中检验方法的介绍。

- 威尔科克森：是符号检验的一种扩展，比较两个变量的秩的均值是否存在差异。
- 符号：是一种利用正、负号的数目对某种假设做出判定的非参数检验方法。
- 麦克尼马尔：检验两个相关的无序二分类变量的关系。
- 边际齐性：检验两个相关的有序等级变量的关系。

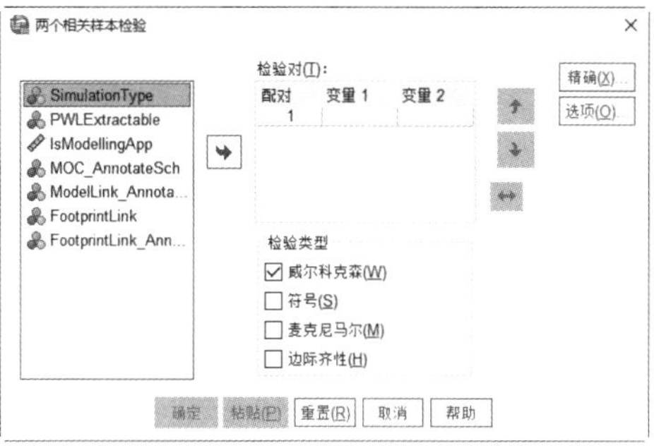

图 11.39 “两个相关样本检验”对话框

★重点 动手学——判断喷洒农药对提高小麦产量是否有效（威尔科克森检验）

源文件：源文件\第 11 章\喷洒农药前后小麦产量.sav

扫一扫，看视频

现有 20 亩试验田喷洒某种农药前后小麦产量的数据，使用两个相关样本检验的方法判断喷洒农药对提高小麦产量是否有效。

操作步骤

1. 打开数据文件

选择菜单栏中的“文件”→“打开”→“数据”命令，弹出“打开数据”对话框，选择“喷洒农药前后小麦产量.sav”文件，单击“打开”按钮，打开数据文件，如图 11.40 所示。

试验田编号	喷洒前	喷洒后
1	1170	1240
2	1118	1208
3	832	932
4	824	894
5	809	889
6	847	1137
7	995	1275
8	785	885
9	950	1000
10	910	970
11	879	949
12	919	999
13	828	868
14	814	984
15	862	1172
16	866	936
17	1074	1094
18	846	936
19	1016	1306
20	1155	1215

图 11.40 分析数据

2. 正态性检验

选择菜单栏中的“分析”→“非参数检验”→“旧对话框”→“单样本 K-S”命令，弹出“单样本柯尔莫戈洛夫-斯米诺夫检验”对话框，在“检验变量列表”中添加“喷洒前”“喷洒后”变量，如图 11.41 所示。单击“确定”按钮，弹出“IBM SPSS Statistics 查看器”窗口，显示单样本柯尔莫戈洛夫-斯米诺夫检验表，如图 11.42 所示。

3. 分析结果

在单样本柯尔莫戈洛夫-斯米诺夫检验表中显示：两种显著性值均小于 0.05，所以拒绝原假设。得出结论：农药喷洒前和喷洒后的小麦产量均不服从正态分布，需要进行非参数检验。

4. 相关样本检验

选择菜单栏中的“分析”→“非参数检验”→“旧对话框”→“2 个相关样本”命令，弹出“两个相关样本检验”对话框，将“喷洒前”“喷洒后”变量添加到右侧的“检验对”表格的第 1 行中。默认勾选“威尔科克森”复选框，如图 11.43 所示。单击“确定”按钮，弹出“IBM SPSS Statistics 查看器”窗口，显示威尔科克森检验结果，如图 11.44 所示。

5. 结果分析

下面根据图 11.44 中的结果进行分析。

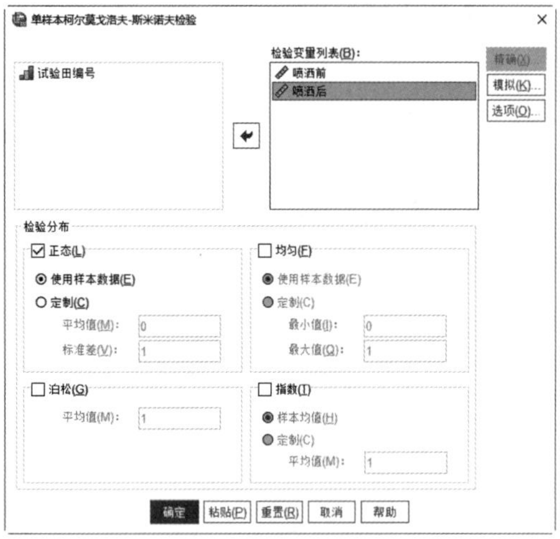

图 11.41 “单样本柯尔莫戈洛夫-斯米诺夫检验”对话框

单样本柯尔莫戈洛夫-斯米诺夫检验

			喷洒前	喷洒后
N			20	20
正态参数[a,b]	平均值		924.97	1044.47
	标准差		121.784	145.947
最极端差值	绝对		.197	.219
	正		.197	.219
	负		-.126	-.119
检验统计			.197	.219
渐近显著性（双尾）[c]			.040	.013
蒙特卡洛显著性（双尾）[d]	显著性		.037	.013
	99% 置信区间	下限	.033	.010
		上限	.042	.015

a. 检验分布为正态分布。
b. 根据数据计算。
c. 里利氏显著性修正。
d. 基于 10000 蒙特卡洛样本且起始种子为 2131363781 的里利氏法。

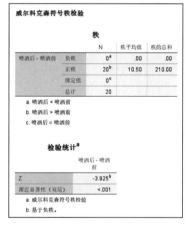

图 11.42 正态性检验结果

在检验统计表中显示：渐近显著性（双尾）值小于 0.001，所以拒绝原假设，即喷洒农药前后小麦的产量有显著性差异。因此得出结论：喷洒农药对小麦产量的提高有效。

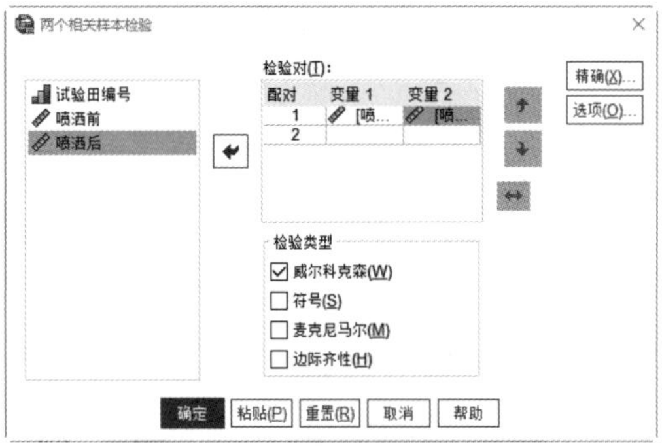

图 11.43 “两个相关样本检验”对话框

威尔科克森符号秩检验

秩

		N	秩平均值	秩的总和
喷洒后 - 喷洒前	负秩	0[a]	.00	.00
	正秩	20[b]	10.50	210.00
	绑定值	0[c]		
	总计	20		

a. 喷洒后 < 喷洒前
b. 喷洒后 > 喷洒前
c. 喷洒后 = 喷洒前

检验统计[a]

	喷洒后 - 喷洒前
Z	-3.925[b]
渐近显著性（双尾）	<.001

a. 威尔科克森符号秩检验
b. 基于负秩。

图 11.44 相关样本检验结果

扫一扫，看视频

★重点 动手学——判断两种组装方法是否有显著性差异（麦克尼马尔检验）

源文件：源文件\第 11 章\两种方法组装产品时间.sav

根据“两种方法组装产品时间.sav”文件中的数据，使用麦克尼马尔检验方法检验两种组装方法是否有显著性差异。

操作步骤

1. 打开数据文件

选择菜单栏中的“文件”→“打开”→“数据”命令，弹出“打开数据”对话框，选择“两种方法组装产品时间.sav”文件，单击“打开”按钮，打开数据文件。

2. 麦克尼马尔检验

选择菜单栏中的“分析”→“非参数检验”→“旧对话框”→“2 个相关样本”命令，弹出“两个相关样本检验”对话框。该方法检验的是两个相关的无序二分类变量的关系，因此选择的“检验对”为分类变量：方法 1 标准 1、方法 2 标准 1。“检验类型”选择“威尔科克森”“麦克尼马尔”，如图 11.45 所示。单击“确定”按钮，弹出“IBM SPSS Statistics 查看器”窗口，显示两种检验结果，如图 11.46 所示。

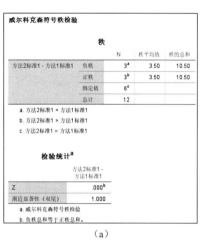

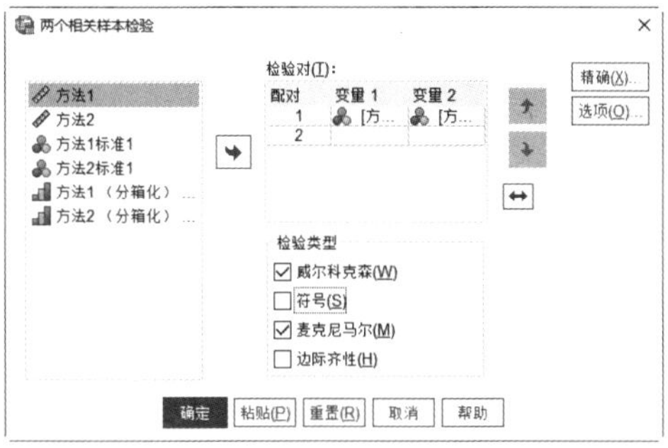

图 11.45 “两个相关样本检验”对话框

威尔科克森符号秩检验

秩

		N	秩平均值	秩的总和
方法2标准1 - 方法1标准1	负秩	3[a]	3.50	10.50
	正秩	3[b]	3.50	10.50
	绑定值	6[c]		
	总计	12		

a. 方法2标准1 < 方法1标准1
b. 方法2标准1 > 方法1标准1
c. 方法2标准1 = 方法1标准1

检验统计[a]

	方法2标准1 - 方法1标准1
Z	.000[b]
渐近显著性（双尾）	1.000

a. 威尔科克森符号秩检验
b. 负秩总和等于正秩总和。

（a）

麦克尼马尔检验

交叉表

方法1标准1 & 方法2标准1

方法1标准1	方法2标准1 不合格	方法2标准1 合格
不合格	2	3
合格	3	4

检验统计[a]

	方法1标准1 & 方法2标准1
N	12
精确显著性（双尾）	1.000[b]

a. 麦克尼马尔检验
b. 使用了二项分布。

（b）

图 11.46 两种检验结果

3. 分析结果

在图 11.46 所示的威尔科克森符号秩检验表、麦克尼马尔检验表中显示：渐近显著性值和精确显著性值是 1.000，大于 0.05，所以接受原假设，即两种组装产品的方法没有差异。

★重点 动手学——判断两种组装方法是否有显著性差异（边际齐性检验）

扫一扫，看视频

源文件：源文件\第 11 章\两种方法组装产品时间.sav

根据“两种方法组装产品时间.sav”文件中的数据，使用边际齐性检验方法检验两种组装产品的方法是否有显著性差异。

操作步骤

1. 打开数据文件

选择菜单栏中的“文件”→“打开”→“数据”命令，弹出“打开数据”对话框，选择“两种方法组装产品时间.sav”文件，单击“打开”按钮，打开数据文件。

2. 边际齐性检验

选择菜单栏中的“分析”→“非参数检验”→“旧对话框”→“2 个相关样本”命令，弹出“两个相关样本检验”对话框。该方法检验的是两个相关的定序变量的关系，因此选择的“检验对”为定序变量：方法 1（分箱化）、方法 2（分箱化）。检验类型选择“威尔科克森”“符号”“边际齐性”，如图 11.47 所示。单击“确

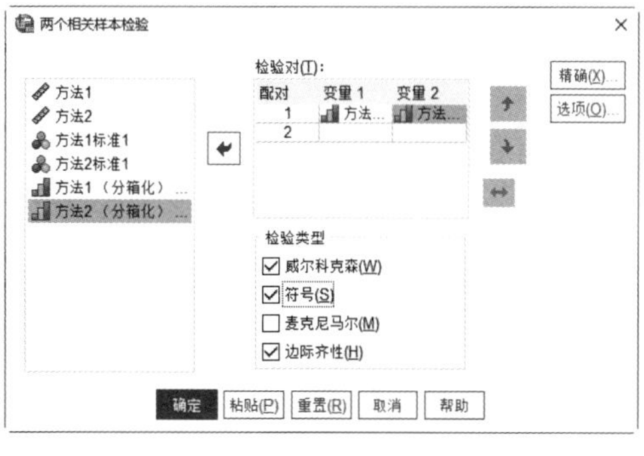

图 11.47 “两个相关样本检验”对话框

定”按钮，弹出“IBM SPSS Statistics 查看器”窗口，显示三种检验结果，如图 11.48 所示。

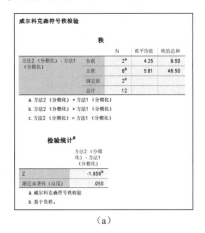

威尔科克森符号秩检验

秩

		N	秩平均值	秩的总和
方法2（分箱化）- 方法1（分箱化）	负秩	2[a]	4.25	8.50
	正秩	8[b]	5.81	46.50
	绑定值	2[c]		
	总计	12		

a. 方法2（分箱化）< 方法1（分箱化）
b. 方法2（分箱化）> 方法1（分箱化）
c. 方法2（分箱化）= 方法1（分箱化）

检验统计[a]

	方法2（分箱化）- 方法1（分箱化）
Z	-1.956[b]
渐近显著性（双尾）	.050

a. 威尔科克森符号秩检验
b. 基于负秩。

（a）

符号检验

频率

		N
方法2（分箱化）- 方法1（分箱化）	负差值[a]	2
	正差值[b]	8
	绑定值[c]	2
	总计	12

a. 方法2（分箱化）< 方法1（分箱化）
b. 方法2（分箱化）> 方法1（分箱化）
c. 方法2（分箱化）= 方法1（分箱化）

检验统计[a]

	方法2（分箱化）- 方法1（分箱化）
精确显著性（双尾）	.109[b]

a. 符号检验
b. 使用了二项分布。

（b）

边际齐性检验

	方法1（分箱化）& 方法2（分箱化）
相异值	8
非对角个案	10
实测 MH 统计	35.000
平均值 MH 统计	47.000
MH 统计的标准差	5.958
标准 MH 统计	-2.014
渐近显著性（双尾）	.044

（c）

图 11.48　检验结果

3. 分析结果

下面根据图 11.48 中的结果依次进行分析。

（1）在威尔科克森符号秩检验表和符号检验表中显示：渐近显著性（双尾）、精确显著性（双尾）的值分别等于、大于 0.05，所以接受原假设，即两种组装产品的方法没有差异。

（2）在边际齐性的检验统计表中显示：渐近显著性（双尾）值为 0.044，小于 0.05，所以拒绝原假设，即两种组装产品的方法有显著性差异。

由此可以得出结论：对相同的样本使用不同的检验方法得出的结果可能是不同的，因为各检验方法各有侧重点，需要结合实际对分析结果进行解释。

11.3.2　多个相关样本检验

多个相关样本检验是一种检验多个相关样本是否来自同一总体的方法，它是一种非参数检验，主要包括三种检验方法：傅莱德曼、肯德尔 W 以及柯尔兰 Q。

【执行方式】

菜单栏：选择菜单栏中的“分析”→“非参数检验”→“旧对话框”→“K 个相关样本”命令。

操作步骤

执行此命令，弹出图 11.49 所示的“针对多个相关样本的检验”对话框。以下是“检验类型”选项组中检验方法的介绍。

- 傅莱德曼：与“克鲁斯卡尔-沃利斯 H”检验的思路相似，首先合并所有样本并按升序排列，然后求各观测量在各自行中的等级，并对各组样本求平均等级及等级和。如果平均等级或等级和相差很大，则认为两组样本所属的总体有显著性差异。
- 肯德尔 W：检验多次评价中的排序是否随机。

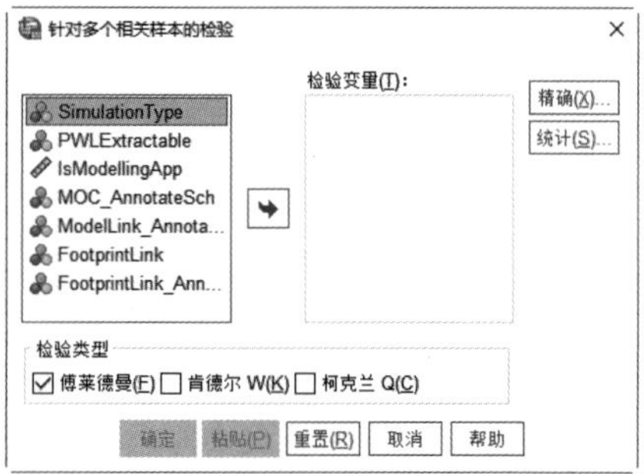

图 11.49　“针对多个相关样本的检验”对话框

- 柯尔兰 Q：用于二值数据的检验。

11.3.3 相关样本检验

相关样本检验是指使用一个或多个非参数检验来确定两个或两个以上相关字段之间的差别。数据不同，选择的检验方法也会有所不同。

【执行方式】

菜单栏：选择菜单栏中的“分析”→“非参数检验”→“相关样本”命令。

操作步骤

执行此命令，会弹出“非参数检验：两个或两个以上的相关样本”对话框。

★重点 动手学——判断不同基金的受欢迎程度是否有显著性差异（相关样本检验）

扫一扫，看视频

源文件：源文件\第 11 章\银行基金购买金额.sav

某银行推出 6 种基金，现抽查 20 个银行网点的市民基金购买数据（单位：万元）。本实例使用相关样本检验的方法来判断 6 种基金的受欢迎程度是否有显著性差异。

操作步骤

1. 打开数据文件

选择菜单栏中的“文件”→“打开”→“数据”命令，弹出“打开数据”对话框，选择“银行基金购买金额.sav”文件，单击“打开”按钮，打开数据文件，如图 11.50 所示。

2. 正态性检验

(1) 选择菜单栏中的“分析”→“描述统计”→“探索”命令，弹出“探索”对话框，如图 11.51 所示。在“因变量列表”中添加“基金 A”到“基金 F”变量。单击“图”按钮，弹出“探索：图”对话框，在“箱图”选项组中选择“无”选项，勾选“含检验的正态图”复选框，将进行正态检验。单击“继续”按钮，返回主对话框。

网点编号	基金A	基金B	基金C	基金D	基金E	基金F
1	63.16	72.80	57.51	79.12	109.20	90.04
2	60.66	22.80	42.24	28.87	34.20	32.29
3	66.12	22.40	28.30	29.01	33.60	32.37
4	64.50	115.20	51.92	121.65	172.80	138.93
5	68.97	20.00	58.44	26.90	30.00	29.90
6	58.73	30.40	59.63	36.27	45.60	40.83
7	54.73	20.80	54.00	26.27	31.20	29.39
8	21.72	47.20	24.15	49.37	27.05	52.08
9	43.44	39.20	13.90	43.54	58.80	49.42
10	44.85	13.20	28.22	17.69	19.80	19.67
11	31.66	41.60	35.99	44.77	62.40	51.01
12	60.45	44.00	52.66	50.05	66.00	56.65
13	69.64	44.00	48.70	50.96	66.00	57.56
14	65.56	22.40	33.78	28.96	33.60	32.32
15	61.61	101.60	52.01	107.76	152.40	123.00
16	61.95	38.40	34.99	44.60	57.60	50.36
17	62.01	69.60	48.00	75.88	104.40	86.32
18	57.08	55.20	48.58	60.91	82.80	69.19
19	69.77	59.20	52.10	66.18	88.80	75.06
20	56.00	59.20	57.72	64.80	88.80	73.68

图 11.50 打开数据文件

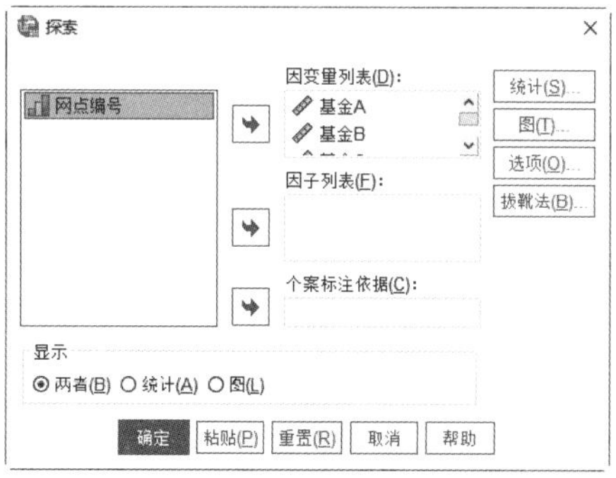

图 11.51 “探索”对话框

(2) 单击“确定”按钮，弹出“IBM SPSS Statistics 查看器”窗口，显示数据的个案处理表、描述统计表、正态性检验表和 Q-Q 图。

3. 分析结果

查看图 11.52 所示的正态性检验表中的夏皮洛-威尔克检验显著性：基金 A～基金 F 的显著性值均小于 0.05，因此认为基金 A～基金 F 的购买数据不服从正态分布，需要进行非参数检验。

4. 多个相关样本检验

（1）选择菜单栏中的“分析”→“非参数检验”→“旧对话框”→“K 个相关样本”命令，弹出“针对多个相关样本的检验”对话框。在该对话框的左侧列表中，依次选中“基金 A”到“基金 F”，将其添加到“检验变量”列表中；在“检验类型”选项组中勾选“傅莱德曼”复选框，如图 11.53 所示。

（2）单击“统计”按钮，弹出“多个相关样本：统计”对话框，勾选“描述”复选框，如图 11.54 所示。单击“继续”按钮，关闭该对话框，返回主对话框。

正态性检验

	柯尔莫戈洛夫-斯米诺夫[a]			夏皮洛-威尔克		
	统计	自由度	显著性	统计	自由度	显著性
基金A	.224	20	.010	.816	20	.002
基金B	.146	20	.200*	.899	20	.039
基金C	.215	20	.016	.903	20	.047
基金D	.175	20	.110	.898	20	.038
基金E	.171	20	.126	.887	20	.024
基金F	.175	20	.112	.895	20	.033

*. 这是真显著性的下限。

a. 里利氏显著性修正

图 11.52　正态性检验表

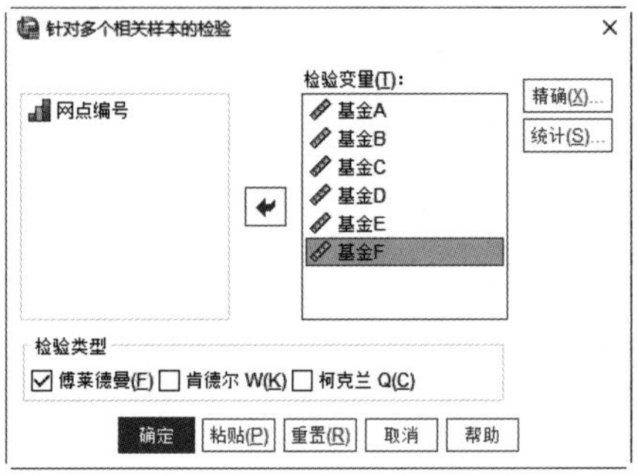

图 11.53　“针对多个相关样本的检验”对话框

（3）单击“确定”按钮，弹出“IBM SPSS Statistics 查看器”窗口，显示傅莱德曼检验表，如图 11.55 所示。

5. 分析结果

在图 11.55 所示的傅莱德曼检验表中显示：渐近显著性值小于 0.001，所以拒绝原假设，即 6 种基金的受欢迎程度有显著性差异。

图 11.54　“多个相关样本：统计”对话框

傅莱德曼检验

秩

	秩平均值
基金A	3.95
基金B	1.95
基金C	2.60
基金D	3.15
基金E	5.10
基金F	4.25

检验统计[a]

N	20
卡方	38.057
自由度	5
渐近显著性	<.001

a. 傅莱德曼检验

图 11.55　相关样本检验结果

第 12 章　均 值 比 较

内容简介

在实际分析中，假设检验一般都要比较两个总体的均值，以判断两个总体是否有差异。均值比较在许多研究中都特别常见，应用也非常广泛。

传统的关于特征分布的描述量，如样本均值与标准差，基本只是对单变量分布的描述；而对两组变量或处理效应的描述，则需要使用均值分析，它表示的是两组样本分布的总体的非重叠程度。

在 SPSS 中，均值比较是一个比较常见的分析方法，最常见的方法就是平均值分析和 t 检验。t 检验可以分成三类：第一类是针对单组设计定量资料的；第二类是针对配对设计定量资料的；第三类是针对成组设计定量资料的。后两种设计类型的区别在于是否事先将两组研究对象按照某一个或几个方面的特征相似配成对。

学习要点

- 平均值分析
- 单样本 t 检验
- 独立样本 t 检验
- 成对样本 t 检验

12.1　差异显著性检验

在试验、检测等数据处理过程中，时常会出现两种或多种不同的试验结果。对数据进行比较分析时，不能仅凭两个结果的不同就做出结论，而是要进行统计学分析，对数据进行差异显著性检验。

差异显著性检验是事先对总体（随机变量）的参数或总体分布形式做出一个假设，然后利用样本信息来判断这个假设（原假设）是否合理，即判断总体的真实情况与原假设是否存在显著性差异。这时要做两种检验。

- 检验数据是否属于母体内抽取的样本，即检验总体的参数与样本统计量之间是否存在显著性差异。
- 检验数据的统计量是否存在显著性差异。差异显著性检验就是要判断造成差异的原因，即差异是由于误差或偶然因素引起的或两者确实本身存在着差异。

显著性检验是针对对总体所作的假设做检验，其原理就是以“小概率事件实际不可能性原理”来接受或否定假设。所谓“显著”，就是指两种或多种处理试验结果之间，确实存在差异。如果是“不显著”，就说明它们之间的差异是由抽样或偶然的因素引起的，不是真正有实际差异存在。

在数理统计中，一般以概率（P）5%作为显著性评定标准，即在 100 次试验中，由于偶然因素造成差异的可能性在 5 次以上，其差异被认为是不显著。如果两者差异的概率为 5%以内，出现这种差异的机会非常小，就认为此差异具有显著差异程度。有时认为 5%太低，则可将其提高到 1%作为显著评定标准。如果两者的差异的概率为 1%以内，就认为这个差数具有极显著的差异程度。

显著性检验是假设检验中最常用的一种方法，也是一种最基本的统计推断形式，其基本原理是先对总体的特征做出某种假设，然后通过抽样研究的统计推理，对此假设应该被拒绝还是接受做出推断。对假设检验问题做出判断可依据以下两种规则。

1. P 值规则

P 值是检验统计量超过（大于或小于）具体样本观测值的概率。如果 P 值小于给定的显著性水平，则认为原假设成立；如果 P 值大于给定的显著性水平，则认为没有充分的证据否定原假设。

在进行结果分析时，通常用 $P>0.05$ 表示差异性不显著；$0.01<P<0.05$ 表示差异性显著；$P<0.01$ 表示差异性极显著。当只有两组做比较时，可以简单地用*表示差异性显著，**表示差异性极显著，没有则表示差异性不显著。当有多组做比较时，可以使用字母表示，含有相同字母的两组差异性不显著。

2. 临界值规则

根据显著性水平（概率密度曲线的尾部面积）查表得到的检验统计量的数值称作临界值，直接用检验统计量的观测值与临界值做比较。如果观测值落在临界值所划定的尾部（称为拒绝域）内，则拒绝原假设；如果观测值落在临界值所划定的尾部之外（称为不能拒绝域）的范围内，则认为拒绝原假设的证据不足。这种做出检验结论的方法称为临界值规则。

当比较实验处理组与对照组的结果时，假设两组结果间差异不显著，即实验处理对结果没有影响或无效。经统计学分析后，如果发现两组间差异是由抽样引起的，则认为这种差异为不显著（即实验处理无效）；如果两组间差异不是由抽样引起的，则认为这种差异是显著的（即实验处理有效）。

12.2 平均值分析

平均值分析不仅可以获得所研究变量的中心趋势及离散趋势，对不同组别或交叉组别的平均值进行比较，以判断其是否相等，还可以在分析过程中进行基于平均值的单因素方差分析、线性相关性检验等。

【执行方式】

菜单栏：选择菜单栏中的“分析”→“比较均值”→“均值”命令。

操作步骤

执行此命令，弹出图 12.1 所示的“平均值”对话框，①在左侧变量列表中显示统计数据中所有可用的变量，单击“转入”按钮，将需要检验的变量添加到右侧变量列表中。

- 因变量列表②：选择一个或多个因变量。
- 自变量列表③：选择一层或多层自变量。每一层都将进一步细分样本。如果在层 1 中有一个自变量，层 2 中也有一个自变量，结果就显示为一个交叉的表，而不是对每个自变量显示一个独立的表。

单击“确定”按钮，弹出“IBM SPSS Statistics 查看器”窗口，显示变量的各种描述性指标。

【选项说明】

单击④“选项”按钮，弹出“平均值：选项”对话框，在该对话框中显示输出结果中显示的参数，如图 12.2 所示。下面介绍“平均值：选项”对话框中的常用选项。

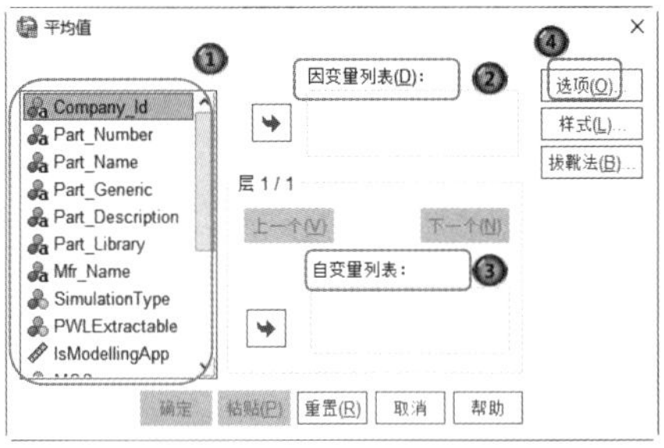

图 12.1　“平均值”对话框

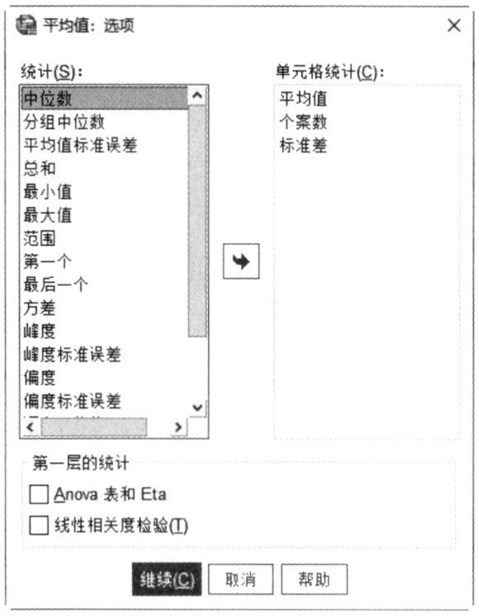

图 12.2　“平均值：选项”对话框

（1）“统计”选项组。在该选项组的列表中设置要在输出的单元格中显示的统计量。

- 中位数：第 50 个百分位，大于该值和小于该值的个案数各占一半。如果个案数为偶数，则中位数是个案在以升序或降序排列的情况下最中间的两个个案的平均数。中位数是集中趋势的度量，但对于远离中心的值不敏感（这与平均值不同，平均值容易受到极值的影响）。
- 分组中位数：针对编码到组中的数据计算的中位数。
- 平均值标准误差：衡量样本平均值和整体平均值差异的指标。
- 总和：所有带有非缺失值的个案的值的合计。
- 最小值：个案的最小值。
- 最大值：个案的最大值。
- 范围：个案的最大值和最小值的差，即最大值减去最小值。
- 第一个：显示在数据文件中的第一个数据值。
- 最后一个：显示在数据文件中的最后一个数据值。
- 方差：对围绕平均值的离差的度量，值为个案与平均值的差的平方和除以个案数减 1。方差的单位是变量本身的单位的平方。
- 峰度：度量观察值聚集在中点周围的程度。对于正态分布，峰度值为 0。正峰度值表示相对于正态分布，观察值在分布中心聚集得多并且尾部较薄，直到分布极值，尖峰态分布的尾部比正态分布的尾部要厚；负峰度值表示相对于正态分布，观察值在分布中心聚集得少并且尾部较厚，直到分布极值，低峰态分布的尾部比正态分布的尾部要薄。
- 峰度标准误差：峰度与其标准误差的比可用作正态性检验（如果比值小于-2 或大于+2，可以拒绝正态性）。正峰度值表示分布的尾部比正态分布的尾部要长一些，负峰度值表示比较短的尾部。
- 偏度：分布的不对称性度量。正态分布是对称的，偏度值为 0。具有显著正偏度值的分布有很长的右尾，具有显著负偏度值的分布有很长的左尾。如果偏度值超过标准误差的两倍，则认为不具有对称性。

- 偏度标准误差：偏度与其标准误差的比可以用作正态性检验（如果比值小于-2 或大于+2，可以拒绝正态性）。正偏度值表示长右尾，负偏度值表示长左尾。
- 调和平均值：在组中样本大小不相等的情况下，用于估计平均值大小。调和平均值是样本总数除以样本大小的倒数总和。
- 几何平均值：数据值的乘积的 *n* 次根，其中 *n* 代表个案数。
- 在总和中所占的百分比：每个类别中的总和的百分比。
- 在总个案数中所占的百分比：每个类别中的个案总数的百分比。

（2）“单元格统计”选项组。在输出结果表中显示的统计量，默认输出平均值、个案数、标准差。

- 平均值：集中趋势的度量，总和除以个案数。
- 个案数：个案（观察值或记录）的数目。
- 标准差：离散分布程度的度量，方差的算术平方根。

（3）“第一层的统计”选项组。

- Anova 表和 Eta：显示单因素方差分析表，并为第一层中的每个自变量计算 Eta 和 Eta 平方（相关度量），可以得出第一层次的分组的平均值之间是否存在显著差异。
- 线性相关度检验：对第一层次进行线性检验，计算与线性和非线性成分相关联的平方和、自由度和均方，以及 F 比 R 和 R 方。如果自变量为字符串，则不计算线性相关性。

扫一扫，看视频

★重点 动手学——分组销售数据的平均值分析

源文件：源文件\第 12 章\企业产品销售收入_分组数据.sav

平均值分析将所有的描述性统计变量按因变量的取值分组计算，无须文件拆分过程，将输出结果中各组的描述指标放在一起，便于互相比较分析。

本实例利用平均值分析计算分组后每组销售数据的平均值、个案数、标准偏差、最小值及方差，如图 12.3 所示。

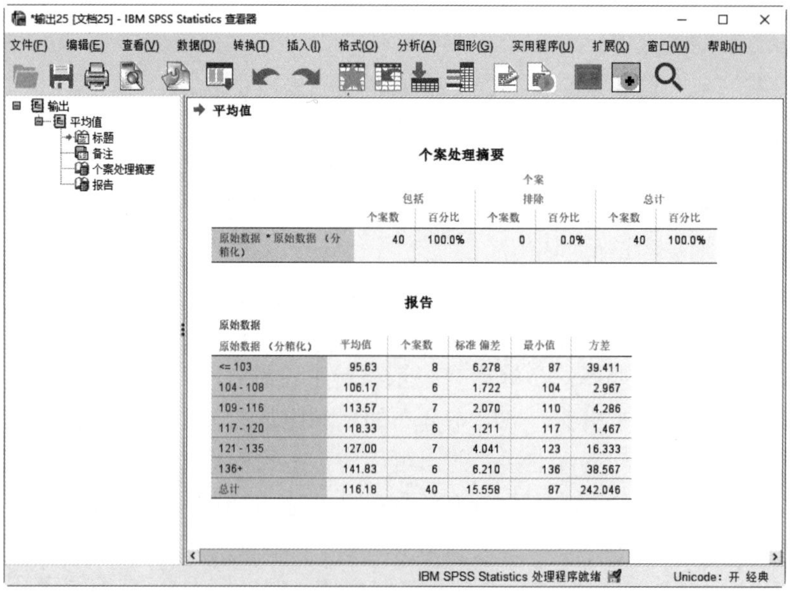

个案处理摘要

	个案					
	包括		排除		总计	
	个案数	百分比	个案数	百分比	个案数	百分比
原始数据 *原始数据（分箱化）	40	100.0%	0	0.0%	40	100.0%

报告

原始数据

原始数据（分箱化）	平均值	个案数	标准 偏差	最小值	方差
<= 103	95.63	8	6.278	87	39.411
104 - 108	106.17	6	1.722	104	2.967
109 - 116	113.57	7	2.070	110	4.286
117 - 120	118.33	6	1.211	117	1.467
121 - 135	127.00	7	4.041	123	16.333
136+	141.83	6	6.210	136	38.567
总计	116.18	40	15.558	87	242.046

图 12.3 输出结果

操作步骤

1. 打开数据文件

选择菜单栏中的“文件”→“打开”→“数据”命令，弹出“打开数据”对话框，选择“企业产品销售收入_分组数据.sav”文件，单击“打开”按钮，打开数据文件，如图 12.4 所示。

2. 平均值分析

（1）选择菜单栏中的“分析”→“比较均值”→“均值”命令，弹出“平均值”对话框，在“因变量列表”中选择“原始数据”变量，在“自变量列表”中选择“原始数据（分箱化）”，如图 12.5 所示。

（2）单击“选项”按钮，弹出“平均值：选项”对话框，在“统计”选项组中选择“最小值”“方差”，单击“转入”按钮➡，添加到右侧“单元格统计”列表中，如图 12.6 所示。单击“继续”按钮，返回主对话框。

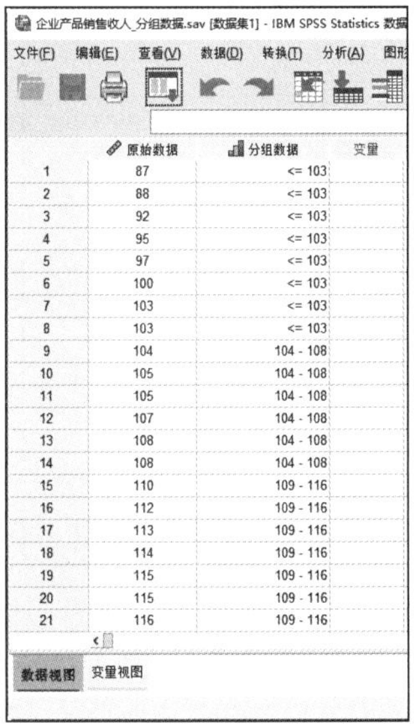

图 12.4　分组数据统计结果

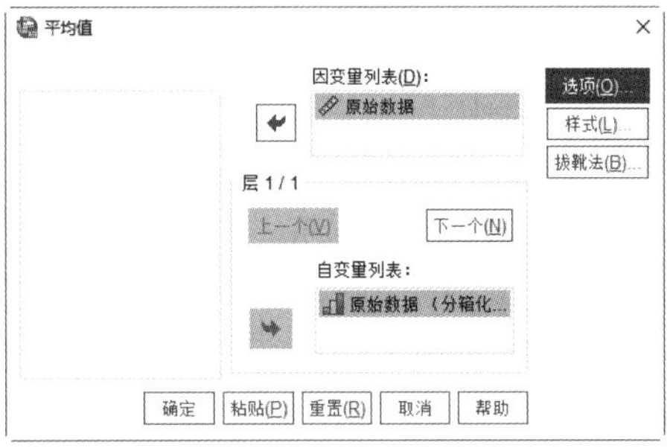

图 12.5　“平均值”对话框

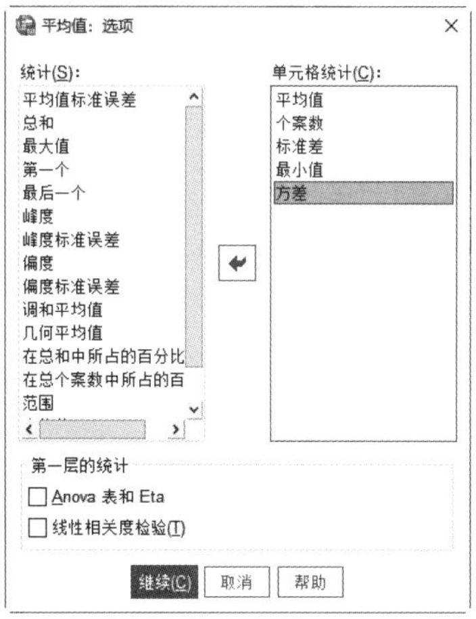

图 12.6　“平均值：选项”对话框

（3）单击“确定”按钮，弹出“IBM SPSS Statistics 查看器”窗口，显示分组后的描述性统计量表。

3. 分析结果

（1）从个案处理摘要表中可以看到整体数据的展示情况，如已包含和已排除（含有缺失值的个案）的个案数。

（2）从报告表中可以看到因变量（原始数据）在各个子组的描述性统计量：平均值、个案数、标准偏差、最小值和方差。

★重点 动手学——判断试卷成绩的显著性

扫一扫，看视频

源文件：源文件\第 12 章\学生试卷测试成绩.sav

随机抽取 10 名学生，对他们分别采用 A 和 B 两套试卷进行测试，成绩（单位：分）见“学生试卷测试成绩.sav”文件。按照性别变量把学生分为男生、女生两组，使用平均值分析分别计算男生、女生的试卷成绩。

操作步骤

1. 打开数据文件

选择菜单栏中的“文件”→“打开”→“数据”命令，弹出“打开数据”对话框，选择“学生试卷测试成绩.sav”文件，单击“打开”按钮，打开数据文件，如图 12.7 所示。

2. 平均值分析

（1）选择菜单栏中的“分析”→“比较均值”→“均值”命令，弹出“平均值”对话框，在“因变量列表”中选择“试卷 A”“试卷 B”变量，在“自变量列表”中选择“性别”，如图 12.8 所示。

（2）单击❶“选项”按钮，弹出❷“平均值：选项”对话框，在“单元格统计”列表中默认显示输出的统计量：平均值、个案数和标准差；在❸“第一层的统计”选项组中勾选“Anova 表和 Eta”和“线性相关度检验”复选框，如图 12.9 所示。单击“继续”按钮，返回主对话框。

学生编号	试卷A	试卷B	性别	年龄	班级
1	78	71	男	15	甲班
2	63	44	男	16	乙班
3	72	61	女	15	丙班
4	89	84	男	16	丙班
5	91	74	女	14	甲班
6	49	51	女	15	乙班
7	68	55	女	16	乙班
8	76	60	男	16	甲班
9	85	77	男	15	甲班
10	55	39	男	15	丙班

图 12.7 分组数据统计结果

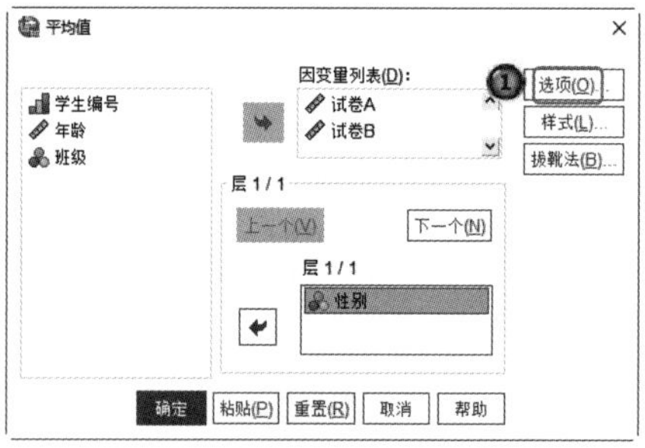

图 12.8 “平均值”对话框

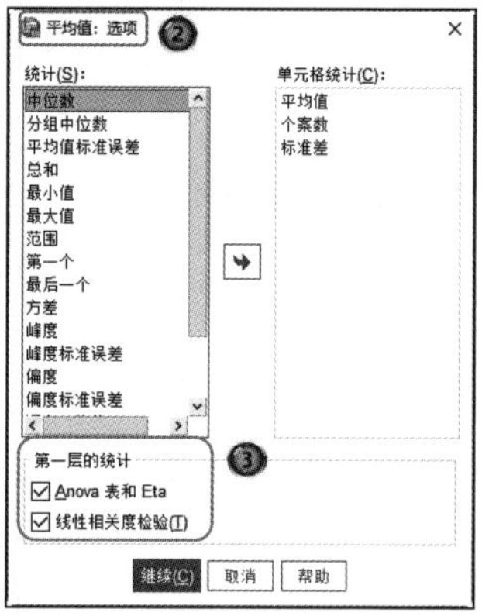

图 12.9 “平均值：选项”对话框

（3）单击“确定”按钮，弹出“IBM SPSS Statistics 查看器”窗口，显示分组后的平均值分析结果，如图 12.10 所示。

3. 分析结果

下面根据图 12.10 中的结果依次进行分析。

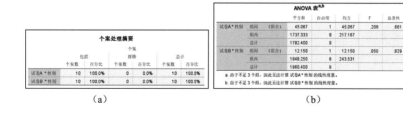

个案处理摘要

	个案					
	包括		排除		总计	
	个案数	百分比	个案数	百分比	个案数	百分比
试卷A * 性别	10	100.0%	0	0.0%	10	100.0%
试卷B * 性别	10	100.0%	0	0.0%	10	100.0%

（a）

ANOVA 表[a,b]

			平方和	自由度	均方	F	显著性
试卷A * 性别	组间	（组合）	45.067	1	45.067	.208	.661
	组内		1737.333	8	217.167		
	总计		1782.400	9			
试卷B * 性别	组间	（组合）	12.150	1	12.150	.050	.829
	组内		1948.250	8	243.531		
	总计		1960.400	9			

a. 由于不足 3 个组，因此无法计算 试卷A * 性别 的线性度量。

b. 由于不足 3 个组，因此无法计算 试卷B * 性别 的线性度量。

（b）

报告

性别		试卷A	试卷B
男	平均值	74.33	62.50
	个案数	6	6
	标准 偏差	13.018	18.141
女	平均值	70.00	60.25
	个案数	4	4
	标准 偏差	17.224	10.046
总计	平均值	72.60	61.60
	个案数	10	10
	标准 偏差	14.073	14.759

（c）

相关性测量

	Eta	Eta 平方
试卷A * 性别	.159	.025
试卷B * 性别	.079	.006

（d）

图 12.10 平均值分析结果

（1）从个案处理摘要表中可以看到整体数据的展示情况，如已包含和已排除（含有缺失值的个案）的个案数。

（2）从报告表中可以看到因变量（“试卷 A”“试卷 B”）在各个子组的描述性统计量：平均值、个案数、标准偏差。

（3）从 ANOVA 表中可以看出，试卷 A 成绩的显著性值为 0.661，大于 0.05，说明性别对试卷 A 的成绩没有显著差异，接受原假设。试卷 B 成绩的显著性值为 0.829，大于 0.05，说明性别对试卷 B 的成绩没有显著差异，接受原假设。由于不足 3 个组，无法计算试卷 A*性别、试卷 B*性别的线性度量，因此在 ANOVA 表中不显示线性相关度。

扫一扫，看视频

★重点 动手练——判断城市与小区平均单价的相关性与显著性

源文件：源文件\第 12 章\小区物业房价.sav

本实例利用平均值分析对按城市分组后的小区的平均单价数据进行显著性分析，结果如图 12.11 所示。

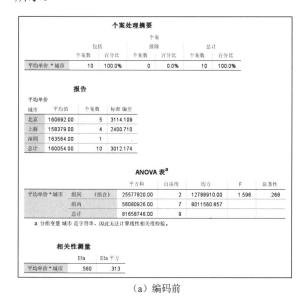

个案处理摘要

	个案					
	包括		排除		总计	
	个案数	百分比	个案数	百分比	个案数	百分比
平均单价 * 城市	10	100.0%	0	0.0%	10	100.0%

报告

平均单价

城市	平均值	个案数	标准 偏差
北京	160692.00	5	3114.109
上海	158379.00	4	2400.710
深圳	163564.00	1	.
总计	160054.00	10	3012.174

ANOVA 表[a]

			平方和	自由度	均方	F	显著性
平均单价 * 城市	组间	（组合）	25577820.00	2	12788910.00	1.596	.268
	组内		56080926.00	7	8011560.857		
	总计		81658746.00	9			

a. 分组变量 城市 是字符串，因此无法计算线性相关度检验。

相关性测量

	Eta	Eta 平方
平均单价 * 城市	.560	.313

（a）编码前

个案处理摘要

	个案					
	包括		排除		总计	
	个案数	百分比	个案数	百分比	个案数	百分比
平均单价 * 城市编码	10	100.0%	0	0.0%	10	100.0%

报告

平均单价

城市编码	平均值	个案数	标准 偏差
北京	160692.00	5	3114.109
上海	158379.00	4	2400.710
深圳	163564.00	1	.
总计	160054.00	10	3012.174

ANOVA 表

			平方和	自由度	均方	F	显著性
平均单价 * 城市编码	组间	（组合）	25577820.00	2	12788910.00	1.596	.268
		线性相关度	23272.727	1	23272.727	.003	.959
		偏离线性度	25554547.27	1	25554547.27	3.190	.117
	组内		56080926.00	7	8011560.857		
	总计		81658746.00	9			

相关性测量

	R	R 方	Eta	Eta 平方
平均单价 * 城市编码	.017	.000	.560	.313

（b）编码后

图 12.11　变量编码前后输出结果

思路点拨

（1）打开文件“小区物业房价.sav”。

（2）选择“均值”命令，选择“平均单价”为因变量，选择“城市”为自变量，进行平均值分析。

（3）单击“选项”按钮，打开“平均值：选项”对话框，在“第一层的统计”选项组中勾选“Anova 表和 Eta”和“线性相关度检验”复选框。

（4）分析 ANOVA 表和相关性测量表。

- 自变量“城市”为字符串，不计算线性相关性。输出单因素方差分析表，进行方差分析，判断分组的均值之间是否存在显著差异。
- ANOVA 表中显著性值为 0.268，大于 0.05，说明北京、上海、深圳三个城市之间房子的平均单价没有显著差异，接受原假设。

（5）将“城市”变量自动重新编码为“城市编码”变量。

（6）选择“均值”命令，选择“平均单价”为因变量，选择“城市编码”为自变量，进行平均值分析。

（7）分析 ANOVA 表和相关性测量表。

- 线性相关度只能判断两个变量之间是否线性相关。当偏离线性度的 P=0.117＞0.05 时，认为两个变量具有线性关系，无法判断是正相关还是负相关，需要做相关分析和回归分析。
- R 方表示自变量对因变量的解释程度，R 方为 0.000，近似认为，自变量（城市）不可以解释因变量（平均单价）。

12.3 t 检 验

t 检验是用 t 分布理论来推断差异发生的概率，从而判定两总体均数的差异是否有统计学意义，主要用于样本量较小（如 $n<60$），总体标准差 σ 未知的正态分布的计量数据。

t 检验分别有单样本 t 检验、独立样本 t 检验、摘要独立样本 t 检验和成对样本 t 检验。t 检验主要用于检验定量数据，无论哪种 t 检验，都有以下的基本前提条件。

- 样本数据符合正态分布。
- 各个样本之间是独立的。
- 均数比较时，要求两样本总体方差相等，即具有方差齐性。

12.3.1 单样本 t 检验

在 SPSS 中，单样本 t 检验是检验某个样本的总体均值和某指定值（样本均值）之间是否存在显著性差异。统计的前提是样本总体服从正态分布，也就是说单样本本身无法比较，比较的是其均值与已知总体均值。

标准误差计算公式：

$$\text{标准误差}SE=\frac{S(\text{样本标准差})}{\sqrt{n}(\text{样本大小})}$$

单样本 t 检验计算公式：

$$t=\frac{\text{样本均值}-\text{总体均值}}{\text{标准误差}}$$

【执行方式】

菜单栏：选择菜单栏中的“分析”→“比较均值”→“单样本 t 检验”命令。

操作步骤

执行此命令，弹出图 12.12 所示的“单样本 t 检验”对话框，在左侧变量列表中显示统计数据中所有可用的变量，单击“转入”按钮➥，将需要检验的变量添加到右侧“检验变量”列表中。

【选项说明】

下面介绍“单样本 t 检验”对话框中的常用选项。

（1）在“检验值”文本框中输入与总体均值相比较的指定值，即原假设值。如果检验值为 0，则表示在进行区间估计（参数估计的一种），得到置信区间的范围值。如果检验值不为 0，而是一个可以控制的数，则表示在进行假设检验，得到样本的 t 检验值显著度 Sig（表示单侧 P 值和双侧 P

值），如果 P 值不大于显著性水平，则拒绝原假设，认为总体均值与检验值之间存在显著差异；如果 P 值大于显著性水平，则接受原假设，认为总体均值与检验值之间不存在显著差异。

（2）“估算效应大小”复选框：勾选该复选框，会估算 t 检验效应大小 ES。ES 表示不同处理下的总体均值之间差异的大小。ES 越大，样本与总体的重叠程度越小，效应明显；ES 越小则相反。

（3）单击“选项”按钮，打开“单样本 t 检验：选项”对话框，在对话框中显示“置信区间百分比”的设置和对“缺失值”的处理方法，如图 12.13 所示。

1）“置信区间百分比”文本框：该文本框用于设置在指定水平下，样本均值与指定的检验值之差的置信区间，默认值为 95%。

2）“缺失值”选项组：用于设置缺失值的处理方式，有以下两种处理方式。

- 按具体分析排除个案：选择该选项，表示当分析计算涉及含有缺失值的变量时，删除该变量上是缺失值的观测量。
- 成列排除个案：选择该选项，表示删除所有含缺失值的观测量后再进行分析。

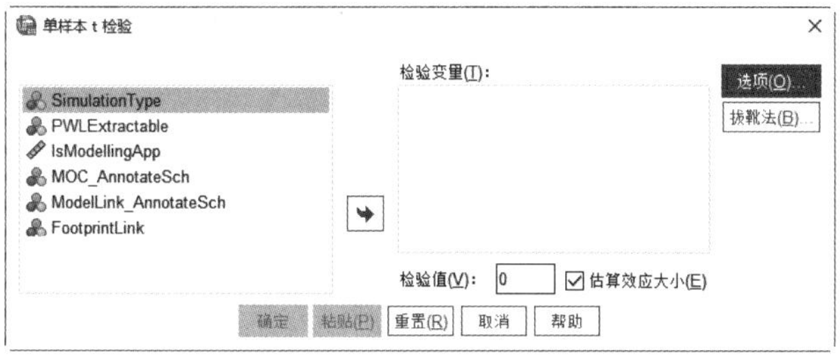

图 12.12 “单样本 t 检验”对话框

图 12.13 “单样本 t 检验：选项”对话框

★重点 动手学——会员年龄的抽样分析

源文件：源文件\第 12 章\会员的年龄数据.sav

扫一扫，看视频

为响应国家政策，某连锁健身房推出规定，延长办卡人年龄限制，所有会员平均年龄延后到 45 岁。从其中一家健身房随机抽取了由 36 个会员的年龄组成的样本，见“会员的年龄数据.sav”文件。

本实例使用单样本 t 检验方法，判断随机抽取的会员年龄样本与整个健身房的会员平均年龄是否有显著性差异。

操作步骤

1. 打开数据文件

选择菜单栏中的“文件”→“打开”→“数据”命令，弹出“打开数据”对话框，选择“会员的年龄数据.sav”文件，单击“打开”按钮，打开数据文件，如图 12.14 所示。

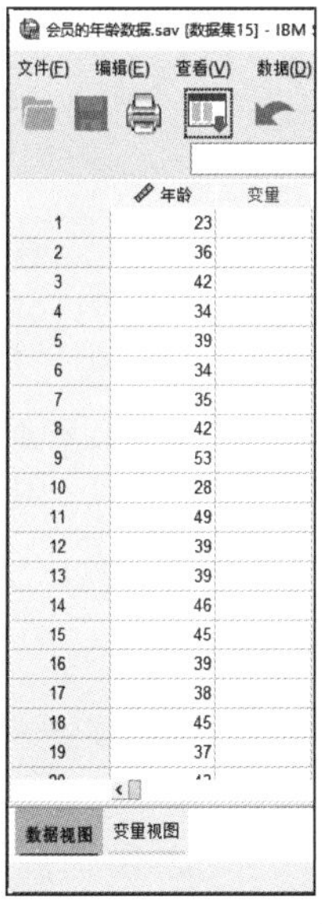

图 12.14 会员的年龄数据

2. 正态性检验

（1）创建直方图。选择菜单栏中的“图形”→“旧对话框”→“直方图”命令，弹出“直方图”对话框，在“变量”选项中选择“年龄”，勾选“显示正态曲线”复选框，如图 12.15 所示。

（2）单击“确定”按钮，弹出“IBM SPSS Statistics 查看器”窗口，显示直方图，如图 12.16 所示。其中，直方图自动根据年龄段划分标签，在图形右上角显示基本的描述性统计量：平均值、标准差、个案数。从直方图可以看出，年龄数据符合正态分布。

图 12.15 “直方图”对话框

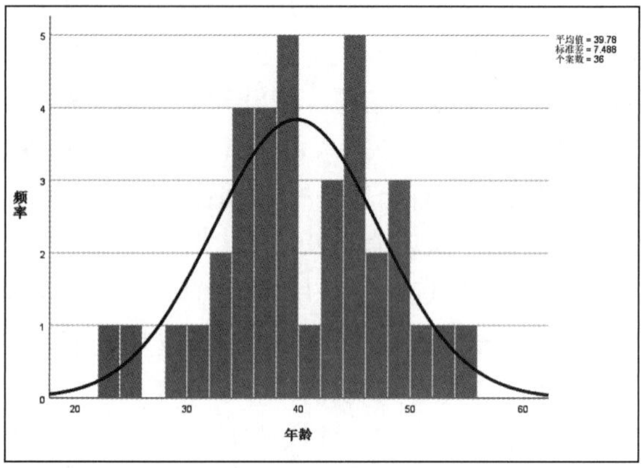

图 12.16 直方图

（3）绘制 P-P 图。选择菜单栏中的“分析”→“描述统计”→“P-P 图”命令，弹出“P-P 图”对话框，在“变量”列表中选择“年龄”变量，在“检验分布”下拉列表中默认选择“正态”选项，检验选中变量中的数据是否符合正态分布，如图 12.17 所示。

（4）单击“确定”按钮，弹出“IBM SPSS Statistics 查看器”窗口，显示选中变量的正态 P-P 图、去趋势正态 P-P 图，如图 12.18 和图 12.19 所示。

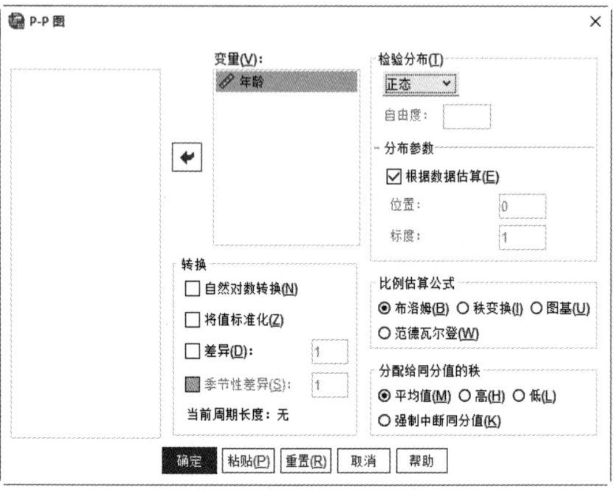

图 12.17 “P-P 图”对话框

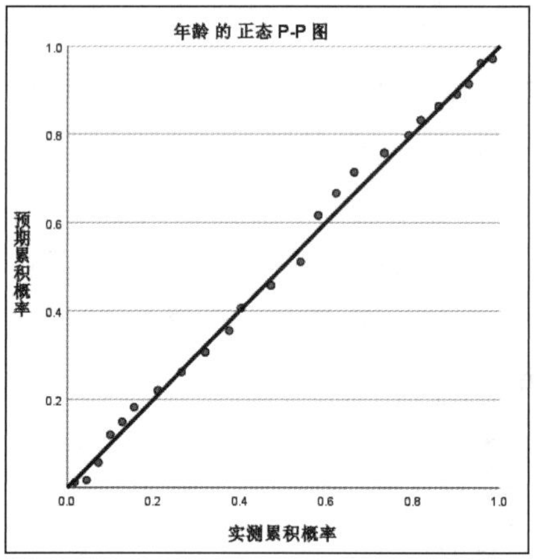

图 12.18 正态 P-P 图

从图 12.18 所示的正态 P-P 图中可以看出，年龄数据的散点基本落在从原点出发的 45°线附近；从图 12.19 所示的去趋势正态 P-P 图可以看出，年龄数据与正态分布的数据分布在(−0.06,0.04)间，所以随机样本数据服从假定的正态分布。

3. t 检验

（1）选择菜单栏中的“分析”→“比较均值”→“单样本 t 检验”命令，弹出“单样本 t 检验”对话框，在“检验变量”列表中选择“年龄”变量，在“检验值”文本框中输入 45，如图 12.20 所示。

（2）单击“选项”按钮，弹出“单样本 t 检验：选项”对话框，在“置信区间百分比”文本框中输入 90，如图 12.21 所示。单击“继续”按钮，返回主对话框。

（3）单击“确定”按钮，弹出“IBM SPSS Statistics 查看器”窗口，显示单样本统计结果，如图 12.22 所示。

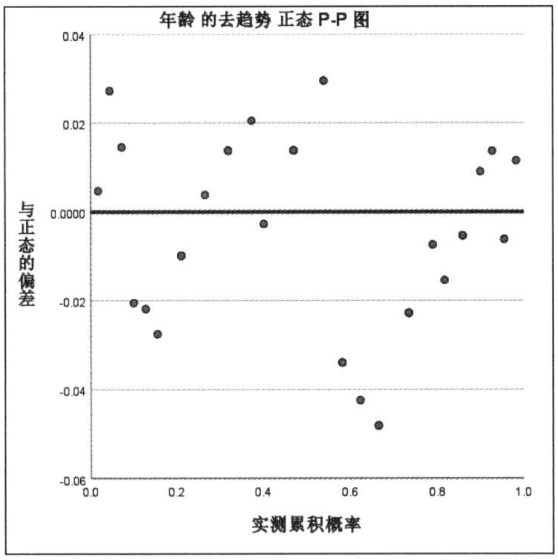

图 12.19　去趋势正态 P-P 图

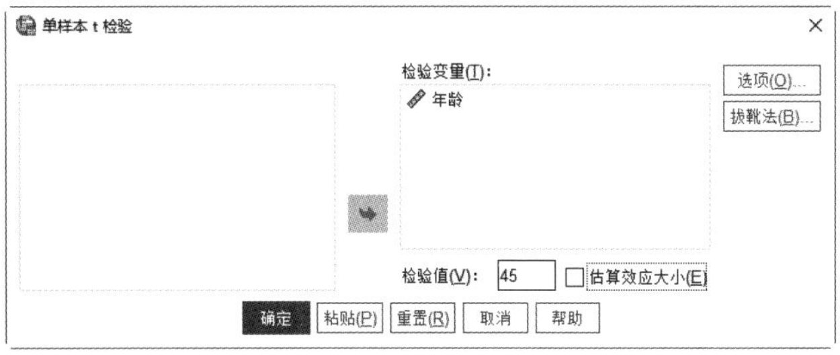

图 12.20　“单样本 t 检验”对话框

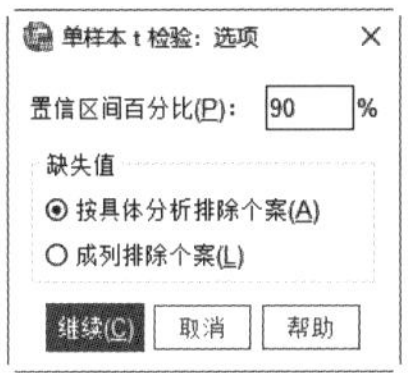

图 12.21　“单样本 t 检验：选项”对话框

单样本统计

	N	均值	标准差	标准误差平均值
年龄	36	39.78	7.488	1.248

单样本检验

	检验值 = 45						
			显著性			差值 90% 置信区间	
	t	自由度	单侧 P	双侧 P	平均值差值	下限	上限
年龄	-4.185	35	<.001	<.001	-5.222	-7.33	-3.11

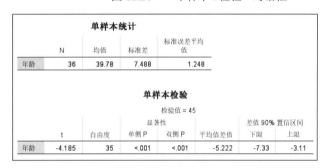

图 12.22　单样本统计结果

4．分析结果

下面根据图 12.22 中的结果依次进行分析。

（1）从单样本统计表中得出，36 个投保人组成的随机样本的均值为 39.78。

（2）从单样本检验表中得出，下限为-7.33，上限为-3.11，即会员年龄 90%置信区间为-7.33~-3.11。

（3）从单样本检验表中得出，P 值显著性（单侧 P 和双侧 P）<0.001，拒绝原假设，即该随机样本的会员平均年龄（45 岁）与整个健身房的会员平均年龄之间存在显著性差异。

12.3.2　独立样本 t 检验

独立样本 t 检验通过推断两组数据发生差异的概率，来检验两组数据是否有显著差异，如男、女生的身高是否有显著性差异。独立样本 t 检验假设数据来自两个不同的独立总体，但方差相同，除了要求满足单样本 t 检验的那些条件，还要求两组数据之间具有方差，需要进行方差齐性检验。

【执行方式】

菜单栏：选择菜单栏中的“分析”→“比较均值”→“独立样本 t 检验”命令。

操作步骤

执行此命令，弹出图 12.23 所示的“独立样本 t 检验”对话框，在左侧变量列表中显示统计数据中所有可用的变量。单击❶“转入”按钮➡，将需要检验的变量添加到右侧“检验变量”列表中。单击❷“转入”按钮➡，将用于区分检验变量组别的变量添加到右侧“分组变量”列表中。将数据分成两组，最终得到的是不同分组的方差是否相等的检验假设显著性值。

【选项说明】

选择分组变量后，激活“定义组”按钮，单击❸“定义组”按钮，弹出“定义组”对话框，用于定义进行独立样本 t 检验的两个组别名称，如图 12.24 所示。

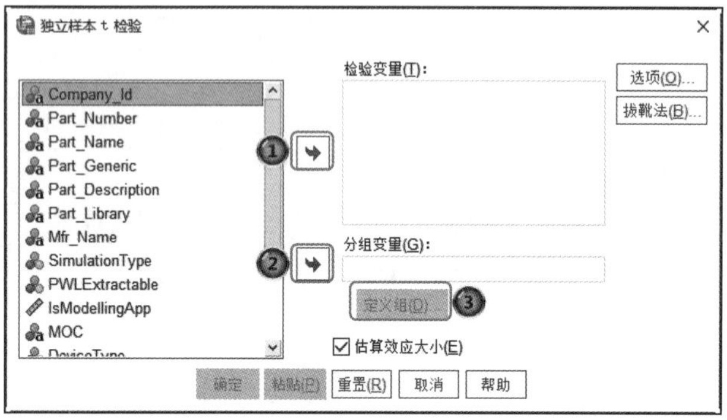

图 12.23 “独立样本 t 检验”对话框

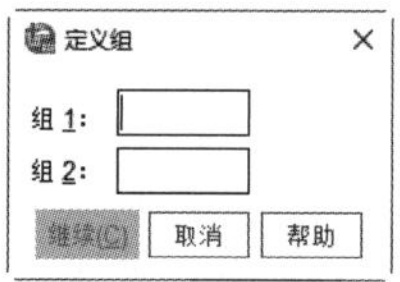

图 12.24 “定义组”对话框

扫一扫，看视频

★重点 动手学——判断组装产品方法的差异性

源文件：源文件\第 12 章\两种方法组装产品时间.sav

为估计两种组装产品方法的差异，各随机安排 12 名工人使用这两种不同的组装方法，每名工人组装一件产品所需的时间（单位：min）见“两种方法组装产品时间.sav”文件。

假定两种方法组装产品的时间服从正态分布。试以 95%的置信区间判断两种组装产品方法的差异性。

操作步骤

1．打开数据文件

选择菜单栏中的“文件”→“打开”→“数据”命令，弹出“打开数据”对话框，选择“两种方法组装产品时间.sav”文件，单击“打开”按钮，打开数据文件，如图 12.25 所示。

2．独立样本 t 检验

（1）选择菜单栏中的“分析”→“比较均值”→“独立样本 t 检验”命令，弹出“独立样本 t 检验”对话框，选择检验变量和分组变量，如图 12.26 所示。

（2）单击“定义组”按钮，弹出“定义组”对话框，会显示自动根据指定的值进行的分组，如图 12.27 所示。单击“继续”按钮，返回主对话框。

（3）单击“确定”按钮，弹出“IBM SPSS Statistics 查看器”窗口，显示 t 检验分析结果，如图 12.28 所示。

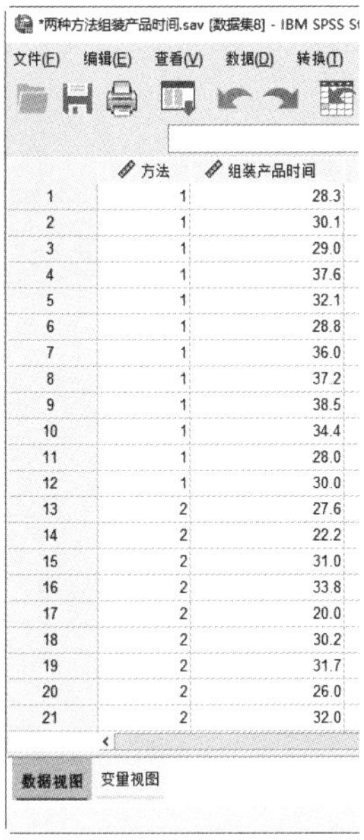

图 12.25　两种方法组装产品时间数据

图 12.26　“独立样本 t 检验”对话框

图 12.27　“定义组”对话框

组统计

	方法	N	均值	标准差	标准误差平均值
法组装产品时间	1	12	32.500	3.9995	1.1546
	2	12	28.800	4.3998	1.2701

独立样本检验

		莱文方差等同性检验		平均值等同性 t 检验							
						显著性				差值 95% 置信区间	
		F	显著性	t	自由度	单侧 P	双侧 P	平均值差值	标准误差差值	下限	上限
法组装产品时间	假定等方差	.011	.917	2.156	22	.021	.042	3.7000	1.7165	.1403	7.2597
	不假定等方差			2.156	21.803	.021	.042	3.7000	1.7165	.1384	7.2616

图 12.28　“IBM SPSS Statistics 查看器”输出结果

3. 分析结果

下面根据图 12.28 的结果依次进行分析。

从组统计表中可以看到数据的整体展示，根据两种方法划分数据，显示 N、均值、标准差、标准误差平均值。

在独立样本检验表中，进行莱文方差等同性检验以及平均值等同性 t 检验。

首先进行方差齐性分析，方差不齐代表样本不符合正态分布，不能进行 t 检验。在莱文方差等同性检验中，如果 P 值大于 0.05，则认为是满足方差齐性的；如果两组数据的 P 值小于 0.05，则不满足方差齐性。如果平均值等同性 t 检验的 P 值大于 0.05，则认为两样本均值无显著性差异。

在莱文方差等同性检验中，第一行是假定等方差；第二行是不假定等方差。在第一行中的显著性（P 值）列的值为 0.917，大于 0.05，所以两个样本方差相等。

在平均值等同性 t 检验中，得到的显著性值（单侧 P=0.021，双侧 P=0.042）均小于 0.05，所以认为两种方法组装产品的时间有显著性差异。

扫一扫，看视频

★重点 动手练——分析单位工资情况

源文件： 源文件\第 12 章\单位工资表计算.sav

本实例利用独立样本 t 检验，比较男、女员工的奖金是否存在差异，分析单位工资是否合理。

思路点拨

（1）打开数据文件“单位工资表计算.sav”。

（2）“分组变量”选择为“性别”，自动编码为“性别编码”，按照男女分组，组 1 为男，组 2 为女。

（3）使用独立样本 t 检验，选择“检验变量”为“奖金”，“分组变量”为“性别编码”。

（4）根据图 12.29 所示的独立样本检验表分析结果。

- F 为 2.917，显著性值为 0.096，大于 0.05，所以认为满足方差齐性。
- t 检验的显著性值均小于 0.01，所以认为该单位男、女员工的奖金存在显著性差异。

组统计

	性别	N	均值	标准差	标准误差平均值
奖金	男	21	2714.29	723.385	157.856
	女	19	2147.37	527.434	121.002

独立样本检验

		莱文方差等同性检验		平均值等同性 t 检验							
						显著性				差值 95% 置信区间	
		F	显著性	t	自由度	单侧 P	双侧 P	平均值差值	标准误差差值	下限	上限
奖金	假定等方差	2.917	.096	2.806	38	.004	.008	566.917	202.041	157.906	975.929
	不假定等方差			2.850	36.432	.004	.007	566.917	198.896	163.703	970.132

图 12.29 t 检验结果

12.3.3 摘要独立样本 t 检验

摘要独立样本 t 检验根据样本数、平均值、标准差得到两个不同的独立总体，判断两样本之间是否存在显著性差异。

【执行方式】

菜单栏：选择菜单栏中的“分析”→“比较均值”→“摘要独立样本 t 检验”命令。

操作步骤

执行此命令，弹出图 12.30 所示的“根据摘要数据计算 t 检验”对话框，在“样本 1”“样本 2”选项组中输入两个样本的个案数、平均值、标准差、标签，并设置置信度级别。

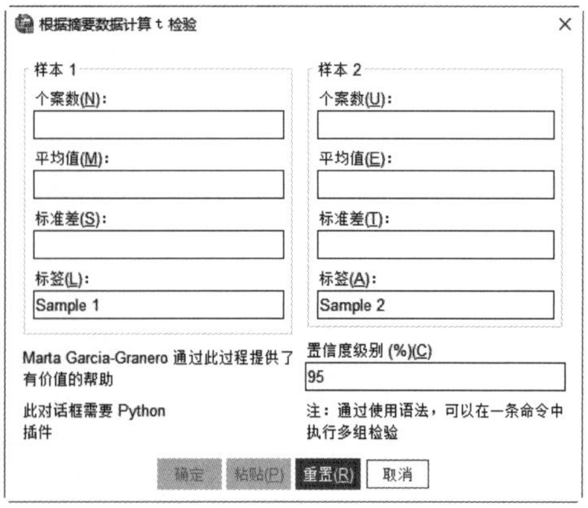

图 12.30 “根据摘要数据计算 t 检验”对话框

扫一扫，看视频

★重点 动手练——比较男女青年的血压

某地区 18 岁的男、女青年的血压（收缩压，以 mmHg 计，1 mmHg=133.3224 Pa）分别服从 $N(115,12^2)$、$N(110,12^2)$分布，随机抽取男、女青年各 500 人，测量他们的血压，判断男、女青年的血压之间是否有显著性关系，如图 12.31 所示。

摘要数据

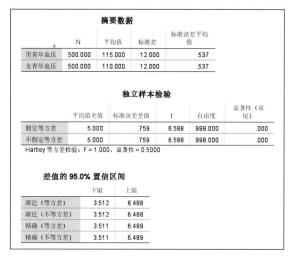

	N	平均值	标准差	标准误差平均值
男青年血压	500.000	115.000	12.000	.537
女青年血压	500.000	110.000	12.000	.537

独立样本检验

	平均值差值	标准误差差值	t	自由度	显著性（双尾）
假定等方差	5.000	.759	6.588	998.000	.000
不假定等方差	5.000	.759	6.588	998.000	.000

Hartley 等方差检验：F = 1.000，显著性 = 0.5000

差值的 95.0% 置信区间

	下限	上限
渐近（等方差）	3.512	6.488
渐近（不等方差）	3.512	6.488
精确（等方差）	3.511	6.489
精确（不等方差）	3.511	6.489

图 12.31　t 检验分析

思路点拨

（1）打开数据编辑器环境。

（2）利用“摘要独立样本 t 检验”命令，设置样本数据。

（3）样本 1：个案数 500、平均值 115、标准差 12，标签“男青年血压”。

（4）样本 1：个案数 500、平均值 110、标准差 12，标签“女青年血压”。

（5）设置置信度级别为 95%。

（6）分析 t 检验结果：根据 t 检验分析结果，在独立样本检验表中，显著性（双尾）值为 0.000，小于显著性水平 0.01，所以认为男、女青年的血压之间存在显著性差异。

12.3.4　成对样本 t 检验

成对样本 t 检验根据样本数据对来自样本的两配对总体的均值是否有显著性差异进行推断。成对样本 t 检验可视为单样本 t 检验的扩展，检验的对象由来自正态分布独立样本更改为二群配对样本观测值之差。常用于比较同一受试对象处理的前后差异，或者推断按照某一条件进行两两配对的分别给予不同处理的受试对象之间是否存在差异。

【执行方式】

菜单栏：选择菜单栏中的“分析”→“比较均值”→“成对样本 t 检验”命令。

操作步骤

执行此命令，弹出图 12.32 所示的“成对样本 t 检验”对话框，在左侧变量列表中会显示统计数据中所有可用的变量。单击“转入”按

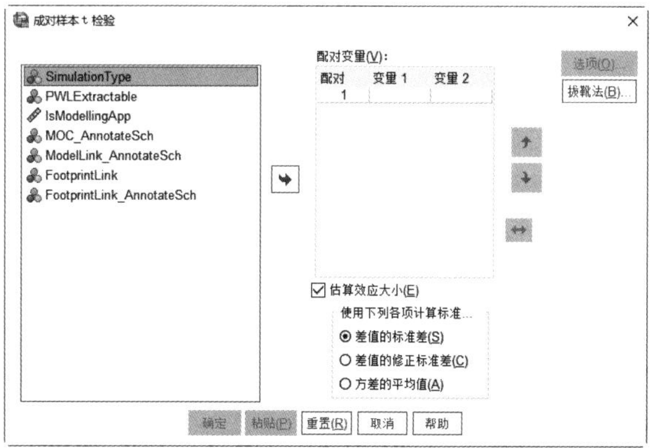

图 12.32　“成对样本 t 检验”对话框

钮➡，将一对或几对变量添加到右侧“配对变量”列表中。

扫一扫，看视频

★重点 动手学——分析学生模拟成绩平均值的变化

源文件：源文件\第 12 章\模拟考试成绩.sav

随机抽取某学校 10 名学生补课前后的成绩组成样本，样本数据见“模拟考试成绩.sav”文件。判断补课前后该学校语文、数学、英语三科成绩的平均值有无变化。

操作步骤

1. 打开数据文件

选择菜单栏中的“文件”→“打开”→“数据”命令，弹出“打开数据”对话框，选择“模拟考试成绩.sav”文件，单击“打开”按钮，打开数据文件，如图 12.33 所示。

2. 成对样本 t 检验

（1）选择菜单栏中的“分析”→“比较均值”→“成对样本 t 检验”命令，弹出“成对样本 t 检验”对话框，选择配对变量，取消勾选“估算效应大小”复选框，如图 12.34 所示。

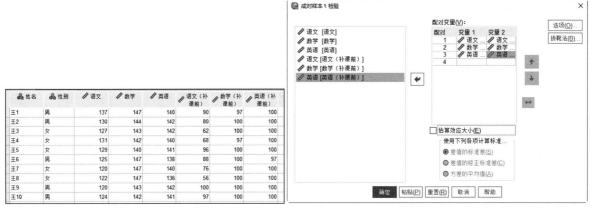

姓名	性别	语文	数学	英语	语文（补课前）	数学（补课前）	英语（补课前）
王1	男	137	147	140	90	97	100
王2	男	130	144	142	80	100	100
王3	女	127	143	142	62	100	100
王4	女	131	142	140	68	97	100
王5	女	129	140	141	96	100	100
王6	男	125	147	138	88	100	97
王7	女	120	147	140	76	100	100
王8	女	122	147	136	56	100	100
王9	男	120	143	142	100	100	100
王10	男	124	142	141	97	100	100

图 12.33　成绩数据

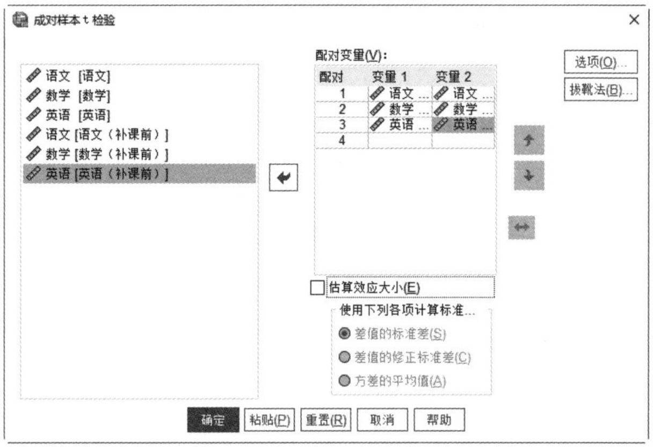

图 12.34　“成对样本 t 检验”对话框

（2）单击“确定”按钮，弹出“IBM SPSS Statistics 查看器”窗口，显示成对变量的 t 检验分析结果，如图 12.35 所示。

3. 分析结果

下面根据图 12.35 中的结果依次进行分析。

在成对样本统计表中，可以看到语文、数学、英语三科的配对数据（补课前与补课后）的统计量：均值、N、标准差、标准误差平均值，它们默认是补课前后成绩差值的均值、标准差、标准误差平均值。

在成对样本检验表中，显著性（单侧 P 和双侧 P）值均小于 0.001，所以认为补课前后成绩有显著性差异，因此说明补课可提高语文、数学、英语三科的成绩。

成对样本统计

		均值	N	标准差	标准误差平均值
配对 1	语文	126.50	10	5.401	1.708
	语文	81.30	10	15.464	4.890
配对 2	数学	144.20	10	2.616	.827
	数学	99.40	10	1.265	.400
配对 3	英语	140.20	10	1.932	.611
	英语	99.70	10	.949	.300

成对样本相关性

		N	相关性	显著性 单侧 P	显著性 双侧 P
配对 1	语文 & 语文	10	.042	.454	.908
配对 2	数学 & 数学	10	-.060	.434	.868
配对 3	英语 & 英语	10	.400	.126	.252

成对样本检验

		配对差值 均值	标准差	标准误差平均值	差值 95% 置信区间 下限	上限	t	自由度	显著性 单侧 P	双侧 P
配对 1	语文 - 语文	45.200	16.164	5.112	33.637	56.763	8.843	9	<.001	<.001
配对 2	数学 - 数学	44.800	2.974	.940	42.673	46.927	47.637	9	<.001	<.001
配对 3	英语 - 英语	40.500	1.780	.563	39.227	41.773	71.970	9	<.001	<.001

图 12.35　成对样本 t 检验分析结果

★重点 动手练——判断金属含量的变化

扫一扫，看视频

源文件： 源文件\第 12 章\测定金属的含量.sav

光谱仪用来测量材料中某种金属含量随温度变化而发生的变动。现有 9 件试块（它们的成分、金属含量、均匀性等各不相同），对每个试块测量两次（加热前后），得到 9 对测量值见表 12.1。对加热前后材料金属含量的测量值进行 t 检验，判断加热是否会引起材料中金属含量的变化。

表 12.1　测量值

序号	1	2	3	4	5	6	7	8	9
加热前	0.2	0.3	0.4	0.5	0.6	0.7	0.8	0.9	1
加热后	0.1	0.21	0.52	0.32	0.78	0.59	0.68	0.77	0.89

思路点拨

（1）打开数据文件“测定金属的含量.sav”。

（2）使用成对样本 t 检验，在“配对变量”列表中选择“加热前”“加热后”变量。

（3）分析图 12.36 所示的成对样本 t 检验结果。在成对样本检验表中，显著性（单侧 P 和双侧 P）值均大于 0.05，所以认为加热前后材料中的金属含量无显著性差异，因此加热不会引起材料中金属含量的变化。

成对样本统计

		均值	N	标准差	标准误差平均值
配对 1	加热前	.6000	9	.27386	.09129
	加热后	.5400	9	.27532	.09177

成对样本相关性

		N	相关性	显著性 单侧 P	显著性 双侧 P
配对 1	加热前 & 加热后	9	.900	<.001	<.001

成对样本检验

		配对差值 均值	标准差	标准误差平均值	差值 95% 置信区间 下限	上限	t	自由度	显著性 单侧 P	双侧 P
配对 1	加热前 - 加热后	.06000	.12268	.04089	-.03430	.15430	1.467	8	.090	.180

图 12.36　检验结果

第 13 章　单因素方差分析

内容简介

方差分析用于定类数据与定量数据之间的差异性研究，已广泛应用于气象预报、农业、工业、医学等诸多领域，其思想已渗透到数理统计的许多方法中。试验样本的分组方式不同，采用的方差分析方法也不同，常用的有单因素方差分析和多因素方差分析。

单因素方差分析用于分析单个控制因素处于不同水平时其因变量的平均值是否存在显著性差异。例如，研究人员想知道三组学生的智商平均值是否存在显著性差异。

学习要点

- 方差分析
- 先验对比检验
- 方差齐性检验
- 事后多重比较检验

13.1　方差分析概述

在工程实践中，影响一个事物的因素有很多。例如，在化工生产中，原料成分、原料剂量、催化剂、反应温度、压力、反应时间、设备型号及操作顺序等因素都会对产品的质量和数量产生影响。有的因素影响大，有的因素影响小。为了保证优质、高产、低能耗，必须找出对产品的质量和产量有显著影响的因素，并研究出最优工艺条件。

如何利用试验数据进行分析、推断某个因素的影响是否显著？在最优工艺条件中如何选用显著性因素？就是方差分析要完成的工作。

13.1.1　方差分析简介

方差分析（ANOVA）又称“变异数分析”或“F 检验”，用于两个及两个以上样本平均值差别的显著性检验，在判断平均值之间是否有差异时则需要使用方差。

1．方差分析的假定条件

（1）各处理条件下的样本是随机的。

（2）各处理条件下的样本是相互独立的，否则可能出现无法解析的输出结果。

（3）各处理条件下的样本分布必须为正态分布，否则使用非参数分析。

（4）各处理条件下的样本方差相同，即具有齐效性。

2. 方差分析的假设检验

假设有 K 个样本，如果原假设 H_0 是样本平均值都相同，则 K 个样本有相同的方差 σ，则 K 个样本来自具有相同方差和相同平均值的总体。

如果经过计算，组间均方远远大于组内均方，则推翻原假设，说明样本来自不同的正态总体，处理造成平均值的差异有统计意义；否则承认原假设，样本来自相同总体，处理间无差异。

13.1.2 方差分析的基本步骤

方差分析是一种假设检验，它把观测总变异的平方和与自由度分解为对应不同变异来源的平方和与自由度，将某种控制性因素所导致的系统性误差与其他随机性误差进行对比，从而推断各组样本之间是否存在显著性差异，以分析该因素是否对总体存在显著性影响。前面介绍的平均值分析主要应用在两个样本间平均值的比较，并且只能进行一个或两个样本间的比较，如果需要比较两组以上样本平均值的差别，则使用方差分析方法。

（1）提出原假设。

- H_0：各水平下观测变量总体的方差无显著性差异。
- H_1：各水平下观测变量总体的方差有显著性差异。

（2）选择检验统计量：方差分析采用的检验统计量是 F 统计量，即 F 检验。

- 自变量平方和占总平方和的比例记为 R^2，用于度量两个变量之间的关系强度；自变量对因变量的影响效应占总效应的 R^2，而残差效应则占 $1-R^2$，也就是说，行业对投诉次数差异解释的比例达到 R^2，而其他因素（残差变量）所解释的比例近 $1-R^2$。
- 相关系数用 R^2 的平方根 R 表示，用于度量自变量与因变量之间的关系强度，R 没有负值，其变化范围为 0～1。

（3）计算检验统计量的观测值和 P 值。

（4）给定显著性水平，并做出决策。利用方差分析表中的 P 值与显著性水平 α 的值进行比较。若 $P>\alpha$，则不拒绝原假设 H_0，具有显著性关系；若 $P<\alpha$，则拒绝原假设 H_0，无显著性关系。

13.2 单因素方差分析方法

单因素方差分析用于研究一个控制变量的不同水平是否对观测变量产生了显著影响。由于仅研究单个因素对观测变量的影响，因此称为单因素方差分析。

13.2.1 单因素方差分析的基本方法

在单因素方差分析中，待分析变量称为因变量或观测变量，影响实验结果的因素称为自变量或控制变量。

【执行方式】

菜单栏：选择菜单栏中的“分析”→“比较均值”→“单因素 ANOVA 检验”命令。

操作步骤

执行此命令，弹出图 13.1 所示的“单因素 ANOVA 检验”对话框，在左侧变量列表中显示统计数据中所有可用的变量，单击“转入”按钮，将选择的变量添加到右侧“因变量列表”中。

- 因变量列表：该列表中的变量为要进行方差分析的目标变量，称为因变量，因变量一般为度量变量，类型为数值型。
- 因子：该列表中的变量为控制变量，又称自变量，主要用于分组。

在完成上述基本分析后，可得到关于自变量是否对因变量造成显著影响的结论，还应做其他几个重要分析，包括先验对比检验和趋势检验、方差齐性检验、事后多重比较检验。

单击“确定”按钮，弹出“IBM SPSS Statistics 查看器”窗口，显示单因素方差分析的结果。

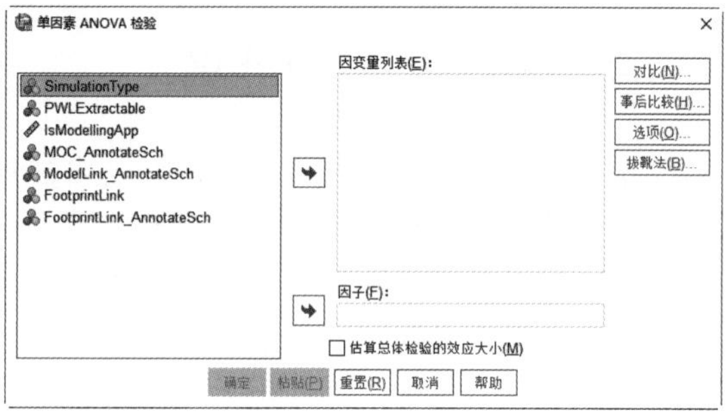

图 13.1 “单因素 ANOVA 检验”对话框

13.2.2 方差分析表

方差分析表（ANOVA 表）是指为了便于进行数据分析和统计判断，按照方差分析的过程，将有关步骤的计算数据，如差异来源、离差平方和、自由度、均方、F 和 P 值等指标数值逐一列出，以便检查和分析的统计分析表。常用的方差分析表见表 13.1。

表 13.1 常用的方差分析表

差异来源	离差平方和	自由度	均方	F
组间	SSA	$k-1$	MSA	MSA/MSE
组内	SSE	$n-k$	MSE	—
全部	SST	$n-1$	—	—

下面介绍方差分析表中的主要指标。

（1）差异来源：因变量值的变动会受自变量和随机变量两方面的影响，因此将差异分为组间（随机变量影响）与组内（自变量影响）。

（2）离差平方和：单因素方差分析将因变量总的离差平方和（SST）分解为组间离差平方和（SSA）与组内离差平方和（SSE）两部分，用数学公式表述：SST=SSA+SSE。通过比较因变量总的离差平方和各部分所占的比例，推断自变量是否给因变量带来了显著影响。

在因变量 SST 中，如果 SSA 所占比例较大，则说明因变量的变动主要是由自变量引起的，可以主要由自变量来解释，自变量给因变量带来了显著影响；反之，如果 SSA 所占比例较小，则说明因变量的变动不是主要由自变量引起的，不可以主要由自变量来解释，自变量的不同水平没有给因变量带来显著影响，因变量值的变动是由随机变量因素引起的。

（3）均方：各离差平方和的大小与个案值的多少有关，为了消除个案值多少对离差平方和的影响，需要将其平均，也就是用各离差平方和除以它们所对应的自由度，称为均方。

- SST 的自由度为 $n-1$，其中 n 为全部个案数。
- SSA 的自由度为 $k-1$，其中 k 为因素水平（总体）的个数。

➘ SSE 的自由度为 $n-k$。

由于主要是比较组间均方和组内均方之间的差异，所以通常只计算 SSA 的均方与 SSE 的均方。

（4）F 检验值和 P 值：计算出统计量 F 的值后，根据给定的显著性水平 α，在 F 分布表中查找分子自由度为 $k-1$、分母自由度为 $n-k$ 的相应临界值 F_α。若 $F>F_\alpha$，则拒绝原假设 H_0；若 $F<F_\alpha$，则不拒绝原假设 H_0。

单因素方差分析表各个指标的计算公式见表 13.2。

表 13.2　单因素方差分析表

方差来源	平方和 S	自由度 f	均方差 $\overline{S}$	F 值
因素 A 的影响	$S_A = r\sum_{j=1}^{p}(\bar{x}_j-\bar{x})^2$	$p-1$	$\bar{S}_A=\frac{S_A}{p-1}$	$F=\frac{\bar{S}_A}{\bar{S}_E}$
误差	$S_E=\sum_{j=1}^{p}\sum_{i=1}^{r}(x_{ij}-\bar{x}_j)^2$	$n-p$	$\bar{S}_E=\frac{S_E}{n-p}$	
总和	$S_T=\sum_{j=1}^{p}\sum_{i=1}^{r}(x_{ij}-\bar{x})^2$	$n-1$		

★重点 动手学——单因素方差分析对收获量数据的影响

源文件：源文件\第 13 章\收获量数据.sav

扫一扫，看视频

在 20 块同样面积的试验田中种植某种新培育的种子，根据种植间距方案和施肥方案对种子进行试验，分别将 5 种种植间距、4 种施肥方案搭配进行试验，取得的收获量数据（单位：吨）见表 13.3。

表 13.3　收获量数据

种植间距方案	施 肥 方 案			
	1	2	3	4
1	12.0	9.5	10.4	9.7
2	13.7	11.5	12.4	9.6
3	14.3	12.3	11.4	11.1
4	14.2	14.0	12.5	12.0
5	13.0	14.0	13.1	11.4

检验种子的不同种植间距对收获量的影响是否有显著性差异。（$\alpha=0.05$）

操作步骤

1. 打开数据文件

选择菜单栏中的“文件”→“打开”→“数据”命令，弹出“打开数据”对话框，选择“收获量数据.sav”文件，单击“打开”按钮，打开数据文件。

2. 单因素方差分析

选择菜单栏中的“分析”→“比较均值”→“单因素 ANOVA 检验”命令，弹出“单因素 ANOVA 检验”对话框，单击“转入”按钮，将左侧的“收获量”变量添加到右侧的“因变量列表”中，将“种植间距方案”变量添加到“因子”列表中，取消勾选“估算总体检验的效应大小”复选框，如图 13.2 所示。单击“确定”按钮，弹出“IBM SPSS Statistics 查看器”窗口，会显示 ANOVA 表，如图 13.3 所示。

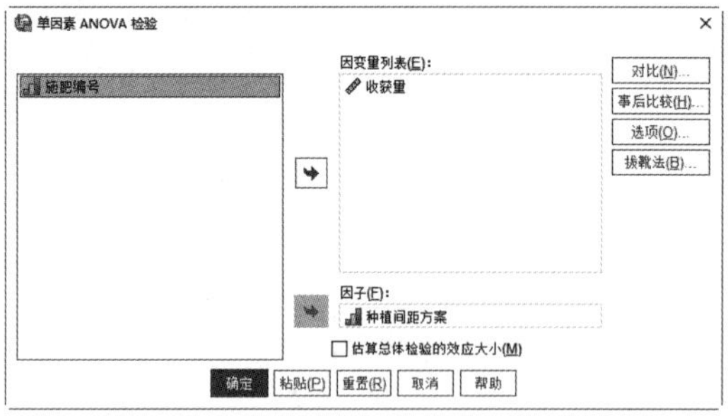

图 13.2　“单因素 ANOVA 检验”对话框

ANOVA

收获量

	平方和	自由度	均方	F	显著性
组间	19.067	4	4.767	2.741	.068
组内	26.083	15	1.739		
总计	45.150	19			

图 13.3　“IBM SPSS Statistics 查看器”输出结果

3．分析结果

根据图 13.3 所示的 ANOVA 表中的参数分析变量的显著性关系。

注意：

平方和度量了自变量对因变量的影响效应，只要自变量平方和（组间）不等于 0，就表明两个变量之间有关系（无法判断是否显著）。当自变量的平方和（组间）比残差平方和（组内）大，而且大到一定程度时，就意味着两个变量之间的关系显著，大得越多，表明它们之间的关系就越强；反之，当自变量的平方和比残差平方和小时，就意味着两个变量之间的关系不显著，小得越多，表明它们之间的关系就越弱。

（1）在 ANOVA 中，组间（自变量）平方和比组内（残差）平方和小，所以种植间距与收获量之间的关系不显著。

（2）F 值和显著性值。

- 显著性水平 $\alpha=0.05$，根据自变量（组间=4）与因变量（组内=15）的自由度，查 F 统计量表得知，临界值 $F_{0.95}(4,15)=3.06$，在 ANOVA 表中，$F=2.741$，$F<F_{0.95}$，则不拒绝原假设 H_0，可以认为种植间距对收获量的影响无显著性影响。
- 显著性值为 0.068，大于 0.05，各组之间不存在显著差距，即种植间距对收获量无影响。

注意：

F 统计量需要查表，因此直接对比显著性值即可得出判断结果。

扫一扫，看视频

★重点　动手练——住房问题调查表单因素方差分析

源文件：源文件\第 13 章\住房问题调查表自动编码.sav

针对有关住房问题的研究，研究人员在北京、上海两座城市随机调查 300 户家庭，获得 5 个回答类别。本实例判断城市因素和回答因素对调查家庭户数的显著性影响，生成的 ANOVA 表如图 13.4 所示。

ANOVA

户数

	平方和	自由度	均方	F	显著性
组间	6324.507	1	6324.507	7.830	.005
组内	483050.827	598	807.777		
总计	489375.333	599			

ANOVA

户数

	平方和	自由度	均方	F	显著性
组间	464934.681	4	116233.670	2829.672	.000
组内	24440.653	595	41.077		
总计	489375.333	599			

图 13.4　ANOVA 表

思路点拨

（1）打开数据文件“住房问题调查表自动编码.sav”。

（2）选择“单因素 ANOVA 检验”命令，检验城市因素和调查家庭户数的显著性关系，显著性值=0.005<0.05，各组之间存在显著差距，即城市因素对调查家庭户数有影响。

（3）选择“单因素 ANOVA 检验”命令，检验回答因素和调查家庭户数的显著性关系。显著性值<0.000<0.01，各组之间存在高度显著差距，即回答因素对调查家庭户数存在非常显著的影响。

13.3　方差分析检验

方差分析检验是通过对数据误差来源的分析来判断不同总体的平均值是否相等，进而分析自变量对因变量是否有影响。因此，进行方差分析时，需要考查数据误差的来源。应用方差分析对数据进行统计推断之前应注意其使用条件，对数据进行检验分析，具体包括：

（1）可比性，若各组平均值本身不具可比性，则不适用方差分析。

（2）正态性，偏态分布数据不适用方差分析。对于偏态分布的数据，应考虑用对数变换、平方根变换、倒数变换、平方根反正弦变换等方法将其变换为正态或接近正态后再进行方差分析。

（3）方差齐性，若组间方差不齐，则不适用方差分析。多个方差的齐性检验可用巴特利特法，它用卡方值作为检验统计量，结果需查阅卡方界值表判断。

13.3.1　先验对比检验和趋势检验

方差分析用于研究差异，差异来自两个方面，即不同分组间可能的差异和同一组内误差导致的可能差异，均可以通过指定的方法进行检验。

受随机因素的影响造成的差异，或者由于抽样的随机性造成的差异，称为随机误差；由系统性因素造成的差异，称为系统误差。数据的误差是用平方和来表示的，衡量因素的同一水平（同一个总体）下样本数据的误差，称为组内误差。衡量因素的不同水平（不同总体）下各样本之间的误差，称为组间误差。组内误差只包含随机误差，而组间误差既包括随机误差，又包括系统误差。

1．检验分类

（1）先验对比检验（组外）。根据用户定义的各平均值的系数对其线性组合进行检验，来判断各相似性子集间平均值的差异程度，称为各组平均值的先验对比检验。

（2）趋势检验（组间）。组间平均值的趋势检验利用分组变量中反映出的次序信息，确定因素的水平改变时平均值的变化趋势。当控制变量为定序变量时，使用趋势检验能够分析随着控制变量水平的变化，观测变量值变化的总体趋势，如呈线性变化趋势或二次、三次等多项式变化。通过趋势检验，能够从另一个角度把握控制变量的不同水平对观测变量总体作用的程度。

2．检验方法

在“单因素 ANOVA 检验”对话框中单击“对比”按钮，弹出“单因素 ANOVA 检验：对比”对话框，如图 13.5 所示。

（1）“多项式”复选框：用于将组间平方和划分成趋势成分，或者指定先验对比，按因子顺序

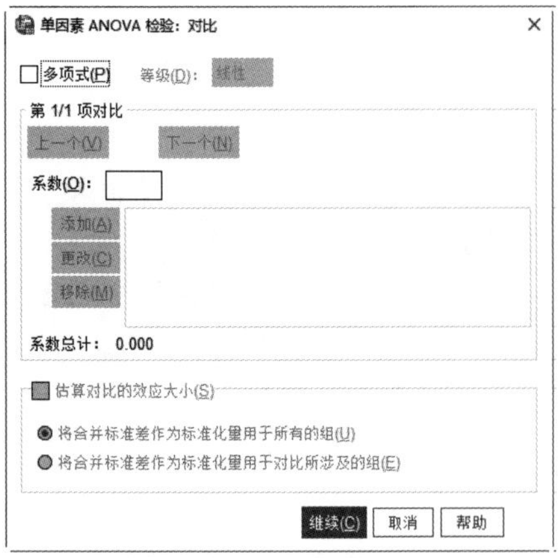

图 13.5 “单因素 ANOVA 检验：对比”对话框

进行趋势分析。勾选该复选框，激活“等级”下拉列表，指定趋势分析的多项式形式，如“线性”“二次项”“立方”“四次项”“五次项”。

（2）“系数”文本框：用于对组间平均数进行比较定制，即指定用 t 统计量检验的先验对比。为因子变量的每个组（类别）输入一个系数，每次输入后单击“添加”按钮，每个新值都添加到系数列表的底部。

如果要指定其他对比组，可单击“下一个”按钮。利用“下一个”和“上一个”按钮在各组对比间移动。系数的顺序很重要，因为该顺序与因子变量类别值的升序相对应。列表中的第一个系数与因子变量的最低值相对应，而最后一个系数与最高值相对应。

扫一扫，看视频

★重点 动手练——分析施肥方案对收获量数据的影响

源文件：源文件\第 13 章\收获量数据.sav

在单因素方差分析中，所有的方差划分为可以由该因素解释的系统误差和无法由该因素解释的随机误差，如果系统误差明显超过随机误差，则认为该控制因素取不同水平时因变量的均值存在显著性差异。

根据表 13.3 中试验田的收获量数据（单位：吨），检验不同的施肥方案对收获量的影响是否有显著性差异。（$\alpha = 0.05$）

原假设：不同的施肥方案对收获量没有影响。

思路点拨

（1）打开数据文件“收获量数据.sav”。

（2）选择“单因素 ANOVA 检验”命令，将“收获量”变量作为因变量，将“施肥编号”变量作为自变量，进行单因素方差分析。

（3）单击“对比”按钮，选择趋势分析为“多项式”，指定多项式的形式等级为“线性”。

（4）根据图 13.6 所示的 ANOVA 表，分析单因素方差分析结果。

- ANOVA 表中包含了组间、组内、组间线性项对比、组间线性项偏差、总计这 5 项的平方和、自由度、均方、F 值、显著性值。
- 在图 13.6 所示的 ANOVA 表中，组间平方和为 18.182，组内平方和为 26.968，组间平方和的 F 值为 3.596，显著性值为 0.037，小于显著水平 0.05，因此认为不同的施肥方案对收获量有显著影响。
- 在图 13.6 所示的 ANOVA 表中给出了线性项的趋势检验结果，组间收获量能被施肥方案解释（对比）的部分是 17.389，被其他因素解释（偏差）的有 0.396，组间收获量能被施肥方案解释的部分是非常显著。

ANOVA

收获量

			平方和	自由度	均方	F	显著性
组间	（组合）		18.182	3	6.061	3.596	.037
	线性项	对比	17.389	1	17.389	10.317	.005
		偏差	.793	2	.396	.235	.793
组内			26.968	16	1.686		
总计			45.150	19			

图 13.6 ANOVA 表

13.3.2 方差齐性检验

在进行单因素方差分析之前，还应该要做方差齐性检验，因为使用单因素方差分析不仅要求各个类别的样本是随机且独立的，而且要求各个总体的方差要相等。

在“单因素 ANOVA 检验”对话框中单击“选项”按钮，弹出“单因素 ANOVA 检验：选项”对话框，如图 13.7 所示。

（1）“统计”选项组：用于指定输出的统计量，包括以下 5 项。

- 描述：表示要输出每个因变量的个案数、平均值、标准差、均值标准误差、最小值、最大值和 95%置信区间。
- 固定和随机效应：计算固定效应模型的标准差、标准误差和 95%置信区间，以及随机效应模型的标准误差、95%置信区间和成分间方差估计。
- 方差齐性检验：输出莱文方差齐性检验表。验证方差分析是否满足方差齐性的前提条件，如果不满足条件，那么得到的方差分析表结果是不准确的。
- 布朗-福塞斯检验：计算布朗-福塞斯统计量以检验组均值是否相等，特别是当莱文方差齐性检验显示方差不等时，该统计量优于 F 统计量。
- 韦尔奇检验：计算韦尔奇统计量以检验组均值是否相等，与布朗-福塞斯检验类似，当莱文方差齐性检验显示方差不等时，该统计量优于 F 统计量。

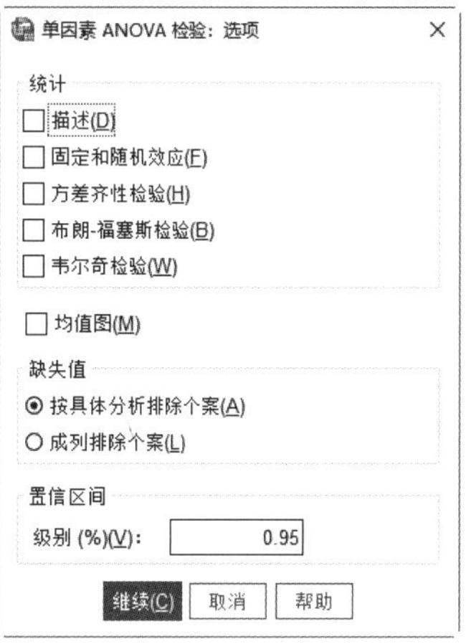

图 13.7　“单因素 ANOVA 检验：选项”对话框

（2）“均值图”复选框：用于绘制每组的因变量平均值分布图，组别是由自变量控制的。

（3）“缺失值”选项组：当检验多个变量中有一个或多个变量的数据缺失时，可以指定检验剔除哪些个案，有两种方法。

- 按具体分析排除个案：表示给定分析中的因变量或自变量有缺失值的个案不用于该分析，也不使用超出自变量指定范围的个案。
- 成列排除个案：表示自变量有缺失值的个案，或者在主对话框的“因变量列表”中缺失的个案都排除在所有分析之外。如果未指定多个因变量，那么该选项不起作用。

（4）“置信区间”文本框：用于输入级别，默认为 0.95。

★重点　动手学——验证收获量的方差齐性

扫一扫，看视频

源文件： 源文件\第 13 章\收获量数据.sav

根据表 13.3 试验田的收获量数据（单位：吨），检验收获量数据是否满足方差齐性。（$\alpha = 0.05$）

操作步骤

1．打开数据文件

选择菜单栏中的“文件”→“打开”→“数据”命令，弹出“打开数据”对话框，选择“收获量数据.sav”文件，单击“打开”按钮，打开数据文件。

2．单因素 ANOVA 检验

（1）选择菜单栏中的“分析”→“比较均值”→“单因素 ANOVA 检验”命令，弹出“单因素 ANOVA 检验”对话框，单击“转入”按钮，将左侧的“收获量”变量添加到右侧的“因变量列表”中，将“种植间距方案”变量添加到“因子”列表中，取消勾选“估算总体检验的效应大小”

复选框。

（2）单击“对比”按钮，弹出“单因素 ANOVA 检验：对比”对话框，勾选“多项式”复选框，指定多项式的等级为“线性”，如图 13.8 所示。单击“继续”按钮，返回主对话框。单击“选项”按钮，弹出“单因素 ANOVA 检验：选项”对话框，勾选要分析的选项：描述、方差齐性检验、均值图，如图 13.9 所示。

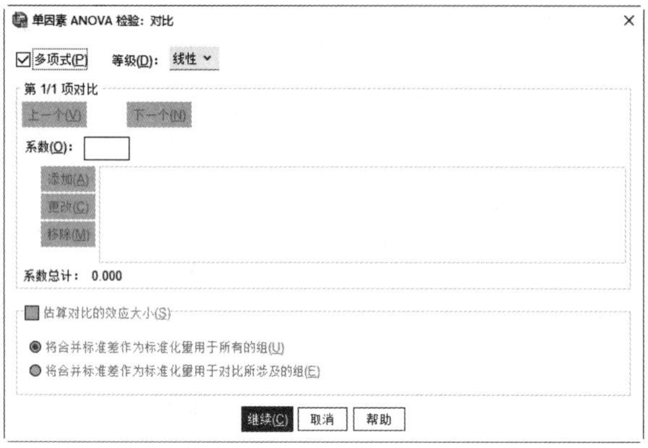

图 13.8 “单因素 ANOVA 检验：对比”对话框

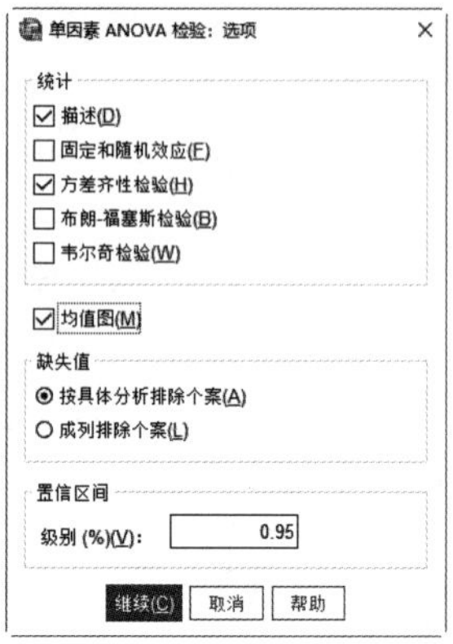

图 13.9 “单因素 ANOVA 检验：选项”对话框

（3）单击“继续”按钮，返回主对话框。单击“确定”按钮，弹出“IBM SPSS Statistics 查看器”窗口，显示显著性分析结果表，如图 13.10 所示。

描述

收获量

	N	平均值	标准差	标准误差	平均值的 95% 置信区间 下限	平均值的 95% 置信区间 上限	最小值	最大值
1	4	10.400	1.1343	.5672	8.595	12.205	9.5	12.0
2	4	11.800	1.7224	.8612	9.059	14.541	9.6	13.7
3	4	12.275	1.4431	.7215	9.979	14.571	11.1	14.3
4	4	13.175	1.0905	.5452	11.440	14.910	12.0	14.2
5	4	12.875	1.0813	.5406	11.154	14.596	11.4	14.0
总计	20	12.105	1.5415	.3447	11.384	12.826	9.5	14.3

方差齐性检验

		莱文统计	自由度 1	自由度 2	显著性
收获量	基于平均值	.329	4	15	.854
	基于中位数	.313	4	15	.865
	基于中位数并具有调整后自由度	.313	4	11.905	.864
	基于剪除后平均值	.334	4	15	.851

ANOVA

收获量

			平方和	自由度	均方	F	显著性
组间	（组合）		19.067	4	4.767	2.741	.068
	线性项	对比	16.002	1	16.002	9.203	.008
		偏差	3.065	3	1.022	.588	.633
组内			26.083	15	1.739		
总计			45.150	19			

图 13.10 “IBM SPSS Statistics 查看器”输出结果

3. 分析结果

从图 13.10 中的描述表中可以看到，根据种植间距进行分组后的收获量数据的统计值，包括 N、平均值、标准差、标准误差、平均值的 95%置信区间（下限、上限）、最小值和最大值。

图 13.11 所示的平均值图是根据描述表中的数据的图形化显示，从图中可以清楚地看到不同种植间距方案对应的收获量的平均值：种植间距方案 1 收获量的平均值最低，并且与种植间距方案 4、种植间距方案 5 的平均值相差较大。

在方差齐性检验表中，基于平均值的收获量的显著性值为 0.854，大于 0.05，因此认为组间（根据种植间距分组）收获量的方差是齐性的。

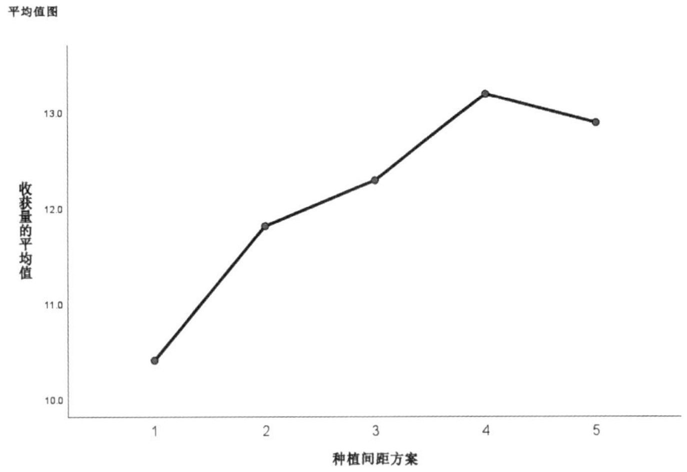

图 13.11　平均值图

13.3.3　事后多重比较检验

方差分析的结果只能说明多组之间存在差异，并不能明确说明是哪两组之间存在差异，因此还需要进行两两比较，以找出存在差异的具体组别，即事后多重比较。

在“单因素 ANOVA 检验”对话框中单击“事后比较”按钮，弹出“单因素 ANOVA 检验：事后多重比较”对话框，如图 13.12 所示。在事后多重比较中，可选用的比较方法较多，适合数据的检验方法一般都不止一种，可尝试使用不同方法进行检验，或许会得到不同的结果，再根据实际情况对结果进行分析。

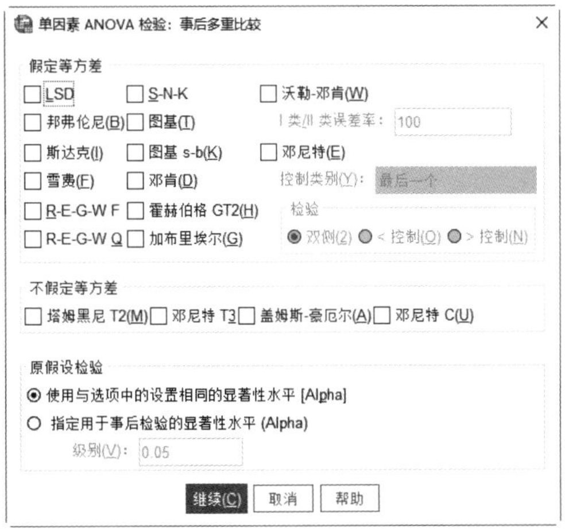

图 13.12　“单因素 ANOVA 检验：事后多重比较”对话框

提示：

如果输入的定类变量仅有两类，则一般不进行事后多重比较；如果方差分析的显著性值大于 0.05，说明各类之间没有显著性差异，则不需要进行事后多重比较；尽量在方差齐性时进行方差分析和两两比较。

（1）“假定等方差”选项组：在假定等方差下进行两两范围检验和成对多重比较，共有 14 种检验方法，见表 13.4。

表 13.4　检验方法

方　法	说　　明
LSD	最小显著性差异法，主要使用 t 检验对组间均值进行成对比较，检验敏感度较高，对多个比较的误差率不做调整
邦弗伦尼	修正 LSD 方法，同样是使用 t 检验对组间均值进行成对比较，但通过将每次检验的错误率设置为实验性质的错误率除以检验总数来控制总体误差率
斯达克	计算 t 统计量的成对多重比较检验，可以调整多重比较的显著性水平，相对于修正 LSD 方法提供更严密的边界
雪费	使用 F 分布，为均值所有可能的成对组合进行并发的联合成对比较，可用于检验组间均值的所有可能的线性组合，而非仅限于成对组合，但该方法敏感度不高
R-E-G-W-F	使用 F 检验进行多重比较检验
R-E-G-W-Q	使用学生化极差进行多重配对比较。学生化极差（studentized range）又称 t 化极差，样本极差 R 与样本标准差之比，该统计量主要用于多重比较和在方差分析中替代 F 检验
S-N-K	使用学生化极差在均值之间进行所有成对比较，同时使用步进式过程比较具有相同样本量的同类子集内的均值对，均值按从高到低排序，首先检验极端的差分值
图基	使用学生化极差进行组间所有成对比较，并将实验误差率设置为所有成对比较的集合误差率
图基 s-b	使用 t 范围分布在组之间进行成对比较
邓肯	使用与 S-N-K 检验使用的完全一样的逐步顺序进行成对比较，但为单个检验的错误率设置保护水平
霍赫伯格 GT2	使用学生化最大模数的多重比较和范围检验，与图基 s-b 检验相似
加布里埃尔	使用学生化最大模数的成对比较检验，并且当单元格大小不相等时，它通常比霍赫伯格 GT2 更为强大，但当单元格大小变化过大时，加布里埃尔检验可能会变得随意
沃勒-邓肯	基于 t 统计的多重比较检验，使用贝叶斯方法，需要在文本框中指定 I 类与 II 类的误差率
邓尼特	将一组处理与单个控制均值进行比较的成对多重比较 t 检验，在“检验”选项中选择检验方法：“双侧”，检验任何水平（除了控制类别外）的因子的均值是否不等于控制类别的均值；“＜控制”，检验任何水平的因子的均值是否小于控制类别的均值；“＞控制”，检验任何水平的因子的均值是否大于控制类别的均值

（2）“不假定等方差”选项组：用于在不假定等方差条件下进行两两范围检验和成对多重比较，有 4 种检验方法。

- 塔姆黑尼 T2：勾选该复选框，表示输出基于 t 检验的保守成对比较检验结果。
- 邓尼特 T3：勾选该复选框，表示执行学生化最大值模数的成对比较检验。
- 盖姆斯-豪厄尔：勾选该复选框，表示执行方差不齐的成对比较检验，并且该方法比较常用。
- 邓尼特 C：勾选该复选框，表示执行基于学生化范围的成对比较检验。

（3）“原假设检验”选项组：用于指定两两范围检验和成对多重比较检验的显著性水平，输入范围为 0.01～0.99，系统默认为 0.05。

扫一扫，看视频

★重点　动手学——多重分析施肥方案对收获量数据的影响

源文件： 源文件\第 13 章\收获量数据.sav

根据表 13.3 中试验田的收获量数据（单位：吨），分析对收获量有显著差异的施肥方案。（α=0.05）

操作步骤

1. 打开数据文件

选择菜单栏中的“文件”→“打开”→“数据”命令，弹出“打开数据”对话框，选择“收获量数据.sav”文件，单击“打开”按钮，打开数据文件。

2. 单因素 ANOVA 检验

（1）选择菜单栏中的“分析”→“比较均值”→“单因素 ANOVA 检验”命令，弹出“单因素 ANOVA 检验”对话框，单击“转入”按钮，将左侧的“收获量”变量添加到右侧的“因变量列表”中，将“种植间距方案”变量添加到“因子”列表中，取消勾选“估算总体检验的效应大小”复选框。

（2）单击“事后比较”按钮，弹出“单因素 ANOVA 检验：事后多重比较”对话框，勾选 LSD、S-N-K 复选框，选择“使用与选项中的设置相同的显著性水平”选项，如图 13.13 所示。

（3）单击“继续”按钮，返回主对话框。单击“确定”按钮，弹出“IBM SPSS Statistics 查看器”窗口，显示显著性分析结果表，如图 13.14 所示。

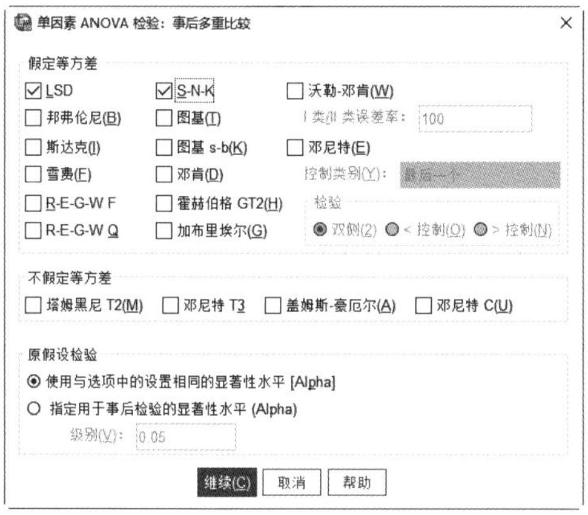

图 13.13　“单因素 ANOVA 检验：事后多重比较”对话框

事后检验

多重比较

因变量：收获量

	(I) 种植间距方案	(J) 种植间距方案	平均值差值 (I-J)	标准误差	显著性	95% 置信区间 下限	95% 置信区间 上限
LSD	1	2	-1.4000	.9324	.154	-3.387	.587
		3	-1.8750	.9324	.063	-3.862	.112
		4	-2.7750*	.9324	.009	-4.762	-.788
		5	-2.4750*	.9324	.018	-4.462	-.488
	2	1	1.4000	.9324	.154	-.587	3.387
		3	-.4750	.9324	.618	-2.462	1.512
		4	-1.3750	.9324	.161	-3.362	.612
		5	-1.0750	.9324	.267	-3.062	.912
	3	1	1.8750	.9324	.063	-.112	3.862
		2	.4750	.9324	.618	-1.512	2.462
		4	-.9000	.9324	.350	-2.887	1.087
		5	-.6000	.9324	.530	-2.587	1.387
	4	1	2.7750*	.9324	.009	.788	4.762
		2	1.3750	.9324	.161	-.612	3.362
		3	.9000	.9324	.350	-1.087	2.887
		5	.3000	.9324	.752	-1.687	2.287
	5	1	2.4750*	.9324	.018	.488	4.462
		2	1.0750	.9324	.267	-.912	3.062
		3	.6000	.9324	.530	-1.387	2.587
		4	-.3000	.9324	.752	-2.287	1.687

*. 平均值差值的显著性水平为 0.05。

图 13.14　多重比较表

3. 分析结果

在图 13.14 所示的多重比较表中，*表示该组均值差是显著的。因此，从表中可以看出，施肥方案 1 和施肥方案 4、施肥方案 5 的收获量均值差是非常明显的。

★重点 动手学——分析染整工艺对布的缩水率的影响

扫一扫，看视频

源文件： 源文件\第 13 章\布的缩水率.sav

为了考查染整工艺对布的缩水率是否有影响，选用 5 种不同的染整工艺，分别用 A1、A2、A3、A4、A5 表示，每种染整工艺处理 4 块布样，测得缩水率的百分数见表 13.5，试对其进行方差分析。

表 13.5　测量数据

布　样	A1	A2	A3	A4	A5
1	4.3	6.1	6.5	9.3	9.5
2	7.8	7.3	8.3	8.7	8.8
3	3.2	4.2	8.6	7.2	11.4
4	6.5	4.1	8.2	10.1	7.8

操作步骤

1. 打开数据文件

选择菜单栏中的“文件”→“打开”→“数据”命令，弹出“打开数据”对话框，选择“布的缩水率.sav”文件，单击“打开”按钮，打开数据文件，如图 13.15 所示。

2. 数据编码

（1）选择菜单栏中的“转换”→“自动重新编码”命令，弹出“自动重新编码”对话框。在左侧列表中选择“染整工艺”变量，单击按钮，添加到右侧“变量->新名称”列表中，显示为“染整工艺→??????”。

（2）在“新名称”文本框中输入编码变量名称“工艺因子”，单击“添加新名称”按钮，在“变量->新名称”列表中显示编码后的变量名称为“染整工艺->工艺因子”，如图 13.16 所示。

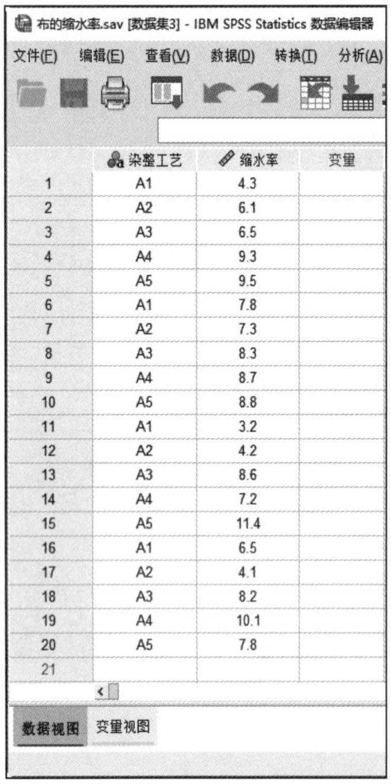

图 13.15　布的缩水率数据

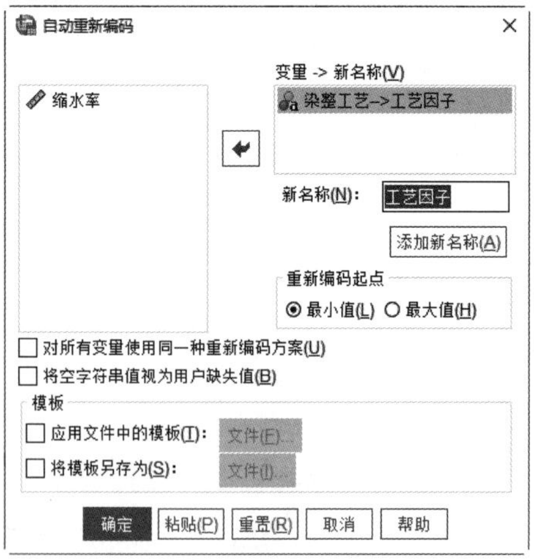

图 13.16　“自动重新编码”对话框

（3）单击“确定”按钮，关闭对话框。在数据视图中会显示根据“染整工艺”进行编码的分组变量“工艺因子”，如图 13.17 所示。同时自动弹出“IBM SPSS Statistics 查看器”窗口，显示变量编码前后的对应信息，如图 13.18 所示。

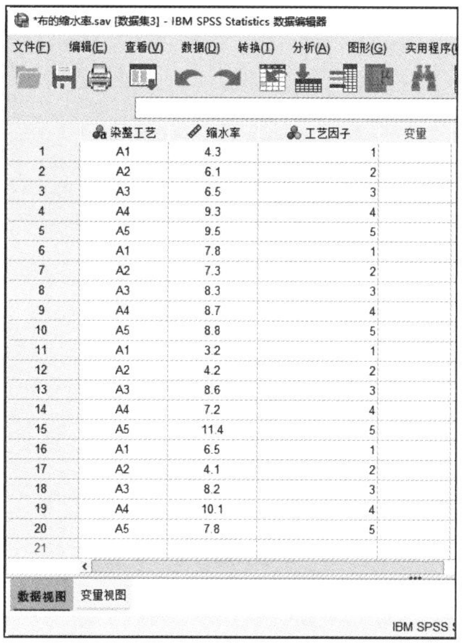

	染整工艺	缩水率	工艺因子	变量
1	A1	4.3	1	
2	A2	6.1	2	
3	A3	6.5	3	
4	A4	9.3	4	
5	A5	9.5	5	
6	A1	7.8	1	
7	A2	7.3	2	
8	A3	8.3	3	
9	A4	8.7	4	
10	A5	8.8	5	
11	A1	3.2	1	
12	A2	4.2	2	
13	A3	8.6	3	
14	A4	7.2	4	
15	A5	11.4	5	
16	A1	6.5	1	
17	A2	4.1	2	
18	A3	8.2	3	
19	A4	10.1	4	
20	A5	7.8	5	
21				

图 13.17　编码变量

染整工艺 into 工艺因子

Old Value	New Value	Value Label
A1	1	A1
A2	2	A2
A3	3	A3
A4	4	A4
A5	5	A5

图 13.18　编码结果

3．保存文件

选择菜单栏中的“文件”→“另存为”命令，弹出“将数据另存为”对话框，选择要保存的位置，输入名称“布的缩水率编码.sav”，保存该文件。

4．方差分析

（1）选择菜单栏中的“分析”→“比较均值”→“单因素 ANOVA 检验”命令，弹出“单因素 ANOVA 检验”对话框，将左侧的“缩水率”变量添加到右侧的“因变量列表”中，将“工艺因子”添加到“因子”列表中，取消勾选“估算总体检验的效应大小”复选框，如图 13.19 所示。

（2）单击“对比”按钮，弹出“单因素 ANOVA 检验：对比”对话框，勾选“多项式”复选框，等级选择为“线性”选项，如图 13.20 所示。

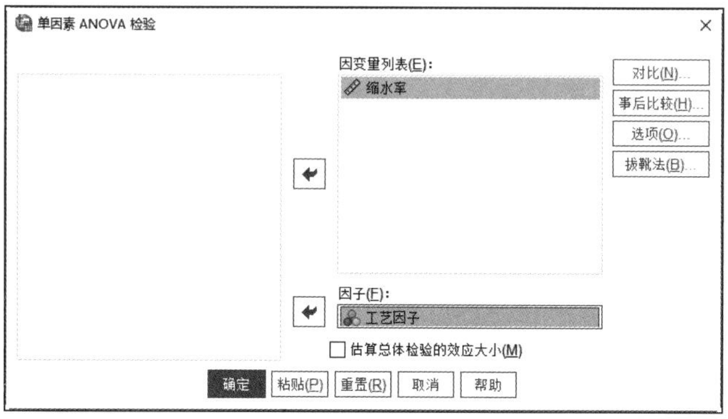

图 13.19　“单因素 ANOVA 检验”对话框

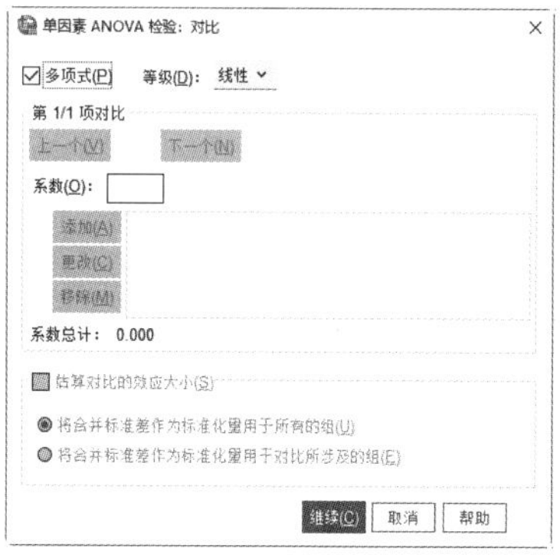

图 13.20　“单因素 ANOVA 检验：对比”对话框

（3）单击“继续”按钮，返回主对话框。单击“事后比较”按钮，弹出“单因素 ANOVA 检验：事后多重比较”对话框，勾选 LSD、S-N-K、“邦弗伦尼”复选框，选择“使用与选项中的设置相同的显著性水平”选项，如图 13.21 所示。

（4）单击“继续”按钮，返回主对话框。单击“选项”按钮，弹出“单因素 ANOVA 检验：选项”对话框，在“统计”选项组中勾选“描述”“方差齐性检验”复选框，如图 13.22 所示。

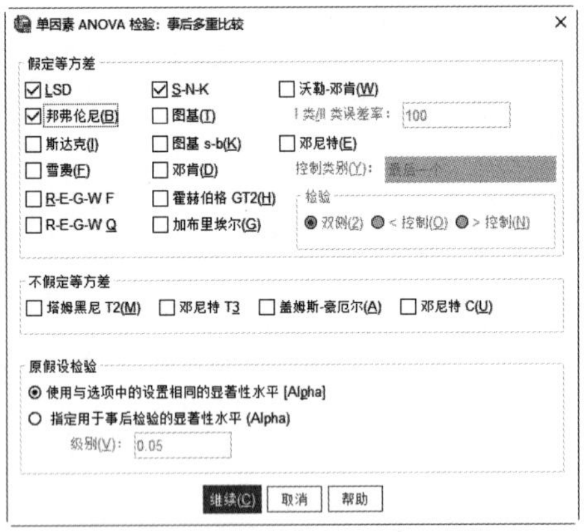

图 13.21　“单因素 ANOVA 检验：事后多重比较”对话框

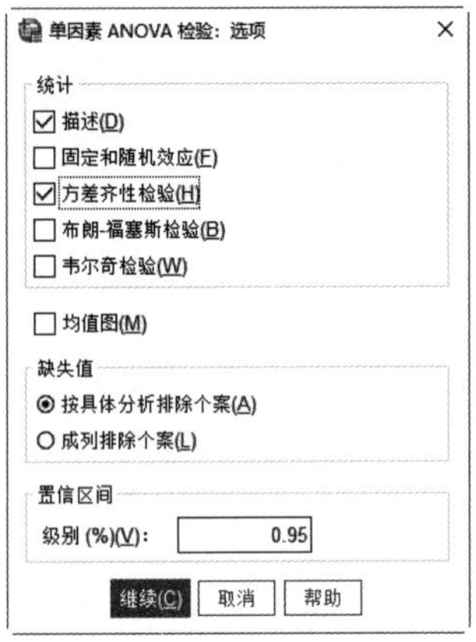

图 13.22　“单因素 ANOVA 检验：选项”对话框

（5）单击“继续”按钮，返回主对话框。单击“确定”按钮，弹出“IBM SPSS Statistics 查看器”窗口，显示显著性分析结果表，如图 13.23 所示。

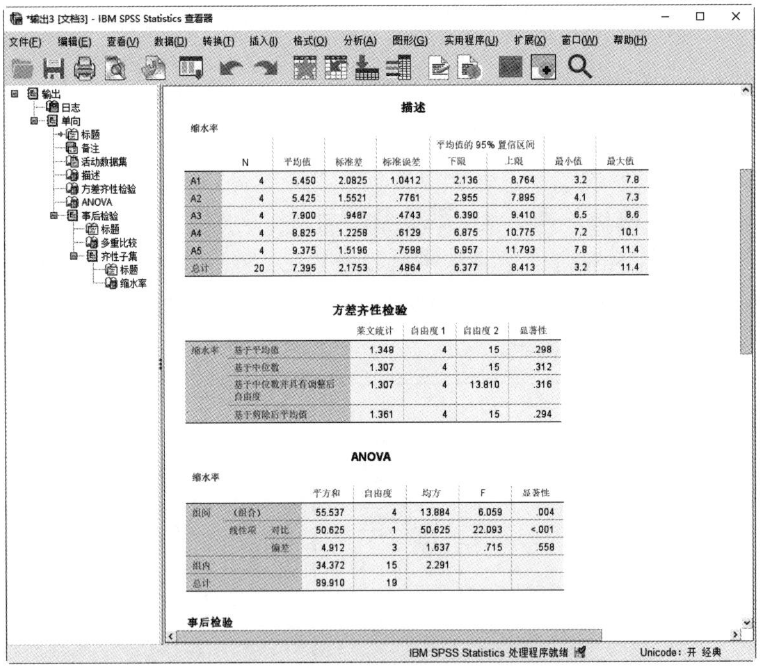

图 13.23　显著性分析结果表

5．分析结果

下面根据图 13.23 中的结果依次进行分析。

在描述表中，显示了不同染整工艺下布的缩水率数据的统计量，包括 N、平均值、标准差、标准误差、平均值的 95%置信区间（下限、上限）、最小值和最大值。

在方差齐性检验表中，基于平均值的显著性值为 0.298，大于 0.05，因此认为每组（根据染整工艺分组）之间布的缩水率的方差是齐性的。

在 ANOVA 表中，可以看到 $F = 6.059 > 4.89 = F_{0.99}(4,15)$，显著性值为 0.004，小于 0.05，因此认为染整工艺对缩水的影响是显著性的，组间缩水率被染整工艺解释（对比）的部分是 50.625，被其他因素解释（偏差）的部分是 1.637，因此认为染整工艺对布的缩水率的影响是高度显著的。

图 13.24 所示的多重比较表中给出了两种多重比较的结果。

- LSD（最小显著性差异）：A1 和 A3、A4、A5 的缩水率均值差是显著的。
- 邦弗伦尼（修正 LSD 方法）：A5 和 A1、A2 的缩水率均值差是显著的。

事后检验

多重比较

因变量：缩水率

	(I) 工艺因子	(J) 工艺因子	平均值差值 (I-J)	标准误差	显著性	95% 置信区间 下限	95% 置信区间 上限
LSD	A1	A2	.0250	1.0704	.982	-2.256	2.306
		A3	-2.4500*	1.0704	.037	-4.731	-.169
		A4	-3.3750*	1.0704	.007	-5.656	-1.094
		A5	-3.9250*	1.0704	.002	-6.206	-1.644
	A2	A1	-.0250	1.0704	.982	-2.306	2.256
		A3	-2.4750*	1.0704	.035	-4.756	-.194
		A4	-3.4000*	1.0704	.006	-5.681	-1.119
		A5	-3.9500*	1.0704	.002	-6.231	-1.669
	A3	A1	2.4500*	1.0704	.037	.169	4.731
		A2	2.4750*	1.0704	.035	.194	4.756
		A4	-.9250	1.0704	.401	-3.206	1.356
		A5	-1.4750	1.0704	.188	-3.756	.806
	A4	A1	3.3750*	1.0704	.007	1.094	5.656
		A2	3.4000*	1.0704	.006	1.119	5.681
		A3	.9250	1.0704	.401	-1.356	3.206
		A5	-.5500	1.0704	.615	-2.831	1.731
	A5	A1	3.9250*	1.0704	.002	1.644	6.206
		A2	3.9500*	1.0704	.002	1.669	6.231
		A3	1.4750	1.0704	.188	-.806	3.756
		A4	.5500	1.0704	.615	-1.731	2.831
邦弗伦尼	A1	A2	.0250	1.0704	1.000	-3.492	3.542
		A3	-2.4500	1.0704	.370	-5.967	1.067
		A4	-3.3750	1.0704	.066	-6.892	.142
		A5	-3.9250*	1.0704	.023	-7.442	-.408
	A2	A1	-.0250	1.0704	1.000	-3.542	3.492
		A3	-2.4750	1.0704	.354	-5.992	1.042
		A4	-3.4000	1.0704	.063	-6.917	.117
		A5	-3.9500*	1.0704	.022	-7.467	-.433
	A3	A1	2.4500	1.0704	.370	-1.067	5.967
		A2	2.4750	1.0704	.354	-1.042	5.992
		A4	-.9250	1.0704	1.000	-4.442	2.592
		A5	-1.4750	1.0704	1.000	-4.992	2.042
	A4	A1	3.3750	1.0704	.066	-.142	6.892
		A2	3.4000	1.0704	.063	-.117	6.917
		A3	.9250	1.0704	1.000	-2.592	4.442
		A5	-.5500	1.0704	1.000	-4.067	2.967
	A5	A1	3.9250*	1.0704	.023	.408	7.442
		A2	3.9500*	1.0704	.022	.433	7.467
		A3	1.4750	1.0704	1.000	-2.042	4.992
		A4	.5500	1.0704	1.000	-2.967	4.067

*. 平均值差值的显著性水平为 0.05。

图 13.24　多重比较表

第 14 章　多因素方差分析

内容简介

在实际问题中，常常需要研究几个因素同时变化时的方差分析。例如，控制一些无关的因素来找到影响最显著的因素，或得出起显著作用的因素何时起最好的影响作用，这就要用到多因素方差分析。总的来说，多因素方差分析是指分析两个或两个以上因素（自变量）的变化是如何影响某一因变量（响应变量）的。多因素方差分析既可以分析单个因素的作用，也可以进行协方差分析，以及各个因变量与协变量的交互作用。

学习要点

- 多因素方差分析
- 单变量方差分析
- 多变量方差分析

14.1　多因素方差分析方法

在 SPSS 中，多因素方差分析通过使用一般线性模型过程，检验关于因子变量对因变量联合分布的各个分组的平均值的效应的原假设，还可以检查因子之间的交互以及单个因子的效应、协变量的效应以及协变量与因子的交互。

14.1.1　方差分析模型的基本概念

方差分析模型是基础统计学中一种常见的统计模型，用于分析某个（些）因素对结果有无显著性影响及影响大小，在临床试验、生产实践和社会生活中都有着广泛的用途。

下面介绍方差分析模型中涉及的一些基本概念。

（1）因变量：实验结果，试验中要考查的指标，也称试验指标。当只有一个因变量时，称为一元方差分析；当有两个或两个以上的因变量时，称为多元方差分析。

（2）因素：影响实验结果的自变量，也称因子。若试验中只有一个因素改变，则称为单因素试验；若有两个因素改变，则称为双因素试验；若有多个因素改变，则称为多因素试验。

（3）水平：为了研究自变量对因变量的影响，需要考虑自变量的两个及以上的不同取值情况，这些取值称为因子的水平。方差分析模型通常用于三个及以上水平，如果只有两个水平，则使用 t 检验。

（4）控制因素：因素的不同水平一定会导致不同的实验结果。

（5）随机因素（不可控因素）：因素的水平与实验结果的关系是随机的，即不确定因素。

一般线性模型是最基本的方差分析模型，一般线性模型的自变量又称为因子，因子将总体划分成组，包括固定因子和随机因子。

假设要研究几种水平之间的差异，每种水平抽取一定样本并收集相关数据，那么模型公式可以表示为

$$y_{ij} = \mu_i + \varepsilon_{ij} \quad i = 1,2,3,\cdots,a \quad j = 1,2,3,\cdots,r$$

其中，y_{ij} 是第 i 组水平的第 j 个样本的实际结果，μ_i 是第 i 组结果的最佳估计值（总体均值），ε_{ij} 是 y_{ij} 第 i 组水平的第 j 个样本均值和实际结果的偏差（随机误差）。

假定各 ε_{ij} 相互独立，均值为 0，标准差 σ 为某个定值的正态分布，服从 $N(0,\sigma^2)$。要检验的假设为

$$H_{0:}\mu_1 = \mu_2 = \mu_3 \cdots = \mu_\alpha$$

$$H_{1:}\mu_1, \mu_2, \mu_3 \cdots, \mu_\alpha \text{不全相等}$$

14.1.2 方差分析的交互作用

在统计分析中，有时需要判断两个变量之间的交互有没有显著性，这就需要对其进行交互作用分析。如果因素 A 的数值或水平发生变化时，试验指标随因素 B 的变化也发生变化。或反之，如果因素 B 的数值或水平发生变化时，试验指标随因素 A 的变化也发生变化，则称因素 A、因素 B 间有交互作用，记为 $A \times B$。

多因素方差分析包括无重复双因素方差分析和等重复双因素方差分析，分别见表 14.1 和表 14.2。

表 14.1　无重复双因素方差分析表

方差来源	平方和 S	自由度 f	均方差 $\overline{S}$	F 值
因素 A 的影响	$S_A = q\sum_{i=1}^{p}(\overline{x}_{i\bullet} - \overline{x})^2$	$p-1$	$\overline{S}_A = \frac{S_A}{p-1}$	$F = \frac{\overline{S}_A}{\overline{S}_E}$
因素 B 的影响	$S_B = p\sum_{j=1}^{q}(\overline{x}_{\bullet j} - \overline{x})^2$	$q-1$	$\overline{S}_A = \frac{S_B}{q-1}$	$F = \frac{\overline{S}_B}{\overline{S}_E}$
误差	$S_E = \sum_{i=1}^{p}\sum_{j=1}^{q}(x_{ij} - \overline{x}_{i\bullet} - \overline{x}_{\bullet j} + \overline{x})^2$	$(p-1)(q-1)$	$\overline{S}_E = \frac{S_E}{(p-1)(q-1)}$	
总和	$S_T = \sum_{i=1}^{p}\sum_{j=1}^{q}(x_{ij} - \overline{x})^2$	$pq-1$		

表 14.2　等重复双因素方差分析表（r 为试验次数）

方差来源	平方和 S	自由度 f	均方差 $\overline{S}$	F 值
因素 A 的影响	$S_A = qr\sum_{i=1}^{p}(\overline{x}_{i\bullet} - \overline{x})^2$	$p-1$	$\overline{S}_A = \frac{S_A}{p-1}$	$F_A = \frac{\overline{S}_A}{\overline{S}_E}$
因素 B 的影响	$S_B = pr\sum_{j=1}^{q}(\overline{x}_{\bullet j} - \overline{x})^2$	$q-1$	$\overline{S}_A = \frac{S_B}{q-1}$	$F_B = \frac{\overline{S}_B}{\overline{S}_E}$

续表

方差来源	平方和 S	自由度 f	均方差 $\bar{S}$	F 值
$A\times B$	$S_{\mathrm{A\times B}}=r\sum_{i=1}^{p}\sum_{j=1}^{q}(x_{ij}-\bar{x}_{i\bullet\bullet}-\bar{x}_{\bullet j\bullet}+\bar{x})^2$	$(p-1)(q-1)$	$\bar{S}_{\mathrm{A\times B}}=\dfrac{S_{\mathrm{A\times B}}}{(p-1)(q-1)}$	$F_{\mathrm{A\times B}}=\dfrac{\bar{S}_{\mathrm{A\times B}}}{\bar{S}_{\mathrm{E}}}$
误差	$S_{\mathrm{E}}=\sum_{k=1}^{r}\sum_{i=1}^{p}\sum_{j=1}^{q}(x_{ijk}-\bar{x}_{ij\bullet})^2$	$pq(r-1)$	$\bar{S}_{\mathrm{E}}=\dfrac{S_{\mathrm{E}}}{pq(r-1)}$	
总和	$S_{\mathrm{T}}=\sum_{k=1}^{r}\sum_{i=1}^{p}\sum_{j=1}^{q}(x_{ijk}-\bar{x})^2$	$pqr-1$		

方差分析模型的基本思想是变异分解，它是将数据的总平方和与总自由度分解为研究因素的部分和随机的部分，然后借助 F 检验进行统计决策。

14.1.3 协方差分析

在实际问题中，有些随机因素人为很难控制，但它们又会对结果产生显著影响。如果忽略这些因素的影响，则有可能得到不正确的结论，这种随机因素变量称为协变量。协方差分析将那些难以控制的随机变量作为协变量，在分析中将其排除，然后再分析控制变量对于观察变量的影响，从而实现对控制变量效果的准确评价。

协方差分析在扣除协变量的影响后再对修正后的主效应进行方差分析，是一种把直线回归或多元线性回归与方差分析结合起来的方法。协方差分析的基本思想是将那些对因变量 Y 有影响的定量变量作为协变量，建立因变量 Y 随协变量 X 变化的线性回归关系，并利用这种回归关系把 X 值化为相等后再进行各组 Y 的修正均数间比较的假设检验。

协方差分析的步骤如下：

（1）确定协变量（难以控制的因素），其中，协变量一般是连续性变量。判断因变量是否符合条件（正态性、独立性、方差齐性）。

（2）判断协变量和因变量之间是否存在线性关系，各斜率是否相等。假设协变量与因变量之间存在线性关系，并且这种线性关系在各组一致，即各组协变量与因变量所建立的回归直线基本平行，协变量与处理因素无交互作用。

（3）利用回归关系把协变量转化为相等，再进行各组因变量的修正均数间比较的假设检验。

- 修正均数间的变异：是由处理作用、个体变异和随机误差造成的。
- 组内残差：是由个体变异和随机误差造成的。

如果修正均数间的变异远远大于组内残差，则可认为处理因素有作用。如果修正均数间的变异与组内残差相差不大，则认为处理因素没有作用。

（1）建立检验假设（$\alpha=0.05$），确定检验水准。

- H_0：总体修正均数相等。
- H_1：总体修正均数不全相等。

（2）计算修正均数，即假定协变量取值为其总均数时的因变量 Y 的均数。

修正均数间的比较的实质就是从因变量 Y 的总离均差平方和中扣除协变量对的回归平方和，对剩余（残差）平方和作进一步分解后再进行方差分析，以便更好地评价处理的效应。

14.2　无重复双因素方差分析

无重复双因素方差分析是指在双因素方差分析中有两个影响因素，这时的双因素方差分析称为无交互作用的无重复双因素方差分析，也称为双因素方差分析。

14.2.1　单变量方差分析

单变量方差分析（GLM）即单因变量方差分析，基于一般线性模型，通过一个或多个因素或变量，为一个因变量提供回归分析和方差分析。单变量方差分析可以检验几个分类变量对单个因变量均值的影响，检验多个因素取值水平的不同组合之间、因变量的均值之间是否存在显著性差异。

【执行方式】

菜单栏：选择菜单栏中的“分析”→ “一般线性模型”→“单变量”命令。

操作步骤

执行此命令，弹出图 14.1 所示的“单变量”对话框，在左侧变量列表中显示统计数据中所有可用的变量，单击“转入”按钮，将选择的变量添加到右侧变量列表中。

- “因变量”列表：要分析的目标变量，一般为度量变量，变量值为数值型，只能选择一个。
- “固定因子”列表：用于分组，一般是可以人为控制的。
- “随机因子”列表：用于分组，一般不可以人为控制，如体重、身高等。
- “协变量”列表：用于协方差分析，与因变量相关的定量变量，是用于控制与因变量有关且影响方差分析的其他干扰因素，类似回归分析中的控制变量。
- “WLS 权重”列表：使用加权最小二乘法（WLS）计算指定变量。选择加权最小二乘法的权重系数，如果加权变量为 0、负数或缺失，则将该个案从分析中排除。已用在模型中的变量不能用作加权变量。

单击“确定”按钮，弹出“IBM SPSS Statistics 查看器”窗口，显示单变量方差分析的结果。

【选项说明】

下面介绍“单变量”对话框中的常用选项。

1. “模型”按钮

单击“模型”按钮，弹出“单变量：模型”对话框，在该对话框中构建不同因素组合的一元线性方差模型，如图 14.2 所示。

（1）“指定模型”选项组。

1）全因子：全因子模型，系统默认，包括所有因素的主效应和交互效应。例如，有三个因素，全模型包括三个因素的主效应、两两的交互效应和三个因素的高级交互效应。

2）构建项：自定义模型。选择此项激活以下各项。

- “因子与协变量”列表：自动列出可以作为因素的变量名，这里的因素包括固定因子、随机因子和协变量。
- “构建项”选项组：在“类型”下拉列表中选择效应类型，包括交互（效应）、主效应、所有二阶、所有三阶、所有四阶、所有五阶。

- “模型”列表：从左侧“因子与协变量”列表中选择因素添加到该列表中，根据制定的效应类型，得出对应的模型。

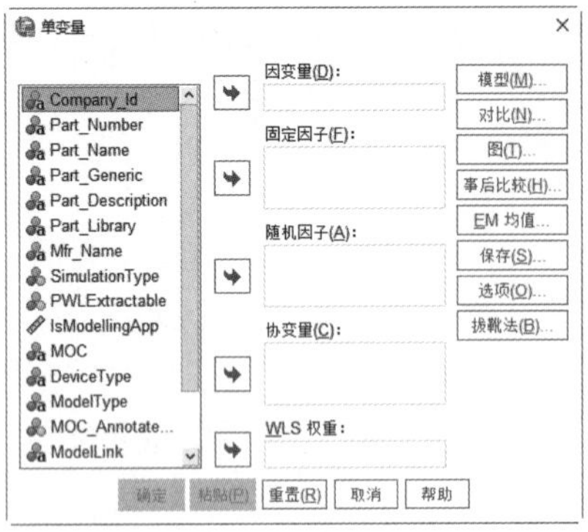

图 14.1　“单变量”对话框

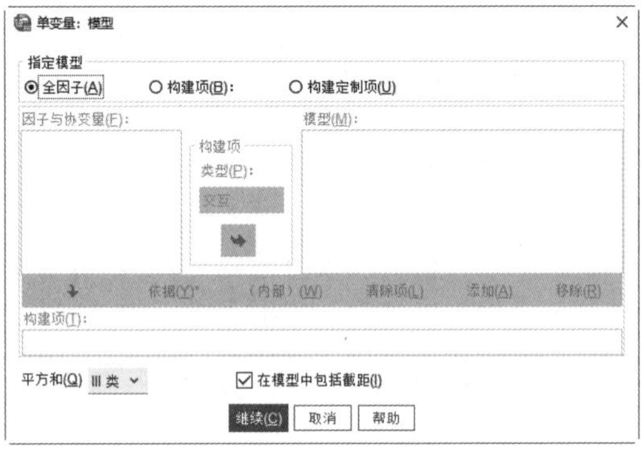

图 14.2　“单变量：模型”对话框

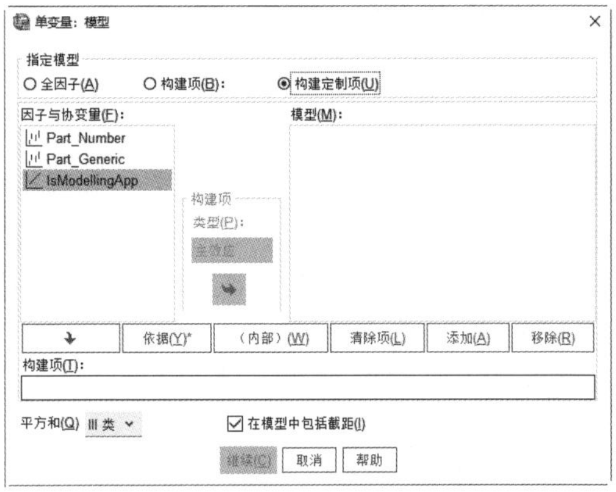

图 14.3　构建定制项

3）构建定制项：从左侧“因子与协变量”列表中选择因素，单击“构建项”上面的箭头按钮，在“构建项”文本框中会显示添加的因素，如图 14.3 所示。

（2）“平方和”下拉列表。一般线性模型中的方差分析有两种设计类型：均衡设计和非均衡设计。均衡设计是指研究因素各水平的所有可能组合都有相等数量的观测数据；非均衡设计是指研究因素各水平的所有可能组合观测数据的数量不等。在非均衡设计的方差分析中，有四种类型的平方和：Ⅰ类、Ⅱ类、Ⅲ类和Ⅳ类。

（3）“在模型中包括截距”复选框。勾选该复选框，线性模型的系数中包含常数项。

2. “对比”按钮

单击“对比”按钮，弹出“单变量：对比”对话框，如图 14.4 所示。在该对话框中可对各个因素（包括个体内因素）进行多种形式的比较。通过“更改对比”选项组可以修改“对比”方法。具体包括以下方法。

- 无：个体的因素不进行均数比较。
- 偏差：比较预测变量或因素的每个水平的效应。在“参考类别”选项中选择“第一个”作为参照的水平。
- 简单：使预测变量或因素的每个水平都与“参考类别”比较。在“参考类别”选项中选择“第一个”或“最后一个”作为参照的水平。
- 差值：除“第一个”外，其他都与其之前各水平的总平均数比较。
- 赫尔默特：与“差值”相反，除“最后一个”外，其他都与其之后各水平的总平均数比较。
- 重复：与相邻比较，除“第一个”外，其他都与前一个水平比较。
- 多项式：多项式比对是个体内因素的默认比对形式，比较时输出线性到 n–1 次曲线的比较结果，结合轮廓图可以分析测量结果随时间的变化趋势。

3. “图”按钮

单击“图”按钮，弹出“单变量：轮廓图”对话框，如图 14.5 所示。在该对话框中设置单个或多个因素作用后的因变量的均值分布图参数。

- 水平轴：横坐标。
- 单独的线条：以均值线为分割依据，列表中因素的每一水平线将会产生一条独立均值线。
- 单独的图：以此因素的水平分类，生成多个统计图。

将因素转入对应框后，必须单击“添加”按钮，系统才认为此步有效。若要修改，可以选择“图表类型”选项组中的组图类型，然后单击“更改”或“除去”按钮。单击“继续”按钮返回主对话框。

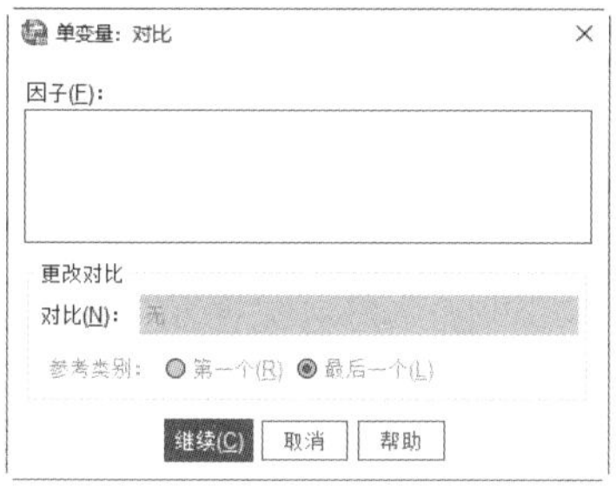

图 14.4 “单变量：对比”对话框

图 14.5 “单变量：轮廓图”对话框

4. “事后比较”按钮

单击“事后比较”按钮，弹出“单变量：实测平均值的事后多重比较”对话框，如图 14.6 所示。在该对话框中提供了众多个体间变量均值的多重比较方法，但无法进行个体内变量的比较。个体内变量的比较可以通过“对比”按钮或“EM 均值”按钮实现。

5. “EM 均值”按钮

多因素方差分析不仅能分析多个因素对因变量的独立影响，还能分析多个因素的交互作用能否对因变量的分布产生显著性影响，进而找到有利于因变量的最优组合。

边际均值是基于当前模型，在固定了其他因素的作用后根据样本计算出的均值估计值。对于单因素模型、包含全部交互作用的全因子模型，边际均值就等于各样本各单元格的均值，但对不平衡的设计或含有协变量的模型，原始均值已经不能正确代表各种组合下因变量的平均水平，应考虑使用边际均值进行比较。

单击“EM 均值”按钮，弹出“单变量：估算边际平均值”对话框，如图 14.7 所示。在对话框中对选中的多个因子进行设置，并默认采用 LSD 法进行边际平均值比较。

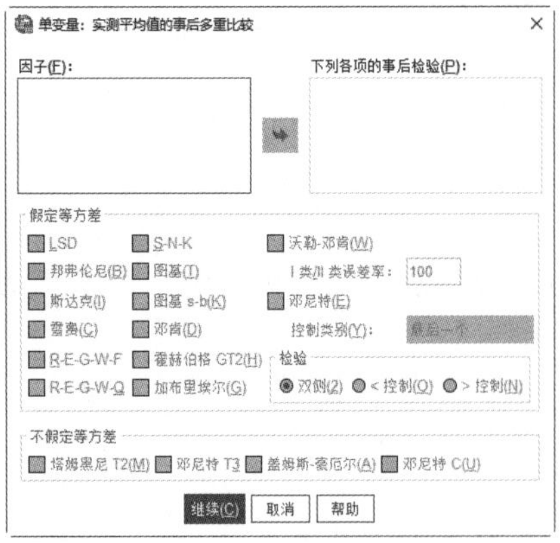

图 14.6 “单变量：实测平均值的事后多重比较”对话框

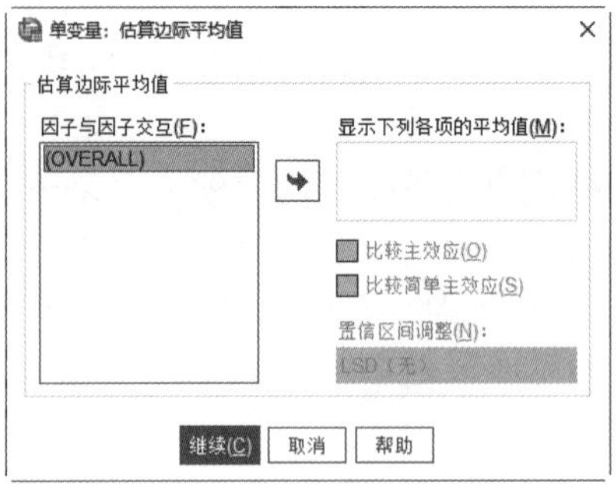

图 14.7 “单变量：估算边际平均值”对话框

6. “保存”按钮

单击“保存”按钮，弹出“单变量：保存”对话框，选择要保存的结果，包括预测值、残差、诊断和系数统计，如图 14.8 所示。

（1）“预测值”选项组：用于保存每个个案的预测值。具体包括三种：“未标准化”表示保存非标准化的预测值；“加权”表示保存加权后非标准化预测值；“标准误差”表示保存预测值的标准误差。

（2）“残差”选项组：用于保存残差。具体包括五种：“未标准化”表示保存非标准化残差；“加权”表示保存权重非标准化残差；“标准化”表示保存标准化后的残差，即 Pearson 残差；“学生化”表示保存学生残差；“删除后”表示保存剔除残差，即因变量与修正预测值之差。

（3）“诊断”选项组：用于保存诊断结果。具体包括两种：“Cook 距离”表示保存 Cook 距离，Cook 距离为衡量当剔除模型中某因素时，残差的变化量；“杠杆值”表示保存非中心化 Leverage 值。

（4）“系数统计”选项组：给出保存结果的方式。

7. “选项”按钮

单击“选项”按钮，弹出“单变量：选项”对话框，选择输出选项，如图 14.9 所示。

（1）“显示”选项组：指定输出的统计量。

- 描述统计：描述统计量，如均值、标准差、样本量（N）。
- 效应量估算：计算模型和各因素的偏 eat 平方（η^2）。方差分析中效应的大小定义为偏 η^2，表示在控制了其他因素的影响之后，该因素导致的变异（离均差平方和）占因变量总变异（总的离均差平方和）的比例，等于回归分析中相应偏回归系数的平方，取值范围为 0～1，很少能达到 0.5。
- 实测功效：输出各因素的检验效能，效能表示当两总体确实有差异时，按规定的检验水准 α 所能发现该差异的能力，一般需要 80%以上，如果太低，则表示即使总体确实有差异，也检测不出来。通过该值可以得知试验设计的样本量是否充足。
- 参数估算值：输出模型的参数，如参数系数、标准误差、t&P 值、置信区间等。
- 对比系数矩阵：正交对比是指在单个方差分析模型中的一组对比，在单变量方差分析中，具有 k 个处理的数据，单个模型可以进行 k-1 个对比，由此得到对比系数矩阵。选择该项，输出对照系数矩阵与 M 矩阵。

- 齐性检验：可输出方差-协方差矩阵齐性进行检验（Box'M 检验），同时输出各组在不同时间点上的方差齐性结果。
- 分布-水平图：输出的是均值和标准差或方差之间的关系。如果相对均值差异而言，标准差差异不大，则大体可以判断出假设方差在组间是同质的。
- 残差图：输出观测值、预测值和标准残差的散点图矩阵，一个拟合效果好的模型观测值和预测值应呈明显的线性相关趋势，而残差则随机分布在 y=0 的上下。
- 失拟检验：拟合优度，用于评估当前模型与饱和模型相比是否具有统计学意义，尤其是在精简模型去除交互项后，可以通过此项查看当前的精简模型是否能够刻画因变量与自变量之间的关系。
- 一般可估函数：可以根据一般估计函数自定义假设检验，对比系数矩阵的行与一般估计系数函数是线性组合。

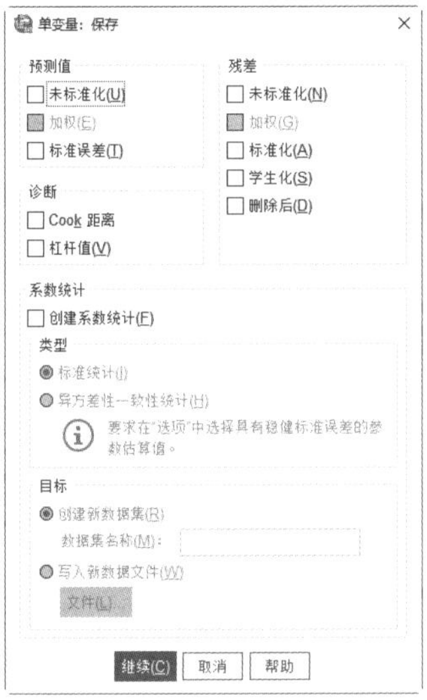

图 14.8 “单变量：保存”对话框

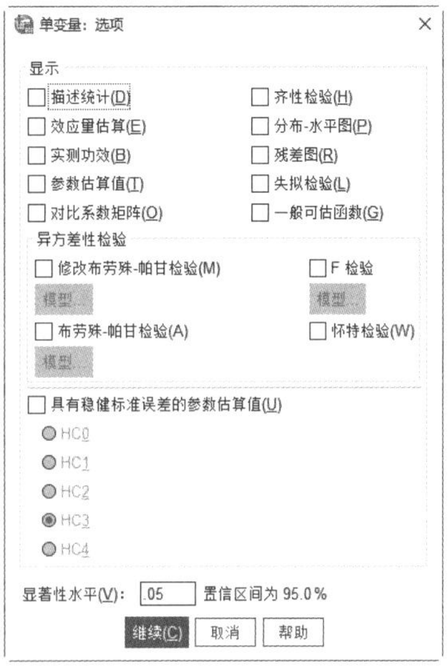

图 14.9 “单变量：选项”对话框

（2）“异方差性检验”选项组：由于异方差的存在会导致 OLS 估计量的最后丧失，降低精确度。所以，判断样本数据（尤其是横截面数据）是否存在异方差是在进行正确回归分析之前要考虑的。

对于异方差的检验有很多种，包括修改布旁殊-帕甘检验、F 检验、布劳殊-帕甘检验、怀特检验和具有稳健标准误差的参数估算值。

提示：

异方差性检验主要有图示法和解析法。图示法是用 X-Y 的散点图进行判断，观察是否存在明显的散点扩大、缩小或复杂趋势。

★重点 动手学——检验影响工厂电扇产量的因素

源文件：源文件\第 14 章\工厂电扇产量和成本.sav

扫一扫，看视频

根据某年某工厂生产电扇的产量和生产成本数据，按照季度划分生产成本，将数据进行分组。本实例以 0.05 的显著性水平检验工厂生产电扇的产量与季度、生产成本是否有关。

操作步骤

1. 打开数据文件

选择菜单栏中的“文件”→“打开”→“数据”命令，弹出“打开数据”对话框，选择“工厂电扇产量和成本.sav”文件，单击“打开”按钮，打开数据文件，如图 14.10 所示。

	月份	产量（台）	生产成本（元）
1		360	6100
2		420	6700
3		380	6300
4		435	6850
5		485	7350
6		490	7400
7		395	6450
8		460	7100
9		440	6900
10		490	7400
11		510	7600
12		470	7200

图 14.10　工厂电扇产量和成本数据

2. 数据编码

（1）选择菜单栏中的“转换”→“重新编码为不同变量”命令，弹出“重新编码为不同变量”对话框，新建输出变量“季度”，如图 14.11 所示。单击“旧值和新值”按钮，弹出“重新编码为不同变量：旧值和新值”对话框，添加“季度”变量值，结果如图 14.12 所示。

（2）单击工具栏中的“重新调用最近使用的对话框”按钮，在下拉列表中选择“重新编码为不同变量”命令，弹出“重新编码为不同变量”对话框，新建输出变量“成本划分”，如图 14.13 所示。单击“旧值和新值”按钮，弹出“重新编码为不同变量：旧值和新值”对话框，添加“成本划分”变量值，结果如图 14.14 所示。

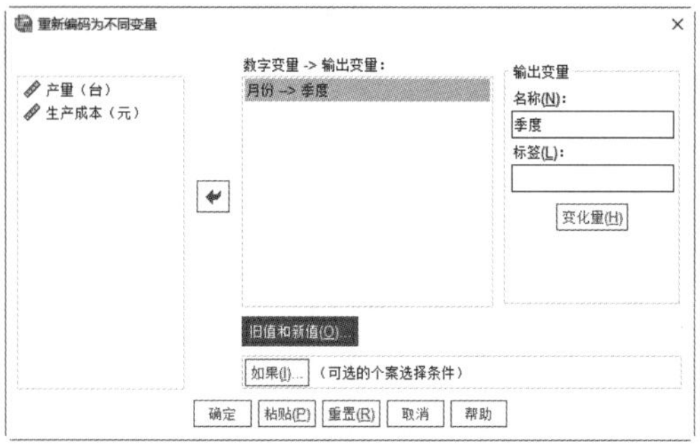

图 14.11　“重新编码为不同变量”对话框 1

图 14.12　编辑“季度”的旧值和新值

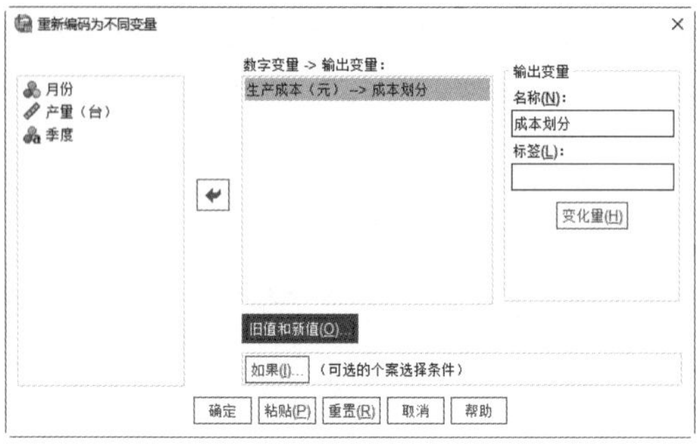

图 14.13　“重新编码为不同变量”对话框 2

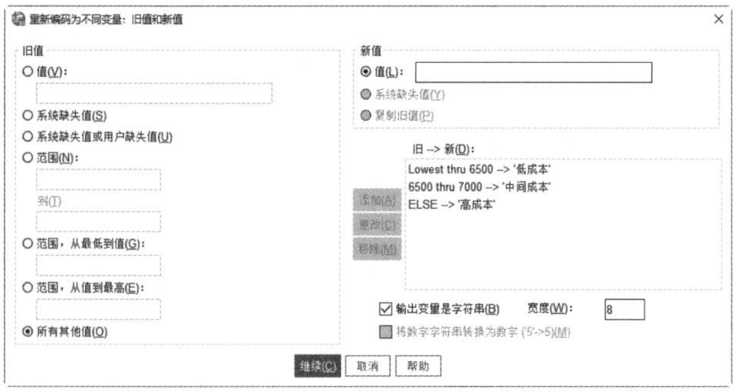

图 14.14　编辑“成本划分”的旧值和新值

（3）在数据编辑器中显示创建的变量“季度”和“成本划分”，如图 14.15 所示。

3. 保存文件

选择菜单栏中的“文件”→“另存为”命令，弹出“将数据另存为”对话框，选择要保存的位置，输入名称“划分电扇的销量数据.sav”，保存该文件。

月份	产量（台）	生产成本（元）	季度	成本划分
1	360	6100	第一季度	低成本
2	420	6700	第一季度	中间成本
3	380	6300	第一季度	低成本
4	435	6850	第二季度	中间成本
5	485	7350	第二季度	高成本
6	490	7400	第二季度	高成本
7	395	6450	第三季度	低成本
8	460	7100	第三季度	高成本
9	440	6900	第三季度	中间成本
10	490	7400	第四季度	高成本
11	510	7600	第四季度	高成本
12	470	7200	第四季度	高成本

图 14.15　新建分类变量

4．单变量方差分析

（1）选择菜单栏中的“分析”→“一般线性模型”→“单变量”命令，弹出❶“单变量”对话框，❷选择定量变量“产量”作为因变量，❸选择分类变量“季度”“成本划分”作为固定因子，如图 14.16 所示。

（2）单击❹“模型”按钮，❺弹出“单变量：模型”对话框，❻默认选择“全因子”，如图 14.17 所示。建立全因子交互分析模型，输出“季度”主效应、“成本划分”主效应，以及两者的交互效应。单击“继续”按钮，返回主对话框。

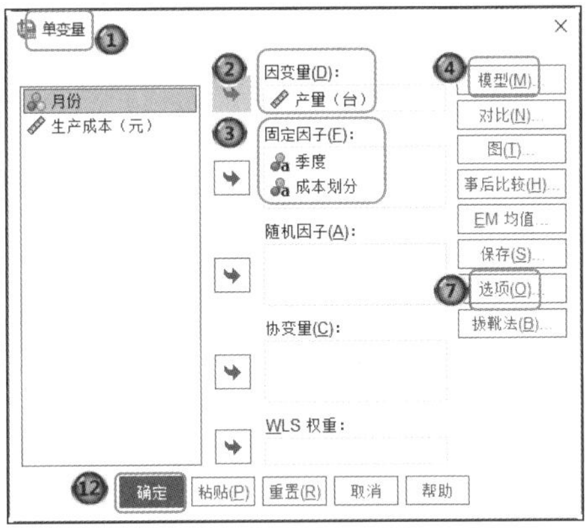

图 14.16　“单变量”对话框

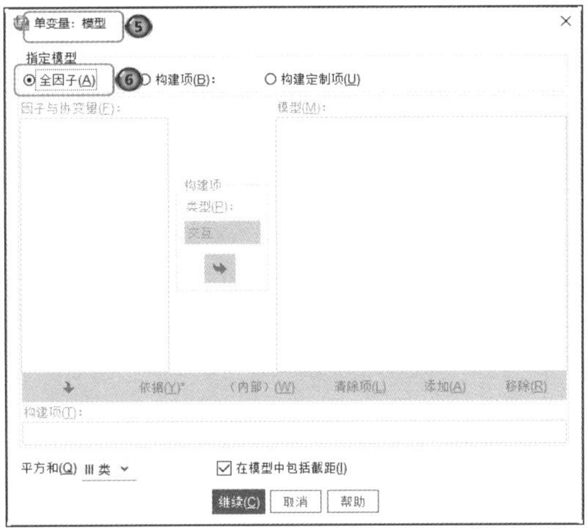

图 14.17　“单变量：模型”对话框

（3）单击❼“选项”按钮，弹出❽“单变量：选项”对话框，勾选❾“描述统计”❿“齐性检验”⓫“残差图”复选框，如图 14.18 所示。单击“继续”按钮，返回主对话框。

（4）单击⓬“确定”按钮，弹出“IBM SPSS Statistics 查看器”窗口，显示主体间因子表、描述统计表、误差方差的莱文等同性检验表、残差图和主体间效应检验表，如图 14.19 所示。

5．分析结果

（1）描述统计结果：图 14.20 所示的描述统计表中包含了按照四个季度、三类成本划分数据的平均值、标准差、N（样本量），可以看出第四季度高成本的平均销量较高，其标准差也较大。

（2）方差齐性检验：从图 14.21 所示的误差方差的莱文等同性检验表中可以看出，显著性值为 0.425，大于 0.05，因此不能拒绝原假设，认为各组数据有方差齐性。下面使用 F 检验进行方差分析。

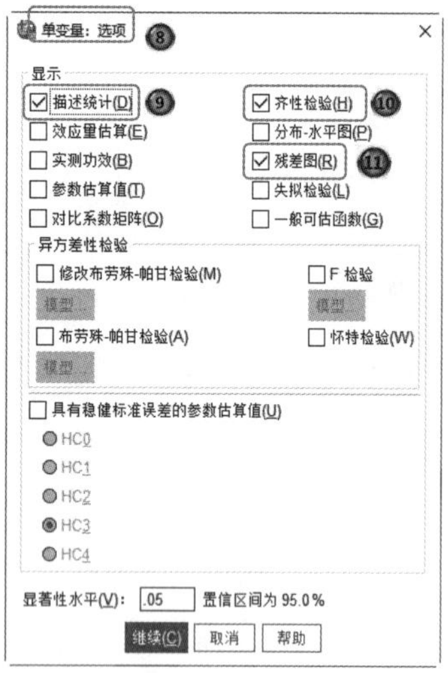

图 14.18 “单变量：选项”对话框

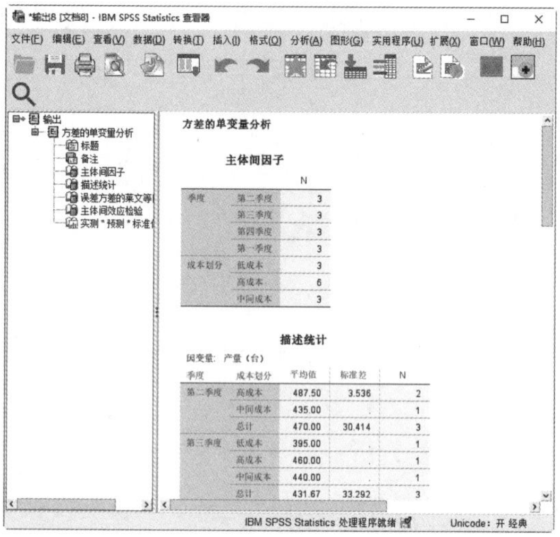

图 14.19 “IBM SPSS Statistics 查看器”窗口

描述统计

因变量：产量（台）

季度	成本划分	平均值	标准差	N
第二季度	高成本	487.50	3.536	2
	中间成本	435.00	.	1
	总计	470.00	30.414	3
第三季度	低成本	395.00	.	1
	高成本	460.00	.	1
	中间成本	440.00	.	1
	总计	431.67	33.292	3
第四季度	高成本	490.00	20.000	3
	总计	490.00	20.000	3
第一季度	低成本	370.00	14.142	2
	中间成本	420.00	.	1
	总计	386.67	30.551	3
总计	低成本	378.33	17.559	3
	高成本	484.17	17.440	6
	中间成本	431.67	10.408	3
	总计	444.58	48.075	12

图 14.20 描述统计表

误差方差的莱文等同性检验[a,b]

		莱文统计	自由度 1	自由度 2	显著性
产量（台）	基于平均值	1.067	2	4	.425
	基于中位数	1.067	2	4	.425
	基于中位数并具有调整后自由度	1.067	2	2.000	.484
	基于剪除后平均值	1.067	2	4	.425

检验"各个组中的因变量误差方差相等"这一原假设。

a. 因变量：产量（台）

b. 设计：截距 + 季度 + 成本划分 + 季度 * 成本划分

图 14.21 误差方差的莱文等同性检验表

（3）方差分析结果：图 14.22 所示的主体间效应检验表显示的是季度、成本划分合并影响的效果，设计全模型各因素为截距、季度、成本划分、季度*成本划分。显著性值小于 0.001 为极显著，小于 0.05 为显著，大于 0.05 表示无显著性。

- 修正模型：是对整个方差分析模型的检验，原假设为模型中所有因素对因变量无影响，此处显著性值小于 0.05，拒绝原假设，即认为季度和成本划分对产量有显著性影响。
- 截距：原假设为不考虑自变量影响时，因变量的均值为 0，此处显著性值小于 0.05，拒绝原假设。截距在这里没有实际意义，可以忽略。
- 季度：原假设为自变量（季度）对因变量（产量）没有影响，此处显著性值为 0.392，大于 0.05，不拒绝原假设，即季度对产量没有显著性影响。
- 成本划分：原假设为自变量（成本划分）对因变量（产量）没有影响，此处显著性值为 0.029，小于 0.05，拒绝原假设，即成本划分对产量有显著性影响。
- 季度*成本划分：原假设为季度对成本划分没有影响，此处显著性值为 0.540，大于 0.05，不拒绝原假设，即季度对成本划分没有显著性影响。

主体间效应检验

因变量：产量（台）

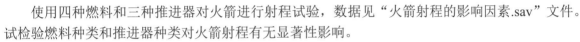

源	III 类平方和	自由度	均方	F	显著性
修正模型	24410.417[a]	7	3487.202	13.777	.012
截距	2037299.757	1	2037299.757	8048.592	<.001
季度	979.489	3	326.496	1.290	.392
成本划分	4949.621	2	2474.811	9.777	.029
季度 * 成本划分	365.278	2	182.639	.722	.540
误差	1012.500	4	253.125		
总计	2397275.000	12			
修正后总计	25422.917	11			

a. R 方 = .960（调整后 R 方 = .890）

图 14.22　主体间效应检验表

扫一扫，看视频

★重点 动手学——方差分析影响火箭射程的因素

源文件：源文件\第 14 章\火箭射程的影响因素.sav

使用四种燃料和三种推进器对火箭进行射程试验，数据见“火箭射程的影响因素.sav”文件。试检验燃料种类和推进器种类对火箭射程有无显著性影响。

本实例中自变量为燃料种类与推进器种类，提出的原假设如下。

- 因素 A：燃料种类对火箭射程没有显著性影响。
- 因素 B：推进器种类对火箭射程没有显著性影响。

操作步骤

1．打开数据文件

选择菜单栏中的“文件”→“打开”→“数据”命令，弹出“打开数据”对话框，选择“火箭射程的影响因素.sav”文件，单击“打开”按钮，打开数据文件，如图 14.23 所示。

燃料种类	推进器种类	火箭射程	天气情况	发射时间
燃料A	推进器A	58.2	阴天	晚上
燃料A	推进器B	56.2	阴天	晚上
燃料A	推进器C	65.3	阴天	晚上
燃料B	推进器A	49.1	阴天	上午
燃料B	推进器B	54.1	阴天	上午
燃料B	推进器C	51.6	晴天	上午
燃料C	推进器A	60.1	晴天	下午
燃料C	推进器B	70.9	晴天	下午
燃料C	推进器C	39.2	雨天	晚上
燃料D	推进器A	75.2	晴天	晚上
燃料D	推进器B	58.2	阴天	上午
燃料D	推进器C	48.7	雨天	上午

图 14.23　火箭射程的影响因素数据

2．燃料种类单因素方差分析

（1）选择菜单栏中的“分析”→“比较均值”→“单因素 ANOVA 检验”命令，❶弹出“单因素 ANOVA 检验”对话框，将左侧的“火箭射程”变量移到❷右侧的“因变量列表”中，❸将“燃料种类”变量移到“因子”列表中，❹取消勾选“估算总体检验的效应大小”复选框，如图 14.24 所示。❺单击“确定”按钮，弹出“IBM SPSS Statistics 查看器”窗口，会显示单向 ANOVA 表，如图 14.25 所示。

（2）分析结果。在单向 ANOVA 表中，显著性值为 0.733，大于 0.05，因此认为各组之间不存在显著差距，即燃料种类对火箭射程的影响都不显著。

3．推进器种类单因素方差分析

（1）选择菜单栏中的“分析”→“比较均值”→“单因素 ANOVA 检验”命令，弹出“单因素 ANOVA 检验”对话框，将左侧的“火箭射程”变量移到右侧的“因变量列表”中，将“推进器种类”变量移到“因子”列表中，取消勾选“估算总体检验的效应大小”复选框，如图 14.26 所示。单击“确定”按钮，弹出“IBM SPSS Statistics 查看器”窗口，显示单向 ANOVA 表，如图 14.27 所示。

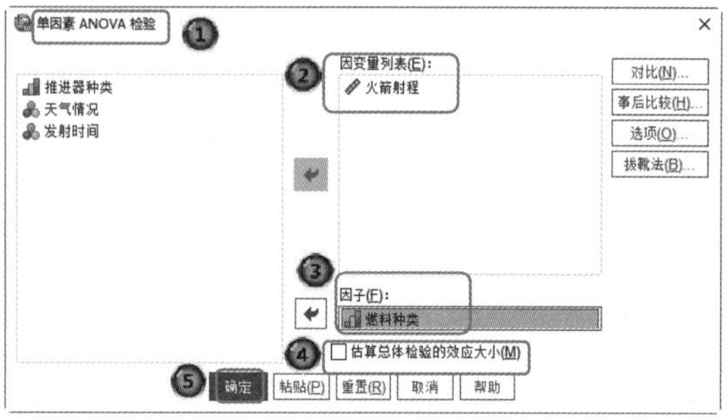

图 14.24　“单因素 ANOVA 检验”对话框 1

单向

ANOVA

火箭射程

	平方和	自由度	均方	F	显著性
组间	153.340	3	51.113	.436	.733
组内	938.187	8	117.273		
总计	1091.527	11			

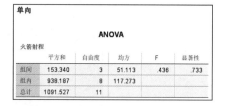

图 14.25　单向 ANOVA 表（燃料种类）

（2）分析结果。在图 14.27 所示的单向 ANOVA 表中，F 检验显著性值为 0.364，大于 0.05，各组之间不存在显著差距，即推进器种类对火箭射程的影响都不显著。

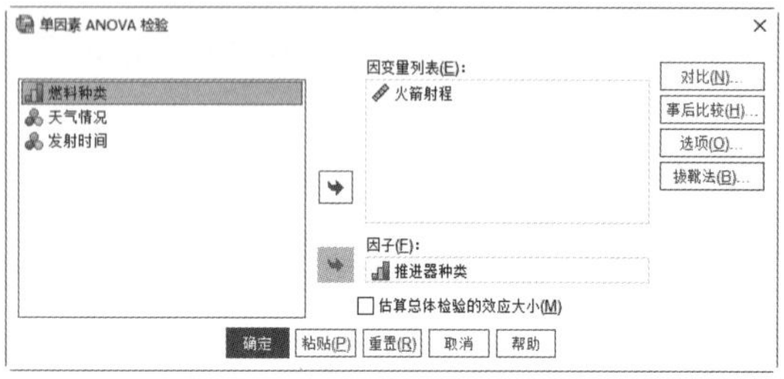

图 14.26　“单因素 ANOVA 检验”对话框 2

单向

ANOVA

火箭射程

	平方和	自由度	均方	F	显著性
组间	219.687	2	109.843	1.134	.364
组内	871.840	9	96.871		
总计	1091.527	11			

图 14.27　单向 ANOVA 表（推进器种类）

4．单变量双因素交互分析

（1）选择菜单栏中的“分析”→“一般线性模型”→“单变量”命令，弹出图 14.28 所示的“单变量”对话框，选择“火箭射程”变量作为因变量，选择“燃料种类”和“推进器种类”变量作为固定因子。

（2）单击“确定”按钮，弹出“IBM SPSS Statistics 查看器”窗口，显示单变量双因素方差分析的结果，如图 14.29 所示。

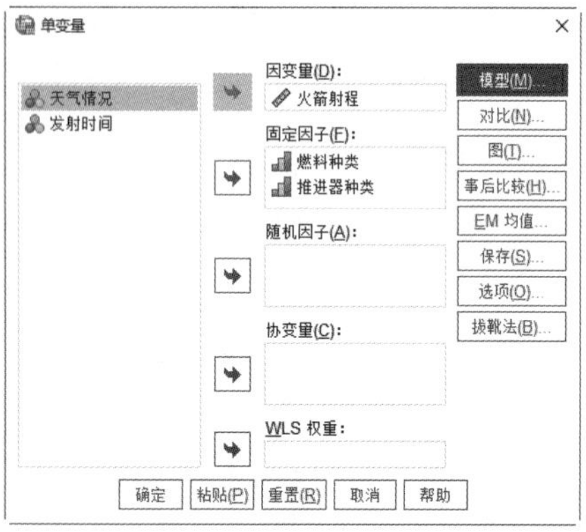

图 14.28　“单变量”对话框

主体间因子

		值标签	N
燃料种类	1	燃料A	3
	2	燃料B	3
	3	燃料C	3
	4	燃料D	3
推进器种类	1	推进器A	4
	2	推进器B	4
	3	推进器C	4

主体间效应检验

因变量：火箭射程

源	III 类平方和	自由度	均方	F	显著性
修正模型	1091.527[a]	11	99.230	.	.
截距	39307.853	1	39307.853	.	.
燃料种类	153.340	3	51.113	.	.
推进器种类	219.687	2	109.843	.	.
燃料种类 * 推进器种类	718.500	6	119.750	.	.
误差	.000	0	.		
总计	40399.380	12			
修正后总计	1091.527	11			

a. R 方 = 1.000（调整后 R 方 = .）

图 14.29　单变量双因素方差分析结果

在主体间效应检验表中，自变量之间不存在交互作用，接下来进行主效应分析。

5. 单变量双因素主效应分析

（1）选择菜单栏中的“分析”→“一般线性模型”→“单变量”命令，弹出“单变量”对话框，保持参数设置，单击“模型”按钮，弹出“单变量：模型”对话框，默认选择“构建项”选项，在“类型”下拉列表中选择“主效应”选项，输出燃料种类主效应、推进器种类主效应，不包含两者的交互效应（燃料种类*推进器种类），如图 14.30 所示。

（2）单击“确定”按钮，弹出“IBM SPSS Statistics 查看器”窗口，显示单变量双因素主效应分析的结果，如图 14.31 所示。

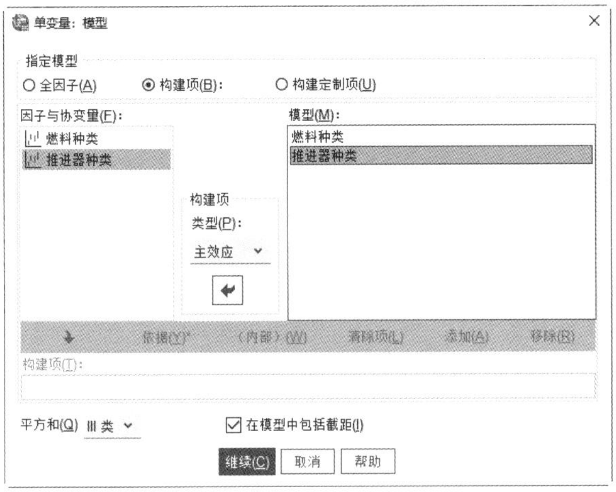

图 14.30　“单变量：模型”对话框

方差的单变量分析

主体间因子

		值标签	N
燃料种类	1	燃料A	3
	2	燃料B	3
	3	燃料C	3
	4	燃料D	3
推进器种类	1	推进器A	4
	2	推进器B	4
	3	推进器C	4

主体间效应检验

因变量：火箭射程

源	III 类平方和	自由度	均方	F	显著性
修正模型	373.027[a]	5	74.605	.623	.690
截距	39307.853	1	39307.853	328.249	<.001
燃料种类	153.340	3	51.113	.427	.741
推进器种类	219.687	2	109.843	.917	.449
误差	718.500	6	119.750		
总计	40399.380	12			
修正后总计	1091.527	11			

a. R 方 = .342（调整后 R 方 = -.207）

图 14.31　单变量双因素主效应分析结果

6. 分析结果

在图 14.31 中的主体间效应检验表中，修正模型显著性值为 0.690，大于 0.05，接受原假设，即燃料种类和推进器种类对火箭射程的影响都不显著。燃料种类显著性值为 0.741，大于 0.05，接受原假设，即燃料种类对火箭射程的影响不显著。推进器种类显著性值为 0.449，大于 0.05，接受原假设，即推进器种类对火箭射程的影响不显著。

单变量方差分析的结论与单因素方差分析的结论相同。

★重点 动手学——成对比较影响工厂电扇产量的因素

扫一扫，看视频

源文件：源文件\第 14 章\划分电扇的销量数据.sav

某年度某工厂生产电扇的产量按照成本划分为高、中、低三个水平，“成本划分”对产量有显著影响，可以对“成本划分”这一因素进行组间比较，以进一步了解“成本划分”的不同值之间的差异是否显著。本实例通过成对比较检验三个水平的成本对工厂生产电扇的产量的显著性影响。

操作步骤

1. 打开数据文件

选择菜单栏中的“文件”→“打开”→“数据”命令，弹出“打开数据”对话框，选择“划分电扇的销量数据.sav”文件，单击“打开”按钮，打开数据文件。

2. 单变量方差分析

（1）选择菜单栏中的“分析”→“一般线性模型”→“单变量”命令，弹出“单变量”对话框，选择定量变量“产量”作为因变量，选择分类变量“季度”“成本划分”变量作为固定因子。

（2）单击“对比”按钮，弹出“单变量：对比”对话框，在“因子”列表中选择“成本划分（差值）”变量，在“对比”下拉列表中选择“差值”选项，比较当前水平与之前各水平的总平均数，如图 14.32 所示。

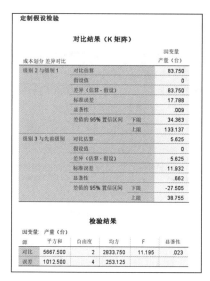

（3）单击“确定”按钮，弹出“IBM SPSS Statistics 查看器”窗口，显示定制假设检验对比结果（K 矩阵）表与检验结果表，如图 14.33 所示。

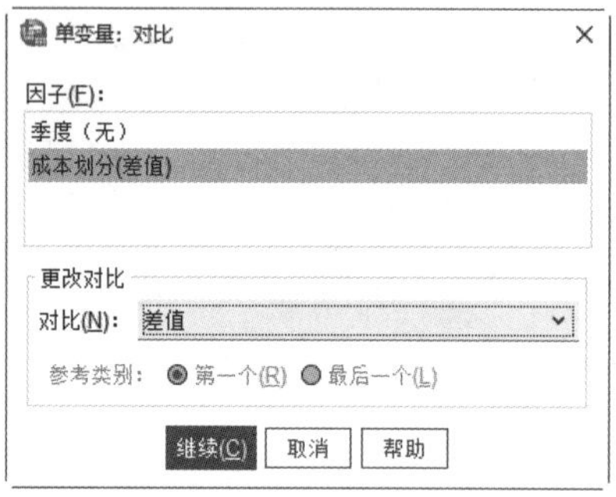

图 14.32 “单变量：对比”对话框

定制假设检验

对比结果（K 矩阵）

成本划分 差异对比			因变量 产量（台）
级别 2 与级别 1	对比估算		83.750
	假设值		0
	差异（估算 - 假设）		83.750
	标准误差		17.788
	显著性		.009
	差值的 95% 置信区间	下限	34.363
		上限	133.137
级别 3 与先前级别	对比估算		5.625
	假设值		0
	差异（估算 - 假设）		5.625
	标准误差		11.932
	显著性		.662
	差值的 95% 置信区间	下限	-27.505
		上限	38.755

检验结果

因变量：产量（台）

源	平方和	自由度	均方	F	显著性
对比	5667.500	2	2833.750	11.195	.023
误差	1012.500	4	253.125		

图 14.33 定制假设检验结果

3. 成对比较分析结果

在图 14.33 所示的对比结果（K 矩阵）表中，对“成本划分”的三个水平进行两两比较。

- 级别 2 与级别 1：显著性值为 0.009，小于 0.05，表示级别 1（低成本）与级别 2（中成本）之间有显著性影响。
- 级别 3 与先前级别：总平均数显著性值为 0.662，大于 0.05，表示级别 3（高成本）之间与级别 1、级别 2 没有显著性影响。

扫一扫，看视频

★重点 动手学——多重比较影响工厂电扇产量的因素

源文件：源文件\第 14 章\划分电扇的销量数据.sav

工厂电扇成本划分包含三个水平，本实例在满足因变量方差齐性的前提下，进行事后多项比较，以进一步了解“成本划分”的不同值之间的影响是否显著。

操作步骤

1. 打开数据文件

选择菜单栏中的“文件”→“打开”→“数据”命令，弹出“打开数据”对话框，选择“划分电扇的销量数据.sav”文件，单击“打开”按钮，打开数据文件。

2. 方差分析

（1）选择菜单栏中的“分析”→“一般线性模型”→“单变量”命令，弹出“单变量”对话框，单击“重置”按钮，清除前面的设置参数。选择定量变量“产量”作为因变量，选择分类变量“季度”“成本规划”作为固定因子。

（2）单击“事后比较”按钮，弹出“单变量：实测平均值的事后多重比较”对话框，在“因子”列表中选择“成本划分”变量，单击“转入”按钮➡，将其添加到“下列各项的事后检验”列表中，在“假定等方差”选项组中选择变量均值多重比较方法 LSD、S-N-K，如图 14.34 所示。

图 14.34　“单变量：实测平均值的事后多重比较”对话框

（3）单击“继续”按钮，返回主对话框。单击“确定”按钮，弹出“IBM SPSS Statistics 查看器”窗口，显示事后检验结果，包括成本划分多重比较表和齐性子集产量（台）表，如图 14.35 所示。

3. 多重比较分析结果

下面根据图 14.35 中的结果进行依次分析。

在成本划分多重比较表中，使用 LSD 法进行两两比较，低成本与高成本之间有显著性影响，低成本与中成本、中成本与高成本之间有显著性影响。

在齐性子集产量（台）表中，使用 S-N-K 法进行两两比较，在同一列的则代表相互之间的影响不显著。将各组按照平均值大小排序，图 14.35 是按照低、中、高的顺序进行排序的。表格将成本水平分成三个子集，同一子集内的两组平均值两两无差别。子集 1 仅由低成本组成，是成本最低的子集；子集 2 由中间成本组成，成本居中；子集 3 由高成本组成，成本最高。最后一行给出的是子集内部各水平进行比较的结果，因所有子集仅有一个水平，因此其显著性值为 1。

成本划分

多重比较

因变量：产量（台）

	(I) 成本划分	(J) 成本划分	平均值差值 (I-J)	标准误差	显著性	95% 置信区间 下限	95% 置信区间 上限
LSD	低成本	高成本	-105.83*	11.250	<.001	-137.07	-74.60
		中间成本	-53.33*	12.990	.015	-89.40	-17.27
	高成本	低成本	105.83*	11.250	<.001	74.60	137.07
		中间成本	52.50*	11.250	.010	21.26	83.74
	中间成本	低成本	53.33*	12.990	.015	17.27	89.40
		高成本	-52.50*	11.250	.010	-83.74	-21.26

基于实测平均值。
误差项是均方（误差）= 253.125。
*. 平均值差值的显著性水平为 0.05。

齐性子集

产量（台）

	成本划分	N	子集 1	子集 2	子集 3
S-N-K[a,b,c]	低成本	3	378.33		
	中间成本	3		431.67	
	高成本	6			484.17
	显著性		1.000	1.000	1.000

将显示齐性子集中各个组的平均值。
基于实测平均值。
误差项是均方（误差）= 253.125。
a. 使用调和平均值样本大小 = 3.600。
b. 组大小不相等。使用了组大小的调和平均值。无法保证 I 类误差级别。
c. Alpha = 0.05。

图 14.35　事后检验结果

★重点 动手练——多重比较季度对电扇产量的影响

扫一扫，看视频

源文件： 源文件\第 14 章\划分工厂电扇产量和成本.sav

如果自变量有 3 个以上的水平，并且自变量主效应显著，为了区分究竟是自变量的哪两个水平之间的差异显著，则可以进行成对比较和多重比较。

某年度某工厂生产电扇的产量按照季度划分为 4 个水平，本实例通过多重比较检验季度间不同水平对工厂生产电扇的产量的显著性影响。

思路点拨

（1）打开“划分工厂电扇产量和成本.sav”文件。

（2）选择“单变量”命令，选择“产量”变量作为因变量，选择“季度”“成本划分”变量作为固定因子，进行单变量方差分析。

（3）单击“事后比较”按钮，弹出“单变量：实测平均值的事后多重比较”对话框，在“因子”列表中选择“季度”，选择变量均值多重比较方法 LSD。

（4）在“IBM SPSS Statistics 查看器”窗口显示季度多重比较表，如图 14.36 所示。

（5）分析结果：在图 14.36 所示的季度多重比较表中，第二季度和第四季度之间没有显著性影响。

季度

多重比较

因变量：产量（台）

	(I) 季度	(J) 季度	平均值差值 (I-J)	标准误差	显著性	95% 置信区间 下限	95% 置信区间 上限
LSD	第二季度	第三季度	38.33*	12.990	.042	2.27	74.40
		第四季度	-20.00	12.990	.198	-56.07	16.07
		第一季度	83.33*	12.990	.003	47.27	119.40
	第三季度	第二季度	-38.33*	12.990	.042	-74.40	-2.27
		第四季度	-58.33*	12.990	.011	-94.40	-22.27
		第一季度	45.00*	12.990	.026	8.93	81.07
	第四季度	第二季度	20.00	12.990	.198	-16.07	56.07
		第三季度	58.33*	12.990	.011	22.27	94.40
		第一季度	103.33*	12.990	.001	67.27	139.40
	第一季度	第二季度	-83.33*	12.990	.003	-119.40	-47.27
		第三季度	-45.00*	12.990	.026	-81.07	-8.93
		第四季度	-103.33*	12.990	.001	-139.40	-67.27

基于实测平均值。
误差项是均方（误差）= 253.125。
*. 平均值差值的显著性水平为 0.05。

图 14.36 季度多重比较表

扫一扫，看视频

★重点 动手练——使用轮廓图分析影响成绩的因素

源文件： 源文件\第 14 章\学生试卷测试成绩.sav

从不同班级抽取 10 名学生，采用 A 和 B 两套试卷进行测试，将其成绩作为随机样本，利用轮廓图分析班级是否对成绩有显著性影响。轮廓图为各个总体均值的折线图，可以直观地看出各个总体均值的趋势。

思路点拨

（1）打开“学生试卷测试成绩.sav”文件。

（2）选择“单变量”命令，选择“试卷 A”变量作为因变量，选择“班级”“性别”变量作为固定因子，进行单变量方差分析。

（3）单击“模型”按钮，弹出“单变量：模型”对话框，默认选择“全因子”选项，建立全模型分析，输出班级主效应、性别主效应及两者的交互效应。

（4）添加“性别”为随机变量，单击“图”按钮，弹出“单变量：轮廓图”对话框，添加班级*性别、性别*班级折线图。

（5）在“IBM SPSS Statistics 查看器”窗口中会显示主体间因子表、主体间效应检验表和轮廓图，如图 14.37 所示。

主体间因子

		值标签	N
班级	1	甲班	4
	2	乙班	3
	3	丙班	3
性别	1	男	6
	2	女	4

主体间效应检验

因变量：试卷A

源	III 类平方和	自由度	均方	F	显著性
修正模型	979.233[a]	5	195.847	.975	.524
截距	43901.853	1	43901.853	218.644	<.001
班级	858.833	2	429.417	2.139	.234
性别	10.776	1	10.776	.054	.828
班级 * 性别	95.313	2	47.657	.237	.799
误差	803.167	4	200.792		
总计	54490.000	10			
修正后总计	1782.400	9			

a. R 方 = .549（调整后 R 方 = -.014）

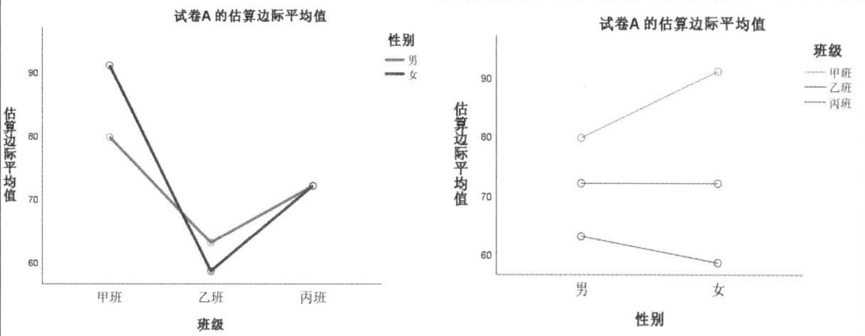

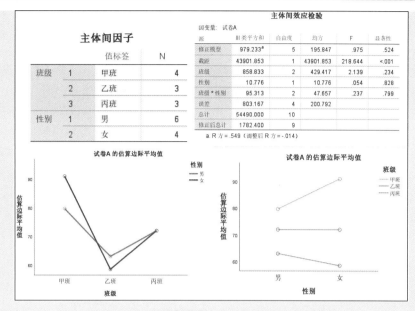

图 14.37 “IBM SPSS Statistics 查看器”输出结果

（6）分析结果：主体间因子表显示的是样本数，主体间效应检验表显示的是班级和性别合并影响的效果。下面根据图 14.37 中的结果依次进行分析。

- 修正模型：显著性值大于 0.05，不拒绝原假设，因此认为班级和性别对成绩没有显著性影响。
- 班级、性别、班级*性别：是对自变量的检验，即组间变异，显著性值大于 0.05，不拒绝原假设，认为班级和性别对成绩没有显著性影响。

在班级*性别折线图中，男生和女生班级曲线不平行，表明两者有交互效应。

在性别*班级折线图中，甲班男、女生成绩最高，丙班其次，乙班男、女生成绩最低。丙班和乙班的男、女生成绩的均值线接近于平行，男高女低，成绩差距不大；甲班男、女生成绩差距很大。

★重点 动手学——分析影响调查数据的因素

扫一扫，看视频

源文件：源文件\第 14 章\学生阅读调查报告.sav

某电视台在某小区对订阅报纸的人群进行调查，利用方差分析检验阅读习惯和文化程度对调查数据是否有显著性影响。

当进行多因素分析时，如果要计算一个因素的主效应，则要忽略其他因素不同水平的差异。进行方差分析提出的原假设如下。

- 因素 A：阅读习惯对调查数据没有影响。
- 因素 B：文化程度对调查数据没有影响。

操作步骤

1. 打开数据文件

选择菜单栏中的“文件”→“打开”→“数据”命令，弹出“打开数据”对话框，选择“学生阅读调查报告.sav”文件，单击“打开”按钮，打开数据文件，如图 14.38 所示。

2．单变量双因素主效应分析

（1）选择菜单栏中的“分析”→“一般线性模型”→“单变量”命令，弹出“单变量”对话框，选择因变量和固定因子，如图 14.39 所示。单击“模型”按钮，弹出“单变量：模型”对话框，默认选择“构建项”选项，在“类型”下拉列表中选择“主效应”选项，如图 14.40 所示。输出阅读习惯主效应、文化程度主效应。

阅读习惯	文化程度	调查数据
1小时	本科以上	10
2小时	本科以上	22
3小时	本科以上	58
4小时	本科以上	61
1小时	本科和专科	13
2小时	本科和专科	16
3小时	本科和专科	40
4小时	本科和专科	52
1小时	高中	6
2小时	高中	8
3小时	高中	11
4小时	高中	19
1小时	高中以下	7
2小时	高中以下	8
3小时	高中以下	6
4小时	高中以下	13

图 14.38　输入数据

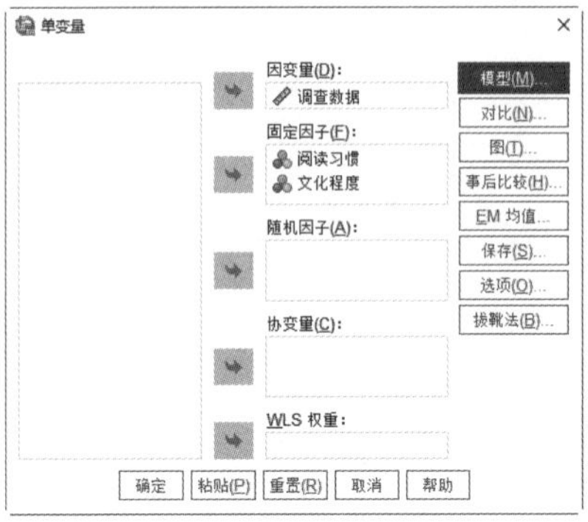

图 14.39　“单变量”对话框

（2）单击“继续”按钮，返回主对话框。单击“确定”按钮，弹出“IBM SPSS Statistics 查看器”窗口，显示单变量双因素方差主效应分析的结果，如图 14.41 所示。

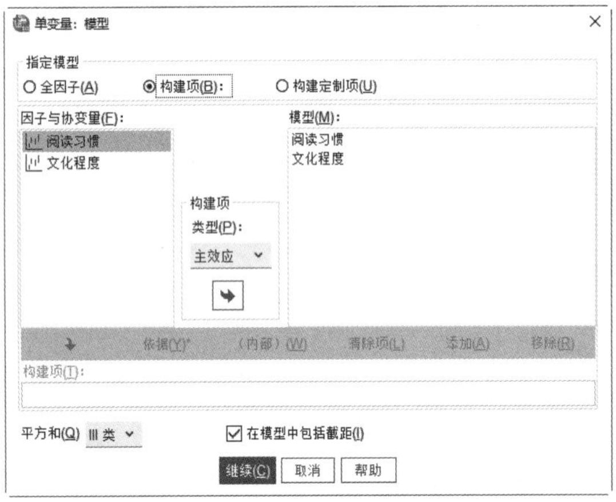

图 14.40　“单变量：模型”对话框

主体间因子

		值标签	N
阅读习惯	1	1小时	36
	2	2小时	54
	3	3小时	115
	4	4小时	145
文化程度	1	本科以上	151
	2	本科和专科	121
	3	高中	44
	4	高中以下	34

主体间效应检验

因变量：调查数据

源	III 类平方和	自由度	均方	F	显著性
修正模型	135540.172[a]	6	22590.029	483.072	<.001
截距	98897.969	1	98897.969	2114.862	<.001
阅读习惯	55800.068	3	18600.023	397.748	<.001
文化程度	61714.358	3	20571.453	439.906	<.001
误差	16039.817	343	46.763		
总计	656828.000	350			
修正后总计	151579.989	349			

a. R 方 = .894（调整后 R 方 = .892）

图 14.41　方差单变量分析结果

3．分析结果

在图 14.41 所示的主体间效应检验表中，修正模型的显著性值<0.001<0.05，因此拒绝原假设，即阅读习惯和文化程度对调查数据有显著性影响。阅读习惯的显著性值<0.001<0.05，因此拒绝原假设，即阅读习惯对调查数据有显著性影响。文化程度的显著性值<0.001<0.05，因此拒绝原假设，即文化程度对调查数据有显著性影响。

扫一扫，看视频

★重点 动手学——分析影响实发工资的因素

源文件：源文件\第 14 章\单位工资表计算.sav

本实例研究性别对单位员工实发工资的影响（单位：元）。在实验中，需要更多地考虑潜在的干扰因素，如员工所属部门对员工实发工资的影响；相同性别但不同部门的实发工资不同，其所属部门就属于干扰因素，因此在分析时需要把它纳入考虑范围。

在进行方差分析时需要考虑干扰因素，这个过程就称为协方差分析，而干扰因素也称为“协变量”。本实例中需要排除员工所属部门对员工实发工资的影响，其中控制变量为性别，协变量为所属部门。控制变量一般为分类变量，协变量一般为尺度变量。

操作步骤

1. 打开数据文件

选择菜单栏中的“文件”→“打开”→“数据”命令，弹出“打开数据”对话框，选择“单位工资表计算.sav”文件，单击“打开”按钮，打开数据文件，如图 14.42 所示。

	工号	姓名	性别	所属部门	职工类别	基本工资	岗位工资	奖金	补贴	请假扣款	应发
1	sw001	王梓	男	销售部	管理人员	3000	2000	3200	500	200	
2	sw002	安娜	女	销售部	普通职员	2500	1500	2500	300	0	
3	sw003	肖晓米	女	销售部	普通职员	2500	1500	2800	300	0	
4	sw004	张扬	男	销售部	普通职员	2500	1500	2000	300	100	
5	sw005	东方雪	女	销售部	普通职员	2500	1500	2200	300	0	
6	sw006	李妮	女	人事部	管理人员	3000	1800	2000	500	0	
7	sw007	苏秀雅	女	人事部	普通职员	2500	1600	1600	200	0	
8	sw008	高尚	男	研发部	管理人员	6000	4500	4000	400	0	
9	sw009	颜真真	女	研发部	普通职员	5000	4000	3200	200	0	
10	sw010	刘峥嵘	男	研发部	普通职员	5000	4000	3000	200	300	
11	sw011	李想	男	研发部	普通职员	5000	4000	3800	200	0	
12	sw012	欧阳春	男	研发部	普通职员	5000	4000	3100	200	0	
13	sw013	上官琳	女	研发部	普通职员	5000	4000	3200	200	200	
14	sw014	林子墨	男	研发部	普通职员	5000	4000	3400	200	0	
15	sw015	孟美云	女	财务部	管理人员	4000	1800	2000	350	0	
16	sw016	胡子琪	女	财务部	普通职员	3600	1600	1800	300	0	
17	sw017	安敏	男	生产部	管理人员	4500	4000	3800	480	0	
18	sw018	杨光	男	生产部	普通职员	4000	3600	3000	300	100	
19	sw019	孙尚林	男	生产部	普通职员	4000	3600	3200	300	0	
20	sw020	张玉峰	男	生产部	普通职员	4000	3600	2900	300	0	

图 14.42　单位工资表计算数据

2. 数据编码

协变量一般是连续型变量，不能是字符串，因此需要将数据文件中的字符串变量进行转码。

（1）选择菜单栏中的“转换”→“自动重新编码”命令，弹出“自动重新编码”对话框，在“变量->新名称”列表中选择需要编码的变量，如图 14.43 所示。

（2）单击“确定”按钮，数据编辑器中会添加“性别”“职工类别”与“所属部门”的编码变量“性别编码”“职工编码”与“部门编码”。同时自动弹出“IBM SPSS Statistics 查看器”窗口，显示变量编码前后的对应信息，如图 14.44 所示。

3. 保存文件

选择菜单栏中的“文件”→“另存为”命令，弹出“将数据另存为”对话框，选择要保存的位置，输入名称“单位工资表编码.sav”，保存该文件。

4. 检验协方差分析条件

（1）选择菜单栏中的“分析”→“一般线性模型”→“单变量”命令，弹出❶“单变量”对话框，❷选择变量“实发工资”作为因变量，❸选择变量“性别”作为固定因子，❹选择变量“部门编码”作为协变量，如图 14.45 所示。

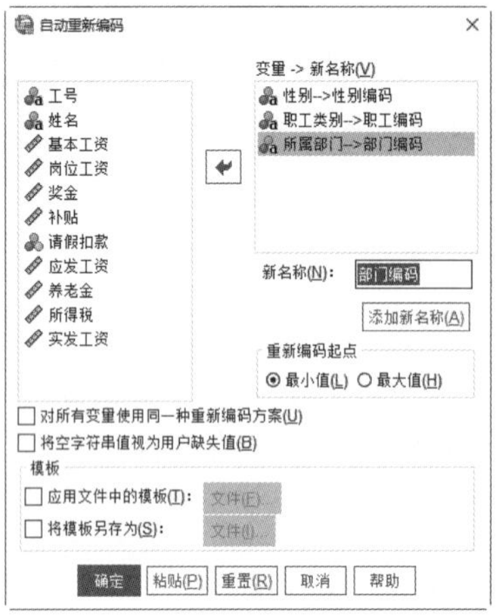

图 14.43 “自动重新编码”对话框

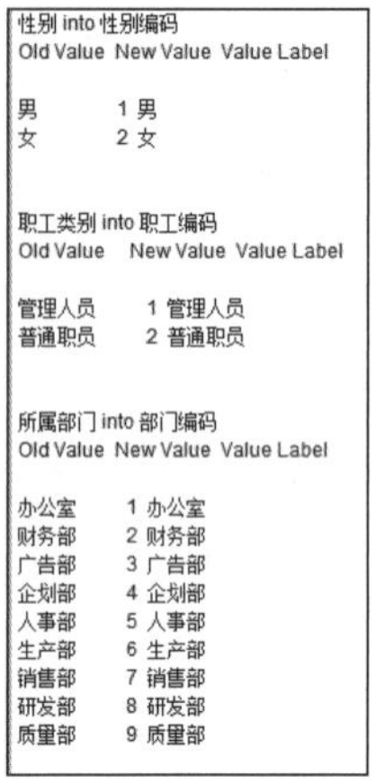
性别 into 性别编码

Old Value	New Value	Value Label
男	1	男
女	2	女

职工类别 into 职工编码

Old Value	New Value	Value Label
管理人员	1	管理人员
普通职员	2	普通职员

所属部门 into 部门编码

Old Value	New Value	Value Label
办公室	1	办公室
财务部	2	财务部
广告部	3	广告部
企划部	4	企划部
人事部	5	人事部
生产部	6	生产部
销售部	7	销售部
研发部	8	研发部
质量部	9	质量部

图 14.44 编码结果

（2）单击❺“模型”按钮，弹出❻“单变量：模型”对话框，选择❼“构建项”选项，在“类型”下拉列表中选择❽“交互”选项，❾将性别、部门编码、性别*部门编码（按住 Ctrl，同时选择性别、部门编码）添加到“模型”列表中，❿勾选“在模型中包括截距”复选框，如图 14.46 所示。单击⓫“继续”按钮，关闭对话框。

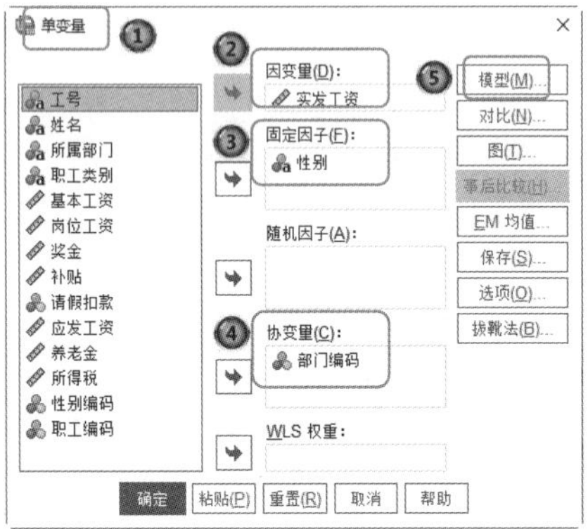

图 14.45 “单变量”对话框

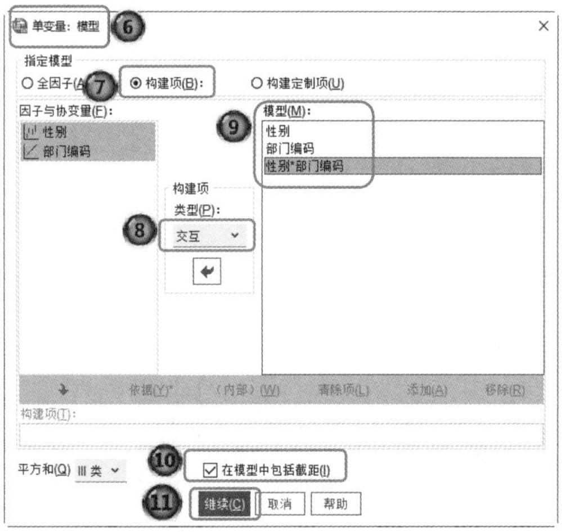

图 14.46 “单变量：模型”对话框

（3）单击“选项”按钮，弹出“单变量：选项”对话框，勾选“描述统计”“齐性检验”“参数估算值”复选框，进行方差齐性的检验，如图 14.47 所示。单击“继续”按钮，关闭对话框。

（4）单击“确定”按钮，弹出“IBM SPSS Statistics 查看器”窗口，显示方差的单变量分析结果。

5. 分析结果

在图 14.48 所示的误差方差的莱文等同性检验表中，显著性值为 0.252，大于 0.05，表示根据性别分组的各组因变量（实发工资）具有方差齐性。

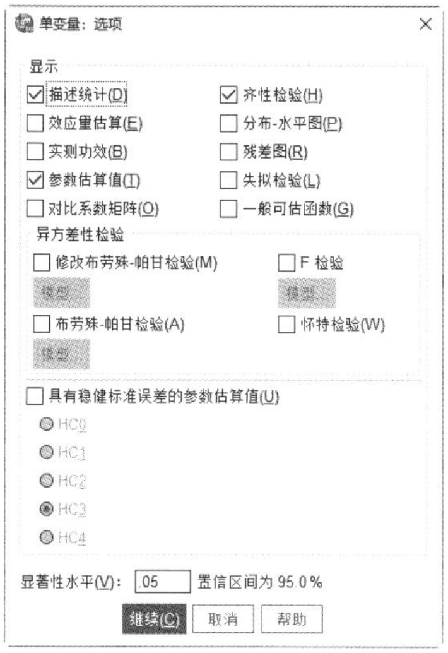

图 14.47 “单变量：选项”对话框

主体间因子

		N
性别	男	21
	女	19

描述统计

因变量：实发工资

性别	平均值	标准差	N
男	7331.6190	1723.44230	21
女	5951.0000	1362.44588	19
总计	6675.8250	1693.35929	40

误差方差的莱文等同性检验[a]

因变量：实发工资

F	自由度 1	自由度 2	显著性
1.354	1	38	.252

检验"各个组中的因变量误差方差相等"这一原假设。

a. 设计：截距 + 性别 + 部门编码 + 性别 * 部门编码

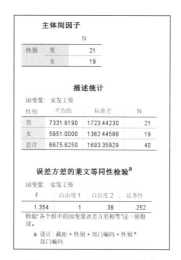

图 14.48 方差齐性的检验

图 14.49 所示的主体间效应检验表中显示因变量线性关系的检验结果：性别*部门编码的显著性值为 0.852，大于 0.05，说明不同部门的男女员工与实发工资之间的回归直线是平行的，即斜率相等。

主体间效应检验

因变量：实发工资

源	III 类平方和	自由度	均方	F	显著性
修正模型	29937231.8[a]	3	9979077.276	4.387	.010
截距	223778678.5	1	223778678.5	98.372	<.001
性别	1527870.082	1	1527870.082	.672	.418
部门编码	10914707.38	1	10914707.38	4.798	.035
性别 * 部门编码	79822.762	1	79822.762	.035	.852
误差	81893929.95	36	2274831.387		
总计	1894496739	40			
修正后总计	111831161.8	39			

a. R 方 = .268（调整后 R 方 = .207）

图 14.49 主体间效应检验表

6. 协方差分析

满足上面的条件后，就可以进行协方差分析，判断因变量与协变量之间是否存在交互作用。

（1）单击工具栏中的“重新调用最近使用的对话框”按钮，在下拉列表中选择“单变量”命令，弹出“单变量”对话框，对话框中显示参数保持着之前的选择。

（2）单击“模型”按钮，弹出“单变量：模型”对话框，在“模型”列表中选择“性别*部门编码”，单击“转出”按钮，移除该交互项，如图 14.50 所示。

（3）单击“继续”按钮，返回主对话框。单击“EM 均值”按钮，弹出“单变量：估算边际平均值”对话框，将“性别”变量转入“显示下列各项的平均值”列表中，勾选“比较主效应”复选框，如图 14.51 所示。

（4）单击“继续”按钮，返回主对话框。单击“确定”按钮，弹出“IBM SPSS Statistics 查看器”窗口，显示协方差分析的结果。

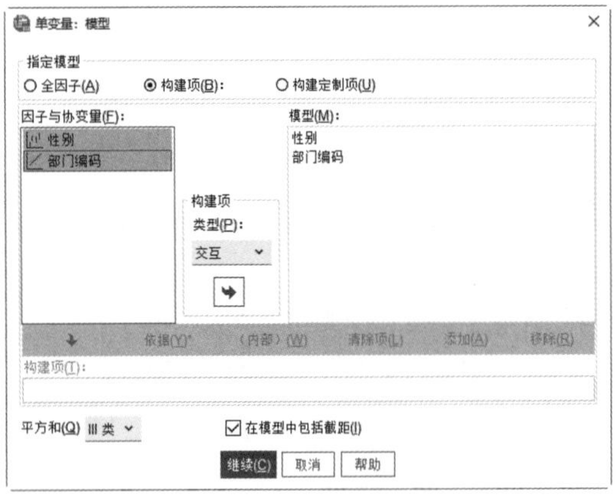

图 14.50　移除交互项

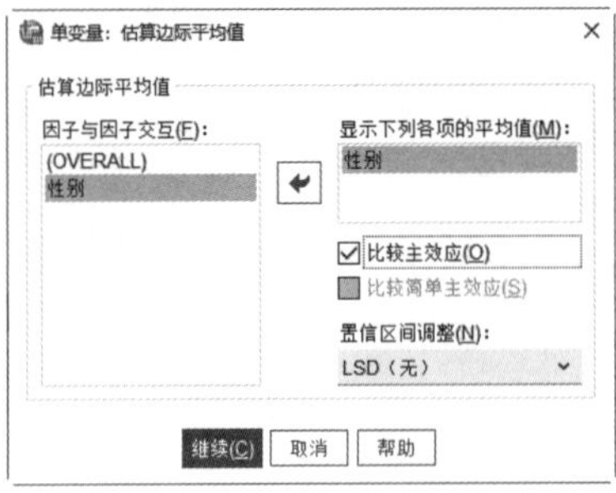

图 14.51　“单变量：估算边际平均值”对话框

7. 分析结果

在图 14.52 所示的主体间效应检验表中，忽略所属部门（部门编码变量）的影响后，不同性别员工实发工资的总体均数具有显著性差异（*F*=5.133，显著性值为 0.029<0.05）。所属部门对员工实发工资有显著性影响（*F*=4.895，显著性值为 0.033<0.05）。

在图 14.53 所示的估算值表中，显示的是按 5.35 对部门编码进行求值后的不同性别的实发工资的均值估计。

主体间效应检验

因变量：实发工资

源	III 类平方和	自由度	均方	F	显著性
修正模型	29857409.1[a]	2	14928704.53	6.738	.003
截距	236505962.2	1	236505962.2	106.750	<.001
性别	11372318.36	1	11372318.36	5.133	.029
部门编码	10843972.24	1	10843972.24	4.895	.033
误差	81973752.71	37	2215506.830		
总计	1894496739	40			
修正后总计	111831161.8	39			

a. R 方 = .267（调整后 R 方 = .227）

图 14.52　主体间效应检验表

性别

估算值

因变量：实发工资

性别	平均值	标准误差	95% 置信区间 下限	95% 置信区间 上限
男	7200.483[a]	330.172	6531.490	7869.475
女	6095.940[a]	347.703	5391.426	6800.454

a. 按下列值对模型中出现的协变量进行求值：部门编码 = 5.35。

图 14.53　估算值表

14.2.2　多变量方差分析

多变量方差分析（MANOVA）通过一个或多个自变量或协变量为多个因变量提供回归分析和方差分析。

【执行方式】

菜单栏：选择菜单栏中的“分析”→“一般线性模型”→“多变量”命令。

操作步骤

执行此命令，弹出图 14.54 所示的“多变量”对话框，在左侧变量列表中显示统计数据中所有可用的变量，单击“转入”按钮，将选择的变量添加到右侧变量列表中。其中，因变量表示要进行分析的目标变量，为数值型，可以选择多个变量。

单击“确定”按钮，弹出“IBM SPSS Statistics 查看器”窗口，显示多变量方差分析的结果。

【选项说明】

单击“选项”按钮，弹出“多变量：选项”对话框，选择输出选项，与单变量分析类似，如图 14.55 所示。下面只介绍与单变量方差分析中不同的选项。

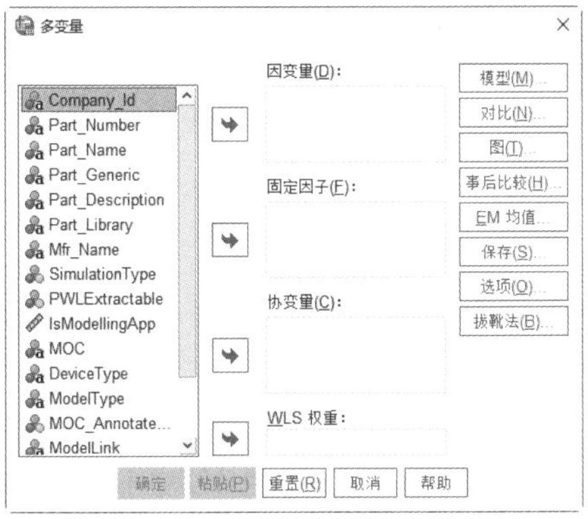

图 14.54　“多变量”对话框

图 14.55　“多变量：选项”对话框

多变量方差分析类似单变量方差分析，将总的离均差平方和（SS）分解为模型变异和误差变异。将单变量方差分析中的对比系数矩阵分解为 SSCP 矩阵和残差 SSCP 矩阵。

- SSCP 矩阵：也称 H 矩阵，是“叉积平方和”矩阵，用于统计学中单因子多变量方差分析。该矩阵的对角线元素是模型项的单变量方差分析的平方和。
- 残差 SSCP 矩阵：也称 E 矩阵。选择该选项，结果中输出 Bartlett’s Test of Sphericity（球形检验）。球形检验常用于判断变量间是否存在相关性。如果相关矩阵是单位矩阵（无效假设），则变量之间相互独立；如果拒绝原假设，则表示变量存在相关性且偏离单位矩阵。

扫一扫，看视频

★重点　动手学——分析乘用车燃油消耗量的影响因素

源文件：源文件\第 14 章\乘用车燃料消耗信息.sav

能源部随机提供了 10 辆市场上销售的乘用车燃油消耗信息，见“乘用车燃料消耗信息.sav”文件（单位：升/公里）。数据有汽车、类型、气缸数、城市行驶（每公里燃油消耗量）、公路行驶（每公里燃油消耗量）及燃料。本实例使用多因素方差分析，分析汽车的气缸数对城市行驶、公路行驶每公里燃油消耗量的影响。

操作步骤

1. 打开数据文件

选择菜单栏中的“文件”→“打开”→“数据”命令，弹出“打开数据”对话框，选择“乘用车燃料消耗信息.sav”文件，单击“打开”按钮，打开数据文件，如图 14.56 所示。

汽车	类型	气缸数	城市行驶（升公里）	公路行驶（升公里）	燃料
奥迪A8	大型	12	18	17	优质汽油
宝马	小型	6	17	15	优质汽油
凯迪拉克	中型	6	15	13	普通汽油
克莱斯勒	大型	6	16	14	优质汽油
福特福克斯	小型	4	10	10	普通汽油
现代伊兰特	中型	4	13	12	普通汽油
吉普切诺基	中型	6	16	15	柴油
沃尔沃	小型	6	18	15	普通汽油
丰田凯美瑞	中型	4	15	13	普通汽油
大众捷达	小型	5	10	8	普通汽油

图 14.56　乘用车燃料消耗信息

2. 多变量方差分析

（1）选择菜单栏中的“分析”→“一般线性模型”→“多变量”命令，弹出“多变量”对话框，选择因变量与固定因子，如图 14.57 所示。

（2）单击“选项”按钮，弹出“多变量：选项”对话框，勾选“描述统计”“齐性检验”“残差图”复选框，如图 14.58 所示。输出变量的概括与分布特点，并进行正态检验和方差分析。单击“继续”按钮，返回主对话框。

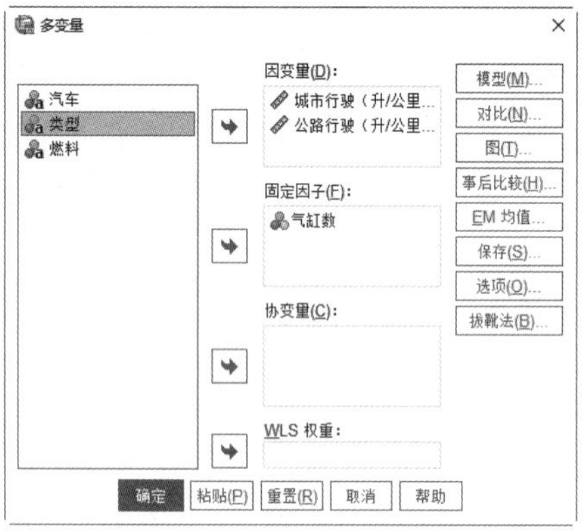

图 14.57 “多变量”对话框

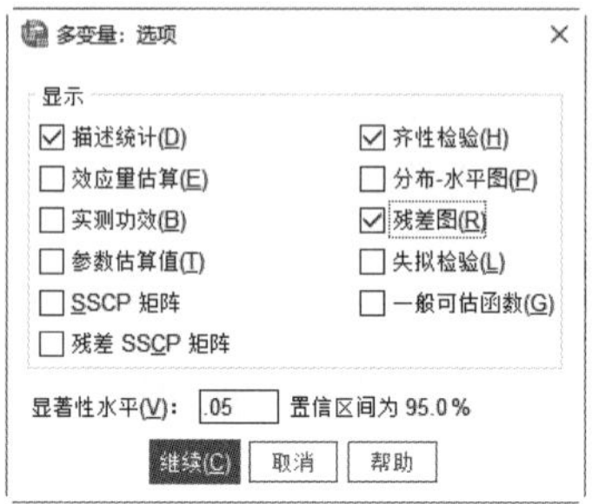

图 14.58 “多变量：选项”对话框

（3）单击“确定”按钮，弹出“IBM SPSS Statistics 查看器”窗口，显示主体间因子表、描述统计表、协方差矩阵的博克斯等同性检验表、残差图、多变量检验和主体间效应检验表等，如图 14.59 所示。

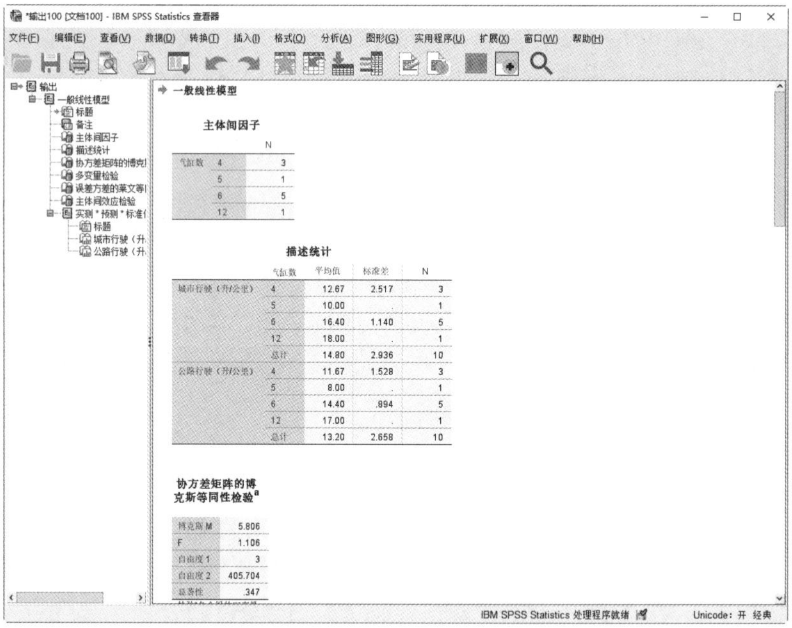

图 14.59 多变量方差分析结果

3. 多变量方差分析结果

（1）图 14.59 中的主体间因子表：显示固定因子的分组情况。

（2）图 14.59 中的描述统计表：输出了城市行驶每公里燃油消耗量、公路行驶每公里燃油消耗量按照 4 类气缸数划分的平均值、标准差、N，可以看出 12 气缸数的汽车城市行驶每公里燃油消耗量的平均值较高。

（3）方差齐性检验：在图 14.60 所示的误差方差的莱文等同性检验表中（观察基于平均值的显著性），可以使用 F 检验进行方差分析。

- 城市行驶每公里燃油消耗量的显著性值为 0.206，大于 0.05，因此不能拒绝原假设，即认为各组数据有方差齐性。
- 公路行驶每公里燃油消耗量的显著性值为 0.212，大于 0.05，因此不能拒绝原假设，即认为各组数据有方差齐性。

4．显著性分析结果

有时使用不同的方法会显示出不同的结果，需要分别解释。图 14.61 所示的多变量检验表中的结果（显著性值均小于 0.05）是一致的，汽车气缸数对城市行驶、公路行驶每公里燃油消耗量有显著性影响。

误差方差的莱文等同性检验[a]

		莱文统计	自由度 1	自由度 2	显著性
城市行驶（升/公里）	基于平均值	2.009	1	6	.206
	基于中位数	1.132	1	6	.328
	基于中位数并具有调整后自由度	1.132	1	4.339	.343
	基于剪除后平均值	1.954	1	6	.212
公路行驶（升/公里）	基于平均值	1.095	1	6	.336
	基于中位数	.346	1	6	.578
	基于中位数并具有调整后自由度	.346	1	5.930	.578
	基于剪除后平均值	1.035	1	6	.348

检验"各个组中的因变量误差方差相等"这一原假设。

a. 设计：截距 + 气缸数

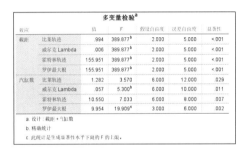

图 14.60　方差齐性检验表

多变量检验[a]

效应		值	F	假设自由度	误差自由度	显著性
截距	比莱轨迹	.994	389.877[b]	2.000	5.000	<.001
	威尔克 Lambda	.006	389.877[b]	2.000	5.000	<.001
	霍特林轨迹	155.951	389.877[b]	2.000	5.000	<.001
	罗伊最大根	155.951	389.877[b]	2.000	5.000	<.001
汽缸数	比莱轨迹	1.282	3.570	6.000	12.000	.029
	威尔克 Lambda	.057	5.300[b]	6.000	10.000	.011
	霍特林轨迹	10.550	7.033	6.000	8.000	.007
	罗伊最大根	9.954	19.909[c]	3.000	6.000	.002

a. 设计：截距 + 气缸数

b. 精确统计

c. 此统计是生成显著性水平下限的 F 的上限。

图 14.61　多变量检验表

图 14.62 所示的主体间效应检验表显示气缸数对因变量的影响。因为对因变量的多次比较会使一类错误的概率增加，所以要用显著性值除以自变量的个数（0.05/2=0.025），从表中可以看出因变量均具有显著性影响（城市行驶显著性值为 0.024，小于 0.025；公路行驶的显著性值为 0.04，小于 0.025）。

主体间效应检验

源	因变量	III 类平方和	自由度	均方	F	显著性
修正模型	城市行驶（升/公里）	59.733[a]	3	19.911	6.687	.024
	公路行驶（升/公里）	55.733[b]	3	18.578	14.169	.004
截距	城市行驶（升/公里）	1285.502	1	1285.502	431.698	<.001
	公路行驶（升/公里）	1029.396	1	1029.396	785.133	<.001
气缸数	城市行驶（升/公里）	59.733	3	19.911	6.687	.024
	公路行驶（升/公里）	55.733	3	18.578	14.169	.004
误差	城市行驶（升/公里）	17.867	6	2.978		
	公路行驶（升/公里）	7.867	6	1.311		
总计	城市行驶（升/公里）	2268.000	10			
	公路行驶（升/公里）	1806.000	10			
修正后总计	城市行驶（升/公里）	77.600	9			
	公路行驶（升/公里）	63.600	9			

a. R 方 = .770（调整后 R 方 = .655）

b. R 方 = .876（调整后 R 方 = .814）

图 14.62　主体间效应检验表

14.3　重复测量的方差分析

重复测量数据在科学研究中十分常见，重复测量的方差分析是一种对同一因变量进行重复测量的试验设计技术。在给予一种或多种处理后，分别在不同的时间点上通过重复测量同一个受试对象获得指标的观察值，或者通过重复测量同一个个体的不同部位（或组织）获得指标的观察值。

14.3.1 重复测量的方差分析概述

在实际问题中，常常要研究几个因素同时变化时的方差分析。例如，在农业试验中，有时既要研究不同品种的种子对农作物的影响，还要研究不同种类的肥料对农作物收获量的影响。这里就有种子和肥料这两个因素在变化。必须在两个因素同时变化时分析其收获量的影响，以便找到最合适的种子和肥料的搭配方案。这就是多因素方差分析要完成的工作。

重复测量数据往往不具有独立性，因变量可以是连续型数据，也可以是分类数据。分类数据的重复测量需用到更为复杂的广义方程估计等广义线性模型方法。

重复测量的方差分析的适用条件有以下几个。

（1）因变量之间存在相互关系。组内重复测量结果之间存在一定程度的相关性（组内样本不独立，但组间样本是相互独立的）。

（2）因变量均值服从多元正态分布。

（3）因变量方差协方差矩阵齐同。方差协方差矩阵简称协方差矩阵。一元方差分析分析的是方差，多元方差分析分析的是方差协方差。

重复测量的方差分析步骤如下。

（1）分析前要对重复测量数据之间是否存在相关性进行球形检验。

- 如果检验结果的显著性值>0.05，则说明重复测量数据之间不存在相关性，测量数据符合 Huynh-Feldt 条件，可以用单因素方差分析的方法进行处理。
- 如果检验结果的显著性值<0.05，则说明重复测量数据之间存在相关性，所以不能用单因素方差分析的方法进行处理。

（2）在科研中，重复测量设计数据大多存在相关性，应该使用重复测量的方差分析模型。当球形条件不满足时，常有两种方法可供选择。

- 采用 MANOVA（多变量方差分析方法）。
- 使用重复测量，对 ANOVA 表中与时间有关的 F 值的自由度进行调整。

14.3.2 重复测量的方差分析方法

由于重复测量时，每个个体的测量结果之间存在相关性，违背了方差分析数据独立性的要求。如果仍使用一般的方差分析，将会增加犯 I 类错误的概率，所以重复测量数据有对应的方差分析方法。

【执行方式】

菜单栏：选择菜单栏中的“分析”→“一般线性模型”→“重复测量”命令。

操作步骤

执行此命令，弹出图 14.63 所示的“重复测量定义因子”对话框。

在①“受试者内因子名”文本框中输入组内因素名称；在②“级别数”文本框中输入重复测量次数，单击③“添加”按钮，④添加因素参数，如图 14.64 所示。在“测量名称”文本框中输入测量名称，单击“添加”按钮，添加指定的测量变量，多变量分析时可继续添加其他变量。

单击⑤“定义”按钮，弹出⑥“重复测量”对话框，如图 14.65 所示。在左侧变量列表中显示统计数据中所有可用的变量，单击“转入”按钮➡，将选择的变量添加到右侧变量列表中。

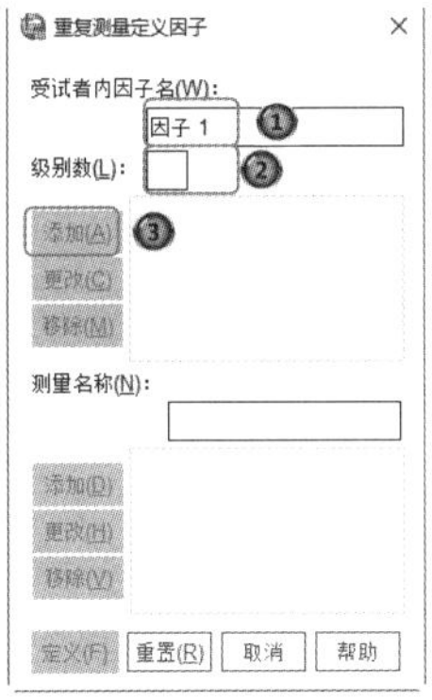

图 14.63　“重复测量定义因子”对话框 1

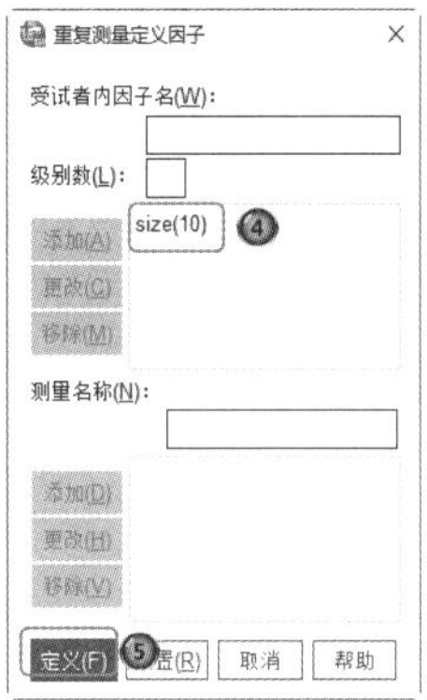

图 14.64　“重复测量定义因子”对话框 2

- 受试者内变量：组内因素，可将左侧列表中的各个时间点对应选入该列表。
- 受试者间因子：组间因素，如果是单组重复测量数据（若没有对照组的前后测量数据），则该处可以不选入变量。

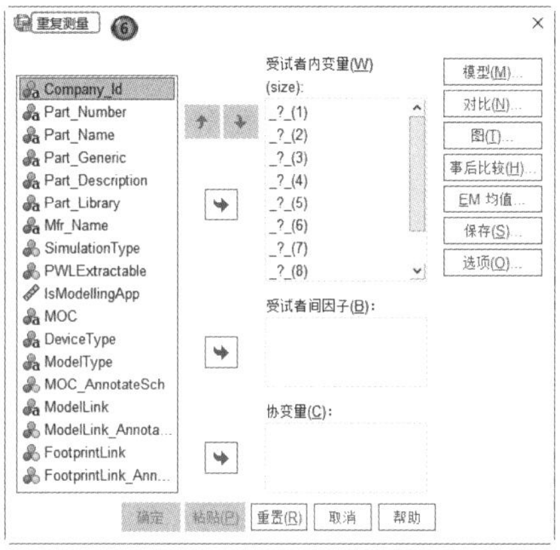

图 14.65　“重复测量”对话框

单击“确定”按钮，弹出“IBM SPSS Statistics 查看器”窗口，显示重复测量的方差分析的结果。

【选项说明】

下面介绍“重复测量”对话框中的常用选项。

（1）“模型”按钮：与单变量方差分析类似，只是区分组内和组间因素，默认进行全因素分析对比。

（2）“对比”按钮：与单变量方差分析类似，默认对重复测量因素进行多项式比对检验，可用于分析测量因素随时间的变化趋势，可结合轮廓图说明。

其余选项与单变量方差分析类似，这里不再赘述。

★重点　动手学——分析影响洗面奶评分的因素

扫一扫，看视频

源文件：源文件\第 14 章\洗面奶评分.sav

单因素重复测量分析是指在不同的时间点上对同一对象的同一观察指标进行多次（一般三次或三次以上）测量。单因素重复测量统计策略是：组内变量为三个或三个以上，组内各水平需满足正态性、连续型和球形假设；如果不满足正态性，则采用转换数据或非参数检验；如果不满足球形假设，则采用一元矫正 Greenhouse-Geisser 结果，或者多变量检验结果。

某化妆品公司在旧款洗面奶的基础上分别添加了两种新提取的植物精油，研制出两款新洗面奶产品。为比较消费者对新旧三款洗面奶产品的满意程度，该公司随机抽选一组消费者（40 人）试用洗面奶，顺序随机，每个消费者要对三种洗面奶分别进行评分（单位：分，范围为 0～5）。

取显著性水平 $\alpha = 0.05$，分析添加植物精油是否对三种洗面奶的评分有显著性影响。

操作步骤

1. 打开数据文件

选择菜单栏中的“文件”→“打开”→“数据”命令，弹出“打开数据”对话框，选择“洗面奶评分.sav”文件，单击“打开”按钮，打开数据文件，如图14.66所示。

	用户	款式1	款式2	款式3	变量
1	sw001	3.5	4.1	4.6	
2	sw002	3.9	4.4	3.5	
3	sw003	3.3	3.7	3.9	
4	sw004	3.4	3.8	4.7	
5	sw005	3.4	3.9	2.9	
6	sw006	3.3	4.0	3.5	
7	sw007	3.0	3.6	4.0	
8	sw008	3.9	4.4	3.3	
9	sw009	3.7	4.1	4.4	
10	sw010	2.8	3.8	3.8	
11	sw011	3.6	3.8	3.6	
12	sw012	3.0	4.2	3.6	
13	sw013	3.0	4.5	4.9	
14	sw014	4.2	4.0	4.5	
15	sw015	3.2	4.2	3.8	
16	sw016	3.5	4.1	2.8	
17	sw017	3.5	3.9	2.7	
18	sw018	3.6	3.9	2.7	
19	sw019	3.0	3.9	3.7	
20	sw020	3.3	4.7	4.5	
21	sw021	3.0	4.5	4.0	

图14.66　洗面奶评分信息

2. 探索性分析

（1）选择菜单栏中的“分析”→“描述统计”→“探索”命令，弹出图14.67所示的“探索”对话框，在“因变量列表”中添加变量“款式1”“款式2”“款式3”。

（2）单击“图”按钮，弹出“探索：图”对话框，如图14.68所示。

- 在“箱图”选项组中选择“无”。
- 勾选“含检验的正态图”复选框，将进行正态性检验。

单击“继续”按钮，返回主对话框。单击“确定”按钮，弹出“IBM SPSS Statistics查看器”窗口，显示数据的个案处理表、描述统计表、正态性检验表。

3. 分析结果

从正态性检验表中得出两种检验结果：当数据量大于50时，需要查看柯尔莫戈洛夫-斯米诺夫显著性。表中三款洗面奶的显著性值均大于0.05，因此认为三组数据符合正态分布，如图14.69所示。

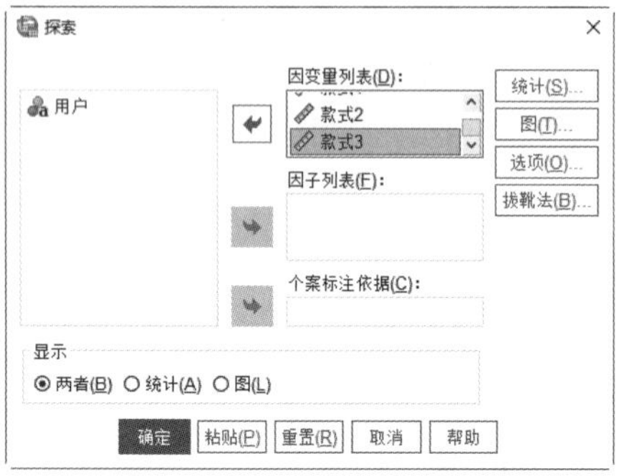

图14.67　“探索”对话框

图14.68　“探索：图”对话框

正态性检验

	柯尔莫戈洛夫-斯米诺夫[a]			夏皮洛-威尔克		
	统计	自由度	显著性	统计	自由度	显著性
款式1	.070	60	.200*	.990	60	.901
款式2	.103	60	.175	.975	60	.254
款式3	.057	60	.200*	.984	60	.608

*. 这是真显著性的下限。

a. 里利氏显著性修正

图14.69　正态性检验表

4. 重复试验方差分析

（1）选择菜单栏中的“分析”→“一般线性模型”→“重复测量”命令，弹出“重复测量定义因子”对话框。在“受试者内因子名”文本框中输入“款式”，在“级别数”文本框中输入重复测量次数3，如图14.70所示。

（2）单击“添加”按钮，添加因素参数“款式3”，单击“定义”按钮，弹出“重复测量”对话框，选择受试者内变量，如图14.71所示。

（3）单击“选项”按钮，弹出“重复测量：选项”对话框，勾选“描述统计”复选框，如图14.72

所示。输出变量的概括与分布特点。单击“继续”按钮，返回主对话框。

图 14.70　“重复测量定义因子”对话框

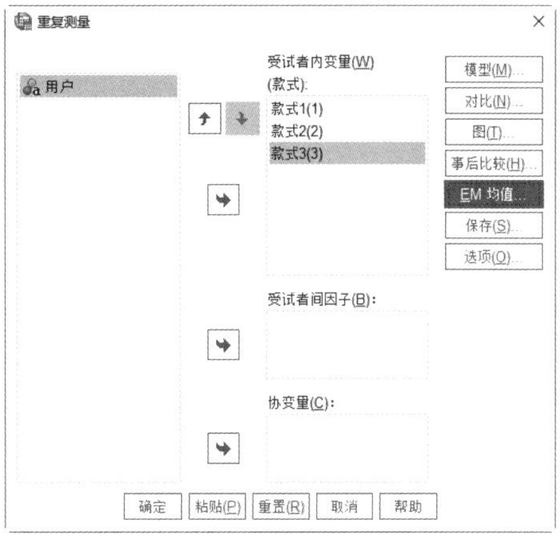

图 14.71　“重复测量”对话框

（4）单击“EM 均值”按钮，弹出“重复测量：估算边际平均值”对话框，将“款式”转入右侧的“显示下列各项的平均值”列表中，并勾选“比较主效应”复选框，同时在“置信区间调整”下拉列表中选择“邦弗伦尼”，如图 14.73 所示。完成设置后，单击“继续”按钮，关闭对话框。

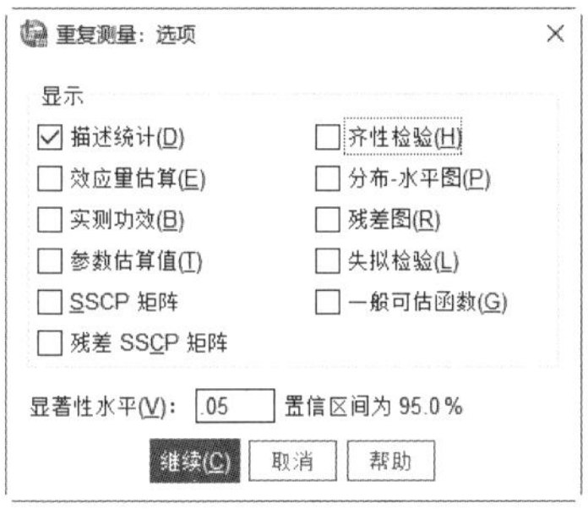

图 14.72　“重复测量：选项”对话框

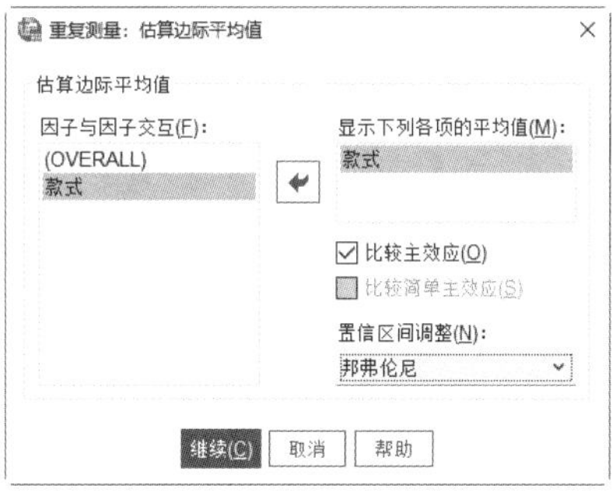

图 14.73　“重复测量：估算边际平均值”对话框

（5）单击“确定”按钮，弹出“IBM SPSS Statistics 查看器”窗口，显示一般线性模型分析结果，如图 14.74 所示。

5. 分析结果

（1）图 14.74 所示的描述统计表中包括平均数、标准差和 N（样本数=60）。

（2）图 14.74 所示的多变量检验表中包括 *F* 值、假设自由度、误差自由度等，显著性值均小于 0.001，说明表中不同款式的洗面奶评分有差异。

提示：

是否以多变量检验表检验结果为准，应依据球形度检验表中的结果。如果不符合球形检验，则以此结果或以一元方差分析中校正结果为准。

（3）图 14.74 所示的 Machly 球形度检验表中，Machly W=0.864，显著性值为 0.015<0.05，不符合球形检验，因此结果以多变量检验表为准。

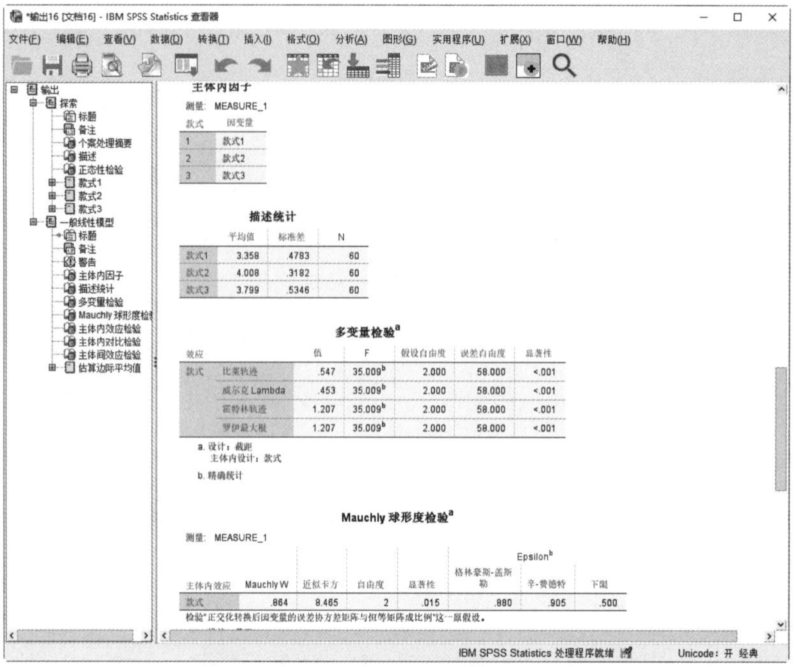

主体内因子

测量：MEASURE_1

款式	因变量
1	款式1
2	款式2
3	款式3

描述统计

	平均值	标准差	N
款式1	3.358	.4783	60
款式2	4.008	.3182	60
款式3	3.799	.5346	60

多变量检验[a]

效应		值	F	假设自由度	误差自由度	显著性
款式	比莱轨迹	.547	35.009[b]	2.000	58.000	<.001
	威尔克 Lambda	.453	35.009[b]	2.000	58.000	<.001
	霍特林轨迹	1.207	35.009[b]	2.000	58.000	<.001
	罗伊最大根	1.207	35.009[b]	2.000	58.000	<.001

a. 设计：截距
主体内设计：款式

b. 精确统计

Mauchly 球形度检验[a]

测量：MEASURE_1

主体内效应	Mauchly W	近似卡方	自由度	显著性	Epsilon[b] 格林豪斯-盖斯勒	辛-费德特	下限
款式	.864	8.465	2	.015	.880	.905	.500

检验"正交化转换后因变量的误差协方差矩阵与恒等矩阵成比例"这一原假设。

图 14.74　一般线性模型分析结果

（4）图 14.75 所示的主体内效应检验表为方差分析结果。因为本实例不符合球形检验，因此，在“格林豪斯-盖斯勒”检验行中查看结果，可见不同款式的洗面奶评分有统计学差异（F=30.125，显著性值<0.001）。如果满足条件，即显著性值≥0.005，则符合球形检验，查看“假设球形度”行中的数据。

（5）图 14.76 中所示的成对比较表中，款式 1 与款式 2 的评分存有显著性差异（显著性值<0.001），款式 1 与款式 3 的评分有显著性差异（显著性值<0.001），款式 2 与款式 3 的评分有显著性差异（显著性值为 0.025，小于 0.001）。

添加精油后的洗面奶比不添加精油的洗面奶评分的平均值高，说明添加精油对洗面奶的评分有显著性影响。

主体内效应检验

测量：MEASURE_1

源		III 类平方和	自由度	均方	F	显著性
款式	假设球形度	13.226	2	6.613	30.125	<.001
	格林豪斯-盖斯勒	13.226	1.761	7.511	30.125	<.001
	辛-费德特	13.226	1.811	7.304	30.125	<.001
	下限	13.226	1.000	13.226	30.125	<.001
误差（款式）	假设球形度	25.903	118	.220		
	格林豪斯-盖斯勒	25.903	103.891	.249		
	辛-费德特	25.903	106.841	.242		
	下限	25.903	59.000	.439		

图 14.75　主体内效应检验表

成对比较

测量：MEASURE_1

(I) 款式	(J) 款式	平均值差值 (I-J)	标准误差	显著性[b]	差值的 95% 置信区间[b] 下限	上限
1	2	-.650*	.078	<.001	-.843	-.458
	3	-.441*	.100	<.001	-.688	-.195
2	1	.650*	.078	<.001	.458	.843
	3	.209*	.076	.025	.021	.397
3	1	.441*	.100	<.001	.195	.688
	2	-.209*	.076	.025	-.397	-.021

基于估算边际平均值

*. 平均值差值的显著性水平为 .05。

b. 多重比较调节：邦弗伦尼法。

图 14.76　成对比较表

第 15 章　相关性分析

内容简介

相关性分析主要研究随机数据之间的相互依赖关系，为了了解两个变量之间是否存在相关关系及其相关性的强度大小，在统计上常用的方法是列联表分析和相关系数分析。通过列联表可以直观地感受到两个变量之间是否存在相关关系及其关系的强弱和方向；相关系数则更精确地反映了两个或多个变量之间的相关关系强度的大小和方向。

学习要点

- 双变量相关性分析
- 多变量相关性分析

15.1　相关性分析的概念与类型

相关性分析是研究两个及以上处于同等地位的随机变量之间的相关关系的统计分析方法。例如，人的身高和体重之间的相关关系，空气中的相对湿度与降雨量之间的相关关系等都是相关性分析研究的问题。相关性分析在工农业、水文、气象、社会经济和生物学等方面都有应用。

15.1.1　相关性分析的概念

自然界的各种现象之间相互联系、相互制约、相互依存，当某一现象发生变化时，另一现象也随之发生变化。例如，商品价格的变化会刺激或抑制商品销售量的变化；劳动力素质的高低会影响企业的效益。研究这些现象之间的依存关系，找出它们之间的变化规律，对收集、整理过的统计数据进行数据分析，为客观、科学的决策提供依据。

现象之间的依存关系大致可以分成两种类型：一种是函数关系，另一种是相关关系。

简单地说，函数关系是指变量之间是一种严格的、确定性的依存关系，表现为某一现象发生变化另一现象也随之发生变化，而且有确定的值与之相对应。例如，银行的一年期存款利率为年息 1.98%，存入的本金用 x 表示，到期本息用 y 表示，则 $y=x+1.98\%x$（不考虑利息税），这是函数关系。

相关关系是指客观现象之间确实存在的，但数量上不是严格对应的依存关系。在这种关系中，对于某一现象的每一数值，可以有另一现象的若干数值与之相对应。例如，成本的高低与利润的多少有密切关系，但某一确定的成本与相对应的利润是不确定的。这是因为影响利润的因素除了成本外，还有价格、供求关系、消费喜好等因素及其他偶然因素；再如，生育率与人均 GDP 的关系也属于典型的相关关系。

相关关系和函数关系既有区别，又有联系。有些函数关系往往因为有观察或测量误差及各种随机因素的干扰等，在实际中常常通过相关关系表现出来；而在研究相关关系时，如果对其变量间的规律性了解得越深刻，则相关关系越有可能转化为函数关系或借助函数关系来表现。

15.1.2　相关关系的类型

相关关系从不同的角度可以分为不同类型。

1．相关关系涉及变量（或因素）的多少

（1）单相关，又称一元相关，是指两个变量之间的相关关系，如广告费支出与产品销售量之间的相关关系。

（2）复相关，又称多元相关，是指三个或三个以上变量之间的相关关系，如商品销售额与居民收入、商品价格之间的相关关系。

（3）偏相关。当一个变量与两个或两个以上的变量相关时，假定其他变量不变，其中两个变量的相关关系称为偏相关。例如，在假定商品价格不变的条件下，该商品的需求量与消费者收入水平的相关关系即为偏相关。

2．相关形式

（1）线性相关，又称直线相关，是指当一个变量变动时，另一个变量随之发生大致均等的变动。从图形上看，其观察点的分布近似地表现为一条直线。例如，人均消费水平与人均收入水平通常呈线性相关。

（2）非线性相关。当一个变量变动时，另一个变量也随之发生变动，但这种变动不是均等的。从图形上看，其观察点的分布近似地表现为一条曲线，如抛物线、指数曲线等，因此也称曲线相关。例如，工人在一定限度内加班加点，产量会增加，但一旦超过该限度，产量反而可能下降，这就是一种非线性关系。

3．相关现象变化的方向

（1）正相关。当一个变量的值增加或减少时，另一个变量的值也随之增加或减少。例如，工人劳动生产率提高，产品产量也随之增加；居民的消费水平随个人可支配收入的增加而增加。

（2）负相关。当一个变量的值增加或减少时，另一个变量的值反而减少或增加。例如，商品流转额越大，商品流通费用越低；利润随单位成本的降低而增加。

4．相关程度

（1）完全相关。当一个变量的值完全由另一个变量的值的变化所决定时，二者即为完全相关。例如，在价格不变的条件下，销售额与销售量之间的正比例函数关系即为完全相关，此时相关关系便称为函数关系，因此也可以说函数关系是相关关系的一个特例。

（2）不相关，又称零相关。当变量彼此之间互不影响，其值的变化各自独立时，则变量之间为不相关。例如，股票价格的高低与气温的高低一般情况下是不相关的。

（3）不完全相关。如果两个变量的关系介于完全相关和不相关之间，则称为不完全相关。由于完全相关和不相关的数量关系是确定的或相互独立的，因此统计学中相关分析的主要研究对象是不完全相关。

相关性的方向和强弱如图 15.1 所示。

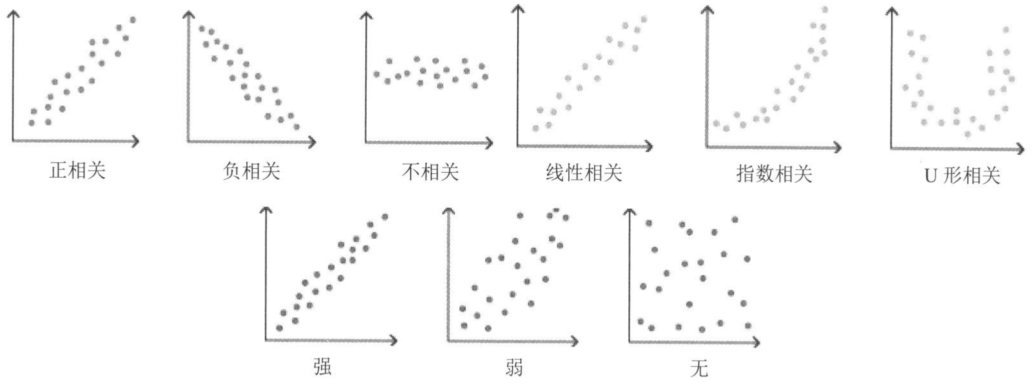

图 15.1 相关性的方向和强弱

15.1.3 相关表与相关图

要判断现象之间有无相关关系，除了依据研究者的理论知识、专业知识和实践经验，还需要编制相关表、绘制相关图，以便直观地判断现象之间相关的方向、形式及大致的密切程度。

相关表是一种统计表。它是直接根据现象之间的原始资料，将一个变量的若干值按从小到大的顺序排列，并将另一个变量的值与之对应排列形成的统计表，如频数表、列联表等。

相关图是研究相关关系的直观工具。一般在进行详细的定量分析之前，可利用相关图对现象之间存在的相关关系的方向、形式和密切程度进行大致的判断。散点图又称相关图，它是用直角坐标系的 x 轴代表自变量，y 轴代表因变量，将两个变量间相对应的变量值以坐标点的形式描绘出来，用于表明相关点的分布状况图形。

通过观察散点图上数据点的分布情况，可以推断出变量之间的相关性。如果变量之间不存在相关关系，那么在散点图上会表现为随机分布的离散的点，离点集群较远的点称为离群点或异常点。如果存在某种相关性，那么大部分的数据点的分布就会相对密集并以某种趋势呈现。

★重点 动手学——工业污染治理项目数据的相关性判断

源文件：源文件\第 15 章\工业污染治理完成投资.sav、计算总投资.sav

扫一扫，看视频

根据工业污染治理项目中废水项目、废气项目、固体废物项目、噪声项目和其他项目的投资，试对工业污染治理总投资项目的相关性进行判断。

操作步骤

1. 打开数据文件

选择菜单栏中的“文件”→“打开”→“数据”命令，弹出“打开数据”对话框，选择“工业污染治理完成投资.sav”文件，单击“打开”按钮，打开数据文件，如图 15.2 所示。

年份	治理废水	治理废气	治理固体	治理噪声	治理其他
2017	76.37	446.26	12.74	1.28	144.86
2016	108.23	561.47	46.67	.62	101.99
2015	118.41	521.80	16.14	2.78	114.52
2014	115.24	789.39	15.05	1.09	76.86
2013	124.88	640.91	14.04	1.76	68.06
2012	140.34	257.71	24.74	1.16	76.48

图 15.2 工业污染治理完成投资数据

2. 计算“总投资”变量

（1）选择菜单栏中的“转换”→“计算变量”命令，弹出“计算变量”对话框，在“目标变量”

文本框中输入“总投资”，在“数字表达式”文本框中计算变量的和，如图 15.3 所示。

（2）单击“确定”按钮，关闭对话框，返回数据视图，可以看到新变量 “总投资”，结果如图 15.4 所示。

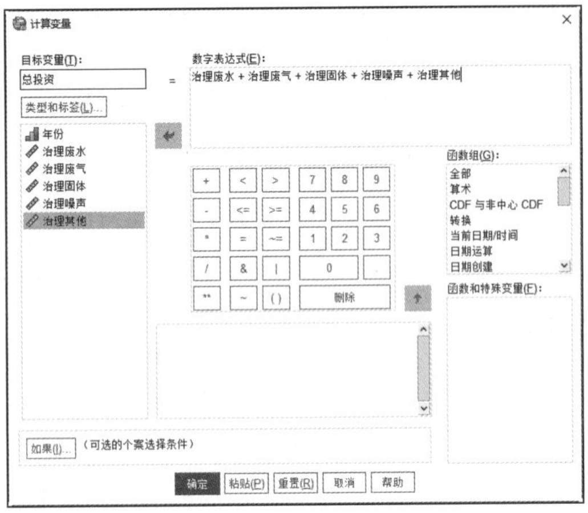

图 15.3 “计算变量”对话框

年份	治理废水	治理废气	治理固体	治理噪声	治理其他	总投资
2017	76.37	446.26	12.74	1.28	144.86	681.51
2016	108.23	561.47	46.67	62	101.99	818.98
2015	118.41	521.80	16.14	2.78	114.52	773.65
2014	115.24	789.39	15.05	1.09	76.86	997.63
2013	124.88	640.91	14.04	1.76	68.06	849.65
2012	140.34	257.71	24.74	1.16	76.48	500.43

图 15.4 新建“总投资”变量

3. 保存文件

选择菜单栏中的“文件”→“另存为”命令，弹出“将数据另存为”对话框，选择要保存的位置，输入名称“计算总投资.sav”，保存该文件。

4. 使用对话框绘制简单折线图

（1）选择菜单栏中的“图形”→“旧对话框”→“散点图/点图”命令，弹出❶“散点图/点图”对话框，选择散点图类型为❷“矩阵散点图”，如图 15.5 所示。

（2）单击❸“定义”按钮，弹出❹“散点图矩阵”对话框，在❺“矩阵变量”列表中选择变量“治理废水”“治理废气”“治理固体”“治理噪声”“治理其他”“总投资”，如图 15.6 所示。

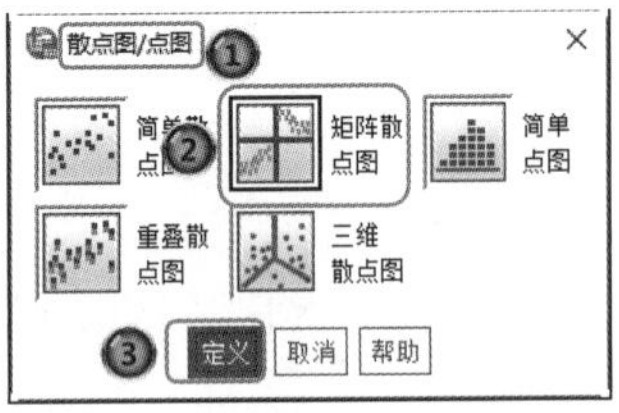

图 15.5 “散点图/点图”对话框

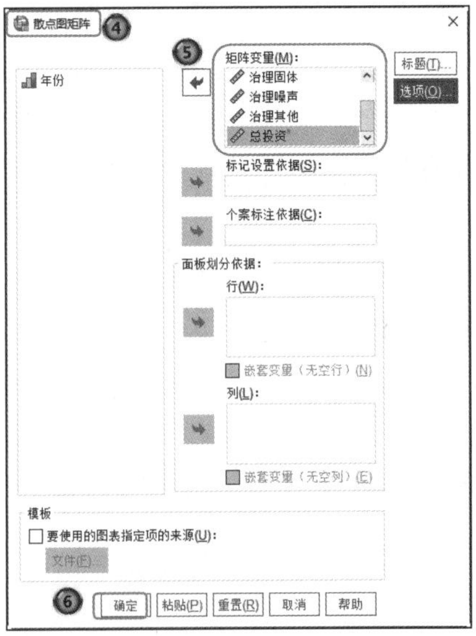

图 15.6 “散点图矩阵”对话框

（3）单击❻“确定”按钮，弹出“IBM SPSS Statistics 查看器”窗口显示所有变量的散点图矩阵，如图 15.7 所示。

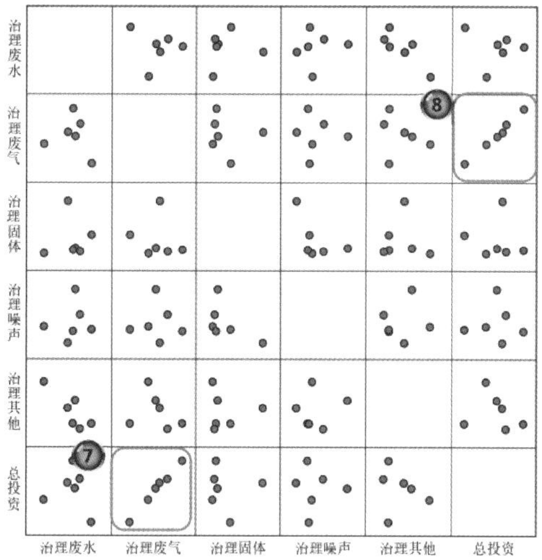

图 15.7 散点图矩阵

从图 15.7 中可以看到，矩形框内❼治理废气项目投资和❽总投资有较强的线性正相关趋势，图中其余数据相关性较弱。

15.2 双变量相关性分析

双变量相关性分析用于分析两个变量之间的相关关系，数据之间需要存在一定的联系或概率才可以进行相关性分析。

15.2.1 相关系数

相关系数用于描述定量变量之间的关系。相关系数的符号（±）表明关系的方向（正相关或负相关），其值的大小表示关系的强弱程度（完全不相关时为 0，完全相关时为 1）。

相关系数的值介于-1 与 1 之间，即$-1 < r < 1$。

- 当 $r > 0$ 时，表示两变量正相关。
- 当 $r < 0$ 时，表示两变量负相关。
- 当$|r| = 1$ 时，表示两变量完全线性相关，即为函数关系。
- 当 $r = 0$ 时，表示两变量无线性相关关系。
- 当 $0 < |r| < 1$ 时，表示两变量存在一定程度的线性相关，$|r|$越接近 1，表示两变量线性关系越强；$|r|$越接近于 0，表示两变量线性关系越弱。

一般可按 4 级划分：$|r| < 0.3$ 为不相关；$0.3 \leqslant |r| < 0.5$ 为低度相关；$0.5 \leqslant |r| < 0.8$ 为中度相关；$0.8 \leqslant |r|$为高度相关；$0.95 < |r| \leqslant 1$ 为显著性相关。

在 SPSS 中，可以计算多种相关系数，包括皮尔逊相关系数、斯皮尔曼等级相关系数、肯德尔相关系数等。

1．皮尔逊相关系数

皮尔逊相关系数（Pearson correlation coefficient）是反映两变量之间线性相关程度的统计量，用于分析正态分布的两个连续型变量之间的相关性。常用于分析自变量之间、自变量和因变量之间的相关性。皮尔逊相关系数在-1 和 1 之间变化，0 表示没有相关性，-1 或 1 暗示着一种精确的线性关系。

2．斯皮尔曼等级相关系数

斯皮尔曼等级相关系数（Spearman’s correlation coefficient for ranked data）主要用于评价顺序变量间的线性相关关系，常用于计算类型变量的相关性。相关系数（correlation）表示线性相关程度，该值趋近于 1 表示正相关；值越小，表示相关程度越显著。

3．肯德尔相关系数

肯德尔（Kendall）相关系数又称肯德尔秩相关系数，是一种秩相关系数，不过它所计算的对象是分类变量。肯德尔相关系数又可以分为三种。

（1）Kendall W 相关系数，又称和谐系数，是反映多列等级变量相关程度的量。

（2）Kendall U 相关系数，又称一致性系数，也是反映多列等级变量相关程度的量，也适用于 *K* 个被试对 *N* 个事物的评价。不过区别在于，在评定时采用对偶评定的方法，即每一次评定都要将 *N* 个事物两两比较。该分析方法比较繁杂，用得也较少，因此在这里不过多阐述。

（3）Kendall’s tau-b 等级相关系数，是反映两个顺序变量之间相关程度的量。

15.2.2 双变量相关性分析

在 SPSS 中，双变量相关性分析主要用于测量两个变量之间关系的密切程度，通过计算相关系数分析数据的相关性。

【执行方式】

菜单栏：选择菜单栏中的“分析”→“相关”→“双变量”命令。

操作步骤

执行此命令，弹出图 15.8 所示的“双变量相关性”对话框，在左侧变量列表中显示数据中所有可用的变量，单击“转入”按钮，将选中变量添加到右侧“变量”列表中，分析这些变量两两之间的关系。

在“相关系数”选项组中有 3 个常用的相关系数，默认勾选“皮尔逊”复选框，会在输出结果中输出皮尔逊系数，根据数值的大小判断变量之间的相关性。

在“显著性检验”选项组中选择检验方法，默认选择“双尾”选项。

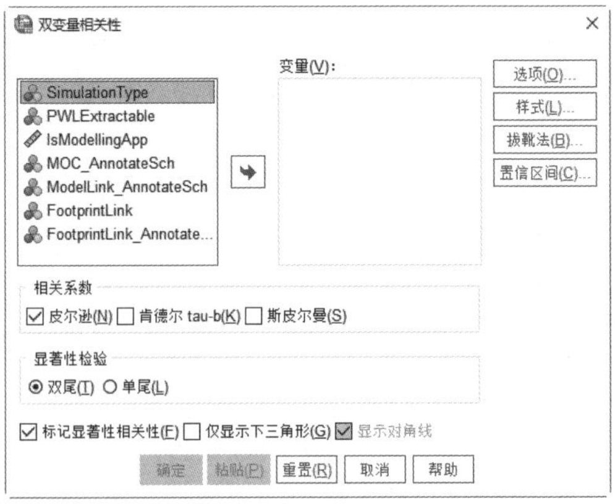

图 15.8 “双变量相关性”对话框

单击“确定”按钮，弹出“IBM SPSS Statistics 查看器”窗口，显示两个统计结果：描述性统计量表和相关性表。描述性统计量表用于显示频率统计和基本的计算结果，如数据的平均值、标准差和个案数。相关性表用于表征数据相关性。

【选项说明】

下面介绍“双变量相关性”对话框中的常用选项。

（1）“选项”按钮：单击该按钮，弹出“双变量相关性：选项”对话框，设置描述性统计量表中显示的统计量和对数据缺失值的处理方法，如图 15.9 所示。

（2）“置信区间”按钮：单击该按钮，弹出“双变量相关性：置信区间”对话框，设置置信区间的参数、应用偏差调整、相关系数，如图 15.10 所示。置信区间默认设置为 95%。

（3）“标记显著性相关性”复选框：勾选该项，在显著性水平为 0.05 和 0.01 时以星号进行标记，当显著性水平为 0.05 时标记一个星号，为 0.01 时标记两个星号。

（4）“仅显示下三角形”复选框：输出的相关性表中的数值是根据对角线对称的，勾选该项，只显示下三角数据，默认不选择该项，显示完成矩形表。

（5）“显示对角线”复选框：只有勾选“仅显示下三角形”复选框，才会激活该项，显示下三角数据的同时，显示对称对角线。

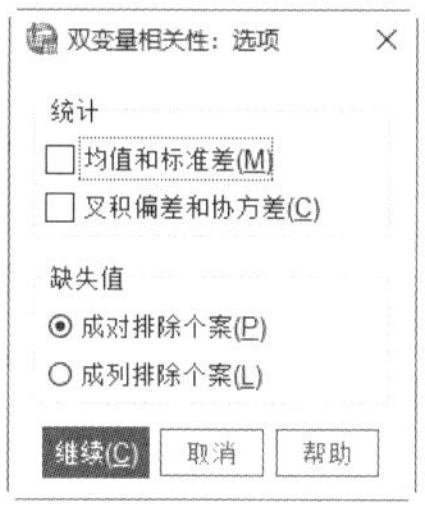

图 15.9　“双变量相关性：选项”对话框

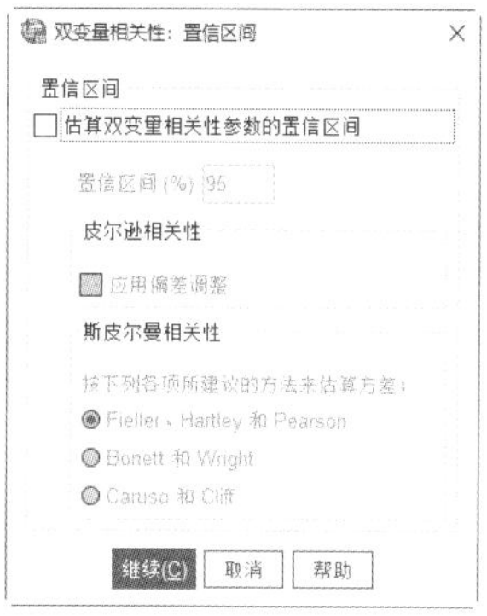

图 15.10　“双变量相关性：置信区间”对话框

★重点 动手学——分析客运量的关系

源文件：源文件\第 15 章\编辑客运量统计表.sav

本实例分析公路客运量与水运客运量是否相关。

扫一扫，看视频

操作步骤

1. 打开数据文件

选择菜单栏中的“文件”→“打开”→“数据”命令，弹出“打开数据”对话框，选择“编辑客运量统计表.sav”文件，单击“打开”按钮，打开数据文件，如图 15.11 所示。

年份	公路客运量	水运客运量	民用航空客运量
1998	1257332	20545	5755
1999	1269004	19151	6094
2000	1347392	19386	6722
2001	1402798	18645	7524
2002	1475257	18693	8594
2003	1464335	17142	8759
2004	1624526	19040	12123
2005	1697381	20227	13827
2006	1860487	22047	15968
2007	2050680	22835	18576
2008	2682114	20334	19251
2009	2779081	22314	23052
2010	3052738	22392	26769
2011	3286220	24556	29317

图 15.11　客运量统计表

2. 计算相关系数

选择菜单栏中的“分析”→“相关”→“双变量”命令，弹出“双变量相关性”对话框，在左侧变量列表中选择变量“公路客运量”“水运客运量”，单击“转入”按钮，将选中变量添加到右侧“变量”列表中。默认勾选“皮尔逊”复选框，如图 15.12 所示。

单击“确定”按钮，弹出“IBM SPSS Statistics 查看器”窗口，显示相关性表，如图 15.13 所示。

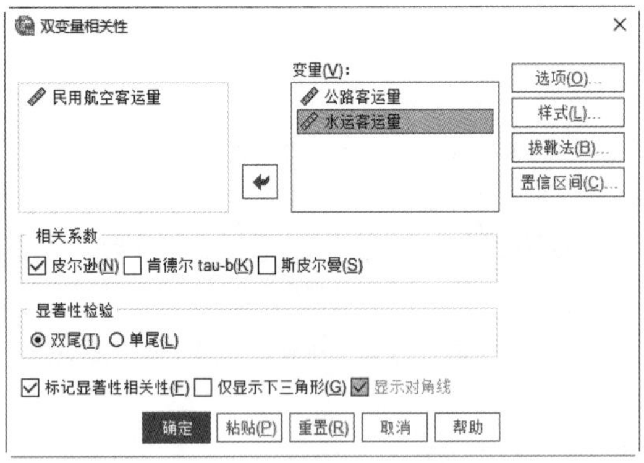

图 15.12 “双变量相关性”对话框

相关性

相关性

		公路客运量	水运客运量
公路客运量	皮尔逊相关性	1	.777**
	显著性（双尾）		.001
	个案数	14	14
水运客运量	皮尔逊相关性	.777**	1
	显著性（双尾）	.001	
	个案数	14	14

**. 在 0.01 级别（双尾），相关性显著。

图 15.13 相关性表

3. 分析结果

从图 15.13 所示的相关性表中可以看到（观察框中的值），水运客运量与公路客运量存在相关关系，其相关系数（皮尔逊相关系数）为 0.777，为中度相关。

显著性（双尾）值为 0.001，说明水运客运量与公路客运量相关性非常显著，即该样本数据中的相关性在总体中一样有效。

15.3 多变量相关性分析

多变量相关性分析主要研究多个变量之间的相互依赖关系，比较实用的方法有偏相关性分析、距离相关分析和典型相关分析。

15.3.1 偏相关性分析

偏相关性分析是指当两个变量同时与第三个变量相关时，将第三个变量（也称作控制变量）的影响剔除，只分析另外两个变量之间的相关程度的过程，判定指标是相关系数的 R 值。

【执行方式】

菜单栏：选择菜单栏中的“分析”→“相关”→“偏相关性”命令。

操作步骤

执行此命令，弹出图 15.14 所示的“偏相关性”对话框，在左侧变量列表中显示统计数据中所有的变量，单击“转入”按钮➡，将选中变量添加到右侧“变量”列表中。下面介绍右侧这两个列表。

- 变量：表示相关的两个变量。
- 控制：表示控制变量。

单击“确定”按钮，弹出“IBM SPSS Statistics 查看器”窗口，显示相关性表，如图 15.15 所示。

【选项说明】

下面介绍“偏相关性”对话框中的常用选项。

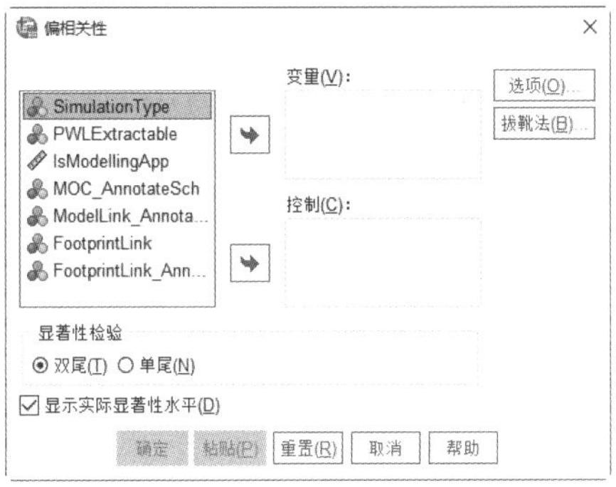

图 15.14　“偏相关性”对话框

相关性

控制变量			SimulationType	IsModellingApp
MOC_AnnotateSch	SimulationType	相关性	1.000	.
	IsModellingApp	相关性	.	1.000

图 15.15　相关性表

1. “选项”按钮

单击该按钮，弹出“偏相关性：选项”对话框，如图 15.16 所示。

（1）“统计”选项组：选择要输出的统计量和参数值。

- 均值和标准差：勾选该复选框，在输出窗口的描述统计表中显示均值和标准差，如图 15.17 所示。
- 零阶相关性：勾选该复选框，输出零阶（皮尔逊）相关系数，如图 15.18 所示。控制变量个数为 1 时，偏相关系数称为一阶偏相关系数；控制变量个数为 2 时，偏相关系数称为二阶偏相关系数；控制变量个数为 0 时，偏相关系数称为零阶偏相关系数，即相关系数。

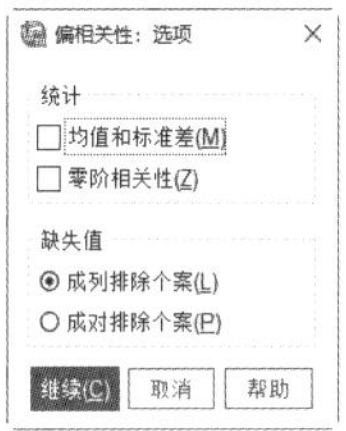

图 15.16　“偏相关性：选项”对话框

描述统计

	平均值	标准 偏差	个案数
SimulationType	1.09	.418	30493
IsModellingApp	-1.00	.084	30493
MOC_AnnotateSch	.00	.000	30493

图 15.17　描述统计表

相关性

控制变量			SimulationType	IsModellingApp	MOC_AnnotateSch
-无-[a]	SimulationType	相关性	1.000	.091**	.
	IsModellingApp	相关性	.091**	1.000	.
	MOC_AnnotateSch	相关性	.	.	1.000
MOC_AnnotateSch	SimulationType	相关性	1.000	.	
	IsModellingApp	相关性	.	1.000	

**. 在 0.01 级别，相关性显著

a. 单元格包含零阶（皮尔逊）相关性。

图 15.18　输出零阶（皮尔逊）相关系数

（2）“缺失值”选项组：选择缺失值个案的排除方法，包括成列排除个案和成对排除个案。

2. “显著性检验”选项组

在统计学中使用 t 检验比较两组数据的显著性时，有两种检验方法：双尾检验、单尾检验。

（1）双尾检验，也称双侧检验，是指只强调差异不强调方向性（如大小、多少）的检验。例如，检验样本和总体均值有无差异，或者样本数之间有没有差异。对于双尾检验，它的目的是检测 A、B 两组是否有差异，而不管是 A 大于 B，还是 B 大于 A。

（2）单尾检验，也称单侧检验，是指强调某一方向的检验。例如，检验样本所取自的总体参数值是否大于或小于某个特定值。

3. “显示实际显著性水平”复选框

勾选该复选框，在输出结果相关性表中会添加“显著性（双尾）”和自由度参数，如图 15.19 所示。

相关性

控制变量			SimulationType	IsModellingApp
MOC_AnnotateSch	SimulationType	相关性	1.000	.
		显著性（双尾）	.	.
		自由度	0	30490
	IsModellingApp	相关性	.	1.000
		显著性（双尾）	.	.
		自由度	30490	0

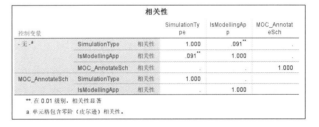

图 15.19　显示实际显著性水平

扫一扫，看视频

★重点 动手学——分析公司成本总费用相关性

源文件：源文件\第 15 章\公司成本费用.sav

利用双变量相关性分析、偏相关性分析判断某公司不同负责人销售的畅销产品 A、B、C 的单件费用与总费用的关系。

操作步骤

1. 打开数据文件

选择菜单栏中的“文件”→“打开”→“数据”命令，弹出“打开数据”对话框，选择“公司成本费用.sav”文件，单击“打开”按钮，打开数据文件，如图 15.20 所示。

月份	负责人	产品名	单件费用	数量	总费用
1月	苏羽	A	245	15	3675
1月	李耀辉	B	58	20	1160
1月	张默千	C	89	18	1602
2月	李耀辉	B	310	20	6200
2月	苏羽	A	870	18	15660
2月	李耀辉	B	78	60	4680
3月	张默千	C	160	16	2560
4月	苏羽	A	80	32	2560
4月	张默千	C	760	45	34200

图 15.20　公司成本费用数据

2. 计算双变量相关系数

选择菜单栏中的“分析”→“相关”→“双变量”命令，弹出“双变量相关性”对话框，在左侧变量列表中选择变量“单件费用”“数量”“总费用”，单击“转入”按钮➡，将选中变量添加到右侧“变量”列表中。默认勾选“皮尔逊”复选框，如图 15.21 所示。单击“确定”按钮，弹出“IBM SPSS Statistics 查看器”窗口，显示相关性表，如图 15.22 所示。

图 15.21　“双变量相关性”对话框

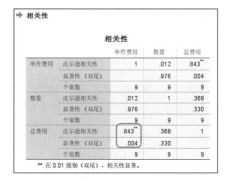

➡ 相关性

相关性

		单件费用	数量	总费用
单件费用	皮尔逊相关性	1	.012	.843**
	显著性（双尾）		.976	.004
	个案数	9	9	9
数量	皮尔逊相关性	.012	1	.368
	显著性（双尾）	.976		.330
	个案数	9	9	9
总费用	皮尔逊相关性	.843**	.368	1
	显著性（双尾）	.004	.330	
	个案数	9	9	9

**. 在 0.01 级别（双尾），相关性显著。

图 15.22　相关性表 1

3. 计算偏相关系数

选择菜单栏中的“分析”→“相关”→“偏相关性”命令，弹出“偏相关性”对话框，在“变量”列表中导入变量“单件费用”“总费用”，在“控制”列表中导入变量“数量”，剔除该变量对其余两个变量的影响，如图 15.23 所示。单击“确定”按钮，弹出“IBM SPSS Statistics 查看器”窗口，显示相关性表，如图 15.24 所示。

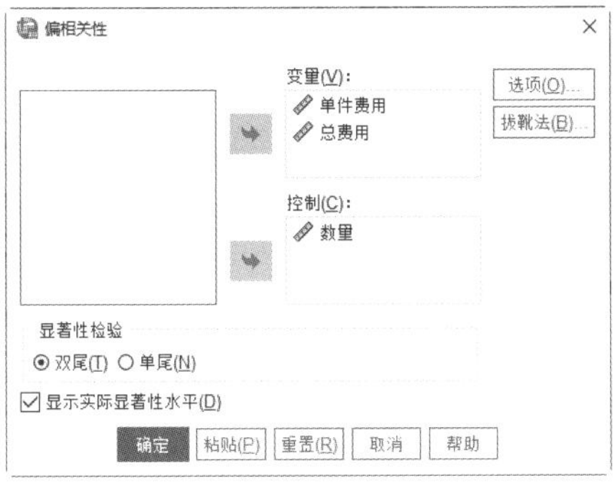

图 15.23 “偏相关性”对话框

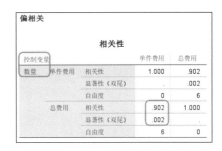

偏相关

相关性

控制变量			单件费用	总费用
数量	单件费用	相关性	1.000	.902
		显著性（双尾）	.	.002
		自由度	0	6
	总费用	相关性	.902	1.000
		显著性（双尾）	.002	.
		自由度	6	0

图 15.24 相关性表 2

4. 分析结果

在图 15.22 中，从双变量相关分析（同零阶偏相关分析）中看到，单件费用与总费用存在强相关关系（相关系数达到 0.843）。

在图 15.24 中，在控制“数量”的前提下进行偏相关分析，单件费用与总费用的相关系数达到 0.902，说明相关性显著。

★重点 动手练——分析单件费用与总费用的相关性

扫一扫，看视频

源文件：源文件\第 15 章\公司成本费用.sav

利用偏相关性分析判断某公司不同负责人销售的畅销产品 A、B、C 的单件费用与总费用的关系，结果如图 15.25 所示。

偏相关

相关性

控制变量			单件费用	总费用	数量
-无-[a]	单件费用	相关性	1.000	.843	.012
		显著性（双尾）	.	.004	.976
		自由度	0	7	7
	总费用	相关性	.843	1.000	.368
		显著性（双尾）	.004	.	.330
		自由度	7	0	7
	数量	相关性	.012	.368	1.000
		显著性（双尾）	.976	.330	.
		自由度	7	7	0
数量	单件费用	相关性	1.000	.902	
		显著性（双尾）	.	.002	
		自由度	0	6	
	总费用	相关性	.902	1.000	
		显著性（双尾）	.002	.	
		自由度	6	0	

a. 单元格包含零阶（皮尔逊）相关性。

图 15.25 偏相关性分析结果

思路点拨

（1）打开数据文件“公司成本费用.sav”。

（2）利用“偏相关性”命令，选择控制变量为“数量”。

（3）在“统计”选项组中勾选“零阶相关性”复选框。

15.3.2 距离相关分析

距离相关分析研究的是变量间的相似性，也就是变量之间关系的“亲疏”。具体来说，距离相关分析用于计算测量变量对或个案对之间相似性或不相似性（距离）的各种统计量。这些相似性或距离测量可以与其他过程（如因子分析、聚类分析或多维尺度）一起使用，以帮助分析复杂的数据集。

【执行方式】

菜单栏：选择菜单栏中的“分析”→“相关”→“距离”命令。

操作步骤

执行此命令，弹出图 15.26 所示的“距离”对话框，在左侧变量列表中显示统计数据中所有的变量，单击“转入”按钮➡，将选中变量添加到右侧“变量”列表中。下面介绍该对话框右侧的列表。

- 变量：表示从左侧变量列表转入两个相关的变量。
- 个案标注依据：表示从左侧变量列表转入的标签变量，在结果中标识观测量。

单击“确定”按钮，弹出“IBM SPSS Statistics 查看器”窗口，显示描述变量的个案处理摘要和近似值矩阵。

【选项说明】

下面介绍“距离”对话框中的常用选项。

（1）“计算距离”选项组：选择要计算距离的对象为“个案间”还是“变量间”。

（2）“测量”选项组：指定聚类中使用的测量方法，即非相似性（距离）或相似性（相关系数）。

（3）“测量”按钮：单击该按钮，弹出“距离：非相似性测量”对话框，指定距离的计算方法，如图 15.27 所示。

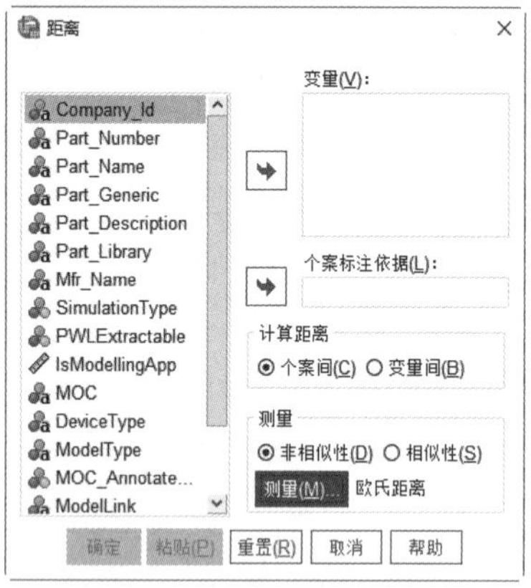

图 15.26 “距离”对话框

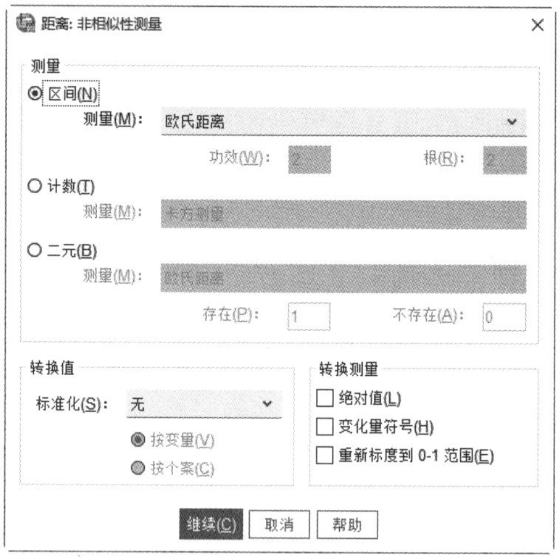

图 15.27 “距离：非相似性测量”对话框

- “测量”选项组：选择与数据类型（区间、计数或二元）相应的选项，在下拉列表中选择与该数据类型相对应的测量方法。
  - 区间：选择定距数据计算距离的方式，默认使用欧氏距离测量法。
  - 计数：选择计数数据计算距离的方式，可用的选项有卡方测量和 phi 平方测量。
  - 二元：选择二分类数据计算距离的方式，可用的选项有欧氏距离、平方欧氏距离、平方距离等。
- “转换值”选项组：在计算近似值之前为个案或值进行数据值标准化（对二分类数据不可用）。可用的标准化方法有 Z 得分、范围−1 到 1、范围 0 到 1、最大量级为 1、平均值为 1 和标准差为 1。
- “转换测量”选项组：在计算了距离测量之后应用该选项组中的转换得到需要的值。可用的选项有绝对值、变化量符号和重新标度到 0－1 范围。

★重点 动手学——分析工业污染治理完成投资

扫一扫，看视频

源文件：源文件\第 15 章\工业污染治理完成投资.sav

根据工业污染治理完成投资中的治理污染投资，分析治理废水、治理废气、治理固体、治理噪声投资额之间的相似性。

操作步骤

1. 打开数据文件

选择菜单栏中的“文件”→“打开”→“数据”命令，弹出“打开数据”对话框，选择“工业污染治理完成投资.sav”文件。单击“打开”按钮，打开数据文件，如图 15.28 所示。

年份	治理废水	治理废气	治理固体	治理噪声	治理其他
2017	76.37	446.26	12.74	1.28	144.86
2016	108.23	561.47	46.67	.62	101.99
2015	118.41	521.80	16.14	2.78	114.52
2014	115.24	789.39	15.05	1.09	76.86
2013	124.88	640.91	14.04	1.76	68.06
2012	140.34	257.71	24.74	1.16	76.48

图 15.28 工业污染治理完成投资数据

2. 距离相关分析

（1）选择菜单栏中的“分析”→“相关”→“距离”命令，弹出“距离”对话框，选择变量，在“计算距离”选项组中选择“个案间”选项，在“测量”选项组中选择“相似性”选项，研究个案间的相似性，如图 15.29 所示。

（2）单击“测量”按钮，弹出“距离：相似性测量”对话框，默认选择“区间”中的“皮尔逊相关性”测量选项，通过皮尔逊相关系数来计算相似矩阵，如图 15.30 所示。

（3）单击“确定”按钮，弹出“IBM SPSS Statistics 查看器”窗口，显示数据的个案处理摘要表、近似值矩阵表，如图 15.31 所示。

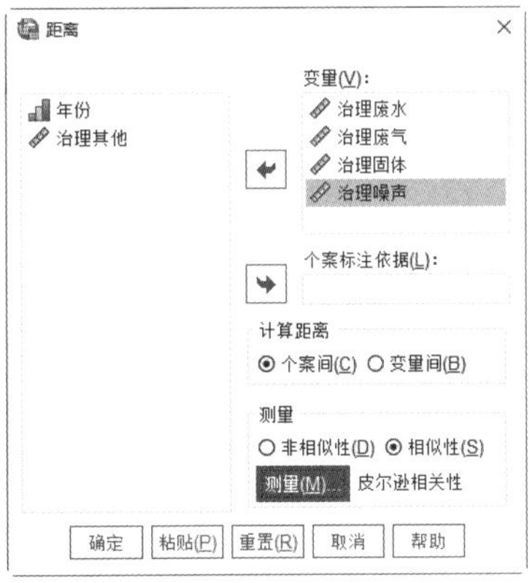

图 15.29 “距离”对话框

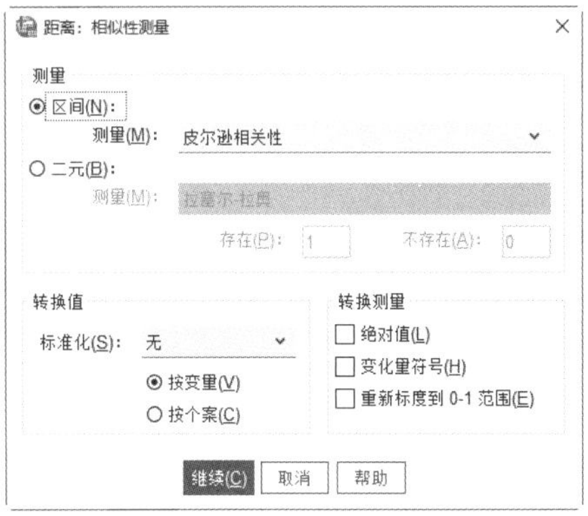

图 15.30 “距离：相似性测量”对话框

3. 分析结果

从图 15.31 中的近似值矩阵表中可以看到，治理废水、治理废气、治理固体、治理噪声投资额之间存在着较高的相似性（值越接近于 1，越相似）。

个案处理摘要

个案					
有效		缺失		总计	
个案数	百分比	个案数	百分比	个案数	百分比
6	100.0%	0	0.0%	6	100.0%

近似值矩阵

值 的向量之间的相关性

	1	2	3	4	5	6
1	1.000	.999	.998	1.000	1.000	.927
2	.999	1.000	.997	.998	.998	.929
3	.998	.997	1.000	.997	1.000	.947
4	1.000	.998	.997	1.000	.999	.919
5	1.000	.998	1.000	.999	1.000	.937
6	.927	.929	.947	.919	.937	1.000

这是相似性矩阵

图 15.31 输出结果

15.3.3 典型相关分析

典型相关分析主要研究两组数据之间是否存在相关关系。具体来说，典型相关分析分别从两组数据中提取相关性最大的两个成分，通过测定这两个成分之间的相关关系，来推测两组数据之间的相关关系。典型相关分析有着重要的应用背景，例如，在宏观经济分析中，研究国民经济的投入要素与产出要素这两组变量之间的联系情况；在市场分析中，研究销售情况与产品性能之间的关系等。

【执行方式】

菜单栏：选择菜单栏中的“分析”→“相关”→“典型相关性”命令。

操作步骤

执行此命令，弹出图 15.32 所示的“典型相关性”对话框，在左侧变量列表中显示统计数据中所有的变量，选中变量，单击“转入”按钮➡，将变量添加到右侧“集合 1”“集合 2”列表中。

单击“选项”按钮，弹出“选项”对话框，在“显示”选项组中选择要输出的参数，如图 15.33 所示。下面介绍“选项”对话框中的“显示”选项组。

图 15.32 “典型相关性”对话框

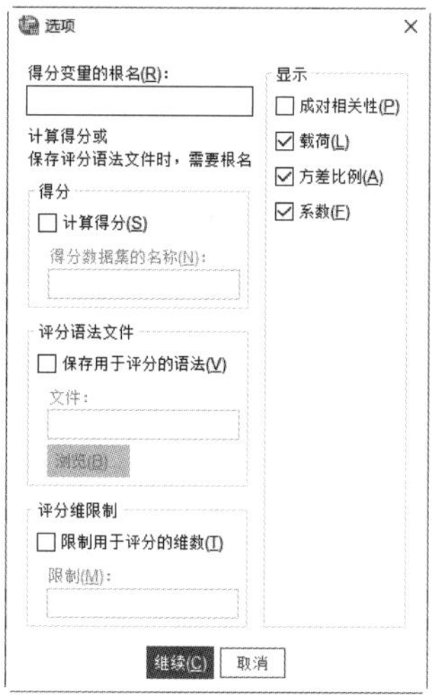

图 15.33 “选项”对话框

【选项说明】

（1）成对相关性：勾选该复选框，输出选中变量的相关性表，其中显示皮尔逊相关性、显著性（双尾）。

（2）载荷：勾选该复选框，输出典型负荷系数与交叉负荷系数。

典型负荷系数也称结构相关系数，是指一个典型变量与本组所有变量的简单相关系数；交叉负荷系数是指一个典型变量与另一组所有变量的简单相关系数。典型系数隐含着偏相关的意思，而典型负荷系数代表的是典型变量与变量间的简单相关。

（3）方差比例：勾选该复选框，输出重叠指数。

如果一组变量的部分方差可以由另一个变量的方差来解释和预测，就可以说这部分方差与另一个变量的方差相重叠，由“重叠指数”表示。

将重叠应用到典型相关时，只要简单地将典型相关系数进行平方（CR2），就得到这对典型变量方差的共同比例，代表一个典型变量的方差可由另一个典型变量解释的比例。如果将此比例再乘以典型变量所能解释的本组变量总方差的比例，得到的就是一组变量的方差被另一组变量的典型变量所能解释的比例，即重叠系数。

（4）系数：勾选该复选框，输出标准化的典型相关系数和非标准化的典型相关系数。

典型相关会找出一组变量的线性组合称为典型变量，以使两个典型变量之间所能获得的相关系数达到最大，这一相关系数称为典型相关系数（非标准化的典型相关系数）。如果对变量进行标准化后再进行上述操作，得到的是标准化的典型相关系数。

选择观察哪种典型系数表，取决于典型变量的单位。如果单位相同，则看非标准化的典型相关系数；如果单位不同，则看标准化后的典型相关系数。

如果标准化的典型相关系数都是负的，将会导致典型变量的现实含义不好解释。出现这种情况可能是由于前面提到的变量内部的相关关系较强，导致数据建立的典型相关模型的效果不佳。

★重点 动手学——分析煤炭开采和矿产业经济指标数据

源文件：源文件\第 15 章\煤炭开采和矿产业经济指标.sav

扫一扫，看视频

本实例分析煤炭开采和矿产业经济指标这两组数据的相关性。

操作步骤

1. 打开数据文件

选择菜单栏中的“文件”→“打开”→“数据”命令，弹出“打开数据”对话框，选择“煤炭开采和矿产业经济指标.sav”文件。单击“打开”按钮，打开数据文件，如图 15.34 所示。

2. 典型相关分析

（1）选择菜单栏中的“分析”→“相关”→“典型相关性”命令，弹出“典型相关性”对话框，在“集合 1”列表中添加变量“亏损企业数（个）”“亏损总额（亿元）”；在“集合 2”列表中添加变量“存货（亿元）”“产成品（亿元）”，如图 15.35 所示。

	类别年份	企业数量（个）	亏损企业数（个）	亏损总额（亿元）	累计增长	存货（亿元）	累计增长.1	产成品（亿元）	累计增长
1	202111	4343	1024	440.10	-21.50%	1350.00	8.50%	680.90	15.1
2	202110	4334	1083	382.80	-27.90%	1300.60	3.90%	627.90	5.9
3	202109	4322	1224	383.10	-21.70%	1223.00	-1.10%	565.00	-5.0
4	202108	4312	1234	358.10	-15.10%	1179.90	-4.10%	538.40	-9.4
5	202107	4298	1305	323.60	-12.60%	1166.70	-3.20%	534.20	-9.0
6	202106	4284	1407	262.10	-18.40%	1145.10	-3.30%	522.80	-8.6
7	202105	4276	1358	232.50	-19.60%	1153.90	-3.50%	530.50	-7.5
8	202104	4273	1455	208.00	-9.20%	1134.70	-5.20%	511.20	-10.3
9	202103	4267	1589	165.50	-9.70%	1163.80	-.20%	530.50	-5.2
10	202102	4264	1380	110.20	-30.00%	1170.00	-.40%	541.40	2.9
11	202012	4245	1400	617.10	17.10%	1146.20	-1.10%	525.60	-.5
12	202011	4245	1486	528.60	18.70%	1205.40	-1.60%	572.20	-1.3
13	202010	4226	1538	499.30	20.70%	1213.20	-1.00%	574.00	-.3
14	202009	4216	1601	459.10	22.20%	1202.90	-.30%	575.00	4.6
15	202008	4207	1578	406.90	22.70%	1195.90	2.00%	577.10	5.5
16	202007	4206	1614	359.20	28.00%	1176.00	1.50%	572.00	4.7
17	202006	4205	1676	311.40	23.80%	1160.10	.70%	562.00	5.3
18	202005	4209	1612	282.70	23.40%	1174.70	2.20%	564.20	7.0
19	202004	4201	1638	223.60	15.90%	1173.20	3.50%	559.40	9.9
20	202003	4203	1803	179.50	21.00%	1146.70	4.30%	549.80	15.0

图 15.34 煤炭开采和矿产业经济指标数据

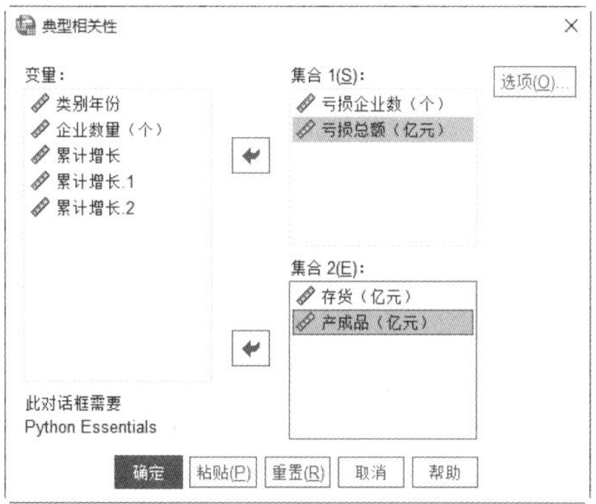

图 15.35 “典型相关性”对话框

（2）单击“确定”按钮，弹出“IBM SPSS Statistics 查看器”窗口，显示数据的相关性表、典型相关性设置表、典型相关性表、典型相关系数表、典型载荷表、交叉载荷表和已解释的方差比例表，如图 15.36 所示。

相关性[a]

		亏损企业数（个）	亏损总额（亿元）	存货（亿元）	产成品（亿元）
亏损企业数（个）	皮尔逊相关性	1	.441	.600	.605
	显著性（双尾）		<.001	<.001	<.001
亏损总额（亿元）	皮尔逊相关性	.441	1	.371	.426
	显著性（双尾）	<.001		<.001	<.001
存货（亿元）	皮尔逊相关性	.600	.371	1	.972
	显著性（双尾）	<.001	<.001		<.001
产成品（亿元）	皮尔逊相关性	.605	.426	.972	1
	显著性（双尾）	<.001	<.001	<.001	

a. 成列 N=109

典型相关性设置

	值
集合 1 变量	亏损企业数（个）亏损总额（亿元）
集合 2 变量	存货（亿元）产成品（亿元）
集中的数据集	无
评分语法	无
用于评分的相关性	2

典型相关性

	相关性	特征值	威尔克统计	F	分子自由度	分母自由度	显著性
1	.631	.661	.569	17.077	4.000	210.000	.000
2	.233	.057	.946	6.086	1.000	106.000	.015

H0 for Wilks 检验是指当前行和后续行中的相关性均为零

集合 1 标准化典型相关系数

变量	1	2
亏损企业数（个）	-.814	-.761
亏损总额（亿元）	-.324	1.066

集合 1 典型载荷

变量	1	2
亏损企业数（个）	-.957	-.291
亏损总额（亿元）	-.683	.730

集合 2 标准化典型相关系数

变量	1	2
存货（亿元）	.123	-4.257
产成品（亿元）	-1.119	4.110

集合 2 典型载荷

变量	1	2
存货（亿元）	-.965	-.263
产成品（亿元）	-1.000	-.029

集合 1 非标准化典型相关系数

变量	1	2
亏损企业数（个）	-.002	-.002
亏损总额（亿元）	-.002	.005

集合 1 交叉载荷

变量	1	2
亏损企业数（个）	-.604	-.068
亏损总额（亿元）	-.431	.170

集合 2 非标准化典型相关系数

变量	1	2
存货（亿元）	.000	-.010
产成品（亿元）	-.007	.025

集合 2 交叉载荷

变量	1	2
存货（亿元）	-.609	-.061
产成品（亿元）	-.631	-.007

已解释的方差比例

典型变量	集合 1 * 自身	集合 1 * 集合 2	集合 2 * 自身	集合 2 * 集合 1
1	.691	.275	.965	.384
2	.309	.017	.035	.002

图 15.36　典型相关分析输出结果

3. 分析结果

下面根据图 15.36 中的结果依次进行分析。

（1）相关性表：反映了各变量之间的相关系数，从中可以知道各变量之间的相关程度。从整体相关系数矩阵来看，两组变量内部以及各变量之间的相关系数都不小，在 0.426～0.972 之间。

（2）典型相关性设置表：给出了两个集合的具体变量，其中集合 1 变量内的元素有亏损企业数（个）、亏损总额（亿元），集合 2 变量内的元素有存货（亿元）、产成品（亿元）；用于评分的相关性有 2 个数据对。

（3）典型相关性表：显示典型相关系数及其检验结果，结果表明只有第一个典型相关系数是显著的（P=0.000<0.001），它的相关系数是 0.631。 因此，只需要对第一个典型相关变量进行解释。

（4）典型相关系数表：典型相关系数表有标准化的典型相关系数和非标准化的典型相关系数两类。本实例中，这些变量的单位不相同，因此选择标准化的典型相关系数。

由此，可以得出第一对典型变量由标准化数据组成的计算公式为

U1=−0.814×亏损企业数（个）−0.324×亏损总额（亿元）

V1=−0.123×存货（亿元）−1.119×产成品（亿元）

并且，U1和V1的相关系数为0.631，有较强的正相关性。通过以上表达式，可以看出U1主要受亏损企业数的影响较大；V1主要受产成品的影响较大。

（5）典型载荷系数和交叉载荷系数。

1）典型载荷系数说明：

- 集合1的第一典型变量与亏损企业数的相关系数为−0.957，与亏损总额的相关系数为−0.683。从另一方面说明集合1与它的各变量之间均为负相关，其中与亏损企业数的相关性最强。
- 集合2的第一典型变量与存货的相关系数为−0.965，与产成品的相关系数为−1.0000。从另一方面说明集合2与它的各变量之间均为负相关，其中与产成品的相关性最强。

2）交叉载荷系数说明：

- 集合1的亏损企业数与集合2的第一个典型变量的相关性是−0.604，亏损总额与集合2的第一个典型变量的相关性是−0.431。
- 集合2的存货与集合1的第一个典型变量的相关性是−0.609，产成品与集合1的第一个典型变量的相关性是−0.631。

（6）已解释的方差比例表：显示组内数据代表比例和交叉解释比例，是典型相关分析中的重要组成部分。从该表可知，集合1被自身的第一典型变量解释了69.1%，集合2被自身的第一典型变量解释了96.5%；集合1被集合2的第一典型变量解释了27.5%，集合2被集合1的第一典型变量解释了38.4%。总体来说，自变量的解释能力较好。

第 16 章　列联表相关性分析

内容简介

在实际分析过程中，当问题涉及多个变量时，不仅要了解单个变量的分布特征，还要分析多个变量不同取值下的分布特征，掌握多变量的联合分布特征，进而分析变量之间的相互影响和关系。单纯的频数分析方法已经不能满足这些要求，需要借助交叉分组下的频数分析，即列联表分析。

学习要点

- 列联表分布特征分析
- 列联表相关系数分析
- 列联表卡方检验

16.1　列联表分析

列联表是观测数据按两个或更多属性（定性变量）分类时所列出的频数表，是由两个以上的变量进行交叉分类的频数分布表。

16.1.1　列联表的结构

列联表又称交互分类表，所谓交互分类，是指同时依据两个变量的值，将所研究的个案分类。交互分类的目的是将两个变量分组，然后比较各组的分布状况，以寻找变量之间的关系。按两个变量交叉分类得到的列联表称为二维列联表，如图 16.1 所示。若按三个变量交叉分类，则得到的列联表称为三维列联表，以此类推。三维及以上的列联表通常称为“多维列联表”或“高维列联表”，而一维列联表就是频数分布表。

基于列联表进行的相关统计分析与推断过程称为“列联表分析”。列联表分析的基本问题是，判断所考查的各属性之间有无关联，即是否独立。在判断变量之间存在关联后，可用多种定量指标来表示其关联程度。例如，对一般的 $r \times c$ 表，可用列联系数表示，f_{ij} 表示第 i 行第 j 列的频数。

列(c_j) / 行(r_i)	列(c_j)		合计
	j=1	j=1	
i=1	f_{11}	f_{12}	$f_{11}+f_{12}$
i=2	f_{21}	f_{22}	$f_{21}+f_{22}$
合计	$f_{11}+f_{21}$	$f_{12}+f_{22}$	n

列(c_j) / 行(r_i)	列(c_j)			合计
	j=1	j=2	…	
i=1	f_{11}	f_{12}	…	r_1
i=2	f_{21}	f_{22}	…	r_2
⋮	⋮	⋮	⋮	⋮
合计	c_1	c_2	…	n

图 16.1　二维列联表

16.1.2 交叉表分析方法

交叉表分析是一种以表格的形式同时描述两个或多个变量的联合分布及其结果的统计分析方法，此表格反映了这些只有有限分类或取值的离散变量的联合分布。频数分布一次描述一个变量，交叉表可同时描述两个或更多变量。

【执行方式】

菜单栏：选择菜单栏中的“分析”→“描述统计”→“交叉表”命令。

操作步骤

执行此命令，弹出图 16.2 所示的“交叉表”对话框，在左侧变量列表中显示统计数据中所有的变量，选中变量，单击“转入”按钮，将变量添加到右侧相应列表中。

- “行”列表：表示交叉表分析中的行变量，一般为字符型变量。“行”列表中指定的变量的每个值，均有一个聚类条形图。
- “列”列表：表示交叉表分析中的列变量，一般为数值型变量或字符型变量，定义每个聚类内的条形图的变量。对于此变量的每个值，均有一组不同颜色或图案的条形图。如果在“列”列表或“行”列表中指定多个变量，则将为每个双变量组合生成一个复式条形图。
- “层”选项组：表示交叉分析表中的分层变量，对频数分布中的每一行每一列都可以进行交叉分析。如果选择一个或多个层变量，则将对每个层变量（控制变量）的每个类别产生单独的交叉表。例如，如果有一个行变量、一个列变量和一个具有两个类别的层变量，则可为层变量的每个类别生成一个二阶表。如果要形成另一个层控制变量，单击“下一个”按钮，将为每个第一层变量与每个第二层变量（等）的每种类别组合生成子表。

单击“确定”按钮，弹出“IBM SPSS Statistics 查看器”窗口，显示描述集中趋势和离散趋势的各种统计量。

图 16.2 “交叉表”对话框

【选项说明】

下面介绍“交叉表”对话框中的两个常用按钮。

（1）“精确”按钮：单击该按钮，弹出“精确检验”对话框，选择精确检验水平的测试方法，前面 11.1.2 小节已经详细介绍过该对话框中的选项，这里不再赘述。

（2）“格式”按钮：单击该按钮，弹出“交叉表：表格式”对话框，如图 16.3 所示。可以为交叉表指定行排列顺序。

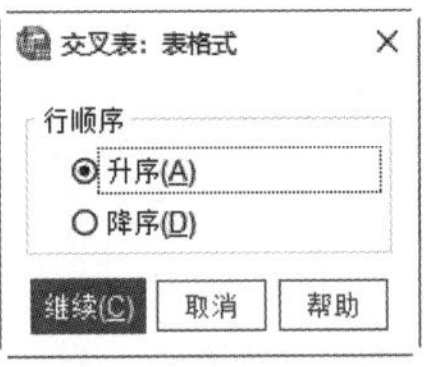

图 16.3 “交叉表：表格式”对话框

扫一扫，看视频

★重点 动手学——分析运动习惯与胃病的关系

源文件：源文件\第 16 章\胃病样本数据.sav、胃病样本汇总表.sav

适合交叉表检验的数据录入格式有两种：一种是汇总后的频数表，另一种是由原始数据记录构成的个案变量二维表。使用原始数据可以直接进行交叉表计算，使用汇总表数据需要先进行加权操作再进行交叉表计算。

为调查胃病的病因，从小区随机收集 20 组居民的运动与诊断结果作为原始数据与汇总表，如图 16.4 所示。本实例分析胃病与运动习惯有无关系。

样本编号	运动	诊断结果
1	长期运动	正常
2	偶尔运动	正常
3	不运动	正常
4	长期运动	正常
5	偶尔运动	正常
6	长期运动	正常
7	偶尔运动	正常
8	偶尔运动	正常
9	偶尔运动	正常
10	长期运动	正常
11	偶尔运动	正常
12	不运动	正常
13	不运动	胃病
14	偶尔运动	正常
15	不运动	正常
16	长期运动	正常
17	偶尔运动	正常
18	不运动	正常
19	不运动	胃病
20	不运动	正常

（a）原始数据

运动习惯	诊断结果	调查频数
不运动	正常	5
偶尔运动	正常	8
长期运动	正常	5
不运动	胃病	2
偶尔运动	胃病	0
长期运动	胃病	0

（b）汇总表

图 16.4 原始数据与汇总表

操作步骤

1. 打开数据文件

选择菜单栏中的“文件”→“打开”→“数据”命令，弹出“打开数据”对话框，选择“胃病样本数据.sav”文件，单击“打开”按钮，打开数据文件。

2. 原始数据交叉表分析

选择菜单栏中的“分析”→“描述统计”→“交叉表”命令，弹出图 16.5 所示的❶“交叉表”对话框，在“行”列表中添加❷“运动”变量；在“列”列表中添加❸“诊断结果”变量。单击❹“确定”按钮，弹出“IBM SPSS Statistics 查看器”窗口，显示数据的个案处理摘要表和运动*诊断结果交叉表，如图 16.6 所示。

3. 打开汇总表数据文件

选择菜单栏中的“文件”→“打开”→“数据”命令，弹出“打开数据”对话框，选择“胃病样本汇总表.sav”文件，单击“打开”按钮，打开数据文件。

图 16.5 “交叉表”对话框

个案处理摘要

	个案					
	有效		缺失		总计	
	N	百分比	N	百分比	N	百分比
运动 * 诊断结果	20	100.0%	0	0.0%	20	100.0%

运动 * 诊断结果 交叉表

计数

		诊断结果		
		正常	胃病	总计
运动	不运动	5	2	7
	偶尔运动	8	0	8
	长期运动	5	0	5
总计		18	2	20

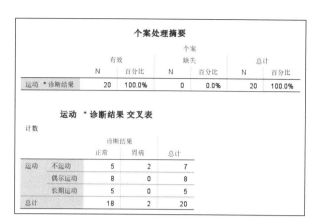

图 16.6 交叉表分析结果 1

4. 汇总表数据加权

选择菜单栏中的“数据”→“个案加权”命令，弹出“个案加权”对话框，选择“个案加权依据”选项，在“频率变量”列表中选择“调查频数”变量作为权重的变量，如图 16.7 所示。单击“确定”按钮，关闭对话框，对变量下的个案加权。

5. 交叉表分析

单击工具栏中的“重新调用最近使用的对话框”按钮，在下拉列表中选择“交叉表”命令，弹出“交叉表”对话框，在“行”列表中添加“诊断结果”变量；在“列”列表中添加“运动习惯”变量。单击“确定”按钮，弹出“IBM SPSS Statistics 查看器”窗口，显示数据的个案处理摘要表和诊断结果*运动习惯交叉表，如图 16.8 所示。

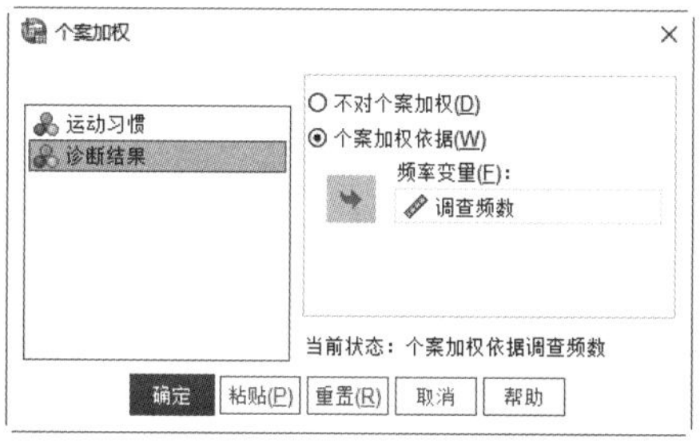

图 16.7 “个案加权”对话框

个案处理摘要

	个案					
	有效		缺失		总计	
	N	百分比	N	百分比	N	百分比
诊断结果 * 运动习惯	20	100.0%	0	0.0%	20	100.0%

诊断结果 * 运动习惯 交叉表

计数

		运动习惯			
		不运动	偶尔运动	长期运动	总计
诊断结果	胃病	2	0	0	2
	正常	5	8	5	18
总计		7	8	5	20

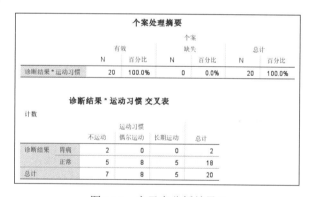

图 16.8 交叉表分析结果 2

6. 分析结果

两种数据录入格式的交叉检验结果相同：不运动患胃病的人数最多。

16.2 交叉表分布特征

交叉表是一种行列交叉的分类汇总表格，行和列上至少各有一个分类变量，在行和列的交叉处可以对数据进行多种计算，如求和、求平均值、计数等。

【执行方式】

菜单栏：选择菜单栏中的“分析”→“描述统计”→“交叉表”→“单元格”命令。

操作步骤

执行此命令，弹出“交叉表：单元格显示”对话框，如图 16.9 所示。用于指定交叉表的输出内容，输出的表格中的每个单元格可以包含选定计数、百分比和残差的任意组合。

【选项说明】

下面介绍“交叉表：单元格显示”对话框中的常用选项。

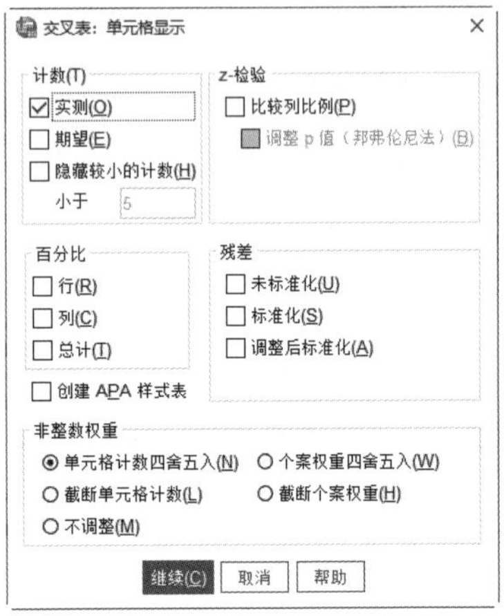

图 16.9 “交叉表：单元格显示”对话框

（1）“计数”选项组。选择交叉表中数据计数的依据。

- 实测：勾选此复选框，如果行变量和列变量彼此独立，则计算实际的个案数。
- 期望：勾选此复选框，如果行变量和列变量彼此独立，则计算期望的个案数。
- 隐藏较小的计数：勾选此复选框，隐藏小于指定整数的计数。隐藏的值将显示为“<*N*”，其中，*N* 是指定的整数。指定的整数必须大于或等于 2，尽管允许指定为 0（表示不隐藏任何计数）。

（2）“z-检验”选项组。

- 比较列比例：勾选该复选框将计算列属性的成对比较，并指出给定行中的哪对列明显不同。使用下标字母以 APA 样式在交叉表中标识显著性差异，并以 0.05 显著性水平对其进行计算。如果指定了此选项，但未选择观察计数或列百分比，那么观察计数将包括在交叉表中，并通过 APA 样式的下标字母标识列比例检验结果。
- 调整 p 值（邦弗伦尼法）：列比例的成对比较使用了邦弗伦尼法修正，可以在进行了多个比较后调整观察到的显著性水平。

（3）“百分比”选项组。百分比值可以跨行或沿列进行相加，还提供表（一层）中表示的个案总数的百分比值。如果在“计数”选项组中勾选了“隐藏较小的计数”复选框，那么还将隐藏与隐藏计数相关联的百分比。

（4）“残差”选项组。交叉表提供了三种残差，可测量观察的和期望的频率之间的差异的偏差。

- 未标准化：观测值与期望值之间的差。如果两个变量之间没有关系，那么期望值是期望在单元格中出现的个案数。如果行变量和列变量相互独立，那么正的残差表示单元格中的实际个案数多于期望的个案数。
- 标准化：残差除以其标准差的估计。标准化残差也称为皮尔逊残差，它的平均值为 0，标准差为 1。
- 调整后标准化：单元格的残差（观测值减去期望值）除以其标准误差的估计值。生成的标准化残差表示为平均值上下的标准差单位。

（5）“创建 APA 样式表”复选框。创建符合 APA 样式准则的输出表。选择创建 APA 样式表时，“计算”和“百分比”选项组不可用。

（6）“非整数权重”选项组。单元格计数通常为整数值，因为它们代表每个单元格中的个案个数。如果数据当前按某个带小数值（如 1.5）的权重变量进行加权，那么单元格计数也可能是小数值。在计算单元格计数之前可以进行截断或舍入，或者都使用小数单元格计数。

- 单元格计数四舍五入：在计算任何统计量之前，个案权重按原样使用，但单元格中的累积权重要四舍五入。
- 截断单元格计数：在计算任何统计量之前，个案权重按原样使用，但截断单元格中的累积权重。
- 不调整：个案权重按原样使用且使用小数单元格计数。但是，当需要“精确”统计时，在计算“精确”检验统计之前，单元格中的累积权重或截断或四舍五入。
- 个案权重四舍五入：在使用之前对个案权重进行四舍五入。
- 截断个案权重：在使用之前对个案权重进行截断。

★重点 动手学——分析城市与居民住房满意度的关系

扫一扫，看视频

源文件：源文件\第 16 章\住房问题调查表.sav

为了研究城市与居民住房满意度之间的关系，研究人员在北京、上海两个城市各抽样调查 300 户家庭，得到汇总表数据。本实例利用交叉表来分析城市与居民住房满意度的关系。

操作步骤

1. 打开数据文件

选择菜单栏中的“文件”→“打开”→“数据”命令，弹出“打开数据”对话框，选择“住房问题调查表.sav”文件，单击“打开”按钮，打开数据文件。

2. 交叉表分析

（1）选择菜单栏中的“分析”→“描述统计”→“交叉表”命令，弹出图 16.10 所示的“交叉表”对话框，在“行”列表中添加“城市因素”变量；在“列”列表中添加“回答因素”变量。

（2）单击“确定”按钮，弹出“IBM SPSS Statistics 查看器”窗口，显示数据的个案处理摘要表和城市*回答类别交叉表，如图 16.11 所示。

图 16.10 “交叉表”对话框

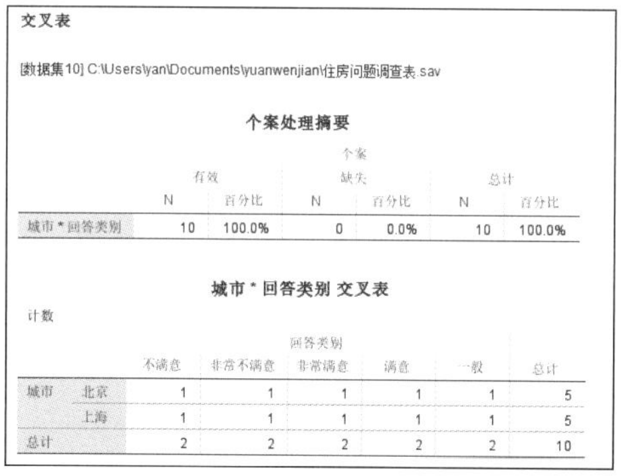

交叉表

[数据集10] C:\Users\yan\Documents\yuanwenjian\住房问题调查表.sav

个案处理摘要

	个案					
	有效		缺失		总计	
	N	百分比	N	百分比	N	百分比
城市 * 回答类别	10	100.0%	0	0.0%	10	100.0%

城市 * 回答类别 交叉表

计数

		回答类别					
		不满意	非常不满意	非常满意	满意	一般	总计
城市	北京	1	1	1	1	1	5
	上海	1	1	1	1	1	5
总计		2	2	2	2	2	10

图 16.11 交叉表分析结果 1

3. 数据加权

选择菜单栏中的“数据”→“个案加权”命令，弹出“个案加权”对话框，选择“个案加权依据”选项，在“频率变量”列表中选择“户数”变量作为权重的变量，如图 16.12 所示。单击“确定”按钮，关闭对话框，对变量下的个案加权。

4. 交叉表分析

单击工具栏中的“重新调用最近使用的对话框”按钮，在下拉列表中选择“交叉表”命令，弹出“交叉表”对话框，该对话框中显示参数保持之前的选择。单击“确定”按钮，弹出“IBM SPSS Statistics 查看器”窗口，会显示数据的个案处理摘要表和城市*回答类别交叉表，如图 16.13 所示。

图 16.12 “个案加权”对话框

交叉表

个案处理摘要

	个案					
	有效		缺失		总计	
	N	百分比	N	百分比	N	百分比
城市 * 回答类别	600	100.0%	0	0.0%	600	100.0%

城市 * 回答类别 交叉表

计数

		回答类别					
		不满意	非常不满意	非常满意	满意	一般	总计
城市	北京	108	24	30	45	93	300
	上海	99	21	38	64	78	300
总计		207	45	68	109	171	600

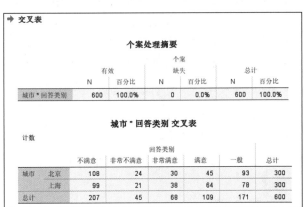

图 16.13 交叉表分析结果 2

5. 分析结果

观察图 16.11 和图 16.13 中的两个交叉表可知：

（1）在汇总表数据没有加权时得出的交叉表中可以看出，SPSS 只按照实际的行数进行了统计，不能反映真实的情况。

（2）在汇总表数据加权后得出的交叉表中，清晰地反映出了城市对应的满意程度的人数，发现北京的家庭对住房的满意程度低于上海。

6. 计算城市与居民住房满意度百分比

（1）单击工具栏中的“重新调用最近使用的对话框”按钮，在下拉列表中选择“交叉表”命令，弹出“交叉表”对话框，该对话框中显示参数保持之前的选择。

（2）单击“单元格”按钮，弹出“交叉表：单元格显示”对话框，勾选“百分比”选项组中的“行”复选框，如图 16.14 所示。指定交叉表的输出内容，输出的表中的每个单元格可以包含计数、百分比和残差的任意组合。

（3）单击“确定”按钮，弹出“IBM SPSS Statistics 查看器”窗口，显示在交叉表中添加了“占城市因素的百分比”，如图 16.15 所示。

7. 分析结果

观察图 16.15 中的交叉表可知：在 5 种满意度调查结果中，总计中的“不满意”占比为 34.5%，所占比重最大；其次是“一般”，占比为 28.5%；在此基础上增加城市因素，进一步查看数据的分布。在 5 种满意度调查结果中，北京、上海的比例不太平衡。

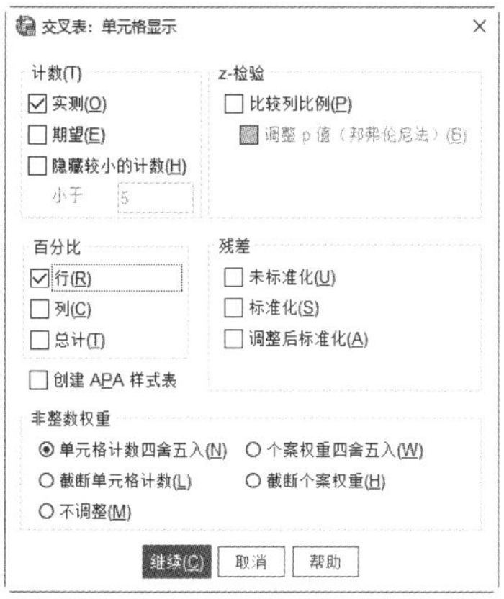

图 16.14　“交叉表：单元格显示”对话框

个案处理摘要

	有效 N	有效 百分比	缺失 N	缺失 百分比	总计 N	总计 百分比
城市因素 * 回答因素	600	100.0%	0	0.0%	600	100.0%

城市因素 * 回答因素 交叉表

			不满意	非常不满意	非常满意	满意	一般	总计
城市因素	北京	计数	108	24	30	45	93	300
		占 城市因素 的百分比	36.0%	8.0%	10.0%	15.0%	31.0%	100.0%
	上海	计数	99	21	38	64	78	300
		占 城市因素 的百分比	33.0%	7.0%	12.7%	21.3%	26.0%	100.0%
总计		计数	207	45	68	109	171	600
		占 城市因素 的百分比	34.5%	7.5%	11.3%	18.2%	28.5%	100.0%

图 16.15　交叉表分析结果 3

16.3　列联表相关性检验

在实际的工作中，列联表相关性检验主要用于分析两个变量之间是否存在关系，或者是否独立，其原假设为两个变量之间没有关系，是独立的。相关性检验的原假设为不相关。因此，如果检验结果拒绝了原假设，就可以说明在总体中两个变量也存在同样的相关性。

16.3.1　列联表的相关系数

通过列联表可以直观地观察到两个变量之间是否存在相关关系及其关系的强弱和方向，而相关系数则更精确地反映了两个变量之间的相关关系强度的大小和方向。

列联表的相关系数非常多，当选择相关系数时，需要遵循以下几个原则。

- 根据变量的测量尺度（定类、定序、定距和定比）使用不同的相关测量法，选择不同的相关系数。
- 判断两个变量之间的关系是对称的还是不对称的。对称关系不区分自变量和因变量，而不对称关系则要区分自变量和因变量。
- 尽量选择具有消减误差比例意义的相关系数（PRE 测量法）。

根据变量的测量尺度，有六种相关测量情况，对应的相关测量法见 3.1 节。

- 两个定类变量。
- 两个定序变量。
- 两个定距变量。
- 一个定类变量和一个定距变量。
- 一个定类变量和一个定序变量。
- 一个定序变量和一个定距变量。

下面具体介绍相关系数的测量方法。

1. 两个定类变量

测量两个定类变量的相关系数，可以使用的方法主要有 Lambda 相关测量法或古德曼（Goodman）和古鲁斯卡（Kruskal）的 tau-y 系数。

（1）Lambda 相关测量法。又称格特曼的可预测度系数（Guttman's coefficient of predictability），其基本逻辑是，以一个定类变量的值来预测另一个定类变量的值时，如果以众数作为预测标准，可以减少多少误差。消减的误差在全部误差中占比越大，就说明两个变量的相关性越强。Lambda 相关测量法有两种形式。

- 对称形式：假定两个变量之间的关系是对称的，即不区分自变量和因变量。
- 不对称形式：要求一个变量是自变量，另一个变量是因变量。

（2）古德曼和古鲁斯卡的 tau-y 系数。tau-y 系数属于不对称相关测量法，要求两个定类变量中一个是自变量，另一个是因变量，系数值范围为[0,1]。

2．两个定序变量

测量一个定序变量与另一个定序变量的相关系数，可以使用的方法主要有 Gamma 系数、d 系数、肯德尔的 tau 系数及斯皮尔曼的 rho 系数。

（1）Gamma 系数。

计算公式：

$$G = \frac{N_s - N_d}{N_s + N_d}$$

其中，N_s 为同序对数，N_d 为异序对数。

Gamma 系数不考虑同分对数。公式中的分母表示在预测或解释任何一个个案的相对等级时可能的最大误差。公式中的分子表示以一对个案在一个变量上的相对等级来预测其在另一变量上的相对等级所能减少的误差。Gamma 系数属于对称相关测量法。

（2）d 系数。

计算公式：

$$D = \frac{N_s - N_d}{N_s - N_d + T_y}$$

其中，N_s 为同序对数，N_d 为异序对数，T_y 为只在因变量 y 上同分的对数。d 系数属于非对称相关测量法。

（3）肯德尔的 tau 系数。

肯德尔的 tau 系数有三种，分别为 tau-a、tau-b、tau-c，都适用于分析对称形式的变量关系。其基本逻辑是计算同序对数与异序对数之差在全部可能对数中所占的比例。

- 如果在两个变量上都没有同分对数，则使用 tau-a，该系数值在-1～1 之间。
- 如果有同分对数，并且在交叉分组表的行数与列数相同（即 $r = c$）的情况下，可用 tau-b，其系数值在-1～1 之间。
- tau-c 则不考虑是否有同分对数，也不考虑交叉分组表的行数与列数是否相等，其系数值在-1～1 之间。tau-c 系数适用于社会科学研究领域，因为在设计社会科学研究的问卷时，各个问题的选项不一定都相同，在做交叉分析时，表的大小无一定规则，表中会存在很多同分对数。

（4）斯皮尔曼 rho 系数。

斯皮尔曼 rho 系数也称等级相关系数，其特点是在计算每个个案在两个变量上的等级时，不仅要区别二者的高低差异，还要计算二者差异的确切数值。斯皮尔曼 rho 系数属于对称相关测量法，其统计值在-1～1 之间，具有消减误差比例的意义。

3. 两个定距变量

如果研究的变量都属于定距变量，当以自变量的值预测或估计因变量的值时，则可以用简单线性回归分析法也可以用积距相关系数来测量两个变量的相关程度。

（1）简单线性回归分析法。根据直线方程式，以自变量（x）的值来预测因变量（y）的值。方程式表示为 $y_1=a+bx$。

由于实际值是 y，所以预测误差为 $e = y - y_1$。虽然将全部样本个案的 e 累计相加的值就是误差总数，但这样做的结果会引起正负值相抵消的问题。为了解决“正负抵消”问题，先累计相加 e^2，再使之最小，这就是所谓的“最小二乘法准则”。

（2）积距相关系数。尽管可以使用简单线性回归分析法计算 b 的值，能够以 x 的变化预测 y 的变化，但由于 b 值没有上限，难以判断变量的相关关系的强弱。因此需要应用皮尔逊的积距相关系数（r）。

4. 定类变量与定距变量、定类变量与定序变量、定序变量与定距变量

（1）定类变量与定距变量：相关比率测量法（Eta）。相关比率是测量一个定类变量与一个定距变量相关关系的方法。其中，定类变量为自变量，定距变量为因变量。相关比率就是根据自变量的值来预测或估计因变量的均值。Eta 系数值在 0～1 之间，其平方值具有消减误差比例的意义。

（2）定类变量与定序变量：Lambda 相关测量法、tau-y 系数。

（3）定序变量与定距变量：相关比率测量法。

16.3.2 列联表卡方检验

如果所分析的样本数据是通过随机抽取调查获得的，要想通过样本统计量来推论总体是否也存在同样的结论时，就需要进行卡方检验。卡方检验是一种用途很广的假设检验方法，属于非参数检验的范畴，主要是对两个或两个以上样本率以及两个分类变量的关联性分析。

卡方检验方法的适用条件如下：

- $n \geqslant 40$ 且 $T \geqslant 5$，用皮尔逊卡方检验。
- $n \geqslant 40$ 且 $1 \leqslant T < 5$，用连续性校正卡方检验。
- $n < 40$ 或 $T < 1$，用费希尔（Fisher）精确概率检验。

【执行方式】

单击“交叉表”对话框中的“统计”按钮。

操作步骤

执行此命令，弹出“交叉表：统计”对话框，设置输出统计量，如图 16.16 所示。

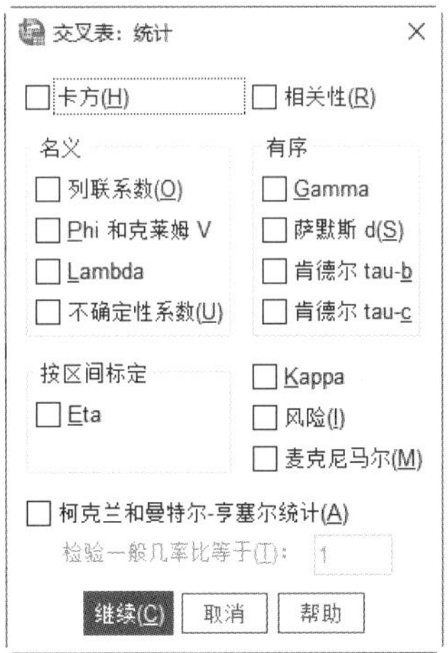

图 16.16 “交叉表：统计”对话框

【选项说明】

下面介绍“交叉表：统计”对话框中的常用选项。

（1）通用统计变量：卡方和相关性。

1）卡方：适用于 2×2 表，计算皮尔逊卡方、似然比卡方、Fisher 的精确检验和 Yates 修正卡方（连续性修正），以下是几种适用情况。

- 对于 2×2 表，如果表不是从具有期望频率小于 5 的单元的较大表中的缺失行或列得来的，

则计算 Fisher 的精确检验。

- 对所有其他 2×2 表，计算 Yates 修正卡方。
- 对于具有任意行列数的表，计算皮尔逊卡方和似然比卡方。
- 当两个表变量都是定量变量时，产生线性关联检验。

2）相关性：适用于行和列都包含排序值的表，将生成斯皮尔曼相关系数 rho（仅数值数据）。rho 系数是秩次之间的关联的测量，当两个表变量（因子）都是定量变量时，产生皮尔逊相关系数 r，这是变量之间的线性关联的定量。

（2）“名义”选项组。对于名义数据（无内在顺序），可以选择列联系数、Phi 和克莱姆 V、Lambda（对称和非对称 Lambda 以及 Goodman 和 Kruskal 的 tau-y 系数）和不确定性系数。

- 列联系数：一种基于卡方的关联性测量，值的范围为 0～1。其中，0 表示行变量和列变量之间不相关，值越接近于 1 表示变量之间的相关关系越强。可能的极大值取决于表中的行数和列数。
- Phi 和克莱姆 V：基于卡方统计量的关联性测量，Phi（系数）将卡方检验统计测量除以样本大小，并取结果的平方根；克莱姆 V 衡量分类数据之间的相关程度。
- Lambda：一种相关测量法，它反映当使用自变量的值来预测因变量的值时，误差成比例缩小。值为 1 表示自变量能完全预测因变量，值为 0 表示自变量对于预测因变量无用。
- 不确定性系数：一种相关测量法，表示当一个变量的值用于预测其他变量的值时，误差成比例下降的程度。例如，不确定系数为 0.83，表示如果确定一个变量的值，则在预测其他变量的值时误差将减少 83%。

（3）“有序”选项组。对于行和列都包含已排序值的表，选择 Gamma、肯德尔 tau-b 和肯德尔 tau-c。当根据行类别预测列类别时，选择萨默斯 d。

- Gamma：两个有序变量之间的相关性的对称测量，它的范围为-1～1。绝对值接近于 1，表示两个变量之间存在紧密的关系；接近于 0，表示关系较弱或没有关系。对于 2 阶表，显示零阶 Gamma；对于 3 阶表到 n 阶表，显示条件 Gamma。
- 萨默斯 d：两个有序变量之间相关性的测量，它的范围为-1～1。绝对值接近于 1，表示两个变量之间存在紧密的关系；接近于 0，表示两个变量之间的关系很弱或没有关系。萨默斯 d 是 Gamma 的不对称扩展，不同之处仅在于它包含了未约束到自变量上的成对的数目。还将计算此统计量的对称版本。
- 肯德尔 tau-b：将结（相同值）考虑在内的有序变量或排序变量的非参数相关性测量。系数的符号指示关系的方向，绝对值指示关系的强度，绝对值越大表示关系的强度越高。可能的取值范围为-1～1，但-1 或 1 只能从正方表中取得。
- 肯德尔 tau-c.：忽略结（相同值）的有序变量的非参数关联性测量。系数的符号指示关系的方向，绝对值指示关系的强度，绝对值越大表示关系的强度越高。可能的取值范围为-1～1，但-1 或 1 只能从正方表中取得。

（4）“按区间标定”选项组。

Eta：范围为 0～1 的相关性测量，其中，0 表示行变量和列变量之间无相关性，值接近于 1 表示高度相关。Eta 适用于在区间尺度上度量的因变量（如收入）以及具有有限类别的自变量（如性别）。计算两个 Eta 值：一个将行变量视为区间变量，另一个将列变量视为区间变量。

（5）Kappa 复选框。当两个估计方在估计同一个对象时，Cohen 的 Kappa 用于度量两者的估计之间的一致性。1 表示完全一致，0 表示几乎完全不一致。Kappa 基于平方表，其中列和行值代表相同刻度。在任何单元格中，如果有一个变量有观察值，但另一个变量没有观察值，则单元格会分配计数 0。如果这两个变量的数据存储类型（字符串或数值）不同，则不计算 Kappa。对于字符串变量，这两个变量必须有相同的定义长度。

（6）“风险”复选框。适用于 2×2 表中某因子的存在与某事件的发生之间关联性强度的测量。如果该统计量的置信区间包含值 1，则不能假设因子与事件相关。当因子出现很少时，概率比可用作估计相对风险。

（7）“麦克尼马尔”复选框。两个相关二分变量的非参数检验。使用卡方分布检验响应改变“之前与之后”设计中的试验干预会导致因变量发生变化，它对于检测到这些变化很有用。对于较大的正方表，会报告对称性的 McNemar-Bowker 检验。

（8）“柯克兰和曼特尔-亨塞尔统计”复选框。用于检验二分因子变量和二分响应变量之间的条件独立性，条件是给定一个或多个分层（控制）变量定义的协变量模式。其他统计逐层计算，而 Cochran 和 Mantel-Haenszel 统计对所有层进行一次性计算。

★重点 动手学——分析性别与对开设课程的看法的关系

扫一扫，看视频

源文件：源文件\第 16 章\毕业生开设课程.sav

某大学为了解毕业生对开设《职业规划》这门课程的看法（赞同、反对、中立），随机抽取了 100 名毕业生进行调查。本实例利用卡方检验分析毕业生的性别和对开设课程的看法之间的关系。

卡方检验原假设：毕业生的性别和对开设课程的看法之间无关系。

操作步骤

1．打开数据文件

选择菜单栏中的“文件”→“打开”→“数据”命令，弹出“打开数据”对话框，选择“毕业生开设课程.sav”文件，单击“打开”按钮，打开数据文件，如图 16.17 所示。该文件中的数据为数字型分类变量，因此不需要进行加权计算。

2．交叉表分析

（1）选择菜单栏中的“分析”→“描述统计”→“交叉表”命令，弹出❶“交叉表”对话框，在❷“行”列表中添加“性别”变量，在❸“列”列表中添加“看法”变量，❹勾选“显示簇状条形图”复选框，如图 16.18 所示。

（2）单击❺“统计”按钮，弹出“交叉表：统计”对话框，勾选❻“卡方”复选框，如图 16.19 所示。单击“继续”按钮，返回主对话框。单击❼“单元格”按钮，弹出“交叉表：单元格显示”对话框，如图 16.20 所示。在❽“计数”选项组中勾选“实测”“期望”复选框，在❾“百分比”选项组中勾选“行”“列”复选框。

（3）单击“继续”按钮，返回主对话框。单击“确定”按钮，弹出“IBM SPSS Statistics 查看器”窗口，显示数据的个案处理摘要表、性别*看法交叉表、卡方检验表、条形图，如图 16.21 所示。

3．分析结果

在图 16.21 中，个案处理摘要表中输出的是各个值在不同组中的占比和总占比；卡方检验表中显示的是两种检验系数，显著性值均大于 0.05，因此原假设成立，即性别和对开设课程的看法之间无显著关系，是独立的。

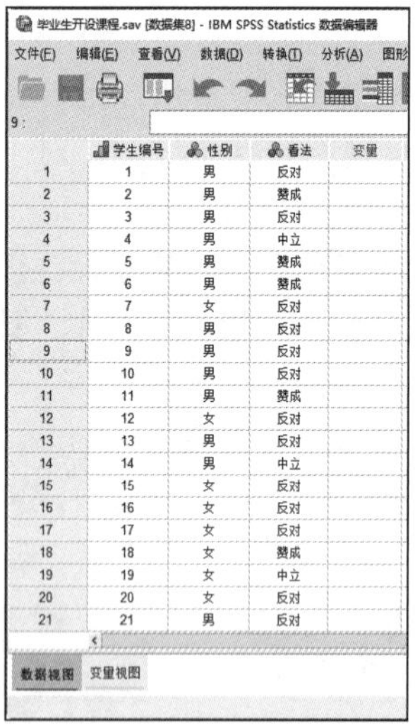

图 16.17 毕业生开设课程数据

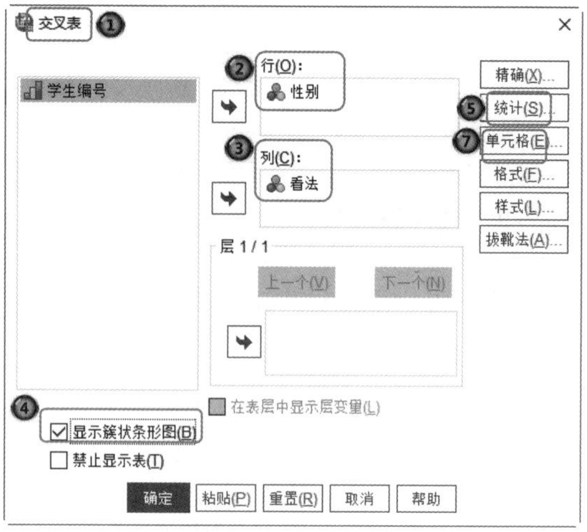

图 16.18 “交叉表”对话框

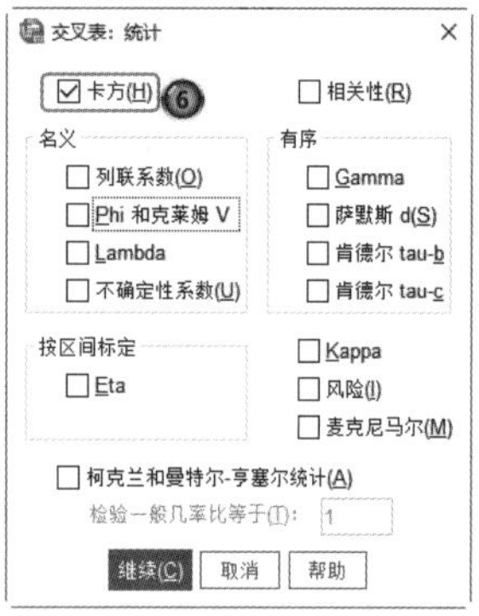

图 16.19 “交叉表：统计”对话框

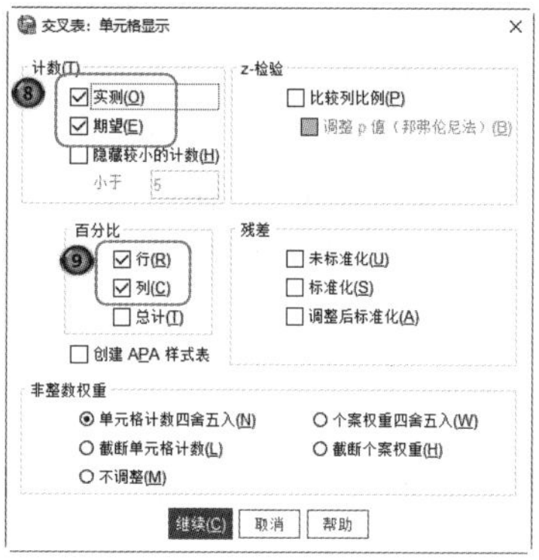

图 16.20 “交叉表：单元格显示”对话框

个案处理摘要

	个案 有效 N	有效 百分比	缺失 N	缺失 百分比	总计 N	总计 百分比
性别 * 看法	100	100.0%	0	0.0%	100	100.0%

性别 * 看法 交叉表

			看法 赞成	反对	中立	总计
性别	男	计数	13	31	15	59
		期望计数	13.0	31.3	14.8	59.0
		占 性别 的百分比	22.0%	52.5%	25.4%	100.0%
		占 看法 的百分比	59.1%	58.5%	60.0%	59.0%
	女	计数	9	22	10	41
		期望计数	9.0	21.7	10.3	41.0
		占 性别 的百分比	22.0%	53.7%	24.4%	100.0%
		占 看法 的百分比	40.9%	41.5%	40.0%	41.0%
总计		计数	22	53	25	100
		期望计数	22.0	53.0	25.0	100.0
		占 性别 的百分比	22.0%	53.0%	25.0%	100.0%
		占 看法 的百分比	100.0%	100.0%	100.0%	100.0%

卡方检验

	值	自由度	渐进显著性（双侧）
皮尔逊卡方	.016[a]	2	.992
似然比	.016	2	.992
线性关联	.005	1	.946
有效个案数	100		

a. 0 个单元格 (0.0%) 的期望计数小于 5。最小期望计数为 9.02。

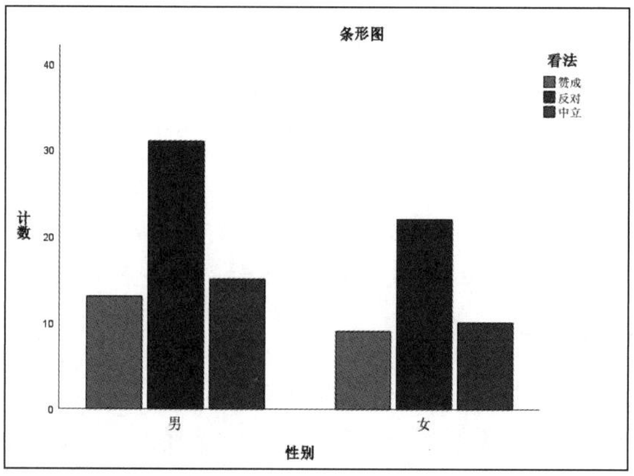

图 16.21 交叉表分析结果

扫一扫，看视频

★重点 动手学——分层卡方检验分析城市与居民住房满意度的关系

源文件：源文件\第 16 章\住房问题调查表编码.sav

研究人员在北京、上海两个城市各抽样调查 300 户家庭，得到调查汇总表。本实例利用分层卡方检验分析城市和居民住房满意度之间的关系。分层卡方检验是把研究对象分解成不同层次，按各层对象进行行变量与列变量的独立性研究。分层卡方检验原假设：城市和居民住房满意度之间无显著关系。

操作步骤

1. 打开数据文件

选择菜单栏中的“文件”→“打开”→“数据”命令，弹出“打开数据”对话框，选择“住房问题调查表编码.sav”文件。单击“打开”按钮，打开数据文件，如图 16.22 所示。

2. 数据加权

选择菜单栏中的“数据”→“个案加权”命令，弹出“个案加权”对话框，选择“个案加权依据”选项，在“频率变量”列表中选择“户数”变量作为权重的变量，如图 16.23 所示。单击“确定”按钮，关闭对话框，对变量下的个案加权。加权处理后，系统会将“户数”这一列的变量识别为频数，而不是一个数值。

3. 交叉表分析

（1）选择菜单栏中的“分析”→“描述统计”→“交叉表”命令，弹出“交叉表”对话框，在“行”列表中添加“城市”变量；在“列”列表中添加“回答类别”变量；在“层”列表中添加“户数”变量，如图 16.24 所示。

（2）单击“统计”按钮，弹出“交叉表：统计”对话框，勾选“卡方”复选框和“名义”选项组中的“Phi 和克莱姆 V”复选框，如图 16.25 所示。

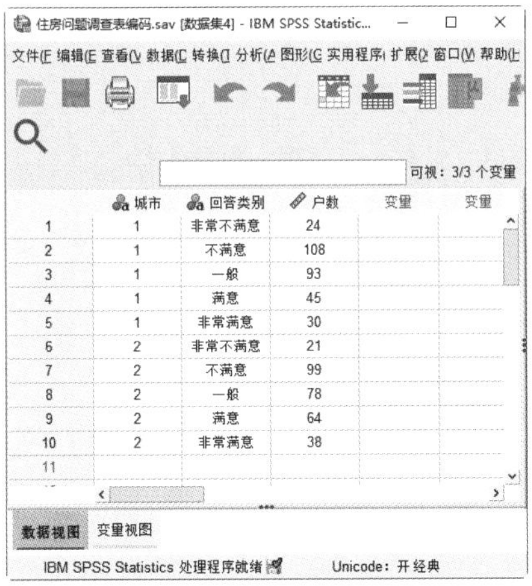

图 16.22　住房问题调查表编码数据

图 16.23　“个案加权”对话框

（3）单击“继续”按钮，返回主对话框。单击“确定”按钮，弹出“IBM SPSS Statistics 查看器”窗口，显示数据的分析结果，如图 16.26 所示。

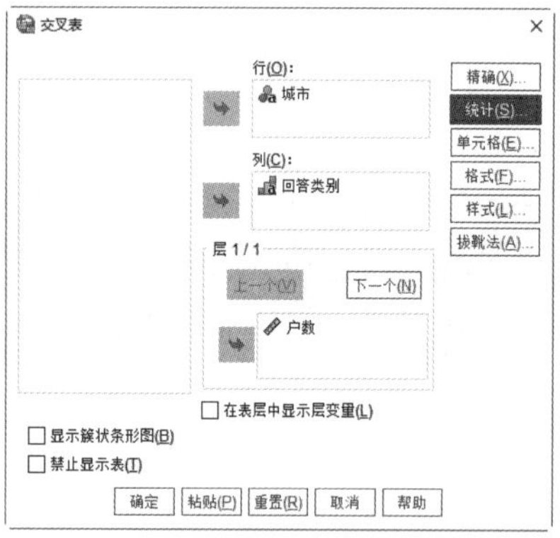

图 16.24 “交叉表”对话框

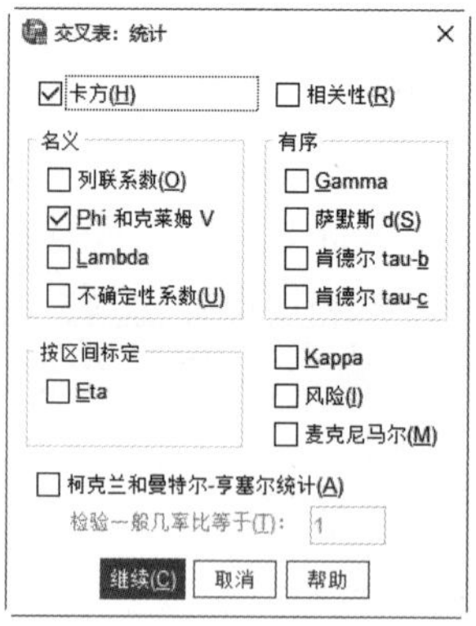

图 16.25 “交叉表：统计”对话框

卡方检验

户数		值	自由度	渐进显著性（双侧）
21	皮尔逊卡方	.b		
	有效个案数	21		
24	皮尔逊卡方	.b		
	有效个案数	24		
30	皮尔逊卡方	.b		
	有效个案数	30		
38	皮尔逊卡方	.b		
	有效个案数	38		
45	皮尔逊卡方	.b		
	有效个案数	45		
64	皮尔逊卡方	.b		
	有效个案数	64		
78	皮尔逊卡方	.b		
	有效个案数	78		
93	皮尔逊卡方	.b		
	有效个案数	93		
99	皮尔逊卡方	.b		
	有效个案数	99		
108	皮尔逊卡方	.b		
	有效个案数	108		
总计	皮尔逊卡方	6.160a	4	.187
	似然比	6.181	4	.186
	有效个案数	600		

a. 0 个单元格 (0.0%) 的期望计数小于 5。最小期望计数为 22.50。

b. 由于 城市 和 回答类别 是常量，因此未计算任何统计。

对称测量

户数			值	渐进显著性
21	名义到名义	Phi	.c	
	有效个案数		21	
24	名义到名义	Phi	.c	
	有效个案数		24	
30	名义到名义	Phi	.c	
	有效个案数		30	
38	名义到名义	Phi	.c	
	有效个案数		38	
45	名义到名义	Phi	.c	
	有效个案数		45	
64	名义到名义	Phi	.c	
	有效个案数		64	
78	名义到名义	Phi	.c	
	有效个案数		78	
93	名义到名义	Phi	.c	
	有效个案数		93	
99	名义到名义	Phi	.c	
	有效个案数		99	
108	名义到名义	Phi	.c	
	有效个案数		108	
总计	名义到名义	Phi	.101	.187
		克莱姆 V	.101	.187
	有效个案数		600	

c. 由于 城市 和 回答类别 是常量，因此未计算任何统计。

图 16.26 交叉表分析结果

4. 分析结果

观察图 16.26 中的卡方检验表，总计行中的皮尔逊卡方值=6.160、自由度=4、渐进显著性（双侧）值=0.187。

根据卡方值推测显著性值，卡方值等于 1.858，自由度是 4，对应的显著性值在 0.0～0.25 之间，计算得到 0.187，大于 0.05，因此原假设成立，即城市和居民住房满意度之间无显著关系，是独立的。

扫一扫，看视频

★重点 动手学——分析男女生对餐厅改革的建议结果

源文件：源文件\第 16 章\学生对餐厅改革的调查表.sav

Kappa 一致性检验用于评价两种方法结果的一致程度，而配对卡方检验用于分析两种分类方法的分类结果是否有差异。

一所大学准备开展学生对餐厅改革的调查。为了解男女学生对这一措施的建议，分别抽取了 300 名男学生和 400 名女学生进行调查，汇总数据见“学生对餐厅改革的调查表.sav”文件。使用 Kappa 一致性检验判断男女生的建议结果是否一致。

操作步骤

1. 打开数据文件

选择菜单栏中的“文件”→“打开”→“数据”命令，弹出“打开数据”对话框，选择“学生对餐厅改革的调查表.sav”文件。单击“打开”按钮，打开数据文件，如图 16.27 所示。

2. 数据加权

选择菜单栏中的“数据”→“个案加权”命令，弹出“个案加权”对话框，选择“个案加权依据”选项，在“频率变量”列表中选择“调查结果”变量作为权重的变量，如图 16.28 所示。单击“确定”按钮，关闭对话框，对变量下的个案加权。

男同学建议	女同学建议	调查结果
赞成	赞成	90
赞成	中立	150
赞成	反对	160
中立	赞成	120
中立	中立	220
中立	反对	60
反对	赞成	90
反对	中立	180
反对	反对	130

图 16.27　学生对餐厅改革的调查数据

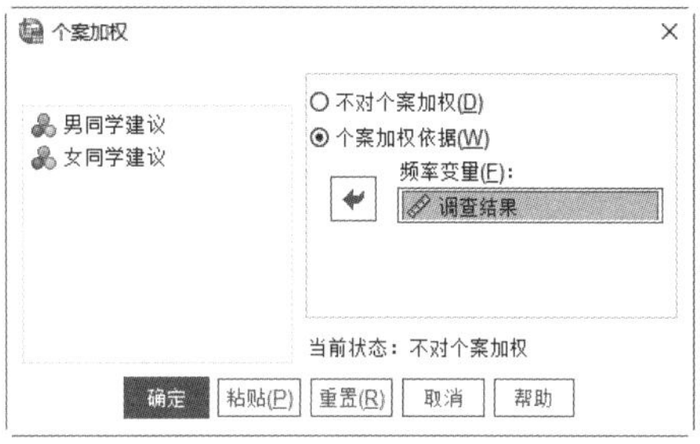

图 16.28　“个案加权”对话框

3. 交叉表分析

（1）选择菜单栏中的“分析”→“描述统计”→“交叉表”命令，弹出“交叉表”对话框，在“行”列表中添加“男同学建议”变量，在“列”列表中添加“女同学建议”变量，如图 16.29 所示。单击“统计”按钮，弹出“交叉表：统计”对话框，勾选 Kappa、“麦克尼马尔”复选框，如图 16.30 所示。单击“继续”按钮，返回主对话框。

（2）单击“确定”按钮，弹出“IBM SPSS Statistics 查看器”窗口，显示数据的个案处理摘要表、男同学建议*女同学建议交叉表、卡方检验表、对称测量表，如图 16.31 所示。

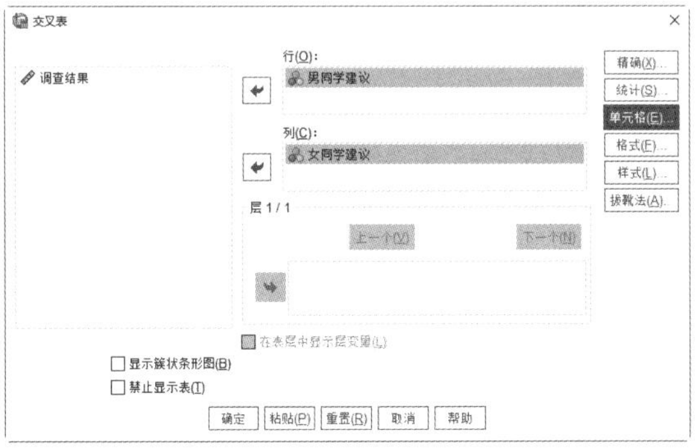

图 16.29　“交叉表”对话框

图 16.30　“交叉表：统计”对话框

4. 分析结果

Kappa 一致性检验的原假设：Kappa=0，即两者完全无关。当 Kappa=1 时，说明两者结果完全一致；当 Kappa=−1 时，说明两者结果完全不一致；当 Kappa=0 时，说明结果一致性具有随机性；当 Kappa 取值在 0.75～1 之间时，说明一致性较好；当 Kappa 取值在 0.4～0.75 之间时，说明一致性中等；当 Kappa 取值在 0～0.4 之间时，说明一致性很差；当 Kappa 取值小于 0 时，说明结果很不一致，几乎无实际意义。

在图 16.31 中的对称测量表中显示：Kappa=0.050，渐进显著性=0.013，小于 0.05，因此拒绝原假设，即认为男女生的建议结果一致性具有随机性。

卡方检验原假设：男女生的建议结果无差别。在图 16.31 中的卡方检验表中显示：渐进显著性（双侧）= 0.000，小于 0.001，因此拒绝原假设，即认为存在极显著的差异。

个案处理摘要

	个案					
	有效		缺失		总计	
	N	百分比	N	百分比	N	百分比
男同学建议 * 女同学建议	1200	100.0%	0	0.0%	1200	100.0%

男同学建议 * 女同学建议 交叉表

计数

		女同学建议			
		赞成	中立	反对	总计
男同学建议	赞成	90	150	160	400
	中立	120	220	60	400
	反对	90	180	130	400
总计		300	550	350	1200

卡方检验

	值	自由度	渐进显著性（双侧）
麦克尼马尔-鲍克检验	82.933	3	.000
有效个案数	1200		

对称测量

		值	渐近标准误差[a]	近似 T[b]	渐进显著性
协议测量	Kappa	.050	.020	2.495	.013
有效个案数		1200			

a. 未假定原假设。

b. 在假定原假设的情况下使用渐近标准误差。

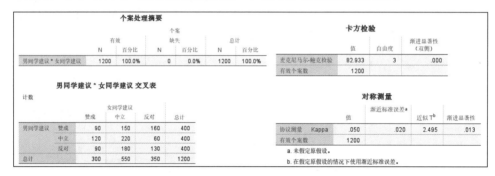

图 16.31　交叉表分析结果

扫一扫，看视频

★重点 动手练——分析两种组装产品方法的合格率

源文件：源文件\第 16 章\两种方法组装产品时间_1.sav

配对卡方检验用于分析两种分类方法的分类结果是否有差异。某车间评估使用两种方法组装某设备的效率，超过 30 分钟认为成绩不合格。随机抽取 12 名工人进行考核，得到工人组装时间的原始数据。本实例利用配对卡方检验分析两种组装产品方法的合格率是否有差异。

思路点拨

（1）打开数据文件“两种方法组装产品时间_1.sav”。配对卡方检验原假设：两种组装产品方法的合格率无差异。

（2）对合格率 1、合格率 2 进行交叉表分析。

（3）单击“统计”按钮，在弹出的“交叉表：统计”对话框中选择“麦克尼马尔”选项。

（4）根据图 16.32 所示的卡方检验表分析：精确显著性（双侧）=0.375，大于 0.05，因此接受原假设，即认为两种组装产品方法的合格率无差异。

卡方检验

	值	精确显著性（双侧）
麦克尼马尔检验		.375[a]
有效个案数	12	

a. 使用了二项分布。

图 16.32　卡方检验结果

第 17 章　回 归 分 析

内容简介

回归分析是一种确定两种或两种以上变量之间相互依赖的定量关系的统计分析方法。相关分析的目的是分析随机变量之间的相关特性，回归分析则侧重于研究随机变量之间的依赖关系，通过回归方程将这种关系表示出来，对具有相关关系变量的变化规律性进行测定，并进一步进行估计和预测。现在，回归分析已经广泛应用于企业管理、商业决策、金融分析等领域。

学习要点

- 线性回归分析
- 非线性回归分析

17.1　回 归 模 型

回归模型（regression model）是一种对统计关系进行定量描述的数学模型，是一种预测性的建模技术。回归模型研究的是因变量和自变量之间的关系，这种模型通常用于预测、分析时间序列模型以及发现变量之间的因果关系。例如，预测保险赔偿、自然灾害的损失、选举的结果和犯罪率等，这些问题最好的研究方法就是使用回归模型。

17.1.1　回归模型的分类

回归模型有许多种，可以按照自变量的个数、因变量的类型、因变量的种类和回归线的形状进行分类。

（1）按照自变量的个数，回归模型可分为一元回归模型和多元回归模型。在一元回归模型中，自变量只有一个；而在多元回归模型中，自变量有两个及两个以上。

（2）按照因变量的类型，回归模型可分为线性回归模型和非线性回归模型。

（3）按照因变量的种类，回归模型可分为线性回归模型（因变量为连续变量）、logistic 回归模型（因变量为分类变量）、泊松回归模型（因变量为计数变量）。这三种回归模型中的自变量可以是任意类型的变量。

（4）按照回归线的形状分类，如果回归模型中只包括一个自变量和一个因变量，并且二者的关系可用一条直线近似表示，则称为一元线性回归模型；如果回归模型中包括两个或两个以上的自变量，并且因变量和自变量之间是非线性关系，则称为多元非线性回归模型。

17.1.2　回归分析预测法

回归分析预测法是研究分析一个因变量对一个或多个自变量的依赖关系，从而通过自变量的已知或设定值来估计或预测因变量均值的一种预测方法。

回归分析预测的步骤如下。

1．根据预测目标，确定自变量和因变量

明确预测的具体目标，也就确定了因变量。例如，预测的具体目标是下一年度的销售量，那么销售量就是因变量。通过市场调查和查阅资料，寻找与预测目标相关的影响因素，即自变量，并且从中选出主要的影响因素。

2．相关分析

相关关系可以分为确定关系和不确定关系。但是无论是确定关系还是不确定关系，只要有相关关系，就可以通过适当的数学关系式，说明一个或多个变量变动时，另一个或几个变量平均变动的情况。

3．建立回归模型

依据自变量和因变量的历史统计资料进行计算，在此基础上建立回归方程，即回归模型。建立回归模型的基本步骤如下。

（1）确定研究对象，明确哪个变量是因变量，哪个变量是自变量。

（2）绘制自变量和因变量的散点图，观察它们之间的关系（如是否存在线性关系等）。

（3）由经验确定回归方程的类型（如果观察到数据呈线性关系，则选用线性回归方程 $y=bx+a$）。

（4）按一定规则估计回归方程中的参数（如最小二乘法拟合）。

（5）得出结果后分析残差图是否有异常（个别数据对应残差过大，或者残差呈现不随机的规律性等）；若存在异常，则检查数据是否有误，或者模型是否合适等。

4．检验回归模型，计算预测误差

回归模型是否可用于实际预测，取决于对回归模型的检验和对预测误差的计算。回归方程只有通过各种检验且预测误差较小，才能将其作为预测模型进行预测。

（1）利用判定系数 R（也称拟合优度）评估最佳拟合线预测的准确性。

（2）F 检验，对回归模型的整体检验。

（3）t 检验，对回归系数的检验。

在一元线性回归中，自变量只有一个，F 检验和 t 检验是等价的，也就是说，假设被 t 检验拒绝，它也将被 F 检验拒绝。但在多元回归分析中，这两种检验的意义是不同的，F 检验用于检验总体回归关系的显著性，t 检验用于检验各个回归系数的显著性。

5．计算并确定预测值

利用回归模型计算预测值，并且对预测值进行综合分析，确定最后的预测值。

（1）如果关系不强或样本量不足，则用最佳拟合线预测的效果不会太好。当所有点都落在最佳拟合线附近时，表示相关性非常强，预测结果会非常准确。当大量的点远离最佳拟合线时，表示相关性非常弱，预测结果会不太准确。

（2）不要使用最佳拟合线对超出样本范围的点进行预测。

（3）一条由过去样本得到的最佳拟合线对现在和未来的预测都是无效的。
（4）不对与样本所在总体不同的总体进行预测。
（5）当相关性不显著或呈现非线性关系时，拟合的线没有意义。

17.1.3 回归模型统计量

回归模型中包含用于模型检验的统计量，下面简单介绍这些统计量的概念。

1. 估计标准误差

回归方程的一个重要作用是根据自变量的已知值估计因变量的理论值（估计值）。而理论值 $\hat{y}$ 与实际值 y 存在差距，这就产生了估计结果的准确性问题。如果差距小，说明推算结果的准确性高；反之，则低。因此，分析理论值与实际值的差距很有意义。

为了度量 y 的理论值与实际值离差的一般水平，可计算估计标准误差。估计标准误差是衡量回归模型的统计分析指标，用于说明观察值围绕着回归直线的变化程度或分散程度，通常用 S_e 表示，其计算公式为

$$S_e = \sqrt{\frac{\sum (y - \hat{y})^2}{n-2}}$$

2. 判定系数

判定系数（coefficient of determination）又称可决系数或决定系数，用 R^2 表示，是指在回归模型中，回归平方和与总离差平方和之比，其数值等于相关系数的平方。

回归分析表明，因变量 y 的实际值（观察值）有大有小、上下波动，对每一个观察值来说，波动的大小可用离差 $(y_i - \bar{y})$ 来表示。产生离差的原因有两个方面：一是受自变量 x 变动的影响；二是受其他因素的影响（包括观察或实验中产生的误差的影响）。

总离差平方和 SST（total sum of squares）：$\text{SST} = \sum_{i=1}^{n}(y_i - \bar{y})^2$，表示 n 个观测值总的波动大小。

误差平方和 SSE（the sum of squares due to error）：$\text{SSE} = \sum_{i=1}^{n}(y_i - \hat{y}_i)^2$，又称残差平方和，它反映了自变量 x 对因变量 y 除线性影响之外的一切因素（包括 x 对 y 的非线性影响和测量误差等）对因变量 y 的作用。

回归平方和 SSR（sum of squares of the regression）：$\text{SSR} = \sum_{i=1}^{n}(\hat{y}_i - \bar{y})^2$，表示在总离差平方和中，由于 x 与 y 的线性关系而引起因变量 y 变化的部分。

可以证明：SST=SSE+SSR（求导得到的两个等式）。

得出判定系数：$R^2 = \frac{\text{SSR}}{\text{SST}} = \frac{\text{SST} - \text{SSE}}{\text{SST}} = 1 - \frac{\text{SSE}}{\text{SST}}$。

R^2 是对估计的回归方程拟合优度的度量值。R^2 取值在 0～1 之间，越接近 1，表明方程中 x 对 y 的解释能力越强。通常将 R^2 乘以 100%来表示回归方程解释 y 变化的百分比。若对所建立的回归方程能否代表实际问题作一个判断，可用是否趋近于 1 来判断回归方程的回归效果好坏。

对于多元线性回归模型来说，假设、求解、显著性检验的推断过程和逻辑是一致的。但对于多元回归模型，拟合优度需要修正，因此，引入调整后的拟合优度 $\bar{R}^2$，公式为

$$\bar{R}^2 = 1-(1-R^2)\frac{n-1}{n-k}$$

其中，R 为拟合优度，k 为包括截距项的估计参数的个数，n 为样本个数。

17.2 线性回归分析

回归分析通过规定因变量和自变量来确定变量之间的因果关系，建立描述变量间相关关系的回归模型。

如果回归函数 $\mu(x;\theta_1,\theta_2,\cdots,\theta_p)$ 是参数 $\theta_1,\theta_2,\cdots,\theta_p$ 的线性函数（不必是 x 线性函数），则称 $Y=\mu(x;\theta_1,\theta_2,\cdots,\theta_p)+\varepsilon,\varepsilon\sim N(0,\sigma^2)$ 为线性回归模型。

17.2.1 标准最小二乘法分析

当有 p 个自变量 $x_1,x_2,\cdots,x_p$ 时，多元线性回归的理论模型为

$$y=\beta_0+\beta_1x_1+\cdots+\beta_px_p+\varepsilon$$

其中，ε 是随机误差，$E(\varepsilon)=0$。

一元线性回归（unary linear regression）是最简单直观的回归模型，在现实生活中很常见，研究的对象只涉及一元变量。

一元线性回归模型可以看作多元线性回归模型的特殊情况，其理论模型为

$$y=\beta_0+\beta_1x+\varepsilon$$

其中，ε 是随机误差，$E(\varepsilon)=0$。

在标准线性回归模型中，假设因变量中的误差与自变量不相关，使用普通最小二乘法（OLS）分析，使误差平方和最小，计算出一个回归系数，使用这个系数，根据自变量的值预测因变量的值，能最大限度地减小根据平均值做预测产生的误差。

【执行方式】

菜单栏：选择菜单栏中的“分析”→“回归”→“线性”命令。

操作步骤

执行此命令，弹出图 17.1 所示的“线性回归”对话框。线性回归分析第一步是根据预测目标，确定回归方程中的自变量 x 和因变量 y。一元线性回归即只有一个自变量和一个因变量。

左侧变量列表中显示统计数据中所有可用的变量，单击“转入”按钮，将变量添加到右侧列表中。

- “因变量”列表：回归方程中的变量 y，即响应变量或因变量。
- “自变量”列表：回归方程中的变量 x，即预测变量或自变量。

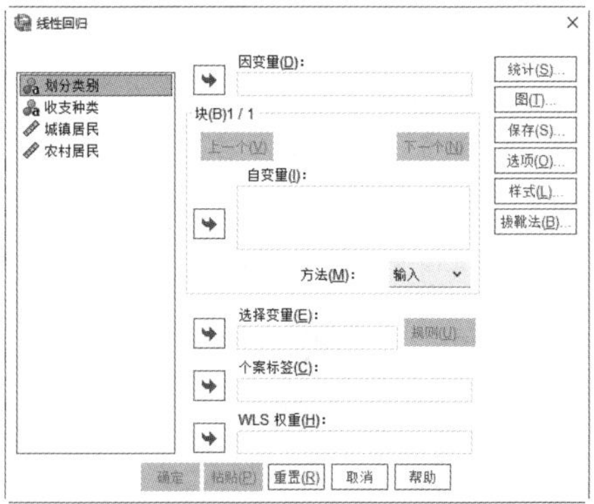

图 17.1 “线性回归”对话框

单击“确定”按钮，弹出“IBM SPSS Statistics 查看器”窗口，会显示输入/除去的变量表、模型摘要表、ANOVA 表（方差分析表）和系数表。

【选项说明】

下面介绍“线性回归”对话框中两个常用的按钮。

1. “统计”按钮

单击该按钮，弹出“线性回归：统计”对话框，选择要在输出表中显示的统计量，默认勾选“估算值”和“模型拟合”复选框，如图 17.2 所示。

（1）“回归系数”选项组。

- 估算值：勾选该复选框，在系数表中输出估计的回归系数、标准误差、标准化系数 beta、t 值及 t 的双尾显著性水平。
- 置信区间：勾选该复选框，在系数表中输出规定级别置信度（如 95%）的回归系数的范围。
- 协方差矩阵：勾选该复选框，输出解释变量的相关系数矩阵和协方差矩阵。

（2）通用选项组。

- 模型拟合：勾选该复选框，在模型摘要表中输出 R、R 方、调整后 R 方、标准估算的误差等。
- R 方变化量：勾选该复选框，在模型摘要表中输出更改前后的 R 方变化值、F 变化量、自由度、显著性 F 变化量。
- 描述：勾选该复选框，输出描述统计表和相关性表，该表中包含平均值、标准偏差和个案数。
- 部分相关性和偏相关性：勾选该复选框，在系数表中输出回归系数的零阶相关系数、偏相关性相关系数、部分相关性相关系数。
- 共线性诊断：勾选该复选框，在系数表中显示共线性诊断表，输出特征值、条件索引和方差比例，进行多重共线性分析。

（3）“残差”选项组。

- 德宾-沃森：勾选该复选框，在残差统计表中显示预测值和三种残差的最小值、最大值、平均值、标准偏差和个案数。
- 个案诊断：勾选该复选框，选择在残差统计表中显示离群值或所有个案。

2. “保存”按钮

单击该按钮，弹出“线性回归：保存”对话框，进一步分析回归模型，如图 17.3 所示。

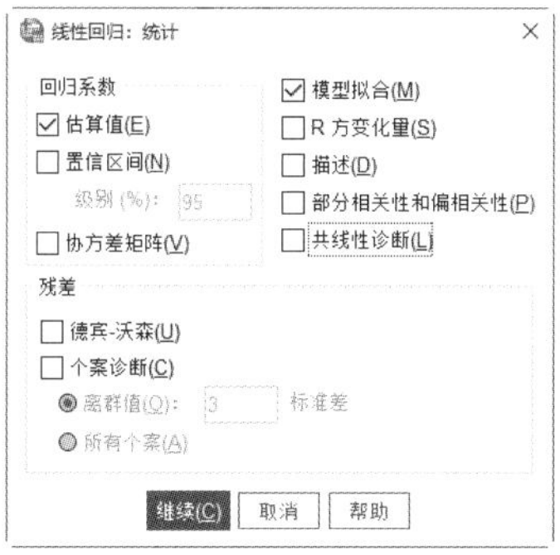

图 17.2 “线性回归：统计”对话框

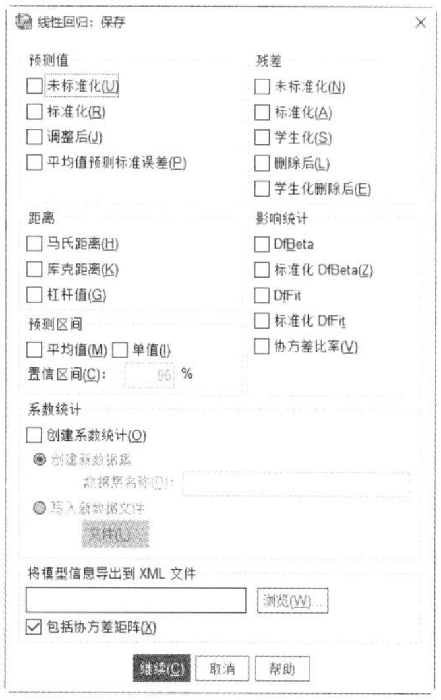

图 17.3 “线性回归：保存”对话框

（1）“预测值”选项组。经过检验，如果回归方程的拟合效果很好，并且 F 检验和 t 检验均具有显著性，则回归方程具有统计推论意义。接下来通过回归方程进行预测。预测分为点预测和区间预测。

- 点预测：给定一个自变量值，代入回归方程中，即可得到因变量的点估计值。
- 区间预测：给定一个自变量值，预测对应因变量的均值的区间估计。

（2）“残差”选项组：输出的不同类型的残差值。

（3）“距离”选项组：在数据编辑窗口中保存不同类型的距离变量。

（4）“影响统计”选项组：保存经过不同变换得到的统计量结果。

（5）“预测区间”选项组：选择输出预测变量值或指定置信区间内的预测值区间。

（6）“系数统计”选项组：输出系数数据表或指定类型的系数文件。

（7）“将模型信息导出到 XML 文件”选项组：选择该选项，将线性模型中的变量输出到指定的 XML 文件。

扫一扫，看视频

★重点 动手学——分析钢材消费量与国民收入

源文件：源文件\第 17 章\钢材消费量与国民收入.sav

某年度钢材消费量与国民收入的原始数据见“钢材消费量与国民收入.sav”文件，试分析两者之间的关系。

操作步骤

1．确定自变量和因变量

设钢材消费量为预测变量 x（自变量），国民收入为响应变量 y（因变量）。

2．打开数据文件

选择菜单栏中的“文件”→“打开”→“数据”命令，弹出“打开数据”对话框，选择“钢材消费量与国民收入.sav”文件，单击“打开”按钮，打开数据文件，如图 17.4 所示。

钢材消费量x（万t）	国民收入y（亿元）
549	910
429	851
538	942
698	1097
872	1284
988	1502
807	1394
738	1303
1025	1555
1316	1917
1539	2051
1561	2111
1785	2286
1762	2311
1960	2003
1902	2435

图 17.4　钢材消费量与国民收入数据

3．相关性分析

通过绘制散点图，从图形化的角度初步判断自变量和因变量之间是否具有相关关系。也可以通过皮尔逊相关系数 r 值，判断自变量与因变量之间的相关程度和方向，决定是否运用线性回归分析法来预测数值。如果 r 值很小，则不能用线性回归分析法来预测。

选择菜单栏中的“图形”→“图形画板模板选择器”命令，弹出“图形画板模板选择器”对话框，在左侧变量列表中选中“钢材消费量 x/万 t”“国民收入 y/亿元”，如图 17.5 所示。在自动提供的图表类型列表中选择“散点图”。单击“确定”按钮，弹出“IBM SPSS Statistics 查看器”窗口，显示散点图，如图 17.6 所示。

根据图 17.6 中的散点图，从图形化的角度初步判断出自变量和因变量之间具有较强的线性相关关系，所以可以利用线性回归分析法来预测。

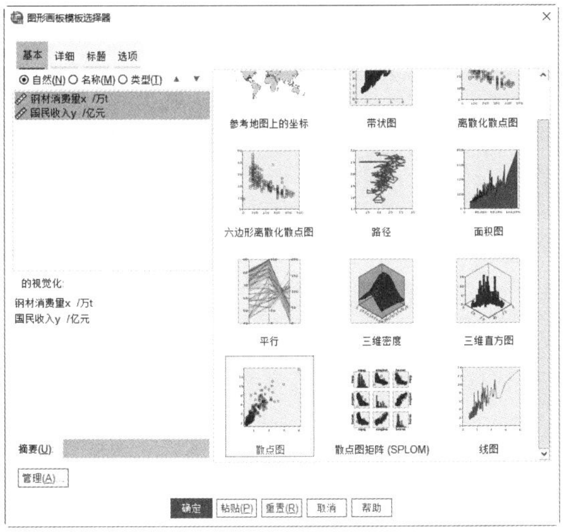

图 17.5 “图形画板模板选择器”对话框

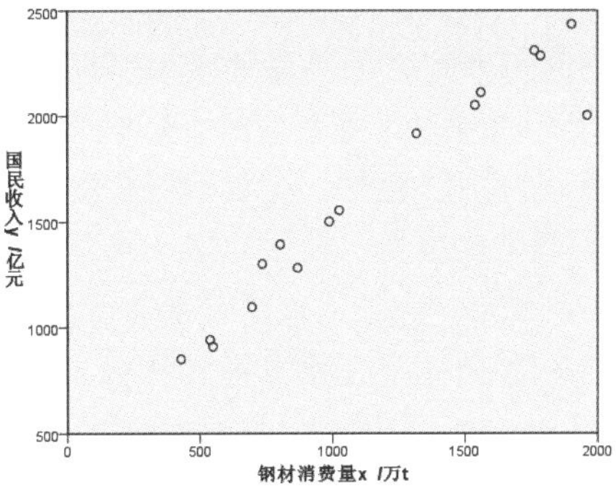

图 17.6 散点图

4．线性回归分析

选择菜单栏中的“分析”→“回归”→“线性”命令，弹出“线性回归”对话框，将“钢材消费量 x/万 t”作为自变量，“国民收入 y/亿元”作为因变量，如图 17.7 所示。

单击“确定”按钮，弹出“IBM SPSS Statistics 查看器”窗口，显示回归分析结果，如图 17.8 所示。

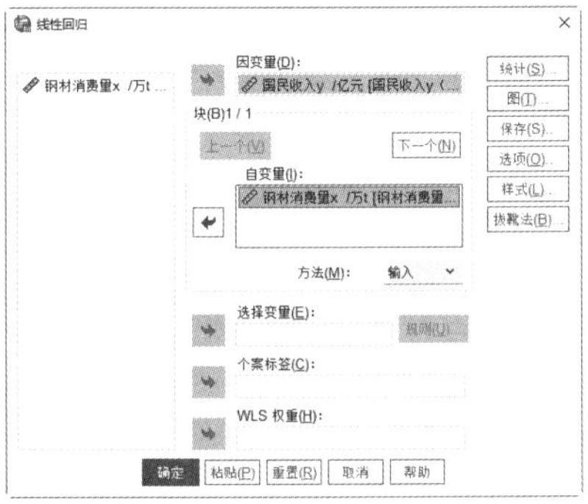

图 17.7 “线性回归”对话框

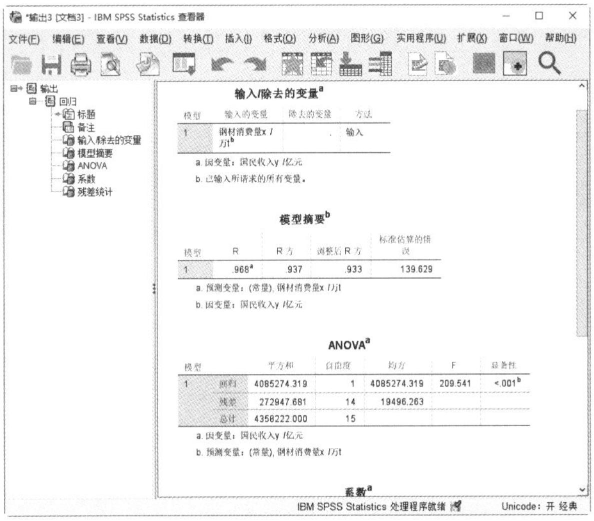

图 17.8 线性回归分析结果

5．分析结果

（1）相关性程度。使用线性回归分析法的前提是变量之间必须存在相关关系，图 17.8 中模型摘要表中的 R 值为 0.968，说明钢材消费量和国民收入存在很强的相关关系，因此可建立一元线性回归方程。

（2）回归效果评估——拟合优度。线性回归效果评估主要看判定系数 R^2，也称回归直线和样本观测值的拟合优度，反映了因变量能够被自变量解释的程度，即用回归模型来预测的准确度有多高。

图 17.8 中的模型摘要表中的 R 方为 0.937，说明 93.7%的国民收入变化可以由钢材消费量解释。

（3）回归模型的显著性检验——F 检验。方差分析表的作用是检验回归模型的效果是否显著，即分析因变量和自变量之间的线性关系是否显著。在简单线性回归中，针对回归模型整体的 F 检验和针对回归系数的 t 检验是等价的。

在方差分析中，主要看 F 值及其对应的显著性值，显著性表示自变量对因变量的影响程度，小于 0.05 表示有显著性影响，越小影响越大。在图 17.8 中的 ANOVA 表中，显著性值为 <0.001，小于显著性水平 0.01，因此认为该回归模型在 0.01 的显著性水平下显著。

（4）回归模型各参数的确定。在图 17.9 所示的系数表中，“(常量)”行对应的是回归方程中的常量 a（即截距），“钢材消费量 x/万 t”行对应的是回归系数（即回归方程的斜率），“标准化系数 Beta”列反映了自变量对因变量的重要性。

系数[a]

模型		未标准化系数 B	未标准化系数 标准错误	标准化系数 Beta	t	显著性
1	(常量)	485.362	85.931		5.648	<.001
	钢材消费量x /万t	.985	.068	.968	14.476	<.001

a. 因变量：国民收入y /亿元

图 17.9　系数表

根据系数表中的“未标准化系数”的 B 列得出回归方程中的常量 a 和回归系数 b，$a = 485.362$，$b = 0.985$，因此最终可得回归方程为

$$y = 485.362 + 0.985x$$

该方程说明了每增加一个单位的钢材消费量，就可以带来 0.985 个单位的国民收入的增加。可见钢材消费量对于拉动国民收入增长的作用还是很明显的。

扫一扫，看视频

★重点　动手练——分析农作物投入

源文件：源文件\第 17 章\农作物投入资金.sav

农作物投入资金与农作物播种面积、化肥使用量有比较密切的关系，现从生产中收集了一批数据，见表 17.1。

（1）以“化肥使用量/kg”为自变量 x，“农作物投入资金/万元”为因变量 y，建立一元线性回归模型。

（2）以“农作物播种面积/亩”为自变量 x，“农作物投入资金/万元”为因变量 y，建立一元线性回归模型。

（3）以“化肥使用量/kg”“农作物播种面积”为自变量 x，“农作物投入资金/万元”为因变量 y，建立多元线性回归模型。

表 17.1　收集数据

样本编号	1	2	3	4	5	6	7	8	9
化肥使用量/kg	0.10	0.11	0.12	0.13	0.14	0.15	0.16	0.17	0.18
农作物播种面积/亩	42.0	41.5	45.0	45.5	45.0	47.5	49.0	55.0	50.0
农作物投入资金/万元	3.1	4.0	4.5	4.6	4.0	4.5	4.6	4.7	4.8

思路点拨

（1）确定自变量和因变量。

（2）打开数据文件“农作物投入资金.sav”。

（3）选择“线性”命令，在“线性回归”对话框中选择“化肥使用量/kg”为自变量，“农作物投入资金/万元”为因变量。

（4）选择“线性”命令，在“线性回归”对话框中选择“农作物播种面积/亩”为自变量，“农作物投入资金/万元”为因变量。

（5）选择“线性”命令，在“线性回归”对话框中选择“化肥使用量/kg”“农作物播种面积/亩”为自变量，“农作物投入资金/万元”为因变量。

17.2.2 加权最小二乘法分析

基于标准最小二乘法分析的多元线性回归，是为所有样本点赋予相同的权重，并且将所有样本点作为非异常值来处理。但如果样本点中存在异常值，得到的值的准确性也将受到不小的影响。基于此，提出了加权最小二乘法分析（WLS）。

在 SPSS 中，加权最小二乘法分析（WLS）使用权重函数赋予每个样本点不同的权重，经过一系列权重转换，计算线性回归模型的系数，提供最优模型估计。

【执行方式】

菜单栏：选择菜单栏中的“分析”→“回归”→“权重估算”命令。

操作步骤

执行此命令，弹出图 17.10 所示的“权重估算”对话框。加权最小二乘法分析除了确定回归方程中的自变量 x 和因变量 y，同时还需要定义权重变量。

图 17.10 “权重估算”对话框

（1）权重函数是：对在“权重变量”中选择的变量取幂后的倒数进行加权。

（2）功效范围：指幂的值范围，结合权重变量计算权重。将拟合多元回归方程，分别对应功效范围中的每个值。输入的功效范围的值必须在−6.5～7.5 之间，含−6.5 和 7.5。幂值范围为从低值到高值，增量由指定的值确定。幂值总数不能超过 150。

单击“确定”按钮，弹出“IBM SPSS Statistics 查看器”窗口，显示加权最小二乘法分析结果，如图 17.11 所示。

（1）幂摘要：输出对数似然值表，显示权重源变量的每个幂的对数似然估计值。

（2）最佳模型统计。

- 模型描述表：显示回归模型中的自变量、因变量与权重。
- 模型摘要表：显示回归模型经过权重计算后的复 R、R 方、调整后 R 方等统计量。
- ANOVA 表：方差分析表。
- 系数表：包含线性回归模型的未标准化系数、标准化系数、t 统计量和显著性值。

【选项说明】

单击“选项”按钮，弹出“权重估算：选项”对话框，如图 17.12 所示。

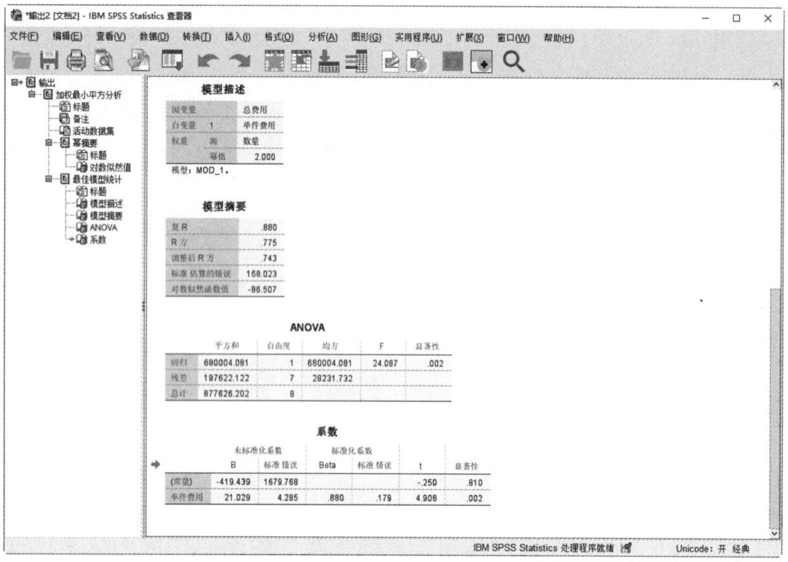

图 17.11　加权最小二乘法分析结果

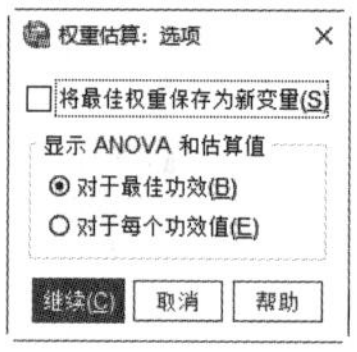

图 17.12　“权重估计：选项”对话框

（1）“将最佳权重保存为新变量”复选框：将权重变量添加到数据文件，变量名为 WGT_n，其中 n 为赋予变量唯一名称的数字。

（2）“显示 ANOVA 和估算值”选项组：控制如何在输出结果中显示统计量。可用选项有“对于最佳功效”和“对于每个功效值”。

17.2.3　二阶最小平方分析

二阶最小平方分析是一种线性回归分析法，不仅适用于自变量和因变量存在双向关系的情况，也适用于自变量和因变量不存在双向关系的情况，克服了标准线性回归模型的缺陷（如因变量中的误差与自变量不相关）。由于自变量和因变量之间存在双向关系，导致不能直接使用线性回归模型，因此要引入第三类变量：工具变量。

二阶最小平方分析使用与误差项不相关的工具变量来计算因变量的估计值（第一阶段），然后使用计算得到的值来估计因变量的线性回归模型（第二阶段）。由于所计算的值是基于与误差不相关的变量，所以二阶最小平方模型的计算结果是最优的。

【执行方式】

菜单栏：选择菜单栏中的“分析”→“回归”→“二阶最小平方”命令。

操作步骤

执行此命令，弹出图 17.13 所示的“二阶最小平方”对话框，左侧变量列表中显示统计数据中所有可用的变量，单击“转入”按钮，将变量添加到右侧“因变量”“解释变量”“工具变量”列表中。

单击“确定”按钮，弹出“IBM SPSS Statistics 查看器”窗口，显示二阶最小平方分析结果，包含模型描述表、模型摘要表、ANOVA 表和系数表。

【选项说明】

单击图 17.13 中的“选项”按钮，弹出“二阶最小平方：选项”对话框，如图 17.14 所示。在此设置是否创建回归模型的预测值和残差值。

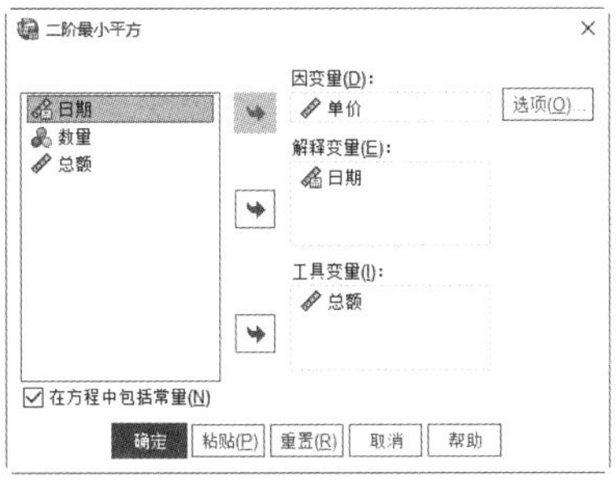

图 17.13　“二阶最小平方”对话框

图 17.14　“二阶最小平方：选项”对话框

17.2.4　分数位回归分析

分位数回归是一种简单的回归分析模型，但与标准的回归分析模型不同，其使用的方法不是最小化平方误差的总和，而是最小化在所选分位数切点处产生的绝对误差之和。根据自变量的值预测因变量的值，能最大限度地减小根据中位数（或其他分位数）做预测时产生的误差。

与标准最小二乘法分析不同，分位数回归分析不假设因变量具有特定的参数分布，也不假设因变量具有恒定方差，常用于对因变量的特定条件分位数进行分析。

【执行方式】

菜单栏：选择菜单栏中的“分析”→“回归”→“分位数”命令。

操作步骤

执行此命令，弹出图 17.15 所示的“分位数回归”对话框。在左侧变量列表中显示统计数据中所有可用的变量，选中需要的变量，单击“转入”按钮➡，将其添加到右侧各变量列表中。

- 目标变量：回归方程中的因变量。
- 因子：回归方程中的自变量。
- 协变量：特定百分位数变量（即分位数，通常是中位数）。
- 权重变量：选择使用加权处理的变量，该变量不能是字符型变量。

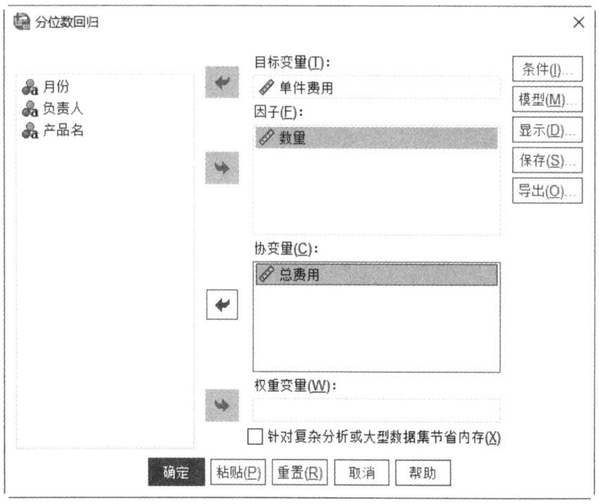

图 17.15　“分位数回归”对话框

单击“确定”按钮，弹出“IBM SPSS Statistics 查看器”窗口，会显示分位数回归分析结果，如图 17.16 所示。

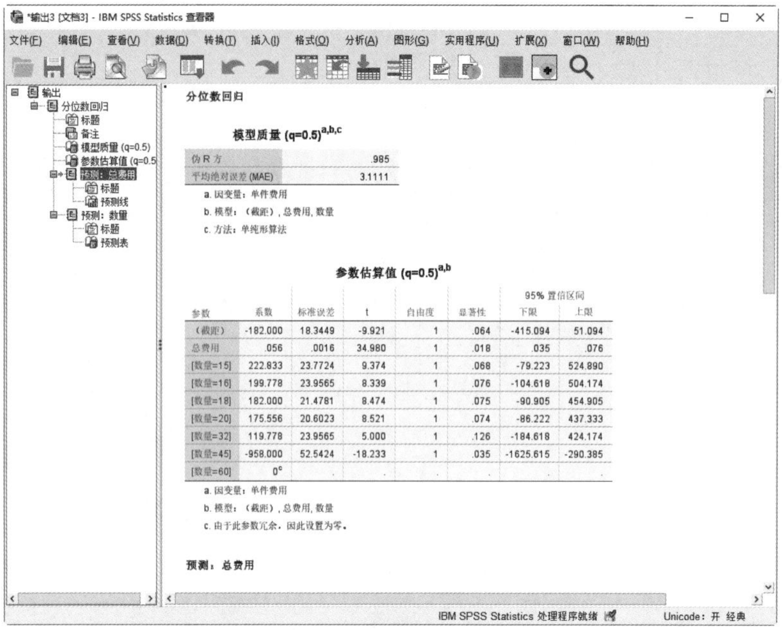

分位数回归

模型质量 (q=0.5)[a,b,c]

伪 R 方	.985
平均绝对误差 (MAE)	3.1111

a. 因变量：单件费用
b. 模型：（截距），总费用, 数量
c. 方法：单纯形算法

参数估算值 (q=0.5)[a,b]

参数	系数	标准误差	t	自由度	显著性	95% 置信区间 下限	95% 置信区间 上限
（截距）	-182.000	18.3449	-9.921	1	.064	-415.094	51.094
总费用	.056	.0016	34.980	1	.018	.035	.076
[数量=15]	222.833	23.7724	9.374	1	.068	-79.223	524.890
[数量=16]	199.778	23.9565	8.339	1	.076	-104.618	504.174
[数量=18]	182.000	21.4781	8.474	1	.075	-90.905	454.905
[数量=20]	175.556	20.6023	8.521	1	.074	-86.222	437.333
[数量=32]	119.778	23.9565	5.000	1	.126	-184.618	424.174
[数量=45]	-958.000	52.5424	-18.233	1	.035	-1625.615	-290.385
[数量=60]	0[c]	.	.	.	.	.	.

a. 因变量：单件费用
b. 模型：（截距），总费用, 数量
c. 由于此参数冗余，因此设置为零。

预测：总费用

图 17.16　分位数回归分析结果

17.3　残差分析

在线性回归模型 $y=\beta_0+\beta_1 x+\varepsilon$ 中，如果关于误差项 ε 的假定不成立，则此时根据该线性回归模型所做的检验以及估计和预测都无法成立。确定有关 ε 的假定是否成立的方法之一是进行残差分析（residual analysis）。

17.3.1　线性回归模型假设

回归模型是对一种统计关系进行定量描述的数学模型，回归方程是描述因变量 y 的期望值如何依赖于自变量 x 的方程，也是一种对变量之间统计关系进行定量描述的数学表达式。

线性回归方程的通式为

$$y=\beta_0+\beta_1 x+\varepsilon$$

其中，ε 表示误差项；β_0、β_1 表示模型参数，分别对应截距和斜率。这些值是常量，其真实值未知，需要从数据集中估计得到。由于大多数自变量、因变量之间的关系是不确定的，因此对实际关系的所有线性近似需要增加误差项。

有关误差项的假设如下。

（1）零均值假设：误差项 ε 是一个随机变量，其均值（期望值）等于 0，符号表示为 $E(\varepsilon)=0$。则回归方程是

$$E(y)=E(\beta_0+\beta_1 x+\varepsilon)=E(\beta_0)+E(\beta_1 x)+E(\varepsilon)=\beta_0+\beta_1 x$$

（2）常数方差假设：误差项 ε 的方差用 σ^2 表示，无论 x 取何值，σ^2 都是一个常数。

（3）独立性假设：假设误差项 ε 的值是独立的。

（4）正态性假设：假设误差项 ε 满足正态分布。

用样本统计量 $\hat{\beta}_0$、$\hat{\beta}_1$ 代替回归方程中的 β_0、β_1，得到估计的线性回归方程为

$$\hat{y} = \hat{\beta}_0 + \hat{\beta}_1 x$$

其中，$\hat{y}$ 表示因变量的理论值（估计值），$\hat{\beta}_0$ 表示回归模型的起始值（截距），$\hat{\beta}_1$ 表示回归模型的回归系数（斜率）。

17.3.2 残差分析概述

在 SPSS 中，线性回归模型分析的数据一般不进行预处理，直接分析变量的正态性、方差齐性等，通过事后残差分析来检验数据的正态性及方差齐性。如果所选的模型不适用于数据，则应考虑曲线回归模型或多元回归模型。

残差分析包括以下内容。

- 分析残差是否服从均值为 0 的正态分布。
- 分析残差是否为等方差的正态分布。
- 分析残差序列是否独立。
- 借助残差分析样本中的异常值。

残差分析结果一般通过德宾-沃森（Durbin-Watson，DW）统计量和残差图来展示。

（1）DW 统计量：取值范围为 0～4，用于分析回归模型中残差是否独立。如果相邻残差项间是相关的，则其总差异必小或大；如果相邻残差项间是正相关，则其差异必小；如果相邻残差项间是负相关，则其差异必大；DW 值越接近于 2，残差项间越无相关；DW 值越接近于 0，残差项间正相关越强；DW 值越接近于 4，残差项间负相关越强。

（2）残差图：残差图是指以纵坐标为残差，横坐标为样本编号或相关数据的图形。在残差图中，如果残差点比较均匀地落在水平区域中，则说明选用的模型比较合适；如果带状区域的宽度越窄，则说明模型的拟合精度越高，回归方程的预测精度也越高。

17.3.3 残差分析方法

【执行方式】

菜单栏：选择菜单栏中的“分析”→“回归”→“线性”命令。

操作步骤

执行此命令，弹出“线性回归”对话框，在该对话框中通过德宾-沃森值检验残差项间是否独立，通过图形或统计量检验残差分布是否具有正态性。

（1）单击“统计”按钮，弹出“线性回归：统计”对话框，在“残差”选项组中设置德宾-沃森统计量。

- 德宾-沃森：勾选该复选框，在输出的模型摘要表中，会显示德宾-沃森值，检验残差项间是否独立，简称 DW 检验，是目前检验自相关性最常用的方法，只用于检验一阶自相关性。
- 个案诊断：输出个案分析结果。

（2）单击“图”按钮，弹出“线性回归：图”对话框，如图 17.17 所示。设置输出的残差图中坐标轴的参数，并设置图的类型是直方图还是正态概率图。右侧变量列表中包括以下选项。

- DEPENDNT：因变量。
- *ZPRED：标准化预测值。
- *ZRESID：标准化残差。
- *DRESID：删除残差。
- *ADJPRED：调节预测值。
- *SRESID：学生化残差。
- *SDRESID：学生化删除残差。

图 17.17　“线性回归：图”对话框

扫一扫，看视频

★重点 动手学——金属的含量线性回归分析

源文件：源文件\第 17 章\测定金属的含量.sav

光谱仪用于测量材料中某种金属含量随温度的变化情况。现有 9 件试块（它们的成分、金属含量、均匀性等各不相同），使用光谱仪对每件试块测量两次（加热前、加热后），得到 9 对观察值。下面对加热前、加热后材料中金属含量的测量值进行线性回归分析。

操作步骤

1. 确定自变量和因变量

设加热前金属含量为自变量 x，加热后金属含量为因变量 y。

2. 打开数据文件

选择菜单栏中的“文件”→“打开”→“数据”命令，弹出“打开数据”对话框，选择“测定金属的含量.sav”文件，单击“打开”按钮，打开数据文件，如图 17.18 所示。

加热前	加热后
.20	.10
.30	.21
.40	.52
.50	.32
.60	.78
.70	.59
.80	.68
.90	.77
1.00	.89

图 17.18　测定金属的含量数据

3. 线性回归分析

（1）选择菜单栏中的“分析”→“回归”→“线性”命令，弹出❶“线性回归”对话框，选择❷“加热前”变量为因变量，❸“加热后”变量为自变量，如图 17.19 所示。

（2）单击❹“统计”按钮，弹出“线性回归：统计”对话框，勾选❺“德宾-沃森”复选框，使数据进行 DW 检验，检验数据的正态性，如图 17.20 所示。单击❻“继续”按钮，返回主对话框。

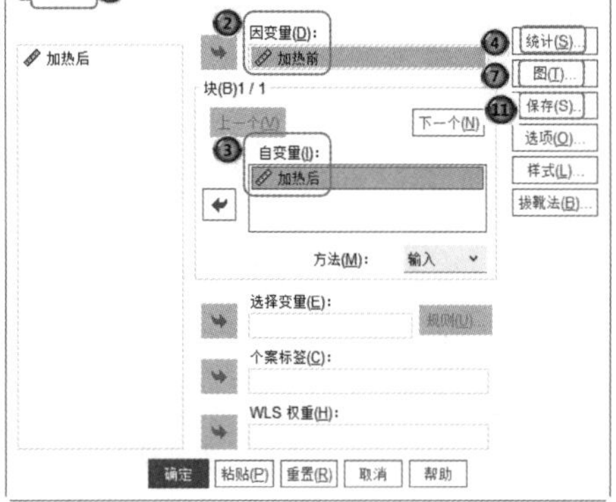

图 17.19　“线性回归”对话框

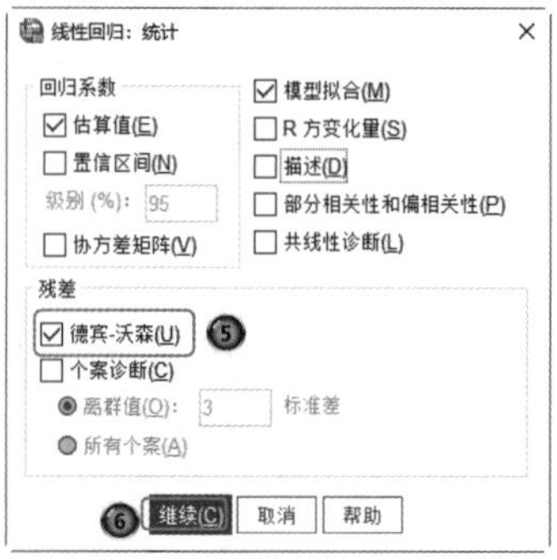

图 17.20　“线性回归：统计”对话框

（3）单击❼“图”按钮，弹出“线性回归：图”对话框，选择残差图的坐标轴变量，如图 17.21 所示。

- 勾选❽“直方图”和“正态概率图”复选框，绘制带正态概率分布的直方图和 P-P 图。
- 设置散点图参数❾：X 轴为*ZPRED（标准化预测值），Y 轴为*ZRESID（标准化残差）。

（4）单击❿“继续”按钮，返回主对话框。单击⓫“保存”按钮，弹出“线性回归：保存”对话框，设置要保存的变量值，如图 17.22 所示。

- 勾选⓬“未标准化”复选框，根据给定的自变量值，基于建立的回归模型输出因变量值，并在数据编辑窗口中保存为变量，快速计算想要的因变量结果。
- 勾选⓭“标准化”复选框，根据给定的自变量值，基于建立的回归模型输出标准化残差值。

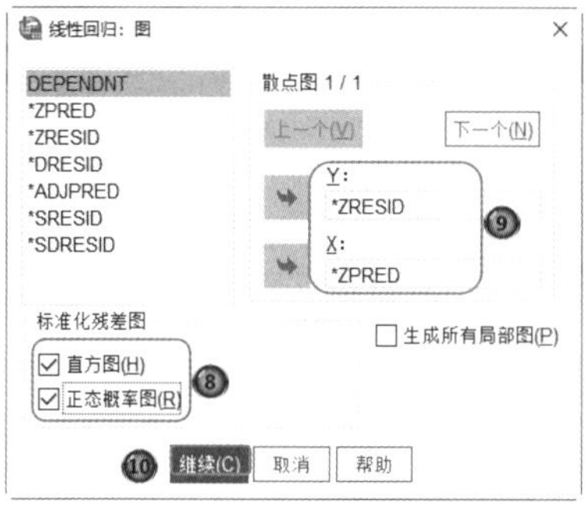

图 17.21　“线性回归：图”对话框

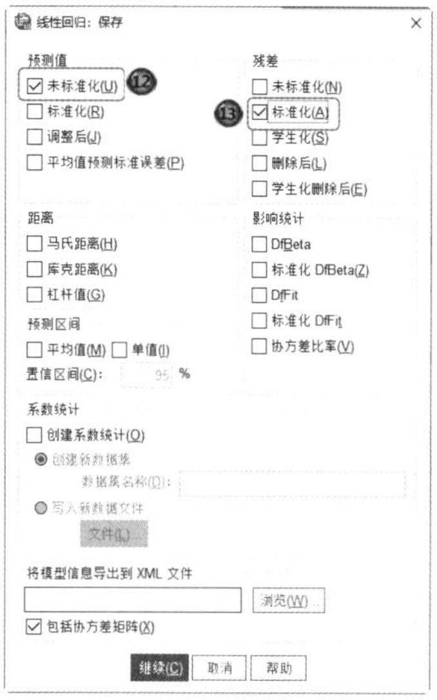

图 17.22　“线性回归：保存”对话框

（5）单击“继续”按钮，返回主对话框。单击“确定”按钮，弹出“IBM SPSS Statistics 查看器”窗口，显示线性回归分析结果，如图 17.23 所示。

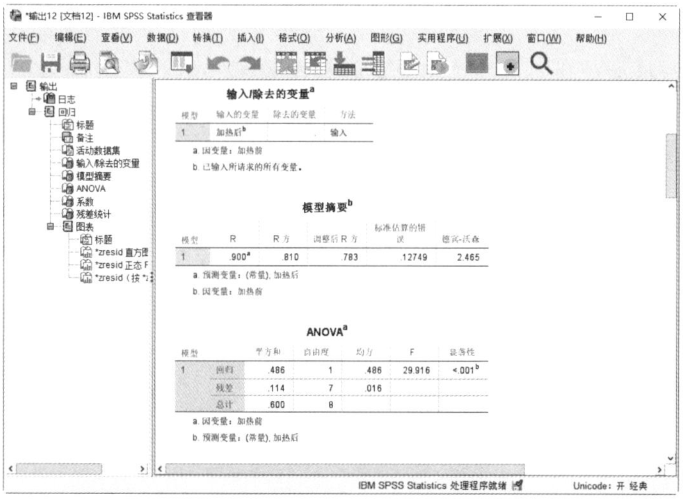

图 17.23　线性回归分析结果

4．分析结果

（1）相关性程度。线性回归的前提是变量之间必须存在相关关系，在图 17.23 所示的模型摘要表中，相关系数 R 为 0.900，接近于 1，说明加热前金属含量和加热后金属含量存在很强的相关关系。

（2）回归效果评估——拟合优度。拟合优度超过 0.6 即表示拟合效果好。在图 17.23 所示的模型摘要表中，R 方为 0.810，说明 81%的加热后金属含量的变化可以由加热前金属含量解释。

（3）回归模型的显著性检验——F 检验。在图 17.23 所示的 ANOVA 表中，显著性值为<0.001，小于显著性水平 0.01，因此认为该回归模型在 0.01 的显著性水平下显著。

（4）回归模型各参数的确定。在图 17.24 所示的系数表中，“未标准化系数”的 B 列中的数值是回归模型的回归系数，“标准化系数”表示回归系数消除量纲影响进行标准化。其中，$a = 0.895$，$b = 0.116$，因此最终可得回归方程为

$$y = 0.116 + 0.895x$$

（5）检验数据的独立性。通过德宾-沃森值检验残差之间的独立性。在图 17.23 所示的模型摘要表中显示德宾-沃森值为 2.465，表示残差的相关性弱，较为独立。

（6）检验数据的正态性。残差是指实际观察值与估计值（拟合值）之间的差，残差分析是通过残差所提供的信息，分析出数据的可靠性、周期性或其他干扰因素，是用于分析模型的假定正确与否的方法。

图 17.25 显示了根据回归模型计算的变量：预测值 PRE_1 和标准残差 ZRE_1。

系数[a]

模型		未标准化系数 B	标准错误	标准化系数 Beta	t	显著性
1	(常量)	.116	.098		1.187	.274
	加热后	.895	.164	.900	5.470	<.001

a. 因变量：加热前

图 17.24　系数表

加热前	加热后	PRE_1	ZRE_1
.20	.10	.20600	-.04708
.30	.21	.30450	-.03531
.40	.52	.58209	-1.42830
.50	.32	.40300	.76085
.60	.78	.81491	-1.68572
.70	.59	.64477	.43320
.80	.68	.72536	.58545
.90	.77	.80595	.73769
1.00	.89	.91341	.67923

图 17.25　输出变量

由回归方程作出残差图，通过观测残差图，以分析观测数据中可能出现的异常值（极端值）。利用图 17.26 中的回归标准化残差的正态 P-P 图检验数据的正态性，数据集中在从原点出发的 45°线附近，说明残差符合正态分布。

标准化残差图一般在[−3,3]判断数据有无极端值。在图 17.26 所示的散点图中，数据散落在[−2,1]，说明无极端值。

提示：

如果直方图与正态分布曲线吻合，则说明残差符合正态分布；如果样本足够大，残差不符合正态分布也不会影响模型的稳定性。

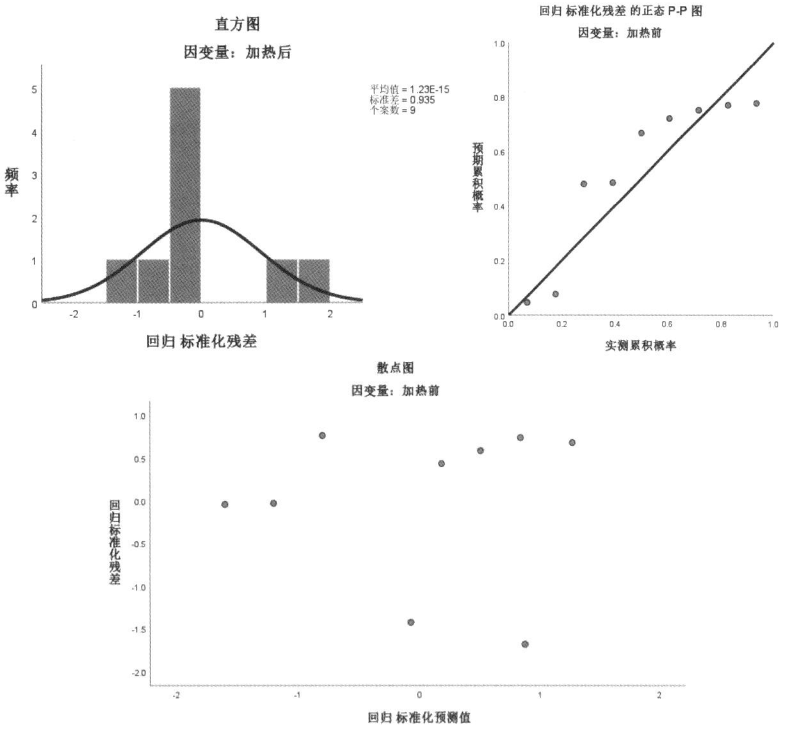

图 17.26　输出 P-P 图

17.4　多重共线性分析

多重共线性是指自变量间存在近似的线性关系，即某个自变量能近似地用其他自变量的线性函数来描述。

17.4.1　多重共线性检验

多重共线性检验的方法有多种，其中最简单的一种是计算模型中各对自变量之间的相关系数，并对各相关系数进行显著性检验。如果有一个或多个相关系数是显著的，则表示模型中所使用的自变量之间相关，因而具有多重共线性。

【执行方式】

菜单栏：选择菜单栏中的“分析”→“回归”→“线性”命令。

操作步骤

执行此命令，弹出❶“线性回归”对话框，单击❷“统计”按钮，弹出“线性回归：统计”对话框，勾选❸“估算值”“模型拟合”“共线性诊断”复选框，如图 17.27 所示。分析自变量的多重共线性，将输出各自变量的容许度和方差膨胀因子。

单击❹“继续”按钮，返回“线性回归”对话框，单击❺“确定”按钮，输出图 17.28 所示的共线性诊断表，显示回归模型的特征值、条件指标、方差比例。

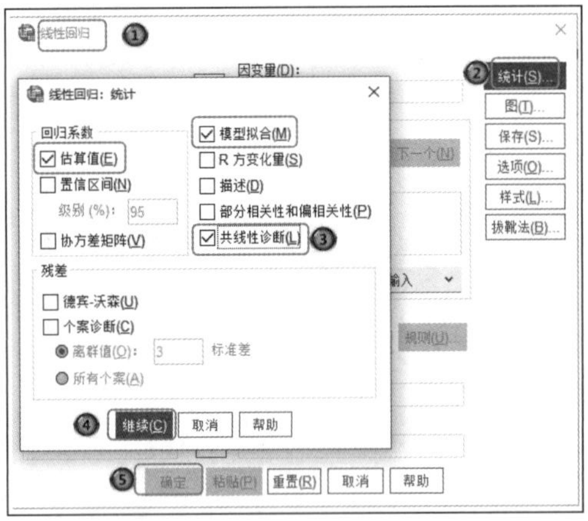

图 17.27 “线性回归：统计”对话框

共线性诊断[a]

模型	维	特征值	条件指标	方差比例	
				(常量)	农村居民
1	1	1.763	1.000	.12	.12
	2	.237	2.726	.88	.88

a. 因变量：城镇居民

图 17.28 共线性诊断表

基于图 17.28 中的输出结果，有以下几种多重共线性的判断方法。

（1）共线性诊断表中的特征值约等于 0，说明存在比较严重的多重共线性。

（2）共线性诊断表中的“条件指标”列的值大于 100，说明存在比较严重的共线性。

（3）共线性诊断表中的“方差比例”列存在接近于 1 的值（如 0.99），说明存在较严重的共线性。

（4）排除的变量表中的共线性统计变量 VIF（方差膨胀因子，容差的倒数）列的值：当 0<VIF<10 时，不存在多重共线性；当 10≤VIF<100 时，存在较强的多重共线性；当 VIF≥100 时，存在严重的多重共线性。

17.4.2 多重共线性问题的处理

在实际问题中，自变量之间存在相关性很常见。但是，如果在回归分析中存在多重共线性问题，可能会造成回归结果的混乱。一旦发现模型中存在多重共线性问题，就应采取以下解决措施。

- 增大样本量，可解决部分多重共线性问题。
- 采用多种自变量筛选方法相结合的方式，建立一个最优的逐步回归方程。从专业的角度加以判断，人为地去除比较次要的，或者缺失值比较多、测量误差比较大的多重共线性因子。
- 进行主成分分析，用提取的因子代替原变量进行回归分析。
- 进行岭回归分析，可以有效地解决多重共线性问题。
- 进行通径分析，可以对自变量间的关系进行精细刻画。

解决多重共线性问题最基本的方法是将一个或多个相关的自变量从模型中剔除，使保留的自变量尽可能不相关。

【执行方式】

菜单栏：选择菜单栏中的“分析”→“回归”→“线性”命令。

操作步骤

执行此命令，弹出“线性回归”对话框，多重共线性分析含有多个自变量 x；在“方法”选项组中选择线性回归中变量的输入和剔除方法，有输入、步进、除去、后退和前进五种。

（1）“输入”：强迫进入法，即按照 SPSS 文件中数据出现的先后顺序，强制在模型分析中输入数据，是系统默认的变量输入方法，也是一元线性回归分析中常用的方法；“自变量”列表中的变量都会输入到回归模型中。

（2）“步进”：分为顺向选择和反向剔除，步进是多元线性回归分析常用的方法。

- 顺向选择：按照自变量和因变量的关系密切程度由强到弱进入回归分析的方法。
- 反向剔除：先将所有自变量选入回归分析中，然后剔除与因变量关系弱的自变量。

（3）“除去”：根据设定条件，直接剔除一部分自变量。

（4）“后退”：根据设定条件，每次剔除一个自变量直至不能剔除。

（5）“前进”：根据设定条件，每次纳入一个自变量直至无法继续纳入。

【选项说明】

单击“选项”按钮，弹出“线性回归：选项”对话框，如图 17.29 所示。下面介绍“线性回归：选项”对话框中的常用选项。

（1）“步进法条件”选项组。

- 使用 F 的概率：指定了筛选自变量的判定标准，即当 F 值的概率不大于 0.05 时，自变量进入方差中；当概率不小于 0.1 时，将自变量剔除。
- 使用 F 值：使用 F 值作为判定标准。

（2）“在方程中包括常量”复选框：默认勾选，即输出拟合直线的截距 a。

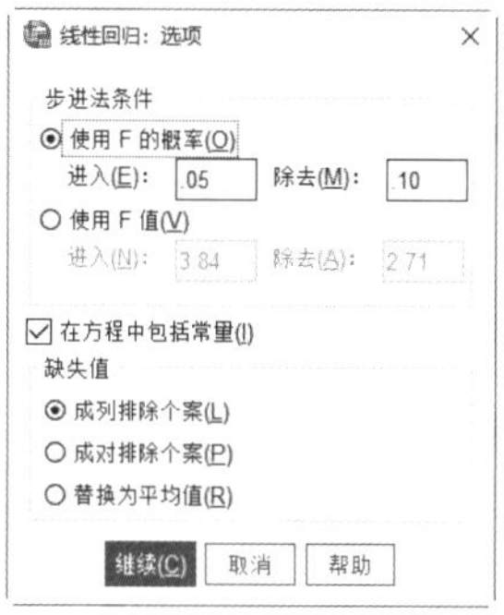

图 17.29 “线性回归：选项”对话框

扫一扫，看视频

★重点 动手学——住宿业企业主要财务指标线性回归分析

源文件： 源文件\第 17 章\住宿业企业主要财务指标.sav

根据 2012—2018 年住宿业企业主要财务指标数据，确定回归模型，判断模型中是否存在多重共线性问题，如果存在，应该如何解决？

操作步骤

1．确定自变量和因变量

设@2017、@2016、@2015、@2014、@2013、@2012 为自变量 x，@2018 为因变量 y。

2．打开数据文件

选择菜单栏中的“文件”→“打开”→“数据”命令，弹出“打开数据”对话框，选择“住宿业企业主要财务指标.sav”文件，单击“打开”按钮，打开数据文件，如图 17.30 所示。

3．使用图表构建器创建散点图矩阵

（1）选择菜单栏中的“图形”→“图表构建器”命令，弹出“图表构建器”对话框，如图 17.31 所示。

（2）选择图表类型。在图 17.31 中的图表元素区的“图库”选项卡中选择“散点图/点图”选项，双击“散点图矩阵”图表类型，将变量@2018、@2017、@2016、@2015、@2014、@2013、@2012 拖动到“三点矩阵?”上。

（3）单击“确定”按钮，弹出“IBM SPSS Statistics 查看器”窗口，显示不同年份的财务指标散点图矩阵，如图 17.32 所示。

	指标	@2018	@2017	@2016	@2015	@2014
1	住宿和餐饮业法人企业数/个	46872.0	45664.00	45855.00	44884.00	45508.
2	住宿和餐饮业年末从业人数/万人	412.2	405.31	407.44	413.23	432.
3	住宿和餐饮业营业额/亿元	9682.6	9276.70	8938.18	8512.22	8150.
4	住宿和餐饮业餐费收入/亿元	6405.4	6135.41	5967.90	5709.52	5453.
5	住宿和餐饮业餐饮营业面积/万平方米	10283.3	9590.42	9468.15	9276.65	9570.
6	住宿业法人企业数/个	20614.0	19780.00	19496.00	18937.00	18874.
7	住宿业年末从业人数/人	1780363.0	1820851.00	1863303.00	1911615.00	1979000.
8	住宿业营业额/亿元	4059.7	3963.93	3811.11	3648.21	3535.
9	住宿业客房收入/亿元	2130.6	2051.24	1907.22	1803.10	1739.
10	住宿业餐费收入/亿元	1407.7	1403.31	1405.82	1366.05	1333.
11	住宿业客房数/万间	394.8	393.16	378.32	337.19	319.
12	住宿业床位数/万位	637.3	626.15	605.47	549.66	523.
13	住宿业餐饮营业面积/万平方米	4827.9	4239.93	4080.48	3910.40	4014.
14	餐饮业法人企业数/个	26258.0	25884.00	26359.00	25947.00	26634.
15	餐饮业年末从业人数/人	2342218.0	2232258.00	2211112.00	2220780.00	2345000.
16	餐饮业营业额/亿元	5622.9	5312.77	5127.06	4864.01	4615.
17	餐饮业餐费收入/亿元	4997.7	4732.09	4562.14	4343.46	4120.
18	餐饮业餐饮营业面积/万平方米	5455.4	5350.49	5387.67	5366.25	5555.

图 17.30　住宿业企业主要财务指标数据

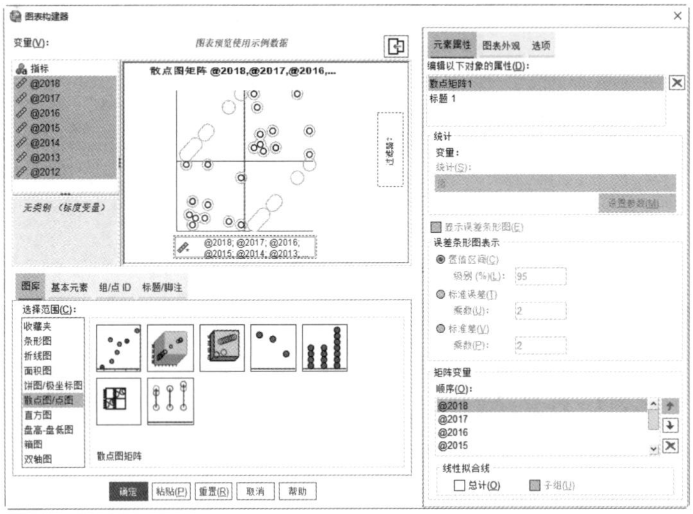

图 17.31　“图表构建器”对话框

从图 17.32 中可以看出，@2017、@2016、@2015、@2014、@2013、@2012 这 6 个自变量分别与因变量@2018 存在明显的线性相关关系。同时，自变量之间也存在明显的线性关系。回归模型中自变量不存在多重共线性，变量的系数才是可靠的。由于变量间相关性较高，因此需要进行多重共线性检验。

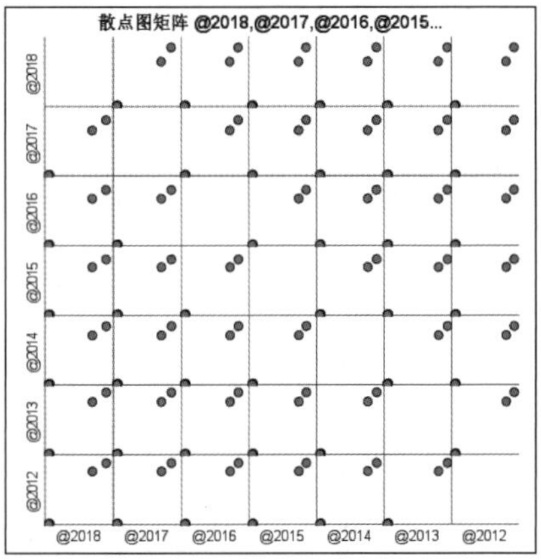

图 17.32　散点图矩阵

4．线性回归分析

（1）选择菜单栏中的“分析”→“回归”→“线性”命令，弹出“线性回归”对话框，选择@2017、@2016、@2015、@2014、@2013、@2012 为自变量，@2018 为因变量，变量的筛选方法为“输入”，如图 17.33 所示。变量是否适合参与建模，通过后续输出的模型结果进行判断即可。

（2）单击“统计”按钮，弹出“线性回归：统计”对话框，默认勾选“估算值”“模型拟合”“描述”“部分相关性和偏相关性”“共线性诊断”“个案诊断”复选框，如图 17.34 所示。

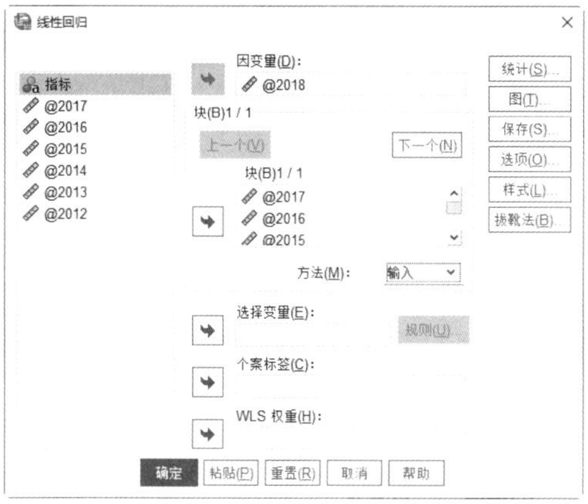

图 17.33　“线性回归”对话框

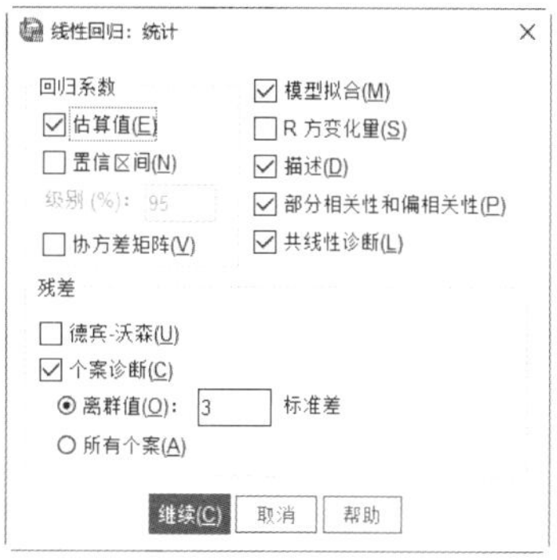

图 17.34　“线性回归：统计”对话框

（3）单击“确定”按钮，弹出“IBM SPSS Statistics 查看器”窗口，显示回归分析结果，如图 17.35 所示。

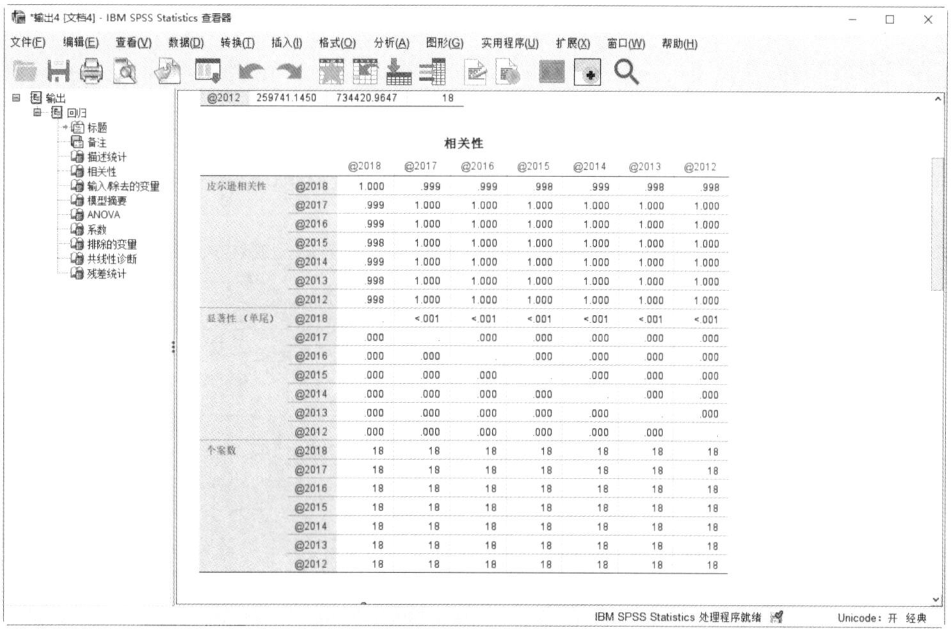

相关性

		@2018	@2017	@2016	@2015	@2014	@2013	@2012
皮尔逊相关性	@2018	1.000	.999	.999	.998	.999	.998	.998
	@2017	.999	1.000	1.000	1.000	1.000	1.000	1.000
	@2016	.999	1.000	1.000	1.000	1.000	1.000	1.000
	@2015	.998	1.000	1.000	1.000	1.000	1.000	1.000
	@2014	.999	1.000	1.000	1.000	1.000	1.000	1.000
	@2013	.998	1.000	1.000	1.000	1.000	1.000	1.000
	@2012	.998	1.000	1.000	1.000	1.000	1.000	1.000
显著性（单尾）	@2018	.	<.001	<.001	<.001	<.001	<.001	<.001
	@2017	.000	.	.000	.000	.000	.000	.000
	@2016	.000	.000	.	.000	.000	.000	.000
	@2015	.000	.000	.000	.	.000	.000	.000
	@2014	.000	.000	.000	.000	.	.000	.000
	@2013	.000	.000	.000	.000	.000	.	.000
	@2012	.000	.000	.000	.000	.000	.000	.
个案数	@2018	18	18	18	18	18	18	18
	@2017	18	18	18	18	18	18	18
	@2016	18	18	18	18	18	18	18
	@2015	18	18	18	18	18	18	18
	@2014	18	18	18	18	18	18	18
	@2013	18	18	18	18	18	18	18
	@2012	18	18	18	18	18	18	18

图 17.35　相关性表

5．分析结果

（1）变量筛选结果。在图 17.36 所示的输入/除去的变量表中显示了经过筛选，输入的变量是 @2012、@2017。在图 17.37 所示的排除的变量表中，显示了排除的变量，这些变量的 VIF 值都大于 100，存在严重的多重共线性。

（2）模型摘要表。调整后，R 方用于衡量在多重共线性模型的建立过程中加入其他自变量后模型拟合优度的变化。图 17.38 所示的模型摘要表中，调整后的 R 方为 1.000，表示模型拟合效果良好。

输入/除去的变量[a]

模型	输入的变量	除去的变量	方法
1	@2012, @2017[b]	.	输入

a. 因变量：@2018

b. 已达到"容差 = .000"限制。

图 17.36 输入/除去的变量表

排除的变量[a]

模型		输入 Beta	t	显著性	偏相关	共线性统计 容差	VIF	最小容差
1	@2016	-2.048[b]	-41.992	<.001	-.996	4.303E-6	232394.748	4.303E-6
	@2015	-1.499[b]	-48.239	<.001	-.997	8.051E-6	124211.490	8.051E-6
	@2014	-3.235[b]	-8.494	<.001	-.915	1.456E-6	686607.915	1.456E-6
	@2013	-3.884[b]	-3.693	.002	-.702	5.953E-7	1679948.106	5.953E-7

a. 因变量：@2018

b. 模型中的预测变量：(常量), @2012, @2017

图 17.37 排除的变量表

（3）多重共线性判断。剔除相关性过高的变量后，在图 17.39 所示的共线性诊断表中显示了不存在多重共线性的变量是@2012、@2017，还显示了判断标准参数（特征值、条件指标、方差比例）。

模型摘要[b]

模型	R	R 方	调整后 R 方	标准估算的错误
1	1.000[a]	1.000	1.000	3045.3910

a. 预测变量：(常量), @2012, @2017

b. 因变量：@2018

图 17.38 模型摘要表

共线性诊断[a]

模型	维	特征值	条件指标	方差比例 (常量)	@2017	@2012
1	1	2.196	1.000	.06	.00	.00
	2	.804	1.653	.94	.00	.00
	3	.000	72.218	.00	1.00	1.00

a. 因变量：@2018

图 17.39 共线性诊断表

（4）回归模型的显著性检验——F 检验。在图 17.40 所示的 ANOVA 表中，显著性值为<0.001，小于显著性水平 0.01，因此认为该回归模型中因变量@2018 与自变量@2012、@2017 在 0.01 的显著性水平下显著。

（5）回归系数的显著性检验——t 检验。在图 17.41 所示的系数表中，自变量@2017、@2012 的 t 值对应的显著性值为<0.001，小于显著性水平 0.01，偏回归系数具有极其显著的统计学意义。因此认为在 0.01 的显著性水平下，在该回归模型中，因变量@2018 与自变量@2012、因变量@2018 与自变量@2017 在 0.01 的显著性水平下存在显著的线性关系。

ANOVA[a]

模型		平方和	自由度	均方	F	显著性
1	回归	7.645E+12	2	3.823E+12	412157.418	<.001[b]
	残差	139116095.9	15	9274406.394		
	总计	7.645E+12	17			

a. 因变量：@2018

b. 预测变量：(常量), @2012, @2017

图 17.40 ANOVA 表

系数[a]

模型		未标准化系数 B	标准错误	标准化系数 Beta	t	显著性	相关性 零阶	偏	部分	共线性统计 容差	VIF
1	(常量)	-1947.425	765.127		-2.545	.022					
	@2017	2.219	.036	2.171	60.892	<.001	.999	.998	.067	.001	1048.283
	@2012	-1.071	.033	-1.173	-32.884	<.001	.998	-.993	-.036	.001	1048.283

a. 因变量：@2018

图 17.41 系数表

（6）回归模型各参数的确定。在图 17.41 所示的系数表中，由“未标准化系数”的 B 列可以得出回归模型的回归系数，其中 $a=-1947.425$，$b=2.219$，$c=-1.071$，最终可得回归方程为

$$y=-1947.425+2.219x_1-1.071x_2$$

其中，x_1 表示@2017，x_2 表示@2012。“标准化系数”列用于测量自变量对因变量的重要性。在本实例中，@2017 和@2012 标准化系数分别为 2.171、−1.173，即 2017 年财务指标对 2018 年财务指标的影响，要大于 2012 年财务指标对 2018 年财务指标的影响。

17.5 非线性回归分析

在生活中，很多现象之间的关系往往不是线性关系，如果因变量和一组自变量之间的关系表现为形态各异的各种曲线，则称这种关系为非线性关系。非线性关系又可以划分为两类：本质线性关

系（曲线回归模型）和本质非线性关系（本质非线性回归模型）。非线性回归分析是寻找估算的非线性回归模型的方法。

17.5.1 曲线回归模型

在 SPSS 中，通常利用“曲线估算”命令将具有本质线性关系的曲线回归模型通过变量变换转化为线性回归，然后用线性回归方法（最小二乘法）进行处理。

所谓的本质线性关系是指变量关系形式上呈现出非线性表征，但可以通过变量变换转化为线性关系。

【执行方式】

菜单栏：选择菜单栏中的“分析”→“回归”→“曲线估算”命令。

操作步骤

执行此命令，弹出图 17.42 所示的“曲线估算”对话框。在左侧变量列表中显示统计数据中所有可用的变量，单击“转入”按钮，将变量添加到右侧变量列表中。

- “因变量”列表：回归方程中的变量 y，响应变量或因变量。
- “独立”选项组：选择“变量”，在左侧变量列表中选择回归方程中的变量 x，预测变量或自变量；选择“时间”，表示自变量是以时间为刻度变化的，SPSS 会自动生成一个时间变量以进行曲线估计。

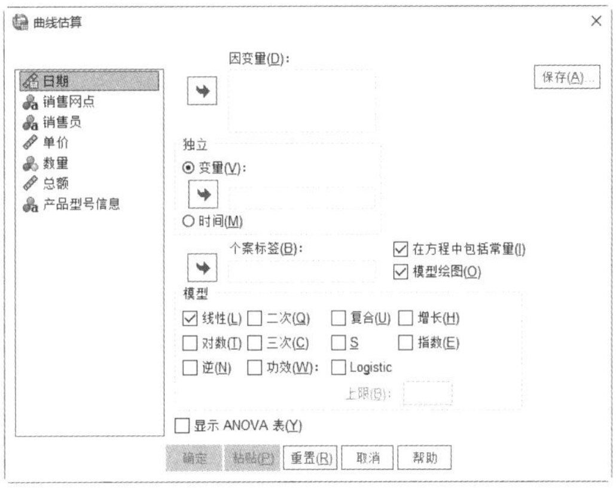

图 17.42 “曲线估算”对话框

单击“确定”按钮，弹出“IBM SPSS Statistics 查看器”窗口，显示曲线拟合结果，包含模型描述表、个案处理摘要表、变量处理摘要表、模型摘要表等。

【选项说明】

（1）个案标签：选择变量作为模型曲线图中的 x 轴标签。

（2）在方程中包括常量：勾选该复选框，输出拟合直线的截距 a。

（3）模型绘图：勾选该复选框，绘制回归模型曲线。

（4）“模型”选项组：根据回归曲线类型选择模型，常用的曲线回归模型见表 17.2。

表 17.2 常用的曲线回归模型

模 型 名	回 归 方 程
二次曲线	$y=\beta_0+\beta_1 x+\beta_2 x^2$
复合曲线	$y=\beta_0\beta_1^x$
增长曲线	$y=\mathrm{e}^{\beta_0+\beta_1 x}$
对数曲线	$y=\beta_0+\beta_1\ln(x)$

续表

模 型 名	回 归 方 程
三次曲线	$y=\beta_0+\beta_1x+\beta_2x^2+\beta_3x^3$
S 曲线	$y=e^{\beta_0+\beta_1/x}$
指数曲线	$y=\beta_0e^{\beta_1x}$
逆函数	$y=\beta_0+\beta_1/x$
幂函数	$y=\beta_0(x^{\beta_1})$
逻辑函数	$y=\dfrac{1}{1/\mu+\beta_0\beta_1^x}$

如果不能确定要使用哪种模型评估样本数据，则可以多选择几种模型，SPSS 会自动完成模型的参数估计，并输出回归方程假设检验的 F 值、显著性值、判定系数等统计量。

（5）“显示 ANOVA 表”复选框：勾选该复选框，输出 ANOVA 表。

（6）“保存”按钮：单击该按钮，弹出“曲线估算：保存”对话框，选择要在数据视图中增加的变量，如预测值、残差、预测区间。

扫一扫，看视频

★重点 动手学——商品的需求量与价格回归分析

源文件：源文件\第 17 章\商品的需求量与价格.sav

商品的需求量与其价格有一定的关系。现观察一定时期内商品的价格与需求量，取得的样本数据见“商品的需求量与价格.sav”文件。试分析商品的价格与需求量之间回归模型的类型，并计算需求量对价格的回归方程。

操作步骤

1. 确定自变量和因变量

设价格为自变量 x，需求量为因变量 y。

2. 打开数据文件

选择菜单栏中的“文件”→“打开”→“数据”命令，弹出“打开数据”对话框，选择 “商品的需求量与价格.sav”文件，单击“打开”按钮，打开数据文件，如图 17.43 所示。

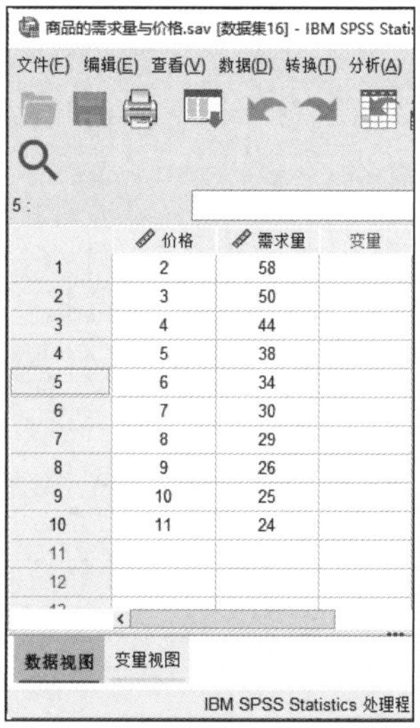

图 17.43 商品的需求量与价格数据

3. 使用图表构建器创建散点图矩阵

（1）选择菜单栏中的“图形”→“图形画板模板选择器”命令，弹出“图形画板模板选择器”对话框，在左侧“基本”选项卡中选择“价格”“需求量”变量，在右侧图表类型中选择“散点图”，如图 17.44 所示。

（2）单击“确定”按钮，弹出“IBM SPSS Statistics 查看器”窗口，显示需求量随价格变化的散点图，如图 17.45 所示。

（3）从图 17.45 所示的需求量-价格散点图中可以看出，需求量随着价格的提高而逐渐下降，最后趋于稳定。因此可选用逆函数（曲线函数）$y=a+\beta\dfrac{1}{x}$。

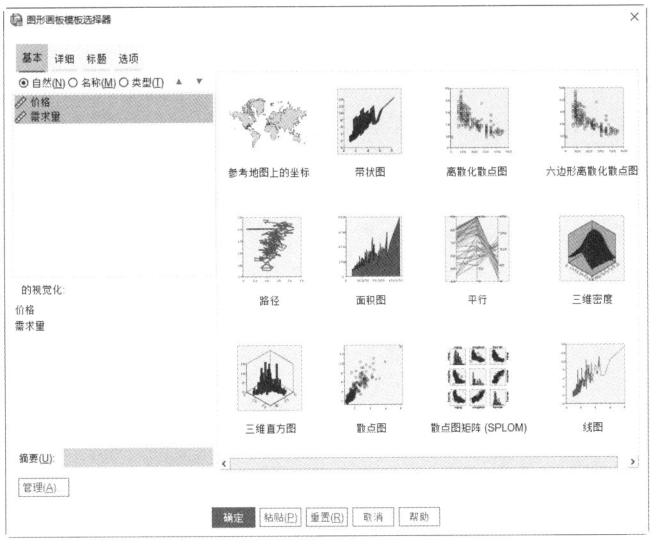

图 17.44　“图形画板模板选择器”对话框

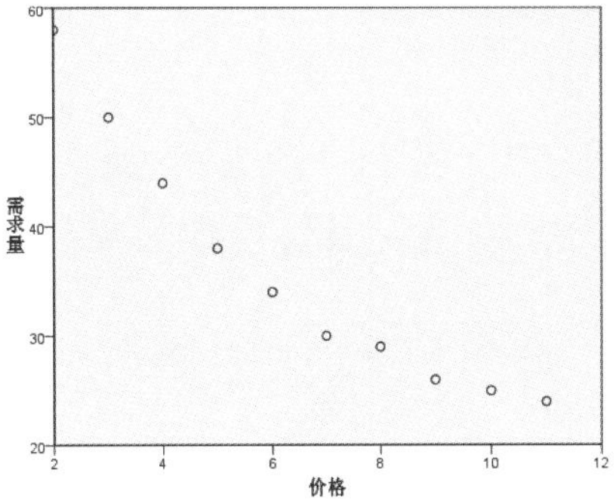

图 17.45　散点图

（4）令 $x' = \dfrac{1}{x}$，则有 $y = a + \beta x'$，将非线性回归模型转换为具有本质线性回归关系的逆函数曲线回归模型。

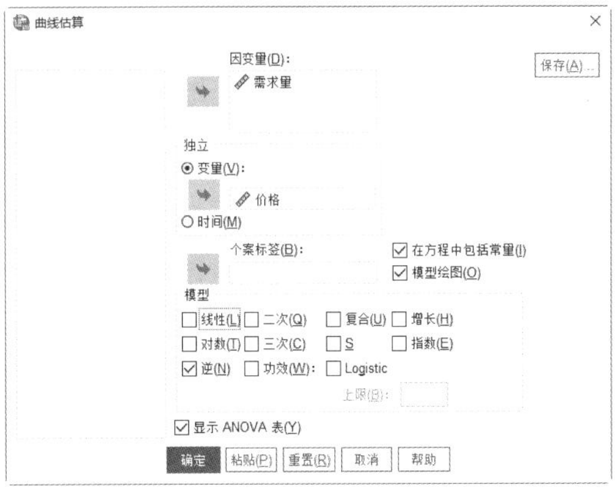

图 17.46　“曲线估算”对话框

4. 计算曲线回归模型

（1）选择菜单栏中的“分析”→“回归”→“曲线估算”命令，弹出“曲线估算”对话框。选择“需求量”变量作为因变量，“价格”变量作为自变量，在“模型”选项组中勾选“逆”复选框，如图 17.46 所示。

（2）单击“确定”按钮，弹出“IBM SPSS Statistics 查看器”窗口，显示逆函数曲线回归模型拟合结果，包含模型摘要表、ANOVA 表、系数表、曲线拟合图，如图 17.47 所示。

需求量

逆

模型摘要

R	R 方	调整后 R 方	标准 估算的错误
.976	.952	.946	2.676

自变量为 价格。

ANOVA

	平方和	自由度	均方	F	显著性
回归	1144.298	1	1144.298	159.756	<.001
残差	57.302	8	7.163		
总计	1201.600	9			

自变量为 价格。

系数

	未标准化系数		标准化系数		
	B	标准 错误	Beta	t	显著性
1 / 价格	87.330	6.909	.976	12.639	<.001
(常量)	18.160	1.632		11.127	<.001

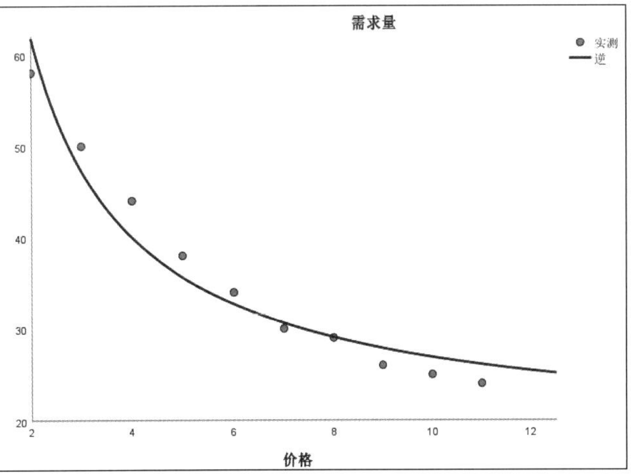

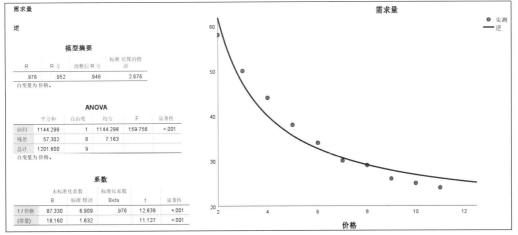

图 17.47　曲线估算分析结果

5. 分析结果

下面根据图 17.47 中的结果依次进行分析。

（1）从 ANOVA 表中可以看出，F 统计量为 159.756，显著性值<0.001，所以选择的逆函数曲线回归模型是显著的，该拟合模型可信。

（2）从系数表中可以看出，未标准化系数为 87.330，常数项为 18.160，所以回归方程为 y=18.160+87.330x'，即商品的需求量对价格的回归方程为 $y=18.160+\dfrac{87.330}{x}$。

17.5.2 本质非线性回归模型

在 SPSS 中，本质非线性关系的本质非线性回归模型通过“非线性”命令，使用迭代估算法估计本质非线性回归模型。

所谓本质非线性关系，是指变量关系不仅形式上呈非线性关系，而且无法通过变量变换将其转化为线性关系，最终无法进行线性回归分析和建立线性模型。这种不能通过变量变换转化为线性关系的回归模型称为本质非线性回归模型。

形如

$$y=(\theta_1+\theta_2 x+\theta_3 x^2)^{-1}+\varepsilon \quad \text{（Holliday模型）}$$

$$y=\frac{\theta_1}{1+\exp(\theta_2-\theta_3^x)}+\varepsilon \quad \text{（Logistic模型）}$$

都是本质非线性回归模型。

【执行方式】

菜单栏：选择菜单栏中的“分析”→“回归”→“非线性”命令。

操作步骤

执行此命令，弹出图 17.48 所示的“非线性回归”对话框。在左侧变量列表中显示统计数据中所有可用的变量，选中变量，单击“转入”按钮，将其添加到右侧列表中。

单击“确定”按钮，弹出“IBM SPSS Statistics 查看器”窗口，显示非线性回归分析结果。

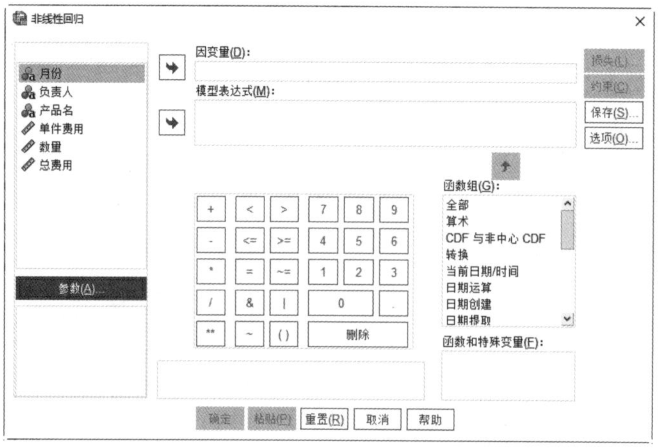

图 17.48 “非线性回归”对话框

【选项说明】

下面介绍“非线性回归”对话框中的常用选项。

（1）“模型表达式”列表。本质的非线性回归模型没有统一的表达形式。常见的非线性回归模型与对应的方程如下。

1）多项式方程：

- $y = p_1x+p_2$
- $y = p_1x^2+p_2x+p_3$
- $y = p_1x^3+p_2x^2+\cdots+p_4$
- $y = p_1x^9+p_2x^8+\cdots+p_{10}$

2）指数方程：

- exp1 $y = a\exp(bx)$
- exp2 $y = a\exp(bx)+c\exp(dx)$

3）傅里叶级数方程：

- $y = a_0+a_1\cos(xp)+b_1\sin(xp)$
- $y = a_0+a_1\cos(xp)+b_1\sin(xp)+a_2\cos(2xp)+b_2\sin(2xp)$
- $y = a_0+a_1\cos(xp)+b_1\sin(xp)+\cdots+a_3\cos(3xp)+b_3\sin(3xp)$
- $y = a_0+a_1\cos(xp)+b_1\sin(xp)+\cdots+a_8\cos(8xp)+b_8\sin(8xp)$

4）高斯方程：

- $y = a_1\exp(-((x-b_1)/c_1)^2)$
- $y = a_1\exp(-((x-b_1)/c_1)^2)+a_2\exp(-((x-b_2)/c_2)^2)$
- $y = a_1\exp(-((x-b_1)/c_1)^2)+\cdots+a_3\exp(-((x-b_3)/c_3)^2)$
- $y = a_1\exp(-((x-b_1)/c_1)^2)+\cdots+a_8\exp(-((x-b_8)/c_8)^2)$

5）幂方程：

- $y = ax^b$
- $y = ax^b+c$

（2）“参数”按钮。在多数非线性回归模型中，参数必须限制在有意义的区间内，如回归系数 a、b。单击该按钮，弹出“非线性回归：参数”对话框，设置参数名称与参数的开始值，如图 17.49 所示。只有设置参数后，才能激活“损失”和“约束”按钮。

（3）“损失”按钮。单击该按钮，弹出“非线性回归：损失函数”对话框，如图 17.50 所示，选择损失函数类型。非线性回归模型中的损失函数是算法最小化的函数，损失函数是估计误差的函数，误差越小越好。损失函数的计算方法可以选择“残差平方和”选项以最小化残差的平方和，或者选择“用户定义的损失函数”选项以最小化不同的函数。

（4）“约束”按钮。单击该按钮，弹出“非线性回归：参数约束”对话框，如图 17.51 所示，在迭代过程中设置对参数的限制类型。

- 未约束：在约束表达式中只有对参数的线性运算。
- 定义参数约束：在约束表达式中，至少有一个参数与其他参数进行了乘、除运算，或者自身的幂运算。

（5）“保存”按钮。单击该按钮，弹出“非线性回归：保存新变量”对话框，选择要在数据视图中输出的变量，如预测值、残差、导数和损失函数值，如图 17.52 所示。

图 17.49 “非线性回归：参数”对话框

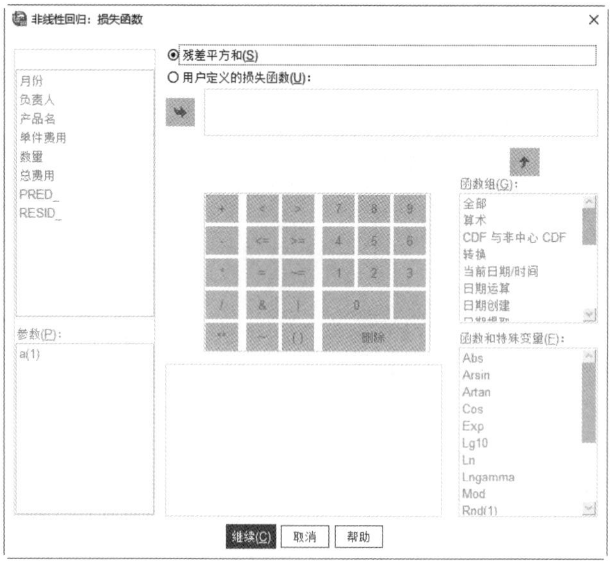

图 17.50 “非线性回归：损失函数”对话框

（6）“选项”按钮。单击该按钮，弹出“非线性回归：选项”对话框，选择标准误差的估算方法，如图 17.53 所示。

- 序列二次规划：主要通过双重迭代法求解，每一步迭代都建立一个二次规划算法，以此确定优化的方向，把估计参数不断地代入损失函数求值，直到满足指定的收敛条件。
- Levenberg-Marquardt：麦夸尔特法，简称 LM 方法，主要是解决曲线最小二乘法的拟合问题。通过迭代的方法查找最优解，即给定一组初始参数值，在此基础上查找下一组参数，以此类推，直至满足指定的收敛条件或到达最大迭代次数。

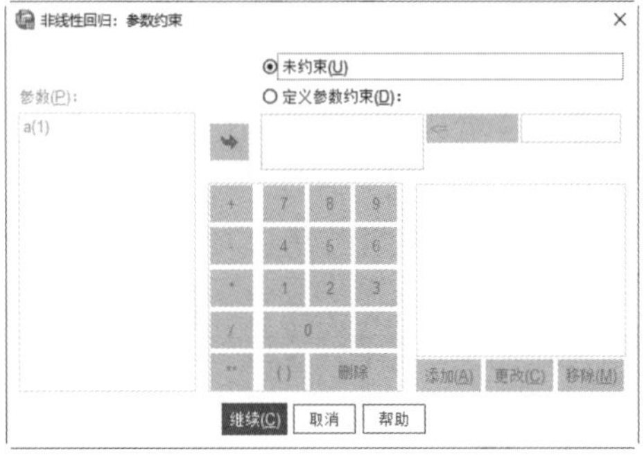

图 17.51 “非线性回归：参数约束”对话框

图 17.52 “非线性回归：保存新变量”对话框

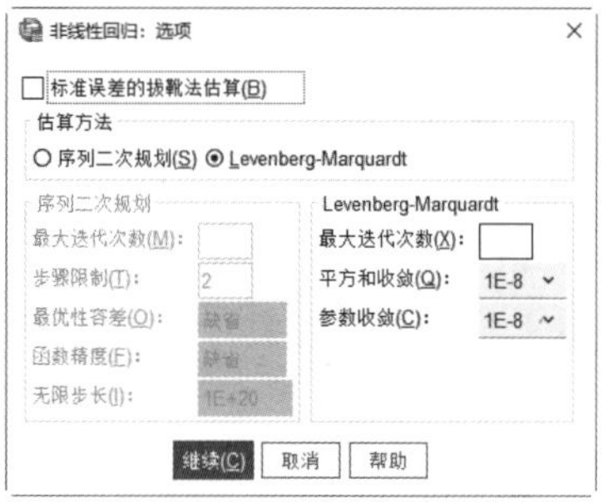

图 17.53 “非线性回归：选项”对话框

扫一扫，看视频

★重点 动手学——分析试剂配比量与反应速率之间的关系

源文件：源文件\第 17 章\化学实验试剂与反应速率数据.sav

某学校学生准备化学实验考试，将三种带颜色的试剂混合。学生在实验过程中记录的试剂配比量与反应速率见“化学实验试剂与反应速率数据.sav”文件。试分析试剂配比量与反应速率的关系，并预测当三种试剂的配比量为 100:100:100 时的反应速率。

操作步骤

1. 确定自变量和因变量

设三种试剂的用量为自变量 x_1、x_2、x_3，反应速率为因变量 y。

Hinshelwood 在研究气固相催化反应动力学时，根据 Langmuir 的均匀表面吸附理论导出了 Hougen-Watson 模型（双曲线型反应动力学方程），其后 Hougen 和 Watson 用此模型成功地处理了许多气固相催化反应，使它成为一种广泛应用的方法，多用于描述模拟化学反应的数据时的反应速率。

Hougen-Watson 模型回归方程为

$$\hat{y}=\frac{b_1x_2-x_3/b_5}{1+b_2x_1+b_3x_2+b_4x_3}$$

2. 打开数据文件

选择菜单栏中的“文件”→“打开”→“数据”命令，弹出“打开数据”对话框，选择“化学实验试剂与反应速率数据.sav”文件，单击打开“按钮”，打开数据文件，如图 17.54 所示。

试验次数	试剂1	试剂2	试剂3	反应速率
1	470	300	10	8.55
2	285	80	10	3.79
3	470	300	120	4.82
4	470	80	120	.02
5	470	80	10	2.75
6	100	190	10	14.39
7	100	80	65	2.54
8	470	190	65	4.35
9	100	300	54	13.00
10	100	300	120	8.50

图 17.54 化学实验试剂与反应速率数据

3. 计算非线性回归结果

（1）选择菜单栏中的“分析”→“回归”→“非线性”命令，弹出“非线性回归”对话框。单击“参数”按钮，弹出“非线性回归：参数”对话框，在“名称”文本框中输入 b1，在“开始值”文本框中输入 1，单击“添加”按钮，添加参数 b1(1)。使用同样的方法，添加参数 b2(0.05)、b3(0.03)、b4(0.1)、b5(1.5)，如图 17.55 所示。

（2）单击“继续”按钮，返回主对话框。选择“反应速率”变量作为因变量，在“模型表达式”中根据参数与变量输入 Hougen-Watson 模型回归方程，如图 17.56 所示。

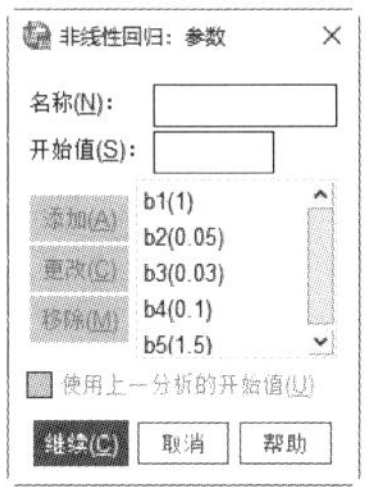

图 17.55 “非线性回归：参数”对话框

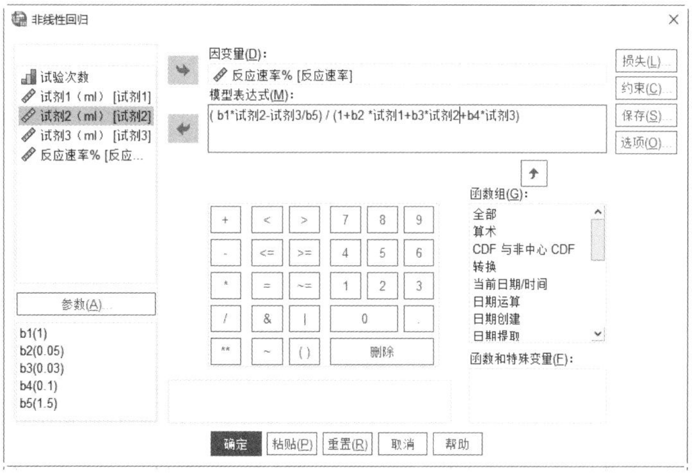

图 17.56 “非线性回归”对话框

（3）单击“确定”按钮，弹出“IBM SPSS Statistics 查看器”窗口，显示非线性回归分析结果，包含迭代历史记录表、参数估算值表、参数估算值相关性表、ANOVA 表，如图 17.57 所示。

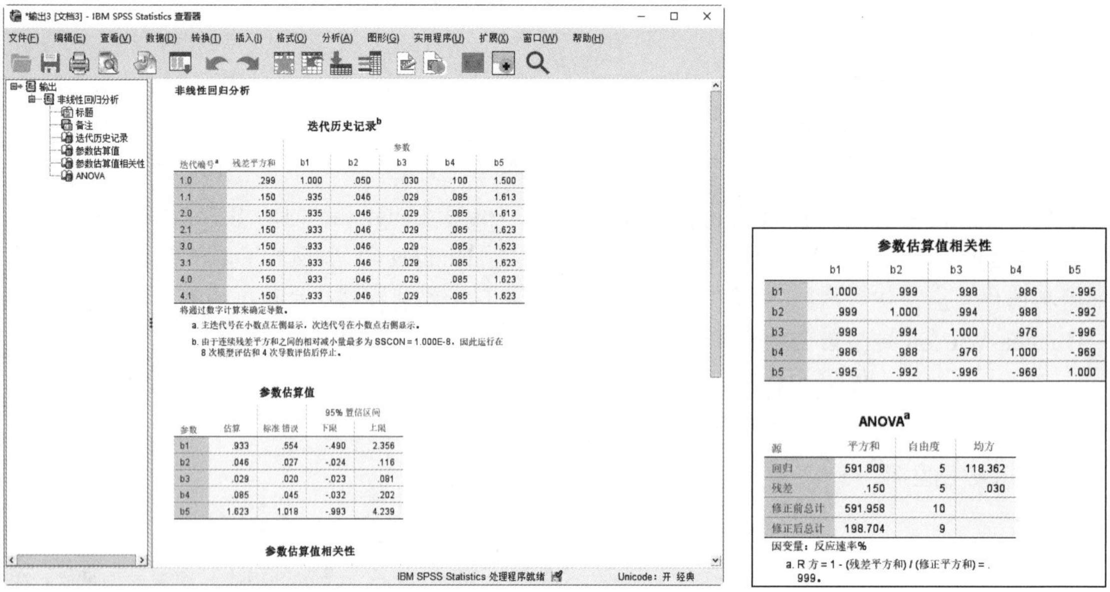

非线性回归分析

迭代历史记录[b]

		参数				
迭代编号[a]	残差平方和	b1	b2	b3	b4	b5
1.0	.299	1.000	.050	.030	.100	1.500
1.1	.150	.935	.046	.029	.085	1.613
2.0	.150	.935	.046	.029	.085	1.613
2.1	.150	.933	.046	.029	.085	1.623
3.0	.150	.933	.046	.029	.085	1.623
3.1	.150	.933	.046	.029	.085	1.623
4.0	.150	.933	.046	.029	.085	1.623
4.1	.150	.933	.046	.029	.085	1.623

将通过数字计算来确定导数。

a. 主迭代号在小数点左侧显示，次迭代号在小数点右侧显示。

b. 由于连续残差平方和之间的相对减小量最多为 SSCON = 1.000E-8，因此运行在 8 次模型评估和 4 次导数评估后停止。

参数估算值

			95% 置信区间	
参数	估算	标准 错误	下限	上限
b1	.933	.554	-.490	2.356
b2	.046	.027	-.024	.116
b3	.029	.020	-.023	.081
b4	.085	.045	-.032	.202
b5	1.623	1.018	-.993	4.239

参数估算值相关性

	b1	b2	b3	b4	b5
b1	1.000	.999	.998	.986	-.995
b2	.999	1.000	.994	.988	-.992
b3	.998	.994	1.000	.976	-.996
b4	.986	.988	.976	1.000	-.969
b5	-.995	-.992	-.996	-.969	1.000

ANOVA[a]

源	平方和	自由度	均方
回归	591.808	5	118.362
残差	.150	5	.030
修正前总计	591.958	10	
修正后总计	198.704	9	

因变量：反应速率%

a. R 方 = 1 - (残差平方和) / (修正平方和) = .999。

图 17.57　非线性回归分析结果

4．分析结果

下面根据图 17.57 中的结果依次进行分析。

（1）从迭代历史记录表中可以看出，当迭代 8 次后，损失函数“残差平方和”最小为 0.150，找到最优解，迭代终止。

（2）从参数估算值表中可以看出，b1=0.933、b2=0.046、b3=0.029、b4=0.085、b5=1.623，即 Hougen-Watson 模型回归方程为

$$y=\frac{0.933x_2-\dfrac{x_3}{1.623}}{1+0.046x_1+0.029x_2+0.085x_3}$$

此时，系数的标准误差 SSE 很小，估值的置信度很高。

（3）从参数估算值相关性表中可以看出，两两变量间的相关性很高。

（4）从 ANOVA 表中可以看出，R 方=1-残差平方和/修正平方和= 0.999，即拟合度为 0.999，说明此模型能够解释 99.9%的变异，拟合度非常高。

第 18 章　聚 类 分 析

内容简介

聚类分析是一种根据研究对象的特征，按照一定标准对其进行分类的分析方法。一方面，聚类分析本身是一种模型技术；另一方面，又常常作为在数据分析前期进行数据摸底和数据清洗、数据整理的工具。聚类分析在数据化运营实践方面应用广泛，如目标用户的群体分类，搜索推荐业务，不同产品的价值组合，探测、发现孤立点和异常值等。

学习要点

- 快速聚类分析
- 系统聚类分析
- 二段聚类分析

18.1　聚类分析概述

聚类分析根据样本之间的距离，对研究对象进行分类。聚类分析适用于不能精确分组的场景，是一种探索性分析。聚类分析主要解决以下问题：研究对象不知道应该分为几类，更不知道分类情况。聚类分析的本质是建立一种分类方法来确定合理的分类数目，并按相似程度、相近程度对所有研究对象进行具体分类。

聚类分析也称群分析，它是根据事物本身的特性对被研究对象进行分类，使同类中的样本有较大的相似性，不同类中的样本有较大的差异性。

18.1.1　聚类分析分类

聚类分析就是解决如何对样本（或变量）进行量化分类的问题。根据研究对象的模式特征，按相似程度进行分类，相似的归为一类。

在 SPSS 中，按照研究对象的不同，聚类分析一般分为样本聚类和变量聚类。

（1）样本聚类：又称 Q 型聚类，它针对样本进行分类，将特征相近的个案分为一类。

（2）变量聚类：又称 R 型聚类，它针对变量分类，将性质相近的变量分为一类。

按照聚类的方法不同，聚类分析一般分为系统聚类、K-均值法和二阶聚类。

（1）系统聚类：先将 n 个样本或变量看成 n 个分类，然后将距离相近（样本聚类）或性质接近（变量聚类）的两类合并为一类，再从 n-1 个分类中继续寻找最相近的两类合并为一类。以此类推，最终合并完所有分类。

（2）K-均值法：又称快速聚类，对 n 个数值变量进行快速聚类，则 n 个变量组成一个 n 维空间，每个样本是空间中的一个点，最终按照事先要求聚成 k 个类别。聚类前计算机随机产生初始聚类中心，计算各个点到中心的距离。然后计算机迭代第二个聚类中心，如果各个点到第二个聚类中心的距离比到初始的聚类中心小，则放弃初始聚类中心，留取第二个聚类中心。接着计算机迭代第三个聚类中心，以此类推，直至各个点到前后聚类中心的距离之差为 0，此时认为已经无法再优化，即找到最佳的聚类中心。

（3）阶聚类：利用统计量作为距离进行聚类。阶聚类顾名思义分为两步，首先进行预聚类，然后在预聚类基础上，根据赤池信息推测（AIC）和施瓦兹贝叶斯准则（BIC），自动判定聚类数目。阶聚类算法比较复杂，但软件上实现起来比较容易。

18.1.2 聚类分析应用

在商业领域，聚类分析被用来发现不同的客户群，并且通过购买模式刻画不同的客户群的特征，是细分市场的有效工具。同时，聚类分析也可通过寻找新的潜在市场、选择实验的市场、研究消费者行为，作为多元分析的预处理。

在保险行业，聚类分析通过一个高的平均消费对汽车保险单持有者进行分组，同时根据住宅类型、价值、地理位置对一个城市的房产进行分组。

在因特网领域，聚类分析被用来在网上进行文档归类，也可以修复信息。

在电子商务领域，聚类分析可以用于网站建设和数据挖掘，通过分组聚类出具有相似浏览行为的客户，并分析客户的共同特征，可以更好地帮助电子商务从业者了解自己的客户，向客户提供更合适的服务。

18.2 快速聚类

快速聚类也称为逐步聚类，根据对样本已有信息的了解，先将数据粗略地分为若干类，然后根据一定的原则（最小距离原则或相似性原则），修正调整初始的分类，并不断迭代调整，直到分类合理为止。

18.2.1 快速聚类的过程

快速聚类的特点是处理速度快，占用内存少，其分析过程如下。

（1）选择若干个聚类中心，依据样本数据与聚类中心的距离初步分类，确定聚类的类别数 k。

（2）确定 k 个类的初始中心。根据样本数据的实际情况，选择 k 个有代表性的样本数据作为初始中心，初始中心也可以由用户自行指定。

（3）判断初始分类是否合理。如果合理，则完成分类；如果不合理，则根据一定的原则，调整分类。

1）计算所有样本数据到 k 个类中心的欧化距离，按照距离最短原则，把所有样本数据分派到类中心所在的类中，形成新的 k 个类，完成一次迭代过程。

2）确定新的 k 个类中心，计算每个类中各个变量的均值，并以变量均值点作为新的类中心点。

3）重复上面两步计算过程，直到达到指定的迭代次数或者满足终止迭代的判别要求。

18.2.2 快速聚类的方法

快速聚类是在聚类的类别数已确定的情况下，快速将其他个案归类到相应的类别，适合大样本数据的聚类。

【执行方式】

菜单栏：选择菜单栏中的“分析”→“分类”→“K 均值聚类”命令。

操作步骤

执行此命令，弹出图 18.1 所示的“K 均值聚类分析”对话框。在左侧变量列表中显示统计数据中所有可用的变量，选择变量，单击“转入”按钮，将其添加到右侧“变量”列表中。

单击“确定”按钮，弹出“IBM SPSS Statistics 查看器”窗口，显示快速聚类分析结果，包括初始聚类中心表、最终聚类中心表和迭代历史记录表（聚类方法选择“迭代与分类”）等。

【选项说明】

下面介绍“K 均值聚类分析”对话框中的常用选项。

（1）“迭代”按钮：单击该按钮，弹出“K-均值聚类分析：迭代”对话框，设置最大迭代次数、收敛准则、是否使用运行平均值，系统默认最大迭代次数为 10，如图 18.2 所示。

图 18.1 “K 均值聚类分析”对话框

图 18.2 “K-均值聚类分析：迭代”对话框

（2）“保存”按钮：单击该按钮，弹出“K-均值聚类：保存新变量”对话框，如图 18.3 所示。

- 聚类成员：勾选该复选框，输出新变量，用于存储个案所隶属的类别。
- 与聚类中心的距离：勾选该复选框，输出新变量，用于存储样本的分类信息以及每一个样本到本类中心的距离。

（3）“选项”按钮：单击该按钮，弹出“K-均值聚类分析：选项”对话框，用于设置要输出的统计量和缺失值的处理方式，如图 18.4 所示。

- 初始聚类中心：勾选该复选框，输出初始聚类中心表，显示初始分类中心的具体指标。
- ANOVA 表：勾选该复选框，对最终分类中的每个变量作单因素方差分析，并输出方差分析表。
- 每个个案的聚类信息：勾选该复选框，要求输出样本的分类信息以及它们到本类中心的距离。

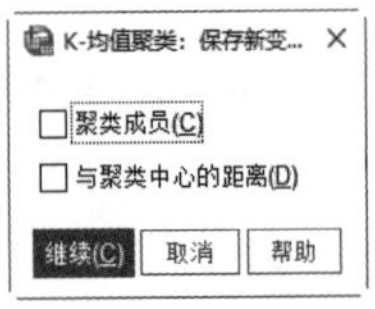

图 18.3 “K-均值聚类：保存新变量”对话框

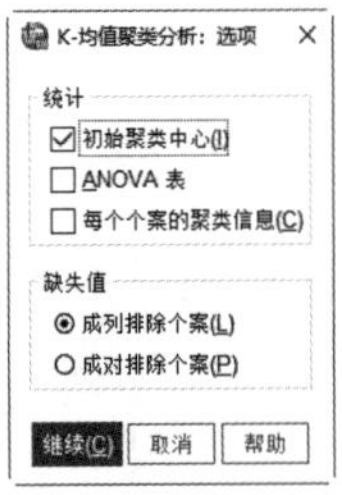

图 18.4 “K-均值聚类分析：选项”对话框

（4）“个案标注依据”列表：对样本进行归类时的样本参数。

（5）“聚类数”文本框：输入聚类的类别数，默认值为 2，表示把所有变量中的个案分为两类。

（6）“方法”选项组：选择聚类形成的方法，一般有两种：迭代与分类、仅分类。

扫一扫，看视频

★重点 动手学——员工业务水平聚类分析

源文件：源文件\第 18 章\快递业务指标统计.sav

现有某快递公司 200 个员工的业务评比指标：员工编号、小区数目、用户数目、接单数目（单位：个），使用快速聚类分析法对员工的业务水平进行分类。

操作步骤

1．打开数据文件

选择菜单栏中的“文件”→“打开”→“数据”命令，弹出“打开数据”对话框，选择“快递业务指标统计.sav”文件，单击“打开”按钮，打开数据文件，如图 18.5 所示。

2．K-均值聚类分析

（1）选择菜单栏中的“分析”→“分类”→“K 均值聚类”命令，弹出图 18.6 所示的“K 均值聚类分析”对话框。在“变量”列表中导入“小区数目”“用户数目”“接单数目”变量，在“个案标注依据”列表中导入“员工编号”变量，在“聚类数”文本框中输入 3，表示把所有变量中的个案分为三类；在“方法”选项组中选择“迭代与分类”选项。

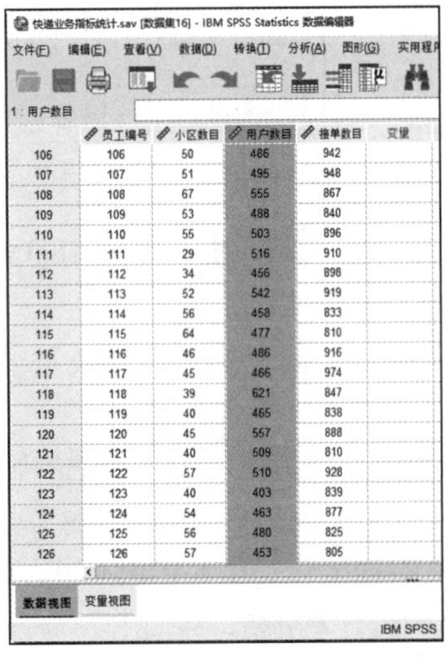

	员工编号	小区数目	用户数目	接单数目	变量
106	106	50	486	942	
107	107	51	495	948	
108	108	67	555	867	
109	109	53	488	840	
110	110	55	503	896	
111	111	29	516	910	
112	112	34	456	898	
113	113	52	542	919	
114	114	56	458	833	
115	115	64	477	810	
116	116	46	486	916	
117	117	45	466	974	
118	118	39	621	847	
119	119	40	465	838	
120	120	45	557	888	
121	121	40	509	810	
122	122	57	510	928	
123	123	40	403	839	
124	124	54	463	877	
125	125	56	480	825	
126	126	57	453	805	

图 18.5 快递业务指标统计数据

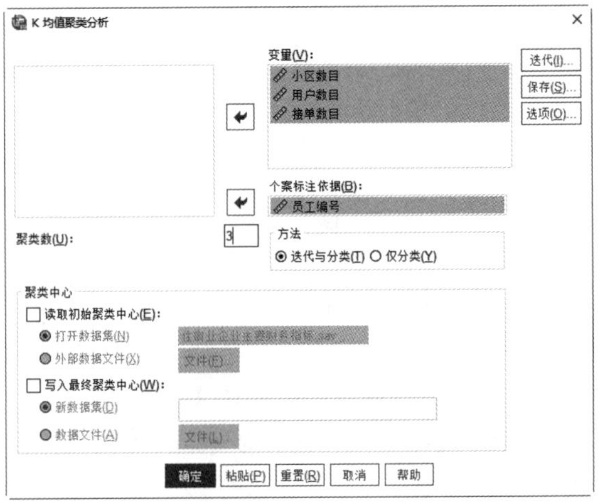

图 18.6 “K 均值聚类分析”对话框

（2）单击“选项”按钮，弹出“K-均值聚类分析：选项”对话框，勾选“初始聚类中心”“ANOVA 表”“每个个案的聚类信息”复选框，默认选择“成列排除个案”选项，如图 18.7 所示。单击“继续”按钮，返回主对话框。

（3）单击“保存”按钮，弹出“K-均值聚类：保存新变量”对话框，勾选“聚类成员”“与聚类中心的距离”复选框，如图 18.8 所示。单击“继续”按钮，返回主对话框。

（4）单击“确定”按钮，弹出“IBM SPSS Statistics 查看器”窗口，显示快速聚类分析结果，包括初始聚类中心表、最终聚类中心表、迭代历史记录表和 ANOVA 表等。同时，在数据视图中显示保存的两个变量，如图 18.9 所示。其中，QCL_1 表示聚类产生的每个个案所隶属的类别，QCL_2 表示每个个案到本类中心的距离。

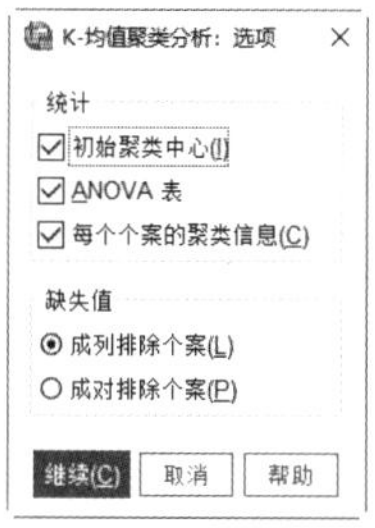

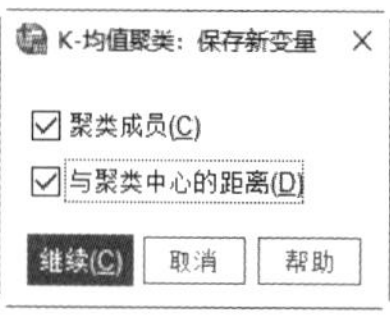

图 18.7 “K-均值聚类分析：选项”对话框　　图 18.8 “K-均值聚类：保存新变量”对话框

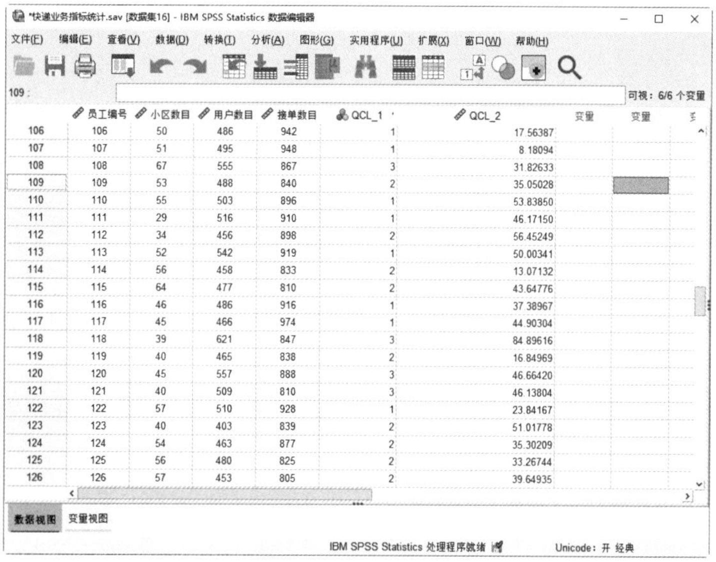

	员工编号	小区数目	用户数目	接单数目	QCL_1	QCL_2	变量	变量
106	106	50	486	942	1	17.56387		
107	107	51	495	948	1	8.18094		
108	108	67	555	867	3	31.82633		
109	109	53	488	840	2	35.05028		
110	110	55	503	896	1	53.83850		
111	111	29	516	910	1	46.17150		
112	112	34	456	898	2	56.45249		
113	113	52	542	919	1	50.00341		
114	114	56	458	833	2	13.07132		
115	115	64	477	810	2	43.64776		
116	116	46	486	916	1	37.38967		
117	117	45	466	974	1	44.90304		
118	118	39	621	847	3	84.89616		
119	119	40	465	838	2	16.84969		
120	120	45	557	888	3	46.66420		
121	121	40	509	810	3	46.13804		
122	122	57	510	928	1	23.84167		
123	123	40	403	839	2	51.01778		
124	124	54	463	877	2	35.30209		
125	125	56	480	825	2	33.26744		
126	126	57	453	805	2	39.64935		

图 18.9 保存新变量结果

3. 分析结果

下面根据图 18.10 中的结果依次进行分析。

（1）初始聚类中心表中显示三个聚类的具体指标值；迭代历史记录表中显示每次迭代后，聚类中心中的变动情况，可以看出第 9 次迭代后聚类中心已无改变（值为 0.000），整个快速聚类只迭代了 8 次；最终聚类中心表中显示经过 8 次迭代后，最终形成的聚类的中心。

（2）聚类成员表中显示每个员工的聚类类别以及它们到本类中心的距离；最终聚类中心之间的距离表中显示各聚类中心间的距离。

初始聚类中心

	聚类 1	聚类 2	聚类 3
小区数目	48	57	52
用户数目	598	382	574
接单数目	1008	874	801

迭代历史记录[a]

迭代	聚类中心中的变动 1	2	3
1	85.583	69.947	64.489
2	12.019	8.866	3.338
3	7.624	9.501	3.543
4	5.478	6.909	4.162
5	2.932	4.696	1.738
6	.000	.797	.660
7	.000	.945	.789
8	.000	1.406	1.259
9	.000	.000	.000

a. 由于聚类中心中不存在变动或者仅有小幅变动，因此实现了收敛。任何中心的最大绝对坐标变动为.000。当前迭代为9。初始中心之间的最小距离为205.851。

聚类成员

个案号	员工编号	聚类	距离
1	1	2	52.366
2	2	2	45.031
3	3	1	36.454
4	4	3	32.506
5	5	1	36.434
6	6	1	85.810
7	7	2	49.076
8	8	3	40.833
9	9	1	40.853
10	10	3	34.646
11	11	2	41.389
12	12	3	45.258
13	13	1	89.841

最终聚类中心

	聚类 1	聚类 2	聚类 3
小区数目	50	50	51
用户数目	503	453	537
接单数目	949	844	846

最终聚类中心之间的距离

聚类	1	2	3
1		116.722	108.910
2	116.722		83.809
3	108.910	83.809	

ANOVA

	聚类 均方	聚类 自由度	误差 均方	误差 自由度	F	显著性
小区数目	27.326	2	57.568	197	.475	.623
用户数目	126187.391	2	1071.172	197	117.803	<.001
接单数目	220035.845	2	1105.730	197	198.996	<.001

由于已选择聚类以使不同聚类中个案之间的差异最大化，因此F检验只应该用于描述目的。实测显著性水平并未因此进行修正，所以无法解释为针对"聚类平均值相等"这一假设的检验。

每个聚类中的个案数目

聚类	1	56.000
	2	67.000
	3	77.000
有效		200.000
缺失		.000

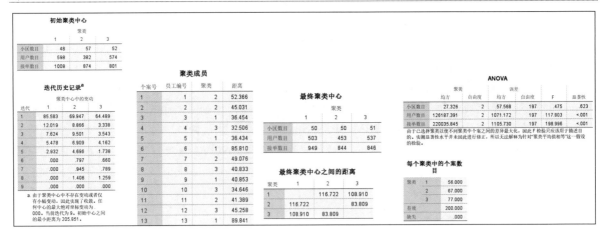

图 18.10　快速聚类分析结果

（3）每个聚类中的个案数目表中显示聚类 3 所包含个案数目最多，聚类 1 所包含个案数目最少。ANOVA 表中显示用户数目、接单数目对应的显著性值都小于 0.05，可以认为将用户数目、接单数目分为三类是合理的。小区数目对应的显著性值大于 0.05，可以认为将小区数目分为三类是合理的。

通过 K-均值聚类分析，现已对员工的业务水平有了基本的了解：可以将员工的业务水平分成三类，其中，聚类 3 的个案数目最多，有 77 个，其他两类包含个案数目相对较少。通过分析也可以知道每个员工属于哪一类。

进一步计算聚类中的均值等统计量，可以将数据分组后分析。

4．按照聚类拆分文件

（1）选择菜单栏中的“数据”→“拆分文件”命令，弹出“拆分文件”对话框，选择“比较组”选项，根据分组依据“个案聚类编号”进行拆分，如图 18.11 所示。

（2）选择菜单栏中的“分析”→“描述统计”→“描述”命令，弹出“描述”对话框，将“小区数目”“用户数目”“接单数目”变量添加到右侧“变量”列表中，如图 18.12 所示。单击“选项”按钮，弹出“描述：选项”对话框，勾选“均值”复选框，选择“变量列表”选项，如图 18.13 所示。单击“继续”按钮，返回主对话框。

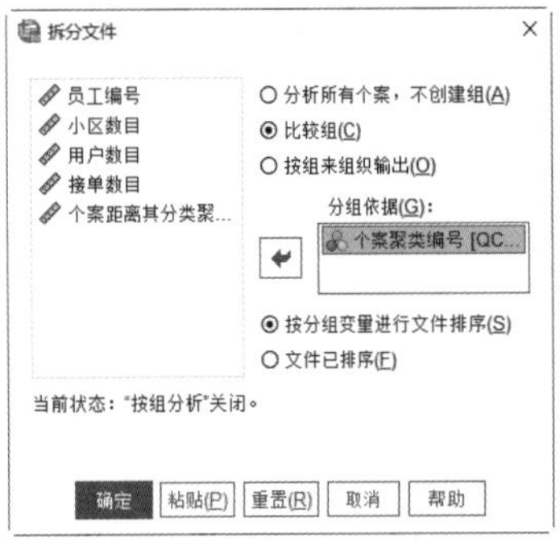

图 18.11　“拆分文件”对话框

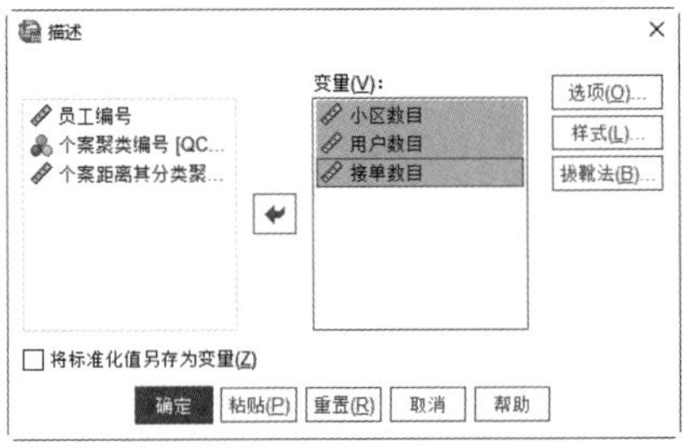

图 18.12　“描述”对话框

（3）单击“确定”按钮，关闭对话框。弹出“IBM SPSS Statistics 查看器”窗口，显示描述统计表，包含 N、平均值统计量，如图 18.14 所示。

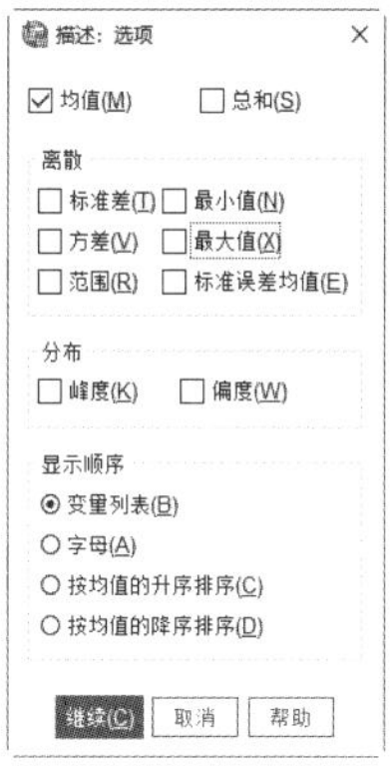

图 18.13 “描述：选项”对话框

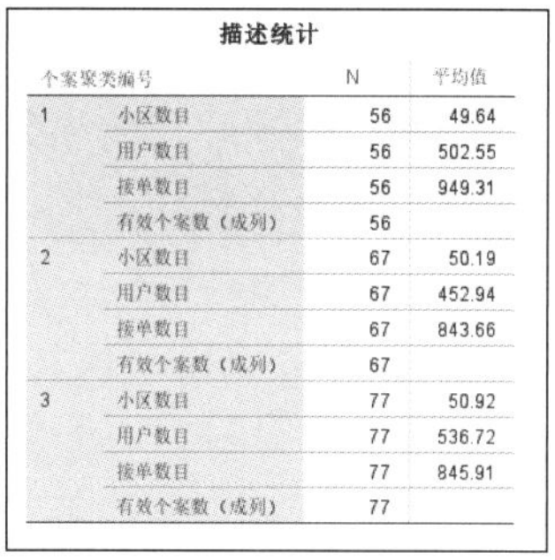

描述统计

个案聚类编号		N	平均值
1	小区数目	56	49.64
	用户数目	56	502.55
	接单数目	56	949.31
	有效个案数（成列）	56	
2	小区数目	67	50.19
	用户数目	67	452.94
	接单数目	67	843.66
	有效个案数（成列）	67	
3	小区数目	77	50.92
	用户数目	77	536.72
	接单数目	77	845.91
	有效个案数（成列）	77	

图 18.14 描述统计表

18.3 系统聚类

系统聚类又称分层聚类、层次聚类，其聚类过程是按照一定层次进行的。当需要按变量（标题）聚类时，可以使用系统聚类，然后结合谱系图进行综合分析。

18.3.1 系统聚类分析

系统聚类分析根据个案或变量之间的亲疏程度，将最相似的对象结合在一起，以逐次聚合的方式把所有个案分类，逐步合并直到最后合并成为一类。系统聚类分析方法适用于样本量不多的情况，一般样本量小于 200。

【执行方式】

菜单栏：选择菜单栏中的“分析”→“分类”→“系统聚类”命令。

操作步骤

执行此命令，弹出图 18.15 所示的“系统聚类分析”对话框。在左侧变量列表中显示统计数据中所有可用的变量，选中变量，单击“转入”按钮，将其添加到右侧“变量”列表中。

单击“确定”按钮，弹出“IBM SPSS Statistics 查看器”窗口，显示系统聚类分析结果，包括聚类表和冰柱图。

【选项说明】

下面介绍“系统聚类分析”对话框中的常用选项。

（1）“统计”按钮：单击该按钮，弹出“系统聚类分析：统计”对话框，如图 18.16 所示。

1）集中计划：勾选该复选框，输出集中计划表。

2）近似值矩阵：勾选该复选框，输出相似性矩阵，表示输出个体间的距离矩阵。

3）聚类成员：聚类分析主要应用于探索性的研究，其分析的结果可以提供多个可能的解（聚类数）；在该选项组中设置解。

- 无：表示不输出样本的所属类。
- 单个解：表示当指定输出分成 k 类时各样本的所属类。
- 解的范围：通过设置最小聚类数 m 和最大聚类数 n，指定输出当分成 m～n 类（$m \leqslant n$）时各样本的所属类。若需要限制聚类数或已知大致的聚类量，可以通过该选项来设置。

（2）“个案标注依据”列表：对样本进行归类时的依据。

（3）“聚类”选项组：选择系统聚类类型，分为个案（Q 型聚类）和变量（R 型聚类）两种。

（4）“显示”选项组：设置输出结果为统计、图。

（5）“保存”按钮：单击该按钮，弹出“系统聚类分析：保存”对话框，如图 18.17 所示。设置系统聚类分析需要保存的解。

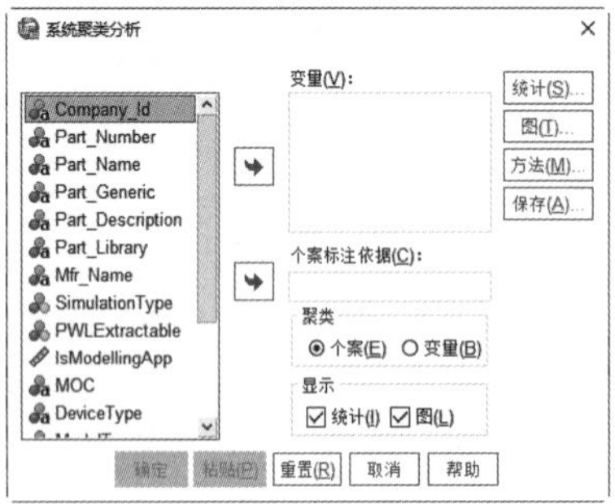

图 18.15 “系统聚类分析”对话框

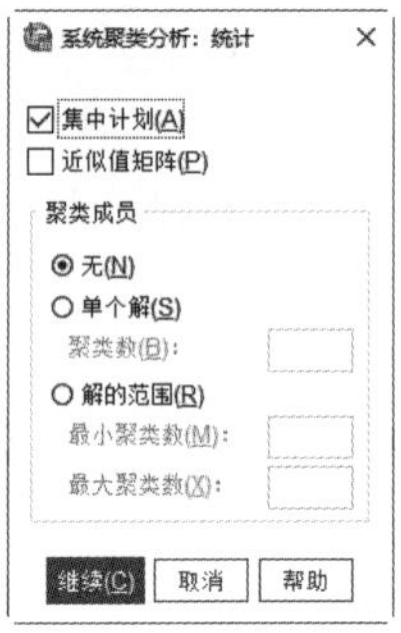

图 18.16 “系统聚类分析：统计”对话框

（6）“图”按钮：单击该按钮，弹出“系统聚类分析：图”对话框，如图 18.18 所示。设置系统聚类分析要输出的统计图。系统聚类分析有两种统计图：第一种是默认的冰柱图，第二种是谱系图。

图 18.17 “系统聚类分析：保存”对话框

图 18.18 “系统聚类分析：图”对话框

1）“谱系图”复选框：勾选该复选框，输出谱系图。谱系图也称“树状图”，像一棵横着生长的树，直观地展示了聚类的整个过程。该图是从左向右分布的，最左侧罗列出所有聚类类别；横轴位于图形的顶部，表示各类别的相对距离。

2）“冰柱图”选项组：选择“全部聚类”或“指定范围内的聚类”，以及设置冰柱图的方向（垂直或水平）。冰柱图的优点是不仅可以显示出不同类中个案所属的分类结果，还能显示出聚类的过程，生动形象；缺点是不能表现出聚类过程中距离的大小。

扫一扫，看视频

★重点 动手学——客运量聚类分析

源文件：源文件\第 18 章\编辑客运量统计表.sav

现有 1998—2011 年间公路、水运、民用航空客运量数据，使用系统聚类的方法对其进行聚类分析。

操作步骤

1. 打开数据文件

选择菜单栏中的“文件”→“打开”→“数据”命令，弹出“打开数据”对话框，选择“编辑客运量统计表.sav”文件，单击“打开”按钮，打开数据文件，如图 18.19 所示。

2. 系统聚类分析

（1）选择菜单栏中的“分析”→“分类”→“系统聚类”命令，弹出图 18.20 所示的“系统聚类分析”对话框。在“变量”列表中添加“公路客运量”“水运客运量”“民用航空客运量”变量，在“个案标注依据”列表中选择“年份”变量，聚类方法选择“个案”，进行系统聚类分析。

（2）单击“图”按钮，弹出“系统聚类分析：图”对话框，勾选“谱系图”复选框，选择“全部聚类”“垂直”选项，输出谱系图，如图 18.21 所示。单击“继续”按钮，返回主对话框。

年份	公路客运量	水运客运量	民用航空客运量
1998	1257332	20545	5755
1999	1269004	19151	6094
2000	1347392	19386	6722
2001	1402798	18645	7524
2002	1475257	18693	8594
2003	1464335	17142	8759
2004	1624526	19040	12123
2005	1697381	20227	13827
2006	1860487	22047	15968
2007	2050680	22835	18576
2008	2682114	20334	19251
2009	2779081	22314	23052
2010	3052738	22392	26769
2011	3286220	24556	29317

图 18.19 客运量统计数据

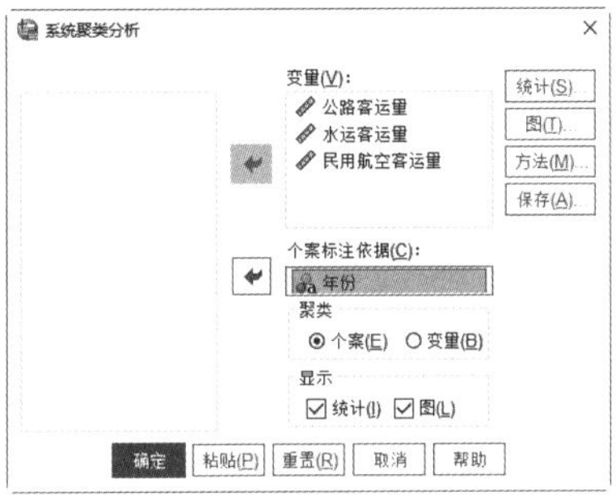

图 18.20 “系统聚类分析”对话框

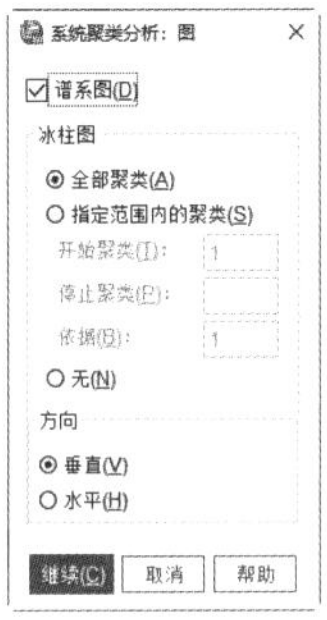

图 18.21 “系统聚类分析：图”对话框

（3）单击“确定”按钮，弹出“IBM SPSS Statistics 查看器”窗口，显示系统聚类分析结果，包括个案处理摘要表、集中计划表、冰柱图、谱系图，如图 18.22 所示。

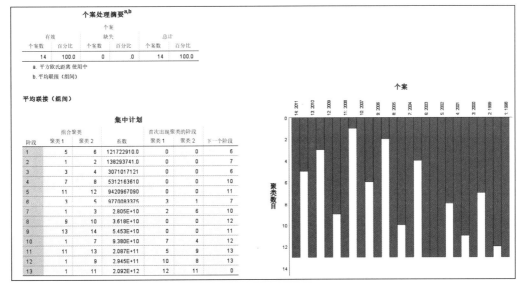

个案处理摘要[a,b]

个案					
有效		缺失		总计	
个案数	百分比	个案数	百分比	个案数	百分比
14	100.0	0	.0	14	100.0

a. 平方欧氏距离 使用中

b. 平均联接（组间）

平均联接（组间）

集中计划

阶段	组合聚类		系数	首次出现聚类的阶段		下一个阶段
	聚类 1	聚类 2		聚类 1	聚类 2	
1	5	6	121722910.0	0	0	6
2	1	2	138293741.0	0	0	7
3	3	4	3071017121	0	0	6
4	7	8	5312163610	0	0	10
5	11	12	9420967090	0	0	11
6	3	5	9770083375	3	1	7
7	1	3	2.805E+10	2	6	10
8	9	10	3.618E+10	0	0	12
9	13	14	5.453E+10	0	0	11
10	1	7	9.380E+10	7	4	12
11	11	13	2.087E+11	5	9	13
12	1	9	2.945E+11	10	8	13
13	1	11	2.092E+12	12	11	0

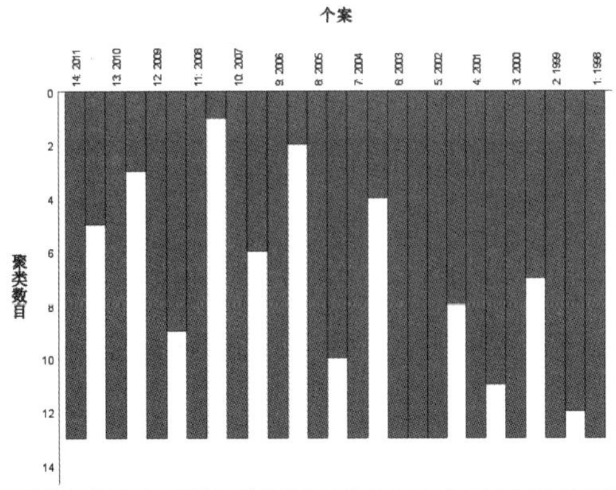

图 18.22 分析结果

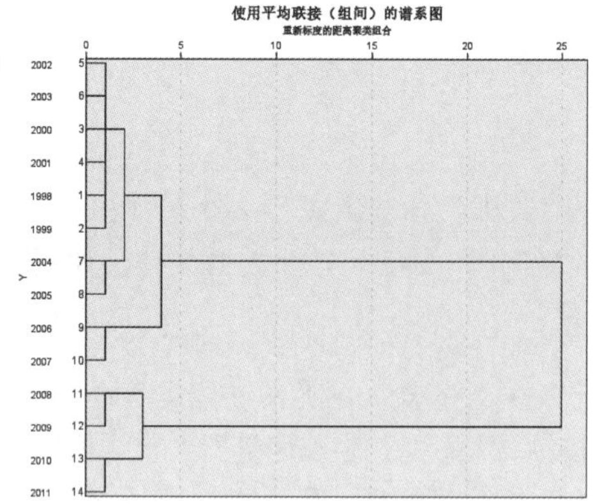

图 18.22（续）

3．分析结果

下面根据图 18.22 中的结果依次进行分析。

（1）集中计划表中显示了个案聚类过程：在阶段 1，个案 5、个案 6 合并为一类，它们之间的非相关系数最小。在阶段 6，个案 3、个案 4、个案 5 组成一类，出现群集，个案个数为 3。

（2）冰柱图中，柱形条表示个案间的相似度，柱形越短，表示两个案越不相似。应从最下端开始分析。

1）冰柱图最下端的纵坐标值为 14，样本长条对应的最大纵坐标为 13，表示在聚类过程中，首先将 14 个样本分为 13 类，类与类之间由白色间隙间隔开。总共 12 个白色间隙，分隔为 13 类。

2）绘制参考线。双击冰柱图图表，打开“图表编辑器”窗口，进行参考线的绘制。选择菜单栏中的“选项”→“Y 轴参考线”命令，弹出“属性”对话框，单击“参考线”选项卡，在“位置”文本框中输入 4.0，如图 18.23 所示。单击“线”选项卡，设置线宽度为 2.5，颜色为红色，如图 18.24 所示。单击“应用”按钮，并关闭“图表编辑器”窗口，返回冰柱图，如图 18.25 所示。

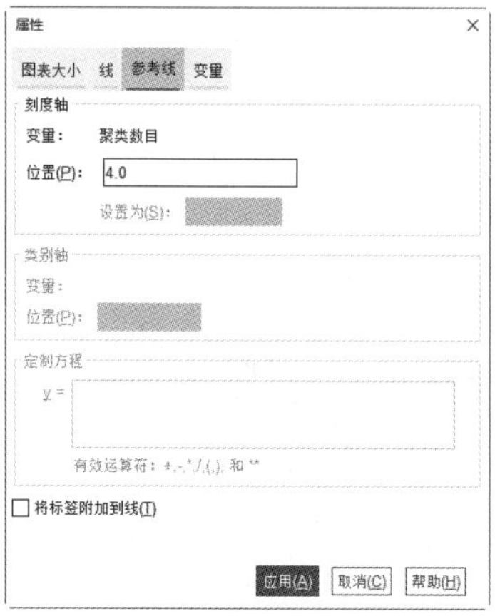

图 18.23 “参考线”选项卡

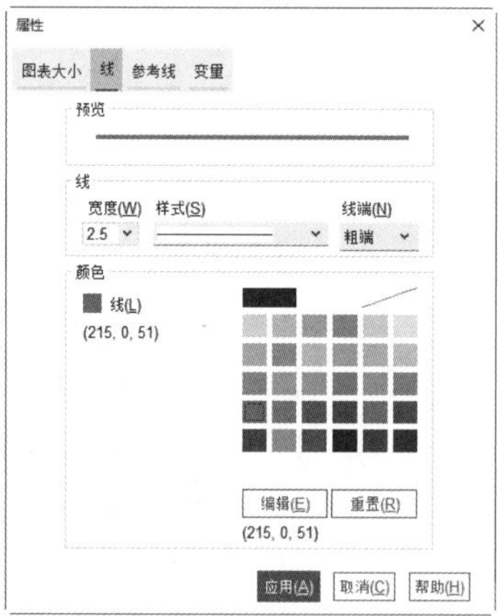

图 18.24 “线”选项卡

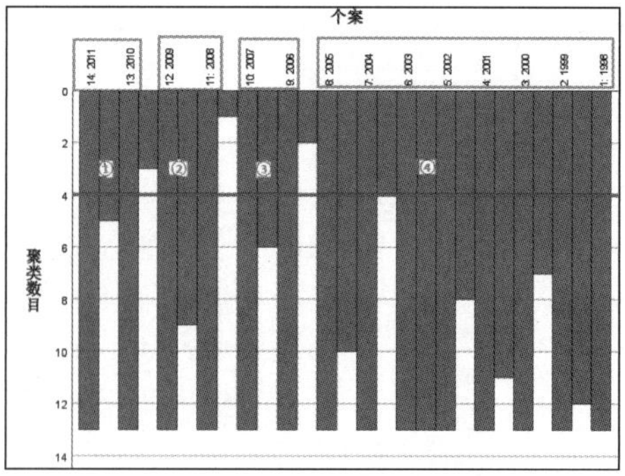

图 18.25 绘制参考线（冰柱图）

在图 18.25 所示的冰柱图中 $Y=4$ 处添加了参考线，共 3 个白色间隙，分隔为 4 类。

（3）使用水平线可以将图 18.22 中的谱系图分成若干份，聚类数等于水平线与谱系图的交点个数。在聚类过程中，可将数据分为 3 类、2 类。为了更好地确认聚类的结果，可在谱系图的 X 轴上添加参考线，观察参考线与“根须”的相交点，来确认聚类中心。

双击图表，打开“图表编辑器”窗口，进行参考线的绘制。选择菜单栏中的“选项”→“X 轴参考线”命令，弹出“属性”对话框，单击“参考线”选项卡，在“位置”文本框中输入 4，如图 18.26 所示。单击“应用”按钮，并关闭“图表编辑器”窗口，返回谱系图，如图 18.27 所示。

在图 18.27 所示的谱系图中 X=4 处添加了参考线，参考线与“根须”有 3 处相交点，可得到 3 个聚类中心，表示所有数据分为 3 类：2006、2007 为一类，2008—2011 为一类，其余年份为一类。

使用同样的方法，在谱系图的 X=10 处添加参考线，返回谱系图结果如图 18.28 所示。参考线与“根须”有 2 个相交点，可得到 2 个聚类中心，表示所有数据分为 2 类：2008—2011 为一类，其余年份为一类。

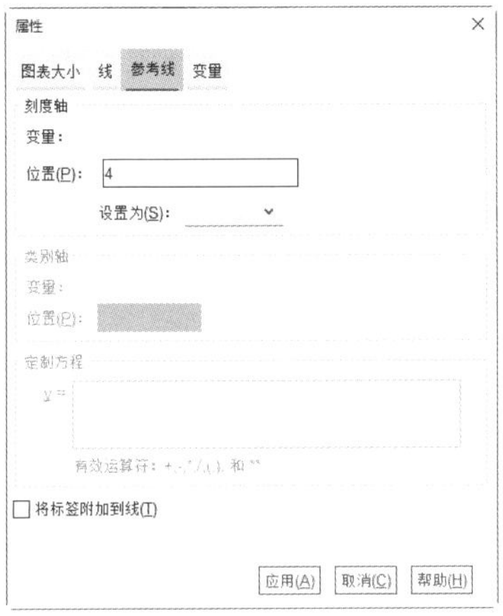

图 18.26　“属性”对话框

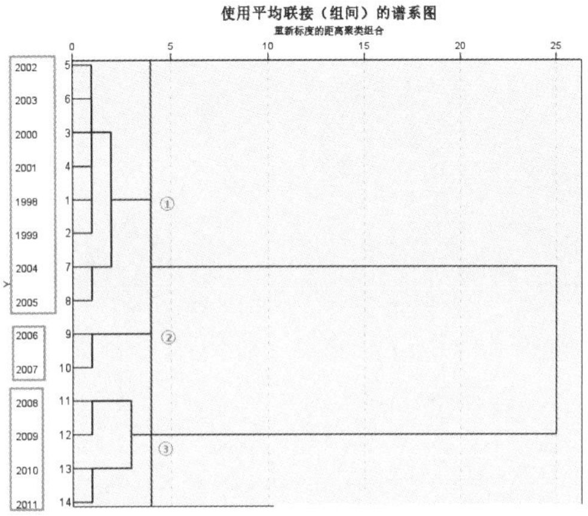

图 18.27　绘制参考线（谱系图，X=4）

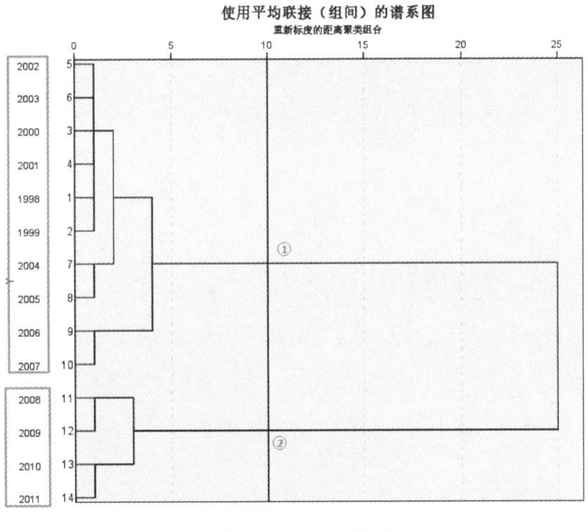

图 18.28　绘制参考线（谱系图，X=10）

（4）不管是冰柱图还是谱系图，都只能展示聚类的整个过程、类的成员隶属关系，从可视化的层面了解哪些个案被归聚为一类。而最终聚为几个类别，还需要依据对不同类的特征的分隔程度决定。谱系图的横坐标范围是 0~25，表示按距离比例重新设定的各类别的相对距离，即组间距离。相对距离越大，表示分类间的相似度越低；反之，相对距离越小，说明分类间越相似。谱系图的纵坐标刻度表示样本点间的距离，表示类内距离，也就是说，参考线与刻度线相交的点的距离就是组内距离。

扫一扫，看视频

★重点 动手练——产品销售数据聚类分析

源文件：源文件\第 18 章\12 月预期销售表.sav

现有某公司 A、B、C、D 4 类产品的销售数据，本实例使用系统聚类分析对产品 12 个月的销售数据进行分类。

思路点拨

（1）打开数据文件“12 月预期销售表.sav”。

（2）对 A、B、C、D 四类产品中的个案进行系统聚类分析。

（3）根据谱系图观察整个聚类过程和聚类效果。

（4）在谱系图中添加参考线（X=2.5、5、7.5、12.5、20），得出不同的聚类方案（6 类、5 类、4 类、3 类、2 类），如图 18.29 所示。

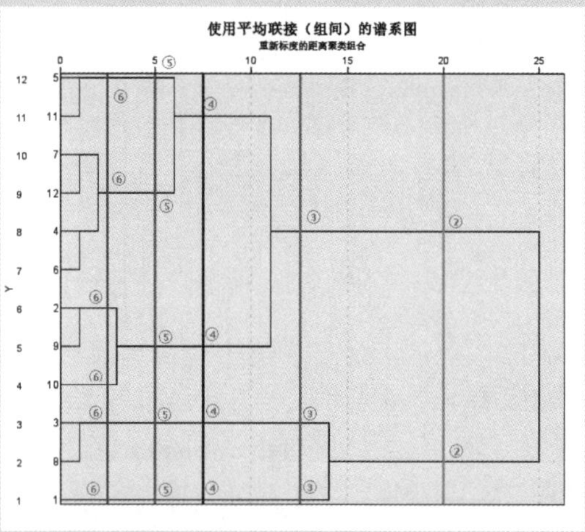

图 18.29　谱系图分析结果

18.3.2　距离的计算方法

聚类分析多用于度量两个对象之间的相似性，通过衡量对象之间的差异度来反映对象之间的相似度关系，最为常用的方法是距离计算。在实际的距离计算中，应该根据不同对象的属性特点选择有效的方法，对象的距离计算对于聚类分析的过程十分重要，直接影响着分析结果的有效性。

【执行方式】

单击“系统聚类分析”对话框中的 “方法”按钮。

操作步骤

执行此命令，弹出“系统聚类分析：方法”对话框，选择距离的计算方法，如图 18.30 所示。单击“确定”按钮，弹出“IBM SPSS Statistics 查看器”窗口，显示系统聚类分析结果，主要通过谱系图进行分析。

【选项说明】

下面介绍“系统聚类分析：方法”对话框中的主要选项。

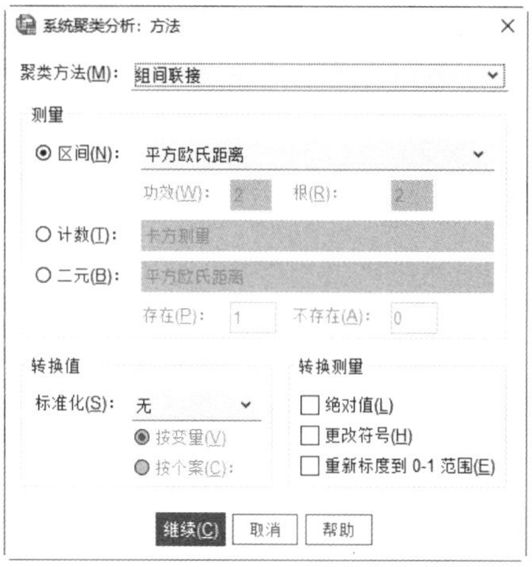

图 18.30　“系统聚类分析：方法”对话框

（1）“聚类方法”下拉列表：提供了 7 种计算个案与类、类与类之间距离的方法。

1）最近邻元素：计算两类之间每个个案距离的最小值。

2）最远邻元素：计算两类之间每个个案距离的最大值。

3）组间联接：计算两类之间个案之间距离的平均值。

4）质心聚类：计算时将两类所有个案之间的距离都考虑在内。

5）组内联接：计算两类之间所有个案之间距离的平均值。

6）瓦尔德法：也称离差平方和法，基于方差分析的思想，同类样品的离差平方和应当较小，类与类之间的离差平方和应当较大，将两个类合并后增加的离差平方和作为两类之间的距离。

7）中位数聚类：计算两类之间的距离，既不采用最近距离，也不采用最远距离，而采用两者的平均值作为两类之间的距离。分析图形将出现递转，谱系树状图很难跟踪，因而这个方法几乎不被人们采用。

（2）“测量”选项组：选择不同变量类型下计算个案距离的方式，有以下三种。

1）区间：适用于连续型变量，包括以下计算两项之间距离的方法。

- 欧氏距离：两项之间的距离是每个变量值之差，常用于多元统计分析。
- 平方欧氏距离：系统默认选项，两项之间的距离是每个变量值之差的平方和。
- 余弦：余弦相似性测度，计算两个向量间夹角的余弦。
- 皮尔逊相关性：计算皮尔逊相关系数，该系数是线性关系的测量方法，范围为-1～1。
- 切比雪夫：两项之间的距离是每个变量值之差的绝对值的最大值。
- 块：曼哈顿距离，两项之间的距离是每个变量值之差的绝对值总和。
- 闵可夫斯基：闵可夫斯基距离又称闵氏距离，是一组距离的统称，根据参数取值不同，可分为曼哈顿距离、欧氏距离和切比雪夫距离。

2）计数：适用于顺序或名义变量，包括卡方测量、Phi 平方测量。

3）二元：适用于二值变量，默认选择“平方欧氏距离”选项。

（3）“转换值”选项组：分层聚类仅针对定量数据，如果数据的数量级有较大差别，首先要对数据进行标准化处理，再针对标准化数据进行分层聚类。

1）“标准化”下拉列表：选择标准化方法，消除数量级差。有以下选项。

- 无：表示不进行任何处理。
- Z 得分：表示计算 Z 分数，表示各变量值减去均值后除以标准差。
- 范围-1～1：表示各变量值除以全距，处理以后的变量值的范围为-1～1。
- 范围 0～1：表示各变量值减去最小值后除以全距，处理以后的变量值的范围为 0～1。
- 最大量级为 1：表示将各变量值除以最大值，处理以后的变量值的最大值为 1。
- 平均值为 1：表示将各变量值除以平均值。
- 标准差为 1：表示将各变量值除以标准差。

2）“按变量”选项：表示标准化处理针对变量，适用于 R 型聚类分析。

3）“按个案”选项：表示标准化处理针对个案，适用于 Q 型聚类分析。

（4）“转换测量”选项组：对计算的距离的处理方式。

扫一扫，看视频

★重点 动手练——使用瓦尔德法对客运量进行聚类分析

源文件：源文件\第 18 章\编辑客运量统计表.sav

瓦尔德法是最常用的系统聚类方法之一，在实际应用中分类效果较好，应用较广，但要求“测量”的“区间”必须是欧氏距离。现有 1998—2011 年的公路、水运、民用航空客运量数据，使用瓦尔德法对客运量数据进行分类。

思路点拨

（1）打开数据文件“编辑客运量统计表.sav”。

（2）对三种客运量中的个案进行系统聚类分析。

（3）单击“方法”按钮，在“聚类方法”下拉列表中选择“瓦尔德法”。

（4）根据谱系图观察整个聚类过程和聚类效果。

扫一扫，看视频

★重点 动手学——对学生成绩进行聚类分析

源文件：源文件\第 18 章\学生各科的考试成绩数据.sav

现有某学校大一 8 名学生的期末考试各科成绩，对其进行聚类分析。

操作步骤

1. 打开数据文件

选择菜单栏中的“文件”→“打开”→“数据”命令，弹出“打开数据”对话框，选择“学生各科的考试成绩数据.sav”文件，单击“打开”按钮，打开数据文件。

2. 距离计算

（1）选择菜单栏中的“分析”→“相关”→“距离”命令，弹出“距离”对话框，在左侧变量列表中选择“学生 A”到“学生 H”变量，单击“转入”按钮➡，将选中变量添加到右侧“变量”列表中。在“计算距离”选项组中选择“变量间”选项，在“测量”选项组中选择“相似性”选项，默认使用皮尔逊相关性计算，如图 18.31 所示。

（2）单击“确定”按钮，弹出“IBM SPSS Statistics 查看器”窗口，显示个案处理摘要表、近似值矩阵表，如图 18.32 所示。

3. 分析结果

近似值矩阵（相关性计算）相当于相关系数矩阵，表现了两个变量之间的相关程度，对角线为方差。当两个变量之间的相似性值越趋近于 1 时，说明这两个变量的相关程度越高，观察图 18.32 中的近似值矩阵表，可得相似性值最大为 0.787，在表格中最趋近于 1，因此将学生 C 和学生 H 归为一类，重新计算近似值矩阵。

图 18.31 “距离”对话框

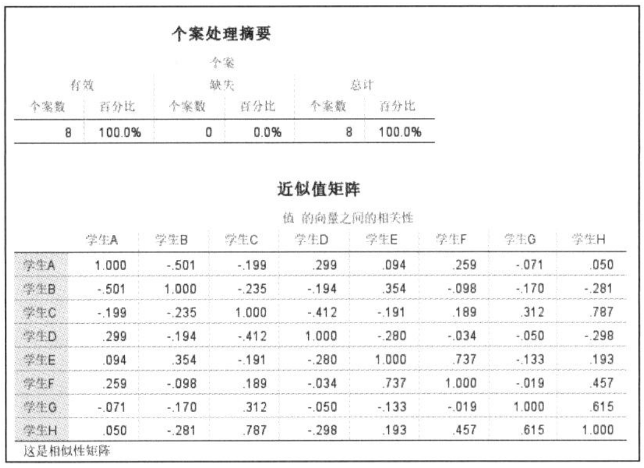

个案处理摘要

有效 个案数	有效 百分比	缺失 个案数	缺失 百分比	总计 个案数	总计 百分比
8	100.0%	0	0.0%	8	100.0%

近似值矩阵

值 的向量之间的相关性

	学生A	学生B	学生C	学生D	学生E	学生F	学生G	学生H
学生A	1.000	-.501	-.199	.299	.094	.259	-.071	.050
学生B	-.501	1.000	-.235	-.194	.354	-.098	-.170	-.281
学生C	-.199	-.235	1.000	-.412	-.191	.189	.312	.787
学生D	.299	-.194	-.412	1.000	-.280	-.034	-.050	-.298
学生E	.094	.354	-.191	-.280	1.000	.737	-.133	.193
学生F	.259	-.098	.189	-.034	.737	1.000	-.019	.457
学生G	-.071	-.170	.312	-.050	-.133	-.019	1.000	.615
学生H	.050	-.281	.787	-.298	.193	.457	.615	1.000

这是相似性矩阵

图 18.32 距离计算结果

4. 系统聚类分析

（1）选择菜单栏中的“分析”→“分类”→“系统聚类”命令，弹出图 18.33 所示的“系统聚类分析”对话框。在“变量”列表中选择“学生 A”到“学生 H”，在“聚类”选项组中选择“变量”选项，进行 R 型聚类。

（2）单击“统计”按钮，弹出“系统聚类分析：统计”对话框，勾选“集中计划”“近似值矩阵”复选框，单击“继续”按钮，返回主对话框。

（3）单击“图”按钮，弹出“系统聚类分析：图”对话框，勾选“谱系图”复选框，输出谱系图，在“冰柱图”选项组中选择“无”，表示不输出冰柱图。单击“继续”按钮，返回主对话框。

（4）系统聚类分析一般默认距离为相关性，默认计算平方欧氏距离。单击“方法”按钮，弹出“系统聚类分析：方法”对话框，在“测量”选项组中的“区间”下拉列表中选择“皮尔逊相关性”选项，如图 18.34 所示。单击“继续”按钮，返回主对话框。

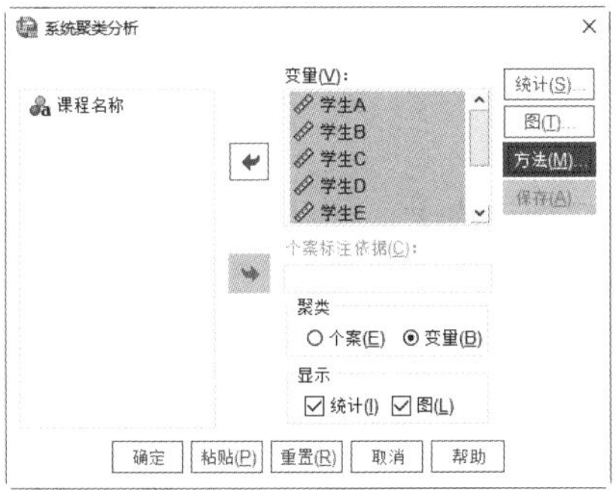

图 18.33 “系统聚类分析”对话框

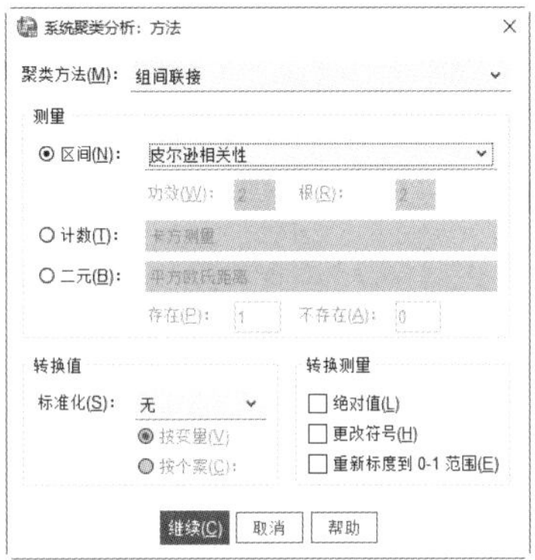

图 18.34 “系统聚类分析：方法”对话框

（5）单击“确定”按钮，弹出“IBM SPSS Statistics 查看器”窗口，显示系统聚类分析结果，如图 18.35 所示。

5. 分析结果

在图 18.35 所示的谱系图中，能够比较直观地看到变量聚类的过程，并根据不同的标准对变量进行分类。本实例中的学生成绩可分为 6 类、5 类、3 类、2 类。如果将 8 名学生的成绩分为 3 类，则学生 E、学生 F、学生 B 为一类，学生 A、学生 D 为一类，学生 C、学生 H、学生 G 为一类。

近似值矩阵

矩阵文件输入

个案	学生A	学生B	学生C	学生D	学生E	学生F	学生G	学生H
学生A	.000	6775.000	2585.000	1190.000	2045.000	1715.000	2280.000	2155.000
学生B	6775.000	.000	5584.000	4455.000	3412.000	4986.000	5297.000	5716.000
学生C	2585.000	5584.000	.000	1741.000	2116.000	918.000	811.000	304.000
学生D	1190.000	4455.000	1741.000	.000	1753.000	1137.000	1246.000	1565.000
学生E	2045.000	3412.000	2116.000	1753.000	.000	668.000	1715.000	1452.000
学生F	1715.000	4986.000	918.000	1137.000	668.000	.000	601.000	504.000
学生G	2280.000	5297.000	811.000	1246.000	1715.000	601.000	.000	385.000
学生H	2155.000	5716.000	304.000	1565.000	1452.000	504.000	385.000	.000

平均联接（组间）

集中计划

阶段	组合聚类		系数	首次出现聚类的阶段		下一个阶段
	聚类 1	聚类 2		聚类 1	聚类 2	
1	3	8	304.000	0	0	2
2	3	7	598.000	1	0	5
3	5	6	668.000	0	0	5
4	1	4	1190.000	0	0	6
5	3	5	1217.667	2	3	6
6	1	3	1822.200	4	5	7
7	1	2	5175.000	6	0	0

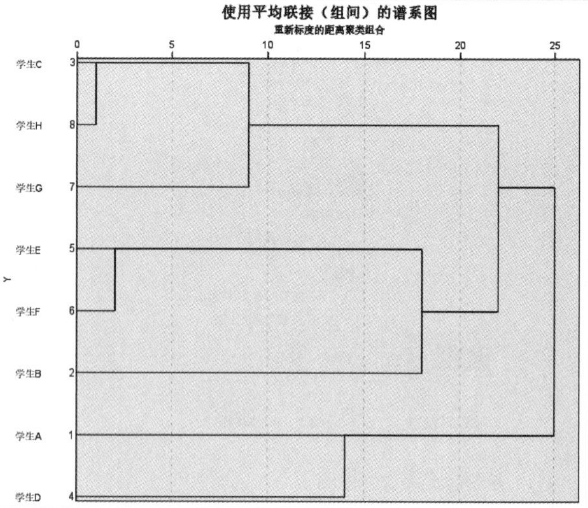

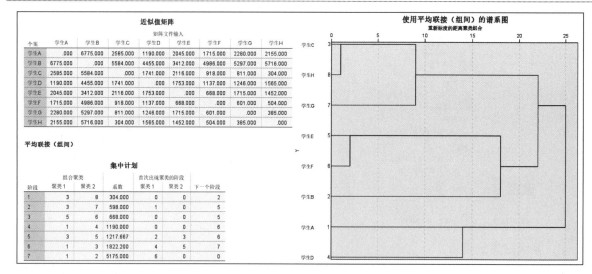

图 18.35　系统聚类分析结果

扫一扫，看视频

★重点 动手学——对主要财务指标进行系统聚类分析

源文件：源文件\第 18 章\住宿业企业主要财务指标.sav

现统计 7 年内住宿业企业的 17 个主要财务指标，进行系统聚类分析。不同指标的数量级相差太大，会影响分类结果，通过标准化处理，消除变量之间的量纲关系的影响，让不同数据能够在同一个标准下进行比较。

操作步骤

1．打开数据文件

选择菜单栏中的“文件”→“打开”→“数据”命令，弹出“打开数据”对话框，选择“住宿业企业主要财务指标.sav”文件，单击“打开”按钮，打开数据文件。

2．系统聚类分析

（1）选择菜单栏中的“分析”→“分类”→“系统聚类”命令，弹出图 18.36 所示的“系统聚类分析”对话框。在“变量”列表中选择变量@2018~@2012，在“聚类”选项组中选择“个案”选项。

（2）单击“图”按钮，弹出“系统聚类分析：图”对话框，勾选“谱系图”复选框，输出谱系图，在“冰柱图”选项组中选择“无”，表示不输出冰柱图。单击“继续”按钮，返回主对话框。

（3）单击“方法”按钮，弹出“系统聚类分析：方法”对话框，在“转换值”选项组中的“标准化”下拉列表中选择“Z 得分”，如图 18.37 所示。单击“继续”按钮，返回主对话框。单击“确定”按钮，弹出“IBM SPSS Statistics 查看器”窗口，显示标准化后的谱系图。

3．分析结果

从图 18.38 所示的谱系图中可以看出，聚类方案有多种（可分为 6 类、3 类、2 类），组间距离越大，分类效果越好。

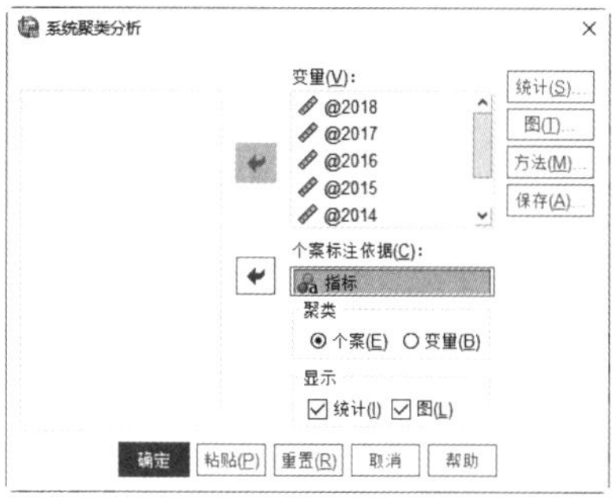

图 18.36　“系统聚类分析”对话框

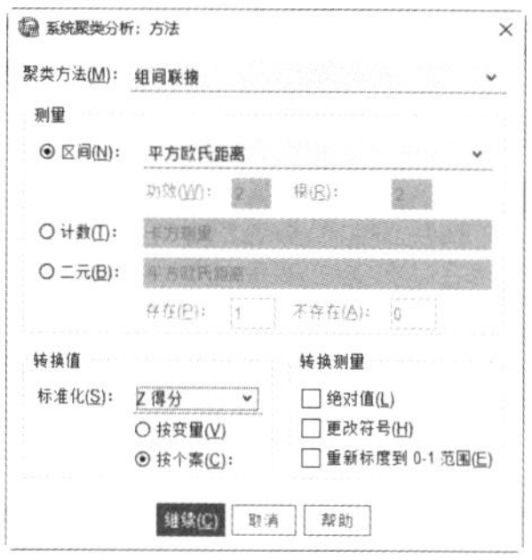

图 18.37　“系统聚类分析：方法”对话框

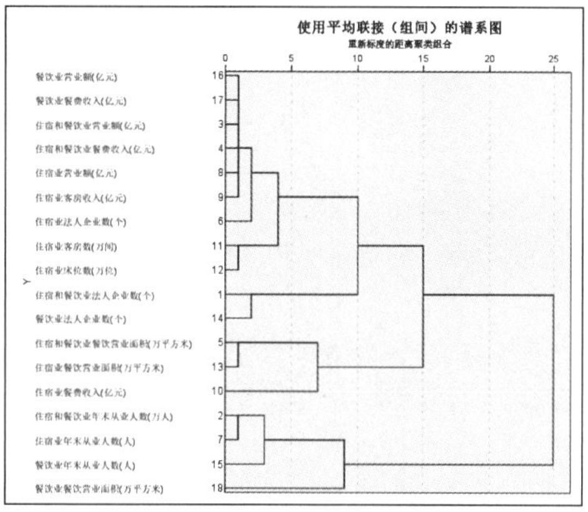

图 18.38　系统聚类分析结果

★重点 动手学——分析基金购买数据

源文件：源文件\第 18 章\银行基金购买金额.sav

某银行推出 6 种基金，现抽查银行 20 个网点中市民对基金的购买数据（单位：万元）。采用不同的距离计算方法进行系统聚类分析，对比分类结果的优劣。

操作步骤

1. 打开文件

选择菜单栏中的“文件”→“打开”→“数据”命令，弹出“打开数据”对话框，选择“银行基金购买金额.sav”文件，单击“打开”按钮，打开数据文件，如图 18.39 所示。

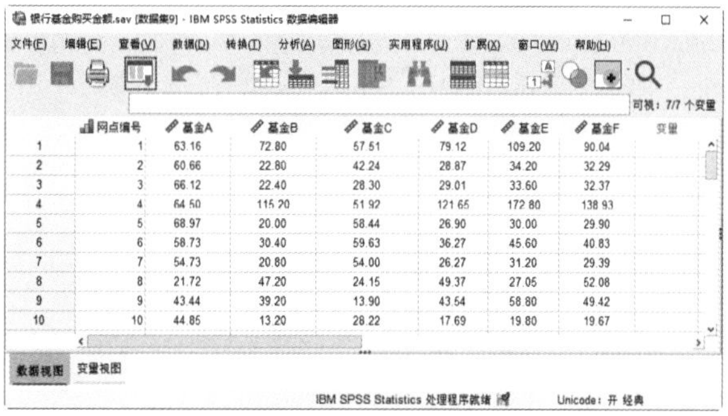

	网点编号	基金A	基金B	基金C	基金D	基金E	基金F	变量
1	1	63.16	72.80	57.51	79.12	109.20	90.04	
2	2	60.66	22.80	42.24	28.87	34.20	32.29	
3	3	66.12	22.40	28.30	29.01	33.60	32.37	
4	4	64.50	115.20	51.92	121.65	172.80	138.93	
5	5	68.97	20.00	58.44	26.90	30.00	29.90	
6	6	58.73	30.40	59.63	36.27	45.60	40.83	
7	7	54.73	20.80	54.00	26.27	31.20	29.39	
8	8	21.72	47.20	24.15	49.37	27.05	52.08	
9	9	43.44	39.20	13.90	43.54	58.80	49.42	
10	10	44.85	13.20	28.22	17.69	19.80	19.67	

图 18.39　数据文件

2．组间聚类分析

组间联接法通过合并两类的结果，使所有的项与项之间的平均距离最小。

（1）选择菜单栏中的“分析”→“分类”→“系统聚类”命令，弹出“系统聚类分析”对话框，在“变量”列表中添加“基金 A”到“基金 F”。单击“图”按钮，弹出“系统聚类分析：图”对话框，勾选“谱系图”复选框，输出谱系图；在“冰柱图”选项组中选择“无”选项，表示不输出冰柱图。单击“继续”按钮，返回主对话框，如图 18.40 所示。

（2）单击“确定”按钮，弹出“IBM SPSS Statistics 查看器”窗口，显示系统聚类分析结果，如图 18.41 所示。

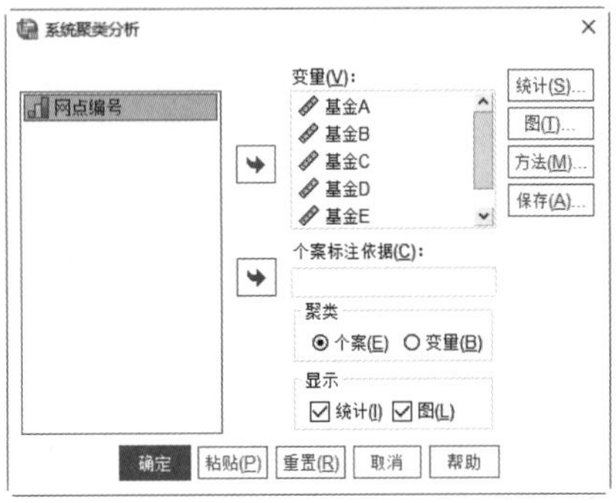

图 18.40　“系统聚类分析”对话框

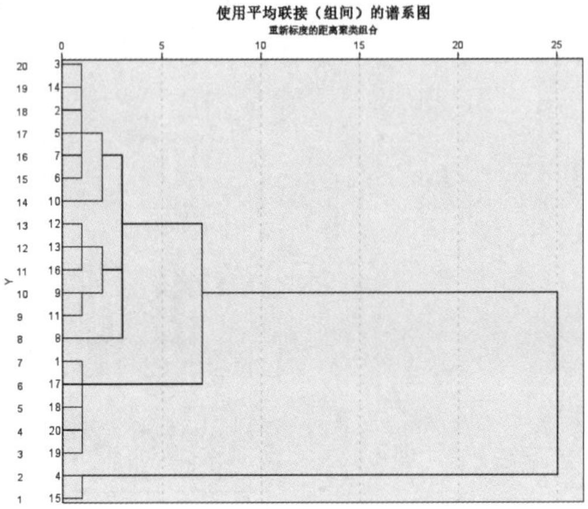

图 18.41　系统聚类分析结果（组间）

3．分析结果

谱系图横坐标范围是 0~25，表示按距离比例重新设定的各类别的相对距离和类间距离。纵坐标刻度表示样本点间的距离，表示类内距离。分为三类时，1、17、18、20、19 为一类，4、15 为一类，其余个案为一类。

4．组内聚类分析

组内联接法将两类合并为一类后，合并后的类中所有项之间的平均距离最小。

（1）单击工具栏中的“重新调用最近使用的对话框”按钮，在下拉列表中选择“系统聚类”命令，弹出“系统聚类分析”对话框，该对话框中显示参数保持之前的选择。

（2）单击“方法”按钮，弹出“系统聚类分析：方法”对话框，在“聚类方法”下拉列表中选择“组内联接”选项，如图 18.42 所示。单击“继续”按钮，返回主对话框。

（3）单击“确定”按钮，弹出“IBM SPSS Statistics 查看器”窗口，显示系统聚类分析结果，如图 18.43 所示。

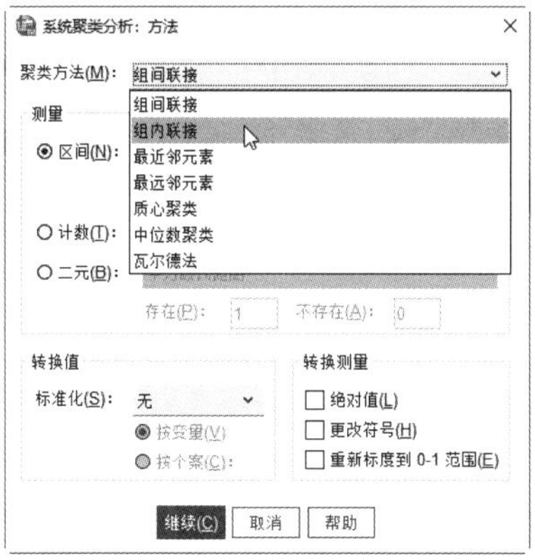

图 18.42　“系统聚类分析：方法”对话框

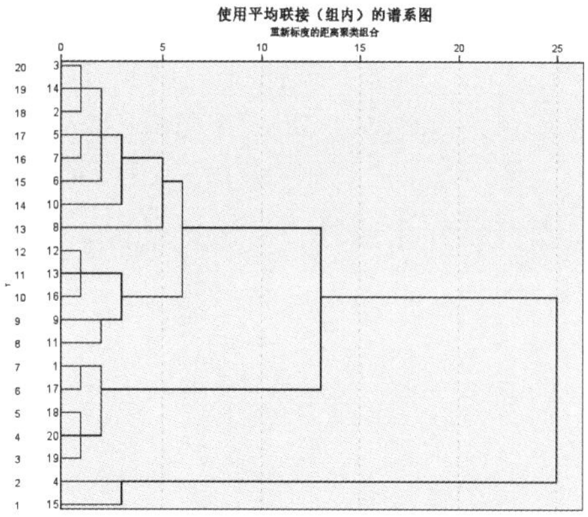

图 18.43　系统聚类分析结果（组内）

5．距离法聚类分析

使用同样的方法，在“聚类方法”下拉列表中分别选择 “最近邻元素”“最远邻元素”“瓦尔德法”选项，分别显示系统聚类分析结果：使用单联接的谱系图、使用完整联接的谱系图和使用沃德联接的谱系图，如图 18.44～图 18.46 所示。

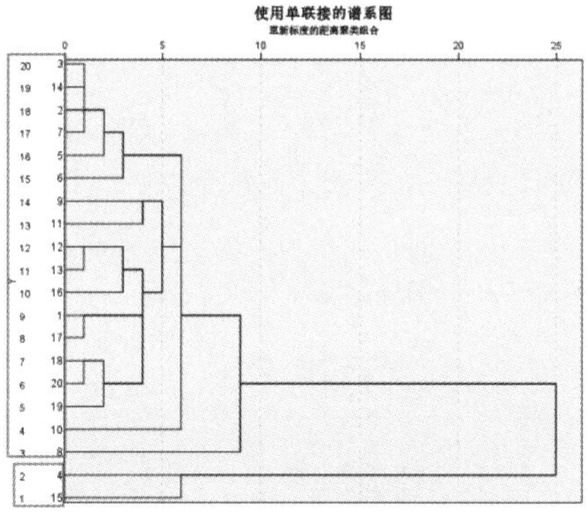

图 18.44　使用单联接的谱系图

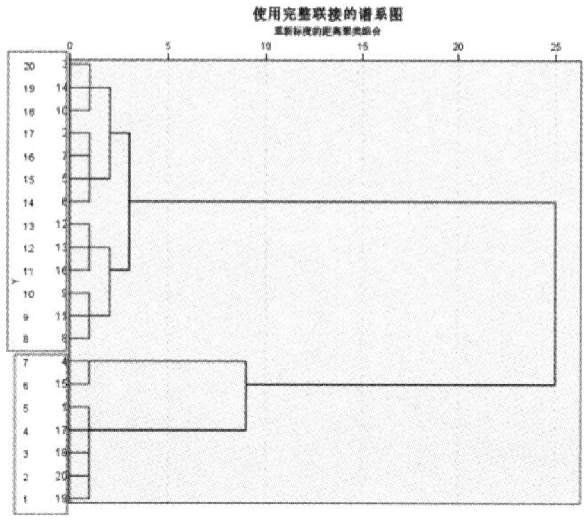

图 18.45　使用完整联接的谱系图

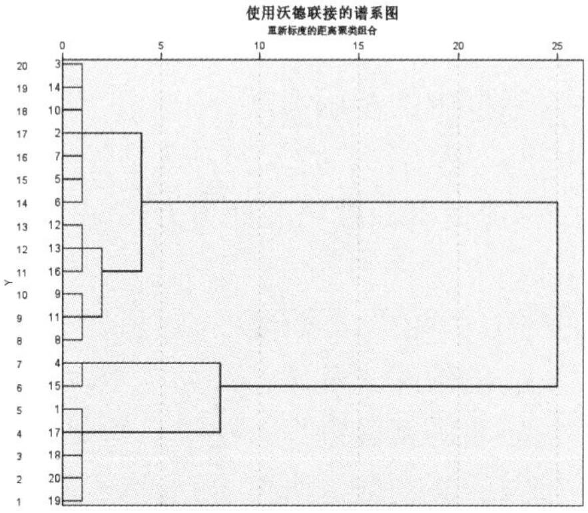

图 18.46　使用沃德联接的谱系图

6．分析结果

下面根据图 18.46 中的结果依次进行分析。

（1）对个案之间用类平均法（组间联接）进行聚类，得到个案之间的聚类谱系图。如果分为 3 类，则网点 1、网点 2 为一类，网点 3 到网点 7 为一类，其他为一类。

（2）使用组内联接对个案进行聚类，所得结果与组间联接相同。组间距离较大，聚类结果较为理想。

（3）使用最远邻元素对个案进行聚类，网点 1 到网点 5 为一类，网点 6 到网点 7 为一类，其余网点为一类。组间距离较大，聚类结果较为理想。

（4）使用最近邻元素对个案进行分类，如果分为 3 类，则网点 1、网点 2 为一类，网点 3 自成一类，其余网点为一类，显然不具有合理性，因此可以认为最近邻元素不如组间联接和最远邻元素的聚类结果好。

（5）使用瓦尔德法进行分类，相较于以上几种方法，结果更为理想，组内距离都很小，控制在 5 次迭代之内，组间距离非常大。

18.4　二阶聚类分析

二阶聚类分析将统计量作为距离进行聚类，二阶聚类顾名思义分为两步，首先进行预聚类，然后在预聚类的基础上，根据 AIC 和 BIC 最小原则自动判定聚类数目。

【执行方式】

菜单栏：选择菜单栏中的“分析”→“分类”→“二阶聚类”命令。

操作步骤

执行此命令，弹出图 18.47 所示的“二阶聚类分析”对话框。在左侧变量列表中显示统计数据中所有可用的变量，选中变量，单击“转入”按钮，将所选变量添加到右侧“分类变量”“连续变量”列表中。

单击“确定”按钮，弹出“IBM SPSS Statistics 查看器”窗口，显示二阶聚类分析结果。

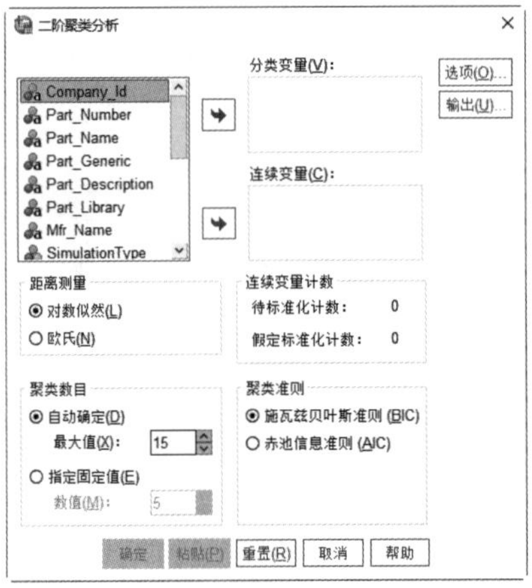

图 18.47　“二阶聚类分析”对话框

【选项说明】

下面介绍“二阶聚类分析”对话框中的常用选项。

（1）“选项”按钮。单击该按钮，弹出“二阶聚类：选项”对话框，设置离群值、内存分配、连续变量标准化的处理方式，如图 18.48 所示。

（2）“输出”按钮。单击该按钮，弹出“二阶聚类：输出”对话框，在“输出”选项组中设置输出的图表及文件，如图 18.49 所示。

（3）“距离测量”选项组。包括两种距离测量方法：对数似然和欧氏。

（4）“聚类数目”选项组。聚类的类别数，既可自动确定，也可指定固定值。

（5）“连续变量计数”选项组。若连续变量的数量级差别较大，则需要进行标准化，对需要标准化的变量和不需要标准化的变量进行统计并显示。

（6）“聚类准则”选项组。聚类信息判别准则，包括施瓦兹贝叶斯准则（BIC）、赤池信息准则（AIC）。

图 18.48 “二阶聚类：选项”对话框

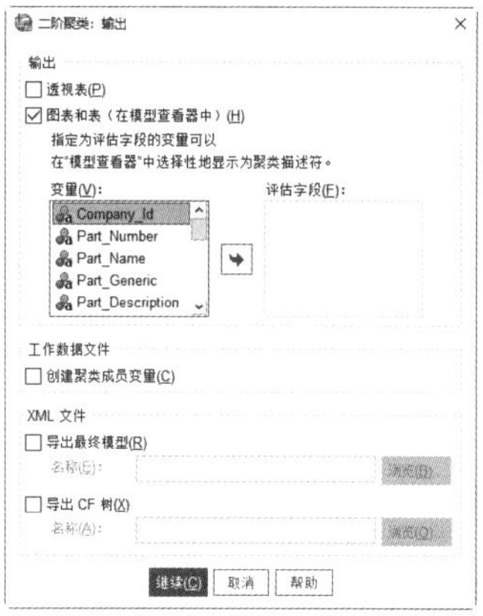

图 18.49 “二阶聚类：输出”对话框

★重点 动手学——快递业务水平二阶聚类分析

源文件： 源文件\第 18 章\快递业务指标统计.sav

现有某快递公司 200 个员工的业务评比指标：员工编号、小区数目、用户数目、接单数目（单位：个），使用二阶聚类分析对员工的业务水平进行分类。

操作步骤

1. 打开数据文件

选择菜单栏中的“文件”→“打开”→“数据”命令，弹出“打开数据”对话框，选择“快递业务指标统计.sav”文件，单击“打开”按钮，打开数据文件。

2. 一阶聚类分析

（1）选择菜单栏中的“分析”→“分类”→“二阶聚类”命令，弹出❶“二阶聚类分析”对话框。在❷“分类变量”列表中选择“个案聚类编号”，在❸“连续变量”列表中选择“小区数目”“用户数目”“接单数目”，如图 18.50 所示。

（2）单击❹“输出”按钮，弹出❺“二阶聚类：输出”对话框，勾选❻“透视表”“图表和表（在模型查看器中）”复选框，如图 18.51 所示。单击❼“继续”按钮，返回主对话框。单击❽“确定”按钮，弹出“IBM SPSS Statistics 查看器”窗口，显示聚类分析结果。

3. 分析结果

透视表包括自动聚类表、聚类分布表、聚类摘要表（质心表和频率表）；图表包括模型摘要图、聚类质量图，如图 18.52 所示。

（1）自动聚类表是聚类的透视表结果，显示了不同聚类数目下的 BIC、BIC 变化量、BIC 变化比率和距离测量比率。

（2）聚类分布表自动综合以上指标的数值，得出最佳的聚类数目（3 个）。其中，聚类 1 包含 77 个个案，占总计 38.5%；聚类 2 包含 56 个个案，占总计 28.0%；聚类 3 包含 67 个个案，占总计 33.5%。

（3）聚类摘要表包括质心表和频率表。质心表显示变量按照聚类分类后的统计量：平均值、标准偏差；频率表显示每个聚类的频率、百分比。

（4）在模型概要图中，显示该分析过程使用了二阶聚类分析，输入 4 个变量，得到 3 个聚类；聚类质量图中显示聚类质量为良好。

扫一扫，看视频

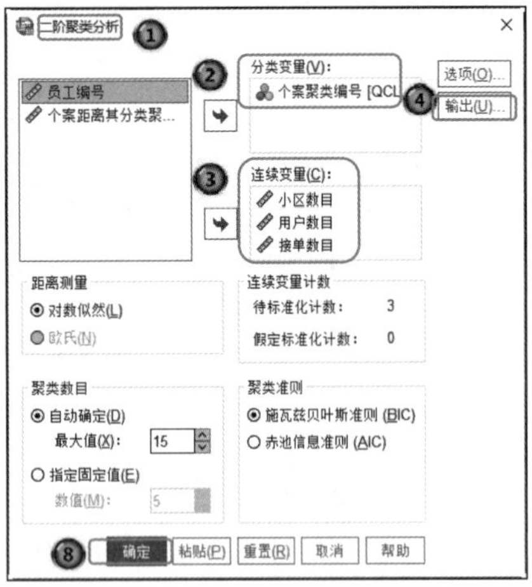

图 18.50　“二阶聚类分析”对话框

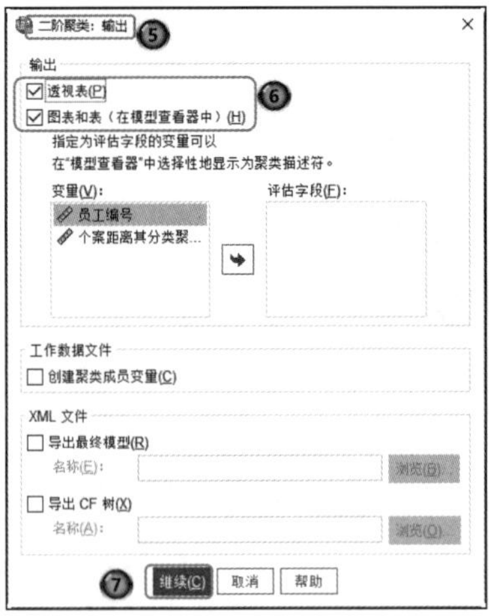

图 18.51　“二阶聚类：输出”对话框

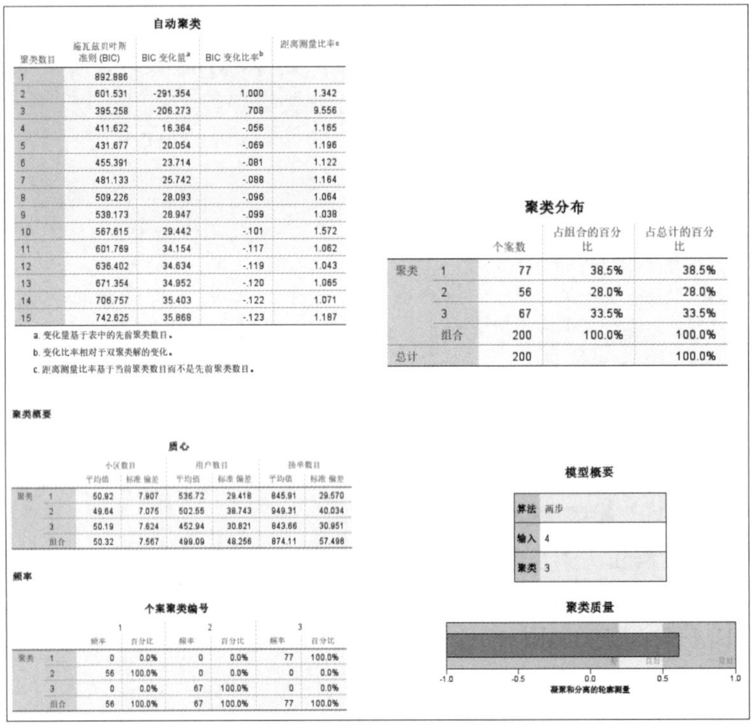

自动聚类

聚类数目	施瓦兹贝叶斯准则 (BIC)	BIC 变化量[a]	BIC 变化比率[b]	距离测量比率[c]
1	892.886			
2	601.531	-291.354	1.000	1.342
3	395.258	-206.273	.708	9.556
4	411.622	16.364	-.056	1.165
5	431.677	20.054	-.069	1.196
6	455.391	23.714	-.081	1.122
7	481.133	25.742	-.088	1.164
8	509.226	28.093	-.096	1.064
9	538.173	28.947	-.099	1.038
10	567.615	29.442	-.101	1.572
11	601.769	34.154	-.117	1.062
12	636.402	34.634	-.119	1.043
13	671.354	34.952	-.120	1.065
14	706.757	35.403	-.122	1.071
15	742.625	35.868	-.123	1.187

a. 变化量基于表中的先前聚类数目。

b. 变化比率相对于双聚类解的变化。

c. 距离测量比率基于当前聚类数目而不是先前聚类数目。

聚类分布

		个案数	占组合的百分比	占总计的百分比
聚类	1	77	38.5%	38.5%
	2	56	28.0%	28.0%
	3	67	33.5%	33.5%
	组合	200	100.0%	100.0%
总计		200		100.0%

聚类概要

质心

		小区数目		用户数目		接单数目	
		平均值	标准 偏差	平均值	标准 偏差	平均值	标准 偏差
聚类	1	50.92	7.907	536.72	29.418	845.91	29.570
	2	49.64	7.075	502.55	38.743	949.31	40.034
	3	50.19	7.624	452.94	30.821	843.66	30.951
	组合	50.32	7.567	499.09	48.256	874.11	57.498

模型概要

算法	两步
输入	4
聚类	3

频率

个案聚类编号

		1		2		3	
		频率	百分比	频率	百分比	频率	百分比
聚类	1	0	0.0%	0	0.0%	77	100.0%
	2	56	100.0%	0	0.0%	0	0.0%
	3	0	0.0%	67	100.0%	0	0.0%
	组合	56	100.0%	67	100.0%	77	100.0%

图 18.52　二阶聚类分析结果

在模型概要图上右击，在弹出的快捷菜单中选择“编辑”命令，打开“模型查看器”窗口，可查看其他辅助视图，如图 18.53 所示。在“模型查看器”窗口中的左侧显示了“模型概要”视图，右侧显示了“聚类大小”视图。从“聚类大小”图中可以看到 3 个聚类的占比差别不大，“最大聚类”与“最小聚类”的比值为 1.38。

而通过单击左、右侧视图下方的“查看”选项，可以切换“聚类”“预测变量重要性”等视图，如图 18.54 所示。在“预测变量重要性”视图中可以看到，“个案聚类编号”是最为重要的变量，其次是“接单数目”与“用户数目”。在“聚类”视图中显示不同聚类的特征，显示了聚类与变量的交叉分析，其数值显示的是分类变量的分布和连续变量的中心点，由此可得出不同聚类的显著特征。

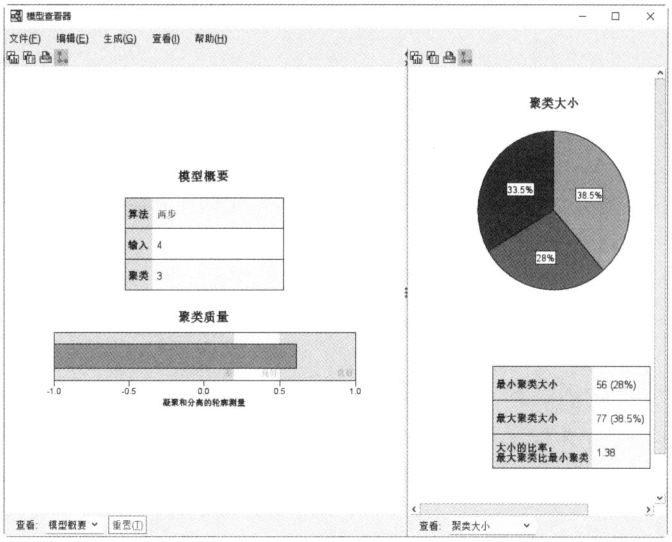

图 18.53　“模型查看器”窗口

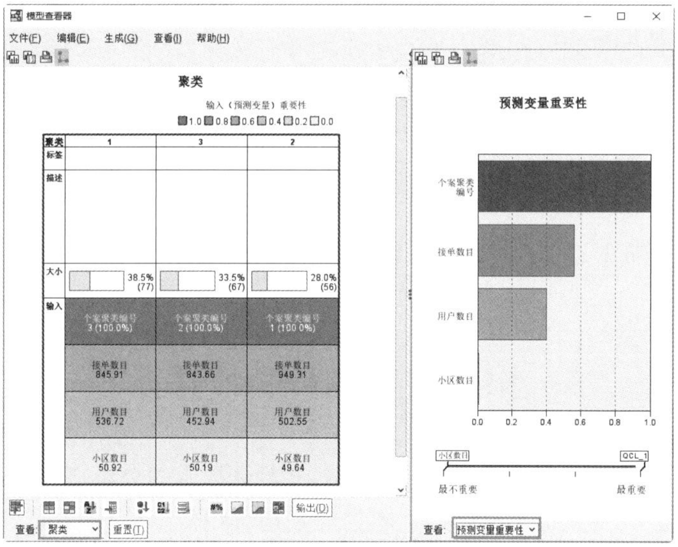

图 18.54　切换视图

第 19 章　判 别 分 析

内容简介

在生产、科研和日常生活中经常会有需要判别的问题。例如，医生确诊一个病人是否患有某种疾病就是一个判别问题。通常是将病人的一些症状与曾经患有该种疾病的人的症状进行对照，看病人是否属于患该种疾病的群体，若属于这一群体，就判断病人患有该种疾病，否则就与别的疾病对照，最后确诊病人所患的疾病。又如工业生产中，根据某种产品的一些非破坏性测试性指标判别产品的质量等级；在经济分析中，根据人均国民收入、人均农业产值、人均消费水平等指标判别一个国家的经济发展程度等。

判别分析就是一种根据研究对象的某些指标来推断该研究对象所属类型的分析方法，一般适用于处理机理不清楚或基本不了解的复杂问题。

学习要点

- 全模型判别分析
- 逐步判别分析

19.1　判别分析概述

判别分析是一种统计判别和分组技术，根据一定数量样本的分组变量和相应的其他多元变量的已知信息，对其他多元变量信息所属的样本进行判别分组。

判别分析与聚类分析虽然同属数值分类法，但两者有明显的区别。聚类分析是在事先毫无关于“类”的知识的情况下对研究对象进行分类；而判别分析则是事先已对某些已知样本进行分类，再根据一定的准则建立判别函数，并利用判别函数将研究对象归属到已知的类别。在分析步骤中，一般都是先进行聚类分析，聚类之后得到分类结果，即分组变量，然后对分组变量进行判别分析。

19.1.1　判别函数

判别分析通常都要建立判别函数。判别函数主要有两种，即线性判别函数和典则判别函数。

（1）对于一个总体，如果各组样本互相对立，且服从多元正态分布，就可建立线性判别函数，形式为

$$y = a_1x_1+a_2x_2+\cdots+a_nx_n,$$

其中，y 为判别分数（判别值）；$x_1, x_2, \cdots, x_n$ 为反映研究对象特征的变量；$a_1,a_2,\cdots,a_n$ 为系数。

（2）典则判别函数是指原始自变量的线性组合，通过建立少量的典则变量（又称典型变量）可以比较方便地描述各类之间的关系。例如，可以利用散点图和平面区域图直观地表示各类之间的相关关系等。

使用研究对象的大量资料确定判别函数中的待定系数来计算判别指标，对于一个未确定类别的个案，只要将其代入判别函数，就可以判断它属于哪一类。

建立判别函数的方法一般有 4 种：全模型法、向前选择法、向后选择法和逐步选择法。

（1）全模型法是指将用户指定的全部变量作为判别函数的自变量，而不管该变量与研究对象的关系是否显著或对判别函数是否有贡献。此方法适用于对研究对象的各变量有全面认识的情况。如果未加选择地使用全变量进行分析，则可能产生较大的偏差。

（2）向前选择法是指从判别模型中没有任何变量开始，每一步把一个对判别模型的判别能力贡献最大的变量引入模型，直到没有符合进入模型条件的变量时，变量引入过程结束。当希望较多变量留在判别函数中时，使用向前选择法。

（3）向后选择法与向前选择法完全相反。它是把用户指定的全部变量建立一个全模型。每一步把一个对模型的判别能力贡献最小的变量剔除，直到模型中的所用变量符合留在模型中的条件时，剔除工作结束。当希望较少变量留在判别函数中时，使用向后选择法。

（4）逐步选择法是一种选择最能反映类间差异的变量子集，对其建立判别函数的方法。它是从模型中没有任何变量开始，每一步都对模型进行检验，将模型外对模型的判别能力贡献最大的变量引入模型，同时检查在模型中是否存在由于新变量的引入而对模型判别能力贡献变得不太大的变量，如果有，则将其从模型中剔除，以此类推，直到模型中的所有变量都符合引入模型的条件，而模型外所有变量都不符合引入模型的条件为止。

19.1.2 判别准则与判别方法

判别分析的基本原理是按照一定的判别准则，确定待判研究对象归属于哪一类。根据使用的判别准则将判别分析分为下面几种方法。

（1）最大似然法：用于自变量均为分类变量的情况，该方法建立在独立事件概率乘法定理的基础上，根据已知信息求得自变量各种组合情况下个案被分为任何一类的概率。当出现新个案时，计算它被分到每一类中的条件概率（似然值），概率最大的那一类就是最终判别的归类。

（2）距离判别：由训练样品得出每个分类的重心坐标，然后对新个案求出它们离各个分类的重心的距离远近，从而归入离得最近的类。也就是根据个案离类别重心的远近进行判别。最常用的距离是马氏距离、欧氏距离。特点是直观、简单，适用于自变量均为连续变量的情况，并且它对变量的分布类型无严格要求，特别是并不严格要求总体协方差矩阵相等。

（3）Fisher 判别：费舍尔判别法，又称典则判别，利用投影的方法使多维问题简化为一维问题来处理。其通过建立线性判别函数计算各个个案在各典型变量维度上的坐标并得出样本到各个类别重心的距离，以此作为分类依据。该方法对分布、方差等都无严格要求，应用范围比较广。

（4）Bayes 判别：又称贝叶斯判别，许多时候用户对各类别的比例分布情况有一定的先验信息，也就是用样本所属分类的先验概率进行分析。Bayes 判别就是根据总体的先验概率，使误判的平均损失达到最小的判别方法。其最大优势是可以用于多组判别问题，但是使用此方法必须满足三个假设条件：各组变量必须服从多元正态分布、各组协方差矩阵必须相等、各组变量均值均有显著性差异。

19.2 判别分析方法

在 SPSS 中，一般使用全模型法和逐步选择法进行判别分析，全模型法要求对每个样本的每个变量都要测量，逐步选择法根据指定规则选择部分变量进行测量。

19.2.1 全模型判别分析

全模型判别分析是根据已知变量来判别某些样本未知类别的方法，同时用所有的预测变量估计判别函数，此时每个自变量都包括在内，而不考虑其判别能力。这种方法适用于前期研究或理论模型显示应包括哪些自变量的情况。

【执行方式】

菜单栏：选择菜单栏中的“分析”→“分类”→“判别式”命令。

操作步骤

执行此命令，弹出图 19.1 所示的“判别分析”对话框。在左侧变量列表中显示已知的观测量所属类别的变量，选择变量，单击“转入”按钮➡，将其添加到右侧“分组变量”“自变量”列表中。

单击“确定”按钮，弹出“IBM SPSS Statistics 查看器”窗口，会显示全模型判别分析结果。

【选项说明】

下面介绍“判别分析”对话框中的常用选项。

（1）“统计”按钮。单击该按钮，弹出“判别分析：统计”对话框，在该对话框中设置要输出的统计量，包括描述、函数系数和矩阵，各个数据均有一定的统计意义，如图 19.2 所示。

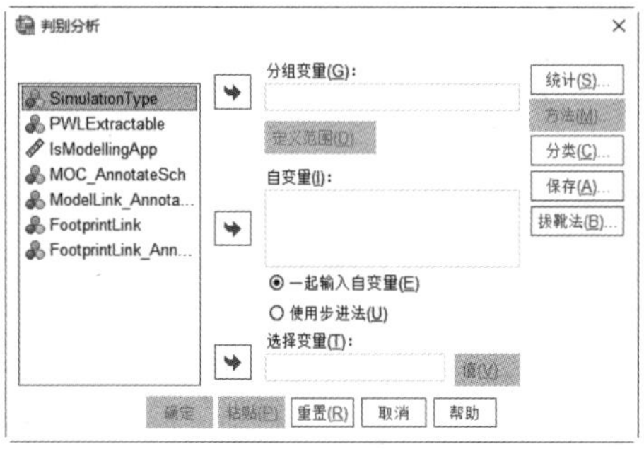

图 19.1 “判别分析”对话框

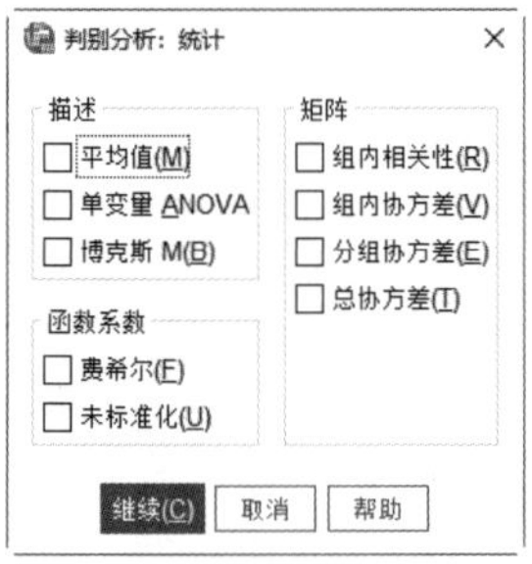

图 19.2 “判别分析：统计”对话框

1）“描述”选项组。

- 平均值：选择该选项，输出各类中各自变量的平均值、标准差和各自变量总样本的平均值和标准差。一般情况下，设置只输出样本的平均值。
- 单变量 ANOVA：选择该选项，对各类中同一自变量的平均值都相等的假设进行检验，输出单变量的方差分析结果。
- 博克斯 M：选择该选项，对各组的协方差矩阵相等的假设进行检验。如果样本量足够大，显著值差异越不显著，表明矩阵差异越不明显。

2）“函数系数”选项组：选择判别函数系数的输出形式。

- 费希尔：选择该选项，输出贝叶斯判别函数的系数。对每一类给出一组系数，并给出该组中判别分数最大的观测量。
- 未标准化：选择该选项，输出未标准化的判别函数（即典则判别函数）的系数，SPSS 默认显示标准化的判别函数信息。

3）“矩阵”选项组。

- 组内相关性：选择该选项，输出类内相关矩阵，在计算相关矩阵之前将各组（类）协方差矩阵平均，计算类内相关矩阵。
- 组内协方差：选择该选项，计算并显示合并类内协方差矩阵，是将各组（类）协方差矩阵平均后计算的，区别于总协方差矩阵。
- 分组协方差：选择该选项，对每类输出显示一个协方差矩阵。
- 总协方差：选择该选项，计算并显示总样本的协方差矩阵。

（2）“分类”按钮。单击该按钮，弹出“判别分析：分类”对话框，如图 19.3 所示。

1）“先验概率”选项组：选择先验概率的计算方法。

- 所有组相等：系统默认选择该选项，表示类先验概率相等。若分为 m 类，则各类先验概率均为 $1/m$。
- 根据组大小计算：选择该选项，先验概率由各类的样本量计算决定，即各类的先验概率与其样本量成正比。

2）“使用协方差矩阵”选项组：选择分类使用的协方差矩阵。

- 组内：系统默认选择该选项，指定使用合并组内协方差矩阵进行分类。
- 分组：选择该选项，指定使用各组协方差矩阵进行分类。由于分类依据的是判别函数，而不是原始变量，因此该选择项不是总等价于二次判别。

3）“显示”选项组：选择要输出的分类结果。

- 个案结果：选择该选项，输出每个观测量，包括判别分数、实际类、预测类（根据判别函数求得的分类结果）和后验概率等。在“将个案限制为前”文本框中输入观测量数 n，表示仅对前 n 个观测量输出分类结果，多用于观测数量大的情况。
- 摘要表：选择该选项，输出分类的小结，给出正确分类观测量数（原始类和根据判别函数计算的预测类相同）和错分观测量数和错分率。
- 留一分类：选择该选项，输出对每个观测量进行分类的结果，所依据的判别是由除该观测量外的其他观测量导出的，也称为交互校验结果。

4）“图”选项组：选择要求输出的统计图。

- 合并组：选择该选项，生成一张包括各类的散点图，根据前两个判别函数值绘制。如果只有一个判别函数，则输出直方图。
- 分组：选择该选项，依据前两个判别函数值对每一类生成一张激点图。如果只有一个判别函数，则输出直方图。
- 领域图：选择该选项，生成根据函数值把观测量分到各组中的边界图。该图把一张图的平面划分出与类数相同的区域，每一类占据一个区域，各类的均值在各区域中用*号标出，如果仅有一个判别函数，则不选择该选项。

5）“将缺失值替换为均值”复选框：勾选该复选框，用该类变量的均值代替缺失值，缺失值占比超过 10%时，建议选择该选项。

（3）“保存”按钮。单击该按钮，弹出“判别分析：保存”对话框，设置要在输出文件中保存的变量，也可以将模型信息导出到 XML 文件，如图 19.4 所示。

- 预测组成员资格：选择该选项，创建新变量，显示预测观测量的分类，根据判别分数把观测量按后验概率最大原则指派所属的类。新变量默认的变量名为 dis_n（n 表示运行次数）。
- 判别得分：每次运行判别过程都给出一组表明判别分数的新变量，判别分数=没有标准化的判别系数×自变量的值+一个常数。
- 组成员资格概率：选择该选项，显示预测观测量分类的概率。

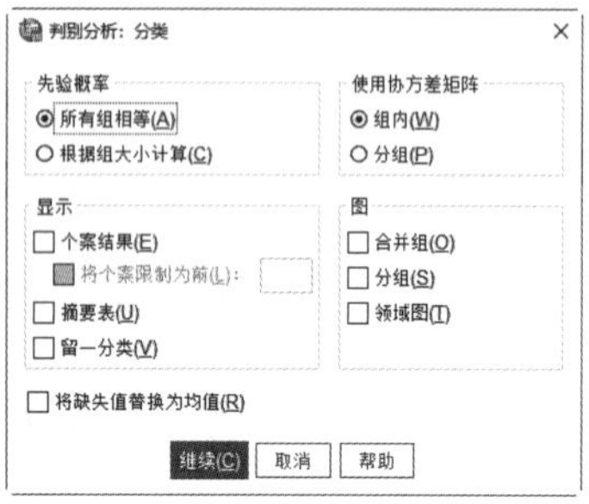

图 19.3 “判别分析：分类”对话框

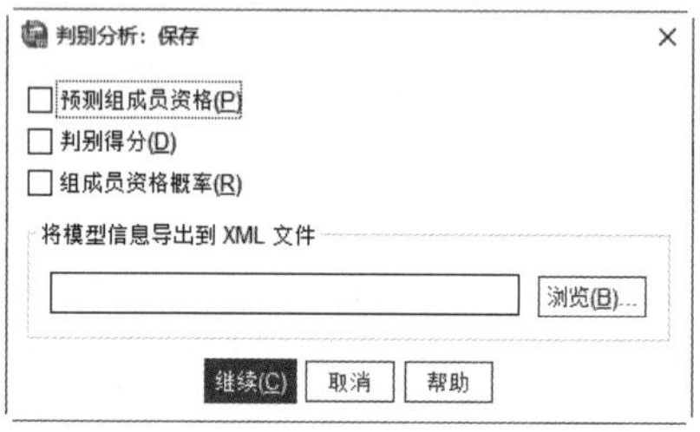

图 19.4 “判别分析：保存”对话框

（4）“定义范围”按钮。单击该按钮，指定选中分类变量的数值范围，在定义范围框最小值中输入该分类变量的最小值，最大框中输入该分类变量的最大值。

（5）“一起输入自变量”选项。选择该选项，使用所有自变量进行全模型判别分析，认为所有自变量都能对观测量特性提供丰富的信息。

扫一扫，看视频

★重点 动手学——快递业务水平判别分析

源文件：源文件\第 19 章\快递业务指标统计 1.sav

某快递公司收购了一家快递公司，在统计样本中增加该公司的 10 个员工，统计业务评比指标：小区数目、用户数目、接单数目（单位：个）。在 18.2.2 小节中使用快速聚类分析将 200 个员工分为 3 类，本实例按照聚类分析结果变量 QCL_1 进行分类，使用全模型判别分析方法对新员工的业务水平进行分析。

操作步骤

1. 打开数据文件

选择菜单栏中的“文件”→“打开”→“数据”命令，弹出“打开数据”对话框，选择“快递业务指标统计 1.sav”文件，单击“打开”按钮，打开数据文件，如图 19.5 所示。

2. 判别分析

（1）选择菜单栏中的“分析”→“分类”→“判别式”命令，弹出❶“判别分析”对话框，在❷“分组变量”列表中选择 QCL_1 变量，单击❸“定义范围”按钮，弹出❹“判别分析：定义范围”对话框，设置❺最小值、最大值分别为 1、3，如图 19.6 和图 19.7 所示。

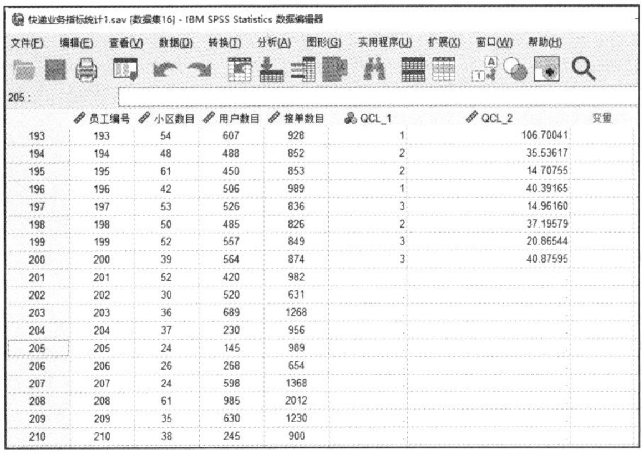

	员工编号	小区数目	用户数目	接单数目	QCL_1	QCL_2	变量
193	193	54	607	928	1	106.70041	
194	194	48	488	852	2	35.53617	
195	195	61	450	853	2	14.70755	
196	196	42	506	989	1	40.39165	
197	197	53	526	836	3	14.96160	
198	198	50	485	826	2	37.19579	
199	199	52	557	849	3	20.86544	
200	200	39	564	874	3	40.87595	
201	201	52	420	982			
202	202	30	520	631			
203	203	36	689	1268			
204	204	37	230	956			
205	205	24	145	989			
206	206	26	268	654			
207	207	24	598	1368			
208	208	61	985	2012			
209	209	35	630	1230			
210	210	38	245	900			

图 19.5 快递业务指标统计数据

（2）单击“继续”按钮，返回主对话框。在❻“自变量”列表中选择“小区数目”“用户数目”“接单数目”变量，❼默认选择“一起输入自变量”选项，进行全模型判别分析，如图 19.6 所示。

（3）单击❽“统计”按钮，弹出“判别分析：统计”对话框，在“描述”选项组中勾选❾“平均值”“单变量 ANOVA”“博克斯 M”复选框；在“函数系数”选项组中勾选❿“未标准化”复选框；在“矩阵”选项组中勾选⓫“组内相关性”复选框，如图 19.8 所示。单击“继续”按钮，返回主对话框。

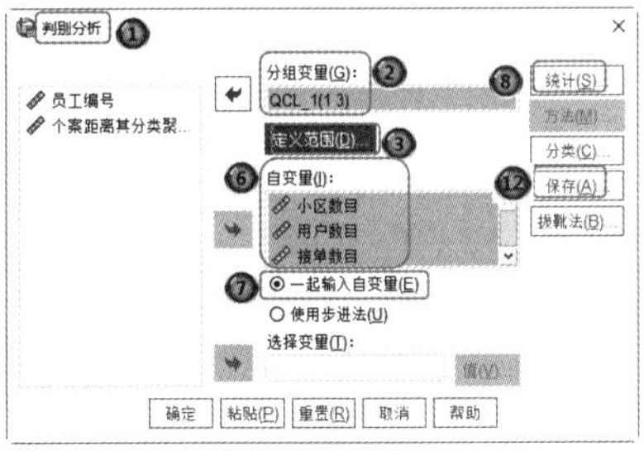

图 19.6 “判别分析”对话框

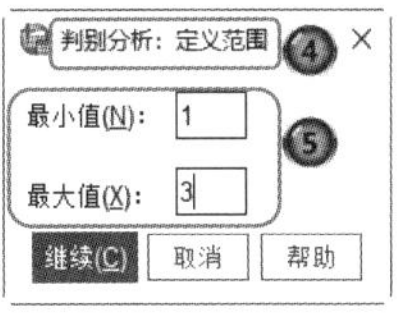

图 19.7 “判别分析：定义范围”对话框

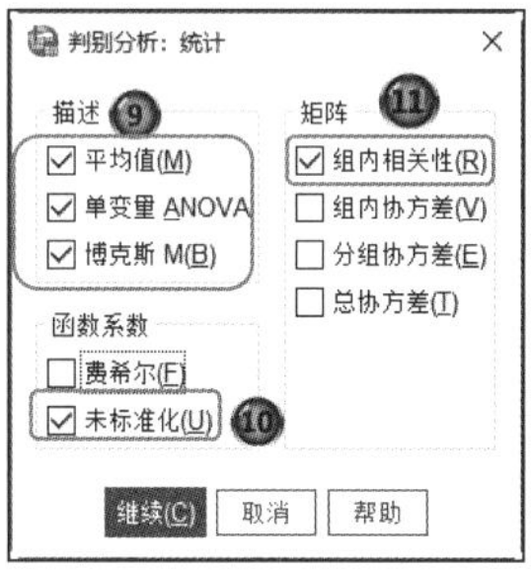

图 19.8 “判别分析：统计”对话框

（4）单击⓬“保存”按钮，弹出“判别分析：保存”对话框，勾选⓭“预测组成员资格”复选框，如图 19.9 所示。设置输出到数据编辑窗口的结果，单击“继续”按钮，返回主对话框。

图 19.9 “判别分析：保存”对话框

（5）单击“确定”按钮，弹出“IBM SPSS Statistics 查看器”窗口，显示判别分析结果，如图 19.10 所示。同时在数据编辑区显示保存的变量 Dis_1，表示判别分析的分类结果。已经分类的 200 名员工的分类结果与快速分类结果相同，并补充没有分类结果的部分数据（201~210 员工），如图 19.10 所示。

分析个案处理摘要

未加权个案数		个案数	百分比
有效		200	95.2
排除	缺失或超出范围组代码	10	4.8
	至少一个缺失判别变量	0	.0
	既包括缺失或超出范围组代码，也包括至少一个缺失判别变量	0	.0
	总计	10	4.8
总计		210	100.0

组统计

个案聚类编号		平均值	标准 偏差	有效个案数（成列）	
				未加权	加权
1	小区数目	49.64	7.075	56	56.000
	用户数目	502.55	38.743	56	56.000
	接单数目	949.31	40.034	56	56.000
2	小区数目	50.19	7.624	67	67.000
	用户数目	452.94	30.821	67	67.000
	接单数目	843.66	30.951	67	67.000
3	小区数目	50.92	7.907	77	77.000
	用户数目	536.72	29.418	77	77.000
	接单数目	845.91	29.570	77	77.000
总计	小区数目	50.32	7.567	200	200.000
	用户数目	499.09	48.256	200	200.000
	接单数目	874.11	57.498	200	200.000

组平均值的同等检验

	威尔克 Lambda	F	自由度 1	自由度 2	显著性
小区数目	.995	.475	2	197	.623
用户数目	.455	117.803	2	197	<.001
接单数目	.331	198.996	2	197	<.001

汇聚组内矩阵

		小区数目	用户数目	接单数目
相关性	小区数目	1.000	.025	-.013
	用户数目	.025	1.000	-.057
	接单数目	-.013	-.057	1.000

分析 1

协方差矩阵的博克斯等同性检验

对数决定因子

个案聚类编号	秩	对数决定因子
1	3	18.600
2	3	17.734
3	3	17.668
汇聚组内	3	18.034

打印的决定因子的秩和自然对数是组协方差矩阵的相应信息。

检验结果

博克斯 M		16.428
F	近似	1.338
	自由度 1	12
	自由度 2	162141.385
	显著性	.189

对等同群体协方差矩阵的原假设进行检验。

典则判别函数摘要

特征值

函数	特征值	方差百分比	累积百分比	典型相关性
1	2.089[a]	64.4	64.4	.822
2	1.154[a]	35.6	100.0	.732

a. 在分析中使用了前 2 个典则判别函数。

威尔克 Lambda

函数检验	威尔克 Lambda	卡方	自由度	显著性
1 直至 2	.150	371.452	6	<.001
2	.464	150.412	2	<.001

标准化典则判别函数系数

	函数	
	1	2
小区数目	-.026	.021
用户数目	.268	.965
接单数目	.978	-.212

结构矩阵

	函数	
	1	2
接单数目	.963*	-.267
用户数目	.212	.977*
小区数目	-.032	.049*

判别变量与标准化典则判别函数之间的汇聚组内相关性
变量按函数内相关性的绝对大小排序。

*. 每个变量与任何判别函数之间的最大绝对相关性

典则判别函数系数

	函数	
	1	2
小区数目	-.003	.003
用户数目	.008	.029
接单数目	.029	-.006
(常量)	-29.635	-9.284

未标准化系数

组质心处的函数

个案聚类编号	函数	
	1	2
1	2.243	-.379
2	-1.274	-1.166
3	-.523	1.290

按组平均值进行求值的未标准化典则判别函数

分类统计

分类处理摘要

已处理		210
排除	缺失或超出范围组代码	0
	至少一个缺失判别变量	0
已在输出中使用		210

组的先验概率

个案聚类编号	先验	在分析中使用的个案	
		未加权	加权
1	.333	56	56.000
2	.333	67	67.000
3	.333	77	77.000
总计	1.000	200	200.000

图 19.10　判别分析结果

3．分析结果

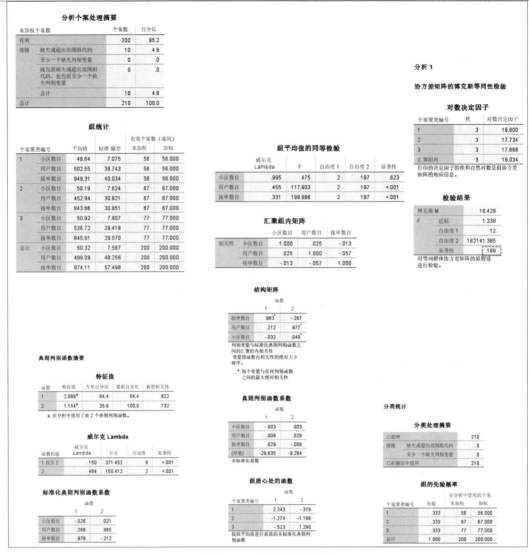

下面根据图 19.10 中的结果依次进行分析。

（1）从组统计表可以看出每一类员工业绩评价指标数据的平均值和标准偏差等。

（2）组平均值的同等检验表（单变量 ANOVA）中显示各个自变量在各类别之间是否有差异。从表中可以看出用户数目和接单数目的显著性均小于 0.001，证明用户数目和接单数目各类别之间的数据有极其显著的差异。

（3）汇聚组内矩阵表中显示各因素之间的协方差和相关系数。本实例中各因素之间的相关性都较小，因此在判别方程中不需要剔除变量。

（4）协方差矩阵的博克斯等同性检验表显示对各组的协方差矩阵相等的假设进行检验，显著性为 0.189，大于 0.05，证明多元方差齐性是齐的。

（5）典则判别函数特征值摘要表显示判别函数的特征值、方差百分比、累计百分比、典型相关性。方差百分比表示携带了原始信息的百分比。本实例中的函数 1 携带原始信息的 64.4%，函数 2 携带原始信息的 35.6%。

（6）威尔克 Lambda 表中显示对函数判定有无价值的检验，函数 1、函数 2 的显著性都小于 0.05，所以都有统计意义。

（7）通过标准化典则判别函数系数表得出系数经过标准化后的判别函数。

- 函数 1=-0.026×小区数目（标准化）+0.268×用户数目（标准化）+0.978×接单数目（标准化）。
- 函数 2=0.021×小区数目（标准化）+0.965×用户数目（标准化）-0.212×接单数目（标准化）。

（8）结构矩阵表类似于因子分析中的载荷表，可以判断函数与变量之间的关联性。

（9）通过典则判别函数系数表得出系数没有经过标准化的判别函数中。

- 函数 1=-0.003×小区数目+0.008×用户数目+0.029×接单数目-29.635。
- 函数 2=0.003×小区数目+0.029×用户数目-0.006×接单数目-9.284。

（10）组质心处的函数表中显示各分类对应的中心坐标（离各重心的距离）。根据表中结果可以得出，函数 1 在第 1 组的重心为 2.243；函数 1 在第 2 组的重心为-1.274；函数 1 在第 3 组的重心为-0.523。

（11）分类处理摘要表中显示变量结果；组的先验概率表中显示各类贝叶斯判别先验概率。

19.2.2　逐步判别分析

逐步判别分析是筛选出与要判别的类别相关性较强的变量来判别类别，而与要判断的类别相关性不强的指标，则剔除。

【执行方式】

菜单栏：选择菜单栏中的“分析”→“分类”→“判别式”命令。

操作步骤

执行此命令，弹出①“判别分析”对话框，选择②“使用步进法”选项，进行逐步判别分析，如图 19.11 所示。

- 选择变量：选择观测量，使用一部分观测量进行判别函数的推导。
- ③值：单击该按钮，弹出④“判别分析：设置值”对话框，如图 19.12 所示。将该变量的某个值作为这些观测量的标识。

单击“确定”按钮，弹出“IBM SPSS Statistics 查看器”窗口，显示逐步判别分析结果。

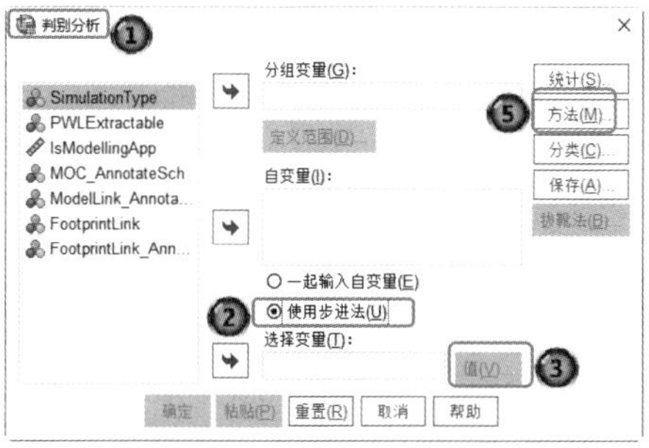

图 19.11　“判别分析”对话框

图 19.12　“判别分析：设置值”对话框

【选项说明】

步进法通过自变量逐个尝试进入函数式，如果进入函数式中的自变量符合条件，则将其保留在函数式中；否则，将其从函数式中剔除。

单击⑤“方法”按钮，弹出⑥“判别分析：步进法”对话框，进一步选择判别分析方法，如图 19.13 所示。下面介绍“判别分析：步进法”对话框中的常用选项。

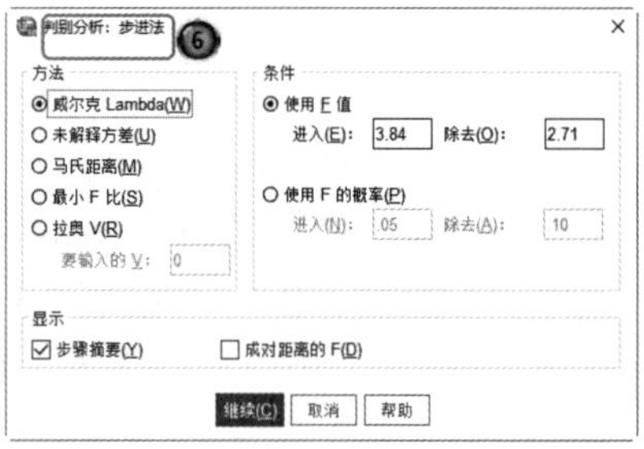

图 19.13 “判别分析：步进法”对话框

（1）“方法”选项组：选择判别分析方法。

- 威尔克 Lambda：它是组内平方和与总平方和之比，用于描述各组的均值是否存在显著性差别，当所有观测组的均值都相等时，威尔克 Lambda 值为 1；当组内变异与总变异相比很小时，表示组间变异较大，系数接近于 0。系统默认选择该选项。
- 未解释方差：选择该选项，把计算残余最小的自变量优先纳入判别函数中。
- 马氏距离：选择该选项，比较每步都离得最近的两类间的马氏距离，选择最大的变量进入判别函数。
- 最小 F 比：把方差差异最大的自变量优先纳入判别函数中。
- 拉奥 V：又称劳氏增值法，选择该选项，把劳氏统计量 V 产生最大增值的自变量优先纳入判别函数中，可以对一个要加入模型中的变量的 V 值指定一个最小增量。选择该选项，在“要输入的 V”文本框中输入增量的指定值。

（2）“条件”选项组：设置判别停止的判据。

1）使用 F 值：系统默认的判据。当加入一个变量或剔除一个变量后，对在判别函数中的变量进行方差分析。当计算的 F 值大于指定的进入值时，该变量保留在判别函数中；当计算的 F 值小于指定的剔除值时，该变量从判别函数中剔除。其中，进入值>剔除值。

- 进入：默认值是 3.84，当被加入的变量 F 值为 3.84 时，才把该变量加入到模型中；否则该变量不能进入模型。
- 除去：默认值为 2.71，当要从模型中剔除的变量 F 值<2.71 时，该变量才被剔除模型；否则模型中的变量不会被剔除。

2）使用 F 的概率：选择该选项，通过进入和除去的概率决定变量加入或被剔除判别函数。

- 进入：默认值是 0.05，当被加入的变量 F 值概率为 5%时，才把该变量加入到模型中；否则变量不能进入模型。
- 除去：默认值为 0.10，当要从模型中剔除的变量 F 值概率>10%时，该变量才被剔除模型；否则模型中的变量不会被剔除。

（3）“显示”选项组：针对逐步选择变量的过程，选择最后显示的结果。

- 步骤摘要：选择该选项，在逐步选择变量过程中的每一步之后显示每个变量的统计量。
- 成对距离的 F：选择该选项，显示类与类之间的 F 值矩阵。

扫一扫，看视频

★重点 动手学——矿石氧化物含量逐步判别分析

源文件： 源文件\第 19 章\氧化物含量表.sav

现收集了某种矿石的 40 个样品，对每个样品检测 9 种氧化物含量，根据样品重量得到部分样品分类数据。本实例利用逐步判别分析将未分类的岩石样品进行分类。

操作步骤

1. 打开数据文件

选择菜单栏中的“文件”→“打开”→“数据”命令，弹出“打开数据”对话框，选择“氧化物含量表.sav”文件，单击“打开”按钮，打开数据文件，如图 19.14 所示。

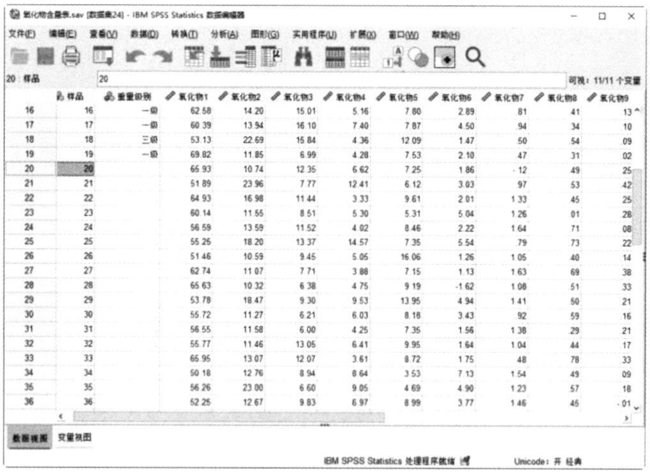

图 19.14　氧化物含量数据

2. 逐步判别分析

（1）选择菜单栏中的“分析”→“分类”→“判别式”命令，弹出“判别分析”对话框，在“分组变量”列表中选择“重量级别”变量，单击“定义范围”按钮，弹出“判别分析：定义范围”对话框，输入最小值、最大值分别为 1、3。单击“继续”按钮，返回主对话框。在“自变量”列表中选择“氧化物 1”到“氧化物 7”变量，选择“使用步进法”选项，进行逐步判别分析，如图 19.15 所示。

（2）单击“统计”按钮，弹出“判别分析：统计”对话框，在“函数系数”选项组中勾选“费希尔”和“未标准化”复选框；在“矩阵”选项组中勾选“组内协方差”复选框，如图 19.16 所示。单击“继续”按钮，返回主对话框。

（3）单击“分类”按钮，弹出“判别分析：分类”对话框，选择“所有组相等”选项，勾选“留一分类”复选框，如图 19.17 所示。单击“继续”按钮，返回主对话框。

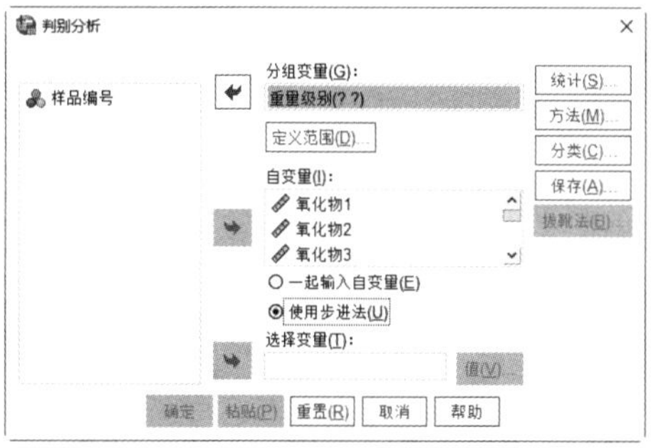

图 19.15　“判别分析”对话框

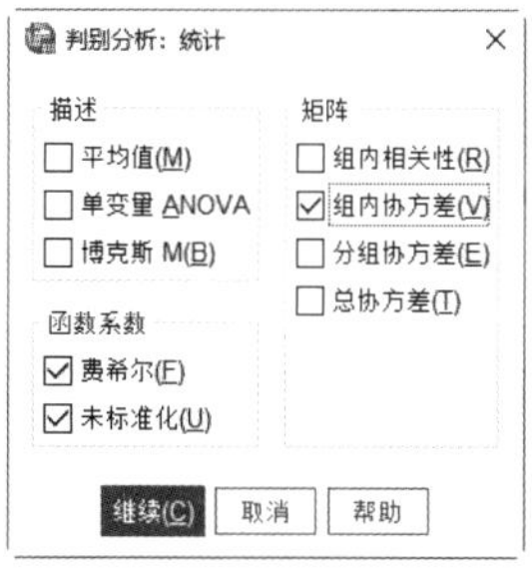

图 19.16　“判别分析：统计”对话框

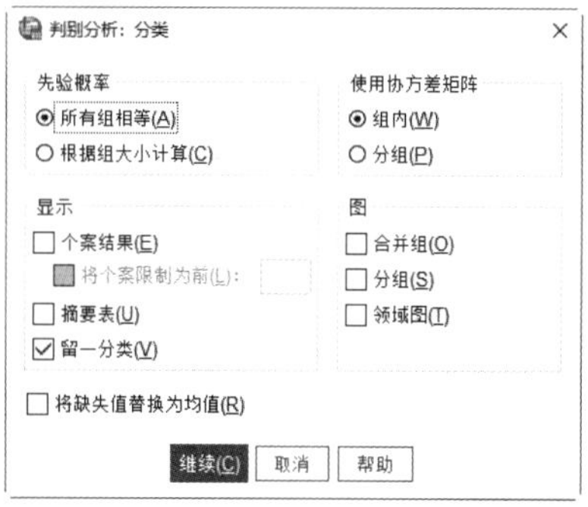

图 19.17　“判别分析：分类”对话框

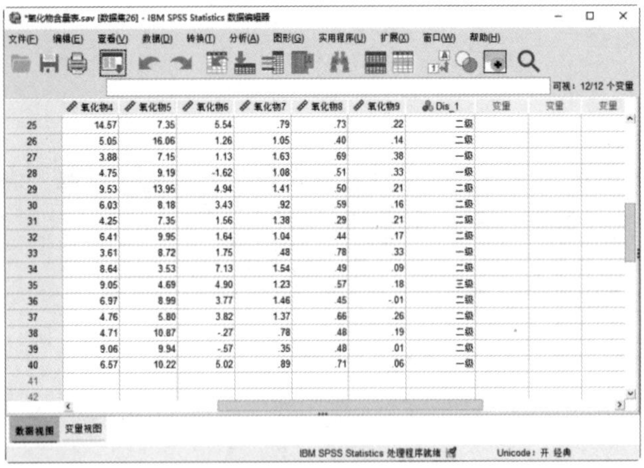

图 19.18　保存分类变量

（4）单击“保存”按钮，弹出“判别分析：保存”对话框，勾选“预测组成员资格”复选框，单击“继续”按钮，返回主对话框。

（5）单击“确定”按钮，弹出“IBM SPSS Statistics 查看器”窗口，显示逐步判别分析结果。同时在数据编辑区中显示保存的变量 Dis_1，表示判别分析的分类结果，补充没有分类的 20 组样本，如图 19.18 所示。

3．分析结果

下面根据图 19.19 中的结果依次进行分析。

（1）分析个案处理摘要表中显示排除个案的数据，本实例中，缺失或超出范围组代码的个案数为 21。

（2）从输入/除去的变量表中可以知道，第一步纳入的变量是氧化物 2，第二步纳入的变量是氧化物 1，并且从显著性值均为 0 可以得出，逐步判别没有剔除变量。

（3）从分类函数系数表中可以得到贝叶斯的 3 个费希尔线性判别函数。

- 函数 1=6.062×氧化物 1+2.665×氧化物 2−214.335。
- 函数 2=5.002×氧化物 1+2.412×氧化物 2−150.085。
- 函数 3=5.291×氧化物 1+4.172×氧化物 2−197.441。

（4）分类结果表中输出对每个观测量进行分类的结果。

分析个案处理摘要

未加权个案数		个案数	百分比
有效		19	47.5
排除	缺失或超出范围组代码	21	52.5
	至少一个缺失判别变量	0	.0
	既包括缺失或超出范围组代码，也包括至少一个缺失判别变量	0	.0
	总计	21	52.5
总计		40	100.0

分类处理摘要

已处理		40
排除	缺失或超出范围组代码	0
	至少一个缺失判别变量	0
已在输出中使用		40

组的先验概率

		在分析中使用的个案	
重量级别	先验	未加权	加权
一级	.333	5	5.000
二级	.333	11	11.000
三级	.333	3	3.000
总计	1.000	19	19.000

分类函数系数

	重量级别		
	一级	二级	三级
氧化物1	6.062	5.022	5.291
氧化物2	2.665	2.412	4.172
(常量)	-214.335	-150.085	-197.441

费希尔线性判别函数

步进统计

输入/除去的变量[a,b,c,d]

		威尔克 Lambda							
						精确 F			
步骤	输入	统计	自由度 1	自由度 2	自由度 3	统计	自由度 1	自由度 2	显著性
1	氧化物2	.288	1	2	16.000	19.743	2	16.000	.000
2	氧化物1	.088	2	2	16.000	17.739	4	30.000	.000

在每个步骤中，将输入可以使总体威尔克 Lambda 最小化的变量。

a. 最大步骤数为 18。

b. 要输入的最小偏 F 为 3.84。

c. 要除去的最大偏 F 为 2.71。

d. F 级别、容差或 VIN 不足，无法进行进一步计算。

分类结果[a,c]

			预测组成员信息			
		重量级别	一级	二级	三级	总计
原始	计数	一级	5	0	0	5
		二级	0	11	0	11
		三级	0	0	3	3
		未分组个案	7	12	2	21
	%	一级	100.0	.0	.0	100.0
		二级	.0	100.0	.0	100.0
		三级	.0	.0	100.0	100.0
		未分组个案	33.3	57.1	9.5	100.0
交叉验证[b]	计数	一级	5	0	0	5
		二级	1	10	0	11
		三级	0	0	3	3
	%	一级	100.0	.0	.0	100.0
		二级	9.1	90.9	.0	100.0
		三级	.0	.0	100.0	100.0

a. 正确地对 100.0% 个原始已分组个案进行了分类。

b. 仅针对分析中的个案进行交叉验证。在交叉验证中，每个个案都由那些从该个案以外的所有个案派生的函数进行分类。

c. 正确地对 94.7% 个进行了交叉验证的已分组个案进行了分类。

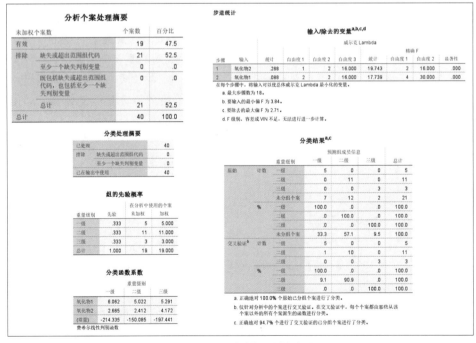

图 19.19　逐步判别分析结果

第 20 章　电力中断数据分析实例

内容简介

现收集某地区电力中断的数据（CSV 文件），包括停电区域、停电时间、复电时间、公共损失、用户损失、停电原因。

本章对该数据文件进行描述性统计分析、推断性统计分析、相关性分析、聚类分析，以判断停电造成的公共损失和用户损失之间的相关关系，通过停电时间判断对两种损失的影响，按照维修时间对统计数据进行分类。

源文件：源文件\第 20 章\outages.csv

学习要点

- 描述性统计分析
- 推断性统计分析
- 相关性分析
- 聚类分析

20.1　数 据 整 理

CSV 文件中的数据庞大，不适合直接输入，统计分析时需要将数据导入 SPSS，同时还需要对导入后的数据进行清洗与整理，如处理 NAN 值、缺失值等。

20.1.1　导入数据

1. 打开数据文件

（1）选择菜单栏中的“文件”→“导入数据”→“CSV 数据”命令，弹出“打开数据”对话框，选择数据文件 outages.csv，如图 20.1 所示。单击“打开”按钮，弹出“读取 CSV 文件”对话框。

（2）在“文件”列表中显示导入的 CSV 文件中的数据，默认勾选“第一行包含变量名”复选框，如图 20.2 所示。

（3）单击“确定”按钮，自动新建数据文件，并在文件中插入 CSV 文件中的数据，共包含 1469 条用户数据，如图 20.3 所示。

图 20.1 “打开数据”对话框

图 20.2 “读取 CSV 文件”对话框

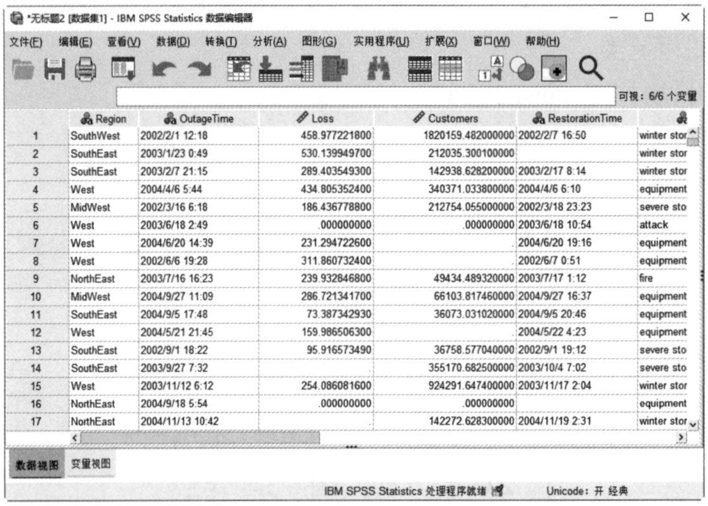

图 20.3 导入 CSV 数据文件

2．保存文件

选择菜单栏中的“文件”→“另存为”命令，弹出图 20.4 所示的“将数据另存为”对话框，选择要保存的位置，输入名称 outages，保存该文件。

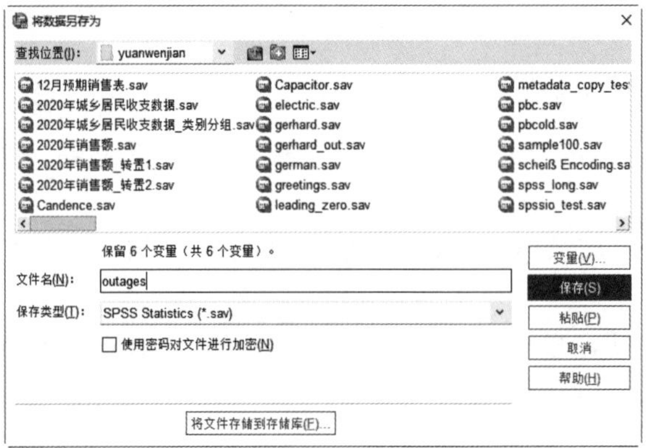

图 20.4 “将数据另存为”对话框

20.1.2 处理缺失值

从 CSV 文件中导入的数据不可避免地会产生一些缺失值，需要删除或补全这些缺失值。

1. 删除缺失值

（1）选择菜单栏中的“数据”→“选择个案”命令，弹出“选择个案”对话框，在“选择”选项组中选择“如果条件满足”选项，单击“如果”按钮，弹出“选择个案：If”对话框。在“函数组”列表中选择“字符串”选项，在“函数和特殊变量”列表中选择计算字符串长度函数 Char.Length，在左侧列表中选择变量 RestorationTime（复电时间），将其添加到右侧函数文本框中，如图 20.5 所示。

（2）单击“继续”按钮，返回“选择个案”对话框，完成选择个案的条件设置，在“输出”选项组中选择“删除未选定的个案”选项，如图 20.6 所示。

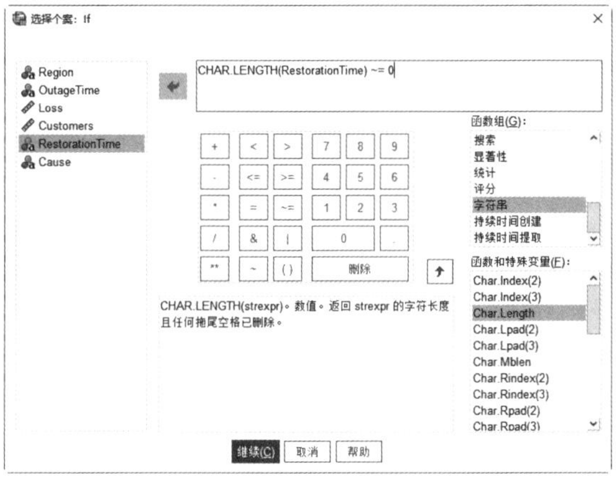

图 20.5 “选择个案：If”对话框

图 20.6 “选择个案”对话框

（3）单击“确定”按钮，在数据编辑器窗口中显示已经删除了变量 RestorationTime（复电时间）中的缺失值（空值），结果如图 20.7 所示。

图 20.7 删除缺失值

2. 补全缺失值

（1）选择菜单栏中的“转换”→“替换缺失值”命令，弹出“替换缺失值”对话框，在左侧列表中选择 Loss、Customers 变量，将其添加到右侧“新变量”列表中，在“名称和方法”选项组中的“方法”下拉列表中默认选择“序列平均值”，如图 20.8 所示。

（2）单击“确定”按钮，关闭该对话框。补全变量 Loss（公共损失）、Customers（用户损失）中的缺失值，将变量中的缺失值替换为平均值，结果如图 20.9 所示。

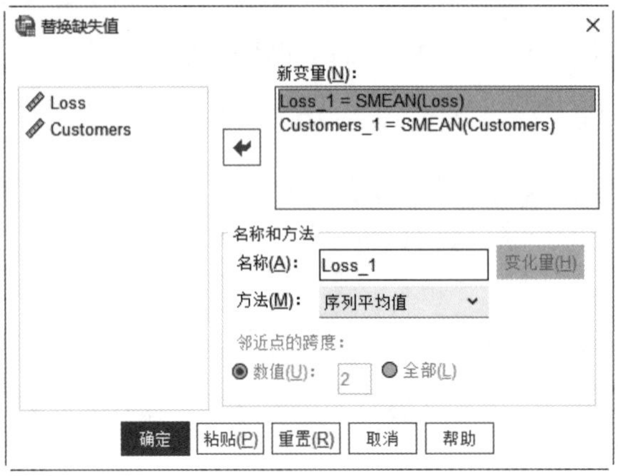

图 20.8　“替换缺失值”对话框

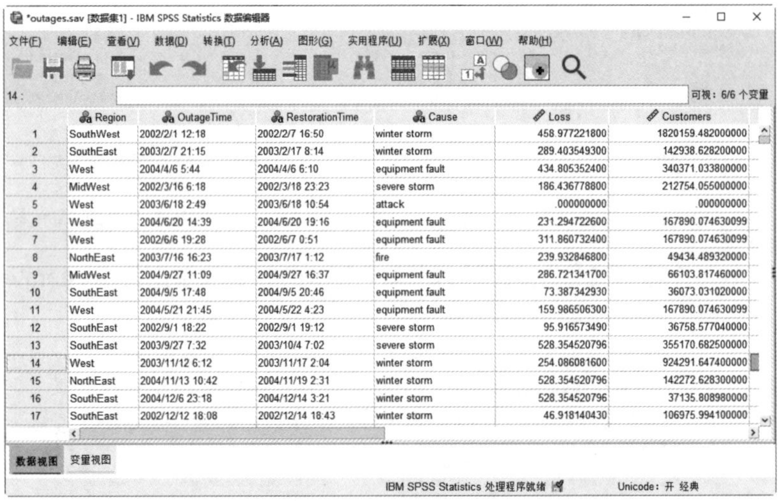

图 20.9　补全变量 Loss、Customers 中的缺失值

20.1.3　转换时间变量

从 CSV 文件中导入的时间变量的数据类型为字符串，为方便进行数据分析，将时间变量转换为 SPSS 特有的日期变量或数值变量。

1. 数据转换

（1）选择菜单栏中的“转换”→“日期和时间向导”命令，弹出“日期和时间向导”对话框，选择“使用包含日期或时间的字符串创建日期/时间变量”选项，如图 20.10 所示。

（2）单击“下一步”按钮，弹出“日期和时间向导-第 1/2 步”对话框，在“变量”列表中选择 OutageTime 变量（停电时间），在“模式”下拉列表中选择日期时间模式，如图 20.11 所示。

（3）单击“下一步”按钮，弹出“日期和时间向导-第 2/2 步”对话框，在“结果变量”文本框中输入“停电时间”，在“变量标签”文本框中输入“停电时间”，默认选择“立即创建变量”选项，如图 20.12 所示。

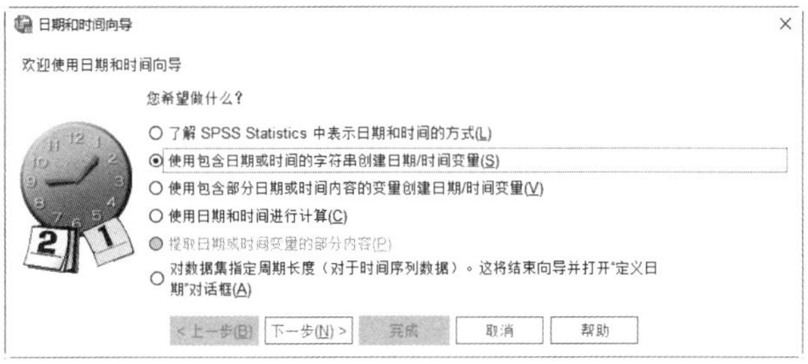

图 20.10　“日期和时间向导”对话框

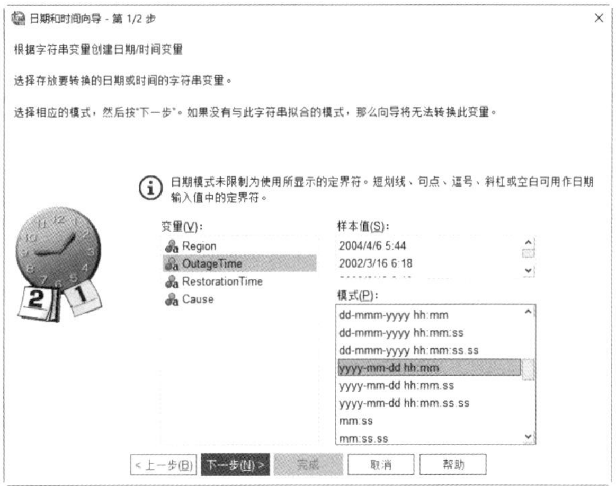

图 20.11　“日期和时间向导-第 1/2 步”对话框

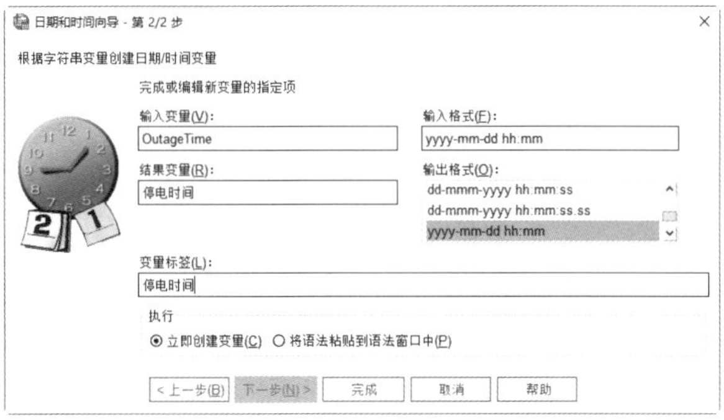

图 20.12　“日期和时间向导-第 2/2 步”对话框

（4）单击“完成”按钮，在数据编辑区创建日期/时间格式的“停电时间”变量，结果如图 20.13 所示。

（5）使用同样的方法，通过字符串变量 RestorationTime 创建日期/时间变量“复电时间”，如图 20.14 所示。创建结果如图 20.15 所示。

图 20.13　创建“停电时间”变量

图 20.14　创建“复电时间”变量

图 20.15　创建结果

2. 数据整理

打开“数据视图”窗口，观察导入的数据，发现数据对齐方式各异，需要对数据进行整理。

打开“变量视图”窗口，单击所选变量的“对齐”列，选择“居中”选项，如图 20.16 所示。将所有变量的“对齐”列设置为居中，结果如图 20.17 所示。

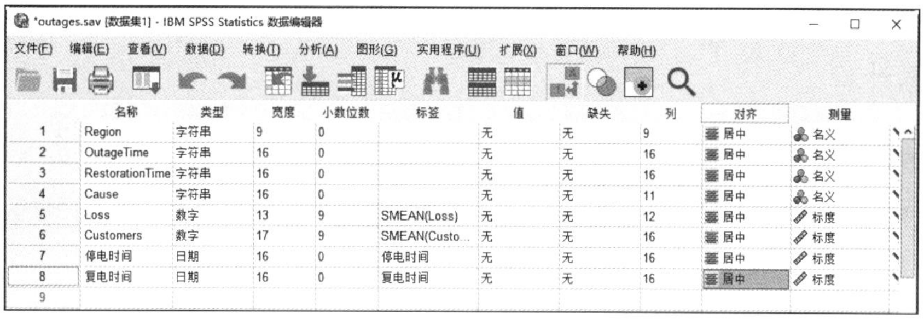

图 20.16　设置变量的对齐方式

图 20.17　所有数据的对齐结果

3．数据保存

选择菜单栏中的“文件”→“另存为”命令，弹出图 20.18 所示的“将数据另存为”对话框，输入名称 outages_1.sav。单击“变量”按钮，弹出“将数据另存为：变量”对话框，选择输出的变量，如图 20.19 所示。单击“继续”按钮，关闭该对话框。单击“保存”按钮，保存新文件 outages_1.sav。

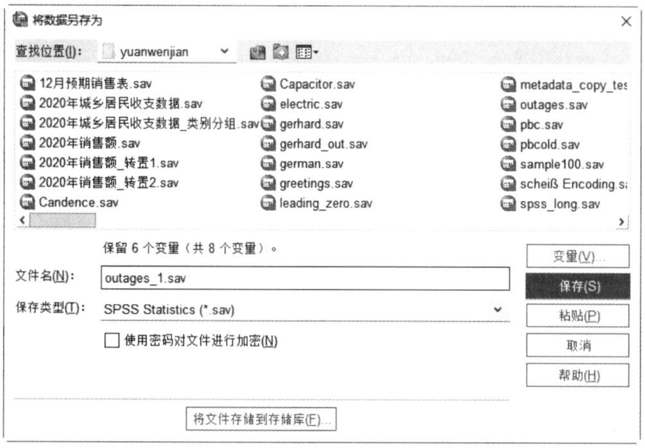

图 20.18　“将数据另存为”对话框

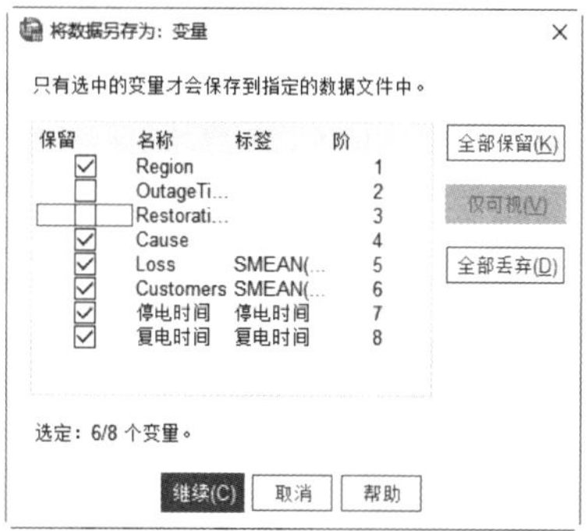

图 20.19　设置输出变量

20.1.4　数据计算

1．打开数据文件

选择菜单栏中的“文件”→“打开”→“数据”命令，弹出“打开数据”对话框，选择 outages_1.sav 文件。单击“打开”按钮，打开 outages_1.sav 文件。

2．计算数据编号

（1）选择菜单栏中的“转换”→“计算变量”命令，弹出“计算变量”对话框，在“目标变量”文本框中输入“编号”，在“函数组”列表中选择“其他”选项，在“函数和特殊变量”列表中双击函数$Casenum，在“数字表达式”文本框中显示函数表达式，如图 20.20 所示。单击“确定”按钮，关闭对话框，在数据编辑区显示以行号定义的数据编号。

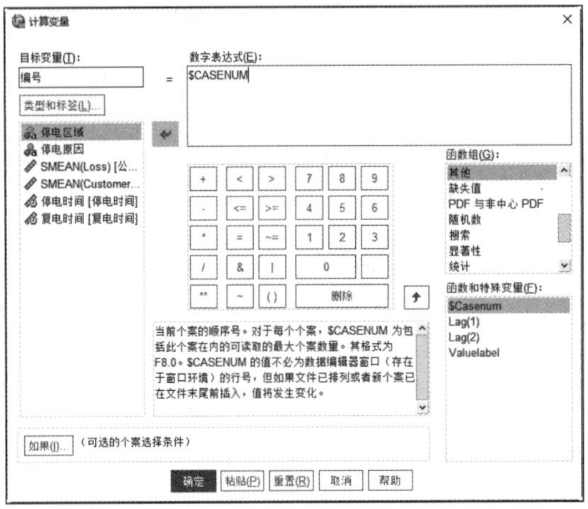

图 20.20　“计算变量”对话框 1

（2）打开“变量视图”窗口，变量“编号”默认小数位数为 2，将其修改为 0。单击“名称”变量列，修改变量名称，如图 20.21 所示。打开“数据视图”窗口，显示数据整理结果，结果如图 20.22 所示。

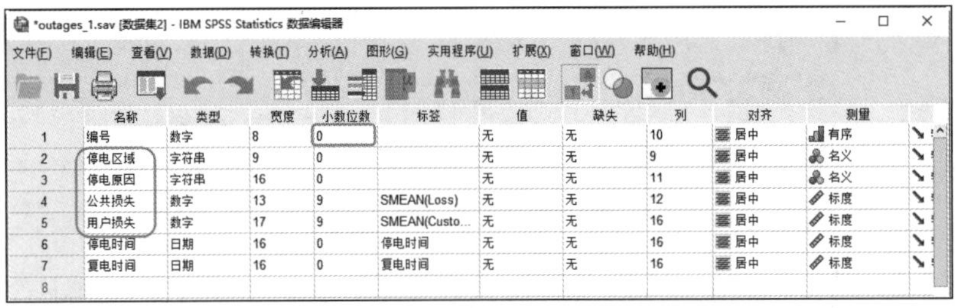

图 20.21　修改变量名称

3．计算维修时间

（1）选择菜单栏中的“转换”→“计算变量”命令，弹出“计算变量”对话框，在该对话框中使用公式计算变量中的个案。

（2）在“目标变量”文本框中输入“维修时间”，在变量列表中选择“复电时间”“停电时间”，在“数字表达式”文本框中添加变量名称，在计算器面板中单击“-”，将其添加到“数字表达式”文本框中，得到数字表达式“复电时间 - 停电时间”，如图 20.23 所示。

	编号	停电区域	停电原因	公共损失	用户损失	停电时间	复电时间
1	1	SouthWest	winter storm	458.977221800	1820159.482000000	2002-02-01 12:18	2002-02-07 16:50
2	2	SouthEast	winter storm	289.403549300	142938.628200000	2003-02-07 21:15	2003-02-17 08:14
3	3	West	equipment fault	434.805352400	340371.033800000	2004-04-06 05:44	2004-04-06 06:10
4	4	MidWest	severe storm	186.436778800	212754.055000000	2002-03-16 06:18	2002-03-18 23:23
5	5	West	attack	.000000000	.000000000	2003-06-18 02:49	2003-06-18 10:54
6	6	West	equipment fault	231.294722600	167890.074630099	2004-06-20 14:39	2004-06-20 19:16
7	7	West	equipment fault	311.860732400	167890.074630099	2002-06-06 19:28	2002-06-07 00:51
8	8	NorthEast	fire	239.932846800	49434.489320000	2003-07-16 16:23	2003-07-17 01:12
9	9	MidWest	equipment fault	286.721341700	66103.817460000	2004-09-27 11:09	2004-09-27 16:37
10	10	SouthEast	equipment fault	73.387342930	36073.031020000	2004-09-05 17:48	2004-09-05 20:46
11	11	West	equipment fault	159.986506300	167890.074630099	2004-05-21 21:45	2004-05-22 04:23
12	12	SouthEast	severe storm	95.916573490	36758.577040000	2002-09-01 18:22	2002-09-01 19:12
13	13	SouthEast	severe storm	528.354520796	355170.682500000	2003-09-27 07:32	2003-10-04 07:02
14	14	West	winter storm	254.086081600	924291.647400000	2003-11-12 06:12	2003-11-17 02:04
15	15	NorthEast	winter storm	528.354520796	142272.628300000	2004-11-13 10:42	2004-11-19 02:31
16	16	SouthEast	winter storm	528.354520796	37135.808980000	2004-12-06 23:18	2004-12-14 03:21
17	17	SouthEast	winter storm	46.918140430	106975.994100000	2002-12-12 18:08	2002-12-14 18:43

图 20.22　数据整理结果

（3）单击“确定”按钮，关闭对话框，返回数据集，在原有变量的右侧添加新变量“维修时间”，单位为秒。

（4）打开“变量视图”窗口，在“维修时间”行设置小数位数为 0，“对齐”方式为“居中”，返回“数据视图”窗口，显示变量设置结果，如图 20.24 所示。

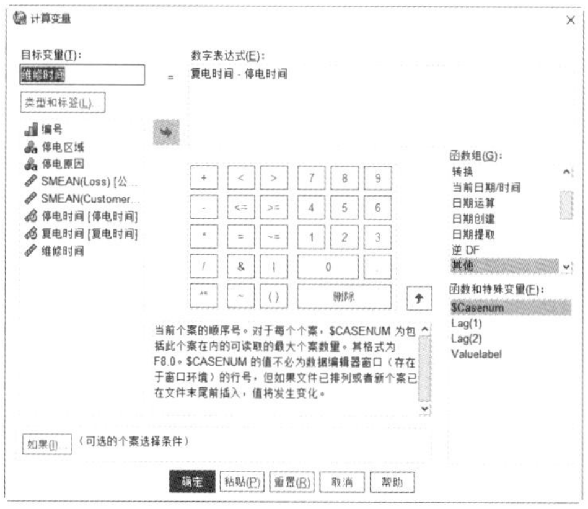

图 20.23　“计算变量”对话框 2

	停电区域	停电原因	公共损失	用户损失	停电时间	复电时间	维修时间
169	MidWest	winter storm	293.197684400	293625.929400000	2006-12-29 21:42	2007-01-09 07:07	897900
170	MidWest	winter storm	603.694085200	136305.833500000	2005-01-02 03:26	2005-01-14 05:15	1043340
171	West	winter storm	117.302051100	395446.171400000	2007-01-05 20:51	2007-01-07 12:50	143940
172	SouthEast	energy emerge...	278.773841600	167890.074630099	2004-01-12 14:19	2004-01-12 14:27	480
173	SouthEast	energy emerge...	127.604720600	167890.074630099	2006-01-28 15:55	2006-01-28 16:56	3660
174	SouthEast	energy emerge...	200.017465500	56395.507620000	2003-01-21 11:54	2003-01-21 12:01	420
175	SouthEast	energy emerge...	554.014817200	167890.074630099	2007-01-29 17:18	2007-01-29 17:21	180
176	SouthEast	winter storm	139.358821900	181707.691500000	2006-02-07 15:11	2006-02-08 20:28	105420
177	SouthEast	winter storm	528.354520796	83778.136210000	2004-01-30 21:02	2004-01-31 22:03	90060
178	SouthEast	equipment fault	539.444351800	167890.074630099	2006-02-14 08:47	2006-02-14 08:56	540
179	SouthEast	energy emerge...	285.184305600	137396.610300000	2006-02-18 18:14	2006-02-18 18:36	1320
180	SouthEast	equipment fault	707.758439700	412588.288400000	2005-02-27 03:12	2005-02-27 03:29	1020
181	SouthEast	energy emerge...	211.382726800	167890.074630099	2006-02-28 05:40	2006-02-28 05:49	540
182	SouthEast	wind	260.224192200	64917.242310000	2003-03-23 19:10	2003-03-23 21:22	7920
183	MidWest	winter storm	528.354520796	320161.803300000	2006-03-31 05:18	2006-04-04 21:07	402540
184	West	thunder storm	144.588615400	167890.074630099	2006-04-23 22:59	2006-04-23 23:03	240
185	SouthEast	energy emerge...	276.403430200	101585.627600000	2004-04-20 08:20	2004-04-20 08:35	900

图 20.24　“数据视图”窗口

扫一扫，看视频

20.2　描述性统计分析

停电造成的损失包括公共损失和用户损失，下面通过特征参数计算和图形显示两种方法描述停电造成的损失金额的数据分布。

20.2.1 数据特征描述

（1）选择菜单栏中的“分析”→“描述统计”→“描述”命令，弹出图 20.25 所示的“描述”对话框，在左侧变量列表中选择两个变量，单击“转入”按钮➥，将所选变量添加到右侧“变量”列表中。

（2）单击“选项”按钮，弹出“描述：选项”对话框，如图 20.26 所示，统计量选择均值、标准差、最小值、最大值、峰度和偏度。单击“确定”按钮，弹出“IBM SPSS Statistics 查看器”窗口，显示数据的各种统计量，如图 20.27 所示。

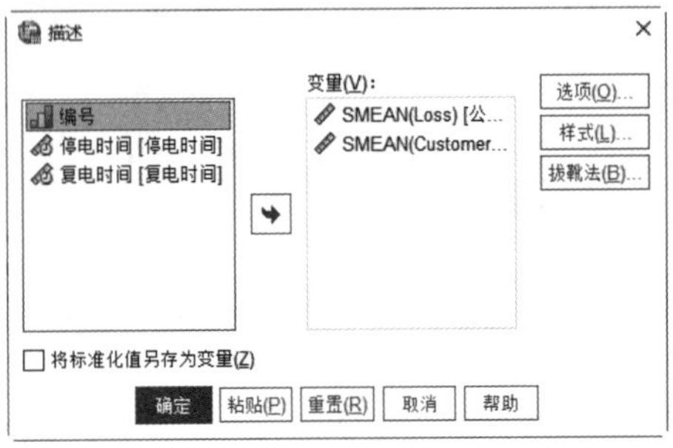

图 20.25 “描述”对话框

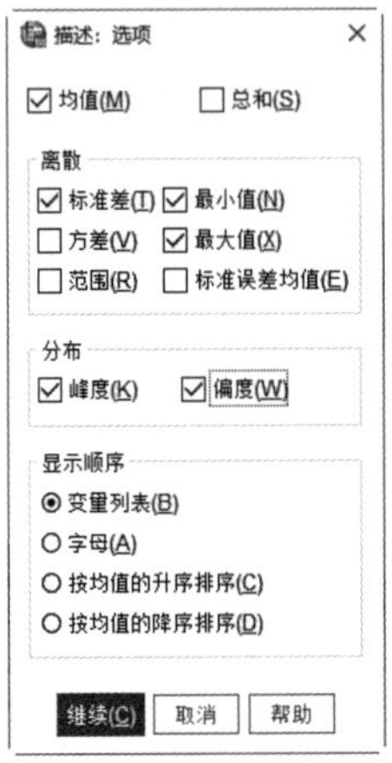

图 20.26 “描述：选项”对话框

描述统计

	N	最小值	最大值	平均值	标准差	偏度		峰度	
	统计	统计	统计	统计	统计	统计	标准误差	统计	标准误差
SMEAN(Loss)	1439	.000000000	23417.72350	528.3545208	1315.108605	11.127	.065	152.179	.129
SMEAN(Customers)	1439	.000000000	5968874.882	167890.0746	327854.4294	8.831	.065	112.385	.129
有效个案数（成列）	1439								

图 20.27 统计结果

20.2.2 饼图分析

根据停电区域、停电原因对停电数据进行分类汇总，使用饼图分析不同停电区域、不同停电原因的停电频率分布。

（1）选择菜单栏中的“分析”→“描述统计”→“频率”命令，弹出“频率”对话框，在左侧变量列表中选择“停电区域”“停电原因”变量，单击“转入”按钮➥，将选中变量添加到右侧“变量”列表中，默认勾选“显示频率表”复选框，如图 20.28 所示。

（2）单击“图表”按钮，弹出“频率：图表”对话框，选择频数分析的图表类型为“饼图”，在“图表值”选项组中选择“百分比”选项，如图 20.29 所示。

（3）单击“确定”按钮，弹出“IBM SPSS Statistics 查看器”窗口，输出结果如图 20.30 所示。

根据图 20.30 中的结果，对 1439 个有效数据进行统计分析，按停电区域划分，SouthWest 区域停电次数最少；按停电原因划分，earthquake（地震）造成停电的次数最少。

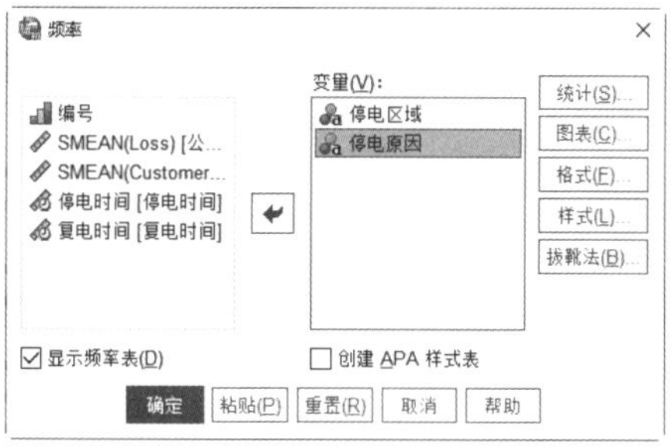

图 20.28　“频率”对话框

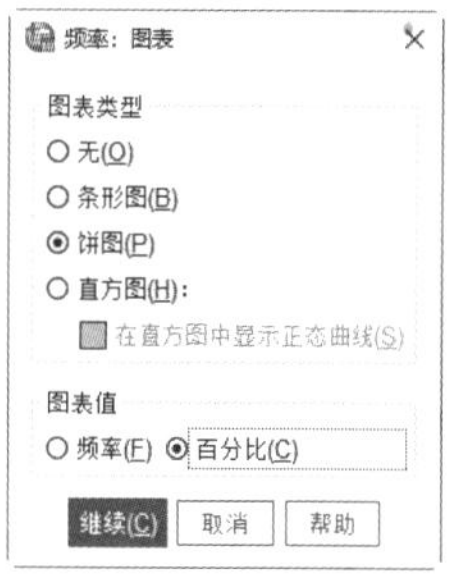

图 20.29　“频率：图表”对话框

统计

		停电区域	停电原因
个案数	有效	1439	1439
	缺失	0	0

停电区域

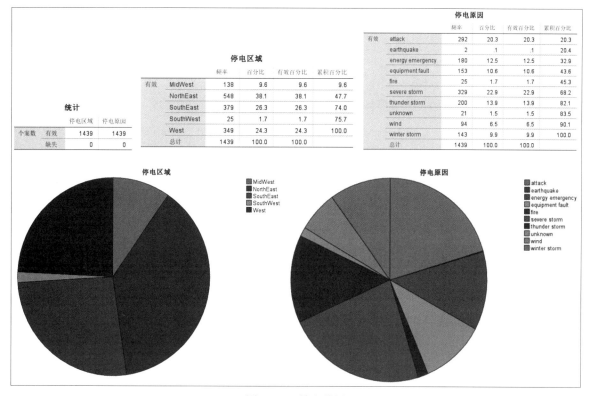

		频率	百分比	有效百分比	累积百分比
有效	MidWest	138	9.6	9.6	9.6
	NorthEast	548	38.1	38.1	47.7
	SouthEast	379	26.3	26.3	74.0
	SouthWest	25	1.7	1.7	75.7
	West	349	24.3	24.3	100.0
	总计	1439	100.0	100.0	

停电原因

		频率	百分比	有效百分比	累积百分比
有效	attack	292	20.3	20.3	20.3
	earthquake	2	.1	.1	20.4
	energy emergency	180	12.5	12.5	32.9
	equipment fault	153	10.6	10.6	43.6
	fire	25	1.7	1.7	45.3
	severe storm	329	22.9	22.9	68.2
	thunder storm	200	13.9	13.9	82.1
	unknown	21	1.5	1.5	83.5
	wind	94	6.5	6.5	90.1
	winter storm	143	9.9	9.9	100.0
	总计	1439	100.0	100.0	

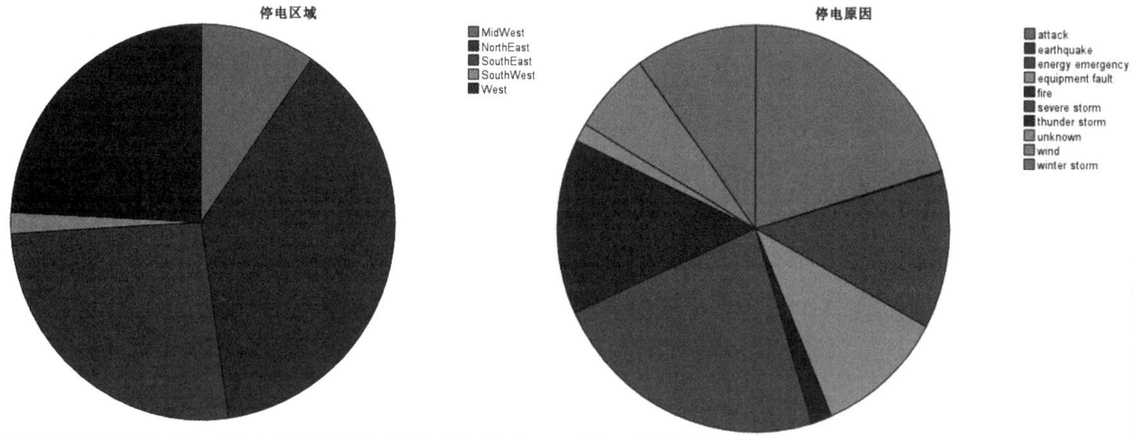

图 20.30　输出结果

扫一扫，看视频

20.3　推断性统计分析

由于对停电造成的损失样本数据的分布未知，因此需要对其进行非参数假设检验。

20.3.1　非参数检验分析

1. 非参数检验分析

（1）选择菜单栏中的“分析”→“非参数检验”→“单样本”命令，弹出“单样本非参数检验”对话框，默认选择“自动比较实测数据和假设数据”选项，自动比较实测数据和假设数据。

（2）打开“字段”选项卡，默认选择“使用定制字段分配”选项，在右侧“检验字段”列表中选择 SMEAN(Customers)、SMEAN(Loss)变量，如图 20.31 所示。

（3）单击“运行”按钮，弹出“IBM SPSS Statistics 查看器”窗口，显示数据的假设检验摘要表、单样本柯尔莫戈洛夫-斯米诺夫正态检验摘要表，如图 20.32 所示。

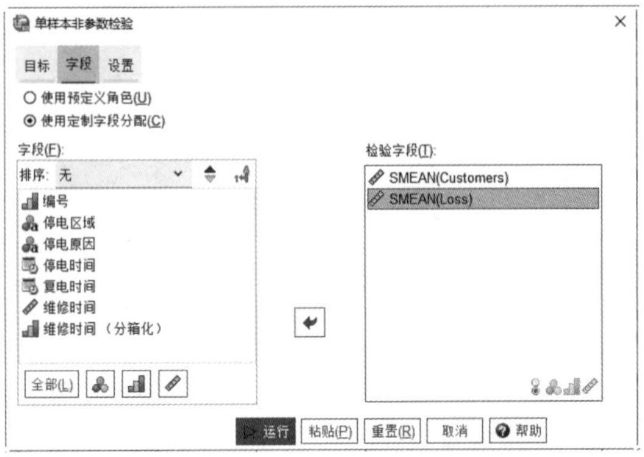

图 20.31 “字段”选项卡

非参数检验

假设检验摘要

	原假设	检验	显著性[a,b]	决策
1	SMEAN(Customers) 的分布为正态分布，均值为 167890.074630098，标准差为 327854.429409283000。	单样本柯尔莫戈洛夫-斯米诺夫检验	.000	拒绝原假设。
2	SMEAN(Loss) 的分布为正态分布，均值为 528.354520796，标准差为 1315.108605410960。	单样本柯尔莫戈洛夫-斯米诺夫检验	.000	拒绝原假设。

a. 显著性水平为 .050。

b. 里利氏修正后。显示了渐进显著性。

单样本柯尔莫戈洛夫-斯米诺夫正态检验

SMEAN(Customers)

单样本柯尔莫戈洛夫-斯米诺夫正态检验摘要

总计 N		1439
最极端差值	绝对	.305
	正	.305
	负	-.304
检验统计		.305
渐进显著性（双侧检验）[a]		.000

a. 里利氏修正后。

图 20.32 非参数检验分析结果

2. 分析结果

图 20.32 所示的假设检验摘要表中显示假设检验结果，观察“显著性”和“决策”两栏，若显著性大于 0.05（预先设置的显著水平），则保留原假设；反之，则拒绝原假设。本实例中的公共损失变量 SMEAN(Loss)与用户损失变量 SMEAN(Customers)的显著性均小于 0.05，“决策”栏中显示“拒绝原假设”，即公共损失变量 SMEAN(Loss)与用户损失变量 SMEAN(Customers)分布不服从正态分布。

20.3.2 差异性检验

样本数据根据停电区域将公共损失变量 SMEAN(Loss)、用户损失变量 SMEAN (Customers)分为 5 组独立样本，对多个独立样本进行检验，以推断独立样本来自的独立总体分布是否存在显著性差异。

原假设：5 个停电区域公共损失的独立样本来自的总体分布不存在显著性差异；5 个停电区域用户损失的独立样本来自的总体分布不存在显著性差异。

1. 新建分类变量

（1）选择菜单栏中的“转换”→“自动重新编码”命令，弹出“自动重新编码”对话框。单击➡按钮，将左侧列表中的“停电区域”“停电原因”变量添加到右侧“变量->新名称”列表中。

（2）在“新名称”文本框中输入分组变量名称“停电区域分类”“停电原因分类”，单击“添加新名称”按钮，在“变量->新名称”列表中显示编码前后的变量名称，如图 20.33 所示。

（3）单击“确定”按钮，关闭主对话框。在数据编辑区显示编码分类变量，结果如图 20.34 所示。

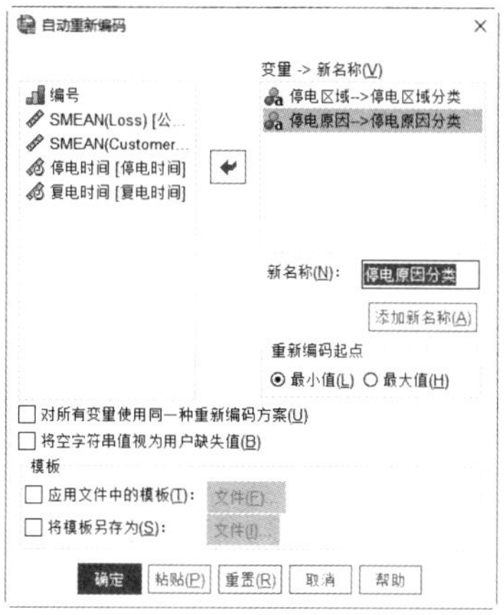

图 20.33　“自动重新编码”对话框

停电区域分类	停电原因分类
SouthWest	winter storm
SouthEast	winter storm
West	equipment fault
MidWest	severe storm
West	attack
West	equipment fault
West	equipment fault
NorthEast	fire
MidWest	equipment fault
SouthEast	equipment fault
West	equipment fault
SouthEast	severe storm
SouthEast	severe storm
West	winter storm
NorthEast	winter storm
SouthEast	winter storm
SouthEast	winter storm

图 20.34　新建输出变量

2. 根据分组变量进行检验

（1）选择菜单栏中的“分析”→“非参数检验”→“旧对话框”→“K 独立样本”命令，弹出“针对多个独立样本的检验”对话框，在“检验变量列表”列表中添加 SMEAN(Loss)和 SMEAN(Customers)变量，默认选择“克鲁斯卡尔-沃利斯 H”选项。

（2）在“分组变量”列表中添加“停电区域分类”，单击“定义范围”按钮，弹出“多个独立样本：定义范围”对话框，设置组最小值、最大值分别为 1、5。单击“继续”按钮，返回主对话框，参数设置结果如图 20.35 所示。

（3）单击“确定”按钮，弹出“IBM SPSS Statistics 查看器”窗口，显示克鲁斯卡尔-沃利斯检验结果，如图 20.36 所示。

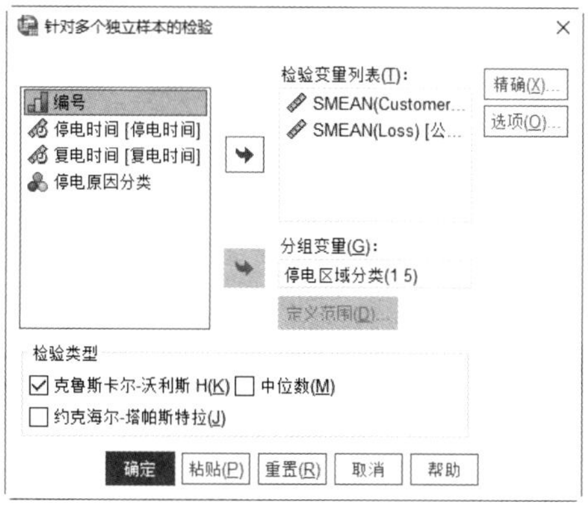

图 20.35　“针对多个独立样本的检验”对话框

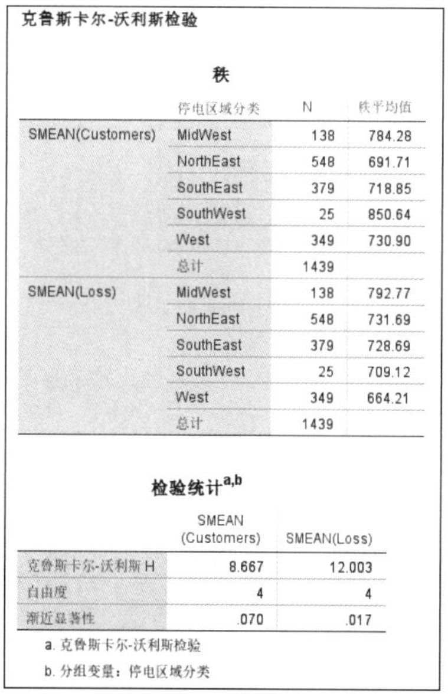

克鲁斯卡尔-沃利斯检验

秩

	停电区域分类	N	秩平均值
SMEAN(Customers)	MidWest	138	784.28
	NorthEast	548	691.71
	SouthEast	379	718.85
	SouthWest	25	850.64
	West	349	730.90
	总计	1439	
SMEAN(Loss)	MidWest	138	792.77
	NorthEast	548	731.69
	SouthEast	379	728.69
	SouthWest	25	709.12
	West	349	664.21
	总计	1439	

检验统计[a,b]

	SMEAN (Customers)	SMEAN(Loss)
克鲁斯卡尔-沃利斯 H	8.667	12.003
自由度	4	4
渐近显著性	.070	.017

a. 克鲁斯卡尔-沃利斯检验

b. 分组变量：停电区域分类

图 20.36　克鲁斯卡尔-沃利斯检验结果

3. 分析结果

下面根据图 20.36 中的结果依次进行分析。

（1）在秩表中显示根据停电区域分成 5 组的公共损失变量 SMEAN(Loss)、用户损失变量 SMEAN(Customers)的 N（样本数）、秩平均值。

（2）从检验统计表中得出以下结果。

- 不同停电区域的公共损失变量 SMEAN(Loss)渐近显著性小于 0.05，不接受原假设，即 5 个停电区域公共损失的独立样本来自的总体分布存在显著性差异。
- 不同停电区域的用户损失变量 SMEAN(Customers)渐近显著性大于 0.05，接受原假设，即 5 个停电区域用户损失的独立样本来自的总体分布不存在显著性差异。

扫一扫，看视频

20.4 相关性分析

一般在进行详细的定量分析之前，可利用相关图或相关系数对变量之间相关关系的方向、形式和密切程度进行大致判断。

20.4.1 折线图分析

（1）选择菜单栏中的“图形”→“图表构建器”命令，弹出“图表构建器”对话框的提示信息面板，单击“确定”按钮，弹出“图表构建器”对话框。

（2）选择图表类型。在图表元素区的“图库”选项卡中选择“折线图”，双击“简单线图”图表类型，在预览区显示简单折线图的预览图。

（3）设置图表变量。在变量列表中选择“编号”，将其拖到“X 轴?”虚线框中，作为折线图的 X 轴分类变量。将 SMEAN(Loss)拖到“计数”虚线框中作为 Y 轴，在“元素属性”选项卡中设置“统计”下拉列表中的值为“均值”，如图 20.37 所示。

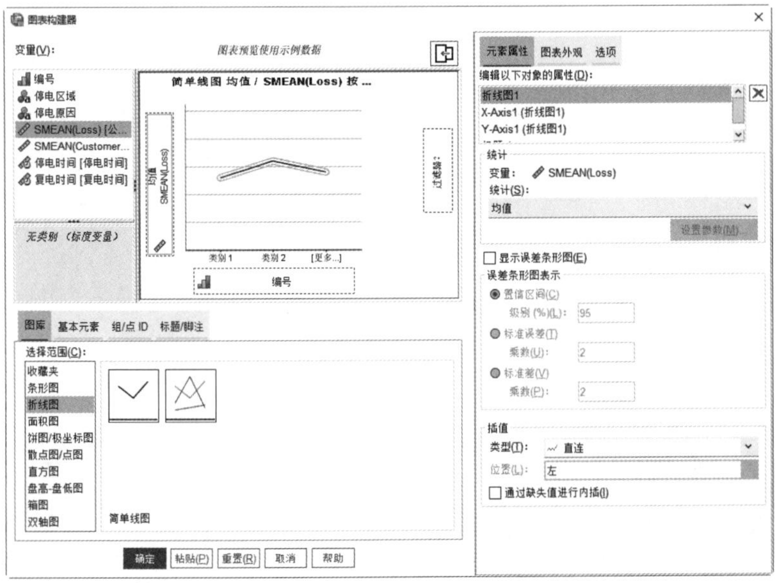

图 20.37 “图表构建器”对话框

（4）单击“确定”按钮，弹出“IBM SPSS Statistics 查看器”窗口，显示输出折线图，如图 20.38 所示。

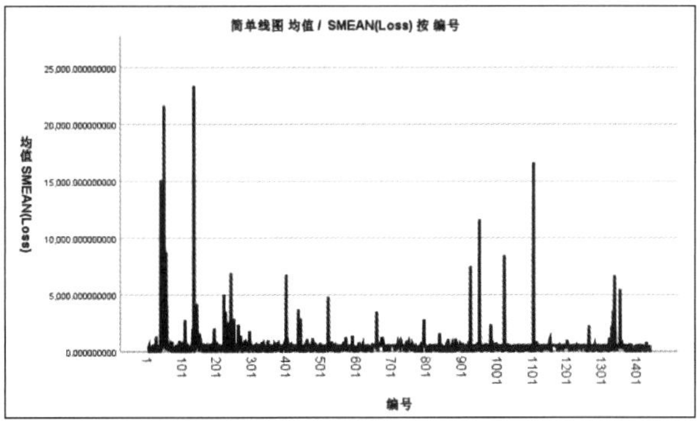

图 20.38　折线图

从图 20.38 中的折线图发现，停电导致的公共损失金额没有规律。

20.4.2　双变量相关性分析

在 SPSS 中，最常用的是利用皮尔逊相关系数分析数据的相关性。

1．双变量相关性分析

（1）选择菜单栏中的“分析”→“相关”→“双变量”命令，弹出“双变量相关性”对话框，在左侧变量列表中选择变量，单击“转入”按钮，将选中变量添加到右侧“变量”列表中。默认勾选“皮尔逊”复选框，如图 20.39 所示。

（2）单击“确定”按钮，弹出“IBM SPSS Statistics 查看器”窗口，显示相关性表，如图 20.40 所示。

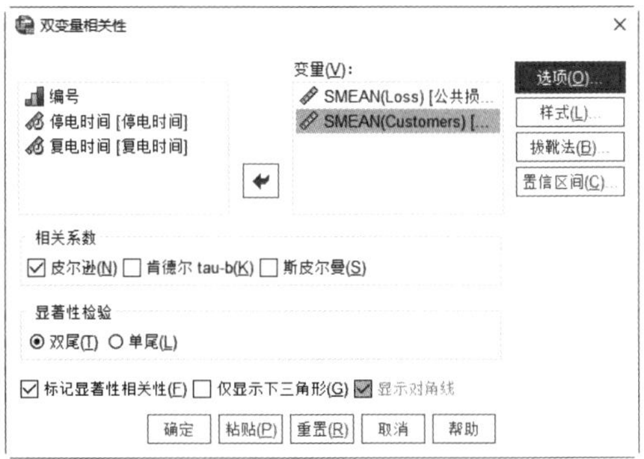

图 20.39　“双变量相关性”对话框

相关性

		SMEAN(Loss)	SMEAN (Customers)
SMEAN(Loss)	皮尔逊相关性	1	.313**
	显著性（双尾）		<.001
	个案数	1439	1439
SMEAN(Customers)	皮尔逊相关性	.313**	1
	显著性（双尾）	<.001	
	个案数	1439	1439

**. 在 0.01 级别（双尾），相关性显著。

图 20.40　相关性表

2．分析结果

从图 20.40 中的相关性表中可以看到（观察方框中的值），公共损失金额与用户损失金额不存在相关关系，其相关系数（皮尔逊相关性值）为 0.313。

显著性（双尾）值为<0.001，说明两个变量数据在 0.01 水平中相关性非常显著，即样本数据中的这个相关性在总体中一样有效。

扫一扫，看视频

20.5 数 据 分 类

在 SPSS 中，可以通过可视化分箱、聚类分析的方法按照维修时间对数据进行分类。

20.5.1 维修天数分类

根据“复电时间”与“通电时间”计算的“维修时间”数据单位为秒，未进行分类分析，新建按照天数计算的“维修天数”变量，并将该变量划分为 1 天、1 周、1 月、超过 1 月四类，最后使用表格进行分类汇总显示。

1. 新建“维修天数”变量

（1）选择菜单栏中的“转换”→“计算变量”命令，弹出“计算变量”对话框，在该对话框中使用公式计算变量中的个案。

（2）在“目标变量”文本框中输入“维修天数”，在变量列表中选择“维修时间”变量，单击“转入”按钮，在“数字表达式”文本框中添加变量名称，得到数字表达式，如图 20.41 所示。

（3）单击“确定”按钮，返回数据集。在原有变量的右侧添加新变量“维修天数”，单位为天，如图 20.42 所示。

图 20.41 “计算变量”对话框

2. 按“维修天数”变量分类

（1）选择菜单栏中的“转换”→“重新编码为相同的变量”命令，弹出“重新编码为相同的变量”对话框。将左侧列表中的变量“维修天数”添加到右侧“数字变量”列表中，如图 20.43 所示。

（2）单击“旧值和新值”按钮，弹出“重新编码为相同变量：旧值和新值”对话框，添加分类变量值，如图 20.44 所示。

1）在“旧值”选项组中选择“范围，从最低到值”选项，输入 1；在“新值”选项组中选择

“值”选项，输入 1；单击“添加”按钮，在“旧→新”列表中显示添加的变量编码关系：Lowest thru 1→1。

图 20.42　设置结果

2）在“旧值”选项组中选择“范围，从最低到值”选项，输入 7；在“新值”选项组中选择“值”选项，输入 2；单击“添加”按钮，在“旧→新”列表中显示添加的变量编码关系：Lowest thru 7→2。

3）在“旧值”选项组中选择“范围，从最低到值”选项，输入 30；在“新值”选项组中选择“值”选项，输入 3；单击“添加”按钮，在“旧→新”列表中显示添加的变量编码关系：Lowest thru 30→3。

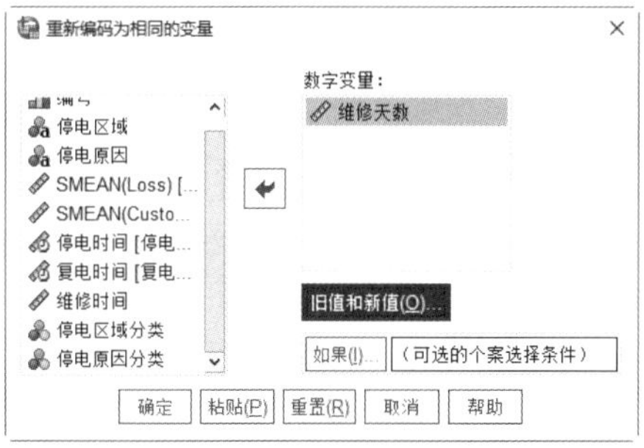

图 20.43　“重新编码为相同的变量”对话框

4）在“旧值”选项组中选择“所有其他值”选项；在“新值”选项组中选择“值”选项，输入 4；单击“添加”按钮，在“旧→新”列表中显示添加的变量编码关系：ELSE→4。

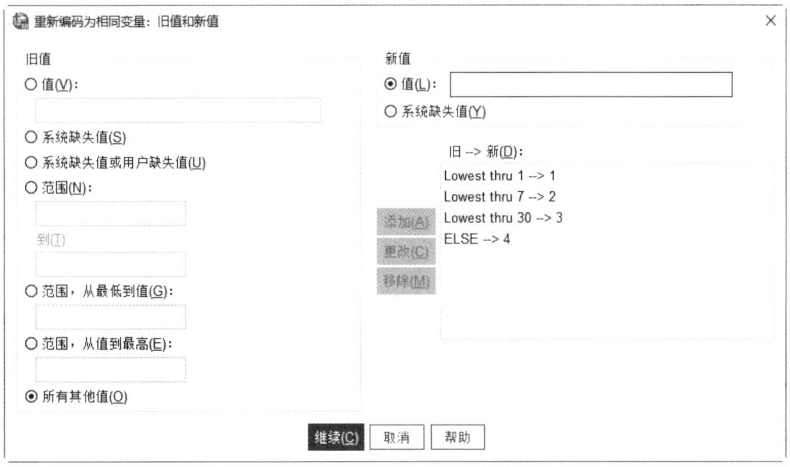

图 20.44　“重新编码为相同变量：旧值和新值”对话框

（3）单击“继续”按钮，返回主对话框。单击“确定”按钮，返回“数据视图”窗口，显示编码后的“维修天数”变量，如图 20.45 所示。

（4）打开“变量视图”窗口，设置“维修天数”行的“对齐”方式为“居中”，“测量”为“名义”。在“维修天数”变量的“值”列上单击，弹出“值标签”对话框，创建个案等级对应的值及标签，如图 20.46 所示。

（5）选择菜单栏中的“查看”→“显示值标签”命令，在“维修天数”变量中显示值标签，结果如图 20.47 所示。

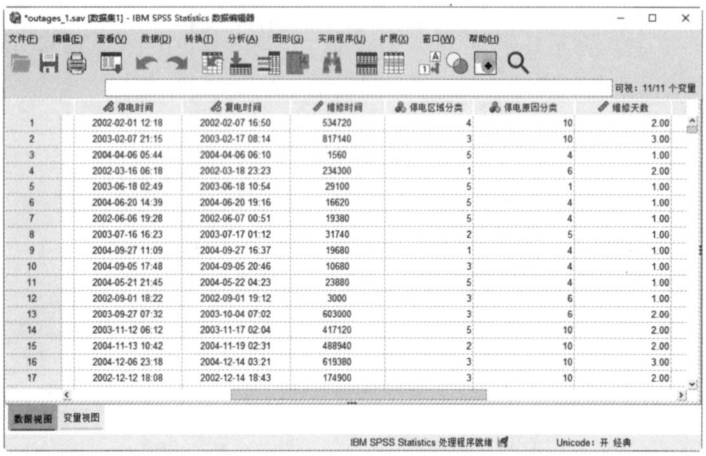

	停电时间	复电时间	维修时间	停电区域分类	停电原因分类	维修天数
1	2002-02-01 12:18	2002-02-07 16:50	534720	4	10	2.00
2	2003-02-07 21:15	2003-02-17 08:14	817140	3	10	3.00
3	2004-04-06 05:44	2004-04-06 06:10	1560	5	4	1.00
4	2002-03-16 06:18	2002-03-18 23:23	234300	1	6	2.00
5	2003-06-18 02:49	2003-06-18 10:54	29100	5	1	1.00
6	2004-06-20 14:39	2004-06-20 19:16	16620	5	4	1.00
7	2002-06-06 19:28	2002-06-07 00:51	19380	5	4	1.00
8	2003-07-16 16:23	2003-07-17 01:12	31740	2	5	1.00
9	2004-09-27 11:09	2004-09-27 16:37	19680	1	4	1.00
10	2004-09-05 17:48	2004-09-05 20:46	10680	3	4	1.00
11	2004-05-21 21:45	2004-05-22 04:23	23880	5	4	1.00
12	2002-09-01 18:22	2002-09-01 19:12	3000	3	6	1.00
13	2003-09-27 07:32	2003-10-04 07:02	603000	3	6	2.00
14	2003-11-12 06:12	2003-11-17 02:04	417120	5	10	2.00
15	2004-11-13 10:42	2004-11-19 02:31	488940	2	10	2.00
16	2004-12-06 23:18	2004-12-14 03:21	619380	3	10	3.00
17	2002-12-12 18:08	2002-12-14 18:43	174900	3	10	2.00

图 20.45 “数据视图”窗口

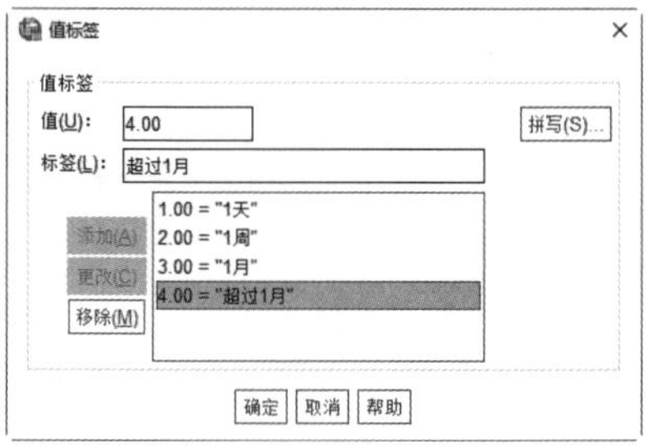

图 20.46 “值标签”对话框

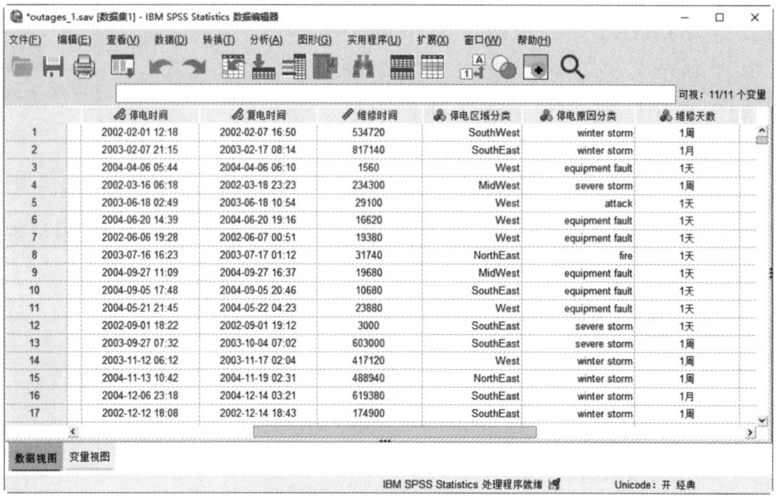

	停电时间	复电时间	维修时间	停电区域分类	停电原因分类	维修天数
1	2002-02-01 12:18	2002-02-07 16:50	534720	SouthWest	winter storm	1周
2	2003-02-07 21:15	2003-02-17 08:14	817140	SouthEast	winter storm	1月
3	2004-04-06 05:44	2004-04-06 06:10	1560	West	equipment fault	1天
4	2002-03-16 06:18	2002-03-18 23:23	234300	MidWest	severe storm	1周
5	2003-06-18 02:49	2003-06-18 10:54	29100	West	attack	1天
6	2004-06-20 14:39	2004-06-20 19:16	16620	West	equipment fault	1天
7	2002-06-06 19:28	2002-06-07 00:51	19380	West	equipment fault	1天
8	2003-07-16 16:23	2003-07-17 01:12	31740	NorthEast	fire	1天
9	2004-09-27 11:09	2004-09-27 16:37	19680	MidWest	equipment fault	1天
10	2004-09-05 17:48	2004-09-05 20:46	10680	SouthEast	equipment fault	1天
11	2004-05-21 21:45	2004-05-22 04:23	23880	West	equipment fault	1天
12	2002-09-01 18:22	2002-09-01 19:12	3000	SouthEast	severe storm	1天
13	2003-09-27 07:32	2003-10-04 07:02	603000	SouthEast	severe storm	1周
14	2003-11-12 06:12	2003-11-17 02:04	417120	West	winter storm	1周
15	2004-11-13 10:42	2004-11-19 02:31	488940	NorthEast	winter storm	1周
16	2004-12-06 23:18	2004-12-14 03:21	619380	SouthEast	winter storm	1月
17	2002-12-12 18:08	2002-12-14 18:43	174900	SouthEast	winter storm	1周

图 20.47 显示变量值标签

3. 计算频率

（1）选择菜单栏中的“分析”→“描述统计”→“频率”命令，弹出图 20.48 所示的“频率”对话框，在左侧变量列表中选择变量“维修天数”，单击“转入”按钮，添加到右侧“变量”列表中。

（2）单击“确定”按钮，弹出“IBM SPSS Statistics 查看器”窗口，显示频率汇总结果，如图 20.49 所示。

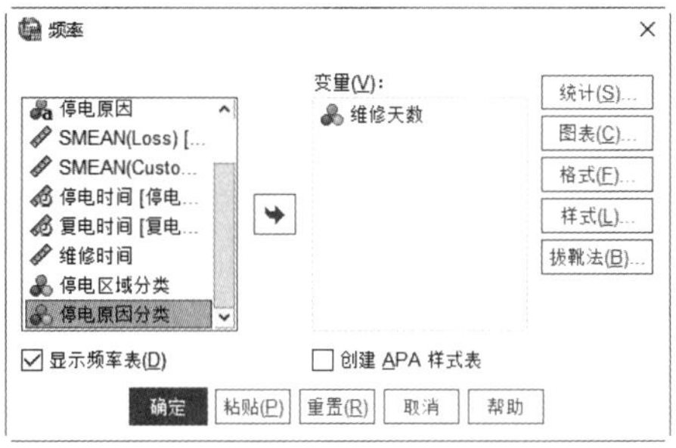

图 20.48　“频率”对话框

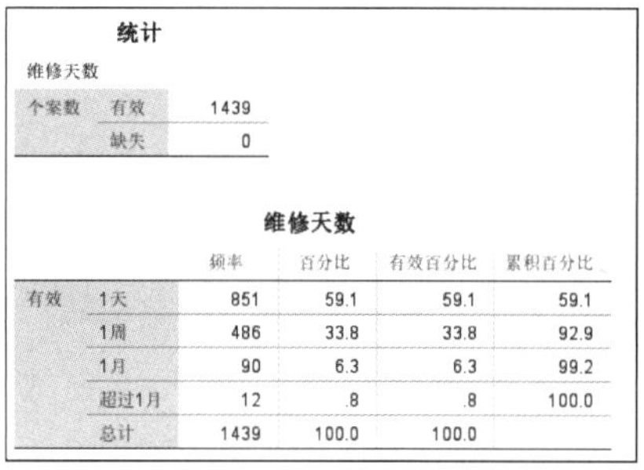

统计

维修天数

个案数	有效	1439
	缺失	0

维修天数

		频率	百分比	有效百分比	累积百分比
有效	1天	851	59.1	59.1	59.1
	1周	486	33.8	33.8	92.9
	1月	90	6.3	6.3	99.2
	超过1月	12	.8	.8	100.0
	总计	1439	100.0	100.0	

图 20.49　频率汇总结果

20.5.2　可视分箱分类

可视分箱是最简单的分类方法，需要制定分类个数，这里指定将“维修时间”分为 5 类。

（1）选择菜单栏中的“转换”→“可视分箱”命令，弹出“可视分箱”对话框，在左侧“变量”列表中选择“维修时间”变量，单击“转入”按钮，将该变量添加到右侧“要分箱的变量”列表中，如图 20.50 所示。

（2）单击“继续”按钮，弹出“可视分箱”对话框，创建新的分组变量，在变量属性区的“分箱化变量”文本框中输入“维修时间等级”，作为新的分组变量名称，如图 20.51 所示。

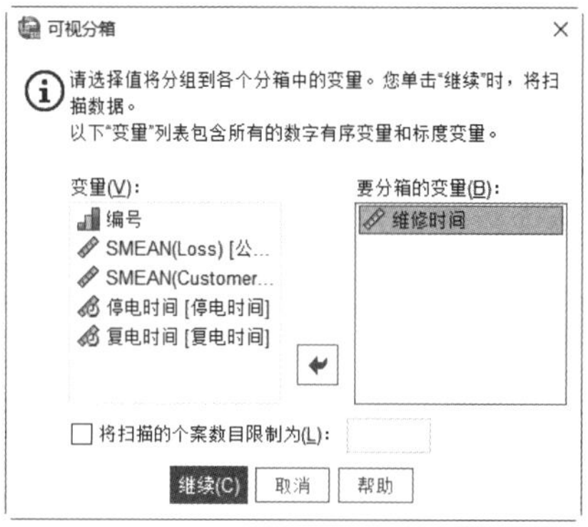

图 20.50　“可视分箱”对话框 1

（3）单击右下角的“生成分割点”按钮，弹出“生成分割点”对话框，选择“基于所扫描个案的相等百分位数”，在“宽度(%)”文本框中输入 20，“分割点数”文本框中自动显示为 4，表示将变量分为 5 组，如图 20.52 所示。

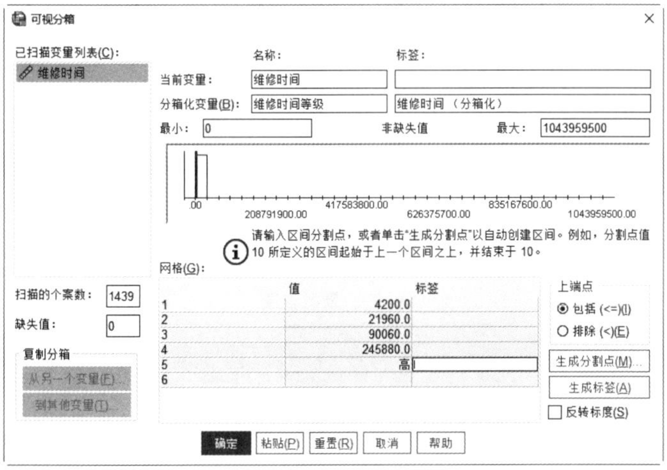

图 20.51　“可视分箱”对话框 2

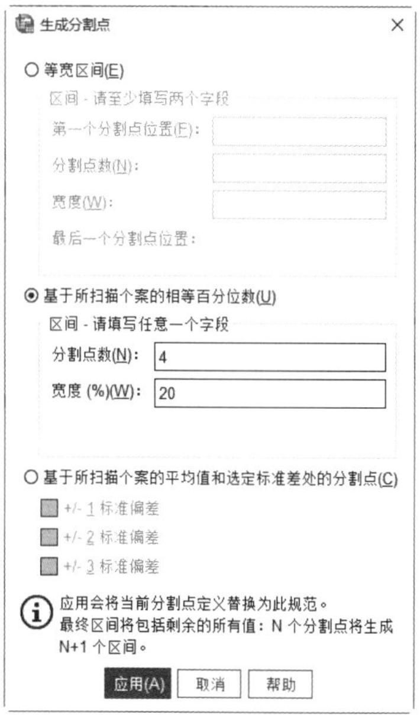

图 20.52　“生成分割点”对话框

（4）单击“应用”按钮，返回“可视分箱”对话框，根据创建的 4 个分割点在“网格”选项组的“值”列中呈现对应的值。

（5）单击“确定”按钮，关闭该对话框，弹出信息提示对话框。单击“确定”按钮，关闭该对话框。在数据显示区最右列自动添加“维修时间等级”变量，如图 20.53 所示。

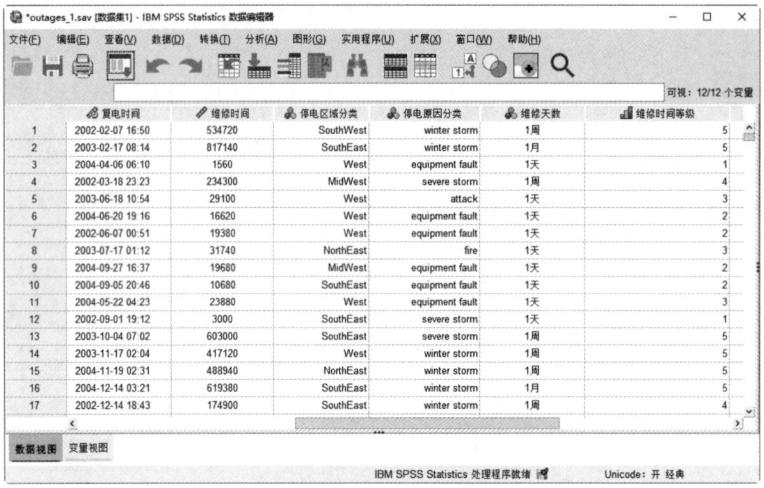

图 20.53　添加变量

20.5.3　聚类分析分类

本实例是大容量样本，使用二阶聚类分析对“维修时间”进行分类。

1．二阶聚类分析

选择菜单栏中的“分析”→“分类”→“二阶聚类”命令，弹出 “二阶聚类分析”对话框。在“分类变量”列表中添加“维修时间（分箱化）”变量，在“连续变量”列表中添加“维修时间”变量，如图 20.54 所示。

单击“确定”按钮，弹出“IBM SPSS Statistics 查看器”窗口，在输出窗口中显示聚类分析结果，如图 20.55 所示。

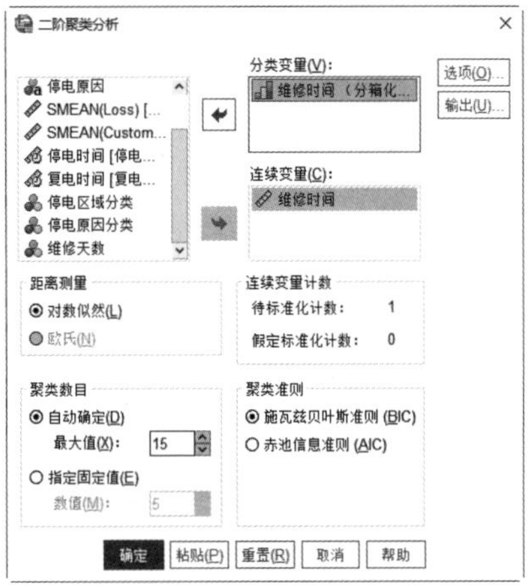

图 20.54　“二阶聚类分析”对话框

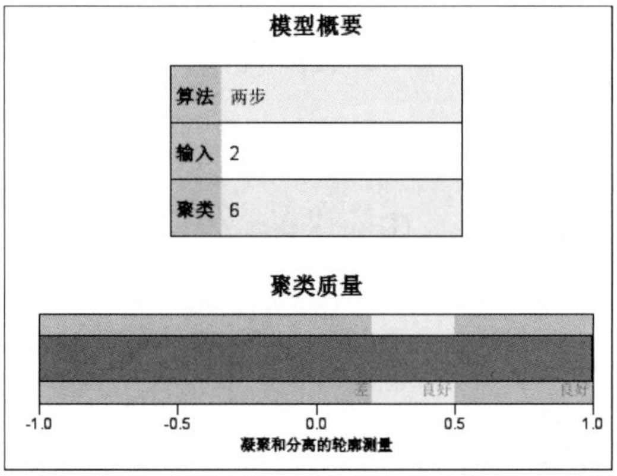

图 20.55　二阶聚类分析结果

2. 分析结果

下面根据图 20.55 中的结果依次进行分析。

在模型概要表中，显示该分析过程使用了两步聚类算法，输入 2 个变量，得到 6 个聚类。聚类质量表中显示其聚类质量为良好。

在模型概要表上右击，在弹出的快捷菜单中选择“编辑”命令，打开“模型查看器”窗口，可查看其他辅助视图，如图 20.56 所示。“模型查看器”窗口的右侧为“聚类大小”视图。从聚类大小表中可以看到，在 6 个聚类的占比中 5 个聚类差别不大，最大聚类与最小聚类的比值为 48.00。

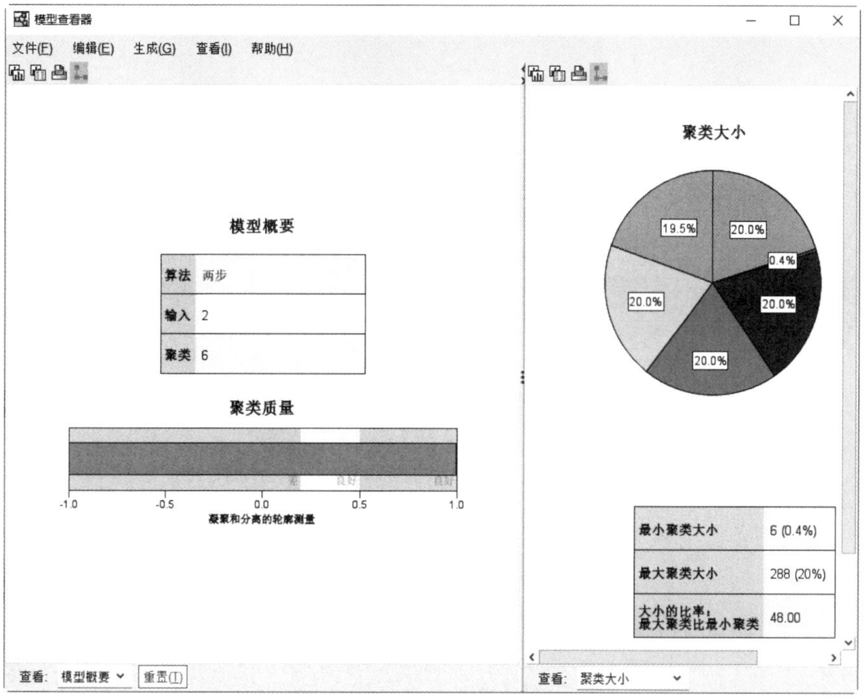

图 20.56　“模型查看器”窗口